审计学

（第三版）

主　编　刘　英　林钟高
副主编　刘素珍

合肥工业大学出版社

前 言

按照现代产权经济学家迈克尔·詹森和威廉姆·麦克林的定义，所谓委托代理关系是指“一个人或者一些人(委托人)委托其他人(代理人)，根据委托人的利益从事某些活动，并相应地授予代理人某些决策权的契约关系”。(迈克尔·詹森和威廉姆·麦克林，1976,1988)委托代理理论是在企业的所有权与经营管理权分离的情况下出现的，以现代公司为研究重点，研究委托人与代理人之间的权责关系如何体现在契约中的理论。其基本内容就是规定委托人聘用代理人完成某项工作时的委托代理关系的成立及代理人为了委托人的利益应采取何种行动，委托人相应地向代理人支付何种报酬，即通过委托人和代理人共同认可契约来确定它们各自的权利和责任，委托人为实现既定的目标，通过一系列激励机制使代理人与委托人的利益尽可能地趋于一致，以促使代理人像为自己工作一样去采取行动，最大限度地增进委托人的利益。

在现实生活中，委托代理关系相当普遍，正如迈克尔·詹森和威廉姆·麦克林在《企业理论：经理行为、代理成本和所有权结构》一文中所指出的那样：“它存在所有组织和所有合作活动中——在企业中的每一个管理层次上，在大学、互助公司、合作社，在政论机构、工会，和在通常被称为代理关系——如表演艺术和房地产市场中的代理的关系中。”在现代市场经济中，委托代理关系更大量地表现为股份公司中资本所有者和企业最高决策者(董事会或总经理)之间的关系。这种委托代理关系是基于财产所有权和经营权相分离而产生的，一方面财产所有者放弃了财产经营权，他们成为财产的委托人；另一方面，经营者不是所有者，却通过被委托成为所有者的代理人。在这种委托代理关系下，所有者享有出资人的权利，但不干预具体的日常事务，而经营者在法人财产权形式下享有对财产的经营权。

既然委托代理关系是以基于委托人的意思表示为前提的，即以委托人的授权委托为前提的，那么，代理人的活动就必须从属于委托人的意志，必须为了实现委托人的利益目标而努力，即委托代理所产生的经济效益是以代理人忠实地服务于委托人为前提的。但在现实生活中，这一假定是很难满足的，这是因为：在委托代理关系中，委托人和代理人有着各自的效用最大化目标，在委托代理关系中，由于委托人和代理人之间存在着严重的信息不对称，代理人在代理过程中会产生职务怠慢、损害和侵蚀委托人利益的“道德风险”与“逆向选择”等行为，在委托代理关系中，容易导致“内部人控制”的生成，等等。

为了解决信息不对称导致的代理人的道德风险和内部人控制等问题，降低代理成本，委托人必须设计出一套行之有效的激励、约束和监督机制，才能保证代理人真正全面有效地履行其责任，使委托人的意愿能够尽可能多地得到实现。

"激励机制"能有效地将代理人的利益与委托人的利益联系起来，其手段是使代理人在更大程度上与委托人分享经营成果，这能够使代理人努力实现委托人的利益，而不是单纯地追求个人利益。如果说"激励机制"是指当代理人利益与委托人利益趋于一致时委托人对代理人进行奖励；那么"约束机制"就是指建立合约，为代理者设置行为规则，规定代理人不能够做和必须做的事情，并且规定当代理人利益与委托人利益相悖时，委托人对代理人进行惩罚。前者是动力，后者是压力，两者的有效结合才能使代理人不断努力。

"监督机制"是指委托人自身或委托外界对代理人的经营过程、经营成果进行监督。"监督机制"是应"激励机制"和"约束机制"而产生的。委托人规范代理人行为的手段，主要是奖励和惩罚，要使激励和约束有效，必须赏罚分明，赏当其功，罚当其过。要做到这一点，委托人必须全面掌握代理人经营业绩的信息。如果不能获取准确的经济信息，那么由激励机制所花费的成本将白费；而建立对代理人的监督机制，是委托人获取这种信息，克服信息不对称问题，降低代理成本的有效途径。

那么，如何对代理人提供的经济信息进行监督检查呢？可供选择的方式有如下两种：第一，由委托人自己或委托人的代表对代理人亲自进行监督检查；第二，由委托人聘请专职的审计师代表委托人对代理人进行监督检查。

在委托代理关系产生的初期，因委托代理关系的单一，委托人还有能力对代理人的经济活动、提供的经济信息进行亲自检查。但随着劳动分工的专业化发展，委托代理关系日趋复杂，代理层次越来越多，特别是股份制公司的出现，使得会计业务和财务报告编报技术日益复杂。这些情况导致，一方面委托人因自身精力和能力限制，自己已不能直接对代理人进行监督检查；另一方面委托人若对代理人直接进行监督检查将花费大量的成本，这也使直接的监督检查成为不可能。这时，聘请专职的审计师就成了一种比较经济的选择。由专职的审计师对代理人提供的经济信息进行审计监督——经济责任审计，由此来鉴证代理人经济责任的履行情况，看其是否符合"全面有效"的目标要求，一旦发现偏离此目标要求之情形，即通过审计反馈进行直接或间接纠偏，以促使经济责任得到全面有效地履行，并兑现对代理人的奖惩。

至此，我们看到，所谓委托代理关系，可以看作是委托人设计出的一个契约，他用提供报酬吸引、激励代理人，并对代理人行为进行约束，使其投入达到最佳水平，从而使委托人的效用目标达到最大化。但委托人和代理人之间的效用目标是不一致的，因此委托人须聘请专职的审计师对代理人的经营活动及由此而产生的经济信息进行审计监督，来判断代理人是否全面有效地履行了经济责任，来防范因信息不对称而有可能导致的代理人问题，来降低代理成本，并对代理人的经营业绩作出准确评价，进而确认或解除代理人的经济责任。可见，审计是随着委托代理关系的产生和发展而产生和发展起来的。委托代理关系是审计存在的前提条件，没有委托代理关系也就没有审计。同时，因为有了审计，委托代理关系才能得到有效履行和控制，审计又是委托代理关系存在和发展的保证。

现代契约经济学实际上将所有的交易看成了一种契约。从这个意义上说，审计活动作为委托人与代理人实现专业化结果交换的一种市场交易，自然也是一种契约关系。审计行为是一种契约行为。狭义的审计契约仅仅指由审计师与审计委托人共同签订的契约，广义的审计契约则是指在狭义审计契约之外再增加审计师与被审计人等与财务报表存在经济利益关系的其他利益集团之间的契约。在通常情况下，基于经济性考虑，现实中可以将狭义审计契约广义化，使之合二为一。在所有者-经理人-审计师的契约关系中，我们可以将审计师视为所有者聘用的另一位代理人，其委托代理职责是对所有者—经理人之间的契约信息——经理人出具的财务报告进行证实。将审计师视为经济代理人意味着审计师同经理人一样拥有代理人的行为特征，即追求效用最大化。对审计契约关系的考察，有助于回答审计产生与发展的规律，解决审计实践中存在的问题，并对未来审计的发展作出预测。

按照审计关系人理论，任何审计行为的发生都是由审计委托人、被审计人和审计人三方关系人组成的，他们顺次为第一关系人、第二关系人和第三关系人。其中，审计委托人即为财产（或经济资源）的所有者，被审计人是财产（或经济资源）的受托经管者，而作为审计人的第三关系人是审计师（会计师事务所或注册会计师），三者间的关系如下。

（1）作为审计委托人的第一关系人将其财产（资源）委托第二关系人经营管理，要求其承担相应的经济责任；作为被审计人的第二关系人接受委托并承担起管好、用好受托财产（资源）的受托经济责任，即第一关系人与第二关系人之间存在管理委托代理关系。

（2）第一关系人为了了解第二关系人履行受托经济责任的情况，委托作为审计人的第三关系人对其实施检查；审计人接受委托对经管者实施独立审计，即第一关系人与第三关系人之间存在审计委托代理关系。

（3）作为经管者的第二关系人为了证实自己履行责任的情况而接受审计人的审计；作为审计人的第三关系人实施审计并将审计结果报告给第一关系人，并对第二关系人之责任履行情况予以证明，即第三关系人与第二关系人之间存在审计与被审计的关系。

作为审计主体的第三关系人在审计活动中起主导作用，他既要接受财产所有者的委托或授权，又要对财产经管者所履行的经济责任进行审查和评价，但是他独立于两者之间，与所有者及经管者不存在任何经济利益上的联系。作为审计授权或委托人的财产所有者，在审计活动中起决定作用，他如果不委托经管者对其财产进行管理或经营，那么就不存在第一关系人和第二关系人之间的经济责任关系，自然也就不必委托或授权第三关系人去进行审查和评价。第三关系人与第二关系人之间的关系是以第一关系人与第二关系人之间的委托代理关系为前提的。如果委托代理关系不存在或者不明确，就无法或者难以产生审计的客观要求，也就没有审计关系的产生。反之，审计关系的产生和不断完善又对第一关系人与第二关系人之间的委托代理关系起着重要的稳定作用。

综上所述，现代独立审计与契约之间，客观上存在着内在的、不可分割的必然联系。审计环境无不充满着社会经济资源契约主体的身影，而审计制度体系的建立和完善则起到了降低交易费用、保护各社会契约主体的平等利益、促进社会发展、提高契约效率等方面的作用。审计是委托代理的产物，委托代理可以简化为契约，所以，审计是契约的产物。正如瓦茨和齐墨尔曼所说：契约理论和政治活动理论的结合有助于更好地解释审计实务，会计和审计都是产权结构变化的产物，是为监督企业契约的签订和执行而产生的。

本教材围绕独立审计的委托代理理论和契约理论这两个重要的链条展开，根据独立审计基本理论和独立审计准则的基本规范，遵循独立审计实务的基本循环来构筑，这既是我们多年从事独立审计教学和研究中的一种归纳，也是目前国内外独立审计教材的一种通用的编排体例。尽管如此，我们仍然想对本教材的一些特点做如下说明。

第一，高等学校审计教学的目的不在于训练学生在毕业时成为一个专业人员，而在于培养拥有他们未来成为一个专业人员应有的素质。就安徽工业大学而言，20 世纪 80 年代主要教授学生经商的基本知识，强调技巧和个人素质，以实践为导向；20 世纪 90 年代，审计教育保留了大部分从其他高等学校因袭而来的组织构架，并从中吸取了“秩序性”，转向高层次的通才教育；21 世纪之后从工科院校的办学特色出发，更多地从外在企业社会经济环境吸取“秩序性”来保持系统的内聚力，如审计教育向会计师事务所人员的培训方式学习，将审计界的作用模式和具体结构内化到教学内容和教学组织管理中来，扬弃旧教育体制中“教审计”（传统纯理论和理性知识、讲授审计处理和审计程序等）的教育模式，将审计教学目标转向“造就审计人”（及时讲授各种审计判断技能等），这种趋向改变了课程和教学法，加上信息技术的促进，我校审计教育比较好地完成了组织结构、教学流程、教师角色等方面的彻底重组。

第二，独立审计是有重要经济影响的一门学科。从经济学的角度看，审计是有经济后果的，会引起财富的非公平性转移和审计实际运作的非中立性立场。因此，它直接关系经济利益分配的合理性，社会经济秩序的和谐稳定性。如果把独立审计当成一种第三方实施的监管活动，则这种活动具有市场性，具有市场性的活动必须用市场机制配置审计资源；但是审计又是链接市场与企业的桥梁和纽带，具有社会性，具有社会性的活动必须用政府机制配置审计资源。在教材中我们充分注意到了审计学的这一特点，注重审计问题的经济背景，分析审计的经济社会影响，从经济学等广泛的领域理解、学习审计，注重经济体制改革对审计理论和实务的影响与对策研究，注重学科间的理论与实践融合，注重审计的经济生命和经济价值。本教材以审计的经济后果和审计的契约功能研究为优势，将管理、经济、法律、会计和审计学等方面的知识和能力有机地融合到审计教材与教学之中。

第三，注重独立审计职业判断的特征，对核心审计问题的讲授通过判断流程图，引导学生的职业判断能力，并通过中外审计准则与实务的比较，理解和分析我国审计规范的问题与不足，提出改革的设想。审计职业判断空间的扩大，带来了正负两方面效应：一方面，审计职业判断空间扩大的正效应——审计人员可以按照审计准则、制度等现有的法规和要求，根据委托单位内外部的实际情况作出职业判断，选择合适的审计方法和程序进行鉴证，而不必拘泥于特定的规定，能够增加审计信息的公正客观性，同时这种行为的自主性也给审计人员带来了一定的激励效果。另一方面，审计职业判断空间扩大的负效应——审计职业判断的主观性既可能使专业技能有限的审计人员由于专业知识的有限，而作出错误的判断；又可能使审计人员在委托人的示意下或某种经济利益的诱致下，作出不合理判断。因此，审计职业判断空间的扩大会影响审计鉴证的可靠性，还增加了审计职业判断中的道德风险发生的概率。因此，基于审计职业判断的正负效应以及审计人员行为的隐蔽性和难以观察性，如何构建审计人员的职业判断机制，对审计人员的行为及行为结果作出科学合理的评价，显得尤为重要。我们在教材中对每一个审计问题的处理都十分重视审计人员职业判断机制的建立与完善问题，为培养一个真正的审计人奠定重要的职业基础。

以上是我们编写本教材的基本定位，也是我们在会计教学中刻意追求的精神实质，几年来已经取得了一定的成效。当然，随着经济全球化和资本市场国际化的到来，随着审计国际趋同的不断深化，我们也需要在教材建设中不断接受新的挑战，我们的设想和做法也需要在实践中不断完善和发展。

本教材由安徽工业大学会计系《审计学》精品课程组负责编写，由刘英副教授、林钟高教授担任主编，对教材的整体框架、编写体例做了总体的安排，并负责部分书稿的撰写和全书的总纂工作；刘素珍、张力副教授担任副主编。教材各章的具体编写分工是：第一章由林钟高教授编写，第七、十六、十七章由刘英副教授编写，第二章由张力副教授编写，第四、十二章由吴良海副教授编写，第五、八、十八章由刘素珍副教授编写，第十、十九章由王锴副教授编写，第十三、十四章由张凌南老师编写，第二十章由娄文辉老师编写，第六、九章由马自俊老师编写，第三、十一章由刘骏老师编写，第十五章由沈维成老师编写。

由于时间仓促，加上水平有限，本教材难免存在很多不足和遗憾，我们希望大家提出批评指导，以便再版时不断完善。

《审计学》编写组

2008年10月15日

第二版前言

《审计学》自2008年出版以来，受到广大读者的欢迎。鉴于六年来审计环境的快速变化和审计教育模式的创新，尤其是未来审计人才培养的国际化趋势，我们感到有必要对2008年的版本进行修订。本次修订，除了坚守我们在第一版提出的审计教材和教法应该围绕审计人职业素养、关注审计经济后果以及审计职业判断三大理念之外，我们还极为关注审计科学的发展动态及其对审计教育提出的新挑战，并将之纳入新的教材之中。因此，本次修订的主要内容如下。

(1)更加重视风险导向审计(risk-oriented audit approach)的思想、理论与技术。众所周知，进入本世纪之后，审计环境发生了很大变化，包括全球化和信息技术对企业的经营产生巨大影响、企业的组织形式和经营模式不断创新、规则(目标)导向下的会计准则越来越多涉及判断和估计、市场(包括控制权市场、经理人市场、产品市场等)激烈竞争引致财务报告舞弊的压力大为增加，等等。传统审计模式的理论假设是，完善的内部控制可以降低错误与舞弊发生的概率。然而，大量著名的财务舞弊案例表明，舞弊的发生并非由于公司的内部控制不健全，而是管理层藐视或逾越致使内部控制未能发挥应有的作用，导致传统的审计模式失灵或者说部分失灵。账项基础审计完全依赖实质性测试(包括交易测试和余额测试)程序，但是管理舞弊一般能做到账证相符、账务处理正确，所以在这种情况下，实质性测试失灵。而制度基础审计比账项基础审计多了了解内部控制及控制测试两道程序，但是管理舞弊往往是管理当局策划并执行的，可以轻易绕过内控，所以内控基础审计也会部分失灵。因此，本次教材修订的核心思想可以概括为：审计风险主要来源于企业财务报告的重大错报风险，而错报风险主要来源于整个企业的经营风险和舞弊风险，教材借鉴“从被审计单位经营风险入手进行审计”(Business Risk Approach to auditing)和“透过战略系统棱镜审计”(through the Strategic system prism auditing)的审计新思维，以战略观和系统观思想指导重大错报风险评估和整个审计流程，既继承了把审计资源的分配向容易发生错报的领域倾斜的理念，又改良了评估财务报表重大错报风险的方法，可使注册会计师对于风险评估的结果更为全面、正确，以更有效地实现审计目标。

(2)加强对内部审计与政府审计的关注。教材第一版主要突出了独立审计主体，对于内部审计和政府审计的关注不多。但是，根据我国审计体系的构成，特别是随着内外部社会经济政治环境的变化，内部审计和政府审计也担负起各自应有的责任。本次修

订，我们特设专章进行讨论。国际内部审计师协会在1999年颁布的《内部审计职业实务指南》中指出："内部审计是一种独立、客观的保证和咨询活动，其目的是增加组织的价值和改善组织的经营。"也就是说，经济组织管理的目的是增加组织的价值，作为经济组织内部的一项重要管理职能，内部审计也应当是以帮助改善组织的经营管理，增加组织的价值，实现组织的目标为目的。更为重要的是，现代组织规模不断扩大，集团化、全球化、信息化的趋势日益明显，外部竞争日趋激烈，外部条件变化日益加快，面临的不确定因素日益增多。在这种环境下，内部审计不但要面向内部经营管理活动，加强检查、评价，以保证各项规章制度和管理指令得到及时有效的贯彻执行，而且要面向组织的外部环境，加强调查、分析，以提供经营管理者正确决策所需的建议、咨询、资料，提高管理效率，为最大限度地增加组织的价值服务。本次修订，我们扬弃了传统意义上的内部审计为政府审计服务的定位模式，从内部审计在评价和改善组织的风险管理、评价和改善组织的内部控制以及评价和改善组织管理过程的有效性等三大方面出发，全面、深刻地重新演绎了内部审计这一组织价值增加者的使命与责任。政府审计从本质上而言，是通过依法履行职责，对权力运行进行监督和制约，发挥预防、揭示和抵御的"免疫系统"功能，推动实现国家良好治理。特别的，经历30多年的渐进式经济体制改革之后，我国公共产品的供给主体呈现了多元化的趋势。由于政治体制改革与经济体制改革的不同步，国家审计的边界在制度上依然定位于公共财政，由此引发一系列不容忽视的社会问题。本次修订，强调了政府审计与国家治理之间的共生互动关系，从公共产品供给主体的多元化的现实出发，进一步拓展了国家审计边界，由现在的公共财政拓展为公共产品，实现与国家审计的公共受托社会责任及国家审计本质的"免疫系统"相协调，提高我国政府的市场监管效率，降低市场交易费用，建设服务型政府，促进社会主体间的利益和谐，实现国家善治。

(3)进一步更新独立审计的案例。案例教学是审计教育的重要模式，此次修订，我们重新审视了全书的案例，进一步明确了教学案例必须符合三个要求，这三个要求是：教学案例是事件，是对教学过程中的一个实际情境的描述，叙述的是这个教学故事的产生、发展的历程；教学案例是含有问题的事件，必须包含有问题或疑难情境在内，并且也可能包含解决问题的方法在内；案例是真实而又典型的事件，它必须能给学生和读者带来一定的启示和体会。根据这一原则，我们重新修订、补充和更新了全书的案例，期待通过这些案例，全面实现教学过程中"意料之外，情理之中"的目标。

值得特别指出的是，近年来的审计准则发生了很多的变化，国际趋同效果明显，国际机构的审计准则也经历了不少的修订，我们在本次修订过程中，密切关注了这些变化，并在相关章节有机地吸收了最新的审计理论，以提升教材的生命力和国际视野，也为培养具有国际视野和业务素养的审计人才提供理论帮助。

本次修订仍然由安徽工业大学会计系《审计学》精品课程组负责，由刘英副教授、林钟高教授担任主编，对教材的整体框架、编写体例做了总体的安排，并负责部分书稿的撰写和全书的总纂工作；刘素珍、张力副教授担任副主编。教材各章的具体编写分工是：第一章由林钟高教授编写，第七、十六、十七章由刘英副教授编写，第二章由张力教授编写，第四、十二章由吴良海副教授编写，第五、八、十八章由刘素珍副教授编写，第十、十九章由王锴副教授编写，第六、九章由马自俊老师编写，第三、十一章由罗媛媛老师编写，第十三、十四章由张凌南老师编写，第十五章由沈维成老师编写，第二十章由娄文辉老师编写。

由于时间仓促，加上水平有限，本次修订版尽管考虑了不少新理念、新内容，但是教材难免存在很多不足和遗憾，我们希望大家提出批评指导，以便再版时不断完善。

《审计学》编写组

2014年8月18日

第三版前言

我们编著的《审计学》教材(第2版)发行以来,又走过了7年时间,在教学过程中,我们也在不断地检视教材的优化与完善问题。尤其是在新经济、新业态、新模式的环境下,在大数据和人工智能的背景下,在业财融合的发展进程中,审计业界面临很大的挑战,审计失败频发。实践的困惑和问题不时地敲打着理论研究,也敲打着审计学教学和人才培养模式的重组与改造。在这样的背景下,我们对教材进行了修订。

本次修订,我们在坚持原教材编写原则、编写理念的前提下,着重提出了以下核心修订思想。

(1)教学逻辑的重构。审计学除了具备严谨的理论体系和框架结构之外,还具有严格的审计步骤以及证据链条,但是这些步骤和链条又是非常抽象的、教条式的。如何让一个没有审计实际工作经历的大学生掌握审计的理论逻辑和证据逻辑,是需要严谨教学逻辑的重构的。因此,我们在此次修订中,强调了这样一个逻辑重构,即问题引入—案例分析—审计理论提升—问题总结,如此循环往复,将枯燥的理论,通过案例引出;将审计职业判断,嵌入案例与理论之中,实现案例、理论与判断熔于一炉。

(2)教学思想的再造。审计学教学,不是教一本书,而是教一门课;不是简单审计技术的传授,而是审计思想的塑造与历练。在AI技术的冲击下,尽管审计技术必然会发生根本性的变化,但是审计内涵的思想是不会改变的,这就是要从治理的高度,将审计提升到企业治理、社会治理、国家治理的层面去认识、去把握。在这样的思想指导下,我们在教材修订中,关注基于职业判断的教学实现的再造,从契约和伦理的角度,注入审计的文化底色,让思想点亮审计教学的根脉。

(3)教学资料的更新。随着时代的发展,企业经济活动更趋复杂化,审计实践中更是出现了千奇百怪的各种案例。作为培养学生的基本素材,我们必须将现实中鲜活的实例呈现给广大的学生,让他们能够接触到现实的审计案例,感受审计的魅力与艰辛,体验规范审计基本制度的初始安排与完善优化。因此,本次修订,我们全部更新了审计案例,注重审计案例的前沿性、重要性以及代表性,尤其是审计案例对于审计理论的证据性与嵌入性,体现案例教学的核心价值:理论与实践的互动,在互动中优化理论,完善实践。

(4)教学模式工程性。处于工科院校的学生,究竟如何学习审计学,才能体现工科院校的特色和优势,这是我们此次修订教材看重思考的一个问题。如果把一个项目审计的全过程看成一个工程,则教学过程隐含着工程管理的思想,教学模式既要注重审计的工

程底色,更要重视工科院校的特色,将工科特色融入审计教学中,让审计教学充满工程的理念。在这种思想指导下,审计教学注重精益求精精神、团队合作精神、独立精神。教学如此,教材编写焉能例外。

本次修订由安徽工业大学会计系省级审计教学团队及《审计学》精品课程组负责,由刘英副教授、林钟高教授担任主编,对教材的整体框架、编写体例做总体的安排,并负责部分书稿的撰写和全书的总纂工作;刘素珍副教授担任副主编。教材各章的具体编写分工是:第一章由林钟高教授编写,第五、十四、十五章由刘英副教授编写,第三章由王锴教授编写,第七、八、十六章由刘素珍副教授编写,第二、九章由娄文辉老师编写;第四、六章由马自俊老师编写,第十、十一章由牛艺琳老师编写,第十二、十三章由沈维成老师编写,第十七章由罗原媛媛老师编写。

由于时间仓促,加上水平有限,本次修订版尽管考虑了不少新理念、新内容,但是教材难免存在很多不足和遗憾,我们希望大家提出批评指导,以便再版时不断完善。

《审计学》编写组

2021年9月18日

目　录

第一编　审计职业与环境

第二编　审计基础理论与技术方法

第三编　审计循环与报告

第一编

审计职业与环境

第一章　审计概论

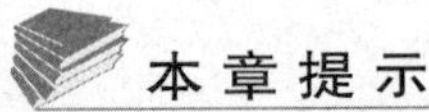

本章提示

学习目标　本章在回顾了审计在国内外的产生和发展的基础上，阐述了审计目标、审计假设、审计概念、审计对象、审计分类、审计职能、审计作用、审计组织等审计理论结构。通过本章的学习，学生应该了解审计的发展历程，掌握审计的理论结构。

重要概念　审计；注册会计师审计；审计理论结构

引　言

审计是由独立的专门机构或人员接受委托或根据授权，对特定单位的会计资料及其所反映的经济活动进行独立的审查、监督、评价与鉴证[①]。审计是一种渊源久远的社会实践，它随着社会政治、经济、文化、法律的发展而不断完善和发展，到今天已经形成了一套包括国家审计、注册会计师审计、内部审计三足鼎立格局的比较完备的组织体系与制度架构，共同为经济发展和社会进步发挥着重要的作用。

第一节　审计的起源与发展

一、审计在中国

我国审计经历了一个漫长的发展过程[②]，大体上可以分为六个阶段：西周的萌芽阶段、秦汉的确立阶段、隋唐宋的发展阶段、元明清的中衰阶段、中华民国的演进阶段、新中

---

① 审计作为一种监督机制，其实践活动历史悠久，但人们对审计的定义众说纷纭。国内学者大都认为，审计是由国家授权或接受委托的专职机构和人员，依照国家法规、审计准则和会计理论，运用专门的方法，对被审计单位的财政、财务收支、经营管理活动及其相关资料的真实性、正确性、合规性、合法性、效益性进行审查和监督，评价经济责任，鉴证经济业务，用以维护财经法纪、改善经营管理、提高经济效益的一项独立性的经济监督活动。美国会计学会1972年在其颁布的《基本审计概念公告》中给出的审计定义，即“审计是指为了查明有关经济活动和经济现象的认定与所制定标准之间的一致程度，而客观地收集和评估证据，并将结果传递给有利害关系的使用者的系统过程”。尽管审计定义的内容存在差异，但是把审计行为当成一个过程（活动）是一致的。

② 关于中国审计的起源问题，学界有多种不同看法，主要观点有：五六千年以前说（有活动就有审计）、商代说（设立御史、卿史）、西周说（宰夫的设立）、春秋时期说（上计制度的实行）、宋代说（设立审计院）。本书比较认同的是“西周说”的观点。

国的改革发展阶段。

周朝初期国家财计机构分为两个系统：一是地官大司徒系统掌管财政收入；二是天官冢宰系统掌管财政支出。在《周礼·天官篇》中记载的大宰、小宰、司会、宰夫等官吏都有审查会计报告的职权。会计部分的审计工作由司会负责；独立于会计之外的审计工作由宰夫负责。《周礼》记载："凡上之用，财用，必考于司会。"即凡帝王所用的开支，也都要受司会的检查，可见司会的权力很大。而且还说："以参互考日成，以月要考月成，以岁会考岁成。"这就说明一切会计报告都要经过司会钩考，然后再报告大宰和国王，以论赏罚。可见周朝的审计制度是非常严密的，而且在当时，对会计的检查非常重视。周朝之后，历代都沿用了周朝的这种办法，而且形成了一种制度，这就是所谓的"上计制度"，一直沿袭实行到汉朝。

秦汉时期作为我国审计的确立阶段，主要表现在三个方面。一是初步形成了统一的审计模式，秦朝设立的"三公""九卿"辅佐政务，御史大夫（是"三公"之一）执掌弹劾、纠察之权，专司监察全国的民政、财政以及财物审计事项，并协助丞相处理政事，初步形成了审计机构与监察机构相结合、经济法制与审计监督制度相统一的审计模式。二是"上计制度"日趋完善。三是审计地位提高，职权扩大。秦汉时期的御史大夫不仅行使政治、军事的监察之权，还行使经济的监督之权，控制和监督财政收支活动，钩稽财政收入情况。

隋唐宋是中国审计的发展阶段。隋朝在尚书省下设比部以行使审计职权，通过对比（财政收支对比或者财政预算与决算对比）考核，证实经管人员工作的正确性、真实性。在唐朝比部设立在刑部下边，这意味着如果发现违法乱纪的行为，它就可以直接依法治罪，初步实现了将法律规定和会计检查直接联系的审计标准制度。宋朝首次先后设立了"审计院""审计司"等审计机构，专门稽查财政收支活动。我国"审计"由此正式命名，此后"审计"一词便成为财政监督的专用名词，对后世中外审计建制具有深远的影响。

元明清各朝，君主专制日益强化，审计虽有所发展，但总体上可以说是停滞不前。元代取消比部，户部兼管会计报告的审核，独立的审计机构即告消亡。明初设比部，取消后改设都察院审察中央财计。清朝承袭明制由都察院行使审计职权，虽然明清时期的都察院制度有所加强，但其行使审计职能具有一揽子性质。由于取消了比部这样独立审计组织，其财计监督和国家审计职能严重削弱，与唐朝比部行使司法审计监督职能相比，后退了一大步。

中华民国时期先后在国务院和检察院下设审计处、审计院和审计部等，颁布了审计法，在各省（市）和国家机关设立相应的审计组织，行使对中央和地方各级行政机关以及其事业单位的财政和财务收支的审计监督职权。后来的国民党政府也颁发了若干审计法规，对审计工作作出了一些具体规定。与此同时，我国资本主义工商业有所发展，随之独立审计应运而生，职业会计师事业有了一定的发展。这一时期，我国审计日益演进、有所发展，但由于政治不稳定、经济发展缓慢，审计工作一直没有长足的进展①。

中华人民共和国成立初期，国家没有设置独立的审计机构对企业进行财税监督和货币管理，是通过不定期的会计检查进行的。党的十一届三中全会以来，首先恢复了注册

① 如果对中华民国时期的审计感兴趣，可以参阅方宝璋．民国审计思想史[M]．北京：中央编译出版社，2010．

会计师制度，并颁发了一系列有关注册会计师的法规，使注册会计师审计步入了法制轨道。设立了我国国家审计的最高机关——审计署和各级人民政府审计机关，并颁发了有关国家审计的法规，奠定了国家审计的地位和发展的基础[①]。出于加强部门和单位内部经济监督和管理的需要，又在部门和单位内部设立了内部审计机构实行内部审计监督。至此，我国形成了国家审计、注册会计师审计和内部审计三位一体的审计监督体系，审计制度和审计工作步入了改革发展时期。

二、审计在国外

审计在国外历史也很长久了。1915 年在意大利发现了一批古代文书资料，其中有公元前 3 世纪的企业经营记录，包括支付工资和财产收、支、存的记载，而且这些会计记录都是经过专人审核的。由此可见在西方会计发展史上，审计也占着重要地位。

公元后，罗马帝国从连年征战进入和平建设时期，农业生产和商业出现繁荣景象，社会财富大量集中到少数贵族和宫廷手中，记账技术也进一步提高，就在这个时候宫廷账房建立了"双人记账制"，双人记账制的审核和监督作用以及相应的检查制度的约束，可以保证账册数据的正确与完整。9 世纪后，东方各国和西欧间的贸易不断发展，地中海沿岸的主要城市成为东西方贸易中心，当时的热那亚、佛罗伦萨、威尼斯等地是商品的集散地，西方商人从东方进口的商品都在这里卸货。商品到岸后，照例要核对账单、货单。繁重的对账工作，使进口商感到麻烦，于是产生了一批查账员，他们以帮助核对账目为职业，从而成为最早的"民间(独立)审计师"。特别是随着英国产业革命后私人企业规模的不断扩大和股份公司等各种组织形式的巨大变化，注册会计师职业开始步入了全面发展的时期。

20 世纪，世界经济中心从英国转向美国，会计理论包括审计的理论得到了新的发展。20 世纪 60 年代后，内部审计只能从传统的审计转向企业经营领域。传统的审计职能主要检查：数字数否正确、完整，账目处理是否符合会计准则，是否存在弄虚作假和营私舞弊行为。一部分学者主张，现代审计的职能应在传统职能的基础上，增加业务经营政策和业务活动的检查。内部审计应具有系统的观察和分析职能，对企业决策提出重要证据，它的具体任务是：对经济效果的检查和分析；对经理提出增加经济效益的建议；建立新的数字情报系统，运用数据程序从事审计等。

随着经济的发展和资产阶级国家政权组织形式的完善，国家审计也有了一定的发展。为了监督政府的财政收支，切实执行财政预算法案，西方国家大多在议会下设立专门的审计机构，由议会或国会授权，对政府及国有企事业单位的财政财务收支进行独立的审计监督。世界上很多国家将审计机构设立在(隶属于)立法系统，独立行使审计监督权限，但也有一些国家的审计机关设立在政府行政系统中。总之，不管哪种类型，都应该

① 2018 年 3 月，中共中央印发了《深化党和国家机构改革方案》。方案称：为加强党中央对审计工作的领导，构建集中统一、全面覆盖、权威高效的审计监督体系，更好发挥审计监督作用，组建中央审计委员会，作为党中央决策议事协调机构，主要职责包括研究提出并组织实施在审计领域坚持党的领导、加强党的建设方针政策，审议审计监督重大政策和改革方案，审议年度中央预算执行和其他财政支出情况，审议决策审计监督其他重大事项等。

保证国家审计机关拥有独立性和权威性，以不受干扰、客观公正地行使审计监督权。

三、注册会计师的产生与发展

鉴于本教材以注册会计师审计为主的框架设计，这里就注册会计师的产生与发展做一个专门介绍。

会计学是实用的科学，哪里的工商业越发达，哪里的会计就越发达。13 世纪时，意大利的商务最发达，簿记的使用也最早，有了会计工作，就要有会计学校培养人才，就要进行学术研究，就要成立会计师的组织。学术研究开始于 1581 年意大利威尼斯的会计学院，会计师组织 1739 年已见于米兰。英国开始于 1721 年，因南海公司（the South Sea Company）营业失败，委托斯奈尔清查账目，以后他成为被英国政府承认的第一个会计师（另一种说法是，英国有个名叫司考托的数学教员，因为他善于检查账目的错误，很多商人都聘请他查账，而成为英国第一个会计师）。到 19 世纪，铁路热潮既起，查账人才的需要很多，会计师事业逐渐发达。会计师成为专门职业与会计学成为专门科学，虽然开始于意大利，而实际完成于英国。

美国会计师职业历史较短，但进展的程度较快，是后起之秀。纽约的会计师公会成立于 1887 年，会计师法于 1896 年公布，凡执业的会计师均需经过严格的考试，各地的会计师公会也接踵而起。由于跨国公司不断出现，企事业单位的规模更加庞大，国内国际市场竞争更加激烈，会计师业务日益发达，以致最后形成了号称对世界会计师事业具有重要影响的“四大会计师公司”（从最开始的“八大”到“六大”再到最后的“四大”，从一个侧面反映了会计师职业严峻的执业要求和执业环境）。随后，日本、加拿大等国家的注册会计师事业也得到了蓬勃发展。

注册会计师职业从产生那天起，经历了不断发展与完善的过程。至今天，注册会计师队伍已经成为同律师、医师并列的专业队伍。注册会计师审计的发展经历了几个比较典型的历史阶段。

一是详细审计阶段（1844 年至 20 世纪初）。这一时期英国审计模式占据主导地位，对当时美、日及欧洲部分国家产生了重要影响。这一阶段独立审计的主要特点是：独立审计由任意审计转向法定审计；审计目的在于差错防弊，保护企业财产的安全与完整；审计方法是对会计账目进行逐笔的详细审计；审计报告的使用人主要是企业业主（股东）。因而这一阶段通常也被称为英国式审计阶段，或者会计账目审计阶段。

二是资产负债表审计阶段（20 世纪初至 20 世纪 30 年代）。由于此时全球经济发展中心从欧洲转向美国，注册会计师审计发展的中心也由英国转向了美国。这一阶段审计的主要特点是：审计对象主要是资产负债表，审计目的主要在于通过对资产负债表数据的审查判断企业的信用状况，审计方法主要是抽样审计；审计报告的使用人除了企业股东之外还突出了债权人的需要。这一阶段通常也被称为美国传统式审计阶段。

三是财务报表审计阶段（20 世纪 30—40 年代）。这一时期独立审计的主要特点是：审计对象是以资产负债表和损益表为中心的全部会计报表及相关会计资料；审计目的主要在于对会计报表发表审计意见，着重强调鉴证，差错防弊下降为次要目的；审计范围已经扩大到测试相关的内部控制制度，抽样审计已经被广泛采用；审计报告的使用人扩大

到股东、债权人、潜在投资者、证券机构以及政府和社会公众；独立审计准则的拟定工作已经起步，审计开始向标准化、规范化的方向迈进；注册会计师资格考试和认证制度开始推行。

四是现代审计阶段（20世纪40年代以后）。这一时期独立审计的主要特点是：审计机构不断发展，开始呈现出集中化的趋势；审计技术不断完善，制度基础审计得到推广，抽样审计广为应用，风险导向审计开始引起关注；审计准则体系不断完善，并逐步走向国际趋同；审计业务不断拓展，管理咨询业务异军突起；计算机辅助审计技术已经被广泛采用。

总之，注册会计师审计的对象、目的、技术、性质、准则、范围等都不断地随着社会经济发展的需要和职业本身的可能相结合的路径不断进步和发展。

小提示

综观审计产生和发展的历史长河，有关审计导因主要有以下几种不同的理论观点。

（一）代理理论——降低代理成本

代理论认为审计的出现不是外部力量强制的结果，而是社会力量选择所致。审计的本质在于促使委托人和代理人的利益都达到最大化。审计是委托人与代理人的共同需求。

詹森和麦克林认为，委托代理关系是指“一个人或一些人（委托人）委托其他人（代理人），根据其他人的利益从事某些活动，并相应地授予代理人某些决策权的契约关系”①。委托人和代理人都是最大合理效用的追求者，然而它们各自的利益目标又不一致，委托人为了使代理人朝着自身的方向努力需付出代理成本；而既降低代理成本又维持这种代理关系就需要监督，审计就是一种监督方式。股东作为委托人，除了通过管理部门的报告外，没有其他途径考查作为代理人的管理部门的工作业绩与他们的目标之间的联系程度，更无法考查管理部门做了哪些工作导致了这一盈亏情况。如果将管理部门业绩与报酬相联，管理部门就有虚报业绩的动机；但若管理部门的报酬固定，管理部门必然没有了工作的积极性。由此认为，如果用有刺激的报酬合同再加上对财务报表的审计，就可以达到股东价值最大化的目的，这就产生了对审计的需求。不过，这是对委托人，即股东而言的。对于代理人而言，由于管理部门的报酬与其业绩挂钩，精明的管理人员就会主动去聘请审计人员对其业绩的真实性进行鉴定，以向股东说明其付出的努力及有效性②。由此可见，审计是委托人和代理人的共同需求。

巴拉契吉与勒默克拉西（1980）③研究指出：①审计是保持经理与股东利益最佳化的

① Michael C. Jensen, William H. Meckling. Theory of the firm: Managerial behavior, agency costs and ownership structure[J]. *Journal of Financial Economics*, 1976, 3(4): 305-360.

② PremSikka. A survey of auditing research: D. Gwilliam Prentice-Hall International/ICAEW[J]. *The British Accounting Review*, 1988, 20(2): 203-205.

③ John E. Butter Worth, J. Leslie Livingstone. Discussion of Internal Control and External Auditing for Incentive Compensation Schedules[J]. *Journal of Accounting Research*, 1980(8): 172-176.

控制器；②经理也希望通过外部审计人员来证实财务报告的真实性及其他们良好的经营绩效。

瓦茨和齐墨尔曼(1979)①发表的《以市场为借口的会计理论的供求》一文，则从“余值损失”这一角度来分析审计中的代理人理论。他们指出，由于经理们与股东、债权人的利益不一致，就会产生代理人成本。债权人与股东为提防经理们或者将公司的财产转化为股利、或者将财产转化为由股东或债权人应负担的费用等不法行为，便在购买股票或债券时在价格上打折扣。这样，经理们只能用低于自己出钱办公司的价格发行股票与债券，从而由公司创办与经理们共同承担发生在证券市场上的差价(余值损失，这是代理人成本的一部分)。由于经理们承担了余值损失，所以愿意花费一笔费用来保证不损害股东与债权人的利益，这笔费用便是“约束”“控制”“审计”费用。著名会计学家周齐武教授(1982)运用代理人理论所作的实证研究②，结果表明：①企业规模越大，对审计的需求越高(并且，单位审计费用随着企业规模的增大而下降)；②具有较高负债与权益比率的公司更有可能接受审计；③越是根据会计数据签订的契约，越有可能接受审计。

(二)信息理论——优化资源配置

信息论认为，为了使资本市场的资源分配有效，在决策时需要可靠的信息，审计，能使这些信息可靠，即审计的本质在于增加财务信息的价值。哈耶克说资本主义制度的实质是“人类合作的扩展秩序”，经济学家阿罗说“人类的合作行为是为了扩展个人理性”。实质上所有的制度都可以看作是“扩展秩序”，其作用是为了对个人理性的扩展，即实现人类福利的帕累托改进，独立审计制度也是为了改进人类福利、实现资源的最优配置。

理论之一，信号传递理论。该理论认为，之所以存在审计，是由于管理当局和投资者之间存在着潜在的信息不对称。信息是一种特殊的经济资源，它具有价值，取得信息需要付出成本。投资者可以利用财务信息作出适当的决策。但由于信息的不对称，外部投资者、债权人无法知道企业的真实情况，而信息提供者很有可能说谎。这种不可靠的信息会导致信息使用者的失败和损失，因而就产生了提高信息质量及其可靠性的要求。当然，这种需求只有在从高质量的信息中获得的利益超过为提高信息质量而付出的代价时，才能真正付诸行动。但如何才能提高信息的可靠性呢？唯一的办法就是去查账。所以，信号传递理论的假设是：信息的发布与质量成本成反比，也就是说，信息的传递发布，能使买者在购得审计信息产品后，其质量被证实，审计能够保证信息传递有效，并使事后的审计信息产品质量仍能得到证实。

理论之二，信息系统理论。该理论认为，信息是一种具有公共性质的商品，因此，市场有必要干预这些商品的质量，否则，如果市场上的信息商品质量低劣，市场的资源分配可能无效。那么，为什么这些信息商品的质量不能由个人或集体自己来鉴定，而必须通过政府的一系列法规由独立审计来进行呢？一方面，对于每个个别投资的股东，作为个

① Ross L. Watts, Jerold L. Zimmerman. The Demand for and Supply of Accounting Theories: The Market for Excuses[J]. *Accounting Review*, 1979, 54(2): 273 - 305.

② Chee W Chow, Steven J Rice. Qualified Audit Opinions and Audi tor Switching [J]. *The Accounting Review*, 1982(4): 326 - 335.

人无法进行委托；另一方面，如果由各利益相关者分别进行委托审计，这种代价就太高了。受能力、时空等限制，专门的会计师对财务信息进行审计应运而生。审计提高了财务信息的可信性，增加了财务信息的价值。

（三）保险理论——实现风险转移

依据证据提出意见这一过程，也可以看作是按一定社会规范衡量个人和组织行为品质的过程。20 世纪 80 年代以来，审计职业受到种种冲击，指控注册会计师的诉讼数量呈“爆炸性”的趋势。这一方面说明经济利益和道德的共同作用，提高了审计按公认规则衡量企业行为与业绩的关联度，同时也说明审计发展过程中表现出的审计职能的动态性和社会压力的作用，说明审计在不断地适应社会的要求，不断地探索社会对审计的期望，在力所能及的范围内满足它们。在此种背景下，人们开始对审计的本质问题重新思考，认为审计是一种把信息风险降到社会可接受水平的活动，审计的本质在于分担风险。

审计费用的发生贯彻了风险分担的原则。与股份公司利益相关的各集团和股东，为防止经理层舞弊而造成灾难性损失，都愿意从自己将要得到的收入中支付一部分费用来聘请审计师三人分担风险的目的。这一理论建立在风险转嫁说基础上。在这一理论下，审计的作用被看作是一种保险行为，审计的过程就是收集证据以把风险降到合理程度的过程[①]。审计人员被期望作为信息的风险减少者和保险人，又有两种不同的看法。

第一，纯粹的信息风险减少者。作为完全纯粹的信息风险减少者，审计人员被雇佣来减少财务报表隐含错误的负面影响。

Q 表示信息：

$$dQ=Q_1^*-Q_1$$

式中：Q_1^*：审计后的信息；Q_1：审计前的信息；dQ 表示审计的作用（结果），反映信息的变化。

第二，完全风险分摊者。审计人员的风险分摊角色类似于保险而不同于代理。审计人员不分享成功决策的利益而分担其损失，与保险一样，审计费用取决于要求的强烈程度（C）和可能性（P_r），因此：

$$P_0=f[P_r(S_1<S_c)*C(Q_0)]$$

式中：P_0：$t=0$ 时，审计人员的服务价值；S_1：$t=1$ 时，股票价格；Q_t：t 时，信息的有用性；S_t：t 时，股票价格，S_c：某一关键的价值。

如果 $C=\max[0,S_c-S_1/Q_1]$，审计人员可视为出售一项卖出期权，因而与卖出期权定价模式类似的技术可用于建立保险费。当然，保险费可以比一项类似出售期权价格更高，因为 C 可能大于（S_c-S_0）。如果审计人员的服务能达到可以要求的均衡价格，则安排对投资者、审计人员都有利。作为风险分摊者，审计人员可能仍行使对财务记录的审计，与保险公司在改善管理上有优势一样，审计人员在研究、规划内部控制，改善管理（使 S_t 不低于 S_c）上也有优势。当然，现实的审计人员的角色两者兼而有之，但并不是很协调

① 胡春元．审计风险研究[M]．沈阳：东北财经大学出版社，1997.

的：作为信息风险减少者，审计人员充实了信息变量，Q_1 变为 Q_1^*，Q_1^* 影响股票价格。作为风险分担者，审计人员在 $S_1(Q_1^*)<S_c$ 时，要支付 C，两者结合起来了，但并不和谐。假如审计人员在 $t=1$ 时发现管理的不妥当，作为风险减少者，有责任披露，但是，如果披露使 $S_1(Q_1^*)<S_c$，则作为保险者他不会披露。因此，在审计人员相信 $S_1(Q_1^*)<S_c<S_c(Q_1)$ 时，他不会说话，当然，囿于道德与名誉，他们可能会讲真话，但利益的侵蚀势必动摇人们对审计的信心。

(四)冲突理论——维护各方利益

发表一个意见，以合理保证财务报表不受到利害冲突的影响。财务报表的使用者之间也存在利害冲突，为了使财务报表为每一个预期使用者所信赖，财务报表必须保持中立，也要求有一独立于利害关系各方的审计人员对财务资料予以鉴证，以维护各个利益集团的利益。冲突论认为审计之所以存在，就是因为利害冲突的存在会导致财务报表存在不实报道的可靠性，这是社会需要审计的最基本原因。Chow(1982)应用了 Jensen and Meckling(1976)，Fama(1980)的代理理论框架分析公司聘请注册会计师的动机，通过 1926 年(当时并无强制性的审计要求)的 165 家在纽约证券交易所(NYSE)和店头市场(OTC)上市的公司作为样本进行实证分析后得出结论：公司聘请注册会计师的主要动机在于帮助协调发生在公司管理当局、股东和债权人之间的利益冲突。

(五)行为理论——影响行为动机，提高行为效率

审计学家邱奇儿等[①]研究认为，审计作为一种有意义的行为，通过它的活动，能够带来一定利益。审计行为是通过组织规则的方式来影响企业各个层次职员的行为动机，影响他们的正直态度。同时，审计还能保证会计系统以最佳方式来促进企业更有效地工作，其证据就是每一个企业都自觉地扩大了内部审计部门。按照美国麻省理工学院麦格雷戈创立的 XY 行为理论来说[②]：人的本性假定是人生来就厌恶工作，由于厌恶所以需要某一管理层次对其进行指挥、控制、施加威压，实行惩罚警戒以促使他们努力达成组织的预定目标。

(六)监管理论——监管经济学的引入

以上关于审计需求的理论解释，主要适用于独立审计(或一定意义上的内部审计)，无法合理地解释诸如国家审计的问题，而监管经济学的引入无疑能有效地予以解决[③]。

根据监管经济学的观点，监管是一种商品，这种商品的分配受供求关系的支配，导致

---

① Neil C. Churchill，Richard M. Cyert. An Experiment in Management Auditing[J]. *Journal of Accountancy*，1966，121(2)：39－43.

② 道格拉斯·麦格雷戈．企业的人性面[M]．韩卉，译．杭州：浙江人民大学出版社，2017.

③ 比监管经济学更早出现的是公共利益论和俘虏论。公共利益论是从市场失灵的原因和后果出发论述监管存在的理由、可能的监管范围和监管的总体目标，认为市场失灵自然而然地就会产生监管的需求，监管可以消除市场失灵所带来的价格扭曲，从而弥补市场机制在资源配置过程中的效率损失。俘虏论将人们的注意力从以往的仅仅从经济学理论出发对监管进行研究，转向对监管者实际行为和动机的考察，说明了究竟是什么原因导致了对监管的需求。这两种理论各有其不足：前者不能说明监管需求是如何转化为监管实际的，后者不能说明监管的供给是如何产生的以及是什么原因导致监管机构行为的变异，更不能说明为什么只有被监管者才是唯一能够给监管机构施加影响的利益集团；两者均不能说明为什么监管者会背离初衷而与被监管者形成相互依赖的关系。

监管这种产品产生的供求关系完全可以用经济学的原理来解释[①]。之所以会存在对监管的需求，是因为国家监管可以使得利益集团的经济地位获得改善[②]。企业可以从政府监管那里获得至少三个方面的利益：直接的货币补贴、控制竞争者的进入、获得影响替代品和互补品的能力以及定价能力，而监管的供应则来自那些政治家。根据这一理论，监管经济学认为，监管成本除了维持监管机构存在和执行监管任务的行政费用之外，还要解决三个方面的监管成本问题：一是道德风险及其由此进一步加大的“逆向选择”负面效应；二是因为监管扩大了风险业务，从而增加其信贷资产在风险程度方面的成本；三是被监管者为了遵守或者符合有关监管规定而额外承担的成本，包括合规成本和经济福利损失。无论是道德风险、合规成本还是经济福利损失，都只属于监管的静态成本。更为重要的是监管所带来的第四种成本——监管的动态成本。监管经济学认为，监管有时起着保护低效率的生产结构的作用，因而会成为管理和技术革新的障碍，造成动态经济效率的下降。

（七）受托经济责任：揭示独立审计需求的本源

受托经济责任论认为，审计是在“两权”分离所形成的受托经济责任关系下，基于经济监督的客观需要而产生的，并伴随着受托经济责任的发展而发展。

受托经济责任指的是，责任承担人向有关方面说明其行为过程及结果的责任。受托经济责任关系客观上存在委托者对受托者实行经济监督的需要，也就是说，财产所有者为了维护其利益，有必要对经营管理者的受托经济责任履行情况进行审查，以评价受托经济责任的履行。只有当这种经济监督活动由财产所有者委托或委派独立的审计人员进行时，才会产生这种具有独立性的审计活动。

审计产生于受托经济责任的论点，已为国内许多学者接受。1989 年 4 月中国审计学会在安顺召开的审计基本理论研讨会上，与会同志一致认为：审计是在财产所有权与管理经营权相分离以及多层次管理分权制所形成的经济责任关系下，基于经济监督的需要而产生和发展起来的。

1. 从审计的产生与发展过程看审计的动因问题

会计监督是经济监督的有机组成部分。经济监督体制是经济监督机制的组织存在形式。所谓经济监督机制是由某一经济主体，通过对特定的经济活动及经办人员进行间接或直接的观察了解，来监视并督促执行该项活动的经济主体及人员按其规定的义务或责任来履行其应有的经济职能，以防止他们不尽职尽责，或对侵占、破坏其他经济职能的一种经济管理机制。可见，经济监督机制取决于经济职能的分化和制约，而经济职能的分化和制约又取决于特定历史条件下的社会权责结构，最终决定于特定历史条件下的生产力水平和经济基础及上层建筑。

随着人类社会经济的发展，经济监督的形式由最初的直接监督逐渐转化为更多的对经济活动过程及经办人员进行的计量监督，这种经济计量监督主要由会计所承担。随着

---

① R. Kabir. Security Market Regulation：An empirical investigation of trading suspension and insider trading restriction[M]. Datawyse Publishing House，Maastricht，1990.

② George J. Stigler. The Theory of Economic Regulation[J]. *Bell Journal of Economics*，1971，2(1)：3－21.

社会经济的进一步发展,会计工作不断发生变化,会计监管也逐渐分化为会计对经济活动过程、结果和经办人员的监督,以及对审计人员的监督,即审计监督。在我国,经济监督不仅包括审计部门的监督,而且还包括财政、银行、会计等业务部门监督。它们构成了一个完整的经济监督体系,在我国的经济建设中发挥着各自应有的作用,而且随着经济体制改革的深入,其重要性越来越明显。审计监督与其他业务部门实施的经济监督,虽然在监督的最终目的上是一致的,但审计监督与财政监督、税务监督、信贷监督、会计监督终究不是等同的概念。其差别,不仅表现在审计监督的范围较其他经济监督更具全面性、综合性,而且更重要的是从审计的性质加以辨析。我们认为,审计监督有别于其他经济监督所具有的本质特征,就在于审计监督具有独立性;审计是一项具有独立性的经济监督活动。

审计职能随着委托代理关系的扩展由处在不同产权区域的部分人专门予以执行时,审计职业便形成了。社会不同经济领域对审计职能的需求,唤起了职能分工的独立化,而这种独立化又促成了处在国家产权区域的国家审计、私人产权区域的独立审计以及单位产权区域的内部审计形成审计的三个分野,且不能相互取代。同时,审计职能的有效性还引发了改进审计制度体系、健全审计工作体系、完善审计要素体系等方面的要求,推动了整个审计体系的发展。审计界致力于整个审计体系改革,就必须将审计职能作为制定整个改革方案的出发点。

独立审计主要是为会计信息使用者鉴证会计信息公允性服务的。社会审计机构作为中介组织,既负有提供真实审计信息的义务,又享有向审计信息使用者收取审计费用的权利。权利与义务平衡是保证审计信息质量的关键。在这一权利与义务中,存在着三种权利主体:会计信息提供者(被审计者),会计信息使用者(审计信息需要者)和会计信息鉴证者(审计者)。从审计的历史来看,三者应有如下的权利与义务关系:被审计者的义务是向审计者提供审计所需的全面、真实的会计资料,权利是要求审计者公正评价其提供会计信息的公允性;审计信息使用者的义务是向审计者支付合理报酬并按约定范围使用审计信息,而其权利是要求审计者提供有关会计信息公允程度的审计报告;审计者的义务是帮助会计信息的使用者鉴证会计信息的公允性和提供相应的审计报告,并在约定范围内对审计报告的质量承担责任,权利是向审计信息使用者(理论上的审计委托人)收取审计费用。

根据委托代理理论,审计是由委托人需要了解代理人对其委托财产的经管状况的需要而产生的。在委托人远离其委托财产的经营过程的条件下,委托人对委托财产经管情况的了解,主要依靠代理人提交的反映受托财产经管情况的会计报告;而该报告又是由代理人编制的,其公正性容易受到质疑。委托人为了获得真实可靠的会计信息,就产生了聘用外部审计的需要。

按该理论,在规范的审计市场中,供需双方分别是审计者(审计信息供应方)和财产委托者(审计信息需求方)。审计信息就是该市场中的产品,这种商品所具有的专门为财产委托人"订做"的特殊性,并不妨碍审计信息买卖双方权利与义务的平衡关系。因为在规范的审计市场中,要求审计者保持审计信息的独立性,不允许审计者与被审计者发生任何经济利益关系,使审计者能从始至终不受外来和内在因素的影响或干扰,能够客观、公正地对被审计单位的会计资料进行审查,并得出结论。

2. 审计与受托经济责任的总括性分析

审计作为一项独立的经济监督活动，因受托经济责任的产生而产生，并伴随着受托经济责任的发展而发展。那么受托经济责任到底基于何种原因而产生？

对导致受托经济责任的成因，学术界一直存在不同看法，归纳起来，主要有以下四种观点。第一“财产两权分离论”，这种观点认为，受托经济责任是在财产的所有权和经营权或管理权发生分离时，在财产所有者和受托经营者或受托管理者之间形成的一种关系。第二“财产两权分离加管理分权论”，这种观点认为“经济责任可以由两种情况形成：一是因管理层次和管理区域的划分而形成的各级管理者，对最高当局负有的经济责任；二是在所有者与经营者都具有法律认可的地区，所有者与经营权分离的情况下经营者对管理者负有的经济责任”。第三“资源贡献论”，这种观点认为，作为企业的管理当局，“有责任向顾客提供合乎需要的产品和劳务，有责任向工人提供最佳工作环境，有责任向政府如实申报所得税”。第四“利益相关论”，这种观点认为，不同实体间的利益相关，是受托经济责任关系的最基本原因。因此，受托经济责任从广义上讲，可以扩大到某个组织行为所影响的所有群体。

尽管对于受托经济责任的成因存在上述不同观点，但如果对这些观点仔细分析，不难发现，受托经济责任形成的基本原因还是财产的“两权分离”，其他几种理论都是对“财产两权分离论”的延伸和发展。一方面，财产所有者将财产授权经营管理者进行经营管理，并授予其使用、处分财产的权限；另一方面经营管理者作为合法的代理人自主支配和使用财产，对日常经营管理活动实施决策和指挥，并要直接对所有者承担受托经济责任，保护财产安全完整，加强经营管理，提高经济效益，并负责向所有者提出业绩报告。财产所有者为了考核并确定经营管理者履行经济责任的情况，就必须对经营管理者的经营管理业绩进行审查、评价和证明，以便确定或解除经营管理者经营管理的责任。

因财产所有权和经营管理权分离而产生的受托经济责任关系，反映的是利益关系，因而受托经济责任也就普遍存在于相应的经济制度中。在社会生活中，存在着各种各样的利益关系，而并非所有的利益关系都能成为受托经济责任关系，因为受托经济责任关系的确立受生产关系、国家政体及社会生产力发展水平等多种因素的制约。正如杨时展教授指出：“人类社会的发展，反映为托付人和受托人不断因阶级势力的消长而发生的更替；反映为托付人从寡头而逐渐大众化；反映为对受托责任完成情况愈来愈严密的监督；反映为受托责任越来越充实的内容。”①

3. 审计与受托经济责任的延伸性分析

受托经济责任的三种形态，反映了受托经济责任的发展演变过程，即从单一型受托经济责任向其他形态逐步发展变化。社会越进步，组织形态越复杂。受托经济责任关系也就越复杂。对于现代国家审计而言，立法部门为责任委托人，各级行政管理部门为受托责任委托人；或者，最高行政首脑为责任委托人，下级行政管理部门为受托责任人。对于民间审计而言，股东、债权人为责任委托人，企业管理部门为受托责任人。对于内部审计而言，部门

---

① 转引自陈建明．独立审计规范论[M]．沈阳：东北财经大学出版社，1999．

最高行政首脑或企业最高行政首脑为责任委托人，各级管理部门为受托责任人。

现将受托责任关系与审计关系的关系图示如下：图1-1为抽象图示，图1-2、1-3、1-4为具体图示。

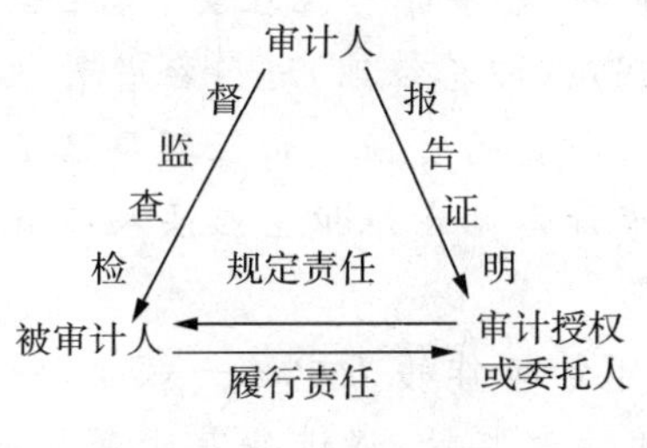

图1-1 （抽象图示）

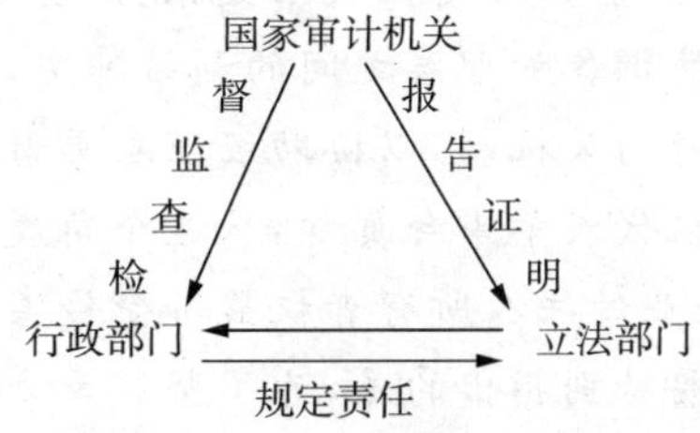

图1-2 （特指国家审计）

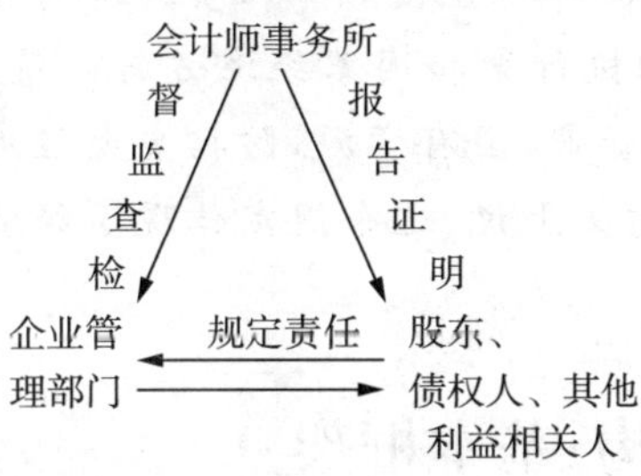

图1-3 （特指独立审计）

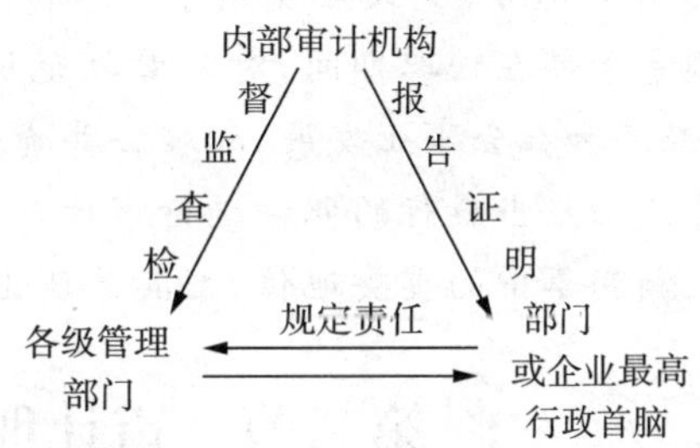

图1-4 （特指内部审计）

国家审计与公共受托责任。根据审计法规定，国务院各部门和地方各级人民政府及其各部门，国有金融机构，国有事业组织，国有企业，承担国家建设项目的单位，管理社会保障资金以及承接国际组织和外国政府援助、贷款项目的单位等均为国家审计主体有权审计的实体单位。对于这些单位，政府代表全民利益成为责任的委托人，经营者为受托人，两者形成“公共受托责任关系”。那么，审计这些实体单位的什么呢？就是财政财务收支及有关的经济活动，这就是受托责任的具体化。其审计的事项主要包括：财政预算的执行和财政决算；信贷计划的执行及其结果；财政计划的执行和决算；基金建设和更新改造项目的财务收支，国家资产的管理情况；预算外资金的收支；借用外国资金、接受国际援助的财务收支；与财政、财务收支有关的各项经济活动及其经济效益；严重侵占国家资产、严重损失浪费等损害国家经济利益的行为；全民所有制企业承包经营的有关审计事项和国家法律、法规规定的其他审计事项。

独立审计与公司受托责任。独立审计是由政府有关部门审核批准的注册会计师组成的会计师事务所进行的审计。企业财务报表使用者为保护其合法权益都需要独立、客观、公正的注册会计师进行审计。企业的投资者包括国家、集体和社会公众。投资者作为受托经济责任的委托方，按投入企业的资本额享有所有者的权益，即企业财产所有权，包括资产受益、重大决策和选择管理者等权利。企业破产时，出资者只以投入企业的资本额对企业债务负有限责任。作为受托经济责任受托方的企业享有法人财产权，在财产方面要承担主要责任，包括实现资产的保值、增值，并据此向股东支付股息和红利；企业

的重大经营方针和投资计划要由股东大会决定;资本发生变化要报请股东大会决议;企业要向股东大会报告工作,接受审议和监督;企业解散、清算后,要退还股东出资等。

内部审计与内部受托责任。内部审计是随着企业内部管理层次的形成和管理跨度的增大(企业有三层委托代理关系:股东会与董事会、董事会与经理会、总经理与各管理主体),为协调各管理层之间的利益冲突,满足经理层(即总经理)进行经营管理的需要而建立的一种约束机制,以协助经理层更好地履行其所负的责任。而经理层只是对企业的法人所有权代表董事会负责,从这个角度看内部审计是站在维护企业法人所有权的立场上,维护企业的法人所有者权益不受侵害。

这里要特别指出的是,为了坚持和加强党对审计工作的集中统一领导,强化对党政主要领导干部和国有企事业单位主要领导人员的管理监督,促进领导干部履职尽责、担当作为,确保党中央令行禁止,根据《中华人民共和国审计法》和有关党内法规,中办发〔2019〕45号发布了《党政主要领导干部和国有企事业单位主要领导人员经济责任审计规定》,对领导干部在任职期间,对其管辖范围内贯彻执行党和国家经济方针政策、决策部署,推动经济和社会事业发展,管理公共资金、国有资产、国有资源,防控重大经济风险等有关经济活动应当履行的职责进行审计。从某种意义上说,这个规定体现了经济责任在审计发展和变革中的重要地位,尤其是理论价值。

第二节　审计理论结构:基本框架

一、审计理论结构概述

审计理论结构[①]是通过观察和经验积累的关于财务审计实践理性认识的系统内容,由构成的诸要素组合而成,而且诸要素之间有着合乎逻辑的内在联系并形成有机整体,具有整体性、稳定性、层次性、可变性的基本特征。审计理论结构包括两种:一种是描述性的,如各种审计概念;一种是规范性的,如审计准则。审计理论目的是提供一个合理的、首尾相应的概念结构以决定实现既定审计目标必需的审计程序。审计理论还提供一个评价与改善现行实务与程序的框架结构。

关于审计理论结构,学术界有两种不同的态度。一种是否定态度:审计只需要审计人员经验、技巧与独立判断,不需要理论。这种态度在20世纪60年代以前颇为盛行,因为当时的审计主要以经验和技术为重。另一种是肯定态度:审计需要标准、程序与方法,有一定的规律,需要将之系统理论化。20世纪60年代以后,随着审计理论的形成与发

① 在学术界对于审计理论结构的起点与要素是众说纷纭,对于起点的看法主要有本质论、假设论、目标论、环境论、信息认证论等;对于要素的看法主要有目标、假设、概念、规则、技术、环境、风险和审计报告,也有的认为包括审计基础理论(如审计环境、审计动因与本质、审计目标、审计主客体、审计程序与方法、审计规范、审计管理等理论)、审计应用理论(是关于处理具体审计工作时应该遵循的原理、原则、程序和方法的知识体系)和审计发展理论(主要研究审计环境创新、审计理论与观念创新、审计体制创新、审计主体素质优化、审计内容创新和审计实务拓展、审计方法手段创新、审计管理创新等若干理论问题)。本教材兼顾各种观点,在相关问题上兼容并蓄,容各家之所长。

展，普遍认为审计理论的重要意义与对实践有指导作用。

国内外审计学者长期以来一直致力于审计理论结构的研究，经过多年的努力也取得了十分重要的学术成果，纵观之有以下主要学术观点。

莫茨和夏拉夫(1961)[①]《审计理论结构》这本开拓性的审计理论专著中，提出了审计理论结构的基本框架，如图1-5所示。图中，抽象思考的核心，是与审计可能涉及的知识领域，诸如数学、法律、伦理、电子技术等的混合体。基础，关系到审计决策的科学方法，这些方法要用于不同问题的决策过程。但是最重要的是假设、概念和标准三个要素，他们与审计实务直接关联。假设，是一种信念，是其他信念的基础，是指导行动的根据，包含着许多思想，将有助于解释许多审计标准。概念，是把思想组织起来的中心，可帮助人们把理论要素加以归类，假设和概念二者可将理论结构解释清楚。审计标准是衡量审计质量的尺度，是行动的指南。道德行为守则也是行动的指南。审计标准与道德行为守则在图中以"规则"来表示。审计标准与审计手续(即图中的"实际应用")不同，标准是质量指南，所有审计都适用，不随时间的变动而变动；而审计手续随会计制度的复杂程度、公司的类型以及其他因素的不同而有所不同。莫茨、夏拉夫在专著中以哲学为逻辑起点，提出了八项假设和五个概念(证据、应有关注、公允表达、独立性、道德行为)。

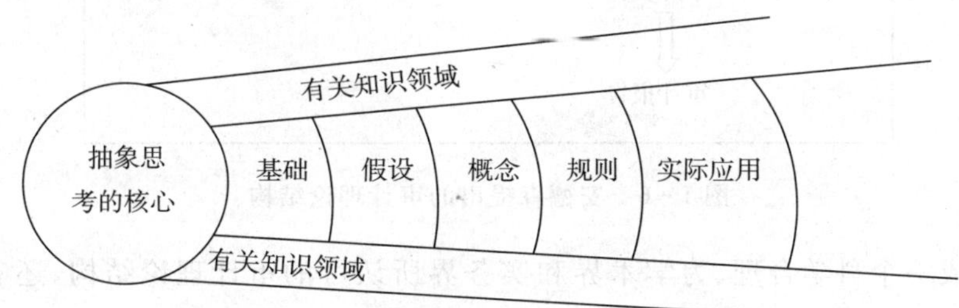

图1-5　莫茨和夏拉夫的审计理论结构

在《审计理论结构》这部著作的影响下，美国会计学会审计概念委员会颁布的《基本审计概念说明》(ASOBAC，1973年)：制定了指导审计计划、审计实务和履行审计职责的审计目标和标准，阐明收集和评定审计证据的理论依据和方法论，同时对审计发生差错的可能性提出了许多深刻的见解，被广泛应用，影响深刻。

尚德尔在《审计理论》一书中，从语义哲学、传播理论和思维心理学的角度讨论，提出审计理论结构的基本模式是由审计假设、审计定理、审计理论结构、原则、标准等递进构成的[②]。其创新之处在于：从假设中衍生了"定理"这一要素；将说明理论结构组成部分及其相互关系的"结构"作为一个要素。更加注重"传播"的作用，"审计是一个旨在确立某种标准之遵循情况，进而表达意见或判断的人类评价过程"。

杰里·D. 沙利文等(1985)在《蒙哥马利审计学》(第10版)提出审计理论结构的五

① 罗伯特·K. 莫茨，侯赛因·A. 夏拉夫. 审计理论结构[M]. 杨树滋，文硕，等译. 北京：中国商业出版社，1990.

② C. W. 尚德尔. 审计理论[M]. 汤云为，吴云飞，译. 北京：中国财政经济出版社，1992.

要素理论,即审计目标、规则或标准、假设、概念、技术等构成了审计基本理论①。

安德森(1977)②以目标为起点建立审计理论结构,并将目标的要求与作用延伸到实务即"审计过程"之中,形成了一个合理的协调一致的概念框架,以确定达到既定审计目标所必需的审计程序(及其范围),结构如图 1-6 所示。

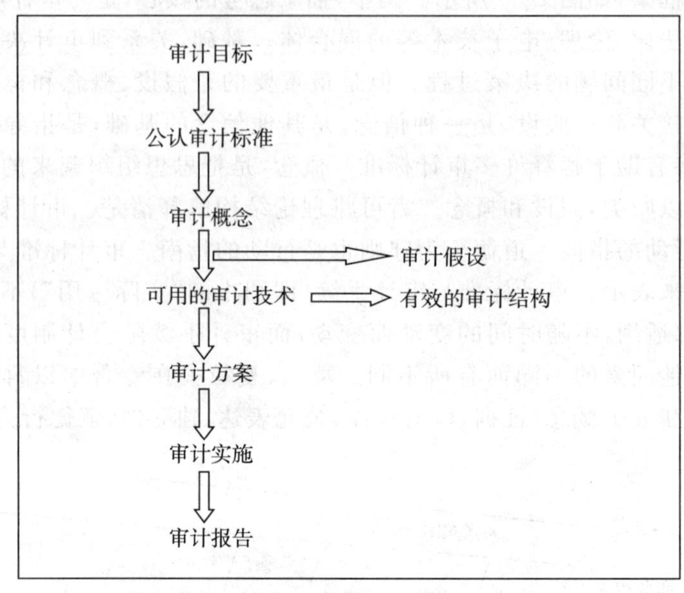

图 1-6 安德森提出的审计理论结构

如何构成一个科学合理、为学术界和实务界所认可的审计理论结构,还有很多的问题要研究,这将是一个长期的理论问题。我们认为,可以以审计目标为基点,构造审计概念结构的基本框架。"事物的结构有他固有的顺序和层次,人对事物结构的认识也应该符合事物结构的顺序和层次",因此科学的审计概念结构必须符合审计活动的顺序和结构。审计活动的顺序和结构是:从审计目标出发,首先确定目标是什么,其次考虑如何实现这一目标。在实现目标的过程中,不可缺少的两个因素,一个是人,即审计人员,一个是审计技术手段等。前者是审计工作主体,后者是审计工作的手段,两者相互制约、相互影响、相互作用,这两个因素又服从于目标。检验审计活动有效性的重要标志是看目标

① 蒙哥马利在融合迪克西的英国式审计理论和先进的美国实践经验的基础上,1912 年出版了《审计理论与实践》。该书是在其有美国特色的资产负债表审计流行的背景下产生的,是美国审计学界的第一本审计学专著。由于该书具有较强的理论与实践指导价值,多次修订、再版并迅速传遍审计职业界。1949 年出版第 7 版时,改名为《蒙哥马利审计学》。蒙哥马利不幸于 1953 年逝世以后,其他审计同人根据经济发展对审计职业要求上的变化,多次对该书进行修订与补充并不断推出新的版本。1957 年,诺曼·J. 哈伦特和菲利普·L. 德弗利斯编著并出版了《蒙哥马利审计学》(第 8 版);1975 年,库珀斯·莱布兰德会计公司的三位合伙人德弗利斯、K. 约翰逊和麦克劳德合作编著的《蒙哥马利审计学》(第 9 版)在纽约正式刊行;1985 年,杰里·D. 沙利文、理查德·A. 格诺斯佩利奥斯、菲利普·L. 德弗利斯和亨利·R. 贾尼克对《蒙哥马利审计学》(第 9 版)重新进行组合和改写,推出了由 5 编共 42 章组成的《蒙哥马利审计学》(第 10 版)。第 10 版由汤云为教授和文硕教授组织有关专家译成中文,以《蒙哥马利审计学》(上、下)纳入"世界审计会计名著译丛",由中国商业出版社于 1989 年 11 月出版发行。

② Anderson R. W. The External Auditing:Concepts and Techniques[M]. Copp Clark Pitman,1977.

的实现程度。根据以上分析,审计理论的结构要素如图 1-7 所示。

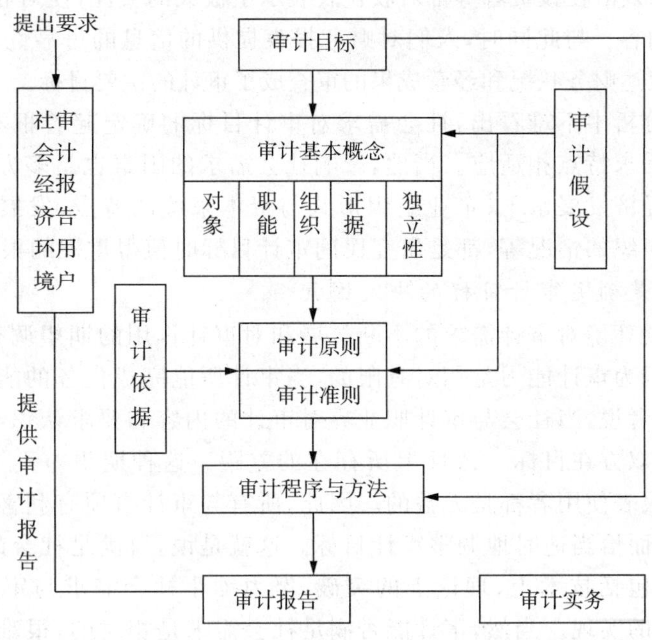

图 1-7　审计理论结构要素:组成及其相关性

二、审计目标

审计目标是审计活动的既定方向和要达到的预定结果。审计产生以来,其审计目标的确定一直受到社会需求的影响,并随社会需求的变化而变化,不仅如此,审计目标还是确定审计理论体系的逻辑起点,是决定审计责任、提出审计前提、制定审计准则的指南,从而决定了审计方法和程序。

(一)影响审计目标的主要因素

一是社会的需求,二是审计自身的能力。前者对审计目标的确定起着根本性的导向作用,后者则对审计目标的确立起着决定性的平衡作用。因此,审计目标的确立是社会需求与审计自身满足社会需求的能力两者的有机统一。

1. 社会需求是确立审计目标的根本因素

审计作为一种服务职业,其目标的建立和发展自然受社会需求的重要影响。审计产生之初,由于经济业务比较简单,控制手段较原始,财产所有者最关心的是财产经管者的诚实性。因此,审计目标主要是对财产经管者的正直性进行检查,通过审计活动,使受托者更加诚实。当社会步入 19 世纪下半叶,英国一些企业相继倒闭,美国大部分公司的资金因受资本市场的限制而转向对银行贷款的依赖,人们对审计的目标产生了新的要求,普遍认为,审计人员的职责是检查管理者编制的资产负债表在实质上的正确性,包括资产的实际存在性和负债的完整性,以此判断企业的偿债能力和决定是否给予企业贷款,到了两次世界大战前后,英美及世界资本市场迅猛发展,证券市场大量涌现。广大投资者对投资收益情况的

关注使人们的主要兴趣又迅速从资产负债表向收益表转变，而且对此感兴趣的人也越来越多，政府、投资者以及潜在投资者等都对收益表表示了极大的关注，使对收益表的审计遂又成为审计的主要内容。与此同时，人们对财务报表提供的信息的可靠性也日益重视，对财务报表是否公允表达财务状况和经营成果的审查成了审计的主要目标。

从以上简单分析中不难看出，社会需求对审计目标的确定起着根本性的影响，要求审计目标与社会需求特点相适应。当然，影响社会需求的因素也是多方面的，比如，社会经济结构特点与经济发展水平、企业组织形式与资本来源的特点、发展国际经贸关系以及参与国际经济组织的情况等，都是研究民间审计目标时值得重视的根本因素。

2. 审计能力是确定审计目标的决定因素

能否实现社会环境对审计需求的不断扩展和对审计作用的期望调整，还要看审计能力的胜任程度。因为审计能力是相对有限的，当审计所能完成任务的能力不能达到社会的全部期望时，或者说，当社会与审计职业界对审计的内容和要求认识不一致时，就出现了“期望差”，这是双方在目标一致性上所存在的差距。这种期望差不消除，无论对审计职业界还是财务报表使用者都是无益的。因此，所有与审计事项有利害关系人对此都应有清晰的认识，从而恰当适时地调整审计目标。这就是说，要满足社会的审计需求，须不断提高审计能力，包括技术上、理论上的突破，努力缩小社会需求与审计能力之间的差距，保证审计目标的实现。当然，审计能否满足社会需求是相对的，很难达到完全满足社会需求的程度。因为旧的审计需求满足了，新的审计需求又产生了，而审计能力的提高甚至突破，又总是需要一个过程。美国注册会计师协会强调审计报告仅是一种意见而不是一种保证就是认识了审计能力有限性的一种实事求是的态度。

同样的，影响审计能力的因素也是多方面的，比如，审计技术、审计人员素质、审计时间的容许度以及审计委托人所能承担的费用等，这些因素都是研究审计能力时值得注意的。

以上分析表明，社会需求的无限性促进审计目标的不断更新，而审计能力的有限性限制了审计满足社会需求的程度。只有当审计能满足社会需求时，这种社会需求才能成为审计目标。

(二)审计目标的演变历程

根据审计目标是社会需求与审计能力的有机统一这一论述，民间审计目标的演变可以分成三个主要阶段：揭弊查错阶段、验证财务报表真实公允性阶段、验证财务报表真实公允与揭弊查错并重阶段。

1. 揭弊查错审计目标

这一阶段起始于民间审计产生之时，一直到20世纪初财务报表审计形成方告结束。这一阶段，工业革命造成大规模的生产经营，企业组成股份有限公司，管理权与所有权分离，所有者(股东)关心其投资的安全和资本增值，社会对审计需求的主要原因是公司股东需要通过审计来了解公司管理人员履行其经管职能的情况，即了解管理人员是否忠诚老实地履行其职责。因此，审计的目标就是替股东们揭露管理人员在业务经管过程中有无舞弊行为。自从1854年爱丁堡会计师协会开始……公司审计的主要目标仍是揭露欺诈舞弊和差错，1905年出版的《狄克西审计学》也将审计目标总结为：查找弊端，查找技术错误，查找原理错误。

与审计需求相适应的，这一阶段的审计能力也表现得较为原始。只是根据审计目标，以期中会计记录的审查为中心，以侦探的方式进行跟踪追溯，对大量的账簿记录和一切凭证进行计算与核对，借以发现弊端和错误。审计史上称这一阶段为旧式审计或详细审计。

2. 验证财务报表真实公允审计目标

这一阶段始于20世纪初，一直到20世纪60年代。在这一阶段中，审计的目标转向对财务报表是否真实公允地反映了公司的财务状况和经营成果发表一个具有职业权威的鉴证意见。引起审计目标以验证财务报表的真实公允性为主的原因主要有两个方面。

第一，社会环境的变化。20世纪初开始，以美国为代表的资本主义经济开始迅速发展，特别是股份公司的大量涌现使经济生活出现了几个新变化。一是企业管理者受托经济责任的范围扩大。企业管理的责任从表现在与股东和债权人的关系上，扩大到与其他许多利益相关者的直接关系上，管理责任的强化、社会对企业财务信息的需求也日益增加。二是企业的筹资逐渐由银行转向证券市场，企业风险的承担者由银行转为广大的股东，使整个社会对企业会计信息最重要的关注从财务状况迅速转向盈利能力。三是法律的强制要求，美国政府1933年和1934年先后颁行的《证券法》和《证券交易法》，对证券的发行和交易、公司财务状况的披露、财务报表的审计等问题作了明确的规定，表明审计人员应对被审计财务报表的真实性、公允性负责。

第二，内部控制理论的出现及其应用。内部控制理论的出现及其在实务中的应用，对审计产生了两个重要影响。一是审计界开始认为，欺诈舞弊可通过建立完善的内部控制制度来予以控制，因而防止欺诈舞弊主要是企业管理部门的职责。二是内部控制理论的建立，使审计技术发生了重大的变革，将当时业已存在的抽查方法建立在对内部控制制度的测试基础上，既提高了审计效率，又保证了审计质量。显然，揭弊查错的职责由审计人员转向公司管理部门，又将抽查方法建立在对内部控制制度的评价基础之上，使审计人员对财务报表的真实公允进行验证不仅具有可能性，而且具有现实性。

3. 验证财务报表真实公允与揭弊查错并重的审计目标

这一阶段始于20世纪80年代末，以AICPA审计准则委员会于20世纪80年代发布的《审计准则公告》为最后定型标志。促使揭弊差错重新成为审计目标的原因大体如下。

第一，20世纪80年代以后，企业管理人员欺诈舞弊案的增加及诉讼案件呈爆炸性增加，对社会造成了巨大的危害，社会公众对独立的审计人员应承担揭弊查错的责任的呼声越来越强烈。法院的判决几乎一直倾向于社会公众的要求。社会环境的强烈要求与自然界"适者生存"的法则，使得会计师职业界不得不对此予以重新考虑。

第二，政府管理机构的压力，美国证券交易委员会于20世纪70年代一直重申和强调独立审计水员有揭露欺诈和有问题的付款的职责，并对此不断施加压力。

第三，职业界本身对审计人员推卸揭弊查错责任的批评。主要情况是：莫茨和夏拉夫在《审计理论结构》一书中，猛烈地抨击AICPA审计程序委员会在第一版《审计程序汇编》一书中对审计人员不承担揭弊查错的责任的意见；1974年，AICPA审计人员职责委员会建议，在财务报表审计中，独立的审计人员应考虑客户防止欺诈的控制措施的适当性，具有查找欺诈行为的责任；在各方面的共同作用下，AICPA于1977年发表的第16、第17号《审计准则公告》，开始将揭弊查错和揭露非法行为纳入审计的目标和职责范围，

以期缩小所存在的期望差；1988 年 AICPA 审计准则委员会发布了第 53、第 54 号《审计准则公告》（分别取代先前的第 16、第 17 号公告），严格规定了审计人员揭露和报告客户舞弊和差错的责任和揭露非法行为的责任，将揭露舞弊、差错及非法行为看成是财务报表审计的重要目标之一。

（三）我国审计目标的确定

前述对美英民间审计目标的分析，对我国审计职业的发展不仅具有借鉴意义，还具有现实意义。作为会计师职业界从现在开始就应充分认识自身的能力及所承担的职业责任，并由此而加快确立与社会要求和国际环境相协调的审计目标。根据我国社会环境的要求和国际审计准则的发展趋势以及我国审计的发展水平，我们认为，我国审计的目标主要有以下两个。

第一，对客户提供的财务报表是否真实公允地反映了企业的财务状况和经营成果提出一个独立的公正的鉴证意见。这一目标包含三层含义：审计的直接对象是反映企业财务状况和经营成果的财务报表，审计的要求是判断报表是否“真实公允”，审计人员的职责是发表一个独立、公正的鉴证意见。

确立这一目标的理由是：首先，这是国家法律和有关规定的要求。国家法律之所以要求审计对有关企业的财务报表进行审查，是为维护市场经济条件下社会经济活动的有序性和稳定性，促进市场经济的健康稳定发展。中国注册会计师协会在《注册会计师查账验证报告规则》中规定：“注册会计师对经过检查验证的会计报表形成意见时，……提出的意见应当公正、客观、实事求是……”其次，是社会公众的要求。无论是投资者还是债权人，都需要了解企业所提供的财务报表的可靠性，以便于他们作出正确的决策。因此，他们必然要求审计人员对财务报表所反映的各项信息的可靠性发表一个鉴证意见，以提高这些报表的可信度，降低财务信息用户的“信息风险”。最后，是国际环境发展的要求。当我国的经济逐步走向国际市场，需要更多地引进外资时，这一审计目标就显得尤为重要，它有助于我国的财务报表和审计报告被整个国际环境所理解和接受。同样，随着我国国际投资的扩大和国际经济一体化的发展：国际财务报告在国际经济环境中的重要性日益增加，与此相联系，对这种财务报告的真实性与公允性进行独立、客观的验证审计，也变得日益重要。

第二，揭露和报告对财务报表内容有直接影响的重大的欺诈舞弊和非法行为。这一目标的含义是，审计的内容和审计人员的责任是揭露和报告欺诈舞弊和非法行为，但应同时明确以下几点：首先，必须是对财务报表内容有直接影响且是重大的事件，无直接影响或者影响微小的事件，审计人员很难通过审计技术和方法予以揭露；这些事件一般也不会对财务报表真实公允的审计意见构成重大威胁或偏差；自然，审计人员也不承担专门的责任。其次，在审计工作中，揭露重大欺诈舞弊，着重对企业内部控制制度完善性、有效性及管理人员、企业职工行为的真实性的审查，必须设计和实施一些专门的审计程序，分析和测试存在欺诈舞弊和非法行为的可能性。最后，虽然审计人员对财务报表形成并表示其意见负有责任，但是被审计单位的管理部门对他们编制的财务报表也负有责任，管理部门的责任包括保持足够的会计记录和内部控制，选择和实施会计政策，以及保持实体的资产。财务报表审计不能免除管理部门的这些责任。同样，审计人员负有揭弊查错的责任，但也不能因此免除管理部门在这方面应有的责任。

三、审计假设

莫茨、夏拉夫在《审计理论结构》中指出假设的五大特征：假设是任何学科发展所必需的、是不能予以直接自我验证的、是推论的基础、是建立任何理论结构的基础、面临知识更新的挑战。

所谓审计假设，是人们从实践中归纳总结出来的，但目前还无法对其本身从逻辑上加以证明的，对某一客观事物特征的理性化的感性认识。这一定义的内涵：①假设不是随意虚构的，是对客观事物的感性认识，可从实践中检验；②无法从逻辑上加以证明，是公理不是定理；③作为感性认识的抽象，具有理性认识的特征。

审计理论界长期以来十分关注对审计假设的研究，从国外理论成果看，主要有四个方面，见表 1-1 所列。

表 1-1　关于审计假设的主要理论观点

莫茨、夏拉夫 Mauts、Sharaf	汤姆·李 Tom Lee	杰克·罗伯森 Jack Robertson	戴维·弗林特 David Flint
财务报表和财务数据可验证	审计必要性（合理性假设）	对 Mauts Sharaf 的修正	
在审计人员和被审计企业的管理部门之间没有必然的利益冲突	未经审计的年度会计信息缺乏充分的可信性	审计人员和被审计企业的管理人员之间始终存在潜在利益冲突	产生审计需求的首要条件是经济责任关系或公共经济责任的存在
递交验证的财务报表和其他资料不存在串通作弊和其他异常舞弊	对年度会计信息可信性的鉴证是最迫切的审计要求		经济责任的含义是如此模糊、复杂以及经济责任如此重要，以至没有审计就没有办法予以解释
建立完善的内部控制制度可以减少舞弊的机会	年度会计信息可信性鉴证最能由法定审计达到	补充新的假设，该假设沟通了审计理论与代理理论之间的直接联系	
一贯应用公认会计原则可以使财务状况和经营成果得到公允表达	年度会计信息的可信性是可被验证的	审计过的信息比没有审计的信息更加有用	审计必须具备的特征是其地位的独立性和在调查和撰写报告中的免受约束
如果没有明确的反证，对被审计企业过去认为正确的，将来依然	股东和其他财务报表使用者自己通常不能验证年度会计信息的可信性		

（续表）

莫茨、夏拉夫 Mauts、Sharaf	汤姆·李 Tom Lee	杰克·罗伯森 Jack Robertson	戴维·弗林特 David Flint
当财务数据的审查目的是发表一个独立意见时，审计人员只能唯一地充当审计人员的角色	审计行为假设； 审计人员和管理闭门羹之间没有必然的利益冲突		审计的主要内容，例如行为、业绩、成果、事项的记录或实务说明，以及与这些内容相关的事实或说明，都可被证据予以证实
独立审计人员承担着与其职业地位相对称的职业责任	对审计人员不存在不合理的法律约束； 审计人员是适当独立的		
	审计人员具有足够的技能经验		可为承担责任者制定经济责任标准，实际业绩可予以计量并与标准比较，计量和比较必须具备专门的技能和实施判断
	审计功能假设		
	可在成本与时间内取得充分可靠证据		
	内部控制可消除非法事件		应充分弄清财务报表和其他资料的意义、性质和重要性，审计成果的客观表达和传递
	会计信息无重大差错与舞弊		
	会计原则一贯与适当，报表公允		审计有社会效益或经济效益

综合以上观点，实际上可以分成两类：一类，说明产生审计需求的社会原因的假设，是推定审计目标的基础，目标的确定是以这些假设为逻辑依据的。另一类，实现审计目标和实施审计程序所需要具备的基本条件假设，是建立审计准则以保证审计目标实现的逻辑依据，例如若没有可验证性假设、独立性假设，审计特有的形式，即借助会计信息为媒介的间接监督方式就不可能存在，就没有审计。可避免利益冲突假设（内部控制可减少舞弊行为假设的补充，也是报表和其他资料不存在串通舞弊或审计可增强其可信性假设的延伸），为现代审计模式提供了一个前提，是制度基础审计、抽样审计能够进行的理论依据。

对此，我们认为，假设过于复杂，部分假设存在内涵与外延的重复，审计的基本要素没有得到体现；有的提法是否属于假设值得研究，如责任关系假设。没有责任关系就没有审计，根本没有推理选择的余地，此假设显得多余。目前提出的假设尚无法与审计程序、技术与方法构成一套完整的系统，远离审计实务，被束之高阁，是一个遗憾。我们的初步看法如下。

1. 审计必要性假设(即原因假设)

虽然对审计原因有代理论、信息论、保险论和行为论多种,但审计信息有用(决策和解除责任)这是共同的。因此,经独立的会计师审计过的资料和信息比未经审计的资料信息对其使用者更有用。

2. 审计条件假设(这是建立审计准则和判定责任的依据)

第一条,企业递交审计的信息资料是可以验证的,重大舞弊差错及非法行为是可以揭露的。

(1)信息资料的可验证性。首先,财务报表和财务数据的记录和汇总是客观的,其次,存有判断财务报表和财务数据及其形成过程合理性的客观标准,最后,审计人员能在合理的时间、人力和费用范围内取得足够证据并得出有效的结论。特别值得指出的是,审计人员可以根据这一假设,对财务报表的公允性发表意见,建立和发展审计证据和证明理论、审计技术方法和程序,拒绝接受那些无法予以有效验证的业务,或对个别无法予以验证的项目在审计报告中发表保留意见,从而有效地界定审计人员的责任。

(2)重大舞弊及非法行为的可揭露。经过适当的审计程序,例如对内部控制的测试评价、具有针对性的分析性程序以及中期审查等措施,重大舞弊、错误、非法行为是可以被发现、被揭露的。应该注意的是,这里的舞弊、错误、非法行为,必须是可予以揭露的,如果这些问题无法揭露,如多方串通共谋,或管理人员通过虚假印章等进行作弊,审计人员就不应该承担审计责任。

第二条,审计人员具备职业所需要的独立性和胜任力(审计主体条件)。

第三条,如果没有确切的相反证据,过去被认为是正确的,将来也被认为是正确的(无反证判定假设、责任和范围假设)。这一条假设的主要理由,是解决企业经营业务及会计反映的连续性与审计行为的阶段性之间的矛盾,确定了审计对象范围和界定审计责任范围。有了这一假设,审计人员才能根据上期审计过的资产负债表判定期末余额转记过来的本期期初余额是可信的(如固定资产期初余额、应收账款期初余额的可收回性、期初存货的有用性),因而只需要对本期发生的业务进行审计,只需要承担鉴证本期发生的业务真实性的责任。否则,审计范围和责任就会变得无止境。当然,除非有确切的相反证据证明前期资料有误时,才对那些对本期有影响的前期资料作出调整。

第四条,完善的内部控制可减少欺诈舞弊的机会(审计技术方法的假设)。现代审计的特点是,审计建立在对内部控制制度的评审和测试基础上,因为它与预防和揭露欺诈舞弊之间联系密切。这一假设的含义是:如果单位有完善的内部控制制度并得到有效执行,其在经营活动和财务报表编制中进行欺诈舞弊的机会就少;反之,欺诈舞弊机会就多,财务报表的可靠性就低。现代审计的实质性测试就可以内部控制制度的测试评价为基础,从而形成制度基础审计并使制度基础审计建立在有效的假设基础之上。欺诈舞弊及非法行为的频繁发生又使得建立内部控制制度成为企业一个重要的、必备的工作。1977 年美国《反海外行贿法》要求:任何单位必须设计和保持一套内部会计控制制度,以保证授权、记录、保管、执行的有效性。中国企业内部控制标准委员会的《企业内部控制基本规范》中也有类似的规定。当然,这一假设只是实际工作的经验总结,要求审计人员必须认真做好内部控制制度的测试和评价工作,才真正履行了审计人员的责任。这一假

设,成为确立内部控制制度评价、测试审计准则的理论依据。

第五条,审计风险是可控制的(审计技术方法假设)。现代审计发展表明,审计人员已不再是被动地接受风险,而是向主动控制风险的方向发展:风险审计研究。要求审计人员对构成风险的各要素对整体的影响能予以控制。例如,固有风险和控制风险,审计人员无法控制,但能对风险程度作出比较正确的评价,以间接地控制整体审计风险。察觉风险是可以控制的,但需要研究如何控制。统计抽样审计是可以运用的,但审计实践的实用性如何,有待进一步研究。这一假设的意义在于审计职业界能在可接受的风险范围内履行审计职责、实现审计目标。

第六条,一贯采用整体上适合于企业环境的公认会计原则,能使企业的财务状况和经营成果得到公允表述(报告内容的意义假设)。管理部门的责任是根据具体的业务,选择适当的会计原则予以反映并提供报表,但由于许多场合往往具有多种方法可供选择,因此常常会出现这样的情况:所选择和采用的方法对具体个别业务是适用的,但对总体的财务报表常常是片面或误解的,因此管理人员常常通过玩弄会计方法(不当会计选择)达到欺诈、舞弊的目的。所以,审计人员的职责不仅要评价企业是否遵守了公认会计原则,还要评价企业所选择的会计原则对反映企业财务状况和经营成果的整体上的合适性。

第七条,遵守公认审计准则能确保审计人员审计目标的实现和履行其社会责任(设定了审计工作和审计人员的基本条件)。这一假设,阐明了审计目标、审计责任和审计准则之间的关系。没有这一假设,遵守公认审计准则的意义和作用也就难以明确。

四、审计概念(要素)

正如会计理论的完善、系统化是建立在一套相互弥补、互不矛盾的概念群(即通常说的会计要素)的基础上一样,审计学要成为一门成熟的学科,也应该努力使其理论得到系统化和条理化。而在这一过程中,最基本的同样是形成概念,并以概念为中心,对理论加以系统化。只有当这些基本概念明确到一定程度并获得承认时,审计就向理论最终的系统化迈出了重要的一步。正是在这一意义上,概念形成了一个框架,围绕这个框架,理论结构得以系统化;以这个框架为基础,理论结构得以进步和完善。本书针对中国审计基本准则的规定,研究审计概念,决定它们的适当性、说服力、相互联系以及意义。

(一)审计基本准则所引出的主要审计概念

审计基本准则是审计人员在执行审计业务时应遵循的一种规范或尺度,是指导审计人员开展审计工作的权威性要求,也是评价审计人员的素质和工作质量的基本准绳。就中国审计基本准则看,我们可以从中归纳出以下若干主要的、成为构筑审计理论大厦基石的审计概念。

1.“一般准则”引出的审计概念

一般准则规定了要由经过训练的有技能的人员来执行审计,这自然就引出“能力”概念或称“胜任力”概念。

一般准则强调要恪守独立、客观、公正的原则,也就自然地引出“独立、客观和公正”三个概念;而客观性原则则隐含着“合理怀疑”的概念。

一般准则中要求审查问题时必须坚持谨慎态度,这就引出“应有的关注”或称“应有的职业谨慎”的概念。

2.“外勤准则”引出的审计概念

外勤准则规定要采用适当的审计程序来获取审计证据，并要求得到充分、适当的证据，这就引出了“证据”和“充分性、适当性”的概念。

外勤准则规定为受审的会计报表表达意见提供合理基础，就是说100%地绝对保证是不可能的。因此，这就含有适当的“保证程度”的概念。合理的保证程度是指实际上能在合理的成本范围和时间内取得的，所以由此就引出了“经济性”和“及时性”’的概念。

外勤准则中有取得充分适当的证据和评价的规定，这就隐含了“证实”概念；而适当的证据又包含了“相关性”和“可靠性”的概念。

外勤准则规定要评价内部控制，也因为对内部控制有不同的可信水平，这准则里就含有“风险”概念。依据风险的不同性质，也就引出“内在风险(固有风险)、控制风险和审计风险(检查风险)”等相关的风险概念。

3.“报告准则”引出的审计概念

报告准则有运用“企业会计准则”及国家其他财务会计法规来判断的规定，并且使用了恰当反映的用语，这就引出了“公正”(或公允)的概念。什么叫公正，这里头就包含了一个“重要性”概念。

报告准则中对表明意见的规定自然含有压倒一切的两个重要概念——“判断”概念和“超然独立”概念。

以上审计概念间的相互关系如图1-8所示。

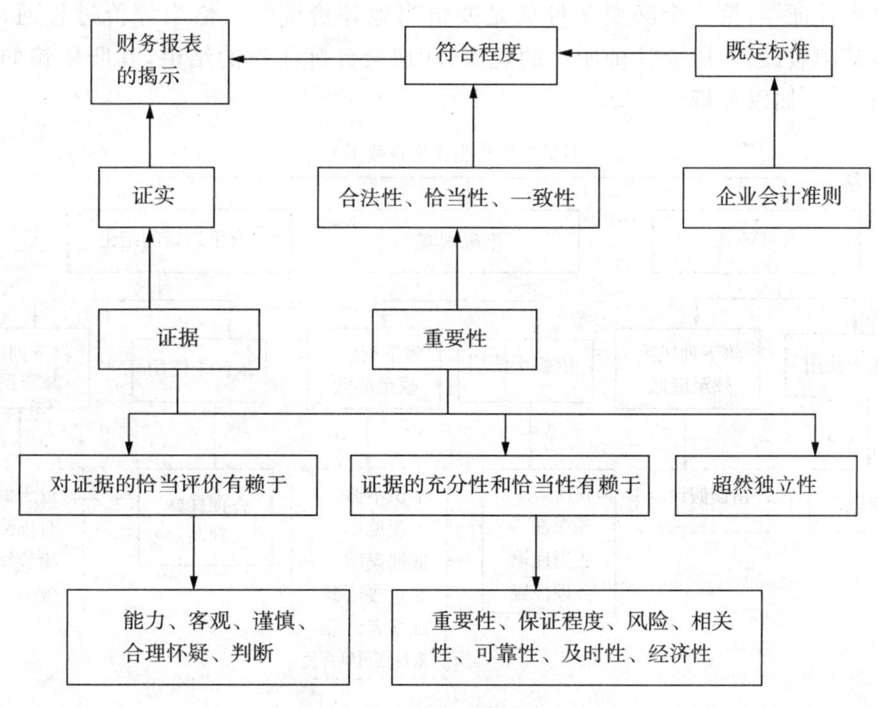

图1-8 审计概念间的相互关系图

从图 1－8 可知：

第一，表明了审计的基本目标。审计的基本目标在于证实：会计报表的揭示同设定的标准之间的符合程度，也就是对客户提供的会计报表是否合法、恰当、一致地反映了企业的财务状况和经营成果提出一个独立的公正的鉴证意见。这里，独立审计过程是收集和评价关于会计报表揭示的证据的过程，即证实过程；独立审计的直接对象是反映企业财务状况和经营成果的会计报表；独立审计的要求是判断报表是否“合法、恰当和一致”，其中“合法”表示受审会计报表的编制是否符合《企业会计准则》及国家其他财务会计法规的规定，“恰当”表示报表的所有重大方面是否客观真实地反映了其财务状况、经营成果和现金流动情况，“一致”表示企业所采用的会计处理方法是否遵循了一致性原则。审计人员的职责是获得和评价充分适切的证据，以表达一个有根据的、独立公正的审计意见。

第二，审计证据充分支持注册会计师表达的意见，必须满足两个条件：一是，对证据的评价必须恰当；二是，证据本身必须是充分和适当的。前者取决于能力、客观性、应有的职业谨慎、合理怀疑和专业判断等审计概念；后者取决于重要性、审计结论的保证程度、审计风险、相关性、可靠性、充分性、及时性和经济性等审计概念。后文将详细讨论这些概念。

第三，任何一种审计理论都很重视独立性，独立性是不可缺少的审计概念和审计标准，因为独立审计的目的是，就那些主要反映管理状况的会计报表的可信性提出意见。如果审计不独立，审计意见就无任何意义。关于独立性的更为详细的讨论请见本书后面的内容。

（二）与证据的恰当评价有关的审计概念

述及审计证据，第一个必要条件就是要恰当地评价证据。恰当评价过程通常包括：提出某些基础假设、注册会计师所作的观察、注册会计师所作的结论，其所依赖的审计概念可用图 1－9 加以分析。

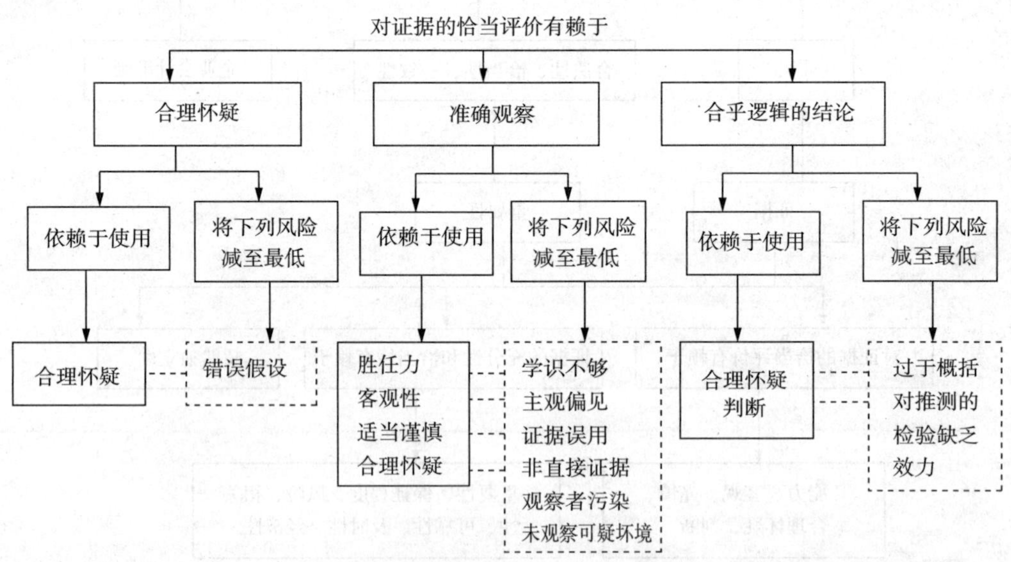

图 1－9　与证据的恰当性评价相关的审计概念

注：观察者污染，是指观察者的观察行为改变了被观察对象及其行为的原有状态的现象。

1. 胜任能力

观察误差的第一个原因是缺少应有的胜任能力。胜任能力指的是注册会计师对证据进行评价判断的学识与实践经验，它包含两方面的要求。第一，要有相当的专业能力。首先是正规教育，继之以适当的监督和检查，还包括正规的继续专业教育。评定注册会计师是否具有相当的专业能力，是通过注册会计师考试来评定的，如果考试及格，就是从客观上评定其已具备了注册会计师的专业能力；但这只能认为是最低限度的、起码应具备的专业能力，要完成审计任务，还必须进一步磨炼这种能力。第二，具有丰富的实践工作经验。注册会计师通过实践来丰富和提高专业知识，保持和发展专业技能，是获得业务能力的一个重要环节。依照《中华人民共和国注册会计师法》的规定，参加注册会计师考试全科合格者，是批准成为注册会计师的条件之一，取得签字权还须在会计师事务所从事两年以上的审计业务。

2. 客观性

观察误差的第二个原因是带有倾向性。防止倾向性的办法是客观性。客观的思想状态意味着注册会计师对有关事项的调查、判断和意见的表述，应当基于客观的立场、以客观事实为依据，实事求是，不掺杂个人的主观意愿，也不为委托单位或第三者的意见所左右，在分析问题、处理问题时，不能以个人的好恶或成见、偏见行事。

3. 应有的职业谨慎

观察误差的第三个原因是注册会计师没能以职业专家应具备的注意力来执行审计业务。通过应有的职业谨慎概念，注册会计师应通过合理的检查来发现舞弊和差错，为委托人和经济社会提供重要的服务，并提供一些有效的保护。同时，该概念也对注册会计师应实施检查的范围提供了有用的指南。应有的职业谨慎概念包括两项内容：一是，要求确立慎重的审计者的观念。如应作出相当于社会水平的判断，而不管判断是涉及具有风险的直觉和理性，还是涉及在自我利益和他人利益之间的选择；应理智地运用其拥有的知识；在其日常的职业中拥有并能运用合理的技能；应认识并适当注意自己的经验等。二是，要求指明注册会计师在不同情况下审计工作时持有应有职业谨慎的内容。如采取措施获得任何容易到手的知识，以使其能预见到不合理的风险或对他人的危害；只要有迹象表明受审事项存在着特别的风险，注册会计师就应该对这种危险给予特别的关注；注册会计师在制定审计计划和实施审计阶段，应考虑各种不正常情况和关系；应该认识不熟悉的情况，并且采取与环境相适应的正当的预防措施，消除自己对事关审计意见的疑虑；应认识到检查其助手工作的必要性，而且，应在充分理解其重要性的基础上进行这种检查。可见，从应有的职业谨慎概念的上述归纳，可以得出两点结论：第一，它是一个明显合理且公正的信条，它使我们坚持这样一条标准，即为他们提供必要的保护，但不对任何人承担不合理的责任；第二，它为审计者提供了衡量保护和责任的重要尺度，因为它表明了一个不需要其超越的工作水准。

4. 合理怀疑

观察误差的上述三个原因，都依赖于合理怀疑的控制，它们是间接证据的可信性、审计者对所观察证据污染的风险和不认识可疑环境的危险，如①注册会计师获得的许多信息必定是间接的，在这种情况下，重要的是注册会计师既不能忽视间接证据，同时给予间

接证据的信赖度又要和它的较低的说服力相一致；②在可能通过注册会计师的观察获得直接证据的情况下，注册会计师必须当心其观察行动不要改变观察的证据；③在出现可疑情况时，应相应地扩大审查范围，不能大意疏忽或者过分地轻信；④错误假设风险，在每一项审计中，要作出大量的假设，注册会计师在评价审计证据时，应当警觉那些显示出与基本假设不相符的情况；⑤概括过头，以偏概全。

5. 判断

在审计调查并引出结论时，还有一个可能的差错是对测试结果的估计失实。比如在抽样审计中，注册会计师混淆了实际样本的非重大差错和样本总体差错可能达到的程度，因此出现了推理的逻辑错误。要避免这种估计失实，要求注册会计师能运用严格的逻辑推理结合仔细的专业判断。值得强调的是，在任何一项审计中适当地选择审计程序和审计范围，都必须取决于专业判断，判断贯穿于审计的全过程。

（三）与证据的充分性和适当性相关的审计概念

前面述及审计证据时提到的第二个必要条件是，证据必须充分和适当。影响一组特定的审计证据的充分性和适当性的主要因素有三个：审计意见所要求的准确性、审计意见所要求的保证程度、审计证据的可获得性。决定充分性和适当性的审计概念如图1-10所示。

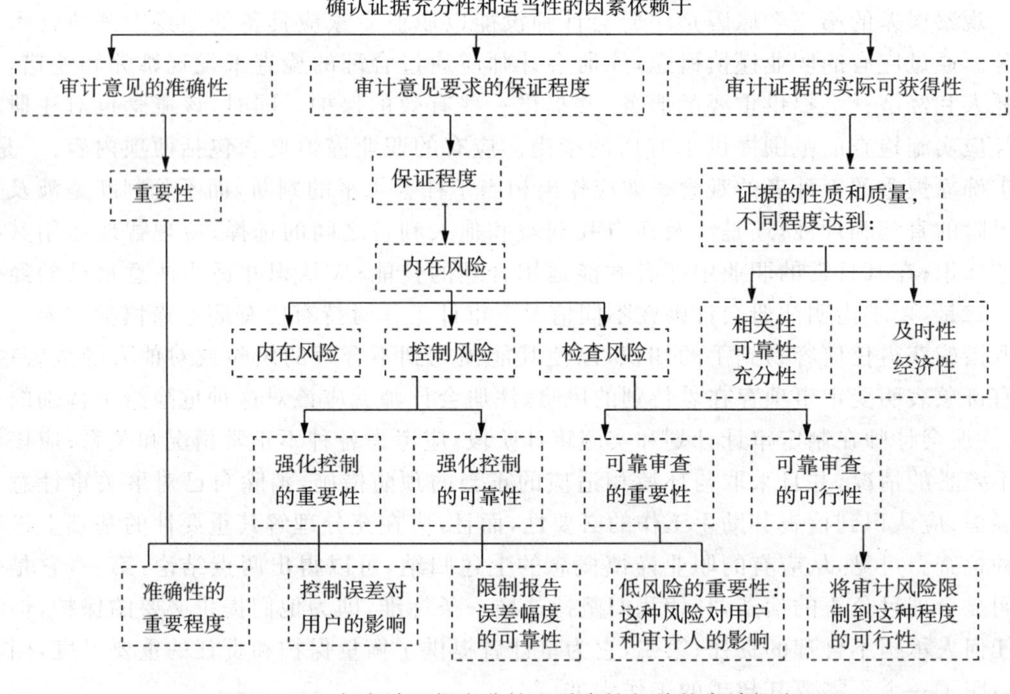

图1-10 与审计证据充分性和适当性相关的审计概念

1. 审计意见要求的准确性

会计报表揭示的绝对准确既无可能，在经济上也不可取。首先，会计报表上的许多数字必定是根据判断来计量的（如固定资产估计使用年限、应收账款坏账损失准备等）。

其次，就理论而言，会计报表的数字是可以精确地确定的，但必须花费不合理的代价。再次，审计过程本身和审计技术有局限性。理想地说，注册会计师应掌握第一手资料佐证体现在会计报表中的每个项目，但有时既不现实，也不可能。最后，审计的作用在于从控制和可信性两方面提高会计信息的价值，但不是对被审计单位今后生存发展及其经营效率、效果做出保证，也不能因此替代、减轻或免除被审计单位的会计及其他管理责任。因此，经过审计的会计报表不可能绝对准确。

2. 重要性

在审计中，注册会计师只须获取足以支持其发表审计意见的审计证据即可，对不影响会计报表客观、真实的次要事项可以适当忽略，这就是审计中的重要性概念。一般而言，一个项目是否重要，应考虑其数量或性质（或者两者同时）。如果有理由确信一个项目会影响使用者的决策即为重要项目，反之为不重要项目。但在实际应用中，还要运用一定的审计经验和专业判断，注册会计师一般根据一定数量的金额来决定重要性，有时也要考虑经济业务或报表项目的性质。

3. 审计意见要求的保证程度

审计意见要求的保证程度实质上是注册会计师出具的审计报告在总体上的可靠性程度。保证程度水平的高低取决于客观环境的需求以及审计成本的限制。前者表现在使用者对审计报告的依赖程度，后者表现在审计资源（人力、时间、物力）的情况和注册会计师对待风险的态度。

4. 审计风险

审计风险，是指注册会计师通过审计工作未能发现会计报表中存有重大错误而签发无保留意见审计报告的风险。一般而言，审计风险由固有风险、控制风险和检查风险（审计总风险＝固有风险×控制风险×检查风险）组成，其中，固有风险是指会计核算工作本身发生重大差错的风险，控制风险是指客户内部控制制度不能发现或防止重大差错的风险，检查风险是指注册会计师通过设计的审计程序未能检查出会计报表中存在重大错误的风险。

为了有效地进行审计，注册会计师必须接受一定的风险。注册会计师可以接受的风险水平取决于审计报告用户的如下要求：审计意见必须能够证明注册会计师执行了职业标准，收集了充分的审计证据；审计证据能够支持审计意见。因此，注册会计师应该设计审计程序，尽量降低发表错误意见的风险，满足审计报告用户的要求。

5. 审计证据的实际可获得性

在审计实践中，要取得无限多的、具有绝对决定性的证据是不可能的，从经济上考虑也是不必要的。审计证据选择是否得当，依赖于相关性、可靠性、充分性、时间性和经济性五个概念的相互关系。

6. 相关性、可靠性和充分性

相关性和可靠性合称适当性。相关性指证据与审计目标的关系，只有能够使注册会计师接受或反驳会计报表的声明的证据，才是相关的证据；也只有对各项声明是否正确作一系列评价后，注册会计师才能决定整个会计报表是否客观真实。可靠性是指审计证据必须可靠，即资料的质量能够合理地保证资料正确地、公允地、如实地反映事实。可靠

性取决于以下因素:独立的来源、提供证据者的资格、内部控制系统、证据的客观性。

充分性,是表示应有多少证据才能有把握发表审计意见的问题。审计证据的数量取决于四个因素:注册会计师研究审计证据的透彻性,注册会计师客观地评价审计证据的能力,发表审计意见所必需的证据量,注册会计师决定执行或者放弃的某一审计程序。

时间性和经济性,不同的审计证据不仅有不同程度的相关性、可靠性和充分性,且有不同的时间性和经济性与之相联系。在审计证据的有用性与收集、评价证据的成本之间必须保持一种逻辑联系,这就是经济性概念。注册会计师应该使用最节省的办法,从可能得到的证据中去选择足以表达专业性审计意见的证据。此外,为使审计报告具备信息决策价值,必须在合理的时限内提供出来,这就是时间性概念。尽管在通常情况下,在年终以后能获得更有说服力的证据,但拖延太久的审计后会计报表无助于读者作出当期经济决策,所以,注册会计师通常在说服力和取得证据的及时性之间达成合理的妥协。

第三节　审计理论结构:其他相关问题

一、审计对象与分类

(一)审计对象

要正确地归纳概括审计对象,首先必须明确审计对象的意义及其相关概念。

1. 对审计对象的理解

审计对象有主体和客体之分,在审计对象主体——被审计单位——存而不论的情况下,这里的审计对象专指审计对象的客体,即审计进行观察或思考的客体。对审计工作而言,这一客体专指工作的内容;对审计科学而言,这一客体专指研究的内容。明确审计对象,也就是要明确审计工作的对象,以便明确审计工作的范围和职责,更好地把工作做好;要明确审计科学的对象,以便更好地总结审计工作实践,研究审计理论,推进审计科学不断发展和完善。因此,本教材所指的审计对象范围如图 1-11 所示。

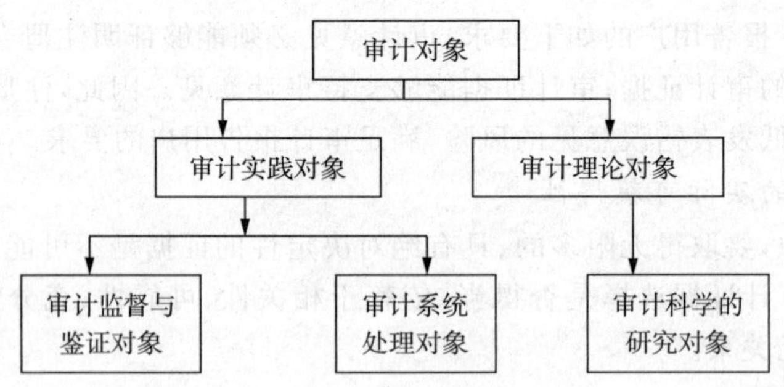

图 1-11　审计对象范围

2. 审计对象的发展变化

审计对象受审计目标制约,并随着审计目标的变化而变化。自现代审计问世以来,随着审计目标的不断发展,审计的对象也经历了几次发展变化。19 世纪流行于英国的详细审计，出于检查舞弊、技术性错误和原则性错误这一基本目标的需要，以所有的会计业务为对象，对所有的会计凭证、账簿和报表逐一跟踪审查。第一次世界大战后，流行于美国的资产负债表审计和财务报表审计的审计对象又发生了转移：资产负债表审计的基本目标主要在于审查资产负债表所有项目的余额是否真实可靠、是否实际存在，借以判断企业的财务状况和偿债能力，这种旨在信用证明的审计决定了其审计对象是期末的资产负债表，并在一定范围内抽查期中会计计算；而财务报表审计的基本目标主要是审查会计处理是否符合会计原则，是否符合政府有关法律法规，以比较和发展的观点来评价企业现在和将来的盈利能力，这一目标决定了必须以所有的财务报表为对象。20 世纪下半叶以来，为了适应经济的发展，审计目标发展到对企业整个经营活动的评价，审计的对象也随之从会计资料扩大到企业的整个经营管理活动。可见，审计对象受审计目标制约，在讨论审计对象时，不能不考虑审计目标的因素。

3. 审计对象的具体化

明确审计的对象是什么仅仅是研究工作的一个方面，在此基础上还应当进一步研究审计对象的具体化。在理论界和有关文献中会提到，诸如以财务收支为核心、以会计资料为重点、以会计工作为中心、真实性合法性和效益性等，这实际上是从内容角度对审计具体对象的一种划分。研究审计对象旨在区分审计与非审计，而进一步研究审计对象的具体化则关系到审计工作甚至审计理论方法内部结构体系的安排。在审计工作、审计理论方法的区分日益细致的现阶段，开展对审计具体对象的研究更为重要和迫切。

4. 审计对象的经济责任

审计监督与鉴证对象是具有经济责任的经济活动，这一点可以从古今中外的国家审计、内部审计和独立审计产生与发展中得到充分证明。可以这么说，没有经济责任，就没有必须审计；客观上，不负经济责任的经营管理者的会计资料、经济活动是没有必要接受审计的。也就是说，经济责任（其背后隐藏着复杂的产权关系）是审计产生与发展的根源。

5. 审计对象的经济责任信息

审计系统的处理对象是具有经济责任的经济活动发出的信息，简称经济责任信息。上面讲的承担经济责任的经济活动是审计所要进行监督和鉴证的对象，随着市场经济的发展和人们旨在加强管理、提高经济效益而对审计信息日益增长的需要，审计对象的时空界限正在发生并将继续发生某些变化，审计对象的时空概念也相应地发生变化。信息论、系统论、控制论的出现，开拓了人们的眼界，使我们认识到：审计原来是一个以提供审计意见（信息）为主的经济监督和鉴证系统。至于这里的经济责任信息，具体内容就得结合不同的审计主体和审计内容加以具体明确，比如独立审计是指“会计资料及其所反映的经济活动”，国家审计是指“国务院各部门和地方人民政府及其各部门的财政收支活动”，内部审计是指“组织内部的经营活动及内部控制制度”。

6. 审计学的研究对象

审计工作与审计学的关系就是审计实践与审计理论的关系，理论源于实践。因此，审计学就是随着审计实践的发展，相关人员对审计实践作了比较系统、全面的总结，从中提出了能够说明和指导实践的理论，使具体的审计实践更好地为经济监督服务；而新的

审计实践又反过来检验审计理论，使其不断改善、不断发展。正因为如此，审计学作为一门独立的经济监督科学，其所研究的对象就不可能只是对审计工作的对象进行科学的概括，它还需要进一步探讨处理各项审计工作所应依据的那些最基本的原理、原则。因此，我们认为审计理论的研究对象是审计监督活动、审计监督规律、经济责任关系、审计政策和审计制度，概括地说就是"审计监督和鉴证活动及其发展规律"。

(二)审计分类

在审计理论研究和实务工作中，为了加深人们对审计的认识，科学地组织审计工作，提高审计工作的效率，更好地发挥审计的作用，有必要对审计按一定的标准进行分类①。然而，无论实施何种类型的审计，都围绕着各自的审计目标去搜集需要的审计证据，以此得出客观公正的审计结论，这些都无一例外地必须借助审计方法的应用。

1. 以被审计单位的审计内容为标准分类

以对被审计单位的审计内容为标准，可以将审计分为财务审计与管理审计。财务审计，主要是以财政预算、决算、财务收支活动为主要对象，是监督财政预算、财务收支计划实施的一种审计方式，主要是对财政财务报表、会计资料的真实性、完整性、正确性、合法性和合规性进行审计。也就是说，财务审计是以审计受托财务责任为对象的审计活动。

管理审计，是一种以审查受托管理责任为对象的审计活动，在理论上和实践中，管理审计又可以分成内向型管理审计和外向型管理审计②。内向型管理审计是对组织内部的各种管理活动进行独立的、客观的、综合的、建设性的、面向未来的检查和评价，以帮助管理当局这一资金受托人改进决策、提高获利能力和经营能力，更好地完成受托管理责任，包括管理导向审计、职能审计、制度审计、业务审计、业务检查、经济效益审计等不同的表现形式。外向型管理审计是由独立的外部注册会计师，为了维护股东、投资者、债权人及其他委托人的利益，通过对组织的资金状况、盈利能力及组织结构等的分项研究，来就受托人对受托管理责任的履行情况发表批判性意见，并对外报告，包括独立管理鉴证审计、独立管理评价审计、外部管理审计、管理陈述审计、管理业务审计等不同表现形式。

财务审计和管理审计虽然有联系，但也有明显的区别，而且这种区别不仅仅表现在审计的具体内容上，还表现在审计的目的、依据、时间、执行者和方法等方面。比较财务审计和管理审计可以看出：前者的目的在于查明财务收支和经济核算资料的真实性、正确性和合理性，进行经济公证，借以确定和解脱经济责任，主要用于查错防弊，以保护原则为主；后者的目的在于确定管理过程和结果并作出评价，借以寻求提高管理效益的途径，以建设性原则为主。前者审计以会计法、财政财务制度、财经法纪和财务活动事实为主要依据；后者除此外，还要以业务、技术经济效益考核标准和经济活动事实为依据。财务审计以事后审计及定期审计为主；管理审计则以事前审计、事中审计为主，定期审计与经常性审计相结合。财务审计主要由专业审计人员进行，主要使用审查书面资料和证实

---

① 审计分类的一般方法是：首先提出分类的标志，并根据每一种标志，确定归属其下的某几种审计；然后按照一定的逻辑程序，将各类审计有秩序地排列起来，形成审计类型的群体。从具体的分类方法上看，不外乎是单标准分类法和多标准分类法两种。

② 王光远．管理审计理论[M]．北京：中国人民大学出版社，1996.

客观事物的方法；而管理审计，不仅是由专业审计人员进行，还要有工程技术等方面的专家参加，同时还要运用现代管理的一些先进方法。

2. 以审计机构的性质为标准分类

以审计机构的性质，可以将审计分为国家审计、内部审计和注册会计师审计。国家审计一般是指国家组织和实施的审计，确切地讲是国家专设的审计机关所进行的审计，是对国务院各部门和地方人民政府及其各部门的财政收支、国有的金融机构和企业事业组织的财务收支以及其他依法应当接受审计的财政收支、财务收支的真实性、合法性、效益性进行的审计活动，这种审计的目标主要在于维护国家财政经济秩序，促进廉政建设，保障国民经济健康稳定发展。我国国务院审计署及派出机构和地方各级人民政府审计厅(局)所组织和实施的审计，均属于国家审计。我国国家审计机关代表政府实行审计监督，依法独立行使审计监督权。审计署有权对中央预算执行情况进行审计监督，地方各级审计机关有权对本级预算执行情况进行审计监督；审计署对中央银行的财务收支进行审计监督，审计机关对国有金融机构的资产、负债、损益，对国有资产占控股地位或者主导地位的企业，对国家建设项目预算的执行情况和决算，对社会保障基金、社会捐赠资金以及其他有关基金、资金的财务收支，对国际组织向外国政府援助、贷款项目的财务收支，有权进行审计监督；审计机关还有权对与国家财政收支有关的特定事项，向有关地方、部门、单位进行专项审计调查。国家审计机关还有要求报送资料权，监督检查权，调查取证权，建议纠正有关规定权，向有关部门通报或向社会公布审计结果权，经济处理权、处罚权，建议给予有关责任人员行政处分权以及一些行政强制措施权等。同时，国家审计机关还可以进行授权审计和委托审计①。

内部审计，是在组织内部的一种独立客观的监督和评价活动，它通过审查和评价经营活动及内部控制的真实性、合法性和有效性来促进组织目标的实现。因此，内部审计机构设置应考虑组织性质、规模、内部治理结构以及相关法令的规定，并配备一定数量的内部审计人员。内部审计机构应在其内部建立严格的质量控制制度，并积极了解、参与组织内部控制制度的建设。内部审计人员应具备专门学识及业务能力，熟悉本组织的经营活动和内部控制，并不断通过后续教育来保持这种专业胜任能力。内部审计人员应当遵循职业道德规范，并以应有的职业谨慎态度执行审计业务。内部审计机构和人员应保持其独立性和客观性，不得参与被审计单位的任何实际经营管理活动。内部审计人员应

① 从国家治理的角度看，国家审计从本质上而言，是通过依法履行职责，对权力运行进行监督和制约，发挥预防、揭示和抵御的“免疫系统”功能，推动实现国家良好治理。特别的，经过几十年的渐进式经济体制改革之后，我国公共产品的供给主体呈现了多元化的趋势。由于政治体制改革与经济体制改革的不同步，国家审计的边界在制度上依然定位于公共财政，引发了一系列不容忽视的社会问题。应该强调国家审计与国家治理之间的共生互动关系，从公共产品供给主体的多元化的现实出发，进一步拓展国家审计边界，由现在的公共财政拓展为公共产品，实现与国家审计的公共受托社会责任及国家审计本质的“免疫系统”相协调，提高我国政府的市场监管效率，降低市场交易费用，建设服务型政府，促进社会主体间的利益和谐，实现国家善治。

具有人际交往的基本技能，能以恰当的方式与他人进行有效的沟通[①]。

注册会计师审计，是指注册会计师依法接受委托，对被审计单位的会计报表及其相关资料进行独立审查并发表审计意见。一般来说，独立审计的目的是对被审计单位会计报表的合法性、公允性及会计处理方法的一贯性发表审计意见，以维护社会公共利益，保护投资者和其他利害关系人的合法权益，促进社会主义市场经济的健康发展。

3. *以审计部门和人员的隶属关系为标准分类*

按照从事审计的部门和人员的隶属关系来划分，可以分为内部审计和外部审计。内部审计，是部门、单位实施内部监督，依法检查会计账目及其相关资产，监督财政收支和财务收支真实、合法、效益的活动。我国国务院各部门和地方人民政府各部门、国有的金融机构和企事业组织，以及法律、法规、规章规定的其他单位，依法实行内部审计制度，以加强内部管理和监督，遵守国家财经法规，促进廉政建设，维护单位合法权益，改善经营管理，提高经济效益。

根据新修订的《中华人民共和国会计法》第 37 条规定，会计机构内部建立稽核制度。稽核是稽查和复核的简称，它由专职或兼职的会计人员承担会计稽核工作，对会计机构本身会计核算工作进行一种自我检查或审核，其目的在于防止会计核算工作中所出现的差错和有关人员的舞弊。稽核工作的主要内容包括稽核工作的组织形式和具体分工；稽核工作的职责、权限；审核会计凭证和复核会计账簿、会计报表的方法。稽核工作可分为全面稽核和重点稽核，事前审核和事后复核，日常稽核和临时稽核。会计稽核制度不同于单位的内部审计制度，单位审计制度是由在会计机构之外另行设置的内部审计机构或审计人员对会计工作进行再检查的一种制度。

外部审计，是指独立于政府机关和企事业单位的国家审计机构所进行的审计，以及独立执行业务的会计师事务所接受委托进行的审计。由于这种审计是由本部门、本单位以外的审计组织以第三者身份独立进行的，所以具有公证、客观、不偏不倚的可能，因而具有公证的作用。我国财政、银行、税务部门为了做好其本职工作，而对其管辖区各单位的业务（如税利上缴和信贷资金使用情况等）所进行的检查，不属于审计，更谈不上是外部审计，而只是经济监督中的财政监督、税务监督和信贷监督。企业主管部门的审计机构对所属单位进行审计，从形式上看是外部审计人员所进行的审计，但从行业系统上看，仍然属于内部审计，因为主管部门和所属企业总是有经济利益上的联系。外部审计虽然能不受干扰地进行彻底审查，具有较大的强制性，但不够及时，在大多数情况下均属于事

① 国际内部审计师协会在 1999 年颁布的《内部审计执业实务指南》中指出："内部审计是一种独立、客观的保证和咨询活动，其目的是增加组织的价值和改善组织的经营。"也就是说，经济组织管理的目的是增加组织的价值，作为经济组织内部的一项重要管理职能，内部审计也应当是以帮助改善组织的经营管理、增加组织的价值、实现组织的目标为目的。更为重要的是，现代组织规模不断扩大，集团化、全球化、信息化的趋势日益明显，外部竞争日趋激烈，外部条件变化日益加快，面临的不确定因素日益增多。在这种环境下，内部审计不但要面向内部经营管理活动，加强检查、评价，以保证各项规章制度和管理指令得到及时有效贯彻执行，而且要面向组织的外部环境，加强调查、分析，以提供经营管理者正确决策所需的建议、咨询、资料，提高管理效率，为最大限度地增加组织的价值服务。所以，应该扬弃传统意义上的内部审计为国家审计服务的定位模式，从内部审计在评价和改善组织的风险管理、评价和改善组织的内部控制以及评价和改善组织管理过程的有效性等三大方面出发，全面、深刻地重新演绎内部审计这一组织价值增加者的使命与责任。

后审计。

内部审计和外部审计总体目标是一致的，两者均是审计监督体系的有机组成部门。内部审计具有预防性、经常性和针对性，是外部审计的基础，对外部审计能起辅助和补充作用；而外部审计对内部审计又能起到支持和指导作用。由于内部审计机构和外部审计机构所处的地位不同，它们在独立性、强制性、权威性和公证作用方面又有较大的差别。

除了以上主要分类之外，审计按照时间还可以分为事前审计、事中审计和事后审计；按照从事审计业务的范围可以分成全部审计和局部审计；按照会计报告时间划分可以分成期末审计和期中审计；按照组织审计的形式划分可以分为送达审计、就地审计和委托审计，等等。

二、审计职能与作用

(一)审计职能

审计的职能是审计自身所具有的内在功能。审计职能不是一成不变的，随着社会经济的发展，科学技术和人的思维能力不断进步，人们对事物本质的认识会进一步深化和延伸，这种认识上的深化和延伸同时也会揭示事物的潜在职能，也就会改变事物现有的职能。研究审计职能的目的，是为了更准确地把握审计这一客观事物，以便于确定审计任务，有效地发挥审计的作用和更好地指导审计实践。

我国审计界对审计职能的观点，主要有两种：一种是“单一职能论”，另一种是“多职能论”。持“单一职能论”者认为，无论是国家审计、社会审计，还是内部审计，它们只有一项职能，就是经济监督。持“多职能论”者，一般认为审计除审计监督这一基本职能外，还具有其他，如评价、鉴证等职能。我们认为审计具有多种职能。

1. 经济监督职能

经济监督是审计的基本职能。无论是传统审计，还是现代审计，其基本职能都是经济监督。不仅国家审计具有监督职能，社会审计和内部审计都具有监督职能。但必须明确，监督不是唯一的职能。还应该明确的是，监督是审计的基本职能只是说明各项审计都有监督职能，而不意味着其他各项职能实质上都是监督职能。

审计的经济监督职能，主要是指通过审计，监察和督促被审计单位的经济活动在规定的范围内、在正常的轨道上进行；监察和督促有关经济责任者忠实地履行经济责任，同时借以揭露违法违纪、稽查损失浪费、查明错误弊端、判断管理缺陷和追究经济责任等。审计工作的核心是通过审核检查，查明被审计事项的真相，然后对照一定的标准，作出被审计单位经济活动是否真实、合法、有效的结论。从依法检查、到依法评价，直到依法作出处理决定以及督促决定的执行，无不体现了审计的监督职能。

2. 经济鉴证职能

审计的经济鉴证职能，是指审计机构和审计人员对被审计单位会计报表及其他经济资料进行检查和验证，确定其财务状况和经营成果是否真实、公允、合法、合规，并出具书面证明，以便为审计的授权人或委托人提供确切的信息，并取信于社会公众的一种职能。

审计的经济鉴证职能，包括鉴定和证明两个方面。例如，会计师事务所接受中外

合资经营企业的委托，对其投入资本进行验资，对其年度财务报表进行审查，或对其合并、解散事项进行审核，然后出具验资报告、查账报告和清算报告等，均属于审计执行经济鉴证职能。再如，国家审计机关对厂长（经理）的离任审计，对承包、租赁经营的经济责任审计，对国际组织的援助项目和世界银行贷款项目的审计等，也都属于经济鉴证的范围。

3. 经济评价职能

审计的经济评价职能，是指审计机构和审计人员对被审计单位的经济资料及经济活动进行审查，并依据一定的标准对所查明的事实进行分析和判断，肯定成绩，指出问题，总结经验，寻求改善管理、提高效率及效益的途径。审计的经济评价职能，包括评定和建议两个方面。例如，审计人员通过审核检查，评定被审计单位的经营决策、计划、方案是否切实可行、是否科学先进、是否贯彻执行，评定被审计单位内部控制制度是否健全和有效，评定被审计单位各项会计资料及其他经济资料是否真实、可靠，评定被审计单位各项资源的使用是否合理和有效，等等；并根据评定的结果，提出改善经营管理的建议。评价的过程，也是肯定成绩、发现问题的过程，其建议往往是根据存在的问题提出的，以利于被审计单位克服缺点、纠正错误、改进工作。管理审计是最能体现审计评价职能的一种审计。

值得提出的是，我国的审计评价，一定不能局限于微观经济的评价，必须正确处理微观经济与宏观经济的关系，从宏观经济利益出发进行微观经济评价，以助于保证评价结论的合理性和正确性。

在审计职能的研究过程中，也有人提出审计还具有服务、管理、咨询等方面的职能。在经济生活日趋复杂、社会日益进步、科技巨大发展的今天，审计职能也必然要发展，不可能停滞不前。我们应该认真研究新情况和新问题，不应简单地否定一些新的看法，但监督仍是审计的基本职能。

（二）审计作用

审计作用，是行使审计职能、完成审计任务、实现审计目标过程中所产生的作用。一般来说，有什么样的审计职能，并完成了与职能相应的任务，才能产生相应的作用，基于前述关于审计经济控制观的思想，审计的本质目标应当是确保受托经济责任的全面有效履行。因此，审计的作用应该体现或有助于实现审计的本质目标——确保受托经济责任的全面有效履行。因此，审计作用包括制约与促进两个方面①。

1. 审计对委托代理关系中机会主义行为的抑制作用

经济学和管理学中都有关于经济人（或理性人）假设的思想：在经济活动中，经济主体所追求的唯一目标是自身经济利益的最大化，其经济行为都是有意识的和理性的。这个假设同样也适用于委托代理关系中的委托人和代理人。

Jensen 和 Meckling 认为，委托代理关系是指“一个人或一些人（委托人）委托其他人

---

① 田桂凡，刘欣涛．审计治理作用的规范分析[J]．审计与经济研究，2006：17－21.

(代理人),根据其他人的利益从事某些活动,并相应地授予代理人某些决策权的契约关系"[①]。在该契约关系中,委托人和代理人都是最大合理效用的追求者,然而它们各自的利益目标又不一致,致使委托人为了使代理人朝着自身的方向努力而须付出代理成本。为了降低代理成本,同时又能维持这种代理关系,就需要监督,审计就是这样一种监督方式。本书认为,审计作为维系委托代理关系的外部监督方式,不仅对代理人起作用,也会对委托人起作用,即能够使得委托人整体利益实现最大化。

2. 审计对委托人和代理人之间信息不对称的改善作用

委托代理关系形成后,资产所有者为了解决信息不对称引起的委托—代理问题可以采取的措施有:报告制度、激励制度、监督体系。然而这些措施制度的有效运行离不开审计机制的参与。审计本身也有利于改善委托人和代理人之间的信息不对称问题。审计对信息的改善作用主要体现在以下三个方面。

(1)充分披露信息。充分披露报表中的信息,是审计减少或缓解信息不对称的前提和核心价值。当然,充分披露基于受托经济责任的信息首先是会计的职责。审计实际上是对该信息的第二次披露,较之会计的信息披露有一定的区别,并能够督促首次披露的充分性。审计之所以能起到这个作用其原因在于:首先,审计根据能够反映用户要求与愿望的既定约束标准,独立地对财务信息进行审查;其次,审计促使信息提供者根据用户标准控制会计处理过程,因为信息提供者知道自己的工作将受到独立专家的审查。这时,审计作为一种强大的威慑力量而存在,促进了信息的充分披露。莫茨和夏拉夫在《审计理论结构》一书指出,审计是证券市场唯一从事验证工作的职业,并通过揭示证券市场的信息流程,说明了审计在验证证券市场信息中的地位和影响。

(2)过滤不实信息,降低信息风险。过滤不实信息、降低信息风险是审计对信息不对称改善作用的方式。信息风险是指经济信息中含有错误信息的风险,它反映的是未经审计的经济信息在传递过程中以及其本身存在的不正确或不准确的可能性。蔡春教授指出:"审计是降低经济信息风险的最有效途径或手段。"[②]。本书进一步认为,审计这种最有效途径或手段首先表现在对不实信息的过滤上。通过对公司会计报表(包括前瞻性盈利预测文件)的编制和披露进行审查或审核,并就其真实、公允性发表专家意见,提供合理保证这个过程本身就包含着对不实信息的过滤。从实际情况来看,审计确实也能够过滤会计报表中的不实信息。据中国注册会计师协会 2004 年年报审计分析资料显示,经审计,2004 年度会计师事务所报备的 1376 家公司年报审计中,调整利润总额 641 亿元,占审计前利润总额的 21.66%;调整资产总额 2645 亿元,占审计前资产总额的 4.03%;调整应交税金 52 亿元,占审计前应交税金的 10%。这表明,(注册会计师)审计在过滤不实会计信息方面发挥了重要作用。

(3)增加信息价值。增加信息价值是审计对信息不对称改善作用的结果。公司的会计报表经过审计后,就已经包含了新的信息。这种新的信息可以认为是,审计赋予了或

① Michael C. Jensen, William H. Mechling. Theory of the firm: managerial behavior, agency costs and ownership structure [J]. *Journal of Financial Economics*, 1976(3): 305-360.

② 蔡春. 审计理论结构研究[M]. 沈阳:东北财经大学出版社,2001.

增加了经济信息的可信性。美国会计学会审计概念委员会1969年提出的《基本审计概念说明》专门分析了审计的角色和审计的社会作用，并明确指出：审计能够增加信息的价值；审计的价值增加功能能够满足财务报表的信息需求。

3. 审计能够促进或披露契约的执行情况，对契约的不完全性有补充完善作用

根据契约理论的有关观点，公司是一系列要素所有者进行投资合作形成的契约性组织，其得以运行的关键在于要素所有者之间的利益冲突得到协调、权益得到保障以及投资福利预期得到改善。要素投资者之间的利益冲突与协调塑造着一个组织投资秩序的演化，并由于共同的投资取利倾向而结成利益共生体。至于各利益相关者未来会留在还是退出公司这个契约耦合体，会计所提供的会计信息是各契约参与者作出此类决策的基本依据。但是不同利益主体具有不同的会计信息要求，这便要求有相应的协调机制将各利益主体的冲突化解。利益相关者通过对这种利益协调机制进行公共选择，要求该机制能够公允对待各利益相关者，能够调和他们之间的利益冲突，均衡他们的会计信息需求。从公司角度看，审计制度安排就是一种重要的协调机制。也正是对契约参与者（或利益相关者）如股东、债权人、经营者等相互之间的利益冲突进行控制的需要，才导致了对审计尤其是外部审计的内在需要。事实上，外部独立审计从其产生之日起，就一直是作为企业组织利益冲突的监督与协调机制而发挥作用的。

另一方面，内部审计制度由于具有天生的局限性和缺陷，其对经营者的监督很可能会发生失败，即发生内部审计制度安排“失灵”现象，故引入外部独立审计制度就成为审计制度安排创新的一种理论上的必然选择。也就是说，相比较而言，外部独立审计更加注重通过对会计信息的鉴证和对企业各种违约行为的辨识，来协调各利益相关者之间的利益冲突，促使经营者切实履行与各利益相关者签订的明契约或隐契约。

进一步来看，企业作为各种关系性契约的耦合，是由一些具体种类的契约组合而成的。考察这些契约，不难发现，它们有一个共同的特点就是不完全性。所谓不完全性一般意义上是指不能准确地描述与交易有关的所有未来的可能性状态以及每种状态下契约各方的权利和责任，这主要是由缔约双方的有限理性、对现实和未来不确定性以及巨大的交易费用所致①。为了解决这个问题，有必要创立一种自动履约机制，使交易顺利进行。在现实生活中，大多数契约是依赖于习惯、诚信、声誉等方式完成的，付诸法律解决往往是不得已的事情。但涉及公司，需要有一种协调机制来补充完善契约的不完全性或者规范契约的实施过程，考虑到成本效益原则，审计是这种协调机制的优先选择。

4. 审计在公司治理机制中的作用

这里主要从审计对利益相关者（包括股东）的影响以及利益相关者对审计作用的需求的角度，阐述审计治理作用的具体内容。本书认为，其具体内容应包括以下几个方面。

(1)约束控股股东行为，有效保护股东特别是中小股东权益。在所有权和经营权分离的股份公司，特别是在“董事中心主义”及后来的“经理中心主义”的公司发展时代，股

① 奥利弗·E. 威廉森. 治理机制[M]. 王健，方世建，译. 北京：中国社会科学出版社，2001.

东要了解自己投资的安全性、被投资企业的经营状况以及经理阶层有无舞弊行为,只有依赖管理当局提供的历史性财务报表。至于这些财务报表的真实性如何,由于时间、精力,特别是专业知识的局限,股东无法对其进行证实。认识到审计较强独立性和高度专业化的特点,由审计师来扮演监督经营者、维护股东利益的角色便成为现实的选择。这一点已经得到了理论界和实务界的广泛认可。

然而,从我国公司治理的现状来看,我国公司股权结构的一大特色仍是"一股独大"。当然,"一股独大"并非是我国特有现象,由此却产生了公司"委托代理关系"中的第二重委托代理关系:大股东同时也是作为其他中小股东的代理人而存在的。这样,大股东由于机会主义倾向,就有可能通过关联交易等形式损害中小股东的利益①,或占用公司资金、损害公司利益。那么,既然在我国实现股权多元化并不具备现实条件的情况下,通过审计对关联方交易的公允性、披露的充分性进行审查,有助于约束控股股东侵占、转移公司资产的行为,至少可以促使公司披露控股股东长期大量占用公司资金、公司为控股股东提供巨额担保等严重危害公司持续经营的行为,从而引起公众的关注。故对中小股东和公司其他利益相关者来说,审计是一个很好的风险预警机制和长效机制。

(2)增进经理层等代理人的利益。作为代理人的公司经理阶层与作为委托人的公司股东及部分利益相关者之间总有利益冲突的一面,如经理可能追求不当的个人效用,从而牺牲委托人的利益。由于委托人预期经理会追求不利于自己利益的个人目标,因而在签订报酬契约时会降低经理的报酬水平以抵消其不当的利益追求。为避免自己报酬的逆向调整,精明、诚实的经理人员主动聘请独立审计人员审查、鉴证其提供的财务报表,使自己的业绩得到确认,从而维护自己的职业声誉和地位。Chow 的研究证实:与会计数据(如高负债权益比率)有关的债务契约、报酬契约等因素都增加了公司自愿委托外部审计的可能性②。

(3)保护债权人利益。Jensen 认为:企业的主要控制者是股东和债权人,股东和债权人都是企业的资金提供者,只是提供者根据自己不同的能力和风险偏好而选择不同内容的契约,在不同经营状态下股东和债权人分别拥有剩余索取权和剩余控制权③。由此可以认为,债权人和股东之间是一种既对立又统一的矛盾关系:①对立关系,随着公司债务融资比例的上升,股东更倾向于选择风险较大的投资项目,这样不但能够获得更大的财务杠杆收益,而且还可以将投资失误的风险转嫁给债权人;②统一关系,债务本息的偿付具有硬约束特性,故债务约束的存在能够促使经营者努力工作、提高投资决策的质量,从而在一定程度上降低公司的代理成本,提高公司的经营绩效。

(4)促进内部控制的完善,降低经营风险,提升公司价值。在审计制度具体实施过程中,作为规范的程序和良好的惯例,它要对公司内部控制系统的健全性、有效性进行调

---

① 朱武祥.股权结构与公司治理——对"一股独大"与股权多元化观点的评析[J].证券市场导报,2002(1):56-62.

② Chee W. Chow. The Demand for External Auditing:Size,Debt and Ownership Influences[J]. *The Accounting Review*,1982,57(2):272-291.

③ Michael C. Jensen. Agency cost of free cash flow,corporate finance,and takeovers[J]. *American Economic Review*. 1986(76):232-329.

查、测试和评价，向客户管理当局指出其中的薄弱环节并提出必要的改进建议。这自然有利于强化公司的内部控制，提高公司的经营绩效。同时，审计制度还可产生威慑效应，因为管理人员和员工知道自己的活动将面临定期审计后，会注意改进经营和控制。从这个意义上说，审计在一定程度上又可降低经营风险，提升公司价值。

三、审计组织

审计组织，又称审计组织形式或审计模式，指担负着不同审计任务的审计组织之间结成的相互联系、互为补充的整体审计系统。我国审计组织体系如图 1－12 所示。

我国审计组织体系：
- 国家审计——国家审计署
- 注册会计师审计——中国注册会计师协会
- 内部审计——行政事业、企业单位

图 1－12　我国审计组织体系

（一）国家审计机关

国家审计机关是代表国家依法行使审计监督权的行政机关，其具有国家法律赋予的独立性和权威性。国家审计机关不仅是最早的审计组织形式，也是现代各国审计体系中最重要的组成部分。尽管各国审计机关的称呼不一，但都是国家政权的一个重要组成部分。由于世界各国的文化传统和政治体制各异，各国最高审计机关的隶属关系和地位也有很大差别，其主要类型有以下三种。

1. 立法型

立法型的国家最高审计机关隶属立法部门，依照国家法律赋予的权力行使审计监督权。一般直接对议会负责，并向议会报告工作。目前世界上大多数国家的最高审计机关都属于立法型审计机构。例如，奥地利审计院直接隶属国民议会，每年向国民议会提交工作报告；加拿大审计长每年向众议院报告审计长公署工作中重要的应提请众议院注意的任何事项；美国审计总局（署）隶属国会，不受任何行政当局干涉，独立行使审计监督权。立法型审计机关地位高、独立性强，不受行政当局的控制和干预。

2. 司法型

司法型的国家最高审计机关隶属于司法部门，拥有很强的司法权。例如，意大利的审计法院对公共财务案件和法律规定的其他案件有裁判权，审计法院直接向两院报告审查的结果；西班牙审计法院拥有自己的司法权；法国审计法院也有一定的审判权。司法型审计机关可以直接行使司法权力，具有司法地位，具有很高的权威性。

3. 行政型

行政型的国家最高审计机关隶属于政府行政部门，它是政府行政部门中的一个职能部门，根据国家赋予的权限，对政府所属各级、各部门、各单位的财政财务收支活动进行审计。它们对政府负责，保证政府财经政策、法令、计划、预算的正常实施。例如，沙特阿拉伯王国审计总局是对首相负责的独立机构，年度报告应呈递国王陛下；泰国审计长公署应向内阁总理呈报；瑞典审计局认为有必要报告有关情况，则应首先向负责部门或有关机构报告，如认为无此必要，可直接向政府报告；我国审计署在国务院总理领导下。行政型审计机关依据政府法规进行审计工作，其独立地位低，基本上不具有法律约束力。

还有些国家的最高审计机关，介于立法、司法及行政部门之间，难以确定其从属类型。例如，日本会计检查院既不属于议会，对内阁也具有独立的地位。会计检查院认为其检查报告需要向国会申诉时，可由检查官出席国会，或用书面说明。德国联邦审计院是联邦机构，是独立的财政监督机构，只受法律约束。联邦审计院的法定职能是协助联邦议院、联邦参议院和联邦政府作出协议。一般说来，这类审计机关只受法律约束，而不受国家机关的直接干预。

4. 我国审计机关的设置

审计机关，一般是指审计权力的承担者，审计监督活动的实施者。因此，审计机关就是能以自己的名义实施审计监督权的组织机构。我国审计机关是国家行政机关的组成部分，是根据宪法、审计法及其他有关法律的规定建立起来并进行活动的。我国审计组织体系的主要特征是：我国国家审计实行行政审计模式；我国对地方审计机关实行双重领导体制；国家审计机关对社会审计、内部审计进行业务指导和审计监督。

根据《中华人民共和国宪法》第 91 条和第 109 条以及《中华人民共和国审计法》第 2 条规定：国家实行审计监督制度，国务院设立审计机关，县级以上的地方各级人民政府设立审计机关。审计机关，从职能上讲，有对外行使权力的组织，也有管理内部事务的机构；从地域而言，有中央审计机关，也有地方审计机关；从组织形式上看，有常设机构，也有派出机构。我国审计机关是审计法律关系的主体，是行使审计监督权的组织，是以国家的名义行使职权的组织，是能够承担审计法律责任的组织，并且以行政法人资格从事审计行为。我国审计机关，主要有以下两种。

(1)中央审计机关。中华人民共和国审计署成立于 1983 年 9 月 15 日，它是国务院所属部委级的国家机关，是我国最高审计机关，它具有双重法律地位：一方面，它是国务院的组成部门，要接受国务院的领导和指示，依照和执行国务院的行政法规、决定和命令；而另一方面，它又有自己的职责范围，对自己所管辖的事项，以独立的行政主体从事活动，并承担由此而产生的责任。审计署按照统一领导、分级负责的原则组织和领导全国的审计工作，其主要职责是接受委托起草审计法律、行政法规草案，提出修改审计法律、法规的草案；制定审计工作的方针、政策，发布审计工作的命令、指示和规章，确定审计工作重点，编制全国审计项目计划；办理审计署管辖范围内的审计事项、组织，指导全国性行业和专项资金审计，组织、实施对与国家财政收支有关的特定事项的专项审计调查；领导、管理全国审计机关的审计业务和其他审计工作，制定审计准则；指导、监督全国的内部审计工作，依照法律和国务院的规定指导、监督、管理全国的社会审计工作；协同省级主管部门依照法定程序办理省级审计机关负责人(包括正职和副职)的任免事项；办理法律、行政法规规定和国务院交办的其他事项。

由于我国各级审计机关的审计范围是按照被审计单位财政财务的隶属关系来划分，如属于中央的企事业单位由审计署负责审计；属于地方的企事业单位，分别由省、市、县审计机关负责审计。为了就近审计和同行业审计的需要，审计机关有必要在重点地区和部门派出审计特派员。

(2)地方审计机关。地方审计机关是指省、自治区、直辖市、设区的市、自治州、县、自治县、不设区的市、直辖区人民政府设立的审计组织，负责本行政区域内的审计工作。

省、自治区审计机关称审计厅，其他地方各级审计机关统称为审计局。地方各级审计机关在法律上也具有双重地位：一方面，它是各级政府的一个职能部门，直接对本级政府行政首长负责，而另一方面，地方审计机关对自己管辖范围内的审计事项，又以独立的行政主体资格从事活动。《中华人民共和国审计法》第八条规定："省、自治区、直辖市、设区的市、自治州、县、自治县、不设区的市、市辖区的人民政府的审计机关，分别在省长、自治区主席、市长、州长、县长、区长和上一级审计机关的领导下，负责本行政区域内的审计工作。"地方审计机关按照国家法律和本级政府的政策、决议行使权力，处理行政事务。其主要职责是：接受委托起草地方性审计法规、规章和其他规范文件草案，提出修改地方性审计法规、规章和其他规范性文件的草案；制定审计规章制度，根据本级人民政府和上级审计机关的要求，确定审计管辖范围内的审计工作重点，编制审计项目计划；办理本级审计机关审计管辖范围内的审计事项，组织、指导审计管辖范围内行业和专项资金审计，组织实施与本级财政收支有关的特定事项的专项审计调查；领导、管理下级审计机关的审计业务和其他审计工作；具体指导、监督审计管辖范围内的内部审计工作；根据规定，具体指导、监督、管理社会审计工作；协同下一级主管部门依照法定程序办理下一级审计机关负责人（包括正职和副职）的任免事项；办理法律、法规、规章、规定以及上级审计机关或者本级人民政府交办的其他事项。省、自治区人民政府设立的地方行政公署的审计机关，在省、自治区人民政府审计机关和行政公署专员授权的范围内，依法实施审计监督。对地区行政公署和省、自治区审计机关负责并报告工作，审计业务以省、自治区审计机关领导为主。

我国地方审计机关实行双重领导，对本级人民政府和上一级审计机关负责并报告工作，审计业务以上级审计机关领导为主，如：①地方审计机关要遵照执行上级机关颁布的审计规章和作出的审计工作决定；②地方审计机关要认真办理上级审计机关布置的工作任务；③地方审计机关的工作情况和查出的重要问题，要及时向上级审计机关报告；④地方审计机关如遇有地方政府对审计工作的指示、决定与上级审计机关的决定、规章相违背时，应按上级审计机关的执行。上级审计机关当然也要考虑下级审计机关及其政府的意见。

（二）独立审计机关[①]

我国独立审计制度自1980恢复后已走过了20多年的风雨历程。在社会主义市场经济条件下，独立审计已发挥并继续发挥着降低会计信息风险的重要作用；但是，这种理应被赋予客观与公正特征的职业却因一波未平一波又起的"作假"案件而面临"诚信危机"，这给其未来发展增添了许多的变数。为此，我们有必要从战略的角度研究其发展所需要的环境、条件和措施等。这一课题涉及很多方面的内容，而独立审计组织形式及其

---

① 赵保卿．论独立审计组织形式[J]．审计与经济研究，2004(3)：6－10．从理论上看，注册会计师的组织还包括管制模式这一理论问题，从目前世界各国看，注册会计师的管制模式有三种：政府管制、独立管制以及混合管制等，对这一问题感兴趣的读者请阅读有关文献资料，本节只讨论独立审计组织的内部治理结构问题。

选择是其中比较重要内容之一。

独立审计组织形式是会计师事务所作为一种按企业化运作的经济实体在经营和管理体制上所设计和实施的综合形式。独立审计组织形式选择得合理与否直接影响其最终产品——审计服务质量的高低。由于审计服务质量的不可直接观察性及其质量维度的多元性,所以其不像物质产品那样可以明确鉴定。审计是一个高度专业化的领域,它涉及诸多专业知识,要发生较高的质量控制成本;同时,审计工作又是一个复杂的系统工程,它的每一环节都须臾不可离开注册会计师的职业判断,而职业判断难免会发生主观臆断,而职业判断和主观臆断有时是难以区分的,这就给注册会计师审计监督带来了高风险的结果。因此,会计师事务所审计质量管理的关键在于建立控制与规避独立审计风险的有效机制,而独立审计组织形式的选择正是建立这种机制的基石。

会计师事务所作为一种按企业化管理的经济实体,应在不同的企业组织模式中进行合理选择。综观世界各国在企业组织模式方面的实践以及各国法律制度对企业组织模式的规定,企业的组织模式有独资型、公司制和合伙制,合伙制又分为普通合伙制、有限合伙制和有限责任合伙制。作为按企业化管理的会计师事务所如何在其中作出合理选择呢?

1. 对会计师事务所组织模式的基本评价

会计师事务所在不同的环境和制度下,其组织模式的选择会不同,但选择的理论依据是有其一致性的。评价独立审计组织形式是否合理,可以有多种标准,但关键要看这一组织模式是否有利于充分发挥独立审计的作用。

对于独立审计的作用,不同的学者、专家从不同角度进行研究,产生了一些不同的观点。我们认为,独立审计的作用关键在于通过其监督、鉴证和评价职能降低和控制所审计的会计信息风险。在发挥这一作用的过程中,注册会计师应保持客观、公正与独立的职业态度,具有“诚信”的职业品质。

公司制不是独立审计组织形式的较好选择。有限责任公司制对独立审计降低会计信息风险的激励不足,赔偿能力较弱,不利于审计质量的提高,不利于保护审计服务购买者的利益。由于仅承担有限责任,且对于已分配利润无追溯权,所以会计师事务所和注册会计师易产生投机行为,与被审计单位收买“会计政策”和“审计意见”的动机可能一拍即合。因此,这种模式不是好的选择。

独资型也不是会计师事务所理想的组织模式。独资型会计师事务所很少存在严重的委托代理问题,所有者能有效降低会计信息风险。但是,所拥有的资产较少,所有者个人财产有限,赔偿能力较弱,承担和分散风险的能力也较差,不利于独立审计作用的发挥。所以,独资型会计师事务所尽管对特定的注册会计师个人和特定的细分市场有一定吸引力,但从整个注册会计师行业和宏观经济层面来看,它不是一种理想的组织模式。

合伙制是会计师事务所较为理想的组织模式。会计师事务所是注册会计师的“契约集合体”,正是注册会计师及其责任构成会计师事务所及其责任的集合。合伙制所隐含的潜在利益损失可以自然地强化注册会计师的行业自律,合伙制事务所承担无限责任,将一定程度上约束注册会计师的执业行为并提高诚信度。除了合伙人契约另有规定外,在合伙制企业的业务范围内,对任何合伙人所执行的业务,其他合伙人都应该负责,合伙

人互为代理并承担无限责任，这就促使合伙制企业在选择合伙人时非常谨慎。这种合伙人互为代理的制度安排，有利于在会计师事务所内部甚至整个注册会计师行业自动形成诚信约束和权力制衡机制。在一个以质量取胜、以诚信立业的注册会计师行业发展历程中，合伙制的实质便是注册会计师以无限责任的形式承担了执业风险，以自己的财产损失来担保业务质量和真实性，从而使独立审计取信于委托人，提高竞争能力。只有实施合伙制，让注册会计师承担无限民事赔偿责任，配合我国民事赔偿机制的建立，才能使诚信真正成为注册会计师行业的立足之本，才能使独立审计降低和防范会计信息风险的作用得到最大限度的发挥。

合伙制中的普通合伙制、有限合伙制、有限责任合伙制之间又是存在差别的。在普通合伙制会计师事务所中，不管是经营管理工作造成的负债，还是作为合伙人和不作为合伙人的注册会计师职业性违规造成的负债，所有合伙人都要承担无限连带责任。这虽然最大限度地保护了客户的利益，使每一位作为合伙人的注册会计师严于律己，注重合伙人之间的相互监督，但会使合伙人承担着较大的风险，对作为合伙人的注册会计师不利。因此，在普通合伙制下，一方面对合伙人的入伙要求比较严格，不利于会计师事务所规模的扩大；另一方面，一些有一定声望和一定个人财产的注册会计师由于风险太大而不愿加入普通合伙制事务所，在一定程度上制约了事务所的发展。

选择有限合伙制组织模式的会计师事务所一般不多。因为这种形式的会计师事务所中部分有限合伙人不能参与经营管理，而不具备注册会计师执业资格的人士不太愿意投资此行业，有执业资格的人士一般又不愿放弃参与经营管理的权利；同时，承担无限责任的合伙人不愿让只承担有限责任的合伙人坐享其成；另外，会计师事务所主要依靠向社会提供劳务收取费用，一般不需要很多资金投入，所以，这种组织模式的会计师事务所在实际运作中存在较多的利害冲突，对注册会计师吸引力不大。

2. 有限责任合伙制是较佳选择

比较而言，有限责任合伙制会计师事务所有较大的优越性，即无过错合伙人无须对其他合伙人的职业性违规行为所形成的负债承担无限连带责任，而有过错合伙人须承担无限连带责任，较大程度地保护了无过错合伙人的利益，有利于吸纳新的合伙人入伙，增强其承担风险的能力。

1994 年 7 月，当时世界“六大”会计师事务所（2002 年以后只剩下“四大”）中的“安永”“永道”“普华”三家会计师事务所在纽约联合宣布：各会计师事务所从现行的“无限责任合伙制”转变为“有限责任合伙制”。到 1995 年底，国际“六大”会计师事务所已在美国全部完成转型。由此可见，会计师事务所的有限责任合伙制在世界范围是有其强大生命力的。

随着会计服务国际化的趋势不断加强，我国会计服务市场的开放程度不断提高，会计审计服务与国际接轨是必然的趋势。在机遇与挑战并存的情况下，我国独立审计业如果不能痛下决心，迎头赶上，则不仅会将会计服务市场很大一部分份额拱手让给国际会计服务组织，也会直接或间接地对国家利益造成不利影响，还会影响中国注册会计师队伍走出国门、参与国际会计服务市场的竞争的进程。

综上所述，从促使注册会计师规范自身执业行为、保持诚信为本的执业品质以充分发挥独立审计降低和防范会计信息风险作用的角度分析，合伙制较公司制和独资型合理、有效，而合伙制中的有限责任合伙制是更为科学和合理的组织模式。

3. 我国独立审计组织的改革与完善

1994 年 1 月 1 日起实施的《中华人民共和国注册会计师法》规定，会计师事务所应采取合伙制或有限责任公司制组织模式，并对会计师事务所的设立条件作出了明确限定，但由于当时存在着特殊的挂靠制度，所以，在现实情况中执行得很不规范。1998 年底，首批具有证券执业资格的 103 家会计师事务所完成了脱钩改制工作，1999 年初会计师事务所的脱钩改制工作在全国范围内全面展开，到 2000 年初，全国所有会计师事务所的脱钩改制全部完成。脱钩改制后的会计师事务所启动了组织模式规范化的进程。根据《中华人民共和国合伙企业法》、《国务院办公厅转发财政部关于加快发展我国注册会计师行业若干意见的通知》(国办发〔2009〕56 号)、《会计师事务所审批和监督暂行办法》(财政部令第 24 号)，财政部 2010 年 7 月颁发了《关于推动大中型会计师事务所采用特殊普通合伙组织形式的暂行规定》，进一步就会计师事务所的组织形式问题作出了新的规范性、制度性安排，极大地完善了我国会计师事务所的内部治理机制，对于提高独立审计质量起到了重要的促进作用。鉴于我国会计师事务所发展的状况及存在的问题，我们应在如下几个方面采取相应措施[①]。

(1)完善合伙制的法律规范。首先，尽快出台修改的《中华人民共和国注册会计师法》，将合伙制规定为会计师事务所首选的组织模式，达到一定规模的可以实行有限责任合伙制，并在法律责任条款中增加有关民事赔偿方面的内容。例如对实行合伙制的会计师事务所及注册会计师，规定其应承担民事赔偿责任的界限或前提，这一界限或前提就是给会计信息使用者造成了损失。对这种损失在法律中应加以界定，这种损失只能是已实现的、有形的、直接经济损失，应符合可补救性、确定性及侵害合法利益的结果三个构成条件。另外，还应对与损失有关的举证责任进行明确的规定。例如可参照美国习惯法下的做法：与信息使用者损失有关的证据应由信息使用者提供，而被诉的注册会计师则有责任提供证明原告的损失并非或并非完全是依赖已审会计信息而引起的证据。其次，修改《中华人民共和国合伙企业法》，增加有限责任合伙的内容，并通过合伙企业法实施细则予以细化使其具有操作性。同时，根据合伙企业法制定《有限合伙制协议范本》以有助提高有限合伙制企业制定合伙协议的水平。

(2)规范有限责任会计师事务所的具体登记形式。目前的有限责任会计师事务所是依据我国公司法进行设立登记的，没有体现出会计师事务所作为专业服务机构与一般营利性公司在内部治理结构上的不同，造成有限责任会计师事务所内部治理结构不能适应行业要求，甚至与行业规范发生冲突。因此，注册会计师法可明确“有限责任会计师事务所”的概念，规定其内部治理结构等由国务院财政部门制定；在工商登记时可依据国务院《中华人民共和国企业法人登记管理条例》进行登记注册，从而有利于建立与行业要求相符合的统一、规范的内部治理机制。如果其他组织形式的事务所不实行

① 有兴趣的读者，可以进一步延伸阅读中国注册会计师协会颁布的《会计师事务所内部治理指南》和《关于推动大中型会计师事务所采用特殊普通合伙组织形式的暂行规定》的有关内容。

工商登记而是由财政部门进行专门登记，那么有限责任事务所也可以实行同样的行业登记制度。

(3)改革我国合伙制企业税收制度。从本质上讲，合伙企业不是独立的经济实体，对合伙企业征税就是对合伙人征税，对合伙人征税就是对合伙企业征税。我国目前税收制度实质上是对同一纳税主体的同一纳税客体进行了重复征税，这种重复征税将导致合伙企业利润的非正常留存以及纳税人对经营组织模式的不合理选择，从而扭曲了社会资源的配置。目前仅有我国和缅甸等少数国家、地区仍对合伙企业和合伙人个人双重征税。我们应尽快改革这种重复征税制度，减轻合伙企业的税收负担。

(4)逐步建立和完善个人财产登记制度和共有财产制度。无论哪一种形式的合伙制会计师事务所，合伙人承担责任过程都会涉及个人财产或与他人共有财产问题。如果没有合伙人个人财产登记制度和财产的分割制度，合伙制实施过程中合伙人承担无限责任和连带责任的义务就无法真正落实，使有的合伙人得以逃避应承担的责任，或造成有的合伙人超越应承担责任的范围，使相关法律条款失去实际意义。因此，必须逐步建立合伙人个人财产登记制度和与他人共有财产分割制度，以确保合伙制的正常实施。

(5)合理界定承担民事责任的主体。应界定注册会计师与会计师事务所共同构成承担民事责任的主体，这样可以解决两个方面的问题。

一是解决有限责任会计师事务所出资人与个人独资事务所投资人、合伙事务所合伙人承担债务期限不一致的问题。根据个人独资企业法、合伙企业法规定，企业解散后，原投资人、合伙人对企业存续期间的债务应承担偿还责任或连带责任，但债权人在五年内未向债务人提出偿债请求的，该责任消失，而有限责任事务所出资人仅以出资额为限对企业承担有限责任，在企业解散后则不承担企业存续期间的债务。如果将注册会计师与所在会计师事务所出具执业报告的行为视为二者共同行为，共同承担民事责任，那么，注册会计师作为有限责任事务所的出资人，仅对事务所的债务承担有限责任，但对自己在事务所执业期间的过错行为产生的债务，即使事务所已经解散，其本人仍应当承担偿还责任。

二是解决不具有投资人、合伙人、出资人身份的注册会计师的执业权问题。目前实务界与理论界不少人认为，考虑到执业责任承担问题，应限制甚至取消非投资人、合伙人、出资人身份的注册会计师的执业签字权，而只保留非执业会员身份，这剥夺了其作为注册会计师应有的执业权利。如果明确其如有过错行为同样要与有过错的投资人、合伙人、出资人及所在会计师事务所共同承担民事责任，此问题就迎刃而解了。

(6)尽快建立注册会计师执业责任风险保险制度。会计师事务所所提供的审计服务性质决定了注册会计师不仅要对委托单位负责，还要对社会公众负责。注册会计师职业责任大、风险高已成共识，公众对于注册会计师的期望值与注册会计师自身的实际能力之间所形成的“审计期望差距”，为注册会计师面临“诉讼爆炸”和陷入“深口袋”埋下了隐患。为规避责任、分散风险，应尽快建立执业责任风险保险制度。否则，合伙会计师事务所和合伙人就有可能因赔偿客户损失而走向破产，甚至合伙会计师事务所和合伙人的破产结果也未能使客户得到全部补偿。国际上一些规模较大的会计师事务所都遇到过大额承担执业责任风险的赔偿。如 1999 年英国永道会计公司同意支付麦氏公司 10 810 万美元的赔偿，BDO Seidman 会计公司支付亚特兰大一家私人投资公司 4 400 万美元赔款，等等。尽管这些赔偿数额巨大，但他们并未因此而倒闭，其主要法宝就是建立了执业责任风险保险基金。目前，我国很多注册会计师的责任意识还比较差，对执业中存在的风险缺乏明确的认识，认为投不投保无所谓。有些注册会计师又心存侥幸，认为自己即使有失误，也未必会被查出。另外，我国相关法律体系对注册会计师的法律责任界定不明确，可操作性较差，缺乏明确的司法解释。比如，注册会计师如果给投资者造成经济损失，损失到底有多大，是直接损失，还是间接损失，怎么样确定各方面都可以接受的损失数额，缺乏具体明确的规定，这样对注册会计师就不具有太大的约束。也因此，在执法上会有一定的不公，往往有责任，也不一定会被追究。注册会计师执业责任风险保险制度建立与完善，从根本上讲，有赖于形成完善的注册会计师审计市场化机制。审计市场中，各方的权利和义务是对等的。国外会计师事务所及其注册会计师投保责任险不是被外力强行要求，而是出于保护自身利益、维护整个审计责任关系的需要。我们国家目前要做的工作之一就是尽快修订《中华人民共和国注册会计师法》，完善其中法律责任的有关规定，如界定注册会计师法律责任不应只考虑其审计执业结果，还应考虑其执业过程等。总之，合伙制独立审计组织形式的建立有赖于注册会计师执业责任风险保险制度的建立与完善。

(7)加强对有限责任合伙制的跟踪和调研工作。有关机构应通过对有限责任合伙制的跟踪与调研工作，促其早日在会计师事务所等中介服务机构中普遍实行。我国加入 WTO 以后服务市场的开放程度已大大提高，会计服务等中介服务是服务市场的重要部分，在机遇和挑战并存的同时，我国自己若没有大型的、与市场经济相适应的会计师事务所和其他中介服务机构，不仅要将很大份额的服务市场拱手让给国外服务机构，而且审计和监督中外方大中型工商企业的主动权也将可能落在外国服务机构之手，直接或间接对民族利益造成影响。同时，还会影响中国注册会计师队伍和其他中介服务机构走出国门，坐失参与国际中介服务竞争的机遇。通过对有限责任会计师事务所改制为合伙制事务所，以及合伙制事务所转为有限责任合伙事务所的财产变更、法律责任、资格承继等问题的研究，设计出比较科学、合理的合伙制会计师事务所的具体制度框架，如合伙人的资格条件、合伙协议范本、合伙内部管理组织机构及必要的内部管理制度等。

(三)内部审计机关

独特的“部门审计”在我国的内部审计中占重要位置。这是国家审计机关根据我国的国情在发展社会主义审计监督体系中的一个创举。部门审计虽对国家来说是内部审计，但它对下属单位内部审计具有外部审计的性质，也就是说它具有双重性质，这种双重性质使其可以承担一部分国家审计机关委托的审计任务，并可以指导下属单位内部审计的开展。再者由于我国把内部审计部门定位为本单位、本部门主要负责人领导，被赋予了较高的地位，但由于主要负责人并不是一个很具体的概念，因此，在实践中内部审计机构的设置就出现了多种形式。

1. 内部审计机构隶属财务副总(财务总监)——对财务部门负责的组织形式

这种模式不管从层次、地位还是独立性方面来讲，都比较差。这种模式的内部审计机构只是开展部分日常性的审计工作，不能对公司高层的决策行为、经济行为和经营管

理行为进行有效的监督检查,不能很好地实现审计的根本目的;而且有些公司的管理者甚至要求内部审计人员参与业务活动和会计处理,把内部审计看成财务机构内部自我纠正的内部稽核岗位,形成自己审自己,自己监督自己,审计人员的可信赖原则就会受到损害,审计监督就变成了财务或会计监督。这违背了审计和会计不相容的原则,这种模式模糊了会计和审计的工作。

2. 内部审计机构隶属总经理(总裁)——对总经理负责的组织形式

这种模式相对于内部审计机构隶属财务副总(财务总监)的组织模式来说,内部审计机构的设置层次、地位和独立性都有所提高。由于总经理是执行公司政策运营的负责人,负责公司的日常经营管理活动,对公司的生产经营进行全面领导,依照公司章程和董事会的授权行使职权,对董事会负责,所以这种模式有利于对企业直接的生产经营活动进行审计,有利于为经营决策,提高经营管理水平和经济利益服务。不足之处是审计范围相对窄小,不利于对企业董事会成员的决策及其经济行为进行监督,对本级公司的财务和总经理的经济责任难以进行独立的监督与评价。

3. 内部审计机构设置在监事会——对监事会负责的组织形式

监事会是公司的监督机构,按照《中华人民共和国公司法》的规定,监事会由股东代表和职工代表组成,有权审核公司的财务状况,保障公司利益及公司业务活动的合法性,依法和依照公司章程对董事会和经理行使职权的活动进行监督。这种模式的独立性和设置层次都很高,但是事实上监事会的权责不明、权力偏小等使监事会形同虚设。监事会对公司董事会决策层人员和经理层经营管理人员缺乏应有的监督检查,无直接的管理权,而内部审计的主要任务是从企业经营管理活动的实践需要出发,渗透到整个经营管理领域,能在改善企业经营管理方面充分发挥效能,提高经济效益,所以这种模式的缺陷就是权责不明、权力偏小,不能直接服务于经营决策。

4. 董事会下设的审计委员会——对董事会负责的组织形式

审计委员会主要由独立董事组成,内审机构在审计委员会的领导下进行工作,它对董事会负责,业务上受独立董事的直接指导,既保证了其较高的权威性,又保证了其具有较强的独立性;这种内部审计模式有利于审计人员独立开展工作,这样的组织模式是比较理想的模式。

为了适应现代企业制度财产所有者与经营者分离,必须建立与之相适应的内部审计模式。国际内部审计师协会《内部审计实务准则》指出"内部审计的目的是协助该组织的管理成员有效地履行他们的职责",内部审计机构是"根据高级管理层和董事会所规定的政策来执行其职能"的,其宗旨、权力和责任的说明(章程),是"由高级管理层批准并得到董事会认可的"。这种双向负责、双轨报告,保持双重关系的组织形式,与国际内部审计师协会的《内部审计实务准则》的要求相一致。

在董事会下设审计委员会,由审计委员会组织领导内部审计工作的组织模式,有利于保证现代企业制度下内部审计职能的发挥。在这种组织模式下,内部审计机构作为审计业务,主要发挥监督职能;作为行政内容,则承担评价、服务等职能,更好地实现内部审计促进"改善经营管理、提高经济效益、实现价值增值"作用的发挥。

第四节　审计理论的发展与改革

一、审计理论的发展

(一)以经验为主的早期西方审计理论

审计产生与发展的历史表明:审计是社会经济权责结构变化后的产物。自人类社会有经济活动以来,便以一定的社会经济权责结构开展各种经济活动。如早期原始社会,在氏族部落中,每一个经济单元都同时具有经济活动的权利责任,是一种单一的权责结构模式,但自进入奴隶社会,产生了国家,社会经济权责结构便有了较大的变动,对同一实物形式出现的经济客体,不同的经济阶层即经济主体便有不同的经济权利责任,使得不同经济主体之间产生了一种新的社会经济结构模式。这种对同一经济客体的不同权利与责任的分解,便需要有一种新的机制进行协调和监督,这便是审计。

西方审计产生的时间,学术界有各种争论,但基本的看法是 1720 年的英国南海公司案件。南海公司的目的是把其所在州的大量国家短期债券转换成长期债券,非长期债券的持有人可以照面值将其转换成公司的股票。同时,南海公司的另一个目的是通过组建子公司来发展对外贸易。经过 10 年努力,南海公司没有突破性的进展,使得公司在筹资和调换债券方面碰到了极大的困难。1720 年年初,公司的董事在社会上散布谣言,说公司将实现巨额利润,并将在 1720 年圣诞节股票票面值 60%的股利。这样,股票价格扶摇直上(由 120 英镑涨到 1 050 英镑)。但到了 1720 年 8 月 25 日—9 月 25 日的一个月时间里,股价从 900 英镑下降到 190 英镑,最终导致公司破产倒闭,使得数以万计的投资者遭受损失,并要求调查此事。

1720 年 9 月议会组织了一个由 13 人参加的特别委员会,对公司进行了秘密查证,其后聘请查尔斯・斯内尔进行了审计,其提出了企业存在舞弊行为,会计记录存在严重不实问题,但没有对企业为何编制这种虚假会计记录表明自己的看法。

19 世纪中叶,西方审计有了一定的发展,当时对审计人员的评论是:审计人员是漏洞的调查者、检查者、解剖者。他的职责是审计哪些是正确的、审核并查出哪些是错误的,发现和报告现存的事实,并证明哪些事实是无意形成或有意造成的。究其原因大致是:社会经济封闭性,审计标准缺乏共性;信息表达方式不一致,造成以经验为主的审计活动;西方审计的发展,是在社会推动下被动而仓促发展的。

(二)重视技术的审计理论

1. 审计理论的端倪

虽然总体看,19 世纪末,西方普遍存在轻理论重技术的问题,但也有个别的审计人员开展了对审计理论的研究和总结:1869 年,美国梅坦海姆《审计人员指南》,提出了一些有用的审计经验;1881 年,塞尔登・霍普金斯《主要报表簿记手册》,专门阐述了审计问题;1882 年,G. P・古里尔《账户科学》,审计技术理论,如寻找债权债务证据、内部控制等。这些东西虽然简单,但提出了一个重要的理论:审计是有规律可循的。遗憾的是,这些零散的东西并没有被归结为系统的理论,缺乏对实际的检讨,潜伏着巨大的危机。

2. 审计案件对审计实务的发难

股份公司的宽松环境与有限责任的特殊形式致使一些投机者趁机投机与欺诈,制造了一系列向审计人员发难的案件(19 世纪末期的审计诉讼浪潮):1887 年英国里兹地产建筑公司案件,高估资产价值虚增利润;1895 年伦敦大众银行审计案件,滥发红利导致银行倒闭;2002 年世界通信公司案件,将期间费用资本化,虚增利润 71 亿美元。由于审计是一项新的职业,技术性很强,法院作出了有利于审计人员的判决。

3. 社会内外环境对审计界的压力

法律责任解除了,但社会舆论对审计界施加了巨大的压力。他们认为,审计人员不熟悉业务和不负责任的态度,是审计人员犯错误的根本原因。要求审计界采取有效的措施,否则对审计的发展是极为不利的。与此同时,美国政府也开始对审计界予以批评。没有一个组织起来的审计职业界,会妨碍依靠民间部门取得充分精确和可靠的信息,因而,通过一定的组织形式建立必要的规章制度,予以一定的理论指导,将是审计工作的发展方向。在审计界内部也有人呼吁在协调组织的基础上,发展审计理论以指导审计实践,于是审计理论又开始受到重视,初露端倪,开始有了新的发展。

4. 美国会计师公会(AIA)第一份有关审计技术的理论报告

美国会计师公会 1918 年颁发《统一会计编制资产负债表的认可方法》,从理论上对审计技术与经验进行了总结,对审计人员的行为起到了一定的指导与规范作用。此后,陆陆续续发表了六七个公告,都从理论角度对审计技术与经验予以科学总结,并作为每一个审计人员的行为规范。

5. 以实用为原则的技术理论的发展

审计理论虽有所发展,但实用主义仍然占主要地位。理论界始终认为:作为代表总结审计理论的一些准则,不可能通过纯粹的推理得到,而必须找出其实际意义上的合理性。由于实用主义占主导地位,所以整个审计理论缺乏一致性,一些相互矛盾的论点存在于同一个审计理论中。这样到了 20 世纪六七十年代后,外界压力增大,期望审计与审计实际的差距越来越大,很多错综复杂的问题无法解决,故必须对一些基本的审计理论问题予以重新检讨、研究。

从上面的简单分析可以看出,重视技术的审计理论产生的社会根源主要有:一是经济发展促成了急功近利思想在各个领域的泛滥,"存在就是合理"成了包括审计在内的基本理论基础;二是案件的判决,强调以技术衡量审计人员是否存在过错,因此强调技术成了当务之急;三是所得利益者极力维护现行利益格局,限制了审计理论的发展。

(三)现代审计理论的崛起

20 世纪 60 年代以后,出现了一些有代表性的审计理论观点。

(1)审计中的代理人理论(70 年代)。巴拉契吉、勒默克拉西(对有激励报酬计划的内部控制和外部审计,会计研究杂志,1980 年)认为:审计是保持股东与经理利益最佳化的控制器,经理人员也需要通过审计证明自己的经营业绩以获取报酬。瓦茨、齐墨尔曼(以市场为借口的会计理论供求,1979 年)认为,可用余值损失理论来解释审计。

(2)审计中的信息理论(80 年代)。信号传递理论认为,信息不对称会产生逆向选择、道德风险和内部人控制。信息的发布与质量成本成反比，信息发布后购买者得到信息，以证实质量。信息系统理论认为，信息是一种公共物品，为了资本市场资源的有效配置，投资者需要可靠的信息，审计能使信息可靠。至于为什么不能由个人，而必须由政府的法规让社会进行鉴定，是因为：个人无法委托；各利益相关者分别委托成本高昂；管理当局委托会减少经理报酬（从经理的报酬中开支），且经理只关心自己的信息（审计信息不全面）。

另外，还有审计中的保险理论（深袋理论）、审计中的行为理论，等等。

二、《2002年萨班斯-奥克斯利法案》：审计与会计理论的挑战与变革

2002年4月24日美国众议院以334票赞成、90票反对的绝对优势通过了由众议院财务服务委员会主席、共和党人Oxley提交的第3763号法案《公司与审计的责任、义务和透明度2002年法案》。6月18日参议院银行委员会也以17票赞成、4票反对的结果，批准将该委员会主席、民主党人Sarbanes提交的《公众公司会计改革和投资者保护2002年度法案》送交参议院表决通过，这两个法案合称《2002年萨班斯-奥克斯利法案》（以下简称《萨班斯法案》）。该法案旨在结束低道德标准和虚假利润时代，是继20世纪30年代大萧条以来，美国政府制定的范围最广、措施最为严厉的公司责任法律，基本奠定了后安然时代审计发展、公司治理和证券监管的框架。

（一）会计准则的制定：由以"规则"为基础转为以"原则"为基础

根据美国的《证券法》和《证券交易法》，美国在20世纪30年代成立了会计准则制定机构，开始着手公认会计原则的制定工作。之后，美国会计准则制定机构多次变更，演化成目前的财务会计准则委员会（FASB），与此同时，会计准则的制定方向也发生了较大的变化。尤其是随着经济业务的日趋复杂，会计审计诉讼案件的日趋增多，注册会计师为了降低自身的审计风险，要求会计准则制定机构提供越来越详细的，甚至能够与会计实务问题一一对应的会计准则，从而导致美国会计准则体系日趋复杂、烦琐而具体，甚至一些会计准则或者规则的规定与基本会计原则背离或者冲突。注册会计师和企业会计人员也只是一味地迎合会计准则的具体要求，而在一定程度上忽视了经济交易的实质，从而在对某些交易的处理上丧失了基本的会计、审计职业判断。美国的这一以规则为基础的会计准则体系的缺陷在安然公司会计造假案件中较为充分地暴露了。

《萨班斯法案》尽管没有明确规定美国会计准则的制定应当坚持以原则为基础，但是从该法案（第108部分）要求美国证券交易委员会具体研究美国采用以原则为基础的会计体系的规定来看，已经预示着美国会计准则的制定将发生的方向性转变。2002年10月21日，美国财务会计准则委员会发布的最新的会计准则征求意见稿《以原则为基础的美国会计准则的制定》[①]，指出了应如何制定会计准则来提高会计报表的质量和透明度，

① 欧盟各国、澳大利亚等国家已宣布自2005年起统一采用国际会计准则之后，美国和欧洲的监管部门也于2002年10月29日宣布，双方计划在2005年前消除在会计标准方面的分歧，致力于建立高质量的、全球统一的会计标准。实际上，从美国证监会到美国职业会计界、从美国国会到美国普通投资者，甚至从美国国内到国际会计界，都在一致要求美国会计准则改成按原则为导向来制定。

以及对今后准则制定的展望。

（二）财务报告改进：提高财务信息披露的透明度和及时性

财务报告是会计信息系统的最终产物，是财务会计处理程序中的核心环节。现行财务报告模式作为工业时代的产物，不可避免要受到人们对工业时代的物质基础过分重视和过分依赖的影响，因而现行报告存在一定的缺陷已是一个不争的事实。查特菲尔德教授在其名著《会计思想史》中深刻地指出："会计的发展是反映性的，也就是说，会计主要是应一定时期的商业需要而发展的，并与经济的发展密切相关。"财务报告在其发展过程中有一条始终不变的规律，那就是：提高财务信息披露的透明度和及时性，以满足特定使用者对会计信息的一定需求。

综观现行财务报告体系，再联系到安然事件揭露出的问题，现行财务报告的局限性主要在于：①重法律形式而轻经济实质。如交易与事项所发生的数据是会计确认与计量近乎唯一的数据来源，非交易事项数据一般不予以确认、计量或记录，现行财务会计模式之中对资产的计价，始终受稳健性原则的支配，资产的计量基础与其经济实质常发生背离。②重成本而轻价值。计量费用时所采用的是历史成本，计量收入时却选用现行市价，导致收入与费用配比内在逻辑不统一，并且现行财务报告计量基础单一，市场价值计量基础的运用面狭窄，其结果是客观性有余，相关性不足。③侧重企业的历史经济活动，忽视未来可能的经济活动，及时性严重不足。④侧重利润的核算而忽视现金流量的有关信息。⑤财务报告信息披露的内容不完整，某些难以用货币计量的资产和负债未能在财务报告中反映，透明度差，比如未能披露衍生金融工具所产生的收益和风险信息，缺乏非财务信息和自愿性信息的披露，缺乏预测性信息、前瞻性和背景性信息的披露，缺乏对知识资本、技术资本、人力资源、企业文化、管理方法等软资产的披露，缺乏对社会责任和关于企业增值信息的披露，等等。

改革现行财务报告已势在必行。其实，在安然事件发生以前，已有很多国家或国际会计组织对现行财务报告体系提出了批评意见，并构想一些重要的改进措施，包括美国财务会计准则委员会、美国注册会计师协会、英国特许会计师协会和苏格兰特许会计师协会等，都致力于财务报告改进的研究，《萨班斯法案》进一步明确了这个问题。《萨班斯法案》在第四章《强化财务信息披露》中，对如何强化企业财务信息的披露作了许多严格而具体的规定，目的是尽可能地提高财务信息披露的透明度和及时性，包括：①定期报告的披露（如财务报告的准确性、资产负债表的表外业务、美国证券交易委员会对模拟财务数据的规定等）；②强化利益冲突的信息披露（如加强贷款的信息披露）；③同管理层和主要股东有关的经济业务的披露；④管理层的内部控制评估报告及其注册会计师报告的披露；⑤高级财务管理人员道德守则遵守情况的披露；⑥与审计委员会财务专家有关的信息披露；⑦财务信息的迅速而实时地向公众披露，以及定期信息披露的复核，等等。

（三）会计监管：由行业自律变为由公众公司会计监督委员会管理

美国会计监管模式不但曾为美国人引以为豪，而且曾为世界上不少国家和地区所仿效，但安然、施乐等一系列美国大公司会计丑闻案件接二连三地曝光，已无情地向全世界宣告了美国单靠会计行业自律管理[①]之会计监管模式的失败。会计在日常业务中客观存在的角色冲突，决定了单靠会计职业界的自律很难保证会计实务不偏离其基本目标甚至误入歧途。单靠会计行业自律的会计监管模式似乎已到了尽头，有必要辅之以必要的外部独立监管，以恢复会计承担的社会责任和社会公众对会计信息的信心。美国的经验教训足以证明，在当今这样一个极其复杂的多方博弈的市场经济中，仅仅依靠行业自律性组织来进行会计监管是不现实的和无效的。行业自律只有与行政监管有机地结合才能达到保护投资者利益、维护经济秩序的目的。基于此，《萨班斯法案》规定的一项重大内容是，建立一个独立于美国注册会计师协会的监督机构，即公众公司会计监督委员会，实施对注册会计师行业的监督。由此而来，会计行业的监管权由行业自律组织转向行业外的独立权力机构，行业自律监管制度被一种新的监管模式（准政府监管模式）所取代。

建立公众公司会计监督委员会的主要目的是监督公开发行证券的公司的审计工作和其他相关事项，以保护投资者乃至公众的利益。《萨班斯法案》规定公众会计监督委员会的主要职责包括会计准则的制定权，会计师事务所的注册权（包括外国注册会计师事务所）、监督权和调查惩戒权。此外，该委员会还可以行使其认为必要的或者恰当的能够提高职业准则和审计服务质量的其他权利的功能。

（四）注册会计师审计：审计独立性的强化和非审计服务业务的限制

安然事件凸显了注册会计师独立性缺陷所带来的弊端，如安达信会计公司在为安然公司提供审计服务的同时，还为其提供咨询服务，而且咨询服务的收入甚至高于审计服务收入；安然公司的许多高级职员曾为安达信的审计师[②]，等等，从而影响了审计服务的独立性和审计质量。另外，由于安然公司是安达信会计公司多年的主要客户，双方关系过密，也是导致审计独立性下降的重要原因。

独立性是注册会计师审计的灵魂，也是注册会计师职业生存和发展的源泉[③]。《萨班斯法案》对审计独立性做了专门而详细的规定，主要内容包括：①限制注册会计师业务范围，不得向审计客户提供非审计服务；②所有审计服务和非审计服务都必须得到事先批准；③建立审计合伙人定期强制轮换制；④建立向审计委员会报告制度；⑤建立注册会计师回避制度，避免利益冲突；⑥研究会计师事务所强制轮换制度，进一步提升注册会计师

① 长久以来，美国注册会计师审计的日常监督检查主要由注册会计师行业的自律组织，即美国注册会计师协会（AICPA）行使，由于美国注册会计师协会在其资金来源、人员安排、技术支持等诸多方面都与会计师事务所，尤其是大型会计师事务所联系密切，其对注册会计师行业的监管效能受到了质疑。大量审计失败或者失察案件的发生，也从另一个侧面反映了美国注册会计师协会的行业监管失败，进一步暴露的则是单纯的行业自律机制的内在缺陷。

② 安然事件后安达信会计公司官司缠身，丑闻不断。2002年美联社发表了题为“安达信的过去有审计问题”的报道，历数了安达信过去20年存在的严重审计问题，其中包括2002年发生的阳关公司案件和废物管理公司案件。阳关公司因舞弊败露而退市并申请破产保护，安达信为此支付了1.1亿美元的赔偿，才了结与阳关公司股东的法律诉讼；2001年，安达信因纵容废物管理公司的财务舞弊，被美国证券交易委员会判罚了700万美元的罚款，创下了美国证券交易委员会对会计师事务所单笔罚款的记录。类似问题在其他国际会计公司也都不同程度地存在。

③ 根据传统的观点，美国审计实务界和理论界一直把独立性视为一项由美国证券交易委员会或美国注册会计师协会强加的行为限制。而1997年7月美国注册会计师协会发表的白皮书则将独立性作为注册会计师职业在市场经济中存在价值的三个核心组成部分之一（另外两个是计量方面的专长和实施标准化规范的能力），即独立性并非只是对注册会计师的外在行为加以限制，而是保障和提高其自身执业水平的基石，一个缺乏独立性的注册会计师的工作成果对相对利益主体而言毫无意义。

审计的独立性。

为适应新形势的要求，迫于舆论的强大压力，原五大会计师事务所属下的咨询机构脱离母公司成立独立的咨询机构，并均对外宣布不再向审计客户提供技术咨询和内部审计服务。毕马威管理咨询公司更名为毕博，原安达信咨询部门已经更名为埃森哲，德勤咨询更名为博敦，而 IBM 则以 35 亿美元购并普华永道咨询部门，与 IBM 商业创新服务部合并，组建新的 IBM 商业咨询服务公司。

尽管对非审计服务是否影响独立性这一问题的争议由来已久，很多国家对这一问题的规定也有很大的差异，但是，安然事件的爆发，的确引起了监管部门对这个问题的重新认识和思考，如何寻求一种均衡，看来还有很多细节值得研究。

(五)其他改革内容

除了以上主要内容之外，《萨班斯法案》还就安然事件后美国公司治理模式的重构、企业内部控制制度的完善、会计与审计法律责任的进一步确立等，都有了一个比较明确的框架，这里只简要介绍基本内容。

(1)关于会计责任。《萨班斯法案》要求上市公司公开披露的信息中附有首席执行官和首席财务官的承诺函。如果因不当行为而被要求重编会计报表，则公司首席执行官与首席财务主管应赔偿公司 12 个月内从公司收到的所有奖金、红利或其他奖金性或权益性酬金以及通过买卖该公司证券而获得的收益。有更严重违规情节者，还将受到严厉的刑事处罚。

(2)关于公司与其管理层及主要股东的经济行为及其披露的监管。《萨班斯法案》提高了公司与管理层及主要股东有关经济业务的披露要求，包括公司管理层和主要股东的权益证券交易情况，重大的未合并实体或与其他人之间的关系、财务主管的道德守则、公司向高管人员贷款或担保情况等。除披露要求外，美国国会、美国证监会及纽约证券交易所等还对公司行为作出了一系列限制性规定，如不得向公司高级管理人员贷款等。

(3)关于注册会计师定期轮换制与会计师事务所更换的监管。《萨班斯法案》规定，会计师事务所的主审合伙人，或者复核审计项目的合伙人，为同一审计客户连续提供审计服务不得超过 5 年，否则将被视为非法。

(4)关于采用更有效的审计复核制度。《萨班斯法案》规定，事务所应安排由新成立的会计监察委员会规定的事务所合格人员(应当为非负责审计的人员)或者独立复核人员，对审计报告(和其他相关信息)提供第二合伙人复核，并且必须在得到批准同意的情况下，才能对外发布。

(5)关于非审计服务的禁止。《萨班斯法案》明确禁止审计师为同一审计客户提供如下业务：①与审计客户会计记录或者财务报表编制有关的簿记或者其他服务；②财务信息系统设计与执行服务；③评估或者估价服务，出具公允性意见或者实物捐赠报告服务；④保险精算服务；⑤公司内部审计外包服务；⑥提供管理职能或者人力资源服务；⑦经纪人或者承销商、投资顾问或者投资银行服务；⑧法律服务和与审计无关的专家服务；⑨公众公司会计监督委员会依法规定不允许的其他服务。

(6)关于注册会计师任职的限定。《萨班斯法案》规定，在会计师事务所开始对上市公司实施审计前 1 年，如果该公司的现任首席执行官、财务总监、首席财务官、首席会计官或者担任同等职务的任何人，曾经受雇于该事务所并参与该公司有关的审计工作，则该事务所不得担任该公司的审计工作，否则将被视为非法。简言之，审计师跳槽去被审公司工作必须有1年冷冻期。

(7)关于会计师事务所业务的报备制度。《萨班斯法案》规定，从事上市公司审计业务的会计师事务所，必须在将成立的会计监察委员会进行注册，而且必须定期更新，否则将被视为非法执业。该法还对事务所在注册时应提供的信息作出了详细的规定。

(8)关于审计工作底稿的保存。《萨班斯法案》要求会计师事务所审计上市公司的工作底稿至少保存7年。

(9)关于缩短财务报告的期限。《萨班斯法案》提出要进一步提高财务信息的透明度和及时性，美国证监会在2002年8月作出规定，缩短上市公司定期报告披露期限，其中年度报告第一年仍为90天，第二年改为75天，第三年起改为60天；季度报告第一年仍为45天，第二年改为40天，第三年起改为35天。2003年12月15日为截止日的年度报告披露期限改为75天，季度报告披露期限改为45天。一些发达市场国家正在跟进。

(10)关于提高中期报告的审阅要求。美国虽然从2000年起已开始实行中期财务报告的注册会计师审阅制度，但上市公司并不重视，也不愿付费给审计师。《萨班斯法案》提出要缩短披露期后，会计师事务所普遍提出，将迫使上市公司接受更严格的中期财务报告审阅，为年度审计奠定更扎实的基础。

(11)关于完善上市公司内部控制及其评价制度。《萨班斯法案》要求上市公司管理层要在年报中对公司内部控制制度及其实施的有效性作出报告，在此基础上，审计师须对公司内部控制进行评价。

(12)关于审计委员会制度。《萨班斯法案》对上市公司审计委员会的职能等做了更具体而明确的规定，主要包括：①会计师事务所向审计客户提供审计和非审计服务，以及报酬如何，都必须事先经过客户审计委员会的批准。②会计师事务所应当及时向客户审计委员会报告重大的会计事项，包括：拟采用的主要会计政策和会计惯例；所采用的公认会计原则允许的所有备选会计处理方法，在使用该备选方法上的分歧，以及事务所认为应当优先采用的方法；事务所与客户管理层之间其他重要的交流文件，例如管理人员信件或者未调整差异的明细表等。

(13)关于向监管部门报告公司和审计师间的会计分歧制度。为降低管理层和审计师之间无原则地妥协或串通作弊的可能性，《萨班斯法案》规定由美国证监会授权和指导证券执业机构和证券交易所制定相关的规定，避免证券分析师在其研究报告或公开场合向投资者推荐股票时可能存在的利益冲突，提高研究报告的客观性，向投资者提供更为有用和可靠的信息。具体设想包括：①禁止公开发布经纪人、交易商的投资银行业务人员提供的研究报告，以及非直接从事投资研究的人员提供的研究报告；②由经纪人和交易商的非投资银行业务官员负责对证券分析师的监管和评价；③经纪人和交易商，及其投资银行业务人员，不得因证券分析师对发行人证券提出了不利的或相反的研究结论而对其进行报复和威胁；④在规定期限内，承销商或坐市商的经纪人和交易商不得公开发布关于该股票或发行人的研究报告；⑤在经纪人和交易商内将证

券分析师划分为复核、监察等部门，以避免参与投资银行业务的人员存有潜在的偏见；⑥要求证券分析师、经纪人和交易商在研究报告公布的同时，披露已知的和应当知晓的利益冲突事项。

(14)关于增进跨国监管合作。《萨班斯法案》规定，对出具上市公司审计报告有关的外国会计师事务所，包括在出具公司审计报告的过程中起了实质性作用的外国会计师事务所，应当和美国本土的会计师事务所一视同仁，即都应当遵循该法、会计监察委员会及美国证监会的规则。《萨班斯法案》还规定，上述外国会计师事务所将被视为已经同意向会计监察委员会或者美国证监会提供审计工作底稿，同意美国各属地法院提出的提供工作底稿的要求。与此同时，依赖于外国事务所的美国本土会计师事务所，也被认为已同意会计监察委员会或美国证监会提出的提供外国会计师事务所工作底稿的要求，以及同意确保外国会计师事务所能够提供这些工作底稿作为其依赖外国会计师事务所的一个条件。也就是说，外国事务所在涉及有关违法违规行为调查时有举证的责任。

(15)关于提高对证券犯罪的惩罚力度。《萨班斯法案》对证券犯罪作出了一系列严厉的惩罚规定，包括：①公司首席执行官和首席财务官因编制违法违规的财务报告，最高可处500万美元的罚款或者20年的监禁。②在政府调查或者公司破产等期间有意销毁、篡改或者伪造记录以及破坏审计记录的，将被处以罚款，或者20年以下监禁，或者两者并处；审计师这样做的，将被处罚款，或者10年以下监禁，或者两者并处。③欺骗与公司证券有关的人士，或者通过虚假或者欺骗性的借口、陈述或者承诺等方式，获取与买卖公司证券有关的任何现金或者不动产，将被处罚款，或者25年以下监禁，或者两者并处。④对举报者进行打击报复的，最高可处10年监禁。《萨班斯法案》同时还规定，对于为公司或者有关人员欺诈提供证据的员工，应当保护其免受歧视或者报复，并规定了具体的补偿措施，比如恢复职务、补发薪酬（包括利息）、补偿其他损失（包括诉讼费、专家作证费和合理的律师费等）。

本章小结

在审计国际趋同的大趋势下，进一步明确审计理论，并以理论为中心，对审计的一系列理论与实务问题加以系统化，对有效指导审计工作有着十分重要的意义。如果把审计定义为一种提供鉴证信息的工作，那么这种工作无疑具有强烈的社会性，即关系到社会利益分配的公平效率性，关系到社会经济秩序的稳定和谐性，一旦审计具备了其活动的社会价值和社会意义，那么，一套旨在激励和约束其行为的规范（理论）体系的建立便成为必然的和必要的选择，审计理论就是这样一种选择。本章在简要回顾审计的起源与发展的基础上，以较大的篇幅讨论了审计理论的基本框架、基本要素及其相关的理论问题，由于理论问题历来充满争议（这种争议是理论能够得以不断进步的重要源泉），本章提供的理论框架也必然存在不少的争议，读者可以通过讨论这些有争议的问题，获得更多的思考。任何事物的发展没有尽头，审计理论的发展亦是如此，所以本章特意在最后安排了美国2002年会计改革法案的有关内容，也许这些内容（或者叫改革路线图）正是值得我们借鉴的地方。

【复习思考题】

1. 根据逻辑学的定义方法，如何给审计下定义？

2. 试评述审计理论界关于审计的种种定义？

3. 如何从经济学的委托代理理论看审计的必要性？

4. 什么是受托责任，它对审计的意义何在？

5. 试全面评述受托责任与审计的关系（可从审计类型、目标、方法等方面论述）。

6. 试论述审计产生的社会原因。

7. 结合中国经济体制改革的情况，论述我国审计体系的合理构架。

8. 试论述产权结构变化与审计的关系。

9. 公司治理结构下审计约束的研究。

10. 如何看待资本市场屡屡出现审计失败的案例这种现象？

11. 试从契约经济学的角度分析审计是一种契约的理论观点。

12. 审计契约的三种不同关系人的问题及其改革的主要设想。

13. 审计期望差理论及其在中国审计实践中的研究与应用。

14. 比较分析理论界关于审计理论结构的逻辑起点，并说明自己的意见。

15. 什么是审计证据？审计证据适当性与充分性的主要影响因素包括哪些内容？如何评价？

16. 试应用博弈论的基本原理，分析审计重要性和审计风险问题。

17. 什么是审计风险？由几个部分组成？审计风险模型的主要用途是什么？

18. 试论述财务欺诈风险与舞弊审计（含审计对策研究）。

19. 试论述非完全合约与审计风险的防范。

20. 试论述风险导向型审计与道德风险的研究。

21. 试论述风险导向型审计与审计失败的规避。

22. 如何理解审计对象？审计对象与审计职能之间的逻辑关系如何？

23. 如何理解审计职能？如何理解审计作用与审计职能之间的关系？

【理论分析题】

1. 分析比较理论界关于财务审计理论结构的基本观点，并说明其差异的主要原因。结合我国的情况和我国理论界的主要观点，构造我国审计理论的基本结构。

2. 从审计产生与发展的主要过程，分析每个过程的社会经济特点和背景。能否由此论证“审计是一个经济问题”这一理论命题。

3. 重视技术的审计理论，是审计发展的第二个阶段。请从这一阶段的主要内容，说明审计准则“既是一种技术规范，又是一种具有经济影响和经济后果的规则，还是一种具有政治程序和实现政治目标的手段”这一命题。

4. 从以上关于审计准则的三种命题出发，说明三种命题的特点，选择典型国家审计发展的案例，加以验证性（实证性）分析。

5. 在理论界，关于审计产生的动因有多种说法，如代理人理论、信息理论、保险理论、

行为理论、经济责任理论等。请分析每种理论的含义、特点、优缺点以及自己的意见和主张（注意意见和主张的理论依据和理论分析）。

6. 如何规定审计的目标体系？

7. 论述审计假设的意义。审计假设与审计责任之间的关系如何解释？如何评价目前已有的审计假设的观点？

8. 什么是应有的职业关注？如何确定应有职业关注的内容？特别是对于在内部控制制度评价时、在对待错误和舞弊业务时，该如何看待其应有的职业关注呢？

9. 什么是审计独立性？影响审计独立性的主要因素有哪些？如何保证审计独立性的真正实现？安然公司破产等案件对审计独立性提出了哪些新的思考。

10. 坚持审计重要性的理由是什么？政府管制机构、司法判例、会计组织以及一些审计学者提出的重要性标准有何不同？如何在审计的三个主要阶段应用审计重要性的基本思想？如何在重要性中加入审计人员的职业判断？

11. 从规范研究的角度，分析审计三种风险（检查风险、固有风险、控制风险）的主要影响因素。并说明如何降低审计的总风险？

12. 利用成本效益分析原理和基本模型，做审计的社会成本效益分析、审计师的成本效益分析。

13. 评价和分析国家审计、独立审计、内部审计三类审计组织的隶属模式，比较说明各自的社会经济背景、选择的依据以及进一步完善的主要设想。

14. 国家审计是国家治理体系的重要组成部分，但是随着政府公共产品供给渠道和方式的变化，国家审计也发生了一系列变革，请论述这些变化，并提出应有的对策。

15. 会计师事务所的组织形式有多种，请论述或者实证分析不同的组织形式对于独立审计质量、审计费用、审计变更的关系。

第二章　注册会计师职业规范与法律责任

本章提示

学习目标　本章在回顾我国注册会计师执业准则发展历程的基础上，介绍了鉴证业务基本准则和会计师事务所质量管理准则、审计职业道德基本原则的主要内容，以及审计对独立性的要求、注册会计师法律责任产生原因及构成。通过本章学习，学生应该了解鉴证业务基本准则和质量管理准则的基本内容，了解注册会计师法律责任的原因及构成。重点掌握审计职业道德基本原则，对审计职业道德产生不利影响的因素的评估，以及审计对独立性的要求，这些需要审计职业判断，是本章的一个难点。

重要概念　执业准则；鉴证业务基本准则；质量管理准则；审计职业道德基本原则；法律责任

引　言

"没有规矩，不成方圆"，各行各业都有自己的职业规范，作为为公众服务的注册会计师，其职业规范的重要性不言而喻。一般认为，注册会计师执业准则是用来规范注册会计师执行审计业务，获取审计证据，形成审计结论，出具审计报告的专业标准。除了要遵循专业标准，注册会计师还要遵循职业道德守则，保持诚信、客观、公正、独立，具有专业胜任能力，能够勤勉尽责、为客户保密，以及保持良好的职业行为。遵循职业道德、严格按照审计执业准则执业是注册会计师的责任。如果注册会计师违背了职业道德守则或执业准则的规定，可能要承担相应的法律责任。

第一节　注册会计师执业准则体系

一、注册会计师执业准则建立的三个阶段

注册会计师执业准则是注册会计师执行审计业务的标准与指南，其产生是以各类审计人员工作惯例为基础的。纵观整个发展历程，它既是审计人员工作经验的总结，又是保证审计人员工作质量的权威性标准，其对提高注册会计师执业水平、降低审计风险、维护公共利益具有重要的作用。我国注册会计师执业准则的建立大致经历了以下三个阶段。

(一)制定执行规则阶段(1991—1993)

中国注册会计师协会自 1988 年成立以后，为了提高注册会计师的业务水平和工作

的规范性，一直非常重视执业规则的建设。从 1991 年到 1993 年，先后发布了《注册会计师检查验证会计报表规则(试行)》等 7 个执业规则。这些执业规则对我国注册会计师行业走向专业化、正规化、法规化起到了积极的作用。

(二)建立独立审计准则体系阶段(1994—2003)

由 1993 年 10 月 31 日第八届人民代表大会常务委员会第四次会议通过的，并在 1994 年 1 月 1 日开始实施的《中华人民共和国注册会计师法》中规定，中国注册会计师协会依法拟定执业准则、规则，报国务院财政部门批准后实行。经财政部批准同意，中国注册会计师协会自 1994 年 5 月开始起草独立审计准则，并于 1996 到 2003 年先后制定了 6 批独立审计准则，其中包括 1 个准则序言、1 个独立审计基本准则、28 个独立审计具体准则、10 个独立审计实务公告、5 个执业规范指南和 3 个相关基本准则(职业道德基本准则、质量控制基本准则和后续教育基本准则)，共计 48 个项目。

(三)提高阶段(2004 至今)

随着独立审计准则体系的基本建立，制定工作的重心转向完善准则体系与提高准则质量并重。2004 年以来，中国注册会计师协会在起草新准则的同时，根据环境的变化和注册会计师执业的需要，有计划、有步骤地修订已颁布的准则。2006 年 2 月 15 日，中国注册会计师执业准则体系正式出台。2010 年 11 月，为了进一步顺应审计准则国际趋同，中国注册会计师协会修订了《中国注册会计师审计准则第 1101 号——注册会计师的总体目标和审计工作的基本要求》等 38 项准则，自 2012 年 1 月 1 日起施行。

2016 年 12 月中国注册会计师协会拟订(修订)了《在审计报告中沟通关键审计事项》等 12 项中国注册会计师审计准则(新审计报告准则)。

2019 年 4 月中国注册会计师协会修订了《中国注册会计师审计准则第 1101 号——注册会计师的总体目标和审计工作的基本要求》等 18 项审计准则，自 2019 年 7 月起施行。

2020 年 11 月中国注册会计师协会拟订(修订)了《会计师事务所质量管理准则第 5101 号——业务质量管理》《会计师事务所质量管理准则第 5102 号——项目质量复核》《中国注册会计师审计准则第 1121 号——对财务报表审计实施的质量管理》。自 2023 年 1 月 1 日起施行①。

我国现有注册会计师执业准则体系如图 2-1 所示，其中业务准则是技术标准，质量管理准则是管理标准；职业道德守则和质量管理准则的共同目的是保证业务准则得到执行。

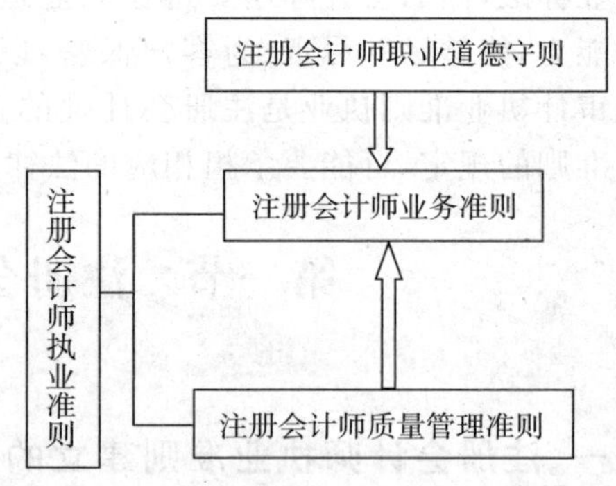

图 2-1　注册会计师执业准则体系的框架

① 对于从事证券服务业务的会计师事务所，应于 2023 年 1 月 1 日起执行本批准则，对于不从事证券服务业务的会计师事务所，应于 2024 年 1 月 1 日起执行本批准则。

二、中国注册会计师业务准则

中国注册会计师业务准则包括鉴证业务准则和相关服务准则。其中鉴证业务准则由鉴证业务基本准则统领，其按照鉴证业务提供的保证程度和鉴证对象的不同，分为中国注册会计师审计准则、中国注册会计师审阅准则和中国注册会计师其他鉴证业务准则（以下分别简称审计准则、审阅准则和其他鉴证业务准则）。审计准则用以规范注册会计师执行历史财务信息的审计业务。在提供审计服务时，注册会计师对所审计信息是否不存在重大错报提供合理保证，并以积极方式提出结论。审阅准则用以规范注册会计师执行历史财务信息的审阅业务。在提供审阅服务时，注册会计师对所审阅信息是否不存在重大错报提供有限保证，并以消极方式提出结论。其他鉴证业务准则用以规范注册会计师执行历史财务信息审计或审阅以外的其他鉴证业务，根据鉴证业务的性质和业务约定的要求，提供有限保证或合理保证。相关服务准则用以规范注册会计师代编财务信息、执行商定程序，提供管理咨询等其他服务。在提供相关服务时，注册会计师不提供任何程度的保证。

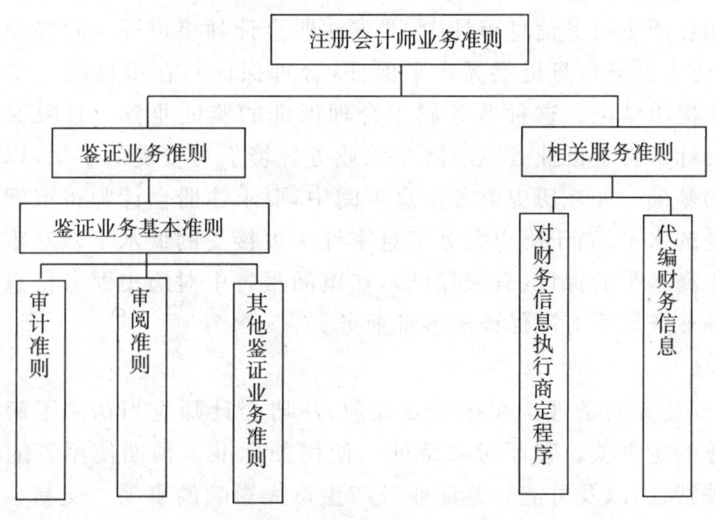

图 2－2　注册会计师业务准则体系的框架

1. 鉴证业务的定义

鉴证业务是指注册会计师对鉴证对象信息提出结论，以增强除责任方之外的预期使用者对鉴证对象信息信任程度的业务。鉴证对象信息是按照既定标准对鉴证对象进行评价和计量的结果，如责任方按照会计准则和相关会计制度（标准）对其财务状况、经营成果和现金流量（鉴证对象）进行确认、计量和列报（包括披露，下同）而形成的财务报表（鉴证对象信息）。鉴证对象信息应当恰当反映既定标准运用于鉴证对象的情况。如果没有按照既定标准恰当反映鉴证对象的情况，鉴证对象信息可能存在错误，而且可能存在重大错误。

鉴证业务分为基于责任方认定的业务和直接报告业务。在基于责任方认定的业务

中，责任方对鉴证对象进行评价或计量，鉴证对象信息以责任方认定的形式为预期使用者获取。如在财务报表审计中，被审计单位管理层（责任方）对财务状况、经营成果和现金流量（鉴证对象）进行确认、计量和列报（评价或计量）而形成的财务报表（鉴证对象信息）即为责任方的认定，该财务报表可为预期报表使用者获取，注册会计师针对财务报表出具审计报告。这种业务属于基于责任方认定的业务。在直接报告业务中，注册会计师直接对鉴证对象进行评价或计量，或者从责任方获取对鉴证对象评价或计量的认定，而该认定无法为预期使用者获取，预期使用者只能通过阅读鉴证报告获取鉴证对象信息。如在内部控制鉴证业务中，注册会计师可能无法从管理层（责任方）获取其对内部控制有效性的评价报告（责任方认定），或虽然注册会计师能够获取该报告，但预期使用者无法获取该报告，注册会计师直接对内部控制的有效性（鉴证对象）进行评价并出具鉴证报告，预期使用者只能通过阅读该鉴证报告获得内部控制有效性的信息（鉴证对象信息）。这种业务属于直接报告业务。

2. 鉴证业务的目标

鉴证业务的保证程度分为合理保证和有限保证。合理保证的鉴证业务的目标是注册会计师将鉴证业务风险降至该业务环境下可接受的低水平，以此作为以积极方式提出结论的基础。如在历史财务信息审计中，要求注册会计师将审计风险降至可接受的低水平，对审计后的历史财务信息提供高水平保证（合理保证），在审计报告中对历史财务信息采用积极方式提出结论。这种业务属于合理保证的鉴证业务。有限保证的鉴证业务的目标是注册会计师将鉴证业务风险降至该业务环境下可接受的水平，以此作为以消极方式提出结论的基础。如在历史财务信息审阅中，要求注册会计师将审阅风险降至该业务环境下可接受的水平（高于历史财务信息审计中可接受的低水平），对审阅后的历史财务信息提供低于高水平的保证（有限保证），在审阅报告中对历史财务信息采用消极方式提出结论。这种业务属于有限保证的鉴证业务。

3. 业务承接

（1）承接鉴证业务的条件。在接受委托前，注册会计师应当初步了解业务环境。业务环境包括业务约定事项、鉴证对象特征、使用的标准、预期使用者的要求、责任方及其环境的相关特征，以及可能对鉴证业务产生重大影响的事项、交易、条件和惯例等其他事项。

在初步了解业务环境后，只有认为符合独立性和专业胜任能力等相关职业道德规范的要求，并且拟承接的业务具备下列所有特征，注册会计师才能将其作为鉴证业务予以承接：①鉴证对象适当；②使用的标准适当且预期使用者能够获取该标准；③注册会计师能够获取充分、适当的证据以支持其结论；④注册会计师的结论以书面报告形式表述，且表述的形式与所提供的保证程度相适应；⑤该业务具有合理的目的。如果鉴证业务的工作范围受到很大的限制，或委托人试图将注册会计师的名字和鉴证对象不适当地联系在一起，则该业务可能不具有合理的目的。

当拟承接的业务不具备上述的鉴证业务的所有特征，不能将其作为鉴证业务予以承接时，注册会计师可以提请委托人将其作为非鉴证业务（如商定程序、代编财务信息、管理咨询、税务服务等相关服务业务），以满足预期使用者的需要。

(2)标准不适当时的处理方式。如果某项鉴证业务采用的标准不适当，但满足下列条件之一时，注册会计师可以考虑将其作为一项新的鉴证业务：①委托人能够确定鉴证对象的某个方面适用于所采用的标准，注册会计师可以针对该方面执行鉴证业务，但在鉴证报告中应当说明该报告的内容并非针对鉴证对象整体；②能够选择或设计适应于鉴证对象的其他标准。

对已承接的业务，如果没有合理理由，注册会计师不应将该项业务变更为非鉴证业务，或将合理保证的鉴证业务变更为有限保证的鉴证业务。

当业务环境变化影响到预期使用者的需要，或预期使用者对该项业务的性质存在误解时，注册会计师可以应委托人的要求，考虑同意变更该项业务。如果发生变更，注册会计师不应忽视变更前获取的证据。

4. 鉴证业务的三方关系

鉴证业务所涉及的三方关系人包括注册会计师、责任方和预期的使用者。责任方与预期使用者可能是同一方，也可能不是同一方。

(1)注册会计师。注册会计师是指取得注册会计师证书并在会计师事务所执业的专业人员，有时也指其所在的会计师事务所。注册会计师可以承接符合准则规定的各类鉴证业务。如果鉴证业务涉及的特殊知识和技能超出了注册会计师的能力，注册会计师可以利用专家协助执行鉴证业务。在这种情况下，注册会计师应当确信包括专家在内的项目组整体已具备执行该鉴证业务所需的知识和技能，并充分参与该项鉴证业务和了解专家所承担的工作。

(2)责任方。责任方可能是鉴证业务的委托人，也可能不是委托人。责任方是指下列的组织或人员：①在直接报告业务中，对鉴证对象负责的组织或人员；②在基本责任方认定的业务中，对鉴证对象信息负责并可能同时对鉴证对象负责的组织或人员。

注册会计师通常应提请责任方提供书面声明，表明责任方已按照既定标准对鉴证对象进行评价或计量，无论该声明能否为预期使用者获取。

在直接报告业务中，当委托人与责任人不是同一方时，注册会计师可能无法获取此类书面声明。

(3)预期使用者。预期使用者是指预期使用鉴证报告的组织或人员。责任方可能是预期使用者，但不是唯一的预期使用者。

注册会计师可能无法识别使用鉴证报告的所有组织和人员，尤其在各种可能的预期使用者对鉴证对象存在不同的利益需求时。注册会计师应当根据法律法规的规定或与委托人签订的协议识别预期的使用者。

在可行的情况下，注册会计师应当提请预期使用者或其代表，与注册会计师和责任方(如果委托人与责任方不是同一方，还包括委托人)共同确定鉴证业务约定条款。无论其他人员是否参与，注册会计师都应当负责确定鉴证业务程序的性质、时间和范围，并对鉴证业务中发现的、可能导致对鉴证对象信息作出重大修改的问题进行跟踪。

当鉴证业务服务于特定的使用者，或者具有特定的目的时，注册会计师应当考虑在鉴证报告中注明该报告的特定使用者或特定目的，对报告的用途加以限制。

5. 鉴证对象

(1)鉴证对象与鉴证对象信息的表现形式。在鉴证业务中,存在各种不同类型的鉴证对象。相应地,鉴证对象信息也具有多种不同的形式。鉴证对象与鉴证对象信息主要包括如下形式:①当鉴证对象为财务业绩或状况时(如历史或预测的财务状况、经营成果和现金流量),鉴证对象信息是财务报表;②当鉴证对象为非财务业绩或状况时(如企业的运营情况),鉴证对象信息可能是反映效率或效果的关键指标;③当鉴证对象为物理特征时(如设备的生产能力),鉴证对象信息可能是有关鉴证对象物理特征的说明文件;④当鉴证对象为某种系统和过程时(如企业的内部控制或信息技术系统),鉴证对象信息可能是关于其有效性的认定;⑤当鉴证对象为一种行为时(如遵守法律法规的情况),鉴证对象信息可能是对法律法规遵守情况或执行效果的声明。

鉴证对象具有不同特征,可能表现为定性或定量、客观或主观、历史或预测、时点或期间。这些特征将对以下方面产生影响:①按照标准对鉴证对象进行评估或计量的准确性;②证据的说服力。

鉴证报告应当说明与预期使用者特别相关的鉴证对象特征。

(2)鉴证对象应具备的条件。适当的鉴证对象应当同时具备下列条件:①鉴证对象可以识别;②不同的组织或人员对鉴证对象按照既定标准进行评价或计量的结果合理一致;③注册会计师能够收集与鉴证对象有关的信息,获取充分、适当的证据,以支持其提出的鉴证结论。

6. 标准

标准是指用于评价或计量鉴证对象的基准,当涉及列表时,还包括列表的基准。标准可以是正式的规定,如编制财务报表所使用的会计准则和相关会计制度;也可以是某些非正式的规定,如单位内部制定的行为准则或确定的绩效水平。注册会计师在运用职业判断对鉴证对象作出合理一致的评价或计量时,需要有适当的标准。

适当的标准应当具备下列所有特征:①相关性。相关的标准有助于得出结论,便于预期使用者作出决策。②完整性。完整的标准不应忽略业务环境中可能影响得出结论的相关因素,当涉及列报时,还包括列报的基准。③可靠性。可靠的标准能够使能力相近的注册会计师在相似的业务环境中,对鉴证对象作出合理一致的评价或计量。④中立性。中立的标准有助于得出无偏向的结论。⑤可理解性。可理解的标准有助于得出清晰、易于理解、不会产生重大歧义的结论。注册会计师基于自身的预期、判断和个人经验对鉴证对象进行的评价和计量,不构成适当的标准。

注册会计师应当考虑运用于具体业务的标准是否具备上述特征,以评价该标准对此项业务的适用性。在具体鉴证业务中,注册会计师评估标准的上述各项特征的相对重要程度时,需要运用职业判断。

标准可能是由法律法规规定的,或由政府主管部门或国家认可的专业团体依照公开、适当的程序发布的,也可能是专门制定的。采用标准的类型不同,注册会计师为评价该标准对于具体鉴证业务的适用性所需执行的工作也不同。

标准应当能够为预期使用者获取,以使预期使用者了解鉴证对象的评价或计量过程。标准可以通过下列的方式供预期使用者获取:①公开发表;②在陈述鉴证对象信息时以明确的方式表述；③在鉴证报告中以明确的方式表述；④常识理解，如计量时间的标准是小时或分钟等。

如果确定的标准仅能为特定的预期使用者获得，或仅与特定目的相关，鉴证报告的使用也应限于这些特定的预期使用者或特定目的。

7. 证据

(1)总体要求。注册会计师应当以职业怀疑态度来计划和执行鉴证业务，获取有关鉴证对象信息是否不存在重大错报的充分、适当的证据。

注册会计师应当及时对制定的计划、实施的程序、获取的相关证据以及得出的结论作出记录。注册会计师在计划和执行鉴证业务，尤其在确定证据收集程序的性质、时间和范围时，应当考虑重要性、鉴证业务风险以及可获取证据的数量和质量。

(2)职业怀疑态度。职业怀疑态度是指注册会计师以质疑的思维方式评价所获取证据的有效性，并对相互矛盾的证据，以及引起对文件记录或责任方提供的信息的可靠性产生怀疑的证据保持警觉。

鉴证业务通常不涉及鉴定文件记录的真伪，注册会计师也不是鉴定文件记录真伪的专家，但应当考虑用作证据的信息的可靠性，包括考虑与信息生成和维护相关的控制的有效性。

如果注册会计师在执行业务过程中识别出的情况使其认为文件记录可能是伪造的或文件记录中的某些条款已发生变动，注册会计师应当作出进一步调查，包括直接向第三方询证，或考虑利用专家的工作，以评价文件记录的真伪。

(3)证据的充分性和适当性。证据的充分性是对证据数量的衡量，主要与注册会计师确定的样本量有关。证据的适当性是对证据质量的衡量，即证据的相关性和可靠性。所需证据的数量受鉴证对象信息重大错报风险的影响，即风险越大，可能需要的证据数量越多；所需证据的数量也受证据质量的影响，即证据质量越高，可能需要的证据数量越少。

尽管证据的充分性和适当性相关，但如果证据的质量存在缺陷，注册会计师仅靠获取更多的证据可能仍然无法弥补其质量上的缺陷。

证据的可靠性受其来源和性质的影响，并取决于获取证据的具体环境。

注册会计师通常应按照下列原则考虑证据的可靠性：①从外部独立来源获取的证据比从其他来源获取的证据更可靠；②内部控制有效时内部生成的证据比内部控制薄弱时内部生成的证据更可靠；③直接获取的证据比间接获取或推论得出的证据更可靠；④以文件记录形式(无论是纸质、电子或其他介质)存在的证据比口头形式的证据更可靠；⑤从原件获取的证据比从传真或复印件获取的证据更可靠。

在运用上述5项原则评价证据的可靠性时，注册会计师应当注意可能出现的重大例外情况。

如果针对某项认定从不同来源获取的证据或获取的不同性质的证据能够相互印证，与该项认定相关的证据通常具有更强的说服力。如果从不同来源获取的证据或获取的不同性质的证据不一致，可能表明某项证据不可靠，注册会计师应当追加必要的程序予以解决。

针对一个期间的鉴证对象信息获取充分、适当的证据，通常要比针对一个时点的鉴

证对象信息获取充分、适当的证据更困难。针对过程提出的结论通常限于鉴证业务涵盖的期间，注册会计师不应对该过程是否在未来以特定方式继续发挥作用提出结论。

注册会计师可以考虑获取证据的成本与所获取信息有用性之间的关系，但不应仅以获取证据的困难和成本为由减少不可替代的程序。

在评价证据的充分性和适当性以支持鉴证报告时，注册会计师应当运用职业判断，并保持职业怀疑态度。

(4)重要性。在确定证据收集程序的性质、时间和范围，评估鉴证对象信息是否不存在错报时，注册会计师应当考虑重要性。在考虑重要性时，注册会计师应当了解并评估哪些因素可能会影响预期使用者的决策。

注册会计师应当综合数量和性质因素考虑重要性。在具体业务中评估重要性以及数量和性质因素的相对重要程度时，注册会计师需要运用职业判断。

(5)鉴证业务风险。鉴证业务风险是指在鉴证对象信息存在重大错报的情况下，注册会计师提出不恰当结论的可能性。

在直接报告业务中，鉴证对象信息仅体现在注册会计师的结论中，鉴证业务风险包括注册会计师不恰当地提出鉴证对象在所有重大方面遵守标准的结论的可能性。在合理保证的鉴证业务中，注册会计师应当将鉴证业务风险降至具体业务环境下可接受的低水平，以获取合理保证，作为以积极方式提出结论的基础。在有限保证的鉴证业务中，由于证据收集程序的性质、时间和范围与合理保证的鉴证业务不同，其风险水平高于合理保证的鉴证业务，但注册会计师实施的证据收集程序至少应当足以获取有意义的保证水平，作为以消极方式提出结论的基础。

当注册会计师获取的保证水平很有可能在一定程度上增强预期使用者对鉴证对象信息的信任时，这种保证水平是有意义的保证水平。

鉴证业务风险通常体现为重大错报风险和检查风险。重大错报风险是指鉴证对象信息在鉴证前存在重大错报的可能性。检查风险是指某一鉴证对象信息存在错报，该错报单独或连同其他错报是重大的，但注册会计师未能发现这种错报的可能性。

注册会计师对重大错报风险和检查风险的考虑受具体业务环境的影响，特别受鉴证对象性质，以及所执行的是合理保证鉴证业务还是有限保证鉴证业务的影响。

(6)证据收集程序的性质、时间和范围。证据收集程序的性质、时间和范围因业务的不同而不同。注册会计师应当清楚表达证据收集程序，并以适当的形式运用于合理保证的鉴证业务和有限保证的鉴证业务。

在合理保证的鉴证业务中，为了能够以积极方式提出结论，注册会计师应当通过下列不断修正的、系统化的执业过程，以获取充分、适当的证据：①了解鉴证对象及其他的业务环境事项，在适用的情况下包括了解内部控制；②在了解鉴证对象及其他的业务环境事项的基础上，评估鉴证对象信息可能存在的重大错报风险；③应对评估的风险，包括制定总体应对措施以及确定进一步程序的性质、时间和范围；④针对已识别的风险实施进一步程序，包括实施实质性程序，以及在必要时测试控制运行的有效性；⑤评价证据的充分性和适当性。

由于下列因素的存在，将鉴证业务风险降至零几乎不可能，也不符合成本效益原则：

①选择性测试方法的运用;②内部控制的固有局限性;③大多数证据是说服性而非结论性的;④在获取和评价证据以及由此得出结论时涉及大量判断;⑤在某些情况下鉴证对象具有特殊性。

合理保证的鉴证业务和有限保证的鉴证业务都需要运用鉴证技术和方法,收集充分、适当的证据。与合理保证的鉴证业务相比,有限保证的鉴证业务在证据收集程序的性质、时间、范围等方面是有意识地加以限制的。

无论是合理保证还是有限保证的鉴证业务,如果注意到某事项可能导致对鉴证对象信息是否需要作出重大修改产生疑问,注册会计师应当执行其他足够的程序,追踪这一事项,以支持鉴证结论。

(7)可获取证据的数量和质量。可获取证据的数量和质量受下列因素的影响:①鉴证对象和鉴证对象信息的特征;②业务环境中除鉴证对象特征以外的其他事项。

对任何类型的鉴证业务,如果下列情形对注册会计师的工作范围构成重大限制,阻碍注册会计师获取所需要的证据,注册会计师提出无保留结论是不恰当的:①客观环境阻碍注册会计师获取所需要的证据,无法将鉴证业务风险降至适当水平;②责任方或委托人施加限制,阻碍注册会计师获取所需要的证据,无法将鉴证业务风险降至适当水平。

(8)记录。注册会计师应当记录重大事项,以提供证据支持鉴证报告,并证明其已按照鉴证业务准则的规定执行业务。具体而言,对需要运用职业判断的所有重大事项,注册会计师应当记录推理过程和相关结论。如果对某些事项难以进行判断,注册会计师还应当记录得出结论时已知悉的有关事实。注册会计师应当将鉴证过程中考虑的所有重大事项记录于工作底稿。在运用职业判断确定工作底稿的编制和保存范围时,注册会计师应当考虑,使未曾接触该项鉴证业务的有经验的专业人士了解实施的鉴证程序,以及作出重大决策的依据。

8. 鉴证报告

注册会计师应当出具含有鉴证结论的书面报告,该鉴证结论应当说明注册会计师就鉴证对象信息获取的保证。

在基于责任方认定的业务中,注册会计师的鉴证结论可以采用下列两种表述形式:①明确提及责任方认定,如"我们认为,责任方作出的'根据×标准,内部控制在所有重大方面是有效的'这一认定是公允的"。②直接提及鉴证对象和标准,如"我们认为,根据×标准,内部控制在所有重大方面是有效的"。在直接报告业务中,注册会计师应当明确提及鉴证对象和标准。

在合理保证的鉴证业务中,注册会计师应当以积极方式提出结论,如"我们认为,根据×标准,内部控制在所有重大方面是有效的"或"我们认为,责任方作出的'根据×标准,内部控制在所有重大方面是有效的'这一认定是公允的"。在有限保证的鉴证业务中,注册会计师应当以消极方式提出结论,如"基于本报告所述的工作,我们没有注意到任何事项使我们相信,根据×标准,×系统在任何重大方面是无效的"或"基于本报告所述的工作,我们没有注意到任何事项使我们相信,责任方作出的'根据×标准,×系统在所有重大方面是有效的'这一认定是不公允的"。

当存在下列三种情况时,注册会计师应当对其影响程度作出判断。如果这些情况影

响重大,注册会计师不能出具无保留结论的报告。

(1)对任何类型的鉴证业务,如果注册会计师的工作范围受到限制,注册会计师应当视受到限制的重大与广泛程度,出具保留结论或无法提出结论的报告。在某些情况下,注册会计师应当考虑解除业务约定。

(2)如果存在注册会计师的结论提及责任方的认定,且该认定未在所有重大方面作出公允表达,或者注册会计师的结论直接提及鉴证对象和标准,且鉴证对象信息存在重大错报,注册会计师应当视其影响的重大与广泛程度,出具保留结论或否定结论的报告。

(3)在承接业务后,如果发现标准或鉴证对象不适当,可能误导预期使用者,注册会计师应当视其重大与广泛程度,出具保留结论或否定结论的报告。如果发现标准或鉴证对象不适当,造成工作范围受到限制,注册会计师应当视受到限制的重大与广泛程度,出具保留结论或无法提出结论的报告。在某些情况下,注册会计师应当考虑解除业务约定。

【例2-1】 以国有上市甲公司为例,其财务报表审计业务涉及的前述相关要素的具体内容如下表所列:

业务简称	国有上市甲公司财务报表审计
鉴证对象	财务状况、经营成果和现金流量
标准	企业会计准则和行业会计制度
鉴证对象信息	资产负债表、利润表、现金流量表、对外公布的其他附表和附注资料
业务类型	基于责任方认定的鉴证业务
鉴证报告	审计报告
预期使用者获取鉴证对象信息的方式	对外公布的财务报表
提出结论的对象	鉴证对象信息(对外公布的财务报表)
报告的内容和格式	通常会提及责任方认定的相关信息
表述结论的方式	分类型表述(无保留意见、保留意见、否定意见、无法表示意见)

小提示

当注册会计师针对鉴证对象信息出具报告,或同意将其姓名与鉴证对象联系在一起时,则注册会计师与该鉴证对象发生了关联。如果获知他人不恰当地将其姓名与鉴证对象相关联,注册会计师应当要求其停止这种行为,并考虑采取其他必要的措施,包括将不恰当使用注册会计师姓名这一情况告知所有已知的使用者或征询法律意见。

附　则

注册会计师执行司法诉讼中涉及会计、审计、税务或其他事项的鉴定业务,除有特定要求者外,应当参照中国注册会计师鉴证业务基本准则办理。

三、会计师事务所质量管理准则

(一)审计质量管理的目标

审计质量是审计工作水平的高低程度,其具体表现是审计效果好坏。审计质量高低直接影响审计目标[①]的实现,审计质量问题贯穿审计工作的始终。要使审计工作真正达到规定的质量水平,必须实行质量控制,因此不少国家和地区在分布和执行审计准则的同时,还制定了质量管理准则。

审计质量管理是指会计师事务所为确保审计质量符合审计准则的要求而制定和运用的控制政策和程序。会计师事务所应当根据会计师事务所质量管理准则,制定质量管理制度,目标是合理保证:①会计师事务所及其人员按照适用的法律法规和职业准则的规定履行职责,并根据这些规定执行业务;②会计师事务所和项目合伙人出具适合具体情况的业务报告。

(二)中国注册会计师质量管理体系要素

会计师事务所质量管理体系包括下列 8 个组成要素:会计师事务所的风险评估程序,治理和领导层,相关职业道德要求,客户关系和具体业务的接受与保持,业务执行,资源,信息与沟通,监控和整改程序。

1. 会计师事务所的风险评估程序

(1)识别和评估质量风险,并采取应对措施。会计师事务所应当设计和实施风险评估程序,以设定质量目标,识别和评估质量风险,并设计和采取应对措施以应对质量风险。

在识别和评估质量风险时,会计师事务所应当了解可能对实现质量目标产生不利影响的事项或情况,包括相关人员的作为或不作为。这些事项或情况包括下列方面。

会计师事务所的性质和具体情况,具体包括:①会计师事务所的复杂程度和经营特征;②会计师事务所在战略和运营方面的决策与行动、业务流程及业务模式;③领导层的特征和管理风格;④会计师事务所的资源,包括由服务提供商提供的资源;⑤法律法规、职业准则的规定以及会计师事务所运营所处的环境;⑥会计师事务所所在网络向其成员组织统一提出的要求或统一提供的服务的性质和范围(如适用)。

会计师事务所业务的性质和具体情况,具体包括:①会计师事务所执行业务的类型和出具报告的类型(例如,所执行业务的类型是否是审计等要求提供保证程度较高的业务);②业务执行对象的实体类型(例如,业务执行对象是否为上市公司)。

在了解上述事项或情况的基础上,会计师事务所应当考虑这些事项或情况可能对实现质量目标产生哪些不利影响,以及不利影响的程度。会计师事务所应当根据质量风险的评估结果及得出该评估结果的理由设计和采取应对措施,以应对质量风险。

(2)对风险评估程序的动态调整。实务中,会计师事务所或其业务的性质和具体情况可能发生变化,会计师事务所应当制定政策和程序,以识别这些变化。如果识别出变

① 审计目标是指会计师事务所在其质量管理体系的各组成要素方面期望达到的结果。

化，会计师事务所应当考虑调整之前实施风险评估程序的结果，并在适当时采取下列措施：①设定额外的质量目标或调整之前设定的额外质量目标；②识别和评估额外的质量风险、调整之前评估的质量风险或重新评估质量风险；③设计和采取额外的应对措施，或调整已采取的应对措施。

2. 治理和领导层

治理和领导层应当为质量管理体系的设计、实施和运行营造良好的支持性环境，为该质量管理体系提供支持。

(1)相关质量目标。针对治理和领导层，会计师事务所应当设定下列质量目标。

第一，会计师事务所在全所范围内形成一种质量至上的文化，树立质量意识。这种文化认同和强调下列方面：①会计师事务所有责任通过持续高质量地执行业务服务于公众利益；②职业价值观、职业道德和职业态度的重要性；③会计师事务所所有人员都对其执行业务的质量承担责任，或对质量管理体系中执行活动的质量承担责任，并且这些人员的行为应当得当；④会计师事务所的战略决策和行动，包括会计师事务所在财务和运营方面对优先事项的安排，都不能以牺牲质量为代价。

第二，会计师事务所领导层对质量负责。

第三，会计师事务所领导层通过实际行动展示其对质量的重视。

第四，会计师事务所领导层向会计师事务所人员传递质量至上的执业理念，培育以质量为导向的文化。

第五，会计师事务所的组织结构以及对相关人员角色、职责、权限的分配是恰当的，能够满足质量管理体系设计、实施和运行的需要。

第六，会计师事务所的资源(包括财务资源)需求有计划，并且资源的取得和分配能够保障会计师事务所履行其对质量的承诺。

(2)领导层。会计师事务所应当建立健全质量管理领导框架。会计师事务所应当根据本所及业务的具体情况，设计适合本所的质量管理领导层框架，明确责任，并确保其切实有效地发挥作用。

会计师事务所领导层成员应当以身作则、率先垂范，带头遵守质量管理体系中的各项政策和程序，不得干扰项目组按照职业准则的要求执行业务、做出职业判断。

(3)合伙人管理。会计师事务所应当加强对合伙人晋升、培训、考核、分配、转入、退出的管理，体现以质量为导向的文化，确保合伙人能够按照质量管理体系的要求，切实履行其在质量管理方面的责任，防范业务风险。

会计师事务所应当加强对其员工(包括外部转入人员)晋升合伙人的管理，综合考虑拟晋升人员的执业理念、职业价值观、职业道德、专业胜任能力和执业诚信记录，建立以质量为导向的晋升机制，不得以承接和执行业务的收入或利润作为晋升合伙人的首要指标。

会计师事务所应当针对合伙人晋升建立和实施质量一票否决制度，如会计师事务所的政策和程序可以明确规定，近3年执业质量有重大问题的人员，不得晋升合伙人。此外，会计师事务所还可以建立与执业质量挂钩的合伙人奖惩制度和末位淘汰机制。

会计师事务所应当在全所范围内统一进行合伙人考核和收益分配。会计师事务所对合伙人的考核和收益分配，应当综合考虑合伙人的执业质量、管理能力、经营业绩、社会声誉等指标，不得以承接和执行业务的收入或利润作为首要指标，不得直接或变相以分所、部门、合伙人所在团队作为利润中心进行收益分配。

3. 相关职业道德要求

职业道德对注册会计师的执业质量有非常重要的影响，注册会计师如果没有良好的职业道德，就很难保证有良好的执业质量。注册会计师的职业性质决定了其所担负的是对社会公众的责任。为担负起这份责任，在公众中树立起良好的职业形象和职业信誉，注册会计师必须不断提高自身的职业道德水平，会计师事务所也必须制定相关政策和程序，对本所执业人员的职业道德水平给予充分关注并积极加强管理。

(1)相关质量目标。针对相关人员按照相关职业道德要求(包括独立性要求)履行职责，会计师事务所应当设定下列质量目标：①会计师事务所及其人员充分了解规范会计师事务所及其业务的职业道德要求，并严格按照这些职业道德要求履行职责；②受职业道德要求约束的其他组织或人员，包括网络[①]，网络事务所[②]，网络或网络事务所中的人员、服务提供商[③]，充分了解与其相关的职业道德要求，并严格按照这些职业道德要求履行职责。

针对相关职业道德要求，会计师事务所应当制定下列政策和程序：①识别、评价和应对对遵守相关职业道德要求的不利影响；②识别、沟通、评价和报告任何违反相关职业道德要求的情况，并针对这些情况的原因和后果及时作出适当应对；③每年至少向所有需要按照相关职业道德要求保持独立性的人员获取一次其已遵守独立性要求的书面确认。

(2)关键审计合伙人轮换机制。审计任期本身并不会损害审计质量，但是与同一客户建立长期联系将会因密切关系和自身利益对独立性产生不利影响。《中国注册会计师职业道德守则》明确规定，注册会计师应当识别、评价和应对这种不利影响，尤其是，对于公众利益实体审计客户，关键审计合伙人应当严格遵守轮换要求。

会计师事务所应当按照相关职业道德要求，建立并完善与公众利益实体审计业务有关的关键审计合伙人轮换机制，明确轮换要求，确保做到实质性轮换，防止流于形式。

会计师事务所应当完善利益分配机制，保证全所的人力资源和客户资源实现一体化统筹管理，避免某合伙人或项目组的利益与特定客户长期直接挂钩，影响独立性。会计师事务所应当定期评价利益分配机制的设计和执行情况。

针对公众利益实体审计业务，会计师事务所应当对关键审计合伙人的轮换情况进行实时监控，通过建立关键审计合伙人服务年限清单等方式，管理关键审计合伙人相关信息，每年对轮换情况实施复核，并在全所范围内统一进行轮换。

---

① 网络是指由多个实体组成，旨在通过合作实现下列一个或多个目的的联合体：①共享收益、分担成本；②共享所有权、控制权或管理权；③执行统一的质量管理政策和程序；④执行同一经营战略；⑤使用同一品牌；⑥共享重要的专业资源。

② 对于某会计师事务所来说，网络事务所是指该会计师事务所所在网络中的其他会计师事务所或实体。

③ 网络或网络事务所中的人员、服务提供商是指会计师事务所外部的个人或组织，该个人或组织提供资源供会计师事务所质量管理体系利用或在执行业务时利用。服务提供商不包括会计师事务所所在的网络、网络事务所，也不包括网络中的其他组织或架构。

4. 客户关系和具体业务的接受与保持

会计师事务所的执业质量与客户密切相关。如果承接了不诚信的客户，客户不配合注册会计师执行业务，甚至蓄意实施舞弊，注册会计师将面临很高的执业风险，更难保证执业质量。

(1)相关质量目标。针对客户关系和具体业务的接受与保持，会计师事务所应当设定下列质量目标。

第一，会计师事务所就是否接受或保持某项客户关系或具体业务所作出的判断是适当的，充分考虑了下列方面：①会计师事务所是否针对业务的性质和具体情况以及客户(包括客户的管理层和治理层)的诚信和道德价值观获取了足以支持上述判断的充分信息；②会计师事务所是否具备按照适用的法律法规和职业准则的规定执行业务的能力。

第二，会计师事务所在财务和运营方面对优先事项的安排，并不会导致对是否接受或保持客户关系或具体业务作出不恰当的判断。

会计师事务所应当制定与下列情形相关的政策和程序：①会计师事务所在接受或保持某一客户关系或具体业务后知悉了某些信息，而这些信息如果在接受或保持该客户关系或具体业务之前知悉，将会导致其拒绝接受该客户关系或业务；②根据法律法规的规定，会计师事务所有义务接受某项客户关系或具体业务。

(2)树立风险意识。会计师事务所应当在客户关系和具体业务的接受与保持方面树立风险意识，确保对拟承接项目风险评估的真实、到位。对于在客户关系和具体业务的接受与保持方面具有较高风险的客户，会计师事务所应当设计和实施专门的质量管理程序，如加强与前任注册会计师的沟通、与相关监管机构沟通、访谈拟承接客户，以了解有关情况、加强内部质量复核等。

对于从其他会计师事务所转入人员带来的客户，会计师事务所应当严格执行与客户关系和具体业务的接受与保持相关的程序，审慎承接新客户。

会计师事务所应当制定政策和程序，针对客户关系和具体业务的接受与保持(如适用)，在全所范围内统一决策。对于会计师事务所认定存在高风险的业务，应当经质量管理主管合伙人(或类似职位的人员)或其授权的人员审批。

在决策时，会计师事务所应当充分考虑相关职业道德要求、管理层和治理层(如适用)的诚信状况、业务风险以及是否具备执行业务必要的时间和资源，审慎作出承接与保持的决策。

5. 业务执行

会计师事务所的整体执业质量，是由每个项目组实际执行业务的质量决定的。每个项目组的质量，都会直接影响会计师事务所整体的执业质量。因此，会计师事务所有必要在业务层面实施质量管理。

(1)相关质量目标。针对业务执行，会计师事务所应当设定下列质量目标：①项目组了解并履行其与所执行业务相关的责任，包括项目合伙人对项目管理和项目质量承担总体责任，并充分、适当地参与项目全过程；②基于项目的性质和具体情况、向项目组分配的资源以及项目组可获得的资源，对项目组进行的指导和监督以及对项目组已执行的工作进行的复核是恰当的，并且由经验较为丰富的项目组成员对经验较为缺乏的项目组成员的工作进行指导、监督和复核；③项目组恰当运用职业判断并保持职业怀疑（如适用）；④对困难或有争议的事项进行了咨询，并已按照达成的一致意见执行；⑤项目组内部、项目组与项目质量复核人员之间（如适用），以及项目组与会计师事务所内负责执行质量管理体系相关活动的人员之间存在的意见分歧，能够得到会计师事务所的关注并予以解决；⑥业务工作底稿能够在业务报告日之后及时得到整理，并得到妥善保存和维护，以遵守法律法规、相关职业道德要求和其他职业准则的规定，并满足会计师事务所自身的需要。

（2）对项目合伙人[①]的要求。会计师事务所应当制定政策和程序，在全所范围内统一委派具有足够专业胜任能力、时间，并且无不良执业诚信记录的项目合伙人执行业务。其中，对专业胜任能力的评价应当包括下列方面：①该人员是否充分了解相关法律法规和监管要求；②该人员是否能够熟练掌握和运用相关职业准则的规定；③该人员是否充分了解客户所在行业的业务特点、发展趋势、重大风险，以及该行业对信息技术的运用情况等。

会计师事务所应当按照质量管理体系的要求对项目合伙人的委派进行复核。

（3）项目组[②]内部复核。项目组内部复核，顾名思义，是指在项目组内部实施的复核。会计师事务所应当制定与内部复核相关的政策和程序，对内部复核的层级、各层级的复核范围、执行复核的具体要求以及对复核的记录要求等作出规定。

（4）项目质量复核[③]。会计师事务所应当就项目质量复核制定政策和程序，并对下列业务实施项目质量复核：①上市实体财务报表审计业务；②法律法规要求实施项目质量复核的审计业务或其他业务；③会计师事务所认为，为应对一项或多项质量风险，有必要实施项目质量复核的审计业务或其他业务。

（5）意见分歧。会计师事务所应当制定与解决意见分歧相关的政策和程序，包括下列方面：①明确要求项目合伙人和项目质量复核人员（如有）复核并评价项目组是否已就疑难问题或涉及意见分歧的事项进行适当咨询，以及咨询得出的结论是否得到执行。②明确要求在业务工作底稿中适当记录意见分歧的解决过程和结论。如果项目质量复核人员（如有）、项目组成员以外的其他人员参与形成业务报告中的专业意见，也应当在业务工作底稿中作出适当记录。③确保所执行的项目在意见分歧解决后才能出具业务报告。

（6）出具业务报告。会计师事务所应当制定与出具业务报告相关的政策和程序，要求业务报告在出具前，应当经项目合伙人、项目质量复核人员（如有）复核确认，确保其内容、格式符合职业准则的规定，并由项目合伙人及其他适当的人员（如适用）签署。

会计师事务所应当加强对业务报告签发过程的控制，委派专门人员负责对报告的签

① 对项目合伙人，是指会计师事务所中负责某项业务及其执行，并代表会计师事务所在出具的报告上签字的合伙人。

② 项目组，是指执行某项业务的所有合伙人和员工，以及为该项业务实施程序的所有其他人员，但不包括外部专家，也不包括为项目组提供直接协助的内部审计人员。

③ 项目质量复核，是指在报告日或报告日之前，项目质量复核人员对项目组作出的重大判断及据此得出的结论作出的客观评价。

章进行严格管理。

(7)投诉和指控。会计师事务所应当制定政策和程序，以接收、调查、解决由于未能按照适用的法律法规、职业准则的要求执行业务，或由于未能遵守会计师事务所按照本准则要求制定的政策和程序，而引发的投诉和指控。

6. 资源

会计师事务所的资源既包括财务资源等各种有形资源，也包括人力资源、知识资源和技术资源。在这些资源中，人力资源、知识资源和技术资源，与会计师事务所的整体执业质量具有更高的相关性。

(1)相关质量目标。会计师事务所应当设定下列质量目标，以及时且适当地获取、开发、利用、维护和分配资源，支持质量管理体系的设计、实施和运行。

第一，会计师事务所招聘、培养和留住在下列方面具备胜任能力的人员：①具备与会计师事务所执行的业务相关的知识和经验，能够持续高质量地执行业务；②执行与质量管理体系运行相关的活动或承担与质量管理体系相关的责任。

第二，会计师事务所人员通过其行为展示出对质量的重视，不断培养和保持适当的胜任能力以履行其职责。会计师事务所通过及时的业绩评价、薪酬调整、职位晋升和其他奖惩措施对这些人员进行问责或认可。

第三，当会计师事务所在质量管理体系的运行方面缺乏充分、适当的人员时，能够从外部（如网络、网络事务所或服务提供商）获取必要的人力资源支持。

第四，会计师事务所为每项业务分派具有适当胜任能力的项目合伙人和其他项目组成员，并保证其有充足的时间持续高质量地执行业务。

第五，会计师事务所分派具有适当胜任能力的人员执行质量管理体系内的各项活动，并保证其有充足的时间执行这些活动。

第六，会计师事务所获取、开发、维护、利用适当的技术资源，以支持质量管理体系的运行和业务的执行。

第七，会计师事务所获取、开发、维护、利用适当的知识资源，以为质量管理体系的运行和高质量业务的持续执行提供支持，并且这些知识资源符合相关法律法规（如适用）和职业准则的规定。

第八，结合上述第四项至第七项所述的质量目标，从服务提供商获取的人力资源、技术资源或知识资源能够适用于质量管理体系的运行和业务的执行。

(2)与资源相关的政策和程序。注册会计师的专业知识多少和技能水平的高低，以及执行业务时时间投入的多少，直接影响业务执行的质量。因此，会计师事务所需要投入足够资源，建立与下列方面相关的政策和程序：①会计师事务所应当投入足够资源打造一支专业性强、经验丰富、运作规范的质量管理体系团队，以维持质量管理体系的日常运行。②会计师事务所应当建立与专业技术支持相关的政策和程序，配备具备相应专业胜任能力、时间和权威性的技术支持人员，确保相关业务能够获得必要的专业技术支持。③会计师事务所应当建立和运行完善的工时管理系统，确保相关人员投入足够的时间执行业务，并为业绩评价提供依据。④会计师事务所应当建立和完善与业务操作规程、业务软件等有关的指引，把职业准则的要求从实质上执行到位，避免执业人员仅简单勾画程序表格、未实质性执行程序、程序与目标不一致、程序执行不到位、业务工作底稿记录不完整等问题，确保执业人员恰当记录判断过程、程序执行情况及得出的结论。

7. 信息与沟通

会计师事务所质量管理体系能够流畅、有效地运行，离不开事务所内部信息的有效沟通和传递。

(1)相关质量目标。为了相关各方能够获取、生成和利用与质量管理体系有关的信息，会计师事务所应当设定下列质量目标，以支持质量管理体系的设计、实施和运行，并及时在会计师事务所内部或与外部各方沟通信息。

第一，会计师事务所的信息系统能够识别、获取、处理和维护来自内部或外部的相关的、可靠的信息，为质量管理体系提供支持。

第二，会计师事务所的文化认同并强化会计师事务所人员与会计师事务所之间，以及这些人员彼此之间交换信息的责任。

第三，会计师事务所内部以及各项目组之间能够交换相关的、可靠的信息，包括：①会计师事务所向相关人员和项目组传递信息，传递的性质、时间安排和范围足以使其理解和履行与执行业务或质量管理体系各项活动相关的责任；②会计师事务所人员和项目组在执行业务或质量管理体系各项活动的过程中向会计师事务所传递信息。

第四，会计师事务所向外部各方传递相关的、可靠的信息，包括：①会计师事务所向网络、在网络中或向服务提供商(如有)传递信息，使该网络或服务提供商能够履行其与网络要求、网络服务或提供资源相关的责任；②会计师事务所根据相关法律法规或职业准则的规定向外部传递信息，或为了帮助外部各方了解质量管理体系而向外部传递信息。

(2)与信息与沟通相关的政策和程序。会计师事务所应当制定与下列方面相关的政策和程序：①会计师事务所在执行上市实体财务报表审计业务时，应当与治理层沟通质量管理体系是如何为持续高质量地执行业务提供支撑的；②会计师事务所在何种情况下向外部各方沟通与质量管理体系相关的信息是适当的；③会计师事务所按照上述第1项和第2项的规定进行外部沟通时应当沟通哪些信息，以及沟通的性质、时间安排、范围和适当形式。

8. 监控和整改程序

会计师事务所的质量管理体系设计与运行情况如何，需要通过定期和持续的监控来进行评价，如果通过监控发现质量管理体系存在缺陷，应当评价该缺陷的严重程度和广泛性，并考虑设计和采取整改措施。

(1)相关质量目标。会计师事务所应当建立在全所范围内统一的监控和整改程序，并开展实质性监控，以实现下列质量目标：①就质量管理体系的设计、实施和运行情况提供相关、可靠、及时的信息；②采取适当的行动以应对识别出的质量管理体系的缺陷，以使该缺陷能够及时得到整改。

(2)监控活动。会计师事务所应当设计和实施监控活动，包括定期和持续的监控活动，以为识别质量管理体系的缺陷奠定基础。

在确定监控活动的性质、时间安排和范围时，会计师事务所应当考虑下列方面：①相

关质量风险的评估结果及得出该评估结果的理由。②应对措施的设计。③会计师事务所风险评估程序以及监控和整改程序的设计。④质量管理体系发生的变化。⑤以前实施监控活动的结果,包括以前实施的监控活动是否仍然与评价质量管理体系相关,以及为应对以前识别出的缺陷所采取的整改措施是否有效。⑥其他相关信息,包括由于未能按照适用的法律法规、职业准则执行业务,或者由于未能遵守会计师事务所的政策和程序而引发的投诉或指控;从外部检查和服务提供商获取的信息。

(3)其他相关信息。会计师事务所的监控活动应当包括从会计师事务所已经完成的项目中周期性地选择部分项目进行检查。在每个周期内,对每个项目合伙人,至少选择 1 项已完成的项目进行检查。对承接上市实体审计业务的每个项目合伙人,检查周期最长不得超过 3 年。

会计师事务所应当制定下列政策和程序:①要求执行监控活动的人员具备有效执行监控活动所必需的胜任能力、时间和权威性;②要求执行监控活动的人员具备客观性,这些政策和程序应当禁止项目组成员或项目质量复核人员参与对该项目的任何检查。

(4)会计师事务所质量管理体系的缺陷[①]。会计师事务所应当评价发现的情况,以确定是否存在缺陷,包括监控和整改程序中的缺陷。

会计师事务所应当通过下列方法评价识别出的缺陷的严重程度和广泛性:①调查所识别出的缺陷的根本原因。在确定用于调查根本原因的程序的性质、时间安排和范围时,会计师事务所应当考虑这些识别出的缺陷的性质和可能的严重程度。②评价这些识别出的缺陷单独或累积起来对质量管理体系的影响。③整改措施。会计师事务所应当根据对根本原因的调查结果,设计和采取整改措施,以应对识别出的缺陷。

对监控和整改程序的运行承担责任的人员应当评价整改措施是否得到恰当的设计,以应对识别出的缺陷及其根本原因,并确定这些程序是否已得到实施。该人员还应当评价针对以前识别出的缺陷采取的整改措施是否有效。

如果上述评价表明整改措施并未得到恰当的设计和执行,或未达到预期效果,则对监控和整改程序的运行承担责任的人员应当采取适当措施以确保对这些整改措施已作出必要调整以使其能够达到预期效果。

如果发现的情况表明某项业务在执行过程中遗漏了应当实施的程序,或者出具的报告可能不适当,会计师事务所应当予以应对。会计师事务所采取的应对措施应当包括下列方面:①采取适当行动,以遵守适用的法律法规和职业准则的规定;②当认为出具的报告不适当时,考虑其影响并采取适当的行动,包括考虑是否需要征询法律意见。

对监控和整改程序的运行承担责任的人员,应当及时与对质量管理体系承担最终责任的人员(即主要负责人),以及对质量管理体系的运行承担责任的人员沟通下列事项:①对已执行的监控活动的描述;②识别出的缺陷,包括这些缺陷的严重程度和广泛性;③针对识别出的缺陷采取的整改措施。

会计师事务所应当就上述事项与项目组以及在质量管理体系中承担相关责任的其

---

① 会计师事务所质量管理体系的缺陷,是指会计师事务所质量管理体系的设计、实施或运行无法合理保证实现其目标的情况。

他人员沟通，以使项目组和这些人员能够根据其职责迅速采取恰当行动。

会计师事务所应当制定政策和程序，针对监控中发现的缺陷的性质和影响，对相关人员进行问责。这种问责应当与相关责任人员的考核、晋升和薪酬挂钩。对执业中存在重大缺陷的项目合伙人，会计师事务所应当对其是否具备从事相关业务的职业道德水平和专业胜任能力作出评价。

会计师事务所应当就监控的实施情况，发现的缺陷，评价、补救和改进措施、问责等形成监控报告。存在缺陷的，应当及时修订完善质量管理体系。

(三)质量管理体系的评价

1. 对质量管理体系的评价

会计师事务所主要负责人应当代表会计师事务所对质量管理体系进行评价。这种评价应当以某一时点为基准，并且应当至少每年一次。

作为评价的结果，主要负责人可能得出下列结论中的一项。

(1)质量管理体系能够向会计师事务所合理保证该体系的目标得以实现。

(2)质量管理体系的设计、实施和运行存在严重但不具有广泛影响的缺陷，除与这些缺陷相关的事项外，质量管理体系能够向会计师事务所合理保证该体系的目标得以实现。

(3)质量管理体系不能向会计师事务所合理保证该体系的目标得以实现。

如果得出上述第 2 项或第 3 项结论，会计师事务所应当采取下列措施：①迅速采取适当行动。②与各项目组以及在质量管理体系中承担相关责任的其他人员就与其责任相关的事项进行沟通。③按照会计师事务所的政策和程序与外部各方沟通。

2. 对相关人员的业绩评价

会计师事务所应当定期对下列人员进行业绩评价。

(1)对质量管理体系承担最终责任的人员(即主要负责人)。

(2)对质量管理体系承担运行责任的人员。

(3)对质量管理体系特定方面承担运行责任的人员。

在进行业绩评价时，会计师事务所应当考虑对质量管理体系的评价结果。

(四)对质量管理体系的记录

1. 记录的目的

会计师事务所应当对质量管理体系进行记录，以实现下列目的。

(1)为会计师事务所人员对质量管理体系的一致理解提供支持，包括理解其在质量管理体系和业务执行中的角色和责任。

(2)为质量管理体系的持续实施和运行提供支持。

(3)为应对措施的设计、实施和运行提供证据，以支持主要负责人对质量管理体系进行评价。

2. 记录的内容

会计师事务所应当就下列方面形成工作记录。

(1)主要负责人和对质量管理体系承担运行责任的人员各自的身份。

(2)会计师事务所的质量目标和质量风险。

(3)对应对措施的描述以及这些措施是如何应对质量风险的。

(4)实施的监控和整改程序，具体包括：①执行监控活动的证据；②对监控发现的情况、识别出的缺陷、缺陷的根本原因作出的评价；③为应对识别出的缺陷而采取的整改措施，以及对这些整改措施在设计和执行方面的评价；④与监控和整改程序相关的沟通。

(5)主要负责人对质量管理体系作出的评价及其依据。

3. 记录的保存期限

会计师事务所应当规定质量管理体系工作记录的保存期限，该期限应当涵盖足够长的期间，以使会计师事务所能够监控质量管理体系的设计、实施和运行情况。如果法律法规要求更长的期限，应当遵守法律法规的要求。

(五)项目质量复核

1. 项目质量复核人员的委派

会计师事务所应当制定政策和程序，要求将委派项目质量复核人员的职责分配给会计师事务所内具有履行该职责所需的胜任能力及适当权威性的人员。这些政策和程序应当要求该人员在全所范围内(包括分所或分部)统一委派项目质量复核人员。

2. 项目质量复核人员的资质要求

会计师事务所应当制定政策和程序，以明确项目质量复核人员的任职资质要求。这些政策和程序应当要求项目质量复核人员不得作为项目组成员，并且应当同时满足下列条件。

(1)具备适当的胜任能力，包括充足的时间和适当的权威性以实施项目质量复核。项目质量复核人员的胜任能力应当至少与项目合伙人相当。

(2)遵守相关职业道德要求，包括与项目质量复核人员如何应对对其客观性和独立性产生不利影响的相关的职业道德要求，并在实施项目质量复核时保持独立、客观、公正。

(3)遵守与项目质量复核人员任职资质要求相关的法律法规规定(如有)。

为了确保项目质量复核人员的权威性和客观性，会计师事务所应当委派合伙人或类似职位的人员，或者会计师事务所外部的人员担任项目质量复核人员。在为某一具体项目委派项目质量复核人员时，会计师事务所应当充分考虑拟委派人员的胜任能力和客观性。实务中，拟委派项目质量复核人员的客观性可能受到以下情况的影响。

(1)项目之间交叉实施项目质量复核。例如，在同一年度内，由A项目的项目合伙人B对项目实施项目质量复核，同时由B项目的项目合伙人A对项目实施项目质量复核。除非出现特殊情况，如具有适当胜任能力和权威性的人员不足，否则，会计师事务所应当尽量避免在同一年度内交叉实施项目质量复核。

(2)某一项目的前任项目合伙人被委任为该项目的项目质量复核人员。例如，甲注册会计师于2020年度担任某项目的项目合伙人，如果其在2021年度被委派担任同一项目的项目质量复核人员，将可能对其客观性产生不利影响。因此，会计师事务所应当规定一段冷却期，要求在冷却期结束之前，前任项目合伙人不得担任该项目的项目质量复核人员。

【例2-2】 判断：U会计师事务所承接了×上市公司2019年度财务报表的审计业务。按总体审计计划的工作进度，审计小组将于2010年4月15日向U会计师事务所提交审计报告并签章。2020年3月26日，U会计师事务所的主任会计师责成本所于2010年初已获得执业资格的B注册会计师担任×上市公司年度财务报表审计业务的项目质量控制复核小组负责人，针对上述审计业务实施项目质量控制复核。

答案：错误。

解析：负责人B不符合项目质量控制复核人员的资格标准。按规定，项目质量控制复核人员除了应具备技术资格外，还应具备胜任能力和权威性。B于2020年初才取得注册会计师执业资格，缺乏执业经验和权威性。会计师事务所应当委派合伙人或类似职位的人员，或者会计师事务所外部的人员担任项目质量复核人员。

3. 为项目质量复核提供协助的人员的资质要求

在实施项目质量复核的过程中，项目质量复核人员通常需要相关人员提供协助。同样，为了确保协助人员的客观性，项目合伙人和项目组其他成员也不得为本项目的项目质量复核提供协助。除此之外，为项目质量复核提供协助的人员还应当同时满足下列条件。

(1)具备适当的胜任能力，包括充足的时间，以履行对其分配的职责。

(2)遵守相关法律法规的规定(如有)和相关职业道德要求。

尽管在实施项目质量复核的过程中可以利用相关人员提供协助，项目质量复核人员仍然应当对项目质量复核的实施承担总体责任，并负责确定对协助人员进行指导、监督和复核的性质、时间安排和范围。

4. 项目质量复核人员不再符合任职资质要求的情况

会计师事务所应当对项目质量复核人员符合资质要求的情况进行实时监控，以及时识别出项目质量复核人员不再符合任职资质要求的情况，并采取适当措施，包括委任一位新的项目质量复核人员。

当项目质量复核人员意识到其不再符合任职资质要求时，应当通知会计师事务所适当人员，并采取下列措施。

(1)如果项目质量复核尚未开始，不再承担项目质量复核责任。

(2)如果项目质量复核已经开始实施，立即停止实施项目质量复核。

5. 项目质量复核的实施

(1)复核程序。在实施项目质量复核时，项目质量复核人员应当实施下列程序。

第一，阅读并了解相关信息，这些信息包括：①与项目组就项目和客户的性质和具体情况进行沟通获取的信息；②与会计师事务所就监控和整改程序进行沟通获取的信息，特别是针对可能与项目组的重大判断相关或影响该重大判断的领域识别出的缺陷进行的沟通。

第二，与项目合伙人及项目组其他成员讨论重大事项，以及在项目计划、实施和报告时作出的重大判断。

第三，基于实施上述第1项和第2项程序获取的信息，选取部分与项目组作出的重大判断相关的业务工作底稿进行复核，并评价下列方面：①作出这些重大判断的依据，包括项目组对职业怀疑的运用(如适用)；②业务工作底稿能否支持得出的结论；③得出的结论是否恰当。

第四，对于财务报表审计业务，评价项目合伙人确定独立性要求已得到遵守的依据。

第五，评价是否已就疑难问题或争议事项、涉及意见分歧的事项进行适当咨询，并评价咨询得出的结论。

第六,对于财务报表审计业务,评价项目合伙人得出下列结论的依据:项目合伙人对整个审计过程的参与程度是充分且适当的,项目合伙人能够确定作出的重大判断和得出的结论适合项目的性质和具体情况。

第七,针对下列方面实施复核:①针对财务报表审计业务,复核被审计财务报表和审计报告,以及审计报告中对关键审计事项的描述(如适用);②针对财务报表审阅业务,复核被审阅财务报表或财务信息,以及拟出具的审阅报告;③针对财务报表审计和审阅以外的其他鉴证业务或相关服务业务,复核业务报告和鉴证对象信息(如适用)。

(2)与项目质量复核相关的政策和程序。针对项目质量复核的实施,会计师事务所应当制定与下列方面相关的政策和程序:①项目质量复核人员有责任在项目的适当时点实施复核程序,为客观评价项目组作出的重大判断和据此得出的结论奠定适当基础;②项目合伙人与项目质量复核相关的责任,包括禁止项目合伙人在收到项目质量复核人员就已完成项目质量复核发出的通知之前签署业务报告;③对项目质量复核人员的客观性产生不利影响的情形,以及在这些情形下需要采取的适当行动。

(3)项目质量复核的完成。如果项目质量复核人员怀疑项目组作出的重大判断或据此得出的结论不恰当,应当告知项目合伙人。如果这一怀疑不能得到满意的解决,项目质量复核人员应当通知会计师事务所适当人员项目质量复核无法完成。

如果项目质量复核人员确定项目质员复核已经完成,应当签字确认并通知项目合伙人。

6. 项目质量复核有关的工作底稿

项目质量复核人员应当负责就项目质量复核的实施情况形成工作底稿。对项目质量复核形成的工作底稿,应当足以使未曾接触该项目的、有经验的执业人员了解项目质量复核人员以及对项目质量复核提供协助的人员(如有)所执行程序的性质、时间安排和范围,以及在实施复核的过程中得出的结论。

项目质量复核工作底稿应当包括下列方面的内容。

(1)项目质量复核人员及协助人员的姓名。

(2)已复核的业务工作底稿的识别特征。

(3)项目质量复核人员确定项目质量复核已经完成的依据。

(4)项目质量复核人员就无法完成项目质量复核或项目质量复核已完成所发出的通知。

(5)完成项目质量复核的日期。

第二节 注册会计师职业道德规范

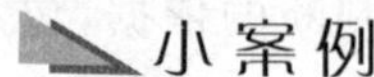

小案例

G外高桥审计案件起因

上海外高桥保税区开发股份有限公司(简称G外高桥)是上海市一家有名上市公司,曾与上海地产业的浦东金桥、陆家嘴并称为“一嘴两桥”。2006年5月11日,G外高桥发布公告称，普华永道中天会计师事务所（简称“普华永道中天”）在2003年度和2004年度对G外高桥的年度审计过程中，未能保持必要的职业谨慎性、未严格依照审计准则中规定的函证程序进行工作，出具标准意见的审计报告，致使该公司遭受巨大的经济损失。G外高桥公司依据业务委托书约定选择了仲裁的方式，向中国国际经济贸易仲裁委员会（上海分委会）提出仲裁申请。要求普华永道中天事务所承担2亿元的经济损失，并退还两年的全部审计服务费（总计170万元），并由被申请人普华永道中天承担相应的仲裁和律师等相关费用。该案件引发各界对注册会计师承担法律责任的大讨论。

讨论题：

1. 在本案件中注册会计师审计是否存在过失？

2. 注册会计师在本案件中是否应承担责任？

一、审计职业道德与法律责任概述

（一）职业道德的基本含义

职业是人类分工[①]的产物。在漫长的原始社会中，由于生产力水平极端低下，氏族内部根据性别和年龄的差别存在着一些自然分工。到原始社会后期，由于生产力的发展，社会出现了最初的分工，即农业和畜牧业的分工，随后由于人类对生产工具的需要，出现了农业和手工业的分工。随着生产力的发展，人类社会的分工越来越细，有些人长期专门从事某一种产品的生产或提供某种服务，比如，制陶、铸造、建筑等，这些人通过这些专门生产或服务来获得自己的生活资料，由此便产生了“职业”。人类社会的发展，在某种程度上说，就是分工的发展。随着社会对劳动分工的依赖越来越深，如何处理职业活动和社会需要的关系，如何处理职业内部成员之间的关系以及如何处理不同职业之间的关系，这些问题就成了职业者必须考虑的问题。在这里，除了法律对职业者的外部他律性规范之外，就是职业范围内所形成的自律性规范要求了，这就是职业道德。职业道德是在职业范围内形成的比较稳定的道德观念、行为规范和道德品质的总和。一方面，它是一般道德结合职业特殊性的具体应用；另一方面，它是调节职业集团与社会各方面关系以及职业集团内部成员之间关系的行为准则，是评价从业人员职业行为是非善恶的标准，对该行业的职业人员具有特殊的约束力。

（二）审计职业道德的含义

根据以上对一般职业道德的阐述，结合审计职业的特殊性，我们可以认为：审计职业道德，就是在审计职业活动中形成的比较稳定的道德观念、行为规范和道德品质的总和。其中道德观念，既包含审计职业所特有的道德观念，如独立、客观、公正、谨慎等，也包含适用于审计的一般道德观念，如善良、无私、正直、敬业等等。行为规范则是指调节审计

① 西方经济学鼻祖亚当·斯密在《国富论》中对分工（division of labour）给予了高度重视，他认为分工是劳动效率提高的主要原因，甚至是致使经济进步的唯一原因。在《国富论》这本巨著的开篇，亚当·斯密就写道：“劳动生产力最大的改进，以及劳动在任何地方运作或应用中所体现的技能、熟练和判断的大部分，似乎都是劳动分工的结果。”

职业界内部以及职业界与外部的权利和义务关系的自律性规范机制。道德品质则是指道德观念和行为规范作用于审计职业个体和群体后被公众所认同的外在表现，如诚信、勤勉、负责、高度的专业胜任能力等。

(三)审计职业道德规范

审计职业道德是随着审计职业的诞生而出现的，但是在很长一段时间里，人们并没有对审计职业道德作出具体而系统的规范，即使是审计职业团体成立之后，制定的一些审计职业道德也仅仅是依靠职业人员自身的道德品质来维持的，早期的审计人员甚至首先是把审计看作是“道德的”，而不是“科学的”。然而，这种依靠自身道德品质来维系的道德标准是不堪一击的。在20世纪初期的美国，由于经济发展的需要，从事审计服务的人已经成了一个相当大的职业群体，一些不合格的人也自称会计师，招揽业务的广告五花八门，通过不正当手段争抢业务的事件经常发生。为了维护审计职业界形象，保护整个审计职业，同时也为了维护公众的经济利益，美国的审计职业组织[①]开始重新思考审计职业道德的形式。

1. 不成文的职业道德规范

在早期，美国审计职业界开始重新思考审计职业道德规范形式时，大多数审计人员都不赞成把职业道德编制成具体的规章制度，他们认为：职业道德主要是精神上的一种追求，在职业道德上的追求是没有止境的；而一旦成文，如果没有遵守规章就会涉及法律责任，那么协会由于各方的压力，或自身的利益考虑，只好采取妥协的办法将职业道德按照最低标准制定，而这样反而会降低审计人员的职业道德追求[②]。

2. 成文的职业道德规范

早在1907年，一位名叫约瑟夫·斯特里特的注册会计师就在他的《职业道德标准》一文中提出，除了一些基本的道德、职业道德原则不需要编入制度规章外，必须制定一部成文的审计职业道德规范。这种观点得到了当时审计职业协会领导人之一——库珀的支持。他认为必须立即制定道德准则，并且每一条可编入道德准则的行为规章都应当编进去，例如，禁止或有收费、制定广告规则等。随着审计诉讼案件的增多及外界舆论的压力，审计职业界发现，审计职业道德如不通过一定的形式对外颁布，只能加重审计人员不应有的责任。同时，也有少数审计人员利用审计职业道德没有具体标准的漏洞，做出种种不道德的行为。在这种情况下，职业界逐渐对制定成文的审计职业道德规范达成共识。

在关于审计职业道德规范的争论趋于共识之后，美国审计职业界便开始着手于职业

---

① 当时的美国的会计师职业组织名为“美国公共会计师协会”（American Association of Public Accountants，1887年8月20日成立），在1916年更名为“公共会计师协会”（Institution of Public Accountants），1917年更名为“美国会计师协会”（American Institution of Accountants，AIA），1936年10月25日与“美国注册会计师公会”（American Society of Certified Public Accountants，于1921年12月5日成立）合并，并仍保留“美国会计师协会”的名称，1957年更名为“美国注册会计师协会”（American Institution of Certified Public Accountants，AICPA）。

② 这样的考虑是有道理的。不论是会计准则、审计执业准则，还是职业道德规范等管制制度，都存在着以具体规则为导向还是以基本原则为导向的两难问题。这两种导向互有利弊：以具体规则为导向制定的制度易于操作，但也容易被规避，导致规范的实际标准降低，原则化的规章制度对于从业人员要求更高，但存在可操作性较差的问题。

道德准则内容的讨论与制定。蒙哥马利1912年出版的《审计理论与实践》中，有一章节讨论了职业道德标准应当包含哪些内容。这一章节被西方审计界认为是有关审计职业道德标准最早，也是最有意义的论述。在这一章节里，蒙哥马利指出了两个至今都被认为是审计职业道德精髓的基本原则：独立性原则、保密性原则。美国会计师协会（AIA）也于1917年发表了一个较为全面的道德准则，包括8条行为准则。1936年，美国注册会计师公会与美国会计师协会合二为一，并保留后者的名称。统一后的职业界明确显示出保护公众利益、提高服务质量的姿态，积极采取行动努力构造和管制会员的行为，对职业道德准则进行了一系列重大修正，于1940年增加到15项准则。

进入20世纪60年代，随着资本市场的国际化、大型跨国公司的发展，审计执业环境发生了重大的变化。《华尔街日报》1966年11月15日的一篇文章估计，仅在1966年后期，就有将近100宗指控审计人员的法律诉讼案件。美国1968年6月的《幸福》杂志估计，在过去的12个月里，指控审计人员的诉讼案件数量足以和过去12年里的诉讼案件数量相比较。而此时法院的判决也不断地扩展了审计人员的法律责任范围。针对这种情况，1967年，美国注册会计师协会的职业道德部（Division of Professional Ethics）发起了对当时的职业道德准则的广泛检查。1972年修正后的职业道德准则制定完毕，并于1973年3月1日正式生效。新准则由职业道德概念、行为规则、行为规则的解释组成。1973年至1977年，又增加了“职业道德裁决”的部分，概括了行为规则及其解释在各种特殊情况下的运用。

到了20世纪80年代，随着经济环境的变化，审计人员又一次迎来了“诉讼爆炸”，在1981年至1985年，美国17家大型会计师事务所诉讼费用已达2亿美元，同期的保险费用则增加了约1倍；最大的20家会计师事务所每年支付的失职保险费在3500万～5000万美元。法院亦通过判决的方式，进一步扩大了审计人员的责任。比如，在“罗森布鲁姆诉阿德勒”案（H. Rosenblum Inc. v. Adler，461A2D 138N. J. 1983）中，法官认为审计人员对依赖其审计意见的任何人负有道义上的责任。这个判决，使习惯法基础上审计人员应承担的过失责任扩大到了可预见的各个方面。在这种情况下，美国注册会计师协会于1983年10月成立了注册会计师职业行为特别委员会（即安德森委员会），来考察变化着的经济、社会、法律和监管环境，评估现行道德准则的相关性和有效性，评价协会在制定准则方面所起的作用，并提出对策。1986年7月，安德森委员会发布了最终报告。根据安德森报告的建议，1988年美国注册会计师协会对职业道德准则进行了全面的修正，将“职业道德准则”更名为“职业行为准则”，形成了今天美国的注册会计师职业道德规范体系[①]。

国际会计师联合会（IFAC）作为一个国际性的会计职业组织，其角色是提供指南、提倡连续性、提高协调性。1992年国际会计师联合会制定了《职业会计师道德守则》，作为对各国职业会计师职业道德要求（包括职业道德守则、细则、指南、行为准则等）的基础，为各国的职业道德指南提供了一个范例。为职业会计师建立了行为准则，并阐述了为实

① 在1992年1月14日，美国注册会计师协会对执业行为准则作了一些修订，主体内容未变，增加了说明段落“其他指导”，并在规则部分对独立性，或有收费、佣金等内容进行了必要的扩充。

现共同目标，职业会计师应遵守的一些基本原则。

2018 年 4 月，国际会计师职业道德准则理事会(IESBA)发布了新修订的国际会计师职业道德守则(包括国际独立性标准)。新守则对原守则进行了全面改写，更易于阅读、理解和执行。除了结构调整之外，新守则还整合了 IESBA 过去四年来在职业道德标准建设方面的重要成果，更清晰地规范了职业会计师应该如何处理职业道德和独立性问题。新守则自 2019 年 6 月 15 日起施行。

我国注册会计师协会也于 1992 年发布了《中国注册会计师职业道德守则(试行)》；1996 年 12 月 26 日，经财政部批准，发布了《中国注册会计师职业道德基本准则》；2002 年 6 月 25 日，发布了《中国注册会计师职业道德规范指导意见》；为满足新环境的要求并与国际趋同，中国注册会计师协会于 2009 年 10 月 14 日印发了《中国注册会计师职业道德守则》和《中国注册会计师协会非执业会员职业道德守则》，自 2010 年 7 月 1 日起实施。

为了顺应经济社会发展对注册会计师诚信和职业道德水平提出的更高要求，保持与国际职业会计师道德守则的持续动态趋同，中国注册会计师协会于 2020 年对 2009 年印发的《中国注册会计师职业道德守则》和《中国注册会计师协会非执业会员职业道德守则》进行了全面修订。其中，修订后的《中国注册会计师职业道德守则(2020)》具体包括《中国注册会计师职业道德守则第 1 号——职业道德基本原则》《中国注册会计师职业道德守则第 2 号——职业道德概念框架》《中国注册会计师职业道德守则第 3 号——提供专业服务的具体要求》《中国注册会计师职业道德守则第 4 号——审计和审阅业务对独立性的要求》和《中国注册会计师职业道德守则第 5 号——其他鉴证业务对独立性的要求》。新守则自 2021 年 7 月 1 日起施行。

(四)审计职业道德规范内容比较

1. 美国注册会计师协会的职业道德规范

美国注册会计师协会的《职业行为准则》由 4 个部分构成：原则、行为规则、行为规则的解释、职业道德裁定。

(1)原则，表述了该职业承认自己对公众、委托人和同行承担责任，包括责任、公众利益、正直、客观性和独立性、应有谨慎、服务的范围和性质这 6 条原则。这些原则指导会员履行其职业责任，并表述了合乎道德和专业要求的行为的基本原则。要求会员承诺即使牺牲自我利益也要始终不渝地实施正当行为。

(2)行为规则，是依照原则的框架建立的，是会员履行专业服务中应当遵循的最低标准。

(3)行为规则的解释，用来为行为规则的范围与应用提供指导方针。行为规则的解释不具有强制性，但任何会员凡有违反这些指导方针的，都有义务在任何纪律听证会上解释其违规行为。

(4)职业道德裁定，由正式判例组成，它总结了行为规则和行为规则解释在特定实际情况下的应用。不具有强制性，但凡是会员在相似情况下违背这些裁定的，将按要求说明其违背这些裁定的理由。

2. 国际会计师联合会的职业道德规范

国际会计师联合会制定的《职业会计师道德守则》分为 3 个部分。

第一部分适用于所有职业会计师。这里的职业会计师指国际会计师联合会组织的成员，不论其是否执行公共业务（包括个人执业者、合伙所或公司），还是在工业部门、商业部门、政府部门或教育部门工作。这一部分内容实际上就是职业道德规范的原则及其具体解释，包括正直、客观、专业胜任能力与应有谨慎、保密、职业行为等。

第二部分适用于执行公共业务的职业会计师。执行公共业务的职业会计师，是指向客户提供各种专业服务（不论其职能类别如何，如审计、税务或咨询）的合伙人、相似职位的人或事务所的雇员，以及在执业过程中负有管理职责的职业会计师。该词也经常指从事公共业务的会计师建立的事务所。这一部分包括对职业聘任、利益冲突、参照意见、收费与其他类型报酬、出售专业服务、礼品与款待、客户资产保管、客观性——所有业务、独立性——鉴证业务等的规范。

第三部分适用于受雇职业会计师。受雇职业会计师，是指受雇于工业部门、商业部门、政府部门或教育部门的职业会计师，包括对潜在冲突、信息的编制与报告、专业胜任能力、财务利益、激励等方面的规范。

（五）中国注册会计师协会的职业道德规范

《中国注册会计师职业道德守则》包括 5 个组成部分，即《中国注册会计师职业道德守则第 1 号——职业道德基本原则》《中国注册会计师职业道德守则第 2 号——职业道德概念框架》《中国注册会计师职业道德守则第 3 号——提供专业服务的具体要求》《中国注册会计师职业道德守则第 4 号——审计和审阅业务对独立性的要求》和《中国注册会计师职业道德守则第 5 号——其他鉴证业务对独立性的要求》。

主要有以下特点：一是全面规范了注册会计师的职业道德行为。《职业道德守则》涵盖了注册会计师业务承接、收费报价、专业服务工作的开展等所有环节可能遇到的与保持职业道德相关的情形，分别提出了明确的要求。二是突出强调了注册会计师行业的社会责任。《职业道德守则》特别强调注册会计师的独立性问题，对注册会计师如何保持独立性、如何处理与审计客户的利益冲突，切实做到独立、客观、公正执业，给予了详尽指导和要求，并对涉及公众利益的审计项目（比如上市公司审计等），向注册会计师提出了更高的职业道德要求。三是为注册会计师解决职业道德遇到的问题提供了方法指导。《职业道德守则》就如何识别对职业道德产生不利影响的情形，如何评价各种情形对职业道德的影响和危害程度，以及如何采取有效的防范措施解决这些不利影响等，给予了具体的方法指导。四是保持了与国际守则的持续全面动态趋同。《职业道德守则》基本上涵盖了国际守则的所有要求和内容。五是切合中国实际情况。绝大多数条款与国际守则保持一致，某些个别条款比国际守则更加严格，更加适合中国国情和实践。六是体现了中国传统文化与社会主义核心价值观。将中华民族传统文化和社会主义核心价值观写入职业道德基本原则。七是坚持以维护公众利益为宗旨。从总体上强化了维护公众利益的要求，要求注册会计师始终牢记维护公众利益的宗旨。对于应对违反法律法规行为、利益冲突等涉及公众利益较多的方面，提出了严格的要求并提供了详尽、具体的指引。

此外，为了规范非执业会员从事专业服务时的职业道德行为，促使其更好地履行相应的社会责任，维护公众利益，中国注册会计师协会同时发布了《中国注册会计师协会非

执业会员职业道德守则》。该守则从职业道德基本原则、职业道德概念框架、潜在冲突、信息的编制和报告等方面作出了规定。

二、审计职业道德的基本原则

(一)美国审计职业道德的基本原则

美国注册会计师协会在《职业行为准则》中,提出了6项原则。

(1)责任。作为职业者在履行其职责时,会员对其所有活动均应作出敏感的职业及道德判断。

(2)公众利益。会员应接受按如下方式行动的义务,即服务于公众利益、不辜负公众的信任、证明对职业化的承诺。

(3)正直。为了维护与提高公众的信任,会员应以最高程度的正直感履行其所有的职业责任。

(4)客观性与独立性。会员应在履行职业责任的过程中保持客观性,免于利益冲突。公开执业的会员在提供审计及其他鉴证服务时应在实质上和形式上皆独立。

(5)尽职。会员应当遵守职业技术及道德标准,为提高胜任能力及服务质量而不断努力,并尽其所能来履行其职业责任。

(6)服务的范围和性质。公开执业的会员在决定提供服务的范围和性质时,应遵守职业行为准则的原则。

(二)国际会计师联合会的审计职业道德原则

国际会计师联合会在《职业会计师道德准则》中指出,为了达到会计职业的目标,职业会计师必须遵守大量的必备条件或基本原则。这些基本原则主要包括如下方面。

(1)正直。职业会计师在执行职业服务时必须坦率、诚实。

(2)客观。职业会计师不能容许偏见、利益冲突或他人的不恰当影响左右其职业或职务判断。

(3)专业胜任能力与应有谨慎。职业会计师对保持专业知识和技能在一定水平上有持续的义务,以便确保客户或雇主在实务、法规和技术的新进展方面获得满意的专业服务。职业会计师在提供专业服务时应当工作勤勉、遵守现有的技术和职业准则。

(4)保密。职业会计师必须对职业或职务关系中获得的信息严加保密,未经适当或特别授权,不得对第三方泄露任何这些信息,除非法律或职业权力或职责要求披露。职业或职务关系中获得的机密信息不得用于为职业会计师或第三方谋取个人利益。

(5)职业行为。职业会计师应当遵守法律和规章,戒绝任何有损于职业声誉的行为。

《中国注册会计师职业道德守则第1号——职业道德基本原则》中明确规定,我国的审计职业道德基本原则有以下几个方面。

1. 诚信

(1)诚信的含义。诚信是审计职业的基础,独立性是审计职业的精髓,两者都是审计职业生存和发展的基石。没有诚信,失去独立性,审计就会由于不能获得公众的信任而失去其存在的价值。

诚信是指诚实、守信，是注册会计师行业的立业之本和执业之基。诚信是注册会计师职业道德的精髓，是其道德准则、道德情操与道德品质的基本要求和价值体现。注册会计师专业技能、精神品质和社会责任的体现和发挥，最基本、最重要的要求就是诚信。没有诚信，注册会计师行业维护社会公众利益的根本宗旨就无从谈起，只有在诚信的基础上，注册会计师的专业技能才有服务经济社会的广阔天地。

（2）职业道德守则对注册会计师的要求。注册会计师应当在所有的职业活动中，保持正直、诚实守信。注册会计师如果认为业务报告、申报资料或其他信息存在下列问题，则不得与这些有问题的信息发生关联：①含有虚假记载、误导性陈述；②含有缺乏充分根据的陈述或信息；③存在遗漏或含糊其词的信息，而这种遗漏或含糊其词可能会产生误导。

在审计和审阅业务、其他鉴证业务中，下列事项可能会导致上述问题的出现：①引起重大风险的事项，如舞弊行为；②财务信息存在重大错报而客户未对此作出调整或反映；③导致在实施审计程序时出现重大困难的情况，例如客户未能提供充分、适当的审计证据，注册会计师难以作出结论性陈述；④与会计准则或其他相关规定的选择、应用和一致性相关的重大发现和问题，而客户未对此在其报告或申报资料中反映；⑤在出具审计报告时，未解决的重大审计差异。

会员如果注意到已与有问题的信息发生关联，应当采取措施消除关联。在鉴证业务中，如果注册会计师依据职业准则的规定出具了恰当的业务报告（例如，在审计业务中，出具恰当的非无保留意见审计报告），则不被视为违反上述要求。

小案例

帮康美药业造假，广东正中珠江会计师事务所被罚没5700万

因在康美药业审计业务中涉嫌违反相关法律法规，2019年广东正中珠江会计师事务所被证监会立案调查。调查显示，正中珠江会计师事务所出具的康美药业2016年至2018年年度审计报告存在虚假记载。

康美药业2016年、2017年、2018年连续三年的年度报告里均存在虚增收入、虚增货币资金等虚假记载行为。而正中珠江会计师事务所分别为康美药业2016年、2017年财务报表出具了标准无保留的审计意见；2016年度和2017年度，康美药业的货币资金、营业收入均存在舞弊风险，正中珠江会计师事务所在进行审计时，在风险识别与评估阶段部分认定结论错误；在实施风险应对措施时，未严格执行舞弊风险应对措施等审计计划，执行审计程序时违反诚信原则，未对函证保持有效控制，未保持应有的职业怀疑，未执行进一步审计程序消除疑虑，导致未获取充分、适当的审计证据，甚至出现审计项目经理配合康美药业财务人员拦截询证函、将伪造的走访记录作为审计证据的行为。最终，正中珠江会计师事务所出具的康美药业2016年和2017年财务报表审计报告存在虚假记载。

在此案例中，广东正中珠江会计师事务所违背了《注册会计师职业道德守则》有关诚信的基本原则的要求，明知康美药业的财务报表有假，还与之发生关联，甚至伪造审计证据。

（来源：《证券时报网》2021年3月20日）

2. 客观公正

客观,是指按照事物的本来面目去考察,不添加个人的偏见。公正,是指公平、正直、不偏袒。客观公正原则要求会员应当公正处事、实事求是,不得由于偏见、利益冲突或他人的不当影响而损害自己的职业判断。如果存在对职业判断产生过度不当影响的情形,会员不得从事与之相关的职业活动。

3. 独立性

注册会计师执行审计和审阅业务以及其他鉴证业务时,应当从实质和形式上保持独立性,不得因任何利害关系影响其客观性。会计师事务所在承办审计和审阅业务以及其他鉴证业务时,应当从整体层面和具体业务层面采取措施,以保持会计师事务所和项目组的独立性。

4. 专业胜任能力和勤勉尽责

专业胜任能力和勤勉尽责原则要求会员通过教育、培训和执业实践获取和保持专业胜任能力。会员应当持续了解并掌握当前法律、技术和实务的发展变化,将专业知识和技能始终保持在应有的水平,确保为客户提供具有专业水准的服务。

在应用专业知识和技能时,会员应当合理运用职业判断。专业胜任能力可分为两个独立阶段:一是专业胜任能力的获取,二是专业胜任能力的保持。会员应当持续了解和掌握相关的专业技术和业务的发展,以保持专业胜任能力。持续职业发展能够使会员发展和保持专业胜任能力,使其能够胜任特定业务环境中的工作。

勤勉尽责,要求会员遵守法律法规、相关职业准则的要求并保持应有的职业怀疑,认真、全面、及时地完成工作任务。同时,会员应当采取适当措施以确保在其授权下从事专业服务的人员得到应有的培训和督导。在适当时,会员应当使客户、工作单位和专业服务的其他使用者了解专业服务的固有局限。

小案例

帮康美药业造假,广东正中珠江会计师事务所被罚没5700万

2016年和2017年年报审计期间,正中珠江会计师事务所未对康美药业的业务管理系统实施相应审计程序,未获取充分适当的审计证据。

捷科SCM3.0新架构供应链系统(以下简称“捷科系统”)为康美药业的业务管理信息系统,金蝶EAS系统是康美药业进行账务处理的信息系统。正中珠江会计师事务所相关审计人员明知康美药业捷科系统的存在,未关注捷科系统与金蝶EAS系统是否存在差异,未分析差异形成的原因及造成的影响,未实施必要的审计程序。表明注册会计师在审计康美药业时,没有做到勤勉尽责。

(来源:《证券时报网》2021年3月20日)

5. 保密

保密性同独立性一样,是审计职业的两个基本概念之一。如果审计人员在接受委托后不能保守客户的秘密,那么客户就会认为其利益没有得到很好的维护,就会产生对审计人员某种程度的不信任。客户若对审计人员能否保密持怀疑态度，则审计人员与客户之间的合约关系将无法维持。若客户向审计人员提供不完全信息，而审计人员以此信息为基础作出的报告无论对客户还是对公众都有百害而无一利。

因此，会员从事职业活动必须建立在为客户、为工作单位等利益相关方信息保密的基础上。遵循保密原则可以促进信息在会员与客户、会员与工作单位之间的自由传输。如果会员遵循保密原则，信息提供者通常可以放心地向会员提供其从事职业活动所需的信息，而不必担心该信息被其他方获知，这有利于会员更好地维护公众利益。保密原则要求会员应当对职业活动中获知的涉密信息保密。

根据该原则，会员应当遵守下列要求。

(1)警觉无意中泄密的可能性，包括在社会交往中无意泄密的可能性，特别要警觉无意中向关系密切的商业伙伴或近亲属泄密的可能性。近亲属是指配偶、父母、子女、兄弟姐妹、祖父母、外祖父母、孙子女、外孙子女。

(2)对所在会计师事务所、工作单位内部的涉密信息保密。

(3)对职业活动中获知的涉及国家安全的信息保密。

(4)对拟承接的客户、拟受雇的工作单位向其披露的涉密信息保密。

(5)在未经客户、工作单位授权的情况下，不得向会计师事务所、工作单位以外的第三方披露其所获知的涉密信息，除非法律法规或职业准则规定会员在这种情况下有权利或义务进行披露。

(6)不得利用因职业关系而获知的涉密信息为自己或第三方谋取利益。

(7)不得在职业关系结束后利用或披露因该职业关系获知的涉密信息。

(8)采取适当措施，确保下级员工以及为会员提供建议和帮助的人员履行保密义务。

会员在下列情况下可以披露涉密信息。

(1)法律法规允许披露，并且取得客户或工作单位的授权。

(2)根据法律法规的要求，为法律诉讼、仲裁准备文件或提供证据，以及向有关监管机构报告发现的违法行为。

(3)法律法规允许的情况下，在法律诉讼、仲裁中维护自己的合法权益。

(4)接受注册会计师协会或监管机构的执业质量检查，答复其询问和调查。

(5)法律法规、执业准则和职业道德规范规定的其他情形。

小案例

前毕马威会计师事务所合伙人因泄密获刑

2013 年 5 月，全球著名会计师事务所毕马威会计师事务所(KPMG)的前合伙人史考特·伦敦(Scott London)因内幕交易而被判有罪。根据其认罪协议，史考特将面临至多 20 年的牢狱生活，其相关罚金最高或达到 500 万美元。

据悉，与史考特合伙进行内幕交易的是一名叫作布莱恩·肖(Bryan Shaw)的珠宝商，在过去的数年间，史考特向布莱恩透露过各类秘密信息，而布莱恩则在部分毕马威会计师事务所客户发布公开消息前提前进行交易。据《纽约时报》的报道预计，布莱恩已获

得了超过100万美元的非法利润。作为回报,布莱恩会返给对方一些包含现金的包裹,此外他还曾为史考特的妻子送去了价值1.2万美元的劳力士手表以及珠宝。据美国证券交易委员会推测,史考特收到的回馈总价值至少有5万美元。

被称为“经济警察”的审计机构人员,是保证金融市场透明、正常运转的重要组成部分,专注于商业道德问题的在线杂志 *Business Ethics* 评论道,公共会计公司负有的一项道德义务,便是监督其合伙人、员工的那些可能会损害审计独立性的行为,而此次内幕交易丑闻已经对会计行业的声誉构成了伤害。

美国证券交易委员会网站显示,除了此次毕马威会计师事务所的史考特事件,同为四大会计师事务所之一的德勤会计师事务所,在2010年因类似的情况而遭到调查,且德勤会计师事务所前合伙人托马斯·佛拉纳根(Thomas P. Flanagan)最终因内幕交易落得个锒铛入狱的下场。

(来源:《每日经济新闻》,2013年5月30)

6. 良好的职业行为

会员应当遵守相关法律法规,避免发生任何可能损害职业声誉的行为。如果某些法律法规的规定与职业道德守则的相关条款不一致,会员应当注意到这些差异。除非法律法规禁止,会员应当按照较为严格的规定执行。

会员在向公众传递信息以及推介自己和工作时,应当客观、真实、得体,不得损害职业形象。

会员应当诚实、实事求是,不得有下列行为。

(1)夸大宣传提供的服务、拥有的资质或获得的经验。

(2)贬低或无根据地比较他人的工作。

【例题】 A会计师事务所由B会计师事务所与C会计师事务所于2020年初合并成立。A会计师事务所成立后,以“强强联手,服务最优”为主题在多家媒体刊登广告,宣传B会计师事务所与C会计师事务所合并事宜。会计师事务所的做法是否恰当,请说明理由。

答案:不恰当。A会计师事务所“强强联手,服务最优”的宣传语夸大宣传了事务所提供的服务,无根据地比较其他注册会计师的工作,因此违反了良好职业行为的要求。

三、独立性

(一)独立性的含义

独立性是审计职业的灵魂,独立审计的产生与发展都与独立性有着密不可分的关系。那么审计人员究竟应当满足何种要求才能称得上保持了独立性呢?关于这一点,已经有许多学者和机构对此作出阐述。

莫茨与夏拉夫在《审计理论结构》中指出审计的独立性包含两个方面:“一是审计人员在实施过程中事实上的独立,二是审计人员作为一种事业团体在外观上的独立性。”即“实务人员独立性和职业的独立性。”

托马斯·G. 希金斯认为:“注册会计师必须拥有的独立性,实际上有两种,即实质上的独立性和形式上的独立性。”所谓形式上的独立性,又称为“形体”独立性、“外在”独立性、“表面”独立性,指审计人员必须与被审查企业或个人没有任何特殊的利益关系,如不得拥有被审企业股权或担任其高级职务,不能是企业的主要贷款人、资产受托人或与管理当局有亲属关系等,否则,就会影响审计人员公正地执行业务。所谓实质上的独立性,又称为“精神”独立性、“内在”独立性、“事实”独立性,即认为独立性是一种精神状态、一种自信心,以及在判断时不依赖和屈从于外界的压力和影响,它要求审计人员在执业过程中严格保持超然性,不能主观袒护任何一方当事人,尤其不应使自己的结论依附或屈从于持反对意见的利益集团或人士的影响和压力。

国际会计师联合会制定的《职业会计师道德准则》中指出:注册会计师在从事审计任务时,应在实质上和形式上没有任何被认为影响独立、客观、公正的利益,无论这种利益的实际影响会怎样。

独立性,是指不受外来力量控制、支配,按照一定之规则行事。独立性原则通常是对注册会计师而不是非执业会员提出的要求。在执行鉴证业务时,注册会计师必须保持独立性。在市场经济条件下,投资者主要依赖财务报表判断投资风险,在投资机会中作出选择。如果注册会计师不能与客户保持独立性,而是存在经济利益、关联关系,或屈从于外界压力,就很难取信于社会公众。《中国注册会计师职业道德守则》也规定:注册会计师执行审计和审阅业务以及其他鉴证业务时,应当从实质和形式上保持独立性,不得因任何利害关系影响其客观性。会计师事务所在承接审计和审阅业务、其他鉴证业务时,应当从会计师事务所整体层而和具体业务层面采取措施,以保持会计师事务所和项目团队的独立性。

所谓实质上的独立性,是要求注册会计师与委托单位之间必须实实在在地毫无利害关系,本质上是指注册会计师在审计过程中保持的一种公正无偏的态度,一种在履行专业和发表审计意见时不依赖和屈服于外界压力的精神状态。它要求注册会计师在执业过程中严格保持超然的独立性,不能偏袒任何当事人,尤其不应该使自己的结论依附或屈从于持反对意见的利益集团或人士的影响与压力。

所谓形式上的独立性,是对第三者而言的,即注册会计师必须在第三者面前呈现一种独立于委托单位的身份。简言之,就是注册会计师、委托单位、会计信息使用者之间是各自独立的,三者之间是没有任何联系的。如果注册会计师具备了实质上的独立性,而报表使用者却认为他们是客户的辩护人,审计的作用就会大大降低甚至是毫无价值。因此,报表使用者对这种实质上的独立性的信任也很重要。这种信任使得注册会计师必须具备形式上的独立性。具体是审计人员必须与被审计单位没有任何特殊的利益关系,如不得在客户中有直接经济利益、不能是客户的贷款人、不得与客户存在近亲关系等。

实质上的独立性和形式上的独立性是两个不同的概念,但又密不可分。实质上的独立性是无形的,难以测量的;而形式上的独立性是有形的,可以观察的。注册会计师在执业审计时,不仅要保持实质上的独立性,而且要保持形式上的独立性。因为实质上的独立性只有当注册会计师在整个审计过程中真正保持中立时才成立,而形式上的独立性则是社会公众对注册会计师独立性评判的结果。在现实中,即使注册会计师事实上保持了

实质上的独立性，但如果社会公众认为其偏袒了委托人或其他任何一方而有悖于形式上的独立性，则审计结果再正确也是徒劳的，他的服务也是没有价值的。因此，形式上的独立性是实质上的独立性的重要保证，也是社会公众评价注册会计师工作，进而决定对注册会计师信赖与否的标准。

上述的这些观点，基本上都指明了审计人员的独立性包含两个部分内容——实质上的独立性与形式上的独立性。审计人员若在整个审计过程中均能实际保持不偏不倚的态度，则其就具有了实质上的独立性，形式上的独立性则是他人对审计人员独立性的要求。如果他人对审计人员的独立性产生怀疑，那么即使审计人员实质上是独立的，审计职能的大部分价值也将随之丧失。正是因为实质上的独立与否难以衡量，在许多情况下只有通过形式上的独立来体现和保证审计人员的独立性。

小案例

美国纽约袜厂诉讼案

形式上的独立性被提上议事日程是在20世纪20年代后期。1933年，美国颁布《证券法》，美国联邦储备委员会根据此法制定的规则指出："除非有本委员会特别指示，否则会计师和任何与他有直接或间接的利益关系人之间，都被认为是不独立的。"尽管如此，社会各方对形式独立问题的看法依然众说纷纭、莫衷一是。1939年美国的纽约袜厂一案却为有关各方上了实实在在的一课。此案中，袜厂委托一家会计师事务所代理记账和编制报表，同时又委托该事务所进行财务报表审计。该事务所声明，当其审计由自己编制的报表时，并不把报表视为自己编制的，可以在精神上保持高度独立。而事实上，正是该事务所的工作人员利用平时记账的机会捞取钱财，事后又利用审计的机会掩饰其舞弊行为。该事件发生后，引起巨大轰动。此后，美国证券交易委员会（SEC）、美国注册会计师协会（AICPA）等机构和职业团体纷纷对形式独立性问题予以关注，它们在所发布的一系列公告和制定的审计准则中，不断强调形式独立性的重要并将其内容具体化。

（来源：刘春花．审计独立性之我见[J]．财会月刊，2003(13):44－45.）

(二)影响独立性的因素①

可能对独立性产生不利影响的因素包括自身利益、自我评价、过度推介、密切关系和外在压力②。

1. 因自身利益导致的不利影响

因自身利益产生的不利影响，是指由于某项经济利益或其他利益可能不当影响会员的判断或行为，而对职业道德基本原则产生的不利影响。因自身利益产生不利影响的情形主要包括如下方面。

---

① 下面列举的各个因素，并非只影响注册会计师的独立性，也可能影响注册会计师职业道德基本原则里的其他几个方面。文中此处仅从独立性的角度来考虑这些影响因素。

② 这些因素也影响注册会计师职业道德基本原则。

(1)注册会计师在客户中拥有直接经济利益。

(2)会计师事务所的收入过分依赖某一客户。

(3)会计师事务所以较低的报价获得新业务,而该报价过低,可能导致注册会计师难以按照适用的职业准则要求执行业务。

(4)注册会计师与客户之间存在密切的商业关系。

(5)注册会计师能够接触到涉密信息,而该涉密信息可能被用于谋取个人私利。

(6)注册会计师在评价所在会计师事务所以往提供的专业服务时,发现了重大错误。

2. 因自我评价导致的不利影响

因自我评价产生的不利影响,是指审计人员在执行当前业务的过程中,其判断需要依赖其本人(或所在会计师事务所或工作单位的其他人员)以往执行业务时作出的判断或得出的结论,而该审计人员可能不恰当地评价这些以往的判断或结论,从而对职业道德基本原则产生的不利影响。因自我评价产生不利影响的情形主要包括如下方面。

(1)注册会计师在对客户提供财务系统的设计或实施服务后,又对系统的运行有效性出具鉴证报告。

(2)注册会计师为客户编制用于生成有关记录的原始数据,而这些记录是鉴证业务的对象。

3. 因过度推介产生的不利影响

因过度推介产生的不利影响,是指会员倾向客户或工作单位的立场,导致该会员的客观公正原则受到损害而产生的不利影响。因过度推介产生不利影响的情形主要包括如下方面。

(1)注册会计师推介客户的产品、股份或其他利益。

(2)当客户与第三方发生诉讼或纠纷时,注册会计师为该客户辩护。

(3)注册会计师站在客户的立场上影响某项法律法规的制定。

4. 因密切关系产生的不利影响

因密切关系产生的不利影响,是指会员与客户或工作单位存在长期或密切的关系,导致过于偏向他们的利益或过于认可他们的工作,从而对职业道德基本原则产生的不利影响。因密切关系产生不利影响的情形主要包括如下方面。

(1)审计项目团队成员的近亲属担任审计客户的董事或高级管理人员。

(2)鉴证客户的董事、高级管理人员,或所处职位能够对鉴证对象施加重大影响的员工,最近曾担任注册会计师所在会计师事务所的项目合伙人。

(3)审计项目团队成员与审计客户之间存在长期业务关系。

近亲属包括主要近亲属和其他近亲属。主要近亲属是指配偶、父母或子女;其他近亲属是指兄弟姐妹、祖父母、外祖父母、孙子女、外孙子女。

审计项目团队成员是指所有审计项目组成员和会计师事务所中能够直接影响审计业务结果的其他人员,以及网络事务所中能够直接影响审计业务结果的所有人员。

5. 因外在压力产生的不利影响

因外在压力产生的不利影响,是指会员迫于实际存在的或可感知到的压力,导致无

法客观行事而对职业道德基本原则产生的不利影响。因外在压力导致不利影响的情形主要包括如下方面。

(1)注册会计师因对专业事项持有不同意见而受到客户解除业务关系或被会计师事务所解雇的威胁。

(2)由于客户对所沟通的事项更具有专长,注册会计师面临服从该客户判断的压力。

(3)注册会计师被告知,除非其同意审计客户某项不恰当的会计处理,否则计划中的晋升将受到影响。

(4)注册会计师接受了客户赠予的重要礼品,并被威胁将公开其收受礼品的事情。

(三)维护独立性的措施

当识别出损害独立性的因素时,会计师事务所和审计人员应当采取必要的措施以消除影响或将其降至可接受水平。

(1)会计师事务所应当从整体上维护其独立性。

维护独立性的措施主要包括:①会计师事务所的高级管理人员重视独立性,并要求鉴证小组成员保持独立性;②制定有关独立性的政策和程序,包括识别损害独立性的因素、评价损害的严重程度以及采取相应的维护措施;③建立必要的监督及惩戒机制以促使有关政策和程序得到遵循;④及时向所有高级管理人员和员工传达有关政策和程序及其变化;⑤制定能使员工向更高级别人员反映独立性问题的政策和程序。

(2)在承办具体鉴证业务时,会计师事务所应当维护其独立性。

维护独立性的措施主要包括:①安排鉴证小组以外的注册会计师进行复核;②定期轮换项目负责人及签字注册会计师;③与鉴证客户的审计委员会或监事会讨论独立性问题;④向鉴证客户的审计委员会或监事会告知服务性质和收费范围;⑤制定确保鉴证小组成员不代替鉴证客户行使管理决策或承担相应责任的政策和程序;⑥将独立性受到损害的鉴证小组成员调离鉴证小组。

当维护措施不足以消除损害独立性因素的影响或将其降至可接受水平时,会计师事务所应当拒绝承接业务或解除业务约定。

四、审计职业道德的其他重要因素

(一)利益冲突

1. 产生利益冲突的情形

注册会计师不得因利益冲突损害其职业判断。利益冲突通常对客观公正原则产生不利影响,也可能对其他职业道德基本原则产生不利影响。注册会计师为两个或多个存在利益冲突的客户提供专业服务,可能产生不利影响;注册会计师的利益与客户的利益存在冲突,也可能产生不利影响。

举例来说,可能产生利益冲突的情形包括如下方面。

(1)向某一客户提供交易咨询服务,该客户拟收购注册会计师的某一审计客户,而注册会计师已在审计过程中获知了可能与该交易相关的涉密信息。

(2)同时为两家客户提供建议,而这两家客户是收购同一家公司的竞争对手,并且注册会计师的建议可能涉及双方相互竞争的立场。

(3)在同一项交易中同时向买卖双方提供服务。

(4)同时为两方提供某项资产的估值服务,而这两方针对该资产处于对立状态。

(5)针对同一事项同时代表两个客户,而这两个客户正处于法律纠纷中。

(6)针对某项许可证协议,就应收的特许权使用费为许可证授予方出具鉴证报告,并同时向被许可方就应付金额提供建议。

(7)建议客户投资一家企业,而注册会计师的主要近亲属在该企业拥有经济利益。

(8)建议客户买入一项产品或服务,但同时与该产品或服务的潜在卖方订立佣金协议。

2. 识别利益冲突产生的不利影响

承接新的客户、业务或发生商业关系前,注册会计师应当采取合理措施识别可能存在利益冲突,因而对职业道德基本原则产生不利影响的情形。这些措施应当包括识别所涉及的各方之间利益和关系的性质,以及所涉及的服务及其对相关各方的影响。在决定是否承接一项业务之前,以及在业务开展的过程中,实施有效的冲突识别流程可以帮助注册会计师采取合理措施识别可能产生利益冲突的利益和关系。建立有效的冲突识别流程,需要考虑下列因素。

(1)所提供专业服务的性质。

(2)会计师事务所的规模。

(3)客户群的规模和性质。

(4)会计师事务所的组织架构,例如,分支机构的数量和位置分布。

在执行业务的过程中,所提供服务的性质、利益和关系可能发生变化,这些变化可能产生利益冲突,注册会计师应当对此类变化保持警觉。

3. 评价和应对利益冲突产生的不利影响

一般来说,注册会计师提供的专业服务与产生利益冲突的事项之间关系越直接,不利影响的严重程度越有可能超出可接受的水平。

在评价因利益冲突产生的不利影响的严重程度时,注册会计师需要考虑是否存在相关保密措施。当为针对某一特定事项存在利益冲突的双方或多方提供专业服务时,这些保密措施能够防止未经授权而披露涉密信息。这些措施可能包括如下方面。

(1)会计师事务所内部为特殊的职能部门或岗位设置单独的工作空间,作为防止泄露客户涉密信息的屏障。

(2)限制访问客户文档的政策和程序。

(3)会计师事务所合伙人和员工签署的保密协议。

(4)使用物理方式和电子方式对涉密信息采取隔离措施。

(5)专门且明确的培训和沟通。

下列防范措施可能能够应对因利益冲突产生的不利影响。

(1)由不同的项目组分别提供服务,并且这些项目组已被明确要求遵守涉及保密性的政策和程序。

(2)由未参与提供服务或不受利益冲突影响的适当人员复核已执行的工作,以评估

关键判断和结论是否适当。

在应对因利益冲突产生的不利影响时，注册会计师应当根据利益冲突的性质和严重程度，运用职业判断确定是否有必要向客户具体披露利益冲突的情况，并获取客户明确同意其可以承接或继续提供专业服务。在确定是否有必要进行具体披露并获取明确同意时，注册会计师需要考虑下列因素：产生利益冲突的情形、可能受到影响的各方、可能产生的问题的性质、特定事项以不可预期的方式发展的可能性。

在评价和应对因利益冲突产生的不利影响时，注册会计师应当对可能违反保密原则的情况保持警觉，包括在进行披露或在会计师事务所、网络内部分享相关信息以及寻求第三方指导时。

(二)专业服务委托

1. 客户关系和业务的承接与保持

在接受客户关系前，注册会计师应当确定接受客户关系是否对职业道德基本原则产生不利影响。如果注册会计师知悉客户存在某些问题，如涉嫌违反法律法规、缺乏诚信、存在可疑的财务报告问题、存在其他违反职业道德的行为，或者客户的所有者、管理层或其从事的活动存在一些可疑事项，可能对诚信、良好职业行为原则产生不利影响。在评价这些不利影响的严重程度时，注册会计师需要考虑的因素包括如下方面。

(1)对客户及其所有者、管理层、治理层和负责经营活动的人员的了解。

(2)客户对处理可疑事项的保证，如完善公司治理结构或内部控制。

如果项目组不具备或不能获得恰当执行业务所必需的胜任能力，将因自身利益对专业胜任能力和勤勉尽责原则产生不利影响。在评价这些不利影响的严重程度时，注册会计师需要考虑的因素包括如下方面。

(1)注册会计师对客户的业务性质、经营复杂程度、业务具体要求，以及拟执行工作的目的、性质和范围的了解。

(2)注册会计师对相关行业或业务对象的了解。

(3)注册会计师拥有的与相关监管或报告要求有关的经验。

(4)会计师事务所制定了质量管理政策和程序，以合理保证仅承接能够胜任的业务。

下列防范措施可能能够应对因自身利益产生的不利影响。

(1)分派足够的、具有必要胜任能力的项目组成员。

(2)就执行业务的合理时间安排与客户达成一致意见。

(3)在必要时利用专家的工作。

在连续业务中，注册会计师应当定期评价是否继续保持该业务。在承接某项业务之后，注册会计师可能发现对职业道德基本原则的潜在不利影响，注册会计师若在承接之前知悉这种不利影响，将会拒绝承接该项业务。例如，注册会计师可能发现客户实施不当的盈余管理，或者资产负债表中的估值不当，这些事项可能因自身利益对诚信原则产生不利影响。

2. 专业服务委托的变更

当注册会计师遇到下列情况时，应当确定是否有理由拒绝承接该项业务。

(1)潜在客户要求其取代另一注册会计师。

(2)考虑以投标方式接替另一注册会计师执行的业务。

(3)考虑执行某些工作作为对另一注册会计师工作的补充。

如果注册会计师并未知悉所有相关事实就承接业务,可能因自身利益对专业胜任能力和勤勉尽责原则产生不利影响。如果客户要求注册会计师执行某些工作以作为对现任或前任注册会计师工作的补充,拟接任注册会计师可能因自身利益对专业胜任能力和勤勉尽责原则产生不利影响。注册会计师应当评价不利影响的严重程度。

举例来说,下列防范措施可能能够应对上述因自身利益产生的不利影响。

(1)要求现任或前任注册会计师提供其已知的信息,这些信息是指现任或前任注册会计师认为,拟接任注册会计师在作出是否承接业务的决定前需要了解的信息。

(2)从其他渠道获取信息,例如通过向第三方进行询问,或者对客户的高级管理层或治理层实施背景调查。

在与现任或前任注册会计师沟通前,拟接任注册会计师通常需要征得客户同意,最好能够征得客户的书面同意。如果不能与现任或前任注册会计师沟通,拟接任注册会计师应当采取其他适当措施获取与可能产生的不利影响相关的信息。当被要求对拟接任注册会计师的沟通作出答复时,现任或前任注册会计师应当遵守相关法律法规的要求,实事求是、清晰明了地提供相关信息。

现任或前任注册会计师需要遵循保密原则。现任或前任注册会计师是否可以或必须与拟接任注册会计师沟通客户的相关事务,取决于业务的性质、是否征得客户的同意,以及相关法律法规或职业道德规范的有关要求。

(三)应客户要求提供第二意见

注册会计师可能被要求就某实体或以其名义运用相关准则处理特定交易或事项的情况提供第二意见,而这一实体并非注册会计师的现有客户。向非现有客户提供第二意见可能因自身利益或其他原因对职业道德基本原则产生不利影响。例如,如果第二意见不是以前任注册会计师获得的相同事实为基础,或依据的证据不充分,可能对专业胜任能和勤勉尽责原则产生不利影响。

下列防范措施可能能够应对此类因自身利益产生的不利影响。

(1)征得客户同意与现任或前任注册会计师沟通;

(2)在与客户沟通中说明注册会计师发表专业意见的局限性;

(3)向现任或前任注册会计师提供第二意见的副本。

如果要求提供第二意见的实体不允许与现任或前任注册会计师沟通,注册会计师应当决定是否提供第二意见。

(四)收费

1. 收费水平

在专业服务得到良好的计划、监督及管理的前提下,收费通常以每一专业人员适当的小时收费标准或日收费标准为基础计算。

确定收费时应当主要考虑专业服务所需的知识和技能、所需专业人员的水平和经验、各级别专业人员提供服务所需的时间和提供专业服务所需承担的责任。

收费报价水平可能影响注册会计师按照职业准则提供专业服务的能力。如果报价水平过低,可能导致注册会计师难以按照适用的职业准则执行业务,则可能因自身利益对专业胜任能力和勤勉尽责原则产生不利影响。

如果收费报价明显低于前任注册会计师或其他会计师事务所的相应报价,会计师事务所应当确保在提供专业服务时,遵守执业准则和相关职业道德规范的要求,使工作质量不受损害,并使客户了解专业服务的范围和收费基础。

举例来说,应对此类不利影响的防范措施主要包括调整收费水平或业务范围、由适当复核人员复核已执行的工作。

2. 或有收费

除法律法规允许外,注册会计师不得以或有收费方式提供鉴证服务,收费与否或收费多少不得以鉴证工作结果或实现特定目的为条件。尽管某些非鉴证服务可以采用或有收费的形式,或有收费仍然可能对职业道德基本原则产生不利影响,特别是在某些情况下可能因自身利益对客观公正原则产生不利影响。

举例来说,下列防范措施可能能够应对上述因自身利益产生的不利影响。

(1)由未参与提供非鉴证服务的适当复核人员复核注册会计师已执行的工作。

(2)预先就收费的基础与客户达成书面协议。

3. 介绍费或佣金

注册会计师不得收取介绍费或佣金,也不得支付业务介绍费,否则将因自身利益对客观公正、专业胜任能力和勤勉尽责原则产生非常严重的不利影响,导致没有防范措施能够消除不利影响或将其降低至可接受的水平。

(五)利益诱惑(包括礼品和款待)

1. 利益诱惑的含义

利益诱惑是指用以影响其他人员行为的物质、事件或行为,但利益诱惑并不一定具有不当影响人员行为的意图。利益诱惑范围广泛,小到注册会计师和客户之间微不足道的正常交往,大到可能违反法规的行为。

注册会计师提供或接受利益诱惑,可能因自身利益、密切关系或外在压力对职业道德基本原则产生不利影响,尤其可能对诚信、客观公正、良好职业行为原则产生不利影响。

利益诱惑范围广泛,小到正常礼节性的交往,大到可能违反法律法规的行为。利益诱惑可能采取多种形式,例如:礼品,款待,娱乐活动,捐助,意图建立友好关系,工作岗位或其他商业机会,特殊待遇、权利或优先权。

2. 意图不当影响行为的利益诱惑

注册会计师不得提供或接受,或者授意他人提供或接受任何意图不当影响接受方或其他人员行为的利益诱惑,无论这种利益诱惑是存在不当影响行为的意图,还是注册会计师认为理性且掌握充分信息的第三方很可能会视为存在不当影响行为的意图。

在确定是否可能存在不当影响行为的意图时,注册会计师需要运用职业判断。如果注册会计师知悉被提供的利益诱惑存在或被认为存在不当影响行为的意图,即使注册会计师拒绝接受利益诱惑,仍可能对职业道德基本原则产生不利影响。

下列防范措施可能能够应对上述不利影响。

(1)就该利益诱惑的情况告知会计师事务所的高级管理层或客户治理层。

(2)调整或终止与客户之间的业务关系。

如果注册会计师知悉其近亲属提供或接受某项利益诱惑,并认为该利益诱惑存在不当影响注册会计师或客户行为的意图,或者理性且掌握充分信息的第三方很可能会认为存在此类意图,则注册会计师应当建议该近亲属拒绝接受或不得提供此类利益诱惑。

3. 无不当影响行为意图的利益诱惑

即使注册会计师认为某项利益诱惑无不当影响行为的意图,提供或接受此类利益诱惑仍可能对职业道德基本原则产生不利影响。

下列防范措施可能能够消除因提供或接受此类利益诱惑产生的不利影响。

(1)拒绝接受或不提供利益诱惑。

(2)将向客户提供专业服务的责任移交给其他人员,前提是注册会计师没有理由相信该人员在提供专业服务时可能会受到不利影响。

下列防范措施可能能够将提供或接受此类利益诱惑的不利影响降低至可接受的水平。

(1)就提供或接受利益诱惑的事情,与会计师事务所或客户的高级管理层保持信息对称。

(2)在由会计师事务所高级管理层或其他负责会计师事务所职业道德合规性的人员监控的,或者由客户维护的记录中登记该利益诱惑。

(3)针对提供利益诱惑的客户,由未参与提供专业服务的适当复核人员复核注册会计师已执行的工作或作出的决策。

(4)在接受利益诱惑之后将其捐赠给慈善机构,并向会计师事务所高级管理层或提供利益诱惑的人员适当披露该项捐赠。

(5)支付与所接受利益诱惑(如款待)同等价值的价款。

(6)在收到利益诱惑(如礼品)后尽快将其返还给提供者。

(六)保管客户资产

除非法律法规允许或要求,并且满足相关条件,注册会计师不得提供保管客户资金或其他资产的服务。保管客户资产可能因自身利益或其他原因而对客观公正、良好职业行为原则产生不利影响。注册会计师如果保管客户资金或其他资产,应当符合下列要求。

(1)遵守所有与保管资产和履行报告义务相关的法律法规。

(2)将客户资金或其他资产与其个人或会计师事务所的资产分开。

(3)仅按照预定用途使用客户资金或其他资产。

(4)随时准备向相关人员报告资产状况及产生的收入、红利或利得。

在承接某项业务时,对于可能涉及保管客户资金或其他资产,注册会计师应当询问资产的来源,并考虑应履行的相关法定义务。如果客户资金或其他资产来源于非法活动(如洗钱),注册会计师不得提供保管资产服务,并应当运用职业道德概念框架应对此类

违反法律法规行为。

(七)应对违反法律法规行为

违反法律法规行为包括客户、客户的治理层和管理层，以及为客户工作或在客户指令下工作的人员有意或无意作出的与现行法律法规不符的疏漏或违法行为。主要涉及下列方面的法律法规：舞弊、腐败和贿赂；国家安全、洗钱和犯罪所得；证券市场和交易；银行业务、其他金融产品和服务；信息安全；税务、社会保障；环境保护；公共健康与安全。

注册会计师在向客户提供专业服务的过程中，可能遇到、知悉或怀疑客户存在违反法律法规或涉嫌违反法律法规的行为。当注册会计师知悉或怀疑被审计单位存在违反或涉嫌违反法律法规的行为时，可能因自身利益或外在压力对诚信和良好职业行为原则产生不利影响。注册会计师应当运用职业道德概念框架识别、评价和应对此类不利影响。在应对如果注册会计师知悉违反法律法规或涉嫌违反法律法规行为时，注册会计师的目标如下。

(1)遵循诚信和良好职业行为原则。

(2)通过提醒客户的管理层或治理层(如适用)，使用其能够纠正违反法律法规或涉嫌违反法律法规行为或减轻其可能造成的后果，或者阻止尚未发生的违反法律法规行为。

(3)采取有助于维护公众利益的进一步措施。

如果注册会计师知悉客户违反法律法规或有涉嫌违反法律法规行为，应当及时采取行动。为确保及时采取行动，注册会计师应当同时考虑下列事项。

(1)该行为的性质。

(2)该行为可能对客户、投资者、债权人、员工或社会公众利益造成的损害。

(3)在了解和应对客户违反法律法规或涉嫌违反法律法规行为时，注册会计师需要运用专业知识、技能和职业判断。注册会计师可以在遵循保密原则的前提下，向会计师事务所、网络事务所或专业机构的其他人员或者法律顾问进行咨询。如果注册会计师识别出或怀疑存在已经发生或可能发生的违反法律法规行为，应当与适当级别的管理层和治理层沟通，这种沟通也可能能够促使管理层或治理层对该事项展开调查。注册会计师应当根据管理层和治理层的应对，确定是否需要出于维护公众利益的目的而采取进一步行动。注册会计师可以采取的进一步行动包括如下方面。

(1)向适当机构报告该事项，即使法律法规没有要求进行报告。

(2)在法律法规允许的情况下，解除业务约定。

第三节　注册会计师的法律责任

一、注册会计师法律责任概述

当一种职业的“外部性”较大，即与公众的人身、财产安全等密切相关时，就有必要对这种职业在执业过程中所承担的责任在法律中作特别的说明比如:医生、律师等职业[①]。审计职业也是如此,审计法律责任一般由审计人员专业胜任能力不足、自身过失或欺诈引起。但是,随着民间审计职业地位的日渐提高,其所负的法律责任也在不断增长,这在世界各国已成为一种趋势。有时虽然审计人员具有足够的专业胜任能力,执业时也已经勤勉尽责,并无过错或过失,但也会遭受诉讼,造成这种情况的主要原因有:①审计期望差的存在。公众往往以自己对审计的期望来评价审计的质量,而并不考虑审计固有的局限性。②风险转移的偏误,遭受损失的人急于获得补偿而不考虑损失的根本原因,审计人员往往成为人们索赔的对象,即所谓的"深口袋"理论。③审计的"保险理论",审计人员越来越明显地被看作是对会计信息质量的担保人而非独立、客观的审计者和报告者。这些现象在某种程度上,可以认为是由公众对会计责任与审计责任,经营失败、审计失败与审计风险的模糊认知导致的。因此,在探讨审计职业的法律责任之前,首先要对这些重要概念的内涵进行界定。

(一)几个重要概念

在探讨审计法律责任之前,我们首先需要明确以下几个概念:审计责任与会计责任,经营失败、审计失败与审计风险。

1. 会计责任与审计责任

会计报表是由被审计单位管理层编制的,因此其应当对会计报表的合法性、公允性负有首要的责任。《中国注册会计师审计准则第 1101 号——注册会计师的总体目标和审计工作的基本要求》第十九条规定:"财务报表是由被审计单位管理层在治理层的监督下编制的。审计准则不对管理层或治理层设定责任,也不超越法律法规对管理层或治理层责任作出的规定。管理层和治理层(如适用)认可与财务报表相关的责任,是注册会计师执行审计工作的前提,构成注册会计师按照审计准则的规定执行审计工作的基础。财务报表审计并不减轻管理层或治理层的责任。"因此,在被审计单位治理层的监督下,按照适用的会计准则和相关会计制度的规定编制财务报表是被审计单位管理层的责任。

审计责任是指审计人员对委托人应尽的义务。审计责任与审计法律责任具有密切的联系,审计责任不明确就无法断定审计人员的行为是否应当承担法律责任。可以说,审计责任决定了审计法律责任。《中国注册会计师审计准则第 1101 号——注册会计师的总体目标和审计工作的基本要求》第二十条规定:"注册会计师应当按照审计准则的规定,对财务报表整体是否不存在由于舞弊或错误导致的重大错报获取合理保证,以作为发表审计意见的基础。"注册会计师针对财务报表整体发表审计意见,因此没有责任发现对财务报表整体影响并不重大的错报。中国注册会计师审计准则(以下简称"审计准则")要求注册会计师在整个审计过程中运用职业判断和保持职业怀疑,因此,按照审计准则的规定对财务报表发表审计意见是注册会计师的责任。

---

① 古巴比伦王朝的《汉谟拉比法典》中就已经对医生、建筑师、理发师等职业者的法律责任做了明确的规定。例如,第 218 条:"倘医生以青铜刀为自由民施行严重的手术而致此自由民于死或以青铜刀割自由民之眼疮而损毁自由民之眼则彼应断指。"第 229 条:"倘建筑师为自由民建屋而工程不固结果其所建房屋倒毁房主因而致死则此建筑师应处死。"这也许是职业法律责任的最早文字规定了。

审计责任是不断发展的。在审计发展史上，审计责任经历了以查错揭弊为主、以验证企业财务状况和偿债能力为主、以验证会计报表公允性为主的几个阶段。自20世纪70年代以来，审计责任演变为以验证会计报表公允性为主，同时又要揭露重大错误与舞弊。

2. 经营失败、审计失败与审计风险

经营失败，是指企业自身由于经济或经营条件的变化，如经济衰退、不当的管理决策或出现意料之外的行业竞争等，而无法满足投资者的预期。经营失败的极端情况是企业破产。企业在经营失败时，由于公众对会计责任和审计责任的模糊认识，没有弄清经营失败和审计失败之间的差别，也可能会使审计人员也卷入诉讼。

审计失败则是指审计人员由于没有遵守审计准则的要求而发表了错误的审计意见。在这种情况下，审计人员对会计信息使用者由于错误的审计意见造成的经济损失是难辞其咎的。例如，审计人员没有执行必要的审计程序，未能发现应当发现的财务报表中存在的重大错报等。

审计风险是指财务报表中存在重大错报，而审计人员没有觉察到，因而发表不恰当审计意见的可能性。审计过程中有着一些固有的限制，例如，取证的难度、审计费用等。这些都限制了审计人员发现重大错报的能力，审计人员无法对会计报告整体不存在重大错报获取绝对保证。特别是当企业精心策划和掩盖舞弊行为，审计人员尽管完全按照审计准则执业，可能仍然不能觉察到其中的重大舞弊行为。

在绝大多数情况下，当审计人员未能发现重大错报并出具了错误的审计意见时，就可能产生审计人员是否恪守应有的职业谨慎的法律问题。如果审计人员在审计过程中没有尽到应有的职业谨慎，就属于审计失败。在这种情况下，法律通常允许因审计人员未尽到应有的职业谨慎而遭受损失的各方，获得由审计失败导致的部分或全部损失的补偿。审计人员通常因此而承担审计法律责任。

（二）审计职业法律责任概览

迄今为止，在各国审计职业法律规范中，美国的审计职业法律规范最为成熟，因此，这里主要以美国为例。美国审计职业的法律责任主要源自习惯法和成文法。所谓习惯法，指不是通过立法而是通过法院判例引申而成的各项法律；所谓成文法，则是由联邦或州立法机构以文字形式制定的法律。在运用习惯法的案件中，法院甚至可以不按以往的判例而另行创立新的法律先例；但在成文法的案件中，法院只能按照有关法律的字面进行精确解释。

1. 习惯法下审计人员对于客户的责任

审计人员只要接受委托执行业务，就负有恪尽专业职守、保持认真与谨慎的义务。这一点不论是否已在与委托单位鉴定的合同（即业务约定书）中写明，都是一定存在的。因此，在习惯法下，如果审计人员的过失（即使是普通过失）给委托单位造成了经济损失，审计人员对于委托单位就负有法律责任。对于委托单位的责任最常发生的案例，就是未能查出委托单位人员盗用公款之类的舞弊事件。遭受损失的委托单位往往指控审计人员具有过失，从而向法院提起要求审计人员赔偿的诉讼。

一旦委托单位对审计人员提起诉讼，在习惯法下，委托单位就负有举证责任，即必须向法院证明其已受到损失，以及这种损失是由审计人员的过失造成的。

作为被告的审计人员在受到指控时，可用以下几种理由或几种理由之一进行抗辩：①审计人员本身并无过失，即他执业时严格遵循了执业准则的要求，保持了职业上应有的认真与谨慎；②审计人员虽有过失，但这种过失并不是委托单位受到损失的直接原因；③委托单位涉及共同过失。所谓共同过失，是指原告受到的损失是由于他本身同样具有过失，比如审计人员未能查出委托单位的现金短缺而具有过失，但委托单位由于没有设置适当的现金内部控制制度就具有共同过失。共同过失的抗辩实际上也是表示审计人员的过失并非委托单位受损的直接原因的一种方式。这种抗辩在美国视司法管辖区域而定，在某些州或许减少甚至全部免除审计人员的责任。

2. 习惯法下审计职业对第三者的责任

法庭宣判被告对第三者违反习惯法，一般是认为被告对第三者存在侵权行为，而且原告由于没有如实告知事实真相而遭受了损失。在审计和会计服务领域，不如实告知事实真相通常是和财务报表、会计凭证以及审计报告等信息不真实、不公允相联系的。判断审计人员的行为是否构成了普通过失、严重过失或欺诈，应当根据案件的实际背景和环境而定，即使审计人员只是无辜地被卷入案件中，但由于他们有义务发现被歪曲的事实真相，他们仍可能要因此承担一定的法律责任。

(1)审计人员对受益第三者的责任。受益第三者这个法律概念，主要是指合同(业务约定书)中所指明的人，但此人既非要约人，又非承诺人。例如，审计人员被审计单位委托他对财务报表进行审计的目的是获取某家银行的贷款，那么这家银行就是受益第三者。

委托单位之所以能够取得归因于审计人员普通过失的损害赔偿的权利，源于习惯法下有关合同的判例。受益第三者同样具有委托单位和会计师事务所所签订合同中的权利，因而也享有同等的追索权。也就是说，如果审计人员的过失(包括普通过失)给依赖审定财务报表(经审计人员审计过的财务报表)的受益第三者造成了损失，受益第三者也可以指控审计人员具有过失而向法院提起诉讼，追回遭受的损失。

(2)审计人员对于其他第三者的责任。委托单位和受益第三者对审计人员的过失具有损害赔偿的追索权，因为他们具有和会计师事务所所签订合同中的各项权利。那么其他依赖审定财务报表却无合同中特定权利的许多第三者是否也有追索权呢？也就是说，审计人员对于其他第三者是否也有责任呢？这在习惯法下和成文法下有些不同，首先看一下习惯法下审计人员的责任。

1931年美国“厄特马斯公司诉道奇和尼文会计师事务所”案是关于审计人员对于第三者责任的一个划时代的案例，它确立了“厄特马斯主义”的传统做法。在这个案件中，被告道奇会计师事务所对一家经营橡胶进口和销售的公司进行审计并出具了无保留意见的审计报告，但其后不久这家公司宣告破产。厄特马斯公司是这家公司的应收账款代理商(企业将应收账款直接卖给代理商以期迅速获得现金)，根据审计人员的审计意见曾给予它几次贷款。厄特马斯公司以未能查出应收账款中有70万美元系欺诈为由，指控会计师事务所具有过失。纽约上诉法庭(即纽约州最高法院)的判定意见是犯有普通过失的审计人员不对未曾指明的第三者负责；但同时法庭认为，如果审计人员犯有重大过

失或欺诈行为，则应当对未指明的第三者负责。

可见，审计人员对于未指明的第三者是否负有责任，“厄特马斯主义”的关键在于过失程度的大小。普通过失不负责任，而重大过失和欺诈则应负责任。

小案例

1924 年 3 月，S 公司向厄特马斯公司申请一笔 10 万美元的贷款。厄特马斯公司要求 S 公司出具经过审计的资产负债表。几个月前，S 公司聘请了著名的道奇和尼文会计师事务所对该公司 1923 年度财务报表进行了审计，会计师出具了无保留意见的审计报告，并应 S 公司的要求，向它提供了 32 份联号的审计报告副本。

经审计的财务报表显示，S 公司的总资产已经超过了 250 万美元，净资产近 100 万美元。实际上，S 公司在 1923 年底已经处于资不抵债的状态，但是在审计过程中，S 公司通过在审计行将结束时假装遗漏了一些业务而补计大额虚构销售收入的手法，蒙混过审计人员，造成资产与收入高估。S 公司如愿获得了贷款，但是几个月后，该公司宣告破产，厄特马斯公司贷款均未能收回，遂起诉道奇和尼文会计师事务所，指控其在审计中有过失及欺诈行为。

一审法院驳回了对道奇会计师事务所欺诈的指控，认定会计师有过失，但无须承担责任。二审法院维持了一审关于欺诈的判决，但要求会计师就过失而承担责任。著名的卡多佐法官对案件进行再审。

判决：(1) 故意或重大过失，会计师对任何第三方受害人承担责任。

(2) 如果只是过失，会计师不对未知的第三人承担责任。

但是自 20 世纪 80 年代以来，许多法院扩大了“厄特马斯主义”的含义，判定具有普通过失的审计人员对可以合理预测的第三者负有责任。在 1983 年“罗森布鲁姆诉阿德勒”案中，法官认为审计人员对依赖其审计意见的任何人负有道义上的责任，并通过判决，使习惯法基础上审计人员应承担的过失责任扩大到了可预见的各个方面。所谓可以合理预测的第三者是指审计人员在正常情况下可以预见将依赖财务报表的人，例如资产负债表日有大额未归还的银行贷款，那么银行就是可以合理预测的第三者。在美国，目前关于习惯法下审计人员对第三者的责任仍然处于不确定状态。一些司法权威仍然承认“厄特马斯主义”的优先地位，认为审计人员仅因重大过失和欺诈对第三者负有责任；但同时而也有些州的法庭坚持认为，具有普通过失的审计人员对可以合理预期的第三者也有责任。

现代各国法律对侵权行为人民事责任的归责原则各有不同，即便在我国国内对侵权责任归责原则也有着多种观点。目前国内的通说观点是分为：过错责任原则、过错推定原则、无过错责任原则。其中过错责任原则是以过错作为价值判断标准，判断加害人对其造成的损害应否承担侵权责任的归责原则，即“无过失即无责任”的原则。过错推定原则是指从损害事实的本身推定加害人有过错，若加害人不能证明自己在损害的发生中没有过错就应当承担赔偿责任。从本质上来说，过错推定原则也是一种过错责任原则，只是两种原则的举证责任有所不同。侵权责任的构成应具备损害事实、违法行为、因果关系和主观过错这四个要件。一般的过错责任原则由受害人承担证明损害事实、违法行为、因果关系和主观过错的举证责任，而过错推定原则则实行举证责任倒置，受害人在证明损害事实、违法行为和因果关系三个要件的情况下不承担对加害人有过错的举证责任，而是由加害人承担举证责任证明自己无过错。无过错责任原则是指不论加害人有无过错，都应对损害后果承担民事责任的归责原则。在一般的过错责任原则下，原告要证明被告有过错不是一件容易的事情；在过错推定原则下，被告想证明自己没有过错则更不是一件容易的事情。而在无过错责任原则下，被告需要证明损害是由受害人的过错导致，难度可想而知。由此我们可以看出，使用过错推定原则与无过错责任原则的意义，在于加重行为人的责任，使受害人的损害赔偿请求权更容易实现，受到损害的权利能及时得到救济。证券市场虚假陈述案件中，受侵害的投资者相对上市公司来说处于弱势。由于会计信息的保密以及成本方面的限制，投资者要证明上市公司的在会计信息的虚假陈述中有过错非常困难，因此在会计信息产品侵权中，应当实行举证责任倒置，采用过错推定原则或无过错责任原则来保护投资者的利益。

在会计信息的民事责任中，企业的管理当局与审计人员所承担的侵权责任在本质上是不同的，因为两者在会计信息的产生过程中发挥的作用并不相同。在会计信息的产生过程中，企业扮演着信息生产者的角色，会计信息可以看成是企业会计信息系统生产出的产品，应当承担“产品侵权责任”。而审计人员的职责是利用其专业知识和技能为企业的会计信息质量作出鉴证服务，并不是一种生产者的角色，应当承担“专家责任”。对于产品侵权责任的归责原则，目前国际通行采用的是无过错责任原则，我国国内亦是如此。而对于专家责任的归责原则，由于其职业的高度专业化，并且其行为本身即有着固有的风险性，只能做到合理地规避风险，国际上一般都采用过错推定原则。注册会计师侵权责任的判定一般也采用过错推定的原则，如美国《1934 年证券交易法》第 11 条，日本《证券交易法》第 21 条。

3. 成文法下审计人员对于第三者的责任

与习惯法一样，成文法在审计人员执业过程中占有重要的地位。对审计人员职业产生影响的成文法包括《联邦邮件欺诈法》《股票买卖控制法》以及后来发布的《贪污欺诈损害组织法案》。影响审计人员执业行为的两项最重要的成文法是美国《1933 年证券法》和美国《1934 年证券交易法》，以及 1970 年《贪污欺诈损害组织法案》、1995 年《非公开交易证券诉讼法改革法案》和《2002 年萨班斯-奥克斯利法案》。

(1)美国《1933 年证券法》。在某种意义上，《1933 年证券法》被认为是一项主要规范信息披露的法案。具体而言，该法案的出发点是为新发行证券的潜在购买者提供信息，从而使购买者可以据以作出投资决策。

《1933 年证券法》规定：凡是公开发行证券（包括股票和债券）的公司，必须向证券交易委员会呈送登记表，其中包括由审计人员审计过的财务报表。如果登记表中有重大的误述或遗漏事项，那么呈送登记表的公司及其审计人员对于证券的原始购买人负有责任，审计人员仅对登记表中经他审核和报告的误述或遗漏负责。

《1933 年证券法》对审计人员的要求颇为严格，表现为：①只要审计人员具有普通过失，就对第三者负有责任；②将不少举证责任由有原告转往被告，原告（证券购买人）仅须证明它遭受了损失以及登记表是令人误解的，而不须证明他依赖了登记表或审计人员具

有过失,这方面的举证责任转往被告(审计人员)。但是,《1933 年证券法》将有追索权的第三者限定在一组有限的投资人——证券的原始购买人。

在《1933 年证券法》里,审计人员如欲避免承担原告损失的责任,他必须向法院证明:他本身并无过失或他的过失并非原告受损的直接原因。因此,《1933 年证券法》建立了审计人员责任的最高水准,审计人员不但应当对他的普通过失行为造成的损害负责,而且必须证明他的无辜,而非单单反驳原告的非难或指控。

(2)美国《1934 年证券交易法》。与《1933 年证券法》相比,首先,《1933 年证券法》仅适用于新发行证券的购买者,而《1934 年证券交易法》既适用于已发行证券的买者,又适用于已发行证券的卖者,其次,从对证据的要求看,《1934 年证券交易法》的第 18(a)部分要求原告举证的证据,多于《1933 年证券法》第 11 部分的要求。

《1934 年证券交易法》规定:每个在证券交易委员会管辖下的公开发行公司(具有 100 万美元以上的总资产和 500 位以上的股东),均须向证券交易委员会呈送经审计人员审计过的年度财务报表。如果这些年度财务报表令人误解,呈送公司和它的审计人员对于买卖公司证券的任何人负有责任,除非被告能证明他本身行为出于善意,且并不知道财务报表是虚伪不实或令人误解的。

与《1933 年证券法》相比,《1934 年证券交易法》涉及的财务报表和投资者数目要多。《1933 年证券法》将审计人员的责任限定在登记表中的财务报表和那些原始购买公司证券的投资者,但在《1934 年证券交易法》中,审计人员要对上市公司每年的年度财务报表和买卖公司证券的任何人负责。

不过,《1934 年证券交易法》对审计人员的责任有所减轻。由于《1934 年证券交易法》规定"除非被告能证明他本身行为出于善意,且并不知道财务报表是虚伪不实或令人误解的"。这就将审计人员的责任限定在重大过失或欺诈行为,而《1933 年证券法》则涉及审计人员的普通过失。

《1934 年证券交易法》将大部分的举证责任也转往被告。但与《1933 年证券法》不同的是,原告应当向法院证明他依赖了令人误解的财务报表,也就是说要证明这是他受损的直接原因。另外,《1933 年证券法》要求审计人员证明他并无过失,而《1934 年证券交易法》比较宽大,只要求审计人员证明他的行为"出于善意"(即无重大过失和欺诈)就可以了。

(3)1995 年《非公开交易证券诉讼改革法案》。1995 年 12 月美国国会通过了 1995 年《美国非公开交易证券诉讼改革法案》,这反映了商业企业和专业团体多年来不遗余力为之奋斗的目标终于初露曙光。原告律师滥用诉讼体系的做法终于被注意,并受到限制。

法案较为重要的内容如下:①连带责任(指任一被告都有承担全部损失赔偿的责任)被修改后的比例责任(指每一被告仅仅赔偿由于他的过错而造成的损失)所代替;②对原告诉讼律师的申诉规定了更加严格的标准,从而减少了对执业行为吹毛求疵的可能性,有效地控制了利用专业原告进行诉讼的行为;③"安全港"条款开始施行,根据此条款,以诚实、公正的态度出具的预测报告,在联邦证券法下,不必承担相应的责任;④证券欺诈行为不再被认为是《贪污欺诈损害组织法案》中的"本质行为",从而使原告不能在证券诉讼法案中任意提出高额损失赔偿。

(4)1970 年《贪污欺诈损害组织法案》。1970 年《贪污欺诈损害组织法案》是美国国会 1970 年通过的,这是防止有组织犯罪的一个有力武器。如同谋杀、纵火、贿赂等罪名一样,该法案试图细化和特别制定出确切的欺诈罪名,例如邮件欺诈罪和证券交易欺诈罪等。很明显,符合“诈骗模式”的行为都是非法的,而“诈骗模式”被界定为在 10 年内进行了两种或两种以上的违法行为。

该法案第三条对于审计人员和其他被指控的人影响较大:①允许公民提出民事诉讼;②原告方只要举出诉讼证据的优势(而不是刑事诉讼案所要求“超出合理怀疑”的举据标准),即可证明他们诉讼要求的合理性;③在诉讼中获胜的原告可获得 3 倍的赔偿。

(5)《2002 年公众公司会计改革和投资者保护法案》。针对安然、世通等财务欺诈事件,美国国会出台了《2002 年公众公司会计改革和投资者保护法案》。该法案由美国众议院金融服务委员会主席奥克斯利和参议院银行委员会主席萨班斯联合提出,又被称作《2002 年萨班斯-奥克斯利法案》(简称萨班斯法案)。法案对美国《1933 年证券法》《1934 年证券交易法》作了不少修订,在会计职业监管、公司治理、证券市场监管等方面作出了许多新的规定。

其中与审计人员相关的内容主要包括:①成立独立的公众公司会计监察委员会,监管执行公众公司审计职业;②加强审计人员的独立性;③加大公司的财务报告责任;④要求强化财务披露义务;⑤加重违法行为的处罚措施。

二、审计职业法律责任的认定与制裁

(一)审计职业法律责任的认定

1. 违约

所谓违约,是指合同的一方或几方未能达到合同条款的要求。当违约给他人造成损失时,审计人员应负担违约责任。比如,会计师事务所在商定的时期内,未能提交纳税申报表,或违反了与被审计单位订立的保密协议等。

2. 过失

所谓过失,是指在一定条件下,缺少应具有的合理的谨慎。评价审计人员的过失,是以其他合格审计人员在相同条件下可做到的谨慎为标准的。当过失给他人造成损害时,审计人员应负过失责任。通常将过失按其程度不同分为普通过失和重大过失两种。

(1)普通过失。普通过失(也有的称“一般过失”)通常是指没有保持职业上应有的合理的谨慎。对审计人员则是指没有完全遵循专业准则的要求。比如,未按特定审计项目取得必要和充分的审计证据就出具审计报告的情况,可视为一般过失。

(2)重大过失。重大过失是指连起码的职业谨慎都不保持,对业务或事务不加考虑,满不在乎;对审计人员而言,则是指根本没有遵循专业准则或没有按专业准则的基本要求执行审计。

另外,还有一种过失叫“共同过失”,即对他人过失,受害方自己未能保持合理的谨慎,因而蒙受损失。比如,被审计单位未能向审计人员提供编制纳税申报表所必要的信息,反而又控告审计人员未能妥当地编制纳税申报表,这种情况可能使法院判定被审计单位有共同过失。再如,在审计中未能发现现金等资产短少时,被审计单位可以过失为

由控告审计人员,而审计人员又可以说现金等问题是由缺乏适当的内部控制造成的,并以此为由反击被审计单位的诉讼。

3. 欺诈

欺诈又称舞弊,是以欺骗或坑害他人为目的的一种故意的错误行为。作案具有不良动机是欺诈的重要特征,也是欺诈与普通过失和重大过失的主要区别之一。对于审计人员而言,欺诈就是为了达到欺骗他人的目的,明知委托单位的财务报表有重大错报,却加以虚伪陈述,出具无保留意见的审计报告。

与欺诈相关的另一个概念是"推定欺诈",又称"涉嫌欺诈",是指虽无故意欺诈或坑害他人的动机,却存在极端或异常的过失。推定欺诈和重大过失这两个概念的界限往往很难界定,在美国许多法院曾经将审计人员的重大过失解释为推定欺诈,特别是近年来有些法院放宽了"欺诈"一词的范围,使得推定欺诈在法律上成为等效的概念。这样,具有重大过失的审计人员的法律责任就进一步加大了。

4. 没有过失、普通过失、重大过失和欺诈的界定

审计人员过失程度的大小没有特别严格的界定,在实务中也往往很难界定。前面提到了它们之间的主要区别,具体到每一个案例则由法院根据具体情况给予解释。图 2-3 或许有助于理解在什么条件下审计人员可能会判定没有过失、普通过失、重大过失或欺诈。

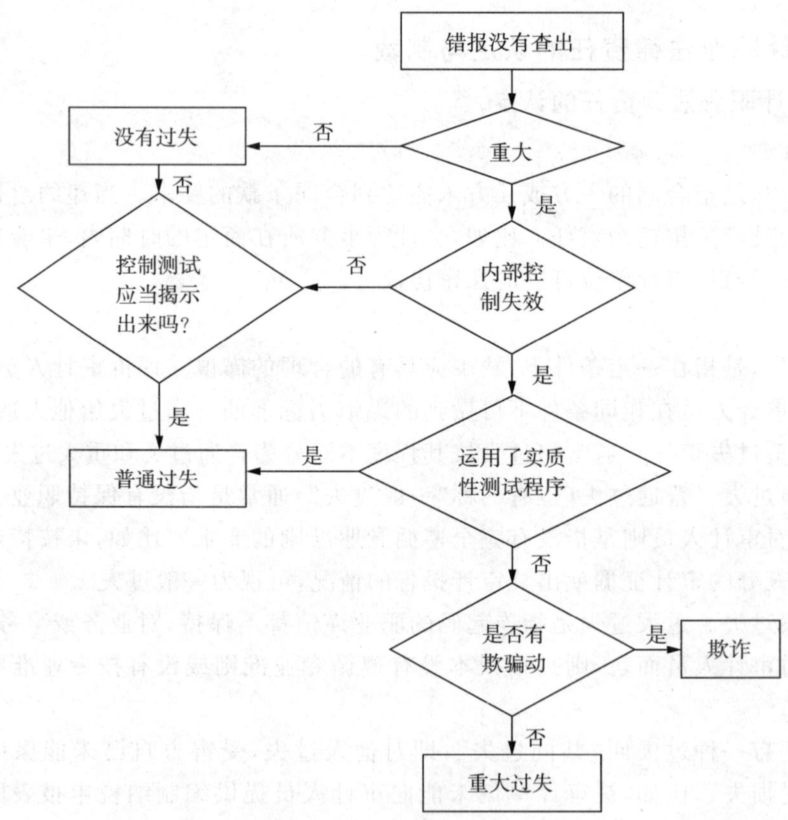

图 2-3 审计法律责任判定

(二)审计职业法律责任的制裁

就我国法律规范体系来看,审计职业法律责任主要有三种形式:行政责任、刑事责任和民事责任。我国现行法律涉及会计师法律责任的法律主要有:《中华人民共和国注册会计师法》《中华人民共和国证券法》《中华人民共和国公司法》《中华人民共和国刑法》《全国人民代表大会常务委员会关于惩治违反公司法的犯罪的决定》以及最高人民法院的三个复函和《股票发行与交易管理暂行条例》等。其中大部分法律只涉及了审计人员的行政责任和刑事责任,并没有规定其民事责任,涉及审计民事责任的法律主要为《中华人民共和国证券法》和《中华人民共和国注册会计师法》。行政责任包括行政处分与行政处罚,前者是国家工作人员违反行政法律规范所应承担的一种行政法律责任,后者是指特定的行政主体(如财政部门)基于一般行政管理职权,对违反行政法上的强制性义务或者扰乱行政管理秩序的人所实施的一种行政制裁措施。在《中华人民共和国会计法》领域,行政处罚包括警告、罚款、吊销会计专业人员资格证书等处罚形式;刑事责任一般只适用于严重危害公共安全和社会秩序的犯罪行为,长期以来,会计刑事责任只适用于会计人员伪造或者毁损会计资料以进行偷逃税款或者贪污、挪用犯罪,给公私财产造成重大损失的情形;证券市场的会计民事赔偿在国外,特别是英美法国家受到了普遍的重视,但在我国可以说是刚刚才起步。证券立法保护的重点始终是投资者的权利,但如果投资者在证券市场由于遭受欺诈而造成的损失不能得到实际的赔偿,那么再多的行政责任、刑事责任也不能维护投资者的利益、不能维持证券市场的繁荣、稳定。因此,我国立法应当进一步强化会计法律责任中的民事责任,使遭受损失的投资者能够得到真实、有效的救济。

1. 行政责任和刑事责任

(1)《中华人民共和国注册会计师法》的规定。《中华人民共和国注册会计师法》第三十九条规定:"会计师事务所违反本法第二十条、第二十一条规定的,由省级以上人民政府财政部门给予警告,没收违法所得,可以并处违法所得一倍以上五倍以下的罚款;情节严重的,并可以由省级以上人民政府财政部门暂停其经营业务或者予以撤销。注册会计师违反本法第二十条、第二十一条规定的,由省级以上人民政府财政部门给予警告;情节严重的,可以由省级以上人民政府财政部门暂停其执行业务或者吊销注册会计师证书。会计师事务所、注册会计师违反本法第二十条、第二十一条的规定,故意出具虚假的审计报告、验资报告,构成犯罪的,依法追究刑事责任。"

(2)《中华人民共和国证券法》的规定。《中华人民共和国证券法》第一百八十八条规定:"证券服务机构及其从业人员,违反本法第四十二条的规定买卖证券的,责令依法处理非法持有的证券,没收违法所得,并处以买卖证券等值以下的罚款。"

《中华人民共和国证券法》第二百一十三条规定:"证券服务机构违反本法第一百六十三条的规定,未勤勉尽责,所制作、出具的文件有虚假记载、误导性陈述或者重大遗漏的,责令改正,没收业务收入,并处以业务收入一倍以上十倍以下的罚款,没有业务收入或者业务收入不足五十万元的,处以五十万元以上五百万元以下的罚款;情节严重的,并处暂停或者禁止从事证券服务业务。对直接负责的主管人员和其他直接责任人员给予警告,并处以二十万元以上二百万元以下的罚款。"

《中华人民共和国证券法》第二百一十四条规定:“发行人、证券登记结算机构、证券公司、证券服务机构未按照规定保存有关文件和资料的,责令改正,给予警告,并处以十万元以上一百万元以下的罚款;泄露、隐匿、伪造、篡改或者毁损有关文件和资料的,给予警告,并处以二十万元以上二百万元以下的罚款;情节严重的,处以五十万元以上五百万元以下的罚款,并处暂停、撤销相关业务许可或者禁止从事相关业务。对直接负责的主管人员和其他直接责任人员给予警告,并处以十万元以上一百万元以下的罚款。”

《中华人民共和国证券法》第二百一十九条规定:“违反本法规定,构成犯罪的,依法追究刑事责任。”

(3)《中华人民共和国公司法》的规定。《中华人民共和国公司法》第二百零八条规定:“承担资产评估、验资或者验证的机构提供虚假材料的,由公司登记机关没收违法所得,处以违法所得一倍以上五倍以下的罚款,并可以由有关主管部门依法责令该机构停业、吊销直接责任人员的资格证书,吊销营业执照。

承担资产评估、验资或者验证的机构因过失提供有重大遗漏的报告的,由公司登记机关责令改正,情节较重的,处以所得收入一倍以上五倍以下的罚款,并可以由有关主管部门依法责令该机构停业、吊销直接责任人员的资格证书,吊销营业执照。”

《中华人民共和国公司法》第二百一十六条规定:“违反本法规定,构成犯罪的,依法追究刑事责任。”

(4)《中华人民共和国刑法》的规定。《中华人民共和国刑法》第二百二十九条规定:“承担资产评估、验资、验证、会计、审计、法律服务职责的中介组织的人员故意提供虚假证明文件,情节严重的,处五年以下有期徒刑或者拘役,并处罚金。”情节特别严重的,处五年以上十年以下有期徒刑,并处罚金。

2. 民事责任

(1)《中华人民共和国注册会计师法》的规定。2019 年修订的《中华人民共和国注册会计师法》在第六章“法律责任”中规定了注册会计师行政、刑事和民事责任。其中关于民事责任的条款是第四十二条“会计师事务所违反本法规定,给委托人、其他利害关系人造成损失的,应当依法承担赔偿责任。”

(2)《中华人民共和国证券法》的规定。2019 年 12 月 28 日修订的《中华人民共和国证券法》第一百六十三条规定:“证券服务机构为证券的发行、上市、交易等证券业务活动制作、出具审计报告及其他鉴证报告、资产评估报告、财务顾问报告、资信评级报告或者法律意见书等文件,应当勤勉尽责,对所依据的文件资料内容的真实性、准确性、完整性进行核查和验证。其制作、出具的文件有虚假记载、误导性陈述或者重大遗漏,给他人造成损失的,应当与委托人承担连带赔偿责任,但是能够证明自己没有过错的除外。”

(3)《中华人民共和国公司法》的规定。2018 年 10 月 26 日修订的《中华人民共和国公司法》第二百零七条规定:“承担资产评估、验资或者验证的机构因其出具的评估结果、验资或者验证证明不实,给公司债权人造成损失的,除能够证明自己没有过错的外,在其评估或者证明不实的金额范围内承担赔偿责任。”

目前，虽然我国会计侵权民事赔偿机制有了很大的进展，如采用特别代表人诉讼制度[①]。2019 年新修订的《中华人民共和国证券法》一大亮点就是新设专章规定了投资者保护制度，其中第三款借鉴美国集团诉讼制度，采取“默示加入、明示退出”的模式，但不同于美国的是，我国的特别代表人诉讼制度中代表人仅为投资者保护机构。美国的集团诉讼是被各国在证券欺诈案件中所普遍采用的一种办法，其主要原因就是由于普通投资者与上市公司之间本来就力量悬殊，因此需要在诉讼制度上予以调整，否则很难对上市公司的行为形成有效的制约。对比之下，我国特别代表人诉讼制度借鉴美国集团诉讼，但美国集团诉讼以律师为核心，由律师作为代理人召集受害的投资者来提起诉讼。为促使集团律师有更高的工作热情和积极性，美国设立了胜诉酬金制度。即诉讼前期的费用均由代理律师承担，如果案件最终胜诉或和解，代理律师在扣除应付诉讼费用的损害赔偿金额中，可抽取一定比例作为代理的酬金，如果败诉，投资者不用承担任何费用。这能够大幅减少个人投资者的诉讼成本，降低投资者参与诉讼的门槛，在很大程度上平衡了证券侵权行为人和遭受损失的投资者之间巨大的实力差距。但代理律师的酬金高达损害赔偿的 30%左右，高额的金钱诱惑使大量律师为了自身的利益鼓动诉讼或滥用诉权，事实上这种情况在美国司法实践也十分常见。而我国特别代表人诉讼制度以投资者保护机构为代表人，具有公益属性，能最大限度地代表投资者的利益，也不存在被高额酬金诱惑的风险，可以有效防止滥诉行为的发生。2021 年 4 月 8 日，中国证监会直接管理的证券金融类公益机构——中证中小投资者服务中心(下称“投服中心”)接受了黄梅香等 56 名权利人的特别授权，向广州中院申请作为代表人参加诉讼。康美药业股份有限公司(下称“康美药业”)集体诉讼案提上日程。

虽然有了很大的进展，但仍有需完善的地方，如仍对此类案件设置了数条提起诉讼前置条件：中国证券监督管理委员会或其派出机构作出处罚决定；中华人民共和国财政部、其他行政机关以及有权作出行政处罚的机构作出处罚决定；虚假陈述行为人被人民法院认定有罪的刑事判决。这仍然是“重刑轻民”思想的一种体现，限制了公民、法人的诉权，对于未经前置程序或前置程序拖沓未决的案件，侵权行为人有足够的时间转移、隐匿、挥霍其不法所得，投资者的合法权益难以得到法律保护。

三、审计职业法律责任的规避

审计职业性质决定了它是一个容易遭受法律诉讼的行业。因此，法律诉讼一直是困扰西方国家会计师职业界的一大难题，会计师行业每年不得不为此而付出大量的精力，支付巨额的赔偿金和购买高昂的执业保险。近几年来，我国注册会计师行业发生了一系列震惊整个行业乃至全社会的案件。有关会计师事务所均因出具虚假报告造成严重后果而被撤销、没收财产或取消特许业务资格，有关注册会计师也被吊销资格，有的被追究刑事责任。特别是“琼民源”“银广夏”“黎明股份”“G 外高桥案件”等事件的曝光，更是使审计职业法律责任受到了普遍关注。

① 张慧儿. 证券特别代表人诉讼制度浅析[J]. 福建质量管理，2020(18)：213 - 214.

(一)审计人员减少过失和防止欺诈的措施

面对审计人员法律责任的扩展和被控诉案件的急剧增加，整个审计职业界都在积极研究如何避免法律诉讼。这对于提高审计人员审计工作质量，增强发现重大错报与舞弊的能力都有较大的帮助。

审计人员要避免法律诉讼，就必须在执行审计业务时尽量减少过失行为，防止欺诈行为，而要尽可能不发生过失或防止欺诈，审计人员就应当达到以下基本要求。

1. 增强执业独立性

前面我们强调，独立性是独立审计的生命。在实际工作中，绝大多数审计人员能够始终如一地遵循独立原则；但也有少数审计人员忽视独立性，甚至接受可能是错误的陈述，并帮助被审计单位掩饰舞弊。

2. 保持执业谨慎

在所有审计人员的审计过失中，最主要的缺乏认真而谨慎的职业态度引起的。在执行审计业务过程中，未严格遵守审计准则，不执行适当的审计程序，对有关被审计单位的问题未保持应有的职业谨慎，或为节省时间而缩小审计范围和简化审计程序，都会导致财务报表中的重大错报不被发现。

3. 强化执业监督

许多审计中的差错是审计人员失察或未能对助理人员或其他人员进行切实的监督而导致的。对于业务复杂且重大的委托单位来说，其审计是由多个审计人员及许多助理人员共同配合来完成的。如果他们的分工存在重叠或间歇，又缺乏严密的执业监督，发生过失是不可避免的。

(二)审计人员避免法律诉讼的具体措施

审计人员避免法律诉讼的具体措施，可以概括为以下几点。

1. 严格遵循职业道德和专业标准的要求

正如前文所充分论述的，不能苛求审计人员对于会计报表中的所有错报事项都要承担法律责任，审计人员是否承担法律责任，关键在于审计人员是否有过失或欺诈行为。而判别审计人员是否具有过失的关键在于审计人员是否遵照专业标准的要求执行。因此，保持良好的职业道德，严格遵循专业标准的要求执业、出具报告，对于避免法律诉讼或在提起的诉讼中保护审计人员具有无比的重要性。

2. 建立、健全会计师事务所质量控制制度

会计师事务所不同于一般公司、企业，质量管理是会计师事务所各项管理工作的核心。如果一个会计师事务所质量管理不严，一个人或一个部门的过失或欺诈行为都很有可能导致整个会计师事务所遭受灭顶之灾。北京中诚会计师事务所就是其中一个例子，该所根本没有质量管理措施，各个分所都可以中诚会计师事务所的名义独立承揽业务、出具报告，致使二分所为长城公司出具虚假报告之事曝光之后，中诚会计师事务所尚不知本所曾为长城公司出过报告。因此，会计师事务所必须建立健全一套严密、科学的内部质量控制制度，并把这套制度推行到每一个人、每一个部门和每一项业务，要求审计人员按照专业标准的要求执业，保证整个会计师事务所的质量。

3. 与委托人签订业务约定书

《中华人民共和国注册会计师法》第十六条规定：注册会计师承办业务，由其所在的会计师事务所统一受理并与委托人签订委托合同（即业务约定书）。业务约定书有法律效力，它是确定审计人员和委托人的责任的一个重要文件。会计师事务所无论承办何种业务，都要按照业务约定书准则的要求与委托人签定约定书，这样才能在发生法律诉讼时将一切口舌争辩减少的最低限度。

4. 审慎选择被审计单位

中外审计职业法律案例告诉我们，审计人员如欲避免法律诉讼，必须审慎选择被审计单位。一是要选择正直的被审计单位。如果被审计单位对顾客、职工、政府部门或其他方面没有正直的品格，也必然会蒙骗审计人员，使审计人员落入它们的圈套。北京中诚会计师事务所就是在长城公司非法集资出现危机之时轻信长城公司谎言而被卷入的。这就要求会计师事务所接受委托之前，一定要采取必要的措施对被审计单位的历史情况有所了解。评价它的品格，弄清委托的真正目的，尤其是在执行特殊目的审计业务时更应如此。二是对陷入财务和法律困境的被审计单位要尤为注意。中外历史上绝大部分涉及审计人员的诉讼案，都集中在宣告破产的被审计单位。周转不灵或面临破产的公司，其股东或债权人总想为他们的损失寻找替罪羊，因此对那些陷入财务困境的被审计单位要特别注意。

5. 深入了解被审计单位的业务

在很多案件中，审计人员之所以未能发现错误，一个重要的原因就是他们不了解被审计单位所在行业的情况即被审计单位的业务。会计是经济活动的综合反映，不熟悉被审计单位的经济业务和生产经营实务，仅局限于有关的会计资料，就可能发现不了某些错误。

6. 投保充分的责任保险

在西方国家，投保充分的责任保险是会计师事务所一项极为重要的保护措施，尽管保险不能免除可能受到的法律诉讼，但能防止或减少诉讼失败使会计师事务所发生的财务损失。我国《中华人民共和国注册会计师法》也规定了会计师事务所应当建立职业风险基金，办理职业保险。

7. 聘请熟悉审计职业法律责任的律师

会计师事务所若有条件的话，尽可能聘请熟悉相关法规及审计职业法律责任的律师。在执业过程中，如遇到重大法律问题，审计人员应与本所的律师或外聘律师详细讨论所有潜在的危险情况并仔细考虑律师的建议。一旦发生法律诉讼，也应请有经验的律师参加诉讼。

本章小结

我国注册会计师执业准则的建立大致经历了制定执行规则、建立独立审计准则体系以及对独立审计准则体系进行完善与提高等3个阶段。

中国注册会计师执业准则体系包括鉴证业务准则、相关服务准则和会计师事务所质量管理准则三部分。鉴证业务准则由鉴证业务基本准则统领，按照鉴证业务提供的保证程度和鉴证对象的不同，又分为审计准则、审阅准则和其他鉴证业务准则。鉴证业务是指注册会计师对鉴证对象信息提出结论，以增强除责任方之外的预期使用者对鉴证对象信息信任程度的业务，其可进一步分为基于责任方认定的业务和直接报告业务。

会计师事务所质量管理体系包括下列/个组成要素：会计师事务所的风险评估程序、治理和领导层、相关职业道德要求、客户关系和具体业务的接受与保持、业务执行、资源、信息与沟通、监控和整改程序。

我国注册会计师职业道德基本原则包括：诚信、客观和公正、独立性、保密、专业胜任能力和勤勉尽责、良好的职业行为。影响职业道德基本原则（独立性）的因素包括：自身利益、密切关系、过度推介、外在压力、自我评价。

审计责任不等同于会计责任、经营失败也不等于审计失败。注册会计师可能因违约、过失、欺诈需要承担相应的法律责任。法律责任包括民事责任、行政责任、刑事责任。

【复习思考题】

1. 鉴证业务要素包括哪几个方面的内容？

2. 质量管理体系要素包括哪几个方面的内容？

3. 我国注册会计师职业道德基本原则包括哪几个方面？

4. 哪些因素可能影响注册会计师独立性？

5. 什么是审计失败，判断审计失败的标准是什么？它与经营失败的联系和区别是什么？

6. 如何理解审计风险？它与审计失败有什么关系？

7. 如何理解和区别普通过失与重大过失？

8. 可能导致审计人员法律责任的因素有哪些？

9. 审计人员应当如何避免法律诉讼？

【案例分析题】

1. ABC 会计师事务所的质量控制制度部分内容摘录如下：

(1)质量管理部负责会计师事务所质量管理体系的设计和监控，其部门主管合伙人对质量管理体系承担最终责任。

(2)所有公众利益实体的财务报表审计业务和评价为高风险的业务均须实施项目质量复核。

(3)每 6 年为一个周期，对每个项目合伙人已完成的业务至少选取两项进行检查。

(4)合伙人考核的主要指标依次为业务收入指标的完成情况、参与事务所管理的程度、职业道德遵守情况及业务质量评价结果。

(5)项目合伙人对管理和实现审计项目的高质量承担总体责任。如项目合伙人和项目质量复核人员存在意见分歧，以项目合伙人的意见为准。

要求：针对上述第(1)至(5)项，逐项指出 ABC 会计师事务所的质量管理体系的内容是否恰当。如不恰当,简要说明理由。

2. ABC会计师事务所首次接受委托,承办V公司2020年度财务报表审计业务,并于2020年底与V公司签订审计业务约定书。假定存在以下情况:

(1)在签订审计业务约定书后,ABC会计师事务所的A注册会计师受聘担任V公司独立董事。按照原定审计计划,A注册会计师为该审计项目的审计合伙人。为保持独立性,ABC会计师事务所在执行该审计业务前,将A注册会计师调离审计小组。

(2)V公司因为产品质量问题与×公司发生经济纠纷,项目组成员B注册会计师担任V公司的辩护人。

(3)项目组成员C注册会计师出资500万元与V公司共同成立了Y公司,对Y公司实施共同控制。

(4)项目组成员D注册会计师两年前为V公司财务主管,离职后跟V公司没有任何联系,且不拥有V公司的股票。

(5)V公司管理层拒绝调整重大错报,但要求项目合伙人出具无保留意见审计报告。项目合伙人告知项目经理:如未能保持该客户,将影响其晋升执业注册会计师的实习期限。

思考:当分别存在以上5种情形时,是否对注册会计师遵守职业道德基本原则产生不利影响呢?

第二编

审计基础理论与技术方法

第三章　计算机信息技术与审计

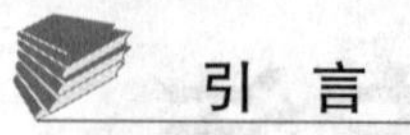

本章提示

学习目标　通过本章学习，了解计算机审计基础知识和基本理论，明确计算机审计的难点与重点，掌握审计软件基本知识和计算机审计的实施过程。

重要概念　计算机审计；审计软件；计算机审计过程

引　言

信息技术的发展使我们对信息的捕捉、获取、处理、存储、发送等发生了重大变化，以大数据、人工智能、移动互联、云计算、区块链、物联网等为代表的信息技术正颠覆性地改变着会计学科和专业的发展方向，会计环境发生了巨大变化。在会计领域，信息技术极大地促进了会计信息系统的发展，催生了智能会计与智能财务研究热潮。从会计与审计同步发展的视角来看，审计对象的信息化程度日益增强，也必然驱动计算机审计（或信息系统审计）的智能化飞速发展。计算机审计作为一种提高审计效率和审计质量的重要方法，其应用的范围正越来越广泛，正所谓“审计对象在信息化方面的迅速发展变化，客观上要求在审计领域进行一场深刻的革命”。

第一节　计算机审计概述

一、计算机审计及其一般方法

（一）计算机审计的概念

相对于传统审计而言，计算机审计在我国的发展时间不太长，各类研究有待于进一步科学化、系统化。人们对计算机审计的认识也存在不同程度的差异，有人认同“计算机审计”，有人支持“审计电算化”，还有人赞同“信息系统审计”……不一而足。然而也就是各类概念名称的差异导致了关于计算机审计概念表述上的观点分歧，有人认为计算机审计“是指用计算机手段所进行的审计工作”。也有人认为“是指审计的对象是计算机信息系统”。还有人认为，计算机审计“是指对计算机信息系统所作的审计工作，包括手工审计方法和计算机辅助审计方法的应用”。

我们赞同计算机审计这一提法，不过，要准确理解和把握这个概念，需要以信息系统审计为基础。对于信息系统审计，国内外学者已经有大量研究。美国信息系统审计与控制协会(Information System Audit and Control Association,简称ISACA)的定义是:“信息系统审计是一个收集、评估证据的过程,以决定信息系统及相关的资源、数据维护和系统的完整性,是否有合适的安全保护,能否为有效地实现组织机构的目标提供可靠的信息,能否有效地利用资源,是否有一个有效的内部控制,能否为实现运作和控制目标提供合理的保障。”在日本,人们把信息系统审计(Information System Audit)称作信息技术审计(Information Technology Audit),1985年日本通产省情报处理开发协会IT审计委员会所给的定义为:“所谓IT审计是指由独立于审计对象的IT审计师站在客观的立场,对以计算机为核心的信息系统进行综合的检查、评价,向有关人员提出问题和劝告,追求系统的有效利用和故障排除,使系统更加健全。”我国审计署审计干部培训中心的李丹先生在《信息系统审计与鉴证》的“译者序”中写道:信息系统审计“也称为IT审计,是指对信息系统的规划、开发、实施、运行和维护等各个环节进行评价,确保其符合企业经营目标的过程”。同济大学胡克瑾教授认为:IT审计是一个获取并评价证据,以判断计算机系统是否能够保证资产的安全、数据的完整以及有效率地利用组织的资源并有效果地实现组织目标的过程。

综合上述,可以这样来理解计算机审计,它涉及信息系统的整个生命周期,不仅是一个技术问题,更是一个管理问题。因此,计算机审计是一种随着计算机技术发展而不断创新的一种新的审计方式。这种审计方式是一项以审计目标为导向,以计算机及其信息技术为支撑,以法律法规为保障,辅助实现审计管理信息化的系统工程。

小资料

我国开展计算机审计的依据

国家审计机关开展计算机审计,可依据《中华人民共和国审计法实施条例》和《国务院办公厅关于利用计算机信息系统开展审计工作有关问题的通知》(国办发〔2001〕88号)规定进行:审计机关有权检查被审计单位运用计算机管理财政收支、财务收支的信息系统(简称“计算机信息系统”)。被审计单位应当按照审计机关的要求,提供与财政收支、财务收支有关的电子数据和必要的计算机技术文档等资料。审计机关在对计算机信息系统实施审计时,被审计单位应当配合审计机关的工作,并提供必要的工作条件。自2011年1月1日起施行的《中华人民共和国国家审计准则》第六十二条、第七十六条均明确了“调查了解被审计单位信息系统控制情况”“检查相关信息系统的有效性、安全性”的具体情形。注册会计师开展计算机审计可以依据《中国注册会计师审计准则第1633号——电子商务对财务报表审计的影响》进行,该准则第四条规定:广泛使用互联网从事电子商务,产生了新的风险因素,需要被审计单位有效应对。注册会计师应当考虑电子商务在被审计单位业务活动中的重要性,以及对重大错报风险评估的影响。

(二)计算机审计的一般方法介绍与评价

计算机应用于审计工作的过程中,审计方法一直不断发展与更新,虽然具体方法的应用因人而异,理论上的总结也总是赶不上实务发展,但基本上可以划分为:绕过计算机审计(Audit Around the Computer)、通过计算机审计(Audit Through the Computer)和

利用计算机审计(Audit With the Computer)。

1. 绕过计算机审计

绕过计算机审计是指审计人员在审计过程中只须对计算机输入和输出资料加以检查核对,而将电算化会计系统中的计算机系统作为一个“黑箱”看待,不对其处理过程做详细了解的一种审计方法。这种方法产生于计算机应用初期,审计人员的计算机知识比较匮乏,因而根据“若系统的输入输出是正确的,则可以认为数据处理的过程也正确”的假设,不得已而选择了这种方法。从风险导向的视角看,这种审计方法的风险是客观存在的。为此,在实务中使用该方法,需要满足特定的适用环境,比如审计线索完整可见、系统处理过程相对简单、审计人员可以得到完整的系统文档、系统应用软件被广泛使用且经过严格测试等。

2. 通过计算机审计

通过计算机审计是指审计人员将计算机的输入、输出和数据处理过程本身均作为审计直接对象的一种审计方法。人们在评价这种审计方法时,认为其能够解释审查工作中所出现问题的原因和审查结论,比较能够令人信服。但是,在审计实践中,还是需要根据具体的审计环境进行职业判断。有学者总结这种审计方法的适用环境为:计算机系统的输入(出)量非常大,难以对它们的正确性逐一进行测试;计算机系统内包含了重要的控制功能;计算机系统的逻辑结构比较复杂;系统中可见的审计线索不够。

3. 利用计算机审计

利用计算机审计泛指利用计算机设备和软件完成审计工作。人们总结这种方法的优势为:①可以提高审计程序在获取审计证据方面的效率和效果;②可以实行附加的实质性测试程序,提高审计工作的有效性;③可以测试被审计单位应用软件的正确性和适当性;④可以为今后的审计服务提供方便。可见,利用计算机审计可以在审计过程中“全程”使用,审计师只要在功能足够强大的审计软件支持下就可以完成全部审计工作。当然,要完全实现“利用计算机审计”应当还有一个漫长的发展过程。当前,“利用计算机审计”也只是在审计轨迹明显丢失,或者只能通过客户计算机系统取得证明应用控制有效性的审计证据等特殊情形下,利用计算机审计才是必需的,否则没有必要。

在风险导向审计模式下,审计人员的核心竞争力是其拥有的职业判断能力,无论是在评估重大错报风险,还是在执行审计计划的各个环节,离开了审计职业判断,单纯依靠审计软件来完成,还有“最后一公里”路程。当前,充其量只能实现利用计算机实现辅助审计工作。要是审计人员的计算机及其网络知识和技能丰富,将可更加积极、主动而又充分地发挥网络和审计软件的功能,实现辅助审计,将审计风险降低到可接受水平。在这个层面上,我们更主张审计人员丰富自身的知识和技能,将计算机及其网络作为审计工作中不可或缺的工具,对被审计单位信息系统中的电子数据进行采集、清洗(预处理),在对电子数据的分析中发现审计线索,获取审计证据,以支持审计结论。

二、计算机审计的缘起背景与理论基础

(一)计算机审计的缘起背景

计算机及其信息系统的飞速发展,极大地改变了业务处理和数据存储的形式,引发

了会计信息系统的“数据处理革命”，使得审计人员对业务处理、会计制度、财务资料及与之相关的内部控制研究和评价中所遵循的程序，以及其他审计程序的性质、时间和范围产生一定的影响。审计工作必然要适应会计业务处理和财务数据存储的变化，计算机审计应运而生。

1. 审计线索的变化

手工会计环境下的“证、账、表、单”都以书面可读的形式反映在纸质介质上，审计人员在审计过程中能够从财务报表入手，进行分析和挖掘，追踪到会计账簿、记账凭证直至原始凭证；对会计报表的表内与表间关系的审查，存在显性的平衡关系或逻辑线索，我们把这类可察觉的关系称作审计线索。审计人员就是通过审计线索来检查“证、账、表”中所蕴含的数据，分析判断其所反映的经济业务的合法性；还可以通过对人工书写笔迹的查询，分析确认每位会计人员完成业务的正确性以及责任人。在计算机环境下，审计线索发生了较大变化，主要表现在：①输入机内（或联机生成）的会计凭证以“文件”（字节）形式存储；在 ERP（Enterprise Resource Planning，企业资源计划）集成环境下，绝大多数的经济业务（交易或事项），可以由计算机系统“自动”编制“记账凭证”，会计人员主要根据业务资料、运用职业判断进行“审核”或“确认”。②会计账簿可以按要求随时生成数字化形式的“文件”，记账工作在会计人员的操作下由计算机自动完成，总分类账和明细分类账的数据来源一致，日常核对工作只是一个“程序”或“步骤”。③报表的编制由预先定义（自定义）的“取数公式”自动完成，因而对报表“取数公式”的审核或审计非常重要。

为适应经济社会发展需要，财政部、国家档案局于 2015 年 12 月发布了修订后《会计档案管理办法》（第 79 号令），明确规定“单位可以利用计算机、网络通信等信息技术手段管理会计档案”“单位内部形成的属于归档范围的电子会计证资料可仅以电子形式保存，形成电子会计档案”。为确保电子会计档案的真实、完整、可用、安全，对于电子会计资料仅以电子形式归档保存的方式，提出了具体要求。[①] 同时，还明确规定“电子会计档案移交时将电子会计档案及其元数据一并移交，且文件格式应当符合国家档案管理的有关规定；特殊格式的电子会计档案应当与其读取平台一并移交”。

修订后的《会计档案管理办法》为会计档案的“无纸化”“电子化”提供了政策支撑，同时也标志着审计线索及其形式的极大变化。

2. 内部控制的变化

（1）会计人员的工作任务及其对所承担任务之监控发生了变化。在电子计算机环境下，会计人员日常核算工作的大部分交由计算机完成，手工方式下的工作程序控制、对每项业务的监督、审核以及账务处理程序的分段控制等，有的由计算机替代了，有的简化

① 一是形成的电子会计资料来源真实有效，由计算机等电子设备形成和传输；二是使用的会计核算系统能够准确、完整、有效接收和读取电子会计资料，能够输出符合国家标准归档格式的会计凭证、会计账簿、财务会计报表等会计资料，设定了经办、审核、审批等必要的审签程序；三是使用的电子档案管理系统能够有效接收、管理、利用电子会计档案，符合电子档案的长期保管要求，并建立了电子会计档案与相关联的其他纸质会计档案的检索关系；四是采取有效措施，防止电子会计档案被篡改；五是建立电子会计档案备份制度，能够有效防范自然灾害、意外事故和人为破坏的影响；六是形成的电子会计资料不属于具有永久保存价值或者其他重要保存价值的会计档案；七是电子会计资料附有符合《中华人民共和国电子签名法》规定的电子签名。

了；同时又增加了一些手工情况下所没有的监控和管理，如机制记账凭证和手工记账凭证的核对，这样不仅会计人员的工作任务发生变化，而且对完成各项任务所应实施的会计内部控制程序、要求、方法和手段等也发生相应变化。

(2)会计工作的组织方式及人员配置发生了变化。从组织方式看，影响主要表现在分权控制与授权控制的内容和方式的变化，即在计算机环境下，会计岗位不相容职务的内涵发生了变化，原有按核算工作内容划分工作小组已失去本质上的意义；对于会计人员的授权或控权，不仅要用岗位责任制，而且要以密码(指纹、人脸识别)的管理方式加以控制。从人员配置看，原来会计部门的人员均是财务或会计专业的人员，在计算机及其网络环境下，还要根据需要增加操作员、数据审核员、系统管理员等。不同的工作性质要求不同专业的专门人员，而这又要求有不同的内部控制或内部牵制的方式方法。

(3)会计核算的软件和硬件发生了变化。手工方式下，财会人员的全部硬件为"一把算盘、一支笔"，电算化后，要购置计算机硬件设备和相应的软件系统，在日常工作中如何管理、如何控制，需要进一步完善组织内部的控制制度体系。

3. 审计内容的改变

会计信息化的深入推进与快速发展，大大拓展了审计内容，如会计信息系统的开发与设计、会计软件与数据文件、会计信息系统内部控制、财务共享中心建设与智能财务系统的研究等，提出了计算机审计的新要求。

审计人员要在会计信息系统的设计之初就参与系统开发、财务共享中心建设过程，以审计的视角来观察会计信息系统的合法性、合规性与可审性，还要注意会计信息系统在审计线索的设置方面是否给予足够的考虑，及时提出审计建议；积极参与智能财务系统研究并着手考虑智能审计系统的研究与开发等。

对用于会计数据处理的软件程序也需要进行信息系统审计，毕竟软件程序的正确与否直接影响会计信息系统的处理质量和处理结果的正确性、有效性。当然，这一过程的繁简还取决于被审计单位所用会计软件(或财务软件、ERP 系统)的来源。由于会计软件所处理的数据和信息都直接存放在计算机内，直接或间接地反映着软件程序执行的正确性，对这些数据的审计或者基于审计软件的电子数据审计也成为计算机审计所关注的重点内容之一。

此外，会计信息系统的发展对于审计人员在审计过程中所用审计技术的改变和对审计人员要求的提高方面都有着重要影响。

(二)计算机审计的理论基础

计算机审计的形成与发展是来自多方面力量推动的结果，其中两股最为重要的力量表现在以下两个方面：一方面，审计人员逐渐认识到计算机及其网络系统的发展对其审计业务的具体执行已经越来越产生着重大的影响；另一方面，企业在计算机及其网络系统建设过程中也已经初步感受到信息系统投资的"甜头"，对"计算机技术是很有价值的资源"已经初步形成共识。同时，企业计算机系统的管理部门出于自身职责的考虑，千方百计地推动信息系统建设的深化和改革，而且出于安全角度考虑，他们一般都会及时提出"与其他有价值的资源一样，信息系统资源也需要严格控制"的建议，大力推进财务共享系统建设。在这两股主要力量的作用下，计算机审计不断地从传统审计、信息系统管理、计算机科学和行为科学四门学科中吸取理论和实用方法，基本形成了快速发展的态势。下面简要介绍一下计算机审计与以上诸学科之间的联系。

1. 传统审计成为计算机审计架构理论框架和基本方法的基础

传统审计在漫长的发展进程中积累了丰富的内部控制技术经验和知识，为计算机审计的发展打下了坚实的基础。计算机系统是由人、计算机硬件和软件三大要素组成的，计算机处理数据时，必须要有原始数据。许多原始数据要由人工准备并输入到计算机(或者联机自动生成)，然后由计算机“自动”转换成其可识别的数据形式。正是这种“人—机”互动模式，决定了许多在手工会计环境下形成和发展的内部控制基本原理在计算机信息系统中还具有高度适用性，如人员的不相容职务分离原理就可被计算机系统环境下的一般控制所利用。计算机系统中人员牵制或不相容职务分离，对数据资产的保护以及防止计算机舞弊起到十分重要的作用。

传统的审计思维对会计信息系统的软件设计产生过极大的影响，在传统审计中所用的控制方法可以间接应用于计算机数据处理的活动中。特别是已被广泛用于计算机系统中的数据更新和修改的总额控制方法，可以确保数据处理的准确性。

计算机审计的证据收集和评价的一般方法也是来自传统审计的证据收集和评价的基本方法。传统审计经过长期发展和经验积累揭示出的审计目标、可验证证据和独立的评价制度是计算机审计的重要概念。也许，最重要的是传统审计带给计算机审计一个控制理论框架。限于篇幅，我们就不在这里对于这个理论框架的本质进行阐述。有兴趣的读者可通过阅读审计专业文章或者是在考察审计人员的实际工作中得到这一理论框架的要素，比如全面审查数据处理，寻找系统保护资产和数据的弱点，以及评价系统是否高效地达到组织的目标等。

小资料

关于计算机审计证据

计算机审计证据，也称电子数据系统审计证据，是指在电算化系统审计和计算机辅助审计过程中产生的，以其记录的内容与有关既定标准相符程度并作为审计结论基础的电磁记录物(凭据)。计算机审计证据与传统审计证据存在一些区别，主要表现在以下方面。

(1)安全程度不同。计算机审计证据虽然具有较高的精密性，但也有较强的脆弱性。

(2)表现形式不同。计算机审计证据表现形式多样，尤其是多媒体技术综合了文本、数据、图像、图形、动画、音频及视频等多种媒体信息，这种以多媒体形式存在的计算机审计证据几乎涵盖了所有的传统证据。

(3)显现程度不同。计算机审计证据必须用特定的二进制编码表示，具有较强的隐蔽性，存贮于磁性载体中的多头数据文件，只有采用计算机并利用计算机程序才能阅读。传统审计证据，如实物证据、书面证据、言词证据等则一目了然。

计算机证据归入“视听证据”类。在实际操作中，计算机接收到的电子信息是计算机系统重新显示或复制出来的，只能是原件的副本，不可能是传统意义上的有形“原

件”，所以计算机审计证据中的“原件”概念等同于复制品和副本。考虑到计算机审计证据容易被伪造、篡改，而且更改、伪造后不留痕迹，再加上计算机审计证据由于人为的原因或环境技术条件影响容易出错，因此，在某种意义上，将计算机审计证据归属于间接证据。

有学者将电子审计证据理解为“电子审计证据，即以录音录像或者计算机存储、处理的证明审计事项的视听或者电子数据资料”①。研读修订后的《会计档案管理办法》，我们发现，其中特别强调了电子会计档案的原生性，即“由计算机等电子设备形成和传输”，以区别于将纸质会计档案扫描形成的数字化副本。这在一定程度上启发我们重新思考计算机审计证据的本质特征，即计算机审计证据是由计算机等电子设备形成和传输的证明审计事项的数字化电子资料。

2. 信息系统管理科学形成计算机审计创新的方法论基础

在计算机产生和发展的早期，数据处理效率低下，导致处理成本非常昂贵，为此，人们一直把研究和发掘新的数据处理方法作为研究重点之一。经过半个世纪的发展和创新，信息系统开发和管理技术日趋成熟，信息管理学科也逐渐成熟，许多研究成果和新方法被直接用于各种信息系统的开发和实施，成为一门热门学科。任何一门学科的发展都离不开对其他学科理论与方法的借鉴，计算机审计也不例外。从当前计算机审计实践来看，信息管理学科所积累的一整套研究和开发方法俨然已经成为计算机审计的方法论基础，对计算机审计有着重大的影响。一个典型的事例就是结构化程序设计技术已被审计软件设计人员广泛采用，使得审计软件的开发更快、更少出错和更易于维护。此外，在计算机审计的数据库安全审查、实质性测试、应用控制审查和测试上都用到信息系统管理的技术和方法。

当前，人类通过“大智移云物区”②技术，对数字化的知识与信息进行识别—选择—过滤—存储—使用，引导并实现资源的快速优化配置与再生。数字经济引领经济实现高质量发展，审计工作的数字化、智能化转型已经迫在眉睫。

3. 计算机科学成为计算机审计应用技术的源泉

计算机科学的研究近年来取得重大进步，研究范围不断深化和拓展。比如计算机系统安全也已成为计算机科学研究的一个重要方面，特别是对计算机病毒和数据文件加密的研究、网络防火墙的构筑等，这些新的研究成果普遍用于数据和软件系统的安全保护。再如计算机科学研究中的软件质量评价和控制研究，近年来也取得新的进展，这使计算机系统更加可靠有效。值得注意的是对软件质量的评价也正成为计算机审计的主要关注点。一个基本理念是没有高质量的会计软件或审计软件，就难以提供高质量的会计信息或审计报告。虽然计算机审计人员不必关心硬件和基础软件的可靠性，但是不可不关注会计信息系统应用软件的开发，否则审计人员要想查出他人是否利用计算机技术进行舞弊，会相当困难。试想一个高级编程人员若是利用修改程序进行贪污舞弊，要是没有

① 陈伟．计算机审计[M]．中国人民大学出版社，2017.

② “大智移云物区”，是几个词语的缩写，其中，大：大数据；智：人工智能；移：移动互联网；云：云计算；物：物联网；区：区块链。

同样水平的计算机审计人员，想查出这一类的舞弊只能“靠运气”了。当然，虽然二者都关注软件质量，但计算机审计和计算机科学所关注的侧重点是各不相同的。特别是计算机审计以第三方身份，强调独立性，必将在软件质量管理和控制方面取得重大的研究成果。

4. 行为科学成为计算机审计的行为基础

近年来，行为科学在社会经济生活中的应用研究取得了重大发展。毕竟各个学科的理论研究和实际应用几乎都不可避免地要涉及人的行为。在审计研究过程中，早就应用行为理论激励审计人员，从而提高审计效率。依据动机理论，在计算机审计过程中，审计人员也要了解被审计的电算化会计信息系统的岗位人员的需求和动机，融洽审计人员、被审计单位管理当局和会计从业人员的关系，减少审计阻力，提高计算机审计效率。还可应用行为科学分析评价计算机信息系统内部控制制度对人的志气、性格和能力的要求，对被审计的计算机系统各个有关岗位设置和所安排人员的合理性提出建议。行为科学家曾经对一些计算机系统应用失败的企业进行研究，发现大多数企业失败的原因是系统的组织行为不当或是信息系统的开发和实施的人员行为不当，因此在计算机审计上把这种行为性的问题也列作主要的审计节点。分析电算化系统的职员行为方式是否与系统内控制度相吻合，也是计算机内控评价审查的重点。

此外，计算机审计领导人应当了解审计人员的需要，并根据个人的性格、业务水平和特长合理安排审计小组；应用团体行为理论，使审计小组各人员之间相互配合和协调，往一个确定的审计目标努力工作。计算机审计小组也应当善于利用领导行为科学，审查和评价计算机系统领导者的经验、能力、需要、动机和上进心等。

三、计算机审计的目标与任务

目标指明方向。计算机审计作为一项有目的的人类活动，存在时间和经费资源的限制，明智的审计人员必须明确目标，以便采取最有效的方式完成最重要的任务。计算机审计的目标和任务分别是什么呢？我们有必要先从理论上进行探讨，然后再在实践中给予检验，以便更好地指导实际工作。

（一）计算机审计的目标

2019 年 11 月 26 日中央全面深化改革委员会第十一次会议审议通过了《关于构建更加完善的要素市场化配置体制机制的意见》，明确将数据作为一种新型生产要素写入政策文件，第一次提出“数据要素市场”。要真正释放数据要素的内在价值，必须要将数据从社会资源转变成可以量化的数字资产。在某种程度上，企业的会计信息（或数据）是一项重要资产，它不仅描述着企业自身的形象和环境，还记录着企业的历史，昭示着企业的未来。会计信息系统作为企业唯一正式的信息系统，所提供的数据既可以用作认定受托责任，又在一定意义上具有决策有用性。如果会计信息真实而可靠，那么，它不仅能有效地支持企业决策和经营控制，而且能真实而可靠地描述企业的财务状况和经营成果，从而为企业创造良好的形象，并因此而不断增强企业的生存和适应能力。果真如此吗？为了更好地说明这个问题，下面举个简单的例子。

比方说，记录某企业应收账款的数据文件遭到毁损，那么，除非顾客是诚实的，而且

还要记得他们各自对该企业所应承担的责任——所欠货物价款，否则该企业将会遭受严重损失以至影响它将来的发展，所以企业会计信息系统的安全十分重要。当然，我们还可以想象，如果与企业应付账款有关的电子文件被毁坏，企业可能无法及时支付应该支付的到期货款，那么，也极有可能导致企业声誉受损，从而失去来自供应商的优惠条件，遭到损失。另一种情况是企业的重要商业秘密数据失窃，被竞争对手所获悉，这样就会直接毁掉企业的有利竞争条件，造成巨大损失。

因而，从这个角度看，计算机审计要在保证会计信息系统的数据安全性、有效性、可靠性等方面下大力气、有大作为、见大成效。具体而言，计算机审计的目标可以确定为以下方面。

(1)系统的效率性。计算机审计必须能够提高审计工作效率。一个没有效率的计算机审计系统，不是一个完善的审计系统。

(2)系统的经济性和效益性。审计工作必须讲究效益，如何充分利用审计资源，降低审计成本，始终都是审计工作特别关心的要旨，因而计算机审计需要将系统的经济性和效益性作为其目标之一。

(3)系统的可靠性。审计工作必须讲证据。审计系统必须讲究可靠性，依据不可靠的审计系统所下的审计结论必然是错误的。

(4)系统的安全性。计算机环境的系统安全，已经引起世界范围的普遍关注。对于计算机审计系统来说，不仅要讲究效率和效益，更要讲究安全，没有了安全保证，任何系统都无所谓可靠性、效率和效益性。

(5)系统的合法性和合规性。审计工作必须有法可依，有法必依，因而计算机审计系统是否合法、合规必须引起人们的重视。

计算机审计目标不能仅局限于以上 5 条，毕竟计算机审计是分阶段来实施的，因而在不同的实施阶段基本上都有具体的目标，以便更好地指导当前的工作，换句话说，就是上述审计目标只是一个总体上的笼统目标，具体到计算机审计的具体阶段，还存在具体的审计目标，如系统购置阶段的审计目标、系统开发阶段的审计目标、系统操作和维护阶段的审计目标。

(二)计算机审计的任务

在某种程度上，任务是与目标相关联的，计算机审计的上述目标，决定了计算机审计的任务。我们概括出计算机任务的以下要点。

(1)评价企业预防数据被毁损和被偷窃的控制措施。

(2)评价企业会计信息的公允性和真实性。

(3)审查发生计算机舞弊的可能性。

(4)评价计算机及其网络系统防错、容错控制是否有效。

(5)评价会计数据的保密性。

(6)审查和评价信息系统(会计信息系统、财务共享系统)的效率性和效益性。

四、计算机审计的难点与重点

面对正在发展中的计算机审计工作，把握其中一些重点和难点问题的，有利于更好地促进其发展。为此，我们在文献梳理的基础上，将关键要点总结如下。

(一)会计软件的多样化

会计软件是会计信息系统的“灵魂”。中国会计学会会计信息化专业委员会主任委员、上海国家会计学院刘勤教授认为，四十多年来，中国会计电算化已经经历从会计电算化到会计信息化，再到财务智能化的发展变迁。在通用化、商品化思想的影响下，涌现出大量的会计软件，这些会计软件正发挥巨大的作用，为众多的基层企业单位服务。发展初期，各级财政部门为了把好会计软件质量关，保证会计信息质量，专门组织相关评审工作。资料显示，截至2004年底，通过财政部评审的会计软件有38个[①]，通过各省市财政厅、局评审的会计核算软件有几百个之多。通常，通过评审的会计软件基本上都符合财政部发布的《会计核算软件基本功能规范》的要求，但是毕竟不同的会计软件代表了不同软件开发主体所拥有的知识产权，虽然基本功能大致相同，但其他方面的差异还是巨大的，“从系统的功能模块的划分到数据库文件的设置，从采用的工作平台到使用的计算机语言，从单项的开发到完善的全系统，从单机到网络环境，从单纯使用关系型数据库到应用大型数据库资源等，千姿百态，十分复杂”。正是各种会计软件中的数据结构不尽相同，缺乏标准化、规范化，审计的难度增加了。为了切实解决这个问题，2004年12月21日中华人民共和国审计署以“审办计发〔2004〕168号”文件形式，颁发了《信息技术 会计核算软件数据接口》，从执行情况来看，较为有效地解决了不同会计软件之间的数据兼容问题。

随着计算机及其网络技术的深入发展，会计软件从核算型向管理型方向发展的趋势较为明显，市场上流行的会计软件版本不断更新，适应不同行业管理模式差异的“行业版会计软件”成为管理型会计软件的主流，它们不仅具备会计核算的基本功能，更重要的是设置了许多为管理服务的数据库、知识库、模型库、方法库和用户接口等管理型功能。这些软件中的各种数据错综复杂，难免使得审计人员在通过会计软件索取电子审计证据时感到有些棘手。

同时，随着企业信息化的发展，众多大中型企业纷纷投巨资打造ERP(Enterprise Resource Planning)系统，而在ERP系统中一般都将会计核算融入其中，与企业计划预算、劳动人事、物资供应、生产管理、销售管理等交织在一起，使得原来为保证会计软件质量而采取的评审方法逐渐失效，在这种状况下，财政部已明确表示不再组织会计软件评审，在一定程度上给审计人员的职业判断带来更大挑战。况且，在ERP环境下，多个信息管理子系统并存，某一系统的输出结果可能成为另一系统的输入数据。在审计过程中，审计人员发现某一核算环节数据有误，可能要追溯到会计子系统外的其他各系统，其工作量势必增大，技术性也进一步增强。

(二)信息技术发展中的审计困扰

信息技术的发展为审计工作提供了极大的便利，也带来了新的业务空间，但同时也对审计工作造成一定程度的困扰，毕竟“一枚硬币总是有着两面的”。我们认为，关键在

① 通过财政部评审商品化会计软件名单，资料来源：http://www.jscj.com/jscjkjdsh/dsh005.html.

于我们的学习和认识，以及对这些困扰的研究，为此，下面我们将集中对信息技术发展中的审计困扰作简要介绍，使得我们能够及早准备或防范，变被动为主动。

1. 会计信息多样化的审计困扰

信息技术的发展，网际网络的通畅为满足用户对会计信息的需求提供了极好的条件。原来受信息传输条件和信息披露成本等条件的限制，有些信息需求只能是“海市蜃楼”式的想象，而今，计算机及其网络环境的极大改善，大大缩短了理想与现实的距离，在一定程度上刺激着用户信息需求的极大增长，而信息需求又在某种程度上直接决定着信息传递的内容，出现会计信息多样化趋势，主要表现为：①在提供历史信息的基础上增加管理当局对企业未来的预测信息，诸如企业所面临的机遇与风险、企业管理部门的计划、企业实际经营业绩与先前所披露的机会和风险的比较等有关企业未来经济活动和有助于预测、评估企业未来财务状况和经营成果的经济指标和相关信息。这些预测信息，在信息技术条件下不仅有助于节约传输成本，而且在计算机环境下这些信息更容易给人以直观的示意，提高信息使用的可信度。②为满足用户对分部信息的关注，企业按行业或按地区提供分部信息，以反映当前所面临的机会和风险。③既披露财务信息，又披露非财务信息。④强调会计信息的相关性、可靠性、可比性、一贯性和时效性，并具有反馈价值和预测价值，不断提高会计信息质量。

所有这些多样化会计信息的提供，都要求审计作为一种独立的经济监督活动，进行审计鉴证，而其中的有些信息在审计鉴证过程中又存在不同程度的风险，甚至难以把握，这就在一定程度上考验着审计师的职业判断能力与智慧，我们这里称作审计困扰。

2. 信息新技术挑战审计人员的学识和毅力

技术是中性的，但人类对技术的利用可产生诸多问题。计算机及其网络技术的推广，使集成了 LAN、WAN 和高速数据服务的“企业网”迅速形成，与此相联系的其他网络也在迅速发展。这些信息网络不仅使信息流呈几何级数增长，也引起整个社会活动的深刻变化。因而，当前应当怎样利用计算机与人工智能技术仍然是我们面临的一个重要抉择问题。一方面，政府有关的职能部门、专业协会、监督机构（审计机构）应怎样评价计算机技术应用的效果？另一方面，社会独立审计机构应当为计算机应用单位提出怎样的合理化建议？以上两方面都在某种程度上对审计人员的学识、毅力与职业能力提出了新的挑战。在计算机应用技术不断发展的同时，对计算机系统的内部控制和审计就要有相应的发展，这样才能促使计算机技术应用朝着有利方面不断发展。但是审计人员有这样的学识吗？若是没有这样的学识，他们有毅力去完成“继续教育”吗？这些都构成了对审计人员的挑战。

特别是，近年企业的无纸化交易（电子数据传递）和会计记录的计算机化，使审计对电子资金传递的表达比较困难；而且无纸交易业务的记录缺乏审计线索，是审计的另一个最大问题。例如，许多企业通过计算机采购商品和原材料，购买合同仅仅是电子数据，付款往往也通过电子转账实现，这些电子交易在一定程度上都是缺乏审计线索的范例。这种无纸化的电子数据结合团队交流、集成应用；外部数据通信和内部交流革新，给审计人员提出了更多的挑战。

(三)明细信息成为未来审计的重点

信息技术的发展促进了会计学科的进步。为适应信息技术发展而提出并逐渐趋于完善的事项会计理论，奠定了信息时代会计发展的理论基础。事项会计理论所提出的“事项”[①]概念，进一步揭示了未来疾驰在信息高速公路上的会计明细信息，将作为企业所提供的最主要的会计信息。为此，审计工作的重点落在验证企业内部形成的明细信息的真实可靠性，以及审核进入外部网络的明细信息的安全性上；而在企业同时向用户报送综合信息的情况下，审计人员仍然必须对会计报表的合法性、公允性及会计处理方法的一贯性发表审计意见。

1. 企业内部形成的明细信息的审计

企业内部信息系统环境的改善，ERP系统的建设和发展，将企业原有的一个个“信息孤岛”，连接成一个“大陆”，内部信息相互关联、互相牵制，使得内部控制问题的重要性显得更加突出。甚至有人认为，企业内部形成的明细信息的真实可靠性如何，取决于企业会计电算化内部控制强弱程度。当然，人们为保证会计信息质量，已经在审计实践中发展出各种方法，以减少审计风险。然而，尽管人们可采用各种各样的审计测试，但不管是符合性测试还是实质性测试，都存在抽样误差，而健全的内部控制制度，可保证审计测试的质量，使其得出的审计结论风险较小，成为审计理论与实务界的一项共识。

随着信息新技术的广泛应用，企业越来越多的交易事项将由“自动化”的数据管理系统处理，从而使得部分交易事项的书面记录逐渐消失；会计数据的输入、处理和输出，又均以数据库文件为载体，其书面记录也在日渐减少，数据库文件俨然已经成为未来会计系统“账、证、表”的代名词。未来审计将是信息系统审计或数据库审计。专门为审计人员设计的审计软件，使得审计人员可望在转瞬间生成自己所需的信息，因此，根据凭证库文件所生成的账簿、报表资料已不会太多地引起审计人员的重视，而控制输入口、审查输入数据库(联机交易数据)，才是他们关注的“焦点”所在。首先，他们要验证记账凭证库文件是否真实、可靠；而后，随着科技的进步和原始凭证数据全部进入电算化系统，记账凭证由系统软件自动形成已基本实现，他们又应当侧重于验证机内原始凭证数据是否真实、可靠，会计凭证数据库的存取是否得当，以及这些凭证数据被不留痕迹修改的风险有多大等问题。

2. 进入外部网络系统的明细信息的审计

尽管人们千方百计地构筑防火墙来防御来自信息系统外部的攻击，设置扼制点以允许从机构内部访问Internet上的资源，而对从外界Internet上对机构内部专用网络上主机的访问加以控制，然而，一个连向远程系统的用户可能在无意间将该系统置于一个危险境地，使监视该远程系统网络传输的闯入者可以攻击该系统。在未来审计中，只要是采用实时报告，就必须对会计信息进行连续审计。这种连续审计应当延伸到进入外部网络系统的明细信息。利用传统的计算机审计实务中已有的内置审计器，以便在数据被改

① 一般观点认为“事项”(event)是指对一项活动(action)的特征的可行观察结果，也就是说这项活动的特征能被直接观察到，并对信息使用者具有经济含义。——宋献中，谭小平：《关于事项会计的探讨》，《当代财经》，2003年第10期。

动或更新之际，对其自动进行审核，是可行的一种审计方法。

当然，在未来审计过程中，人仍然是第一因素。任何一种信息来源和与之相对应的一种可能暴露的问题，一般都有相应的安全控制措施供审计人员参考。审计人员在对它们进行评价时，应对数据通信网进行全面预查，检查每个信息来源的安全控制，进行必要的数据处理测试，但这种测试必须是在不改变数据库或记录的条件下所设计的业务事项测试，否则，就可能给整个系统带来差错。

3. 综合信息的审计

企业送入网络上的综合信息，是在其明细信息的基础上形成的。因此，对综合信息的审计，往往采用重生成的方式，即审计人员根据已经被证实是可靠的明细信息，运行审计软件的综合信息生成模块，再由该核对模块将其与原已存放在网络上的综合信息进行核对。随着企业报告需求的多样化，综合信息审计也将日趋复杂。特别是企业财务共享中心的发展，给审计带来新的机遇与挑战，我们需要及时关注并持续学习。

第二节　审计软件与计算机审计过程

一、审计软件及其分类

审计软件是为利用计算机辅助审计而编写的计算机程序及其相关文档。一般来说，审计软件应当具备以下功能：资料管理的功能、文档编辑的功能、表格处理的功能、读取和组织数据的功能、验证的功能、绘图的功能、抽样的功能、专家系统的功能。在这些功能中，可能会因具体的审计软件不同而产生功能上的差异。

从来源上看，审计软件的来源可以有购买通用软件、自行开发或购买专用软件等形式，也可以借用会计软件辅助审计，即审计人员借用被审企业的会计软件中的查询、打印功能。

通常，人们根据审计软件的通用程度不同，将其划分为通用审计软件和专用审计软件。其中通用审计软件是根据经济业务的共性设计的适用于对多类或多数计算机信息系统审计的计算机程序，一般由大型的会计师事务所或软件公司开发的，功能齐全，成本也较高。专用审计软件是指为特定被审计的信息系统或为执行特定审计任务而设计的计算机程序，在某些方面挖掘得更深入，但不同的专用软件可能存在着兼容问题。

二、计算机审计过程

从现有文献和我们所调查的审计实践来看，审计人员所进行的计算机审计工作的基本程序与普通审计的过程并无明显差异。基本上也可以将整个过程概括为准备、实施和终结三个主要阶段。为了便于会计人员了解审计人员在进行计算机审计过程中所经历的基本过程，发现其中的细微差异，以便更好地配合审计人员工作，我们这里对计算机审计过程或步骤做了一些粗略的整理，以一个简略的图示（图 3－1）表述如下。

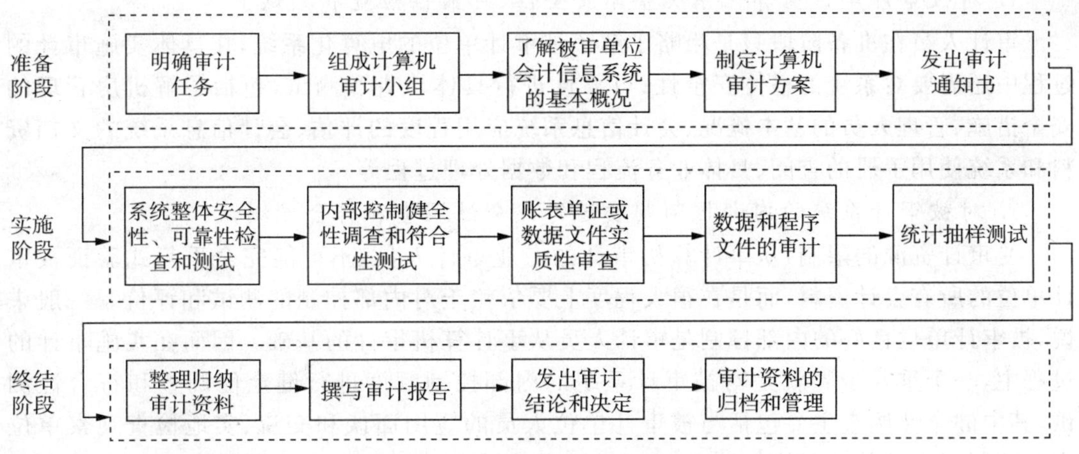

图 3-1　计算机审计过程

(一)计算机审计准备

计算机审计的准备阶段是整个审计程序的重要环节,也是整个审计过程的基础阶段,全面、具体、细致的准备工作不仅为接下来的实施阶段创造了一个良好的开端,也为整个计算机审计阶段奠定了基础。

(1)明确审计任务。每次审计都应该明确具体的任务,以便有一个目标,完成的过程中也便于检查和考核。计算机审计过程也不例外,每次都要有明确而又具体的审计任务。

(2)组成计算机审计小组。人员是完成审计任务的保障,计算机审计的专业性和技术性都比较强,为此,需要抽调懂技术的专业人员组成审计小组,在这过程中需要考虑小组成员的特长,进行合理的人员配置,以达到良好的实际效果。比如有的审计人员对某种特定的会计信息系统软件较为熟悉,有的审计人员对某种特定的审计软件较为熟练等。

(3)了解被审计单位会计信息系统的基本概况。在审计小组成立以后,需要指派专人对被审计单位的会计信息系统基本概况作粗略的了解,比如当前所使用的会计软件的品牌、版本,采用什么类型的数据库;系统的集成状况;具体模块的使用情况;所采取的安全、备份等保障措施等。

(4)制定计算机审计方案。根据具体了解的会计信息系统基本情况和被审计单位其他信息资料,组织人员进行讨论,归纳出被审计系统的特点和重点,制定较为切实可行的计算机审计方案,形成对具体审计过程的指导。

(5)发出审计通知书。

(二)计算机审计实施

在完成了所有准备阶段工作之后,就要进入具体的审计实施过程。应该说,有些过程与手工审计过程极为类似,其主要差别就在于计算机审计需要充分考虑计算机会计信息系统的特点,强调内部控制的审查和评价。在这个过程中所要做的具体工作主要包括以下方面。

1. 对被审计单位电算化系统整体安全性、可靠性检查和测试

审计人员在准备阶段只是粗略了解了被审计单位的电算化系统，在具体实施审计的过程中还需要对系统的整体安全性、可靠性进行具体检查和测试，包括了解机房管理的安全措施、管理人员的基本概况、会计信息系统应用程度的评估、会计信息系统的文档资料和系统使用手册的查阅、具体业务流程和数据处理过程等。

2. 对被审计系统的内部控制制度进行健全性调查和符合性测试

受审计资源的限制，从事计算机审计的专业审计人员，不可能完全重复式验证被审计单位的所有会计资料，而是在很大程度上要依赖于对内部控制的测试和评价。一般来说，被审计单位良好的内部控制是审计人员从事计算机审计的基础。因而在实施审计的过程中，一个重要步骤就是对被审计系统的内部控制制度进行健全性调查和符合性测试，其中健全性调查主要包括与被审计单位人员的应用面谈和交流、实地检查观察单位内部控制制度及其监督执行情况、发放内部控制情况调查表进行书面调查。深入审查确定哪些一般控制和应用控制在实际工作中发挥着作用，因而是可以依赖的；揭示出一般控制的弱点和对应用控制的影响；考虑应用控制的弱点和对符合性测试的影响；确定需要进行符合性测试的一般控制点和应用控制点。

在这些测试点被确定以后就需要具体开展符合性测试工作。因而，所谓符合性测试是在对被审计企业的电算化会计信息系统的内部控制制度进行初步了解和评价以后，如果审计人员认为所评价的内部控制制度良好，或者尽管存在一些弱点但总体上尚好，可以予以依赖时，审计人员应该进一步对内部控制制度的执行情况进行评价。这项工作的目标是寻找证据确定计算机会计信息系统内部控制制度是否在发挥作用，以及实际存在的控制制度是否可以信赖。在测试过程中，审计人员除了可以继续使用之前手工审查中获得的资料外，要将工作的重点放在使用计算机辅助收集证据和验证在审计计划中已经提出的各项控制制度是否可以依赖。比如可以利用计算机开展会计软件的维护控制测试、数据输入的有效性测试、数据输入的准确性测试等。在测试过程中可以采用的测试方法很多，有模拟数据测试法、审计软件重新处理业务法、随机抽样测试法等。

3. 对账表单证或数据文件进行实质性审查和测试

审计人员根据计算机审计方案对账表单证或数据文件进行实质性审查和测试。测试的目标是取得充分的证据，使审计人员能够判断出会计信息系统在一些重大方面是否偏离了公允性目标，还存在哪些弱点？从理论上看，这种实质性测试主要包括以下几种类型：出错处理测试、数据质量测试、数据一致性测试、实物盘点与会计信息系统中的数据比较测试、利用外部数据资源对会计信息系统内的数据进行测试、分析性检查测试。审查和测试的内容主要包括以下方面。

(1)检查会计信息系统的输入(联机数据获取)环节，数据是否真实、完整、正确、可靠，有无必要的校验措施？

(2)检查电算化系统的处理环节，数据的来源是否正确，处理的逻辑是否正确、有效，处理的结果是否符合要求？

(3)检查电算化系统的输出环节，输出的内容是否正确，形式是否满足要求，输出信息的传送是否有必要的控制措施？

4. 利用计算机辅助的方式参与对数据和程序文件的审计

计算机审计与手工审计不同的是被审计单位大量数据资料是存放在磁性载体之上的。按照修订后的《会计档案管理办法》,进行会计档案管理,对于通过计算机等电子设备形成、传输和存储的电子会计档案,其特殊性还是值得人们重视的,主要是所有磁性(电子)信息必须通过计算机才可读,即使是打印在纸质介质之上的会计资料的数据来源是基于存放在磁性介质之上的会计信息系统。为此,我们把利用计算机辅助的方式参与对数据和程序文件的审计作为计算机审计的重要步骤之一。当然,还有一方面考虑就是计算机处理速度快,可以在一定程度上节约审计资源。

5. 利用计算机辅助进行统计抽样等方法的使用

抽样的方法是审计工作中的重要方法之一,在计算机审计过程中,恰当利用计算机辅助方式进行统计抽样,可以使审计工作的效率更高、效果更好。当然对审计人员的要求更高一些,审计人员需要能够熟练操作那些具有统计功能的审计软件或专用统计抽样软件。

(三)计算机审计终结

(1)整理归纳审计资料:在完成了实际的计算机审计实施阶段的工作之后,需要对整个审计过程中涉及的资料作必要的梳理、整理和归纳,以形成一份详细的审计资料。这项工作既是对审计工作的检查也是必要的总结,可为以后的审计工作提供必要的指导和借鉴。

(2)撰写审计报告:撰写审计报告是计算机审计的一个关键环节。毕竟,在经历了上述审计过程之后,审计小组已经获取了相关的审计证据,形成了对各个审计子项目的初步评价,但这些证据和评价基本上还是比较分散的,不能系统地反映审计项目的全貌。为此,还需要将各个审计小组成员所收集的审计证据和初步评价结果进行综合,筛选出其中的重要证据和主要问题,并将这些问题和证据作为重点进行综合评价,在与被审计单位沟通的基础上,根据委托人的要求编制客观公正的审计报告和管理建议书。

(3)发出审计结论和决定:根据审计报告内容,给被审计单位发出审计结论和决定。

(4)审计资料的归档和管理:审计档案建设是审计管理的重要环节,及时进行审计资料的归档和管理,不仅是档案建设的需要,也是为今后审计工作提供一份可以借鉴或参考的资料。审计档案提供的信息不仅有利于跟踪检查审计决定的执行、进行复审、开展后续审计或再次审计工作,而且对汇总、分析和及时提供审计信息以便为宏观管理服务,总结和推广审计经验,对在诉讼或争议中证实审计人员工作的合法性、合规性都起着重要作用。

本章小结

信息技术的发展对审计有着深刻的影响。计算机审计涉及信息系统的整个生命周期,不仅是一个技术问题,更是一个管理问题。计算机审计是一种随着计算机技术发展而不断创新的一种新的审计方式。这种审计方式是一项以审计目标为导向,以计算机及

其信息技术为支撑，以法律法规为保障，辅助实现审计管理信息化的系统工程。计算机审计的一般方法主要有绕过计算机审计、通过计算机审计、利用计算机审计。我们主张审计人员丰富自身的知识和技能，将计算机及其网络作为审计工作中不可或缺的工具。

从缘起背景看，审计线索的变化、内部控制上的变化、审计内容的改变等对计算机审计的产生有着直接而重要的影响。从理论基础看，传统审计成为计算机审计架构理论框架和基本方法的基础，信息系统管理科学形成计算机审计创新的方法论基础，计算机科学成为计算机审计应用技术的源泉，行为科学成为计算机审计的行为基础。

计算机审计的主要目标就要在保证会计信息系统的数据的安全性、有效性、可靠性等方面下大力气、有大作为、见大成效。实务中，计算机审计存在诸多难点与重点，如会计软件的多样化，信息技术发展又增加了审计困扰，明细和综合信息成为未来审计的重点。

审计软件是为利用计算机辅助审计而编写的计算机程序及其相关文档。从来源上看，有购买通用软件、自行开发或购买专用软件等形式，也可以借用会计软件辅助审计，即审计人员借用被审企业的会计软件中的查询、打印功能。

计算机审计过程包括准备、实施和终结三个主要阶段。其中计算机审计的准备阶段是整个审计程序的重要环节，也是整个审计过程的基础阶段。

【复习思考题】

1. 你认为计算机审计策略有哪些？

2. 你对计算机审计的重点与难点怎么看？

3. 谈谈你对计算机审计的理论基础的认识。

4. 你是如何理解“计算机审计”这个概念的？

5. 什么是审计软件？常见的审计软件有哪些？以一个审计软件为例谈谈你对审计软件基本功能的认识。

6. 你认为会计信息系统与审计信息系统的关系如何？

7. 你认为信息技术的发展对审计方法有哪些影响？

8. 黎明有限公司近几年来发展十分迅速。为了与此相适应，公司刚刚改手工会计系统为实行会计电算化系统。

请问：(1)这种改变对审计人员的工作方式有何影响？

(2)哪些控制是你希望在计算机控制的系统中看到的？

9. 金光有限公司是一家大型的批发和零售企业，拥有近千种不同的存货项目。为改进控制程序，公司选用计算机来执行存货控制，并将所有存货记录存储在磁盘上。该系统有12个分布在公司各处的远程终端，员工可以使用这些终端读取有关存货现状的数据。当存货发生流动时，存货记录的更新也同样通过这些远程终端操作执行。

请问：(1)如果你是金光有限公司的审计人员，应用新的计算机系统会对你审计存货的方法产生何种影响？

(2)请简要列出在开发出新的审计电算化存货控制系统的程序之前，你会采取的措施。

10. 现在的财务软件，有很多建立了往来、固定资产、存货、成本、工资等模块，这样有利于财务的使用和管理，但是对于审计软件来说，这些好像都是弱点，这部分内容如何利用计算机进行辅助审计呢？（提示：①应该利用会计软件数据库，通过数据接口提取所需数据。②提取后台数据库，转换成电子表格文件，利用电子表格的分类筛选以及审计人员的经验和分析能力，共同完成审计项目）

第四章 审计目标、审计证据与审计工作底稿

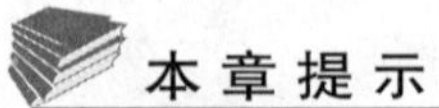

本章提示

学习目标 本章学习有助于学生掌握审计证据的概念与分类；审计证据的充分性和适当性；审计证据的取证方法；函证内容；分析程序；审计工作底稿的含义、作用及其性质；审计工作底稿的基本内容、编制要求；审计工作底稿的复核程序，以及归档管理。

重要概念 审计目标；管理层认定；审计证据；审计证据的充分性；审计证据的适当性；审计证据的相关性；审计证据的可靠性；审计程序；函证；分析程序；审计工作底稿

引 例

一、“琼民源”公司大事记

海南民源现代农业发展股份有限公司，1988 年 7 月在海口注册成立。1992 年 9 月，在全国证券交易自动报价(STAQ)系统中募集法人股 3 000 万股，实收股本 3 000 万元。1993 年 4 月 30 日，以“琼民源 A 股”的名义在深圳上市，成为当时在深圳上市的 5 家异地企业之一。上市后的第二年，公司便开始走下坡路，经营业绩不佳，其股票无人问津。在 1995 年公布的年报中，“琼民源”每股收益不足 1 厘，年报公布日(1996 年 4 月 30 日)其股价仅为 3.65 元。从 1996 年 7 月 1 日起，“琼民源”的股价以 4.45 元起步，在短短几个月内股价已经蹿升 20 倍，也创造了 1996 年中国股市神话中的一匹“黑马”。

1997 年 1 月 22 日，“琼民源”公司率先公布 1996 年年报。年报赫然显示：“琼民源” 1996 年每股收益 0.867 元，净利润比上年同比增长 1290.68 倍，分配方案为每 10 股转送 9.8 股；年报一公布，“琼民源”股价便赫然飙升至 26.18 元；股市掀起了一阵不小的波动。为了消除一些股民对公司短短一年所取得业绩的质疑，“琼民源”公司两次登报声明，进一步说明公司年报的正确性，同时，对“琼民源”年报进行审计的海南中华会计师事务所也公开站出来，在媒体上表示报表的真实性不容置疑。

然而，经过 1997 年 2 月 28 日罕见的、巨大的成交量之后，证交所突然宣布：“琼民源”公司于 3 月 1 日起停牌。被“琼民源”股票牢牢套住的众多中小投资者经过一年多的等待，终于在 1998 年 4 月 29 日等来了中国证监会对“琼民源”一案的处理决定。中国证监会对“琼民源”公司、会计师事务所以及相关机构作出了行政处罚。1998 年 11 月 12 日，北京市第一中级人民法院也对此案作出了一审判决，追究直接责任人的刑事责任。

二、对“琼民源”公司案例的审计反思:审计证据的缺失

首先,巨额利润令人疑惑。“琼民源”公司报表显示,公司1996年利润总额和净利润分别较1995年增长了848倍和1 290倍。

其次,巨额资本公积令人疑惑。公司新增加的6.57亿的资本公积是从何而来的呢?年报在资本公积一栏这样写道:“资本公积增加的原因可参阅对本期数与上期数比较超过30%的解释。”然而在之后的“对本期数与上期数比较变化”的解释中,却只字不提资本公积。

尽管“琼民源”的有关人员在这一案例中难逃责任,而作为对“琼民源”年报进行审计的海南中华会计师事务所和出具资产评估报告的海南大正会计师事务所同样负有不可推卸的责任。因为,面对“琼民源”1996年年报中利润和资本公积如此大幅度的增加,具有审计专业知识的注册会计师应该足够注意,保持应有的职业谨慎。但事实是,注册会计师不但没有重视,相反,在众多投资者对于“资本公积”等项目提出疑问的情况下,海南中华会计师事务所还站出来为“琼民源”公司辩护,声称“报表的真实性不容置疑”。

按照独立审计准则的规定,对财务报表进行审计时,除了采用检查、观察、询问、函证、重新执行等取证方法外,还应遵循最常用的分析程序。如果“琼民源”案中的注册会计师能够按照独立审计准则的要求,对异常变动的“资本公积”等项目进行计划和实施实质性程序,并取得能够说明异常变动原因的可靠证据,或者认真检查资本公积账户增加的相关会计记录和原始凭证,审核对资产评估是否经有关部门批准、估价方法是否合规,然后再发表有关声明,就不会出现上述严重后果。

三、案例思考和讨论

1. 注册会计师获得审计证据的方法有哪些?审计证据有哪些类型?

2. 结合本案例,怎么理解用分析程序获取审计证据?

3. 如何理解被审计单位内部控制较好时所形成的内部证据比内部控制较差时形成的内部证据要可靠?

审计目标在一定历史环境下,审计主体通过审计实践活动所期望达到的境地或最终结果,它体现了审计的基本职能,是构成审计理论结构的基石,是整个审计系统运行的定向机制,是审计工作的出发点和落脚点。审计证据是审计理论的核心概念之一,要实现审计目标,注册会计师只有在掌握充分、适当的审计证据的前提下,才有可能形成具有可信性的审计结论和审计意见。收集、整理和分析审计证据的过程,也就是工作底稿的编制过程。审计工作底稿的全部内容,是注册会计师形成审计结论和审计意见的直接证据。

第一节 审计目标

一、审计总目标

作为一种特殊的人类行为活动,审计应具有明显的、特殊的目的、目标,否则,它将毫无存在的价值。严格说来,在汉语词意上,“目的”与“目标”是有区别的。目的具有全局

性与长期性，而目标具有局部性和阶段性，目的统驭着目标，每一个具体目标的实现即是目的在一定程度上的实现。而在会计、审计理论研究上，“目的”与“目标”的运用往往并不要求严格区分，本书对“目的”与“目标”的运用也不作严格区别。审计的本质目标是确保受托经济责任的全面有效履行。中国注册会计师财务报表审计的总目标是：注册会计师通过执行审计工作，对财务报表是否按照适用的会计准则和相关会计制度的规定编制、是否在所有重大方面公允反映被审计单位的财务状况、经营成果和现金流量发表审计意见。为了实现这一审计目标，注册会计师应当严格遵守审计一般流程，合理、审慎地运用风险评估程序、控制测试和实质性程序等基本审计程序。

审计目标分为审计的总体目标和具体审计目标。审计的总体目标是指注册会计师为完成整体审计工作而达到的预期目的。具体审计目标是指注册会计师通过实施审计程序以确定管理层在财务报表中确认的各类交易、账户余额、披露层次认定是否恰当。注册会计师在了解每个项目的认定后，就很容易确定每个项目的具体目标。

在执行财务报表审计工作时，注册会计师的总体目标如下。

(1)对财务报表整体是否不存在由于舞弊或错误导致的重大错报获取合理保证，使得注册会计师能够对财务报表是否在所有重大方面按照适用的财务报告编制基础编制发表审计意见。

(2)按照审计准则的规定，根据审计结果对财务报表出具审计报告，并与管理层和治理层沟通。

在任何情况下，如果不能获取合理保证，并且在审计报告中发表保留意见也不足以实现向预期使用者报告的目的，注册会计师应当按照审计准则的规定出具无法表示意见的审计报告，或者在法律法规允许的情况下终止审计业务或解除业务约定。

注册会计师是否按照审计准则的规定执行了审计工作，取决于注册会计师在具体情况下实施的审计程序，由此获取的审计证据的充分性和适当性，以及根据总体目标和对审计证据的评价结果而出具审计报告的恰当性。

审计准则作为一个整体，为注册会计师执行审计工作以实现总体目标提供了标准。审计准则规范了注册会计师的一般责任以及在具体方面履行这些责任时的进一步考虑。每项审计准则都明确了规范的内容、适用的范围和生效的日期。在执行审计工作时，除遵守审计准则外，注册会计师可能还需要遵守法律法规的规定。

每项审计准则通常包括总则、定义、目标、要求(在审计准则中，对注册会计师提出的要求以“应当”来表述)和附则。总则提供了与理解审计准则相关的背景资料。每项审计准则还配有应用指南。每项审计准则及应用指南中的所有内容都与理解该项准则中表述的目标和恰当应用该准则的要求相关。应用指南对审计准则的要求提供了进一步解释，并为如何执行这些要求提供了指引。应用指南提供了审计准则所涉及事项的背景资料，更为清楚地解释审计准则要求的确切含义或所针对的情形，并举例说明适合具体情况的程序。应用指南本身并不对注册会计师提出额外要求，但与恰当执行审计准则对注册会计师提出的要求是相关的。

每项审计准则均包含一个或多个目标，这些目标将审计准则的要求与注册会计师的总体目标联系起来。每项审计准则规定目标的作用在于，使注册会计师关注每项审计准则预期实现的结果。这些目标足够具体，可以帮助注册会计师：①理解所需完成的工作，以及在必要时为完成这些工作使用的恰当手段；②确定在审计业务的具体情况下是否需要完成更多的工作以实现目标。注册会计师需要将每项审计准则规定的目标与总体目标联系起来进行理解。

注册会计师需要考虑运用“目标”决定是否需要实施追加的审计程序。审计准则的要求，旨在使注册会计师能够实现审计准则规定的目标，进而实现注册会计师的总体目标。因此，注册会计师恰当执行审计准则的要求，预期能为其实现目标奠定基础。然而，由于各项审计业务的具体情况存在很大差异，并且审计准则不可能预想到所有的情况，注册会计师有责任确定必要的审计程序，以满足准则的要求和实现目标。针对某项业务的具体情况，可能存在一些特定事项，需要注册会计师实施审计准则要求之外的审计程序，以实现审计准则规定的目标。

在注册会计师的总体目标下，注册会计师需要运用审计准则规定的目标以评价是否已获取充分、适当的审计证据。如果根据评价的结果认为没有获取充分、适当的审计证据，那么注册会计师可以采取下列一项或多项措施：①评价通过遵守其他审计准则是否已经获取或将会获取进一步的相关审计证据；②在执行一项或多项审计准则的要求时，扩大审计工作的范围；③实施注册会计师根据具体情况认为必要的其他程序。如果上述措施在具体情况下均不可行或无法实施，注册会计师将无法获取充分、适当的审计证据。在这种情况下，审计准则要求注册会计师确定其对审计报告或完成该项业务的能力的影响。

审计目标体现了审计的基本职能，其本质是确保受托经济责任的全面有效履行。所谓“全面”，是指全面履行“行为责任”与“报告责任”，包括行为责任与报告责任的各项内容；所谓“有效”，是指每一项责任都必须得到切实履行，都要真正符合要求。上述“行为责任”包括以下内容。

(1)保全责任。即要求受托人在经管过程中必须保证受托经济资源的安全完整，尽可能防止错弊行为的发生。

(2)遵纪守法责任。即要求经管行为必须符合有关法律、法令、制度、指令、方针(政策)、预算(计划)、合同与程序等，尽可能防止贪污盗窃等违法、违规和违纪行为的发生。

(3)节约责任。即受托经济资源的经营管理必须符合勤俭节约原则的要求，尽可能防止和减少损失和浪费的发生。

(4)效率责任。它要求受托经济资源的运用必须具有效率，尽可能以较少或同样的投入获得更多的产出，杜绝无效率行为的发生。

(5)效果责任。它要求经管行为应该或必须为全面实现各项计划、预算或预期经营目标服务，杜绝无效果行为的发生。

(6)社会责任。它要求经管行为必须符合社会需求和社会整体利益并为社会作贡献，尽可能消除或减少其对社会的不良影响，如失业、环境污染、劣质商品与服务等。

(7)控制责任。即要求建立严密的控制结构(系统)并对经管行为及其过程施加有效控制。

上述“报告责任”包括以下内容。

(1)设计能反映行为责任内容的完整的报告体系,即受托经济责任报告体系。

(2)按特定要求编报这些报告以说明行为责任之履行状况。

因此,报告责任的主要内容就是按照公允性的要求编报财务报表。现行的受托经济责任报告体系只有财务会计报告一类,由于它只反映了保全责任的财务方面,即财务状况、经营成果和现金流量之变化,对责任的报告显得过于狭窄,这种报告体系的改革已势在必行!

小提示

《审计准则说明书第5号》(SASNO.5)在解释"公允性"或"公允表达"(Fair Presentation)的含义时认为:公允性只有联系公认会计原则才富有意义,审计师对公允表达表示正面意见意味着对财务报表下列质量特征所持的一种信念或信任:①所选择和运用的会计原则得到普遍接受;②会计原则切合实际;③财务报表,包括其注释的内容反映了影响使用、理解和解释财务报表的重大事项;④财务报表中反映的信息已作合理分类、汇总,即详略得当;⑤财务报表在可接受限定范围内对财务状况、经营成果和财务状况之变化所作的表达反映了基本事实与交易。由此可见,"公允性"的含义十分丰富,它包含:公认性、客观性、重大性、合理性或妥当性、可靠性等。显然,这是一个广义的综合性的概念,说明财务报表应当具备多种质量特征。

二、管理层认定与具体审计目标

管理层认定与具体审计目标密切相关,注册会计师的基本职责就是确定被审计单位管理层对财务报表的认定是否恰当。注册会计师了解认定,就是要确定每个项目的具体审计目标。

(一)管理层认定

管理层认定,是指管理层在财务报表中作出的明确或隐含的表达,注册会计师将其用于考虑可能发生的不同类型的潜在错报。通过考虑可能发生的不同类型的潜在错报,注册会计师运用认定评估风险,并据此设计审计程序以应对评估的风险。

当管理层声明财务报表已按照适用的财务报告编制基础编制,在所有重大方面作出公允反映时,就意味着管理层对各类交易和事项、账户余额以及披露的确认、计量和列报作出了认定。管理层在财务报表上的认定有些是明确表达的,有些则是隐含表达的。例如,管理层在资产负债表中列报存货及其金额,意味着作出下列明确的认定:①记录的存货是存在的;②存货以恰当的金额包括在财务报表中,与之相关的计价或分摊调整已恰当记录。同时,管理层也作出下列隐含的认定:一是所有应当记录的存货均已记录,二是记录的存货都由被审计单位所有。

对于管理层对财务报表各组成要素作出的认定,注册会计师的审计工作就是要确定管理层的认定是否恰当。

在审计期间,关于各类交易、事项及相关披露的认定通常分为下列类别。

(1)发生:记录或披露的交易和事项已发生,且这些交易和事项与被审计单位有关。

(2)完整性:所有应当记录的交易和事项均已记录,所有应当包括在财务报表中的相关披露均已包括。

(3)准确性:与交易和事项有关的金额及其他数据已恰当记录,相关披露已得到恰当计量和描述。

(4)截止:交易和事项已记录于正确的会计期间。

(5)分类:交易和事项已记录于恰当的账户。

(6)列报:交易和事项已被恰当地汇总或分解且表述清楚,相关披露在适用的财务报告编制基础下是相关的、可理解的。

在期末,关于账户余额及相关披露的认定通常分为下列类别。

(1)存在:记录的资产、负债和所有者权益是存在的。

(2)权利和义务:记录的资产由被审计单位拥有或控制,记录的负债是被审计单位应当履行的偿还义务。

(3)完整性:所有应当记录的资产、负债和所有者权益均已记录,所有应当包括在财务报表中的相关披露均已包括。

(4)准确性、计价和分摊:资产、负债和所有者权益以恰当的金额包括在财务报表中,与之相关的计价或分摊调整已恰当记录,相关披露已得到恰当计量和描述。

(5)分类:资产、负债和所有者权益已记录于恰当的账户。

(6)列报:资产、负债和所有者权益已被恰当地汇总或分解且表述清楚,相关披露在适用的财务报告编制基础下是相关的、可理解的。

注册会计师可以按照上述分类运用认定,也可按其他方式表述认定,但应涵盖上述所有方面。例如,注册会计师可以选择将关于各类交易、事项及相关披露的认定与关于账户余额及相关披露的认定综合运用。又如,当发生和完整性认定包含了对交易是否记录于正确会计期间的恰当考虑时,就可能不存在与交易和事项截止相关的单独认定。

(二)具体审计目标

注册会计师为了评估重大错报风险以及设计和实施进一步审计程序,需要在明确审计总目标、了解被审计单位管理层认定的基础上,进一步确定每个项目的具体审计目标。

1. 与所审计期间各类交易、事项及相关披露相关的审计目标

(1)发生。由发生认定推导的审计目标是确认已记录的交易是真实的。例如,企业在购货(或销售)日记账中记录了一笔并未发生的采购(或销售)业务,则违反了该目标。发生认定主要所要解决的问题是管理层是否将那些未曾发生的项目列入财务报表,它主要与财务报表组成要素的高估有关。

(2)完整性。由完整性认定推导的审计目标是确认已发生的交易确实已经记录。例如,企业如果实际发生了购货(或销售)交易,但没有在购货(或销售)明细账和总账中予以记录,则违反了该目标。发生和完整性两者强调的是相反的关注点。发生目标针对潜在的高估,而完整性目标则针对漏记交易(低估)。

(3)准确性。由准确性认定推导的审计目标是确认已记录的交易是按正确金额反映的。例如,如果在销售交易中,发出商品的数量与账单上的数量不符,或是开账单时使用了错误的销售价格,或是账单中的乘积或加总有误,或是在销售明细账中记录了错误的

金额，则违反了该目标。

准确性与发生、完整性之间存在区别。例如，若已记录的销售交易是不应当记录的（如发出的商品是寄销商品），则即使发票金额是准确计算的，仍违反了发生目标。再如，若已入账的销售交易是对正确发出商品的记录，但金额计算错误，则违反了准确性目标，没有违反发生目标。在完整性与准确性之间也存在同样的关系。

(4)截止。由截止认定推导的审计目标是确认接近于资产负债表日的交易记录于恰当的期间。例如，企业故意将本期交易推迟到下期记录，或将下期交易提前到本期入账，均属违反了截止目标。

(5)分类。由分类认定推导的审计目标是确认被审计单位记录的交易经过适当分类。例如，将现销记录为赊销，将出售经营性固定资产的收入记录为营业收入，就属交易分类错误，违反了分类目标。

(6)列报。由列报认定推导出的审计目标是确认被审计单位的交易和事项已被恰当地汇总或分解且表述清楚，相关披露在适用的财务报告编制基础下是相关的、可理解的。

2. 与期末账户余额及相关披露相关的审计目标

(1)存在。由存在认定推导的审计目标是确认记录的金额确实存在，例如，企业在应收账款明细表中列入了实际并不存在的某顾客的应收账款，就违反了存在性目标。

(2)权利和义务。由权利和义务认定推导的审计目标是确认资产归属于被审计单位，负债属于被审计单位的义务。例如，将他人寄售商品列入被审计单位的存货中，违反了权利目标；将不属于被审计单位的债务记入账内，则违反了义务目标。

(3)完整性。由完整性认定推导的审计目标是确认已存在的金额均已记录。例如，如果存在某顾客的应收账款，在应收账款明细表中却没有列入对该顾客的应收账款，则违反了完整性目标。

(4)准确性、计价和分摊。资产、负债和所有者权益以恰当的金额包括在财务报表中，与之相关的计价或分摊调整已恰当记录，相关披露已得到恰当计量和描述。

(5)分类。资产、负债和所有者权益已记录于恰当的账户。

(6)列报。资产、负债和所有者权益已被恰当地汇总或分解且表述清楚，相关披露在适用的财务报告编制基础下是相关的、可理解的。

通过上面介绍可知，管理层认定是确定具体审计目标的基础。注册会计师通常将认定转化为能够通过审计程序予以实现的审计目标。针对财务报表每一项目所表现出的各项认定，注册会计师相应地确定一项或多项审计目标，然后通过执行一系列审计程序获取充分、适当的审计证据以实现审计目标。

管理层认定、审计目标和审计程序之间的关系举例如表4－1所列。

表4－1　管理层认定、审计目标和审计程序之间的管理举例

管理层认定	审计目标	审计程序
存在	资产负债表列示的存货存在	实施存货监盘程序
完整性	销售收入包括了所有已发货的交易	检查发货单和销售发票的编号以及销售明细账

（续表）

管理层认定	审计目标	审计程序
准确性	销售业务是否基于正确的价格和数量，计算是否准确	比较价格清单与发票上的价格、发货单与销售订购单上的数量是否一致，重新计算发票上的金额
截止	销售业务记录在恰当的期间	比较上一年度最后几天和下一年度最初几天的发货单日期与记账日期
权利和义务	资产负债表中的固定资产确实为公司所有	查阅所有权证书、购货合同、结算单和保险单
准确性、计价和分摊	以净值记录应收账款项	检查应收账款账龄分析表、评估计提的坏账准备是否充足

资料来源：中国注册会计师协会．审计[M]．北京：中国财政经济出版社，2021.

第二节　审计证据

一、审计证据的概念

所谓审计证据，是指注册会计师为了得出审计结论、形成审计意见而使用的所有信息，包括财务报表依据的会计记录中含有的信息和其他信息。对于该定义可以从以下四个方面加以理解。

(1)范围。审计证据的收集涉及整个审计过程，它们主要来源于被审计单位的财务报表依据的会计记录中含有的信息。会计记录包括被审计单位内部生成的手工或电子形式的资料，主要包括：原始凭证、记账凭证、总分类账和明细分类账、未在记账凭证中反映的对财务报表的其他调整，以及支持成本分配、计算、调节和披露的手工计算表和电子数据表，这些都是注册会计师执行财务报表审计业务所需获取的审计证据的重要部分。由于它们通常是电子数据，因而要求注册会计师对内部控制予以充分关注，以获取具有真实性、准确性和完整性的记录。此外，会计记录也可以包括从与被审计单位进行交易的其他企业收到的相关资料，主要包括：销售发运单和发票、顾客对账单以及顾客的汇款通知单；附有验货单的订购单、购货发票和对账单；考勤卡和其他工时记录、工薪单、个别支付记录和人事档案；支票存根、电子转移支付记录、银行存款单和银行对账单；合同记录；分类账账户调节表。注册会计师在获取这些资料作为审计证据时，应根据其来源和被审计单位内部控制的相关强度，判断其信赖程度。

会计记录中含有的信息本身并不足以提供充分的审计证据作为对财务报表发表审计意见的基础，注册会计师还应当获取用作审计证据的其他信息。可用作审计证据的其他信息包括：注册会计师从被审计单位内部或外部获取的会计记录以外的信息，通过询问、观察和检查等审计程序获取的信息，以及自身编制或获取的可以通过合理推断得出结论的信息。

(2)相关性。审计证据是为实现审计目标的要求而归集的，因而它必须与审计目标紧密相关，注册会计师应当获取充分、适当的审计证据，以得出合理的审计结论，作为形成审计意见的基础。

(3)客观性。审计证据并非审计人员主观臆造的产物，而是对被审计单位经济活动及属性的客观描述和真实反映。

(4)职业判断。审计证据在其收集、评价及综合各个环节，必须经由注册会计师进行科学的合理的审查，对证据是否相关，是否真实可靠作出职业判断。

必要审计证据的性质与范围取决于注册会计师对何种证据与实现审计目标相关作出的职业判断。这种判断受到重要性评估水平、与特定认定相关的审计风险、总体规模以及影响账户余额的各类经常性或非经常性交易的影响。

注册会计师获取不同来源和不同性质的审计证据，很少是绝对的，从性质上来看反而是说服性的，并能佐证会计记录中所有记录信息的合理性。因此在确定报表公允表达时，注册会计师最终评价的正是这种累计的审计证据。注册会计师将不同来源和不同性质的审计证据综合起来考虑，这样能够反映出结果的一致性，从而佐证会计记录中记录的信息。如果审计证据不一致，而且这种不一致可能是重大的，注册会计师应当扩大审计程序的范围，直到不一致得到解决，并针对账户余额或各类交易获得必要保证。

二、审计证据的分类

从不同角度对审计证据进行分类，能深刻地把握审计证据的本质，提高审计证据收集的效率，保证审计证据评价的质量。

(一)按审计证据的外形特征分类

审计证据按照外形特征，可以分为实物证据、书面证据、口头证据、环境证据和视听证据。

1. 实物证据

实物证据是指通过实际观察或清点所取得的、用以验证某项实物资产是否实际存在的一类证据。库存现金、有价证券、各种存货和固定资产等资产的审计，都需要获取相关的实物证据，以证明其确实存在，实物证据具有高度可靠性和极强证明力。但实物证据也只能证明某些资产确实存在，并不能据此确定被审计单位是否具有所有权，也无法保证实物资产的质量和价值状况。现金盘点表、存货监盘记录、固定资产账实核对的相关记录都属于实物证据。

2. 书面证据

书面证据是指注册会计师所获取的各种以书面文件为形式的一类证据。各种书面记载的信息资料均有可能成为注册会计师取证的对象，它包括与审计有关的各种原始凭证、记账凭证、会计账簿以及各种明细表和各种会议记录、文件、合同、通知书、报告书及函件等。在审计过程中，注册会计师往往要大量地获取和利用书面证据。因此，书面证据是审计证据的主要组成部分。

3. 口头证据

口头证据也称言词证据，是指被审计单位职员或其他有关人员根据注册会计师的要求所作的说明、答复等口头陈述形成的一类证据。在一般情况下，由于口头证据往往掺杂着作证者的主观成分，因此不如实物证据和书面证据可靠。但是，如果不同人员对同一问题的口头陈述相同时，口头证据的可靠性则较强。对于重要的口头证据，注册会计师应进行书面记录，必要时还应由被询问者签字以示认可。口头证据本身并不足以证明事情的真相，不能独立认证审计结论，然而注册会计师往往可以通过口头证据发现一些重要的审计线索，有利于继续深入地调查，以搜集其他更为可靠的证据。

4. 环境证据

环境证据也称状况证据，是指对被审计单位经济活动产生影响的各种环境事实，具体包括：①内部控制情况。如果被审计单位的内部控制措施是通过精心设置的，并且在日常业务中又得到一贯执行，则在相当程度上为会计资料的可靠性程度提供了强有力的证据；否则，缺乏良好的自动核对和相互牵制力量，往往潜藏着更多未被预防或纠正的错报、漏报。与此同时，内部控制制度的健全和有效程度还制约着其他方式收集证据的数量，内部控制越健全，其他方式收集的证据就可减少一些。②管理人员的素质。被审计单位管理人员（包括会计人员）的素质越高，其所提供的证据的可靠性越强。衡量管理人员的素质，可以从其受教育程度、工作经验、工作态度等多个方面进行综合评价。③管理条件和管理水平。被审计单位的管理条件和管理水平也会影响到其所提供的证据的可靠程度。例如，一般情况下，会计信息系统实行得较为完善的企业，其凭证和账簿记录出现计算差错的可能性要小于手工记账的企业。由此可见，各种环境证据，尽管不像实物证据、书面证据那样具有直接证明相关事项的特点，但有助于了解被审计单位及其经济活动所处的环境与状况，因而是注册会计师进行各种判断所必须掌握的资料。

5. 视听证据

视听证据是指以录音、录像或计算机储存、处理的证明审计事项的视听材料。随着科学技术的发达，企业越来越广泛地应用电子技术为生产经营服务，会计电算化也使凭证、账簿和报表复杂化。因此，视听证据的重要性日益明显，是作为证实书面证据的一种不可缺少的佐证证据。

（二）按审计证据的重要性分类

审计证据按照其重要程度，可以分为基本证据和佐证证据。

1. 基本证据

基本证据是指能够用来直接证实被审计事项的重要证据，这些证据具有较强的证明力，是审计证据的主要部分，如各种总账、日记账、明细账及各种成本费用分配表、成本计算表、盘点表等书面证据和实物证据。

2. 佐证证据

佐证证据是指对基本证据起辅助作用的证据。佐证证据必须真实、可靠，否则就无法发挥其证明作用。基本证据与佐证证据一起构成了充分证据。注册会计师可依据这两种证据得出审计结论，形成审计意见。

（三）按审计证据的来源分类

审计证据按照其来源，可分为外部证据和内部证据。

1. 外部证据

外部证据是由被审计单位以外的组织机构或人员编制的审计证据，具体包括：①由被审计单位以外的机构或人员编制并由其直接递交给注册会计师的外部证据，如应收账款函证回函；②由被审计单位以外的机构或人员编制，但为被审计单位持有并提交给注册会计师的书面证据，如银行对账单、购货发票、有关合同等；③注册会计师为证明某一事项而亲自编制的各种计算表、分析表等，如注册会计师自行编制的银行存款余额调节表。

2. 内部证据

内部证据是由被审计单位内部机构或人员编制和提供的审计证据，具体包括：①会计记录。被审计单位的会计记录主要包括被审计单位的原始凭证、记账凭证、会计账簿、各种试算表和汇总表等。②管理层声明书。被审计单位的管理层声明书是注册会计师从被审计单位管理层所获取的书面声明，其主要内容是以书面的形式确认被审计过程中所做的各种重要的陈述或保证，包括所有的会计记录、财务数据、董事会及股东大会会议记录均已提供给注册会计师；财务报表是完整的，并按国家的有关法规、制度编制；所有需要披露事项（如关联方交易、或有负债等）均已作了充分的披露等。

一般而言，内部证据不如外部证据可靠，不能代替注册会计师实施其他必要的审计程序，它们主要是用以明确被审计单位会计的规范性和责任性的一种重要载体。但如果内部证据在外部流转，并获得其他单位或个人的承认，则同样具有较强的可靠性；而其他内部证据的可靠性，则主要取决于被审计单位的内部控制制度的完善程度。

审计证据除按上述形式分类外，还可以根据审计证据内容是否真实，分为真实证据和不真实证据；根据审计证据产生的基础，分为自然证据、创造证据和论证证据等。

三、审计证据的特性

对于审计证据，注册会计师应当保持职业怀疑态度，运用职业判断，评价审计证据的充分性和适当性，前者是对审计证据的数量要求，后者是对审计证据的质量要求，包括相关性和可靠性两个方面。

（一）审计证据的充分性

所谓审计证据的充分性，是指对审计证据数量的衡量，主要与注册会计师确定的样本量有关。在审计业务中，注册会计师对于需要获取的审计证据，判断其是否充分，应考虑以下影响因素。

1. 错报风险

评估的错报风险越大，需要的审计证据可能越多。具体而言，在可接受的审计风险水平一定的情况下，重大错报风险越大，注册会计师需要获取的审计证据越多，相应实施的测试工作也越多，将检查风险降至可接受水平，以将审计风险控制在可接受的低水平范围内。

2. 审计证据质量

审计证据质量越高，需要的审计证据可能越少。但是，如果审计证据的质量存在缺陷，注册会计师仅靠获取更多的审计证据可能无法弥补其质量上的缺陷。

除此以外，对于重要的审计项目，注册会计师应获取足够的审计证据以支持其审计结论或审计意见;对于不太重要的审计项目,注册会计师可适当减少审计证据的数量。注册会计师及其业务助理人员,还应充分考虑自身的审计经验,尽可能获取适当数量的审计证据。

(二)审计证据的适当性

所谓审计证据的适当性,是指对审计证据质量的衡量,即审计证据在支持各类交易、账户余额、列报的相关认定,或发现其中存在错报方面具有相关性和可靠性。相关性和可靠性是审计证据适当性的核心内容,只有相关且可靠的审计证据才是高质量的。

1. 审计证据的相关性

审计证据的相关性是指,为了使审计证据有证明力,应当使其与注册会计师的审计目标相关联。在确定审计证据的相关性时,注册会计师应当考虑以下方面:①特定的审计程序可能只为某些认定提供相关的审计证据,而与其他认定无关;②针对同一项认定可以从不同来源获取审计证据或获取不同性质的审计证据;③只与特定认定相关的审计证据并不能替代与其他认定相关的审计证据。

注册会计师只能利用与审计目标相关联的审计证据来证明或否定被审计单位所认定的事项。相关性只能结合具体的审计目标加以分析,同一证据与某一具体审计目标相关就往往与另一目标不相关。例如,存货监盘结果只能证明存货是否存在、是否有毁损或短缺,而不能证明存货的计价和所有权的情况。正确地理解审计证据的相关性质量特征,可以从审计证据的内容和时效两个方面去把握。相关的审计证据在内容上必须能够论证具体审计目标,同时产生审计证据的时间要与须证明的事项发生时间相近,审计证据的时间分布和跨度要与审计目标相匹配。

2. 审计证据的可靠性

审计证据的可靠性是指审计证据的可信程度,审计证据必须是对被审计单位经济活动的真实、客观反映。审计证据的可靠性受其来源和性质的影响,并取决于获取审计证据的具体环境。注册会计师在判断审计证据的可靠性时,通常应考虑下列原则。

(1)从外部独立来源获取的审计证据比从其他来源获取的审计证据更可靠。从外部独立来源获取的审计证据未经被审计单位有关职员之手,从而减少了伪造、更改凭证或业务记录的可能性,因而其证明力最强。相反,从其他来源获取的审计证据,由于证据提供者与被审计单位存在经济或行政关系等,其可靠性应受到质疑。

(2)内部控制有效时内部生成的审计证据比内部控制薄弱时内部生成的审计证据更可靠。如果被审计单位有着健全的内部控制且在日常管理中得到一贯的执行,会计记录的可信赖程度将会增加。如果被审计单位的内部控制薄弱,甚至不存在任何内部控制,被审计单位内部凭证记录的可靠性将大为降低。

(3)直接获取的审计证据比间接获取或推论得出的审计证据更可靠。间接获取的证据有被涂改及伪造的可能性,降低了可信赖程度。推论得出的审计证据,其主观性较强,人为因素较多,可信赖程度也受到影响。

(4)以文件、记录形式(无论是纸质、电子或其他介质)存在的审计证据比口头形式的审计证据更可靠。口头证据本身并不足以证明事实的真相,仅仅提供一些重要线索,为进一步调查确认所用。如注册会计师在对应收账款进行账龄分析后,可以向应收账款负责人询问逾期应收账款收回的可能性。如果该负责人的意见与注册会计师自行估计的坏账损失基本一致，则这一口头证据就可成为证实注册会计师对有关坏账损失的判断的重要证据。但在一般情况下，口头证据往往需要得到其他相应证据的支持。

(5)从原件获取的审计证据比从传真件或复印件获取的审计证据更可靠。注册会计师可审查原件是否有被涂改或伪造的迹象，排除伪证，提高证据的可信赖程度。而传真件或复印件容易是变造或伪造的结果，可靠性较低。

此外，注册会计师在按照上述原则评价审计证据的可靠性时，还应当注意可能出现的重要例外情况。例如，审计证据虽然是从独立的外部来源获得，但如果该证据是由不知情者或不具备资格者提供，审计证据也可能是不可靠的。

（三）对审计证据的综合考虑

1. 对文件记录真伪的考虑

审计工作通常不涉及鉴定文件记录的真伪，注册会计师也不是鉴定文件记录真伪的专家，但应当考虑用作审计证据的信息的可靠性，并考虑与这些信息生成与维护相关控制的有效性。如果在审计过程中识别出的情况使其认为文件记录可能是伪造的，或文件记录中的某些条款已发生变动，注册会计师应当作出进一步调查，包括直接向第三方询证，或考虑利用专家的工作以评价文件记录的真伪。

2. 对审计证据来源的考虑

如果在实施审计程序时使用被审计单位生成的信息，注册会计师应当就这些信息的准确性和完整性获取审计证据。在某些情况下，注册会计师可能需要确定实施额外的审计程序，如利用计算机辅助审计技术，来重新计算这些信息，测试与信息生成有关的控制等。

3. 对证据是否相互矛盾的考虑

如果针对某项认定从不同来源获取的审计证据或获取的不同性质的审计证据能够相互印证，与该项认定相关的审计证据则具有更强的说服力。如果从不同来源获取的审计证据或获取的不同性质的审计证据不一致，可能表明某项审计证据不可靠，注册会计师应当追加必要的审计程序。

4. 对获取成本的考虑

注册会计师可以考虑获取审计证据的成本与所获取信息的有用性之间的关系，在保证获取充分、适当的审计证据的前提下，控制审计成本也是会计师事务所增强竞争能力和获利能力所必需的，但为了保证得出的审计结论、形成的审计意见是恰当的，注册会计师不应以获取审计证据的困难和成本为由减少不可替代的审计程序。

（四）对审计证据的评价

随着计划的审计程序的实施，如果获取的信息与风险评估时依据的信息有重大差异，注册会计师应当考虑修正风险评估结果，并据以修改原计划的其他审计程序的性质、时间和范围。

在实施控制测试时，如果发现被审计单位控制运行出现偏差，注册会计师应当了解这些偏差及其潜在后果，并确定已实施的控制测试是否为信赖控制提供了充分、适当的审计证据，是否需要实施进一步的控制测试或实质性程序以应对潜在的错报风险。注册会计师不应将审计中发现的舞弊或错误视为孤立发生的事项，而应当考虑其对评估的重大错报风险的影响。

在完成审计工作前，注册会计师应当评价是否已将审计风险降低至可接受的低水平，是否需要重新考虑已实施审计程序的性质、时间和范围。在形成审计意见时，注册会计师应当从总体上评价是否已经获取充分、适当的审计证据，是否已将审计风险降至可接受的低水平，此外注册会计师应当考虑所有相关的审计证据，包括能够印证财务报表认定的审计证据和与之相矛盾的审计证据。

在评价审计证据的充分性和适当性时，注册会计师应当运用职业判断，并考虑下列因素的影响：认定发生潜在错报的重要程度，以及潜在错报单独或连同其他潜在错报对财务报表产生重大影响的可能性；管理层应对和控制风险的有效性；在以前审计中获取的关于类似潜在错报的经验；实施审计程序的结果，包括审计程序是否识别出舞弊或错误的具体情形；可获得信息的来源和可靠性；审计证据的说服力；对被审计单位及其环境的了解。

如果对重大的财务报表认定没有获取充分、适当的审计证据，注册会计师应当尽可能获取进一步的审计证据。如果不能获取充分、适当的审计证据，注册会计师应当出具保留意见或无法表示意见的审计报告。

四、审计证据的获取

(一)获取审计证据的审计程序

注册会计师为了获取充分、适当的审计证据，得出准确的审计结论，形成合理的审计意见，应当实施相应的审计程序。按审计程序的目的，可将审计程序划分为：风险评估程序、控制测试(必要时或决定测试时)、实质性程序。

1. 风险评估程序

注册会计师应当实施风险评估程序，以此作为评估财务报表层次和认定层次重大错报风险的基础。风险评估程序为注册会计师确定重要性水平、识别需要特别考虑的领域、设计和实施进一步审计程序等工作提供了重要基础，有助于注册会计师合理分配审计资源，获取充分、适当的审计证据。但是，风险评估程序本身并不足以为发表审计意见提供充分、适当的审计证据，注册会计师还应当实施进一步审计程序，包括实施控制测试(必要时或决定测试时)和实质性程序。

2. 控制测试

当存在下列情形之一时，控制测试被认为是必要的。

(1)在评估认定层次重大错报风险时，预期控制的运行是有效的，注册会计师应当实施控制测试以支持评估结果。

(2)仅实施实质性程序不足以提供认定层次充分、适当的审计证据，注册会计师应当实施控制测试，以获取内部控制运行有效性的审计证据。

实施控制测试的目的是测试内部控制在防止、发现并纠正认定层次重大错报方面的运行有效性，从而支持或修正重大错报风险的评估结果，据以确定实质性程序的性质、时间和范围。

3. 实质性程序

注册会计师应当计划和实施实质性程序，以应对评估的重大错报风险。注册会计师对重大错报风险的评估是一种判断，可能无法充分识别所有的重大错报风险，并且由于

内部控制存在固有局限性，无论对重大错报风险的评估结果如何，注册会计师都应当针对所有重大的各类交易、账户余额、列报实施实质性程序。

（二）审计证据的获取方法

在实施风险评估程序、控制测试或实质性程序时，注册会计师可根据需要单独或综合运用下列审计程序获取充分、适当的审计证据：检查记录或文件、检查有形资产、观察、询问、函证、重新计算、重新执行和分析程序。

1. 检查记录或文件

检查记录或文件是指注册会计师对被审计单位内部或外部生成的，以纸质、电子或其他介质形式存在的记录或文件进行审查。检查记录或文件的目的是对财务报表所包含或应包含的信息进行验证。在获取审计证据时，检查记录或文件可提供可靠程度不同的审计证据，它的可靠性取决于记录或文件的来源和性质。一般情况，与检查来自企业内部的记录或文件相比，检查来自企业外部的记录或文件所取得的证据可靠性较强。

2. 检查有形资产

检查有形资产是指注册会计师对资产实物进行审查。检查有形资产程序主要适用于存货和现金，也适用于有价证券、应收票据和固定资产等。检查有形资产可为其存在性提供可靠的审计证据，但不一定能够为权利和义务或计价认定提供可靠的审计证据。

3. 观察

观察是指注册会计师察看相关人员正在从事的活动或执行的程序。常用于对生产经营管理、财产物资保管等内部控制制度的执行情况以及劳动效率、劳动纪律等方面的情况的考察。观察提供的审计证据仅限于观察发生的时点，并且在相关人员已知被观察时，相关人员从事活动或执行程序可能与日常的做法不同，从而影响注册会计师对真实情况的了解。因此，注册会计师有必要获取其他类型的佐证证据。

观察程序的范围通常包括环境观察和行为观察。

（1）环境观察包括外部环境观察和内部环境观察。外部环境观察包括对被审计单位的位置、交通状况、与周边环境的协调性、影响经营的有利和不利因素、经营状态等内容。内部环境观察包括被审计单位的整体布局、生产经营和管理状况等内容。

（2）行为观察可为注册会计师了解被审计单位人员的行为的真实情况，以便注册会计师确定审计的重点。在财务审计中，行为观察的重点是对各级管理人员的行为和与管理有关的人员的行为进行观察。

4. 询问

询问是指注册会计师以书面或口头方式，向被审计单位内部或外部的知情人员获取财务信息和非财务信息，并对答复进行评价的过程。知情人员对询问的答复可能为注册会计师提供尚未获悉的信息或佐证证据，也可能提供与获悉信息存在重大差异的信息；注册会计师应当根据询问结果考虑修改审计程序或实施追加的审计程序。一般情况下，询问程序本身不足以发现认定层次存在的重大错报，也不足以测试控制运行的有效性，注册会计师还应当实施其他审计程序以获取充分、适当的审计证据。

5. 函证

函证是指注册会计师为了获取影响财务报表或相关披露认定的项目的信息，通过直接来自第三方对有关信息和现存状况的声明，获取和评价审计证据的过程。正因为函证来自外部独立的第三方，其所获取的证据具有较高的可靠性，但同时也要求注册会计师必须完全控制函证从编制至收取回函的全过程，否则一旦函证的编制、寄发和收取回函落在被审计单位人员之手，证据的可靠性将大大随之削弱。

函证的内容通常涉及下列账户余额或其他信息：银行存款、借款、交易性金融资产、应收票据、其他应收款、预付账款、委托加工或销售的存货、长期股权投资、可供出售金融资产、委托贷款、应付账款、预收账款、抵押或质押、或有事项、重大或异常的交易、与金融机构往来的其他重要信息。

6. 重新计算

重新计算是指注册会计师以人工方式或使用计算机辅助审计技术，对记录或文件中的数据计算准确性进行核对。重新计算通常包括计算销售发票和存货的总金额、加总日记账和明细账、检查折旧费用和预付费用的计算、检查应纳税额的计算等。通过计算只能验证计算结果本身是否正确，但不能说明据以计算的基础数据本身是否准确，注册会计师需要采用进一步的审计程序来验证这些基础数据的真实性。

7. 重新执行

重新执行是指注册会计师以人工方式或使用计算机辅助审计技术，重新独立执行作为被审计单位内部控制组成部分的程序或控制。例如，注册会计师利用审计单位的银行存款日记账和银行对账单，重新编制银行存款余额调节表，并与被审计单位编制的银行存款余额调节表进行比较。

8. 分析程序

分析程序是指注册会计师通过研究不同财务数据之间以及财务数据与非财务数据之间的内在关系，对财务信息作出评价。分析程序还包括调查识别出的、与其他相关信息不一致或与预期数据严重偏离的波动和关系。关于分析程序，我们将在接下来的部分作进一步介绍。

以上介绍的是审计证据的取证方法与审计证据类型之间存在着紧密的关系，如表4-2所列。此外，它们的性质和时间可能受会计数据和其他相关信息的生成和储存方式的影响，注册会计师应当提请被审计单位保存某些信息以供查阅，或在可获得该信息的期间执行审计程序。某些审计数据和其他信息只能以电子形式存在，或只能在某一时点或某一期间得到，注册会计师应当考虑这些特点对审计程序的性质和时间的影响。随着信息化的发展，可获得的被审计单位各种有关记录大部分是电子形式的记录，当信息以电子形式存在时，注册会计师可以通过使用计算机辅助审计技术实施某些审计程序。

表4-2 审计证据的取证方法与审计证据类型之间的关系

	实物证据	书面证据	口头证据	环境证据	视听证据
检查记录或文件		√			√
检查有形资产	√				
观察	√			√	√
询问			√		√

（续表）

	实物证据	书面证据	口头证据	环境证据	视听证据
函　证		√			√
重新计算		√			
重新执行		√		√	
分析程序		√		√	

（三）分析程序

1. 分析程序的使用方法

在实施分析程序时，注册会计师应当考虑将被审计单位的财务信息与下列各项信息进行比较：以前期间的可比信息；被审计单位的预期结果或者注册会计师的预期数据；所处行业或同行业中规模相近的其他单位的可比信息。此外，注册会计师还应考虑下列关系：财务信息各构成要素之间的关系；财务信息与相关非财务信息之间的关系。

注册会计师实施分析程序可使用的方法主要包括：简单比较、比率分析、结构百分比和趋势分析。简单比较，是指将本期的会计信息与以前年度的相关数据或其他相关数据所进行的比较。例如，在审计中，将本期的实际数与上期的数据进行比较，找出变动较大的项目。比率分析，是指对财务报表中的某一项目和其相关的另一项目相比所得的比值进行分析。例如，通过计算流动比率等指标与相应的参照标准进行比较，获取审计线索。结构百分比分析，是指先计算财务报表各构成要素占有关总额的百分比，然后将其与以前年度的相关数据或其他相关数据进行比较。趋势分析，是指对连续若干期财务报表某一项目的金额及其变动情况进行比较和分析，从而了解该项目的增减变动情况和变动幅度。例如，在审计收入费用类项目时，通常会将每月的发生额进行比较，金额波动较大的月份通常会引起注册会计师的关注。

2. 分析程序的目的

注册会计师实施分析程序的目的主要包括以下几个。

（1）用作风险评估程序，以了解被审计单位及其环境。注册会计师实施风险评估程序的目的在于了解被审计单位及其环境并评估财务报表层次和认定层次的重大错报风险。在风险评估过程中使用分析程序也服务于这一目的。分析程序可以帮助注册会计师发现财务报表中的异常变化，或者预期发生而未发生的变化，识别存在潜在重大错报风险的领域；发现财务状况或盈利能力发生变化的信息和征兆，识别那些表明被审计单位持续经营能力问题的事项。

（2）当使用分析程序比细节测试能更有效地将认定层次的检查风险降至可接受的水平时，分析程序可以用作实质性程序。在针对评估的重大错报风险实施进一步审计程序时，注册会计师可以将分析程序作为实质性程序的一种，单独或结合其他细节测试，收集充分、适当的审计证据。在设计和实施实质性分析程序时，注册会计师应当考虑下列主要因素：①确定实质性分析程序对特定认定的适用性；②对已记录的金额或比率作出预期时，所依据的内部或外部数据的可靠性；③作出预期的准确程度是否足以在计划的保证水平上识别重大错报；④已记录金额与预期值之间可接受的差异额。

(3)在审计结束或临近结束时对财务报表进行总体复核。在审计结束或临近结束时，注册会计师应当运用分析程序，在已收集的审计证据的基础上，对财务报表整体的合理性做最终把握，评价报表仍然存在重大错报风险而未被发现的可能性，考虑是否需要追加审计程序，以便为发表审计意见提供合理基础。

第三节　审计工作底稿

一、审计工作底稿的概念

(一)审计工作底稿的含义

审计工作底稿，是指注册会计师对制定的审计计划、实施的审计程序、获取的相关审计证据以及得出的审计结论作出的记录。简言之，就是审计过程中形成的工作记录和获取的资料。审计工作底稿形成于审计工作的全过程，从审计计划的制订、审计程序的实施直至审计报告的提供，注册会计师从被审计单位或其他部门获取的用作审计证据的各种资料，或自己编制的用以反映其审计思路或过程的工作记录，或接受并审阅他人代为编制的审计记录，都是应当归集于审计工作底稿的内容。审计工作底稿是审计证据的载体与汇集，其全部内容可视为审计过程和结果的书面证明，也是注册会计师形成审计结论、发表审计意见的直接依据。审计证据的获取、评价过程往往同时是审计工作底稿的形成和整理过程。

(二)审计工作底稿的作用

注册会计师应当及时编制审计工作底稿，从而提供充分、适当的记录，作为审计报告的基础；同时提供证据，证明其按照中国注册会计师审计准则的规定执行了审计工作。编制审计工作底稿，对注册会计师执行审计任务，明确其责任，保证审计工作质量等具有十分重要的作用。

1. 审计工作底稿是形成审计结论、发表审计意见的直接依据

注册会计师在审计过程中所采取的各种审计程序，以及形成审计结论和审计意见所依赖的各种审计证据及其判断，都必须完整地记载于审计工作底稿中。审计工作底稿不仅是审计证据的载体，而且是系统化的审计证据的表现形式；不仅是审计过程的反映，而且是发表审计意见的依据。因而审计报告中的结论和意见，均来源于审计工作底稿，并且是审计工作底稿所载信息再加工的结果。

2. 审计工作底稿是连接整个审计工作的纽带

审计工作是在注册会计师的合理分工后分头完成的，因而不同的审计程序，不同的会计账项审计往往由不同人员执行。但是审计的主要目标是针对被审计单位的会计报表整体发表审计意见。这样，就不得不借助审计工作底稿，将由不同人员完成的审计工作汇集连接起来，相互呼应，以防脱节。

3. 审计工作底稿是考核审计人员工作业绩的重要依据

注册会计师只有依照独立审计准则的规定实施必要的审计程序，发表客观、公正的

审计意见，才能真正履行其审计职责。注册会计师专业胜任能力的大小、工作业绩的好坏，主要体现在对审计程序的选择、执行和有关的专业判断上，而注册会计师是否实施了必要的审计程序、审计程序的选择是否合理、专业判断是否准确等，一般可以依据审计工作底稿的记录来分析和评价。

4. 审计工作底稿是控制和监督审计质量的手段

审计工作底稿实际上是全部审计工作的缩影，其质量的高低直接反映着整个审计工作质量的优劣，因此对审计质量进行控制和监督，必须借助审计工作底稿并将其作为一项重要的工具或手段加以运用，诸如指导和监督注册会计师如何编制审计工作底稿，在审计报告定稿前对审计工作底稿进行复核等。否则，离开审计工作底稿，审计质量控制也就无从谈起。

5. 审计工作底稿是后续审计的重要参考资料

审计业务具有一定的连续性，同一被审计单位前后年度的审计业务必然存在着内在的联系。审计工作底稿也完全包含了对各期审计工作均有参考价值的重要信息，尤其是属于被审计单位章程、合同之类的备查信息，有助于连续的各期审计工作的计划和协调。

（三）审计工作底稿的控制程序

会计师事务所应当按照《会计师事务所质量管理准则第 5101 号——业务质量管理》的规定，对审计工作底稿实施适当的控制程序，以满足下列要求：安全保管审计工作底稿并对审计工作底稿保密，保证审计工作底稿的完整性，便于对审计工作底稿的使用和检索，按照规定的期限保存审计工作底稿。为了保证审计工作底稿的完整性，注册会计师不得对其进行不当删除、废弃和改动。

二、审计工作底稿的性质

（一）审计工作底稿的形式

审计工作底稿可以以纸质、电子或其他介质形式存在。按照业务质量控制要求，无论审计工作底稿以哪种形式存在，会计师事务所都应当针对审计工作底稿设计和实施适当的控制，以实现下列目的：①使审计工作底稿清晰地显示其生成、修改及复核的时间和人员；②在审计业务的所有阶段，尤其是在项目组成员共享信息或通过互联网将信息传递给其他人员时，保护信息的完整性；③防止未经授权改动审计工作底稿；④允许项目组和其他经授权的人员为适当履行职责而接触审计工作底稿。

在实务中，为便于复核，注册会计师可以将以电子或其他介质形式存在的审计工作底稿通过打印等方式，转换成纸质形式的审计工作底稿，并与其他纸质形式的审计工作底稿一并归档，同时，单独保存这些以电子或其他介质形式存在的审计工作底稿。

（二）审计工作底稿的组成

审计工作底稿通常包括：总体审计策略、审计计划、分析表、问题备忘录、重大事项概要、询证函回函、被审计单位声明书、核对表、有关重大事项的往来信件（包括电子邮件）、对被审计单位文件记录的摘要或复印件、审计业务约定书、管理建议书、项目组内部或项目组与被审计单位举行的会议记录、与其他人士（如其他注册会计师、律师、专家等）的沟通文件及错报汇总表等。

上述分析表主要是指对被审计单位财务信息执行分析程序的记录。问题备忘录一般是指对某一事项或问题的概要汇总记录。核对表一般是指会计师事务所内部使用的为便于核对某些特定审计工作或程序的完成情况的表格。

在审计过程中,审计工作底稿通常不包括已被取代的审计工作底稿的草稿或财务报表的草稿、对不全面或初步思考的记录、存在印刷错误或其他错误而作废的文本以及重复的文件记录等。

(三)审计工作底稿的种类

审计工作底稿的种类划分涉及如何选择分类标志,对审计工作底稿进行何种分类的问题。按照我国独立审计准则的规定,审计工作底稿有以下几种划分。

第一种,根据审计工作底稿的性质和作用,可将其分为综合类工作底稿、业务类工作底稿和备查类工作底稿。

(1)综合类工作底稿是指具有总体性质的资料,包括审计计划、审计工作实施、审计报告全过程的工作底稿,例如审计计划、审计业务约定书、被审计单位声明书、审计工作总结、审计报告书等。这类工作底稿体现了审计工作的全过程,属于总体性的工作底稿,它可以有效地反映审计人员对于整个审计工作的规划和控制过程,体现审计意见和结论。

(2)业务类工作底稿是指注册会计师在审计实施阶段形成或编制的工作底稿。这类工作底稿包括审计人员在按照审计计划进行工作时从被审计单位内部和外部搜集的各种审计证据资料以及其他一些资料文件。它可以很好地反映注册会计师执行审计计划的具体情况和实施过程。

(3)备查类工作底稿是指具有备查性质的工作底稿,这些工作底稿并非不重要,但是将其放在上述两类工作底稿中数量又太多,有一些资料的相关性相对来说也比较差,因此应当单独作为备查类,主要包括被审计单位的营业执照、章程以及决议记录、董事会会议记录、组织结构和管理结构图、一些重要的经济合同、生产工艺技术等方面的资料。

第二种,按照审计工作的实施阶段,可将其分为审计计划阶段工作底稿、审计实施阶段工作底稿和审计报告阶段工作底稿。

(1)审计计划阶段工作底稿是指注册会计师在具体实施审计程序之前,了解被审计单位的基本情况,分析被审计单位的业务情况,确定审计风险和制订审计计划中所形成的工作底稿,主要包括被审计单位的营业执照、政府批文、成立的合同、协议、章程副本,被审计单位基本概况表,审计计划等。

(2)审计实施阶段工作底稿是指注册会计师在实施审计过程中采用检查、盘点、观察、询问、函证、计算和分析等方法获取审计证据所形成的工作底稿。主要包括各种审计业务过程中形成的工作底稿,会计报表各资产、负债、所有者权益项目、收入、费用项目等进行实质性程序的工作底稿。

(3)审计报告阶段工作底稿是指审计人员在实施必要审计程序后,根据取得的审计证据进行调整、汇总、分析、评价,形成审计意见所编制的工作底稿,主要包括审计差异调整表、试算平衡表、已审会计报表、审计报告底稿、管理建议书等。

审计工作底稿按照审计工作阶段划分不是绝对的。有些审计调整、分析工作可以在审计实施阶段完成,也可以在审计报告阶段完成。如果在审计报告阶段,发现某些问题

需要追加取证，应当重新实施某些审计程序。

三、审计工作底稿的格式、内容和范围

注册会计师编制的审计工作底稿，应当能够使未曾接触过该项审计工作的有经验的专业人士清楚地了解：按照审计准则的规定实施的审计程序的性质、时间和范围；实施审计程序的结果和获取的审计证据；就重大事项得出的结论。

为了达到上述目的，注册会计师在编制审计工作底稿，确定其格式、内容和范围时，应该全面考虑各方面因素，包括：实施审计程序的性质；已识别的重大错报风险；在执行审计工作和评价审计结果时需要作出判断的范围；已获取审计证据的重要程度；已识别的例外事项的性质和范围；当从已执行审计工作或获取审计证据的记录中不易确定结论或结论的基础时，记录结论或结论的基础的必要性；使用的审计方法和工具。

（一）审计工作底稿的格式和内容

审计工作底稿是由各种不同的资料组成，其格式也各不相同，见表4-3和表4-4所列。

表4-3　货币资金审定表

索引号：

×××会计师事务所

货币资金审定表

被审计单位：　　　　查验人员：　　　　日期：

审计项目：　　　　复核人员：　　　　日期：　　　　金额单位：

上期未审定数	未审数核对			索引号	调整分录	审定数
	索引号	项目	金额		金额（+、-）	
		合计				

调整分录：

审计结论：

表 4-4　存货抽查情况表

索引号：

×××会计师事务所

存货抽查情况表

被审计单位：　　　　　　查验人员：　　　　　　日期：

审计项目：　　　　　　　复核人员：　　　　　　日期：　　　　　　金额单位：

<table>
<tr><td rowspan="3">存货名称和规格</td><td rowspan="3">单位</td><td rowspan="3">单价</td><td colspan="2">盘点前账面记录</td><td colspan="4">尚未入账数</td><td colspan="2" rowspan="2">应结存</td><td colspan="2" rowspan="2">盘点记录</td><td colspan="2" rowspan="2">抽查记录</td><td colspan="2" rowspan="2">抽查结果差异</td><td rowspan="3">品质状况（正常、残次、毁损、滞销）</td></tr>
<tr><td rowspan="2">数量</td><td rowspan="2">金额</td><td colspan="2">入库</td><td colspan="2">发出</td></tr>
<tr><td>数量</td><td>金额</td><td>数量</td><td>金额</td><td>数量</td><td>金额</td><td>数量</td><td>金额</td><td>数量</td><td>金额</td><td>数量</td><td>金额</td></tr>
<tr><td></td><td></td><td></td><td></td><td></td><td></td><td></td><td></td><td></td><td></td><td></td><td></td><td></td><td></td><td></td><td></td><td></td><td></td></tr>
<tr><td></td><td></td><td></td><td></td><td></td><td></td><td></td><td></td><td></td><td></td><td></td><td></td><td></td><td></td><td></td><td></td><td></td><td></td></tr>
<tr><td>合计</td><td></td><td></td><td></td><td></td><td></td><td></td><td></td><td></td><td></td><td></td><td></td><td></td><td></td><td></td><td></td><td></td><td></td></tr>
<tr><td colspan="9">抽查结果汇总：

抽查金额：　　　　抽查比率：

正确金额：　　　　抽查正确率：</td><td colspan="9">审计说明：</td></tr>
</table>

对于各种审计工作底稿，应当主要包括以下几方面的内容。

(1)被审计单位名称。即财务报表的编报单位，若财务报表编报单位为某一集团的下属公司，则应同时写明下属公司的名称。

(2)审计项目名称。即某一财务报表项目名称或某一审计程序及实施对象的名称，如具体审计项目是某一明细科目，则应同时写明该明细科目。

(3)审计项目时点或期间。即某一资产负债表项目的报告时点或某一利润表项目的报告期间。

(4)审计过程记录。即反映审计人员所实施的审计测试的性质、范围和样本等内容的记录。注册会计师应将其实施审计而达到审计目标的过程记录在审计工作底稿中。

(5)审计标识及其说明。即审计人员在审计工作底稿上用以表达各种不同审计含义的审计符号。为了便于他人理解，注册会计师应在审计工作底稿中说明各种审计标识所代表的含义，或采用审计标识及其说明表的形式统一说明。

(6)审计结论。即注册会计师通过实施必要的审计程序后，对某一审计事项所作的专业判断。

(7)索引号及页次。即注册会计师为整理利用审计工作底稿，将具有同一性质或反

映同一具体审计事项的审计工作底稿分别归类，形成相互联系、互相控制所作的特定编号即为索引号；页次是在同一索引号下不同的审计工作底稿的顺序号。

(8)编制人员姓名及编制日期。即注册会计师必须在其编制的审计工作底稿上签名和签署日期。

(9)复核人员姓名及复核时间。即注册会计师必须在其复核过的审计工作底稿上签名和签署日期。

(10)其他应说明事项。即注册会计师认为应在审计工作底稿中予以记录的其他相关事项。

在编制审计工作底稿过程中，应当使用中文。少数民族自治地区可以同时使用少数民族文字。中国境内的中外合作会计师事务所、国际会计公司成员所和联系所可以同时使用某种外国文字。会计师事务所执行涉外业务时可以同时使用某种外国文字。

(二)需要记录的其他特定事项

1. 记录测试的特定项目或事项的识别特征

在记录实施审计程序的性质、时间和范围时，注册会计师应当记录测试的特定项目或事项的识别特征。识别特征是指被测试的项目或事项表现出的征象或标志。识别特征因审计程序的性质和所测试的项目或事项的不同而不同。对某一个具体项目或特征而言，其识别特征通常具有唯一性，这种特性可以使其他人员根据识别特征在总体中识别该项目或事项并重新执行该测试。如在对被审计单位生成的订购单进行细节测试时，注册会计师可能以订购单的日期或编号作为测试订购单的识别特征。

2. 重大事项

注册会计师应当根据具体情况判断某一事项是否属于重大事项。重大事项通常包括：①引起特别风险的事项；②实施审计程序的结果，该结果表明财务信息可能存在重大错报，或需要修正以前对重大错报风险的评估和针对这些风险拟采取的应对措施；③导致注册会计师难以实施必要审计程序的情形；④导致出具非标准审计报告的事项。

当认定为重大事项时，注册会计师应当及时记录与管理层、治理层和其他人员对重大事项的讨论，包括讨论的内容、时间、地点和参加人员。有关重大事项的记录可能分散在审计工作底稿的不同部分，因此注册会计师应当考虑汇总这些重大事项的记录，编制重大事项概要，将其作为审计工作底稿的组成部分，以有效地复核和检查审计工作底稿，并评价重大事项的影响。重大事项概要包括了审计过程中识别的重大事项及其如何得到解决，或对其他支持性审计工作底稿的交叉索引。

如果识别出的信息与针对某重大事项得出的最终结论相矛盾或不一致，注册会计师应当记录形成最终结论时如何处理该矛盾或不一致的情况。

四、审计工作底稿的复核

复核审计工作底稿不仅是为了保证审计工作底稿的质量，而且是进行审计质量控制的一项必要措施。通常情况，一张审计工作底稿由一名注册会计师独立完成，不可避免地会产生一定的差错。会计师事务所应结合本事务所的实际情况制定有效的审计工作底稿复核制度，实施一定的程序，对形成的审计工作底稿进行严格复核。复核制度，应对有关复核人员级别、复核程序与要点、复核人员职责等作出明确规定。一项好的复核制度，可以发挥多方面的作用：①减少或消除人为的审计误差，降低审计风险，提高审计质量；②及时发现并解决问题，保证审计计划顺利执行；③便于上级管理部门进行工作业绩考核和审计质量控制；等等。

根据《会计师事务所质量管理准则第 5101 号——业务质量管理》《中国注册会计师审计准则第 1121 号——历史财务信息审计的质量控制》的有关规定，审计工作底稿复核主要分为两个层次。

(一)项目组内部人员对审计工作底稿的复核

1. 项目负责人指定的复核人员对审计工作底稿的复核

确定复核人员的原则是，由项目组内经验较多的人员复核经验较少的人员执行的工作。在复核已执行的审计工作时，复核人员应当考虑：审计工作是否已按法律法规、职业道德规范和审计准则的规定执行；重大事项是否已提请进一步考虑；相关事项是否已进行适当咨询，由此形成的结论是否得到记录和执行；是否需要修改已执行审计工作的性质、时间和范围；已执行的审计工作是否支持形成的结论，并已得到适当记录；获取的审计证据是否充分、适当；审计程序的目标是否实现。

2. 项目负责人对审计工作底稿的复核

在出具审计报告前，项目负责人应当通过复核审计工作底稿、与项目组讨论，确信获取的审计证据已经充分、适当，足以支持形成的结论和拟出具的审计报告。

项目负责人应当在审计过程的适当阶段及时实施复核，以使重大事项在出具审计报告前能够得到满意解决。项目负责人复核的内容包括对关键领域所作的判断，尤其是执行业务过程中识别出的疑难问题或争议事项、特别风险以及项目负责人认为重要的其他领域。项目负责人应当对复核的范围和时间予以适当记录。

(二)项目质量控制复核

项目质量控制复核是指在出具审计报告前，对项目组作出的重大判断和在准备报告时形成的结论作出客观评价的过程。会计师事务所应当制定政策和程序，要求对特定业务实施项目质量控制复核，以客观评价项目组作出的重大判断以及在准备报告时得出的结论。

这些政策和程序要求应当包括：对所有上市公司财务报表审计实施项目质量控制复核；规定适当的标准，据此评价上市公司财务报表审计以外的历史财务信息审计和审阅、其他鉴证业务及相关服务业务，以确定是否应当实施项目质量控制复核；对符合适当标准的所有业务实施项目质量控制复核。

项目质量控制复核通常包括：与项目负责人进行讨论；复核财务报表或其他业务对象信息及报告，尤其考虑报告是否适当；选取与项目组作出重大判断及形成结论有关的工作底稿进行复核。

在对上市公司财务报表审计实施项目质量控制复核时，复核人员应当考虑：项目组就具体业务对会计师事务所独立性作出的评价；在审计过程中识别的特别风险以及采取的应对措施；作出的判断，尤其是关于重要性和特别风险的判断；是否已就存在的意见分

歧、其他疑难问题或争议事项进行适当咨询,以及咨询得出的结论;在审计中识别的已更正和未更正的错报的重要程度及处理情况;拟与管理层、治理层以及其他方面沟通的事项;所复核的审计工作底稿是否反映了针对重大判断执行的工作,是否支持得出的结论;拟出具的审计报告的适当性。项目质量控制复核人员应当在业务过程中的适当阶段及时实施复核,以使重大事项在出具审计报告前得到满意解决。

会计师事务所应当制定政策和程序,要求记录项目质量控制复核情况,包括:有关项目质量控制复核的政策所要求的程序已得到执行,项目质量控制复核在出具报告前业已完成,复核人员没有发现任何尚未解决的事项使其认为项目组作出的重大判断及形成的结论不适当。

五、审计工作底稿的归档

(一)审计工作底稿的归档期限

注册会计师应当按照会计师事务所质量控制政策和程序的规定,及时将审计工作底稿归整为最终审计档案。审计工作底稿的归档期限为审计报告日后60天内。如果注册会计师未能完成审计业务,审计工作底稿的归档期限为审计业务中止后的60天内。

如果针对客户的同一财务信息执行不同的委托业务,出具两个或多个不同的报告,会计师事务所应当将其视为不同的业务,根据会计师事务所内部制定的政策和程序,在规定的归档期限内分别将审计工作底稿归整为最终审计档案。

(二)审计档案的分类

对每项具体审计业务,注册会计师应当将审计工作底稿归整为审计档案。归整审计档案时,一般按审计档案作用期限的长短和作用大小将其分为永久性档案和当期档案。

1. 永久性档案

永久性档案是指那些记录内容相对稳定,具有长期使用价值,并对以后审计工作具有重要影响和直接作用的审计工作底稿所组成的审计档案。简要地说,永久性档案包括了与本期审计有关的历史性或连续性的数据和资料,因而这类档案为前后年度审计过程中需要持续关注的事项提供了重要的信息来源。例如,与评估被审计单位内部控制制度情况有关的组织系统图、流程图、调查表及控制点和薄弱环节记录等信息。如果永久性档案中的某些内容已发生变化,注册会计师应当及时予以更新。为保持资料的完整性以方便日后查阅历史资料,永久性档案中被替换下的资料一般也需要保留。

2. 当期档案

当期档案是指那些记录内容在各年度之间经常发生变化,只供当期审计使用和下期审计参考的审计工作底稿所组成的审计档案。与永久性档案不同,当期档案主要包括应用于当年审计的所有审计工作底稿。例如,执行控制测试获得的一般性资料,具体会计账项的调整分录,证明报表项目具体金额的详细分析表等。在形成的审计工作底稿中,业务类审计工作底稿构成了本期档案的主体。

(三)审计工作底稿的变动

在出具审计报告前,注册会计师应完成所有必要的审计程序,取得充分、适当的审计证据并得出适当的审计结论。由此，在审计报告日后将审计工作底稿归整为最终审计档案是一项事务性工作，不涉及实施新的审计程序或得出新的结论。

1. 对审计工作底稿的事务性变动

如果在归档期间对审计工作底稿作出的变动属于事务性的，注册会计师可以作出的变动主要包括：删除或废弃被取代的审计底稿；对审计工作底稿进行分类、整理和交叉索引，对审计档案归整工作的完成核对表签字认可；记录在审计报告日前获取的、与审计项目组相关成员进行讨论并取得一致意见的审计证据。

2. 修改或增加审计工作底稿的要求

如果在完成最终审计档案的归整工作后，发现有必要修改现有审计工作底稿或增加新的审计工作底稿，无论修改或增加的性质如何，注册会计师均应当记录下列事项：①修改或增加审计工作底稿的时间和人员，以及复核的时间和人员；②修改或增加审计工作底稿的具体理由；③修改或增加审计工作底稿对审计结论产生的影响。

3. 删除或废弃审计工作底稿的要求

一般情况下，在完成最终审计档案的归整工作后，注册会计师不得在规定的保存期届满前删除或废弃审计工作底稿。删除审计工作底稿主要是指删除整张原审计工作底稿，或以涂改、覆盖等方式删减原审计工作底稿中的全部或部分记录内容。废弃审计工作底稿主要是指将原审计工作底稿从审计档案中抽取出来，使审计档案中不再包含原来的底稿。

4. 审计报告日后对审计工作底稿的变动

如果在审计报告日后发现例外情况，要求注册会计师实施新的或追加审计程序，或导致注册会计师得出新的结论，注册会计师应当记录下列事项：①遇到的例外情况；②实施的新的或追加的审计程序，获取的审计证据以及得出的结论；③对审计工作底稿作出变动及其复核的时间和人员。

例外情况主要是指审计报告日后发现与已审计财务信息相关，且在审计报告日已经存在的事实，该事实如果被注册会计师在审计报告日前获知，可能影响审计报告。例外情况可能在审计报告日后发现，也可能在财务报表报出日后发现，注册会计师应当按照《中国注册会计师审计准则第1332号——期后事项》第四章“财务报表报出后发现的事实”的相关规定，对例外事项实施新的或追加的审计程序。

(四)审计工作底稿的保存

审计工作底稿对于明确审计责任、评价审计工作质量都具有重要的意义，因此执行审计业务的单位都需要保存审计工作底稿一段时间。会计师事务所应当自审计报告日起，对审计工作底稿至少保存10年。如果注册会计师未能完成审计业务，会计师事务所应当自审计业务中止日起，对审计工作底稿至少保存10年。

对于连续审计，当期归整的永久性档案可能包括以前年度获取的资料。这些资料虽然是在以前年度获取，但由于其作为本期档案的一部分，并作为支持审计结论的基础，因此，注册会计师对于这些对当期有效的档案，应视为当期取得并保存10年。如果这些资料在某一审计期间被替换，被替换资料可以从被替换的年度起至少保存10年。

会计师事务所在对审计工作底稿进行保存时，一般都有具体的规章制度，其主要内

容包括以下几个方面。

(1)有关保证审计工作底稿的安全与完整的方法，包括审计工作底稿的整理、装订成册的具体办法。由于审计工作底稿中汇集了大量的审计证据，因此需要很好地进行整理，并且按照一定的顺序和装订要求将其装订起来，以便日后查阅和保管。

(2)有关审计工作底稿的存放、排列的方法。为了便于查阅使用，审计工作底稿的存放次序或者排列次序非常重要，特别是对于一些规模比较大的会计师事务所来说，工作底稿的排列分类对于方便查阅非常重要，一般选择按重要性排列、按字母顺序排列或按笔画顺序排列。

(3)有关审计工作底稿的查阅、借阅规则。审计工作底稿保存的目的就是方便日后查阅使用，但是由于工作底稿的性质决定了制定工作底稿的使用规则。什么样的工作底稿允许哪些人使用，使用时需要有哪些限制，是否允许复印或者是否允许借阅，都需要由有关决策层制定。

(4)有关审计工作底稿销毁的规定。当审计工作底稿已保存了10年以上时，作为会计师事务所就应当分情况实行销毁。对于一些一次性审计业务形成的审计工作底稿、审计单位早已被撤销的审计工作底稿、一些咨询业务的工作底稿等可按照程序报送申请，经过批准后予以销毁。对于永久性审计工作底稿，可以做成微缩胶片保存，以便减少保管成本。

(五)审计工作底稿的保密与查阅

保守被审计单位的商业机密是审计人员的职业操守。审计工作底稿中的内容涉及被审计单位的内部管理以及销售市场、生产管理等方面的商业秘密，被审计单位对于审计工作底稿的保密是十分关心的。会计师事务所应当建立严格的审计工作底稿保密制度，并有专人管理负责，但出现以下情况时，审计单位不应以保密为由拒绝提供审计工作底稿以备他人查阅。

(1)被审计单位涉及法律方面的纠纷，法院或者其他司法部门按照法律程序履行了手续，审计单位可以允许其查阅审计工作底稿，或者进行复印，但是不允许取走审计工作底稿。

(2)注册会计师协会或者上级审计部门对于进行审计的注册会计师的业务进行检查、复查等业务监督活动。注册会计师协会是注册会计师的行业自律性组织，它可以通过对注册会计师的工作底稿进行检查或进行行业监督。国家审计机关则可以通过对下属审计单位工作底稿的检查实行国家审计监督。因此，审计工作底稿对于注册会计师协会和国家审计部门的检查不属于泄密。

(3)由于更换审计单位和审计人员，新的会计师事务所的注册会计师查阅审计工作底稿不属于泄密范围。

(4)实行联合审计需要查阅审计工作底稿。经过被审计单位的同意，审计工作需要两个或者两个以上的审计单位共同进行，这时应该允许参与审计的单位共同查阅和使用审计工作底稿。

对于有资格查阅审计工作底稿的单位和个人，拥有审计工作底稿的会计师事务所应当提供适当的协助，并根据有关审计工作底稿的性质和内容以及相关批准，决定是否允许要求查阅者阅览其审计工作底稿及复印或摘录其中的有关内容，但是审计工作底稿不允许离开保管单位，有资格查阅审计工作底稿的单位和个人更不能拿走审计工作底稿的原件。同时，对于查阅方，由于使用审计工作底稿不当而产生的任何不良后果，保管单位应该声明不负任何责任。

本章小结

审计目标分为审计的总体目标和具体审计目标。在注册会计师的总体目标下，注册会计师需要运用审计准则规定的目标以评价是否已获取充分、适当的审计证据。审计目标体现了审计的基本职能，其本质是确保受托经济责任的全面有效履行。管理层认定与具体审计目标密切相关，注册会计师的基本职责就是确定被审计单位管理层对财务报表的认定是否恰当。

获取审计证据是审计工作在具体审计目标中的体现，可以说全部审计工作都是围绕着审计证据的搜集、辨别而进行的。注册会计师应该以职业怀疑态度计划和执行鉴证业务，获取有关鉴证对象是否不存在重大错报的充分、适当的证据。

审计证据的充分性和适当性是两个非常重要的概念。审计证据的充分性是对证据数量的衡量，主要与注册会计师确定的样本量有关。审计证据的适当性是对证据质量的衡量，即证据的相关性和可靠性。审计证据的收集贯穿于整个审计程序之中。审计证据的收集程序可以因审计对象和审计业务的不同而不同。注册会计师为了获取充分、适当的审计证据，应当了解鉴证对象及其他的业务环境事项，了解内部控制；评估鉴证对象信息可能存在的重大错报风险；针对已识别的风险实施实质性程序，以及在必要时测试控制运行的有效性。

审计工作底稿是重要的审计档案，同时也是审计质量管理的重要手段。审计工作底稿是指注册会计师对制订的审计计划、实施的审计程序、获取的相关审计证据以及得出的审计结论作出的记录。审计工作底稿是描绘审计工作轨迹的文档，应当按照会计师事务所质量管理政策和程序的规定，严格执行复核和归档工作。

【复习思考题】

1. 如何认识现代审计的本质目标？注册会计师审计的总目标是什么？
2. 什么是管理层认定？如何归类？它们与具体审计目标有何关联？
3. 何谓审计证据？它与审计工作底稿是怎样的关系？
4. 如何理解审计证据的充分性和适当性？
5. 审计证据有哪些基本类型？其中最基本的证据是什么？其他证据又起何作用？
6. 审计证据的证明力主要由什么因素决定？举例说明。
7. 什么是审计工作底稿？它有哪些作用？举例说明。

第五章　审计计划、审计重要性和审计风险

本章提示

学习目标　通过本章的学习,学生应了解签订审计业务约定书之前主要应做哪些工作,业务约定书的内容、重要性及审计风险的含义;掌握审计风险组成要素及关系、总体审计计划、具体审计计划的内容以及重要性水平的确定。

重要概念　审计业务约定书;总体审计策略;具体审计计划;重要性;审计风险;重大错报风险;检查风险

引　例

一、证监会VS信永中和,杀气十足

信永中和会计师事务所,作为我国本土八大会计师事务所之一,一直保持着高质量的审计水平。2015年,在国际会计公报(International Accounting Bulletin)发布的国际会计师事务所排名中,它名列全球第19位。自2012年3月北京所成立后,5年内从未出现在证监会的处罚名单上。但在2017年12月6日,因为在对登云股份IPO审计的过程中未能勤勉尽责,出具了虚假的审计报告而受到了证监会的处罚:对信永中和为登云股份IPO及2014年年报提供审计服务的过程中违反依法制定的业务规则,责令信永中和改正,没收违法所得188万元,并处以188万元罚款。对信永中和未勤勉尽责,出具的登云股份2013年审计报告存在虚假记载,责令信永中和改正,没收业务收入32万元,并处以32万元罚款;对郭晋龙、夏斌给予警告,并分别处以5万元罚款。信永中和,这家著名的审计机构,因为登云股份一案,被证监会重罚440万。

在作出行政处罚之前,为了力证清白,信永中和跟证监会上演了一场精彩的辩论大戏,共八个回合。其中,精彩的抗辩陈词主要有:第一,会计师事务所的审计责任不同于会计责任,会计师事务所根据准则要求恰当地运用“重要性概念”,对财务报表整体是否不存在由于舞弊或错误导致的重大错报获取“合理保证”,即符合审计准则要求,亦应被认为履行了勤勉尽责的义务。第二,即使认为信永中和对登云股份的IPO审计程序存在瑕疵,所导致的未能发现的累计错报也极小,远未达到重要性水平,不构成重大错报。会计师事务所即使未能发现,也不违反审计准则,不构成未勤勉尽责。第三,即使认定信永中和在审计过程中存在微小瑕疵,也属情节显著轻微,并且相关事项也未造成严重危害,根据《中华人民共和国行政处罚法》规定的行政处罚应遵循的“过罚相当”原则,依法应对

信永中和不予行政处罚。

证监会对信永中和的申辩全部无情驳回！具体理由：关于第一点，我会严格按照《中华人民共和国证券法》等法律法规及中国注册会计师执业准则、规则等相关规定认定会计师事务所及其签字注册会计师的违法责任，并区分上市公司的会计责任与注册会计师的审计责任。登云股份财务造假的会计责任与注册会计师的审计责任是相互独立的，我会追究注册会计师行政责任的依据并非登云股份的财务造假行为，而是注册会计师自身在执业过程中违反业务规则、未勤勉尽责、出具的文件存在的虚假记载的行为。关于第二点，2013 年信永中和未能发现的累计错报共计 5,351,639.93 元(包括三包索赔费用 2,422,328.73 元及贴现费用 2,929,311.20 元)，超过其 2013 年确定的重要性水平(4,049,763.54 元)。关于第三点，其审计过程中存在的问题并非显著轻微，其出具的审计报告存在虚假记载影响了投资者的判断，对资本市场健康发展产生了不利影响，造成了一定的社会危害，不存在减轻处罚或不予处罚的情节。

二、案例思考与讨论

1. 什么是重要性？注册会计师应如何确定重要性水平？
2. 重要性与审计风险的关系。

第一节　初步业务活动

一、初步业务活动的目的和内容

(一)初步业务活动的目的

注册会计师需要开展初步业务活动，以实现以下 3 个主要目的：具备执行业务所需的独立性和能力，不存在因管理层诚信问题而可能影响注册会计师保持该项业务的意愿的事项，与被审计单位之间不存在对业务约定条款的误解。

(二)初步业务活动的内容

注册会计师在本期审计业务开始时应当开展下列初步业务活动：一是针对保持客户关系和具体审计业务，实施相应的质量控制程序；二是评价遵守相关职业道德要求的情况；三是就审计业务约定条款达成一致意见。针对保持客户关系和具体审计业务实施质量控制程序，并且根据实施相应程序的结果作出适当的决策是注册会计师控制审计风险的重要环节。《中国注册会计师审计准则第 1121 号——对财务报表审计实施的质量管理》及《质量控制准则第 5101 号——会计师事务所对执行财务报表审计和审阅、其他鉴证和相关服务业务实施的质量控制》含有与客户关系和具体业务的接受与保持相关的要求，注册会计师应当按照其规定开展初步业务活动。

评价遵守相关职业道德要求的情况也是一项非常重要的初步业务活动。质量控制准则含有包括独立性在内的有关职业道德要求，注册会计师应当按照其规定执行。虽然保持客户关系及具体审计业务和评价职业道德的工作贯穿审计业务的全过程，但是这两

项活动需要安排在其他审计工作之前，以确保注册会计师已具备执行业务所需要的独立性和专业胜任能力，且不存在因管理层诚信问题而影响注册会计师保持该项业务意愿等情况。在连续审计的业务中，这些初步业务活动通常是在上期审计工作结束后不久或将要结束时就已开始了。

在作出接受或保持客户关系及具体审计业务的决策后，注册会计师应当按照《中国注册会计师审计准则第 1111 号——就审计业务约定条款达成一致意见》的规定，在审计业务开始前，与被审计单位就审计业务约定条款达成一致意见，签订或修改审计业务约定书，以避免双方对审计业务的理解产生分歧。

二、审计的前提条件

《中国注册会计师审计准则第 1111 号——就审计业务约定条款达成一致意见》规定，为了确定审计的前提条件是否存在，注册会计师应当确定管理层在编制财务报表时采用的财务报告编制基础是不是可接受的，并就管理层认可并理解其责任与管理层达成一致意见。

（一）财务报告编制基础

适用的财务报告编制基础，是指法律法规要求采用的财务报告编制基础；或者管理层和治理层（如适用）在编制财务报表时，就被审计单位性质和财务报表目标而言，采用的可接受的财务报告编制基础。

财务报告编制基础分为通用目的编制基础和特殊目的编制基础。

通用目的编制基础，是指旨在满足广大财务报表使用者共同的财务信息需求的财务报告编制基础，主要是指会计准则和会计制度。

特殊目的编制基础，是指旨在满足财务报表特定使用者对财务信息需求的财务报告编制基础，包括计税核算基础、监管机构的报告要求和合同的约定等。

（二）就管理层的责任达成一致意见

按照审计准则的规定，执行审计工作的前提是管理层已认可并理解其承担的责任，这些责任构成注册会计师按照审计准则的规定执行审计工作的基础。

（1）按照适用的财务报告编制基础编制财务报表，并使其实现公允反映（如适用）。大多数财务报告编制基础包括与财务报表列报相关的要求，对于这些财务报告编制基础，在提到“按照适用的财务报告编制基础编制财务报表”时，编制包括列报。实现公允列报的报告目标非常重要，因而在与管理层达成一致意见的执行审计工作的前提中，需要特别提及公允列报，或需要特别提及管理层负有根据财务报告编制基础编制并使其实现公允反映的责任。

（2）设计、执行和维护必要的内部控制，以使编制的财务报表不存在由于舞弊或错误导致的重大错报。由于内部控制的固有限制，无论其如何有效，也只能合理保证被审计单位实现其财务报告目标。注册会计师按照审计准则的规定执行的独立审计工作，不能代替管理层维护编制财务报表所需要的内部控制。因此，注册会计师需要就管理层认可并理解其与内部控制有关的责任与管理层达成共识。

（3）向注册会计师提供必要的工作条件，包括允许注册会计师接触与编制财务报表相关的所有信息(如记录、文件和其他事项),向注册会计师提供审计所需要的其他信息,允许注册会计师在获取审计证据时不受限制地接触其认为必要的内部人员和其他相关人员。

(三)确认的形式

按照《中国注册会计师审计准则第 1341 号——书面声明》的规定,注册会计师应当要求管理层就其已履行的某些责任提供书面声明。因此,注册会计师需要获取针对管理层责任的书面声明,其他审计准则要求的书面声明,以及在必要时需要获取用于支持其他审计证据(用以支持财务报表或者一项或多项具体认定)的书面声明。注册会计师需要使管理层意识到这一点。

如果管理层不认可其责任,或不同意提供书面声明,注册会计师将不能获取充分、适当的审计证据。在这种情况下,注册会计师承接此类审计业务是不恰当的,除非法律法规另有规定。如果法律法规要求承接此类审计业务,注册会计师可能需要向管理层解释这种情况的重要性及其对审计报告的影响。

三、审计业务约定书

审计业务约定书是指会计师事务所与被审计单位签订的,用以记录和确认审计业务的委托与受托关系、审计目标和范围、双方的责任以及报告的格式等事项的书面协议。会计师事务所承接任何审计业务,都应与被审计单位签订审计业务约定书。

(一)审计业务约定书的基本内容

审计业务约定书的具体内容和格式可能因被审计单位的不同而不同,但应当包括以下主要内容。

(1)财务报表审计的目标与范围。

(2)注册会计师的责任。

(3)管理层的责任。

(4)指出用于编制财务报表所适用的财务报告编制基础。

(5)提及注册会计师拟出具的审计报告的预期形式和内容,以及对在特定情况下出具的审计报告可能不同于预期形式和内容的说明。

(二)审计业务约定书的特殊考虑

1. 考虑特定需要

如果情况需要,注册会计师还应当考虑在审计业务约定书中列明下列内容。

(1)详细说明审计工作的范围,包括提及适用的法律法规、审计准则以及注册会计师协会发布的职业道德守则和其他公告。

(2)对审计业务结果的其他沟通形式。

(3)说明由于审计和内部控制的固有限制,即使审计工作按照审计准则的规定得到恰当的计划和执行,仍不可避免地存在某些重大错报未被发现的风险。

(4)计划和执行审计工作的安排,包括审计项目组的构成。

(5)管理层确认将提供书面声明。

(6)管理层同意向注册会计师及时提供财务报表草稿和其他所有附带信息，以使注册会计师能够按照预定的时间表完成审计工作。

(7)管理层同意告知注册会计师在审计报告日至财务报表报出日之间注意到的可能影响财务报表的事实。

(8)收费的计算基础和收费安排。

(9)管理层确认收到审计业务约定书并同意其中的条款。

(10)在某些方面对利用其他注册会计师和专家工作的安排。

(11)对审计涉及的内部审计人员和被审计单位其他员工工作的安排。

(12)在首次审计的情况下，与前任注册会计师(如存在)沟通的安排。

(13)说明对注册会计师责任可能存在的限制。

(14)注册会计师与被审计单位之间需要达成进一步协议的事项。

(15)向其他机构或人员提供审计工作底稿的义务。

2. 组成部分的审计

如果母公司的注册会计师同时也是组成部分注册会计师，需要考虑下列因素，决定是否向组成部分单独致送审计业务约定书。

(1)组成部分注册会计师的委托人。

(2)是否对组成部分单独出具审计报告。

(3)与审计委托相关的法律法规的规定。

(4)母公司占组成部分的所有权份额。

(5)组成部分管理层相对于母公司的独立程度。

3. 连续审计

对于连续审计，注册会计师应当根据具体情况评估是否需要对审计业务约定条款作出修改，以及是否需要提醒被审计单位注意现有的条款。

注册会计师可以决定不在每期都致送新的审计业务约定书或其他书面协议。然而，下列因素可能导致注册会计师修改审计业务约定条款或提醒被审计单位注意现有的业务约定条款。

(1)有迹象表明被审计单位误解审计目标和范围。

(2)需要修改约定条款或增加特别条款。

(3)被审计单位高级管理人员近期发生变动。

(4)被审计单位所有权发生重大变动。

(5)被审计单位业务的性质或规模发生重大变化。

(6)法律法规的规定发生变化。

(7)编制财务报表采用的财务报告编制基础发生变更。

(8)其他报告要求发生变化。

4. 审计业务约定条款的变更

(1)变更审计业务约定条款的要求。在完成审计业务前，如果被审计单位或委托人要求将审计业务变更为保证程度较低的业务，注册会计师应当确定是否存在合理理由予以变更。

下列原因可能导致被审计单位要求变更业务：环境变化对审计服务的需求产生影响，对原来要求的审计业务的性质存在误解，无论是管理层施加的还是其他情况引起的审计范围受到限制。上述前两点通常被认为是变更业务的合理理由，但如果有迹象表明该变更要求与错误的、不完整的或者不能令人满意的信息有关，注册会计师不应认为该变更是合理的。

如果没有合理的理由，注册会计师不应同意变更业务。如果注册会计师不同意变更审计业务约定条款，而管理层又不允许继续执行原审计业务，注册会计师应当：①在适用的法律法规允许的情况下，解除审计业务约定；②确定是否有约定义务或其他义务向治理层、所有者或监管机构等报告该事项。

(2)变更为审阅业务或相关服务业务的要求。在同意将审计业务变更为审阅业务或相关服务业务前，接受委托按照审计准则执行审计工作的注册会计师，除考虑上述(1)中提及的事项外，还需要评估变更业务对法律责任或业务约定的影响。

如果注册会计师认为将审计业务变更为审阅业务或相关服务业务具有合理理由，截至变更日已执行的审计工作可能与变更后的业务相关，相应地，注册会计师需要执行的工作和出具的报告会适用于变更后的业务。为避免引起报告使用者的误解，对相关服务业务出具的报告不应提及原审计业务和在原审计业务中已执行的程序。只有将审计业务变更为执行商定程序业务，注册会计师才可在报告中提及已执行的程序。表 5-1 为审计业务约定书参考格式(合同式)。

表 5-1　审计业务约定书参考格式(合同式)

审计业务约定书

甲方：ABC 股份有限公司

乙方：XYZ 会计师事务所

兹由甲方委托乙方对 20×1 年度财务报表进行审计，经双方协商，达成以下约定。

一、审计的目标和范围

1. 乙方接受甲方委托，对甲方按照企业会计准则编制的 20×1 年 12 月 31 日的资产负债表，20×1 年度的利润表、现金流量表、所有者权益(或股东权益)变动表以及相关财务报表附注(以下统称财务报表)进行审计。

2. 乙方审计工作的目标是对财务报表整体是否不存在由于舞弊或错误导致的重大错报获取合理保证，并出具包含审计意见的审计报告。合理保证是高水平的保证，但并不能保证按照审计准则执行的审计在某一重大错报存在时总能发现。错报可能由舞弊或错误导致，如果合理预期错报单独或汇总起来可能影响财务报表使用者依据财务报表作出的经济决策，则通常认为错报是重大的。

3. 乙方通过执行审计工作，对财务报表的下列方面发表审计意见：(1)财务报表是否在所有重大方面按照企业会计准则的规定编制；(2)财务报表是否在所有重大方面公允反映了甲方 20×1 年 12 月 31 日的财务状况以及 20×1 年度的经营成果和现金流量。

二、甲方的责任

1. 根据《中华人民共和国会计法》及《企业财务会计报告条例》，甲方及甲方负责人有责任保证会计资料的真实性和完整性。因此，甲方管理层有责任妥善保存和提供会计记录(包括但不限于会计凭证、会计账簿及其他会计资料)，这些记录必须真实、完整地反映甲方的财务状况、经营成果和现金流量。

2. 按照企业会计准则的规定编制和公允列报财务报表是甲方管理层的责任，这种责任包括：

（续表）

(1)按照企业会计准则的规定编制财务报表，并使其实现公允反映；(2)设计、执行和维护必要的内部控制，以使财务报表不存在由于舞弊或错误导致的重大错报。

3. 在编制财务报表时，甲方管理层负责评估甲方的持续经营能力，必须时披露与持续经营相关的事项，并运用持续经营假设，除非管理层计划清算、终止运营或别无其他现实的选择。甲方治理层负责监督甲方的财务报告过程。

4. 及时为乙方的审计工作提供与审计有关的所有记录、文件和所需的其他的信息(在20×2年×月×日之前提供审计所需的全部资料，如果在审计过程中需要补充资料，亦应及时提供)，并保证所提供资料的真实性和完整性。

5. 确保乙方不受限制地接触其认为必要的甲方内部人员和其他相关人员。

(下段适用于集团财务报表审计业务，使用时需根据客户/约定项目的特定情况修改，如果加入此段，应相应修改本约定书第一项关于业务范围的表述，并调整下面其他条款的编号。)

[6. 为满足乙方对甲方合并财务报表发表审计意见的需要，甲方须确保：

乙方和对组成部分财务信息执行相关工作的组成部分注册会计师之间的沟通不受任何限制。

乙方及时获悉组成部分注册会计师与组成部分治理层和管理层之间的重要沟通(包括就值得关注的内部控制缺陷进行的沟通)。

乙方及时获悉组成部分治理层和管理层与监管机构就与财务信息有关的事项进行的重要沟通。

在乙方认为必要时，允许乙方接触组成部分的信息、组成部分管理层或组成部分注册会计师(包括组成部分注册会计师的工作底稿)，并允许乙方对组成部分的财务信息执行相关工作。]

6. 甲方管理层对其作出的与审计有关的声明予以书面确认。

7. 为乙方派出的有关工作人员提供必要的工作条件和协助，乙方将于外勤工作开始前提供主要事项清单。

8. 按本约定书的约定及时足额支付审计费用以及乙方人员在审计期间的交通、食宿和其他相关费用。

9. 乙方的审计不能减轻甲方及甲方管理层的责任。

三、乙方的责任

1. 乙方按照《中国注册会计师审计准则》以下简称《审计准则》的规定执行审计工作。《审计准则》要求注册会计师遵守中国注册会计师职业道德守则。在执行审计的过程中，乙方需要运用职业判断，保持职业怀疑。

2. 乙方识别和评估由于舞弊或错误导致的财务报表重大错报风险，设计和实施审计程序以应对这些风险，并获取充分、适当的审计证据，作为发表审计意见的基础。由于舞弊可能涉及串通、伪造、故意遗漏、虚假陈述或凌驾于内部控制之上，未能发现由于舞弊导致的重大错报的风险高于未能发现由于错误导致的重大错报的风险。

3. 乙方了解与审计相关的内部控制，以设计恰当的审计程序，但目的并非对内部控制的有效性发表意见。

4. 乙方评价管理层选用会计政策的恰当性和作出会计估计及相关披露的合理性。

5. 乙方对甲方管理层使用持续经营假设的恰当性得出结论。如果注册会计师结合财务报表审计对内部控制的有效性发表意见，应当删除“但目的并非对内部控制的有效性发表意见”的措辞。中国注册会计师协会制定20时，根据获取的审计证据，就可能导致对甲方持续经营能力产生重大疑虑的事项或情况是否存在重大不确定性得出结论。如果乙方得出结论认为存在重大不确定性，应当在审计报告中提请报表使用者注意财务报表中的相关披露；如果披露不充分，乙方应当发表非无保留

(续表)

意见。乙方的结论基于截至审计报告日可获得的信息。然而,未来的事项或情况可能导致甲方不能持续经营。 6. 乙方评价财务报表的总体列报、结构和内容(包括披露),并评价财务报表是否公允反映相关交易和事项。(下段适用于集团财务报表审计业务,使用时需根据客户/约定项目的特定情况修改,如果加入此段,应相应修改本约定书第一项关于业务范围的表述,并调整下面其他条款的编号。) (7. 对不由乙方执行相关工作的组成部分财务信息,乙方不单独出具报告;有关的责任由对该组成部分执行相关工作的组成部分注册会计师及其所在的会计师事务所承担。) 7. 乙方从与甲方治理层沟通过的事项中,确定对本期财务报表审计最为重要的事项(关键审计事项),并在审计报告中描述这些事项(如适用)。这些事项的应对以对财务报表整体进行审计并形成审计意见为背景,乙方不对这些事项单独发表意见。 8. 在审计过程中,乙方若发现甲方存在乙方认为值得关注的内部控制缺陷,应以书面形式向甲方治理层或管理层通报。但乙方通报的各种事项,并不代表已全面说明所有可能存在的缺陷或已提出所有可行的改进建议。甲方在实施乙方提出的改进建议前应全面评估其影响。未经乙方书面许可,甲方不得向任何第三方提供乙方出具的沟通文件,除非法律法规另有要求。 9. 由于审计和内部控制的固有限制,即使按照审计准则的规定适当地计划和执行审计工作,仍无法避免财务报表的某些重大错报可能未被乙方发现的风险。 10. 按照约定时间完成审计工作,出具审计报告。乙方应于20×2年×月×日前出具审计报告。 11. 除下列情况外,乙方应当对执行业务过程中知悉的甲方信息予以保密:(1)法律法规允许披露,并取得甲方的授权;(2)根据法律法规的要求,为法律诉讼、仲裁准备文件或提供证据,以及向监管机构报告发现的违法行为;(3)在法律法规允许的情况下,在法律诉讼、仲裁中维护自己的合法权益;(4)接受注册会计师协会或监管机构的执业质量检查,答复其询问和调查;(5)法律法规、执业准则和职业道德规范规定的其他情形。 四、审计收费 1. 本次审计服务的收费是以乙方各级别工作人员在本次工作中所耗费的时间为基础计算的。乙方预计本次审计服务的费用总额为人民币×万元。 2. 甲方应于本约定书签署之日起×日内支付×%的审计费用,其余款项于审计报告草稿完成日结清。 3. 如果由于无法预见的原因,乙方从事本约定书所涉及的审计服务实际时间较本约定书签订时预计的时间有明显增加或减少时,甲乙双方应通过协商,相应调整本部分第1段所述的审计费用。 4. 如果由于无法预见的原因,乙方人员抵达甲方的工作现场后,本约定书所涉及的审计服务中止,甲方不得要求退还预付的审计费用;如上述情况发生于乙方人员完成现场审计工作,并离开甲方的工作现场之后,甲方应另行向乙方支付人民币×元的补偿费,该补偿费应于甲方收到乙方的收款通知之日起×日内支付。 5. 与本次审计有关的其他费用(包括交通费、食宿费等)由甲方承担。 五、审计报告和审计报告的使用 1. 乙方按照《中国注册会计师审计准则》规定的格式和类型出具审计报告。 2. 乙方向甲方致送审计报告一式×份。 3. 甲方在提交或对外公布乙方出具的审计报告及其后附的已审计财务报表时,不得对其进行修改。当甲方认为有必要修改会计数据、报表附注和所作的说明时,应当事先通知乙方,乙方将考虑有关的修改对审计报告的影响,必要时,将重新出具审计报告。

(续表)

六、本约定书自签署之日起生效,并在双方履行完本约定书约定的所有义务后终止。但其中第三项第11段、第四、五、七、八、九、十项并不因本约定书终止而失效。 七、约定事项的变更,如果出现不可预见的情况,影响审计工作如期完成,或需要提前出具审计报告,甲、乙双方均可要求变更约定事项,但应及时通知对方,并由双方协商解决。 八、终止条款 1. 如果根据乙方的职业道德及其他有关专业职责、适用的法律法规或其他任何法定的要求,乙方认为已不适宜继续为甲方提供本约定书约定的审计服务,乙方可以采取向甲方提出合理通知的方式终止履行本约定书。 2. 在本约定书终止的情况下,乙方有权就其于终止之日前对约定的审计服务项目所做的工作收取合理的费用。 九、违约责任 甲、乙双方按照《中华人民共和国合同法》的规定承担违约责任。 十、适用法律和争议解决 本约定书的所有方面均应适用中华人民共和国法律进行解释并受其约束。本约定书履行地为乙方出具审计报告所在地,因本约定书引起的或与本约定书有关的任何纠纷或争议(包括关于本约定书条款的存在、效力或终止,或无效之后果),双方协商确定采取以下第________种方式予以解决: (1)向有管辖权的人民法院提起诉讼; (2)提交×仲裁委员会仲裁。 十一、双方对其他有关事项的约定 本约定书一式两份,甲、乙双方各执一份,具有同等法律效力。 ABC股份有限公司(盖章)×× XYZ会计师事务所(盖章) 授权代表:(签名并盖章) 授权代表:(签名并盖章) 20××年×月×日 20××年×月×日

第二节 计划审计工作

注册会计师开展初步业务活动后,可着手计划审计工作。图5-1列示了计划审计工作的两个层次。注册会计师应当针对总体审计策略中所识别的不同事项,制订具体审计计划,并考虑通过有效利用审计资源以实现审计目标。值得注意的是,虽然制定总体审计策略的过程通常在具体审计计划之前,但是两项计划具有内在紧密联系,对其中一项的决定可能会影响甚至改变对另外一项的决定。例如,注册会计师在了解被审计单位及其环境的过程中,注意到被审计单位对主要业务的处理依赖复杂的自动化信息系统,因此计算机信息系统的可靠性及有效性对其经营、管理、决策以及编制可靠的财务报告具有重大影响。对此,注册会计师可能会在具体审计计划中制定相应的审计程序,并相应调整总体审计策略的内容,作出利用信息风险管理专家的工作的决定。

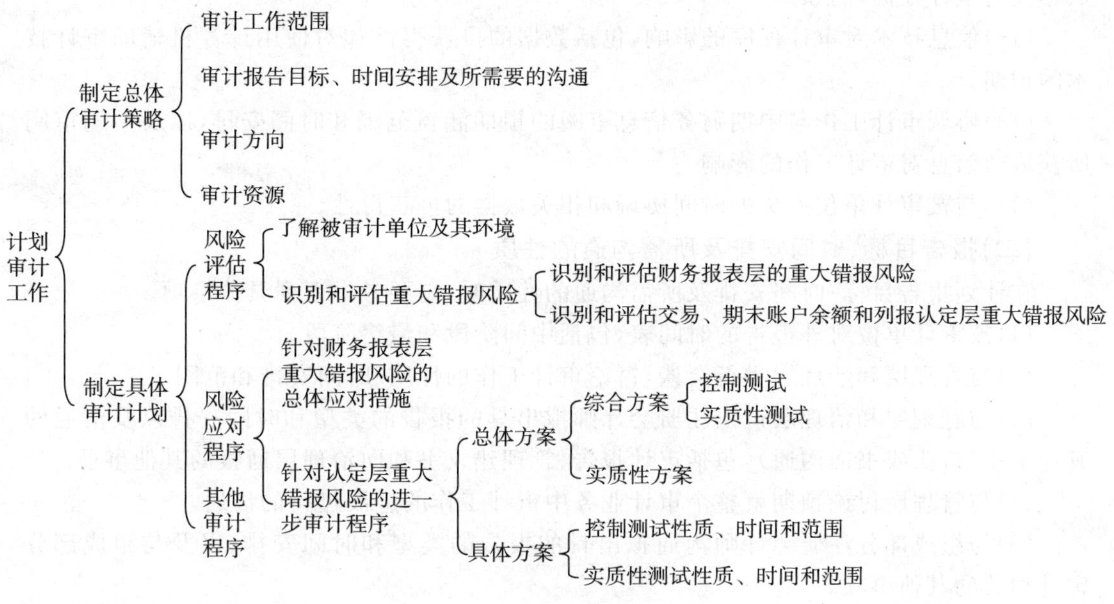

图 5－1　计划审计工作示意图

一、总体审计策略

注册会计师应当为审计工作制定总体审计策略。总体审计策略用以确定审计范围、时间安排和方向，并指导具体审计计划的制定。在制定总体审计策略时，应当考虑以下主要事项。

（一）审计范围

在确定审计范围时，需要考虑下列具体事项。

(1)编制拟审计的财务信息所依据的财务报告编制基础，包括是否需要将财务信息调整至按照其他财务报告编制基础编制。

(2)特定行业的报告要求，如某些行业监管机构要求提交的报告。

(3)预期审计工作涵盖的范围，包括应涵盖的组成部分的数量及所在地点。

(4)母公司和集团组成部分之间存在的控制关系的性质，以确定如何编制合并财务报表。

(5)由组成部分注册会计师审计组成部分的范围。

(6)拟审计的经营分部的性质，包括是否需要具备专门知识。

(7)外币折算，包括外币交易的会计处理、外币财务报表的折算和相关信息的披露。

(8)除为合并目的执行的审计工作之外，对个别财务报表进行法定审计的需求。

(9)内部审计工作的可获得性及注册会计师拟信赖内部审计工作的程度。

(10)被审计单位使用服务机构的情况，及注册会计师如何取得有关服务机构内部控制设计和运行有效性的证据。

(11)对利用在以前审计工作中获取的审计证据（如获取的与风险评估程序和控制测

试相关的审计证据)的预期。

(12)信息技术对审计程序的影响,包括数据的可获得性和对使用计算机辅助审计技术的预期。

(13)协调审计工作与中期财务信息审阅的预期涵盖范围和时间安排,以及中期审阅所获取的信息对审计工作的影响。

(14)与被审计单位人员的时间协调和相关数据的可获得性。

(二)报告目标、时间安排及所需沟通的性质

在计划报告目标、时间安排及所需沟通的性质时,需要考虑下列具体事项。

(1)被审计单位对外报告的时间表,包括中间阶段和最终阶段。

(2)与管理层和治理层举行会谈,讨论审计工作的性质、时间安排和范围。

(3)与管理层和治理层讨论注册会计师拟出具的报告的类型和时间安排以及沟通的其他事项(口头或书面沟通),包括审计报告、管理建议书和向治理层通报的其他事项。

(4)与管理层讨论预期就整个审计业务中审计工作的进展进行的沟通。

(5)与组成部分注册会计师沟通拟出具的报告的类型和时间安排,以及与组成部分审计相关的其他事项。

(6)项目组成员之间沟通的预期性质和时间安排,包括项目组会议的性质和时间安排,以及复核已执行工作的时间安排。

(7)预期是否需要和第三方进行其他沟通,包括与审计相关的法定或约定的报告责任。

(三)审计方向

总体审计策略的制定应当包括考虑影响审计业务的重要因素,以确定项目组工作方向,包括确定适当的重要性水平,初步识别可能存在较高的重大错报风险的领域,初步识别重要的组成部分和账户余额,评价是否需要针对内部控制的有效性获取审计证据,识别被审计单位、所处行业、财务报告要求及其他相关方面最近发生的重大变化等。

在确定审计方向时,注册会计师需要考虑下列事项。

(1)重要性方面,具体包括:为计划目的确定重要性,为组成部分确定重要性且与组成部分的注册会计师沟通,在审计过程中重新考虑重要性,识别重要的组成部分和账户余额。

(2)重大错报风险较高的审计领域。

(3)评估的财务报表层次的重大错报风险对指导、监督及复核的影响。

(4)项目组人员的选择(在必要时包括项目质量控制复核人员)和工作分工,包括向重大错报风险较高的审计领域分派具备适当经验的人员。

(5)项目预算,包括考虑为重大错报风险可能较高的审计领域分配适当的工作时间。

(6)如何向项目组成员强调在收集和评价审计证据过程中保持职业怀疑的必要性。

(7)以往审计中对内部控制运行有效性进行评价的结果,包括所识别的控制缺陷的性质及应对措施。

(8)管理层重视设计和实施健全的内部控制的相关证据,包括这些内部控制得以适当记录的证据。

(9)业务交易量规模，以基于审计效率的考虑确定是否依赖内部控制。

(10)对内部控制重要性的重视程度。

(11)影响被审计单位经营的重大发展变化，包括信息技术和业务流程的变化，关键管理人员变化，以及收购、兼并和分立。

(12)重大的行业发展情况，如行业法规变化和新的报告规定。

(13)会计准则及会计制度的变化。

(14)其他重大变化，如影响被审计单位的法律环境的变化。

(四)审计资源

注册会计师应当在总体审计策略中清楚地说明审计资源的规划和调配，包括确定执行审计业务所必需的审计资源的性质、时间安排和范围。

(1)向具体审计领域调配的资源，包括向高风险领域分派有适当经验的项目组成员，就复杂的问题利用专家工作等。

(2)向具体审计领域分配资源的多少，包括分派到重要地点进行存货监盘的项目组成员的人数，在集团审计中复核组成部分注册会计师工作的范围，向高风险领域分配的审计时间预算等。

(3)何时调配这些资源，包括是在期中审计阶段还是在关键的截止日期调配资源等。

(4)如何管理、指导、监督这些资源，包括预期何时召开项目组预备会和总结会，预期项目合伙人和经理如何进行复核，是否需要实施项目质量控制复核等。

总体审计策略格式参见第 193 页的附录 5－1。

二、具体审计计划

注册会计师应当为审计工作制订具体审计计划。具体审计计划比总体审计策略更加详细，其内容包括为获取充分、适当的审计证据以将审计风险降至可接受的低水平，项目组成员拟实施的审计程序的性质、时间安排和范围。可以说，为获取充分、适当的审计证据，而确定审计程序的性质、时间安排和范围的决策是具体审计计划的核心。具体审计计划应当包括风险评估程序、计划实施的进一步审计程序和其他审计程序。

(一)风险评估程序

具体审计计划应当包括按照《中国注册会计师审计准则第 1211 号——通过了解被审计单位及其环境识别和评估重大错报风险》的规定，为了充分识别和评估财务报表重大错报风险，注册会计师计划实施的风险评估程序的性质、时间安排和范围。

(二)计划实施的进一步审计程序

具体审计计划应当包括按照《中国注册会计师审计准则第 1231 号——针对评估的重大错报风险采取的应对措施》的规定，针对评估的认定层次的重大错报风险，注册会计师计划实施的进一步审计程序的性质、时间安排和范围。进一步审计程序包括控制测试和实质性程序。

需要强调的是，随着审计工作的推进，对审计程序的计划会一步步深入，并贯穿整个审计过程。例如，计划风险评估程序通常在审计开始阶段进行，计划进一步审计程序则

需要依据风险评估程序的结果进行。因此，为达到制订具体审计计划的要求，注册会计师需要完成风险评估程序，识别和评估重大错报风险，并针对评估的认定层次的重大错报风险，计划实施进一步审计程序的性质、时间安排和范围。

通常，注册会计师计划的进一步审计程序可以分为进一步审计程序的总体方案和拟实施的具体审计程序（包括进一步审计程序的具体性质、时间安排和范围）两个层次。进一步审计程序的总体方案主要是指注册会计师针对各类交易、账户余额和披露决定采用的总体方案（包括实质性方案和综合性方案）。具体审计程序则是对进一步审计程序的总体方案的延伸和细化，它通常包括控制测试和实质性程序的性质、时间安排和范围。在实务中，注册会计师通常单独制定一套包括这些具体程序的“进一步审计程序表”，待具体实施审计程序时，注册会计师将基于所计划的具体审计程序，进一步记录所实施的审计程序及结果，并最终形成有关进一步审计程序的审计工作底稿。

另外，完整、详细的进一步审计程序的计划包括对各类交易、账户余额和披露实施的具体审计程序的性质、时间安排和范围，包括抽取的样本量等。在实务中，注册会计师可以统筹安排进一步审计程序的先后顺序，如果对某类交易、账户余额或披露已经作出计划，则可以安排先行开展工作，与此同时再制定其他交易、账户余额和披露的进一步审计程序。

（三）计划其他审计程序

具体审计计划应当包括根据审计准则的规定，注册会计师针对审计业务需要实施的其他审计程序。计划的其他审计程序可以包括上述进一步程序的计划中没有涵盖的、根据其他审计准则的要求注册会计师应当执行的既定程序。

在审计计划阶段，除了按照《中国注册会计师审计准则第 1211 号——通过了解被审计单位及其环境识别和评估重大错报风险》进行计划工作，注册会计师还需要兼顾其他准则中规定的、针对特定项目在审计计划阶段应执行的程序及记录要求。例如，《中国注册会计师审计准则第 1141 号——财务报表审计中与舞弊相关的责任》《中国注册会计师审计准则第 1324 号——持续经营》《中国注册会计师审计准则第 1142 号——财务报表审计中对法律法规的考虑》及《中国注册会计师审计准则第 1323 号——关联方》等准则中对注册会计师针对这些特定项目在审计计划阶段应当执行的程序及其记录作出了规定。当然，由于被审计单位所处行业、环境各不相同，特别项目可能也有所不同。例如，有些企业可能涉及环境事项、电子商务等，在实务中注册会计师应根据被审计单位的具体情况确定特定项目并执行相应的审计程序。

三、审计过程中对计划的更改

计划审计工作并非审计业务的一个孤立阶段，而是一个持续的、不断修正的过程，贯穿于整个审计业务的始终。由于未预期事项、条件的变化或在实施审计程序中获取的审计证据等因素，在审计过程中，注册会计师应当在必要时对总体审计策略和具体审计计划作出更新和修改。

审计过程可以分为不同阶段，通常前面阶段的工作结果会对后面阶段的工作计划产生一定的影响，而后面阶段的工作过程中又可能发现需要对已制订的相关计划进行相应的更新和修改。通常来讲，这些更新和修改可能涉及比较重要的事项。例如，对重要性水平的修改，对某类交易、账户余额和披露的重大错报风险的评估和进一步审计程序（包括总体方案和拟实施的具体审计程序）的更新和修改等。一旦计划被更新和修改，审计工作也就应当进行相应的修正。

例如，如果在制订审计计划时，注册会计师基于对材料采购交易的相关控制的设计和执行获取的审计证据，认为相关控制设计合理并得以执行，因此未将其评价为高风险领域并且计划执行控制测试。但是在执行控制测试时获得的审计证据与审计计划阶段获得的审计证据相矛盾，注册会计师认为该类交易的控制没有得到有效执行，此时，注册会计师可能需要修正对该类交易的风险评估，并基于修正的评估风险修改计划的审计方案，如采用实质性方案。

如果注册会计师在审计过程中对总体审计策略或具体审计计划作出重大修改，应当在审计工作底稿中记录做出的重大修改及其理由。

四、指导、监督与复核

注册会计师应当制订计划，确定对项目组成员的指导、监督以及对其工作进行复核的性质、时间安排和范围。项目组成员的指导、监督以及对其工作进行复核的性质、时间安排和范围主要取决于下列因素。

(1)被审计单位的规模和复杂程度。

(2)审计领域。

(3)评估的重大错报风险。

(4)执行审计工作的项目组成员的专业素质和胜任能力。

注册会计师应在评估重大错报风险的基础上，计划对项目组成员工作的指导、监督与复核的性质、时间安排和范围。当评估的重大错报风险增加时，注册会计师通常会扩大指导与监督的范围，增强指导与监督的及时性，执行更详细的复核工作。在计划复核的性质、时间安排和范围时，注册会计师还应考虑单个项目组成员的专业素质和胜任能力。

五、对计划审计工作的记录

注册会计师应当记录总体审计策略和具体审计计划，包括在审计工作过程中作出的任何重大更改。

(一)记录的内容

1. 对总体审计策略的记录

注册会计师对总体审计策略的记录，应当包括为恰当计划审计工作和向项目组传达重大事项而作出的关键决策。例如，注册会计师可以以备忘录的形式总结总体审计策略，包括对审计的总体范围、时间及执行所作出的关键决策。

2. 对具体审计计划的记录

注册会计师对具体审计计划的记录，应当能够反映下列内容。

(1)计划实施的风险评估程序的性质、时间和范围。

(2)针对评估的重大错报风险计划实施的进一步审计程序的性质、时间和范围。注册会计师对具体审计计划的记录可以使用标准的审计程序表或审计工作完成核对表，但应当根据具体审计业务的情况作出适当修改。

3. 对计划的重大修改的记录

注册会计师应当记录对总体审计策略和具体审计计划作出的重大更改及其理由，以及对导致此类更改的事项、条件或审计程序结果采取的应对措施。

由于原来的总体审计策略和具体审计计划已经制订(包括项目负责人的复核)，在实务中，如果只是针对某一或某几方面更改审计计划，注册会计师可以保留原有的总体审计策略、具体审计计划，以及已经执行的审计程序的记录，并根据准则的要求，将对审计计划的重大修改情况记录在进一步审计程序表和重大事项概要中。当然，如果对计划的修改涉及整个计划的各个方面，以及多个类别的交易、账户余额和列报，为使整套审计工作底稿内容、脉络更清楚，此时注册会计师可以考虑重新编制总体审计策略和具体审计计划，并保留原有的总体审计策略和具体审计计划。

(二)记录的形式和范围

注册会计师对计划审计工作记录的形式和范围，取决于被审计单位的规模和复杂程度、重要性，具体审计业务的情况以及对其他审计工作记录的范围等事项。在小型被审计单位审计中，全部审计工作可能由一个很小的审计项目组执行，项目组成员间容易沟通和协调，总体审计策略和具体审计计划可以相对简单。

六、与管理层和治理层的沟通

与管理层和治理层的沟通有助于注册会计师协调某些计划的审计程序与被审计单位人员工作之间的关系，从而使审计业务更易于执行和管理，提高审计效率与效果。注册会计师可以就计划审计工作的基本情况与被审计单位治理层进行沟通。对此，注册会计师应当按照《中国注册会计师审计准则第 1151 号——与治理层的沟通》中的有关规定执行。沟通的内容可以包括审计的时间安排和总体策略、审计工作中受到的限制及治理层和管理层对审计工作的额外要求等。

当就总体审计策略和具体审计计划中的内容与治理层、管理层进行沟通时，注册会计师应当保持职业谨慎，以防止由于具体审计程序易于被管理层或治理层所预见而损害审计工作的有效性。

需要强调的是，虽然注册会计师可以就总体审计策略和具体审计计划的某些内容与治理层和管理层沟通，但是制定总体审计策略和具体审计计划仍然是注册会计师的责任。

七、首次接受委托的补充考虑

首次接受审计委托，包括接受新客户而建立客户关系和承接现有客户(已对其提供了其他服务)的审计业务委托两种情况。在这两种情况下，尤其是接受新客户的情况下，注册会计师通常缺乏前期审计经验以评估与客户及业务承接相关的风险，因而可能需要扩展初步业务活动。

注册会计师在首次接受审计委托前应当执行的程序包括以下方面。

(一)质量控制程序

注册会计师应针对建立客户关系和承接具体审计业务实施相应的质量控制程序。对此，注册会计师应当按照《中国注册会计师审计准则第 1121 号——对财务报表审计实施的质量管理》中的有关规定开展工作。

(二)与前任注册会计师沟通

如果被审计单位变更了会计师事务所，注册会计师应当与前任注册会计师沟通。《中国注册会计师审计准则第 1152 号——前后任注册会计师的沟通》中对与前任会计师沟通的方式及对沟通结果进行评价等事项作出了相应的规定，注册会计师应当按照其中相应的规定执行。同时，注册会计师还可能需要结合现实的环境分析承接客户及业务的风险，如可能特别需要关注更换会计师事务所的原因。

对于首次接受审计委托，在制定总体审计策略和具体审计计划时，注册会计师还应当考虑下列事项。

(1)就与前任注册会计师沟通作出安排，包括查阅前任注册会计师的工作底稿等。

(2)与管理层讨论的有关首次接受审计委托的重大问题，就这些重大问题与治理层沟通的情况，以及这些重大问题对总体审计策略和具体审计计划的影响。

(3)针对期初余额获取充分、适当的审计证据而计划实施的审计程序。

(4)针对预见到的特别风险，分派具有相应素质和专业胜任能力的人员。

(5)根据会计师事务所关于首次接受审计委托的质量控制制度实施的其他程序。

在实务中，注册会计师获取信息的来源包括以下主要方面：

(1)通过向客户询问和与其沟通获取的财务及其他信息，如年度报告等。

(2)从银行、监管机构等第三方获取的信息。

(3)有关政府部门、有影响力的媒体等公布的信息，如按某些指标进行的企业排名等。

(4)向工商管理部门查询。

(5)与前任注册会计师的沟通。

(6)基于对被审计单位所在行业的了解，与同行业其他企业所作的比较及评估。

(7)利用外部调查机构，特别是针对高风险的行业及客户。

第三节　审计重要性

审计重要性是审计学的一个基本概念。审计重要性概念的运用贯穿于整个审计过程。在计划审计工作时，注册会计师应当考虑导致财务报表发生重大错报的原因，并应当在了解被审计单位及其环境的基础上，确定一个可接受的重要性水平，即首先为财务报表层次确定重要性水平，以发现在金额上重大的错报。同时，注册会计师还应当评估各类交易、账户余额及列报认定层次的重要性，以便确定进一步审计程序的性质、时间和

范围，将审计风险降至可接受的低水平。在确定审计意见类型时，注册会计师也需要考虑重要性水平。

一、重要性的含义

小提示

国际会计准则委员会(IASC)对重要性的定义是："如果信息的错报或漏报会影响使用者根据会计报表采取的经济决策，信息就具有重要性。"

美国财务会计准则委员会(FASB)对重要性的定义是："一项会计信息的错报或漏报是重要的是指在特定环境下，一个理性的人依赖该信息所做的决策可能因为这一错报或漏报得以变化或修正。"

英国会计准则委员会(ASB)对重要性的定义是："错报或漏报可能影响到会计报表使用者的决策，即为重要性。重要性可能在整个会计报表范围内、单个会计报表或会计报表的单个项目中加以考虑。"

由此可见，各国对重要性的认识基本是一致的，即如果信息的错报或漏报可能影响到会计报表使用者的决策，该信息即被视为"重要"。

重要性取决于在具体环境下对错报金额和性质的判断。如果一项错报单独或连同其他错报可能影响财务报表使用者依据财务报表作出的经济决策，则该项错报是重大的。

为了更清楚地理解重要性的概念，需要注意把握以下几点。

(1)重要性概念中的错报包含漏报。财务报表错报包括财务报表金额的错报和财务报表披露的错报。

(2)重要性包括对数量和性质两个方面的考虑。所谓数量方面，是指错报的金额大小，性质方面则是指错报的性质。一般而言，金额大的错报比金额小的错报更重要，在有些情况下，某些金额的错报从数量上看并不重要，但从性质上考虑，则可能是重要的，对于某些财务报表披露的错报，难以从数量上判断是否重要，应从性质上考虑其是否重要。

(3)重要性概念是针对财务报表使用者决策的信息需求而言的。判断一项错报重要与否，应视其对财务报表使用者依据财务报表作出经济决策的影响程度而定，如果财务报表中的某项错报足以改变或影响财务报表使用者的相关决策，则该项错报就是重要的，否则就不重要。

值得说明的是，在通用目的财务报表的审计中，注册会计师对重要性的判断是基于将财务报表使用者作为具有一定的理解能力，并能理性地作出相关决策的一个集团来考虑的。注册会计师难以考虑错报对具体的单个使用者可能产生的影响，因为他们的需求千差万别。例如，就一个以营利为目的的企业而言，由于投资者是该企业风险资本的提供者，能满足这些投资者信息需求的财务报表也将能满足该财务报表的其他使用者的信息需求。因此，在审计这样的企业时，投资者作为一个集体的信息需求是确定重要性的合适的参考依据。

所谓通用目的财务报表，是指被审计单位按照适用的会计准则和相关会计制度的规定编制的、用以满足广大使用者的共同信息需求的财务报表。如果注册会计师对特殊目的审计业务出具审计报告，在确定重要性时需要考虑特定使用者的信息需求，以实现特殊审计目标。

(4)重要性的确定离不开具体环境。由于不同的被审计单位面临不同的环境，不同的报表使用者有着不同的信息需求，因此注册会计师确定的重要性也不相同。某一金额的错报对某被审计单位的财务报表来说是重要的，而对另一个被审计单位的财务报表来说可能不重要。例如，错报 10 万元对一个小公司来说可能是重要的，而对另一个大公司来说则可能不重要。

(5)对重要性的评估需要运用职业判断。影响重要性的因素很多，注册会计师应当根据被审计单位面临的环境，并综合考虑其他因素，合理确定重要性水平。不同的注册会计师在确定同一被审计单位财务报表层次和认定层次的重要性水平时，得出的结果可能不同，因此，注册会计师需要运用职业判断来合理评估重要性。

需要注意的是，仅从数量角度考虑，重要性水平只是提供了一个门槛或临界点。在该门槛或临界点之上的错报就是重要的；反之，该错报则不重要。重要性并不是财务信息的主要质量特征。

在审计开始时，就必须对重大错报的规模和性质作出一个判断，包括确定财务报表整体的重要性和特定交易类别、账户余额和披露的重要性水平。当错报金额高于整体重要性水平时，就很可能被合理预期将对使用者根据财务报表作出的经济决策产生影响。

按照《中国注册会计师审计准则第 1221 号——计划和执行审计工作时的重要性》第七条的规定，在计划审计工作时，注册会计师需要判断何种情形构成重大错报。作出的判断为下列方面提供基础：确定风险评估程序的性质、时间安排和范围，识别和评估重大错报风险，确定进一步审计程序的性质、时间安排和范围。在整个业务过程中，随着审计工作的进展，注册会计师应当根据所获得的新信息更新重要性。在形成审计结论阶段，要使用整体重要性水平和为了特定交易类别、账户余额和披露而确定的较低金额的重要性水平来评价已识别的错报对财务报表的影响和对审计报告中审计意见的影响。

二、重要性与审计风险的关系

重要性与审计风险之间存在反向关系。重要性水平越高，审计风险越低；重要性水平越低，审计风险越高。这里所说的重要性水平高低指金额的大小。通常，5 000 元的重要性水平比 3 000 元的重要性水平高。在理解两者之间的关系时，必须注意，重要性水平是注册会计师从财务报表使用者的角度进行判断的结果。如果重要性水平是 5 000 元，则意味着低于 5 000 元的错报不会影响到财务报表使用者的决策，此时注册会计师需要通过执行有关审计程序合理保证能发现高于 5 000 元的错报。如果重要性水平是 3 000 元，则金额在 3 000 元以上的错报就会影响财务报表使用者的决策，此时注册会计师需要通过执行有关审计程序合理保证能发现金额在 3 000 元以上的错报。显然，重要性水平为 3 000 元时审计不出这样的重大错报的可能性审计风险，要比重要性水平为 5 000 元时的审计风险高。审计风险越高，越要求注册会计师收集更多更有效的审计证据，以将

审计风险降至可接受的低水平。因此，重要性和审计证据之间也是反向变动关系。

值得注意的是，注册会计师不能不合理地人为调高重要性水平，降低审计风险，因为重要性是依据重要性概念中所述的判断标准确定的，而不是由主观期望的审计风险水平决定。

由于重要性和审计风险存在上述反向关系，而且这种关系对注册会计师将要执行的审计程序的性质、时间和范围有直接的影响，因此，注册会计师应当综合考虑各种因素，合理确定重要性水平。

三、重要性水平的确定

在计划审计工作时，注册会计师应当确定一个合理的重要性水平，以发现在金额上重大的错报。注册会计师在确定计划的重要性水平时，需要考虑对被审计单位及其环境的了解，审计的目标、财务报表各项目的性质及其相互关系，财务报表项目的金额及其波动幅度。

（一）财务报表整体的重要性

由于财务报表审计的目标是注册会计师通过执行审计工作对财务报表发表审计意见，因此，注册会计师应当考虑财务报表整体的重要性。只有这样，才能得出财务报表是否公允反映的结论。注册会计师在制定总体审计策略时，应当确定财务报表整体的重要性。

确定多大错报会影响到财务报表使用者做决策，是注册会计师运用职业判断的结果。很多注册会计师根据所在会计师事务所的惯例及自己的经验，考虑重要性。

确定重要性需要运用职业判断。通常先选定一个基准，再乘以某一百分比作为财务报表整体的重要性。在选择基准时，需要考虑的因素包括下列方面。

（1）财务报表要素，如资产、负债、所有者权益、收入和费用。

（2）是否存在特定会计主体的财务报表使用者特别关注的项目，如为了评价财务业绩，使用者可能更关注利润、收入或净资产。

（3）被审计单位的性质、所处的生命周期以及所处行业和经济环境。

（4）被审计单位的所有权结构和融资方式，例如，如果被审计单位仅通过债务而非权益进行融资，财务报表使用者可能更关注资产及资产的索偿权，而非被审计单位的收益。

（5）基准的相对波动性。

适当的基准取决于被审计单位的具体情况，包括各类报告收益（如税前利润、营业收入、毛利和费用总额）以及所有者权益或净资产。对于以营利为目的的实体，通常以经常性业务的税前利润作为基准。如果经常性业务的税前利润不稳定，选用其他基准可能更加合适，如毛利或营业收入。就选定的基准而言，相关的财务数据通常包括前期财务成果和财务状况、本期最新的财务成果和财务状况、本期的预算和预测结果。当然，本期最新的财务成果和财务状况、本期的预算和预测结果需要根据被审计单位情况的重大变化（如重大的企业并购）和被审计单位所处行业和经济环境情况的相关变化等作出调整。例如，当按照经常性业务的税前利润的一定百分比确定被审计单位财务报表整体的重要性时，如果被审计单位本年度税前利润因情况变化出现意外增加或减少，注册会计师可能认为按照近几年经常性业务的平均税前利润确定财务报表整体的重要性更加合适。

为选定的基准确定百分比需要运用职业判断。百分比和选定的基准之间存在一定的联系，如经常性业务的税前利润对应的百分比通常比营业收入对应的百分比要高。例如，对以营利为目的的制造行业实体，注册会计师可能认为经常性业务的税前利润的5%是适当的；而对非营利组织，注册会计师可能认为总收入或费用总额的1%是适当的。百分比无论是高一些还是低一些，只要符合具体情况，都是适当的。

注册会计师在确定重要性水平时，不需考虑与具体项目计量相关的固有不确定性。例如，财务报表含有高度不确定性的大额估计，注册会计师并不会因此而确定一个比不含有该估计的财务报表更高或更低的财务报表整体重要性。

(二)特定类别交易、账户余额或披露的重要性水平

根据被审计单位的特定情况，下列因素可能表明存在一个或多个特定类别的交易、账户余额或披露，其发生的错报金额虽然低于财务报表整体的重要性，但合理预期将影响财务报表使用者依据财务报表作出的经济决策。

(1)法律法规或适用的财务报告编制基础是否影响财务报表使用者对特定项目(如关联方交易、管理层和治理层的薪酬)计量或披露的预期。

(2)与被审计单位所处行业相关的关键性披露(如制药企业的研究与开发成本)。

(3)财务报表使用者是否特别关注财务报表中单独披露的业务的特定方面(如新收购的业务)。

在根据被审计单位的特定情况考虑是否存在上述交易、账户余额或披露时，了解治理层和管理层的看法和预期通常是有用的。

(三)实际执行的重要性

实际执行的重要性，是指注册会计师确定的低于财务报表整体重要性的一个或多个金额，旨在将未更正和未发现错报的汇总数超过财务报表整体的重要性的可能性降至适当的低水平。如果适用，实际执行的重要性还指注册会计师确定的低于特定类别的交易、账户余额或披露的重要性水平的一个或多个金额。

仅为发现单项重大的错报而计划审计工作将忽视这样一个事实，即单项非重大错报的汇总数可能导致财务报表出现重大错报，更不用说还没有考虑可能存在的未发现错报。确定财务报表整体的实际执行的重要性(根据定义可能是一个或多个金额)，旨在将财务报表中未更正和未发现错报的汇总数超过财务报表整体的重要性的可能性降至适当的低水平。

与确定特定类别的交易、账户余额或披露的重要性水平相关的实际执行的重要性，旨在将这些交易、账户余额或披露中未更正与未发现错报的汇总数超过这些交易、账户余额或披露的重要性水平的可能性降至适当的低水平。

确定实际执行的重要性并非简单机械的计算，需要注册会计师运用职业判断，并考虑下列因素的影响：对被审计单位的了解(这些了解在实施风险评估程序的过程中得到更新)，前期审计工作中识别出的错报的性质和范围，根据前期识别出的错报对本期错报作出的预期。

通常而言，实际执行的重要性通常为财务报表整体重要性的50%～75%。接近财务

报表整体重要性50%的情况：①非连续审计；②以前年度审计调整较多；③项目总体风险较高。例如，处于高风险行业，经常面临较大市场压力，首次承接的审计项目或者需要出具特殊目的报告等。接近财务报表整体重要性75%的情况：①连续审计；②以前年度审计调整较少；③项目总体风险较低（如处于低风险行业，市场压力较小）。计划的重要性与实际执行的重要性之间的关系如图5-2所示。

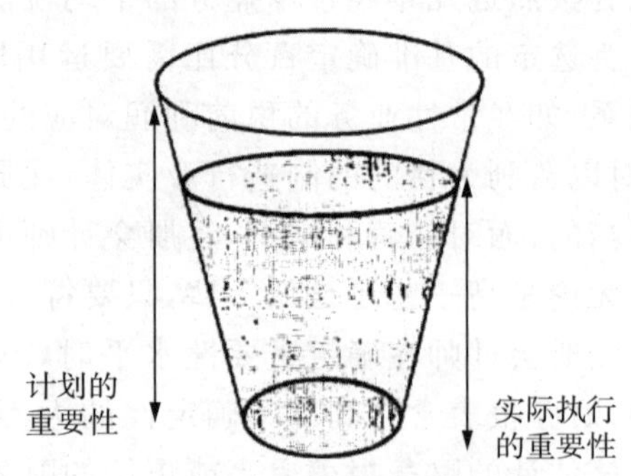

图5-2　计划的重要性与实际执行的重要性之间的关系

（四）审计过程中修改重要性

由于存在下列原因，注册会计师可能需要修改财务报表整体的重要性和特定类别的交易、账户余额或披露的重要性水平（如适用）：①审计过程中情况发生重大变化，如决定处置被审计单位的一个重要组成部分；②获取新信息；③通过实施进一步审计程序，注册会计师对被审计单位及其经营所了解的情况发生变化，例如，注册会计师在审计过程中发现，实际财务成果与最初确定财务报表整体的重要性时使用的预期本期财务成果相比存在着很大差异，则需要修改重要性。

四、评价审计过程中识别出的错报

（一）错报的定义

根据《中国注册会计师审计准则第1251号——评价审计过程中识别出的错报》，错报是指某一财务报表项目的金额、分类、列报或披露，与按照适用的财务报告编制基础应当列示的金额、分类、列报或披露之间存在的差异；或根据注册会计师的判断，为使财务报表在所有重大方面实现公允反映，需要对金额、分类、列报或披露作出的必要调整。错报可能由下列事项导致。

（1）收集或处理用以编制财务报表的数据时出现错误。

（2）遗漏某项金额或披露。

（3）由于疏忽或明显误解有关事实而作出不正确的会计估计。

（4）注册会计师认为管理层对会计估计作出不合理的判断或对会计政策作出不恰当的选择和运用。

（5）信息的分类、汇总或分解不恰当。

（二）累积识别出的错报

注册会计师可能将低于某一金额的错报界定为明显微小的错报，对这类错报不需要累积，因为注册会计师认为这些错报的汇总数明显不会对财务报表产生重大影响。“明显微小”不等同于“不重大”。明显微小错报的金额的数量级，与按照《中国注册会计师审计准则第1221号——计划和执行审计工作时的重要性》确定的重要性的数量级相比，是完全不同的(明显微小错报的数量级更小)。这些明显微小的错报，无论单独或者汇总起来，无论从规模、性质或其发生的环境来看都是明显微不足道的。如果不确定一个或多个错报是否明显微小，就不能认为这些错报是明显微小的。

注册会计师需要在制定审计策略和审计计划时，确定一个明显微小错报的临界值，低于该临界值的错报视为明显微小的错报，可以不累积。《中国注册会计师审计准则第1251号——评价审计过程中识别出的错报》第十六条规定，注册会计师应当在审计工作底稿中记录设定的某一金额，低于该金额的错报视为明显微小。

为了帮助注册会计师评价审计过程中累积的错报的影响以及与管理层和治理层沟通错报事项，将错报区分为事实错报、判断错报和推断错报可能是有用的。

1. 事实错报

事实错报是毋庸置疑的错报。这类错报产生于被审计单位收集和处理数据的错误，对事实的忽略或误解，或故意舞弊行为。例如，注册会计师在审计测试中发现购入存货的实际价值为15 000元，但账面记录的金额为10 000元。因此，存货和应付账款分别被低估了5 000元，这里被低估的5 000元就是已识别的对事实的具体错报。

2. 判断错报

由于注册会计师认为管理层对会计估计作出不合理的判断，或不恰当地选择和运用会计政策而导致的差异。这类错报产生于两种情况：一是管理层和注册会计师对会计估计值的判断差异，例如，包含在财务报表中的管理层作出的估计值超出了注册会计师确定的一个合理范围，导致出现判断差异；二是管理层和注册会计师对选择和运用会计政策的判断差异，由于注册会计师认为管理层选用会计政策造成错报，管理层却认为选用会计政策适当，导致出现判断差异。

3. 推断错报

注册会计师对总体存在的错报作出的最佳估计数，涉及根据在审计样本中识别出的错报来推断总体的错报。推断错报通常包括以下方面。

(1)通过测试样本估计出的总体的错报减去在测试中发现的已经识别的具体错报。例如，应收账款年末余额为2 000万元，注册会计师测试样本发现样本金额有100万元的高估，高估部分为样本账面金额的20%，据此注册会计师推断总体的错报金额为400万元(即2 000×20%)，那么上述100万元就是已识别的具体错报，其余300万元即推断误差。

(2)通过实质性分析程序推断出的估计错报。例如，注册会计师根据客户的预算资料及行业趋势等要素，对客户年度销售费用独立作出估计，并与客户账面金额比较，发现两者间有50%的差异；考虑到估计的精确性有限，注册会计师根据经验认为10%的差异通常是可接受的，而剩余40%的差异需要有合理解释并取得佐证性证据；假定注册会计师对其中10%的差异无法得到合理解释或不能取得佐证，则该部分差异金额即为推断误差。

(三)对审计过程识别出的错报的考虑

错报可能不会孤立发生，一项错报的发生还可能表明存在其他错报。例如，注册会计师识别出由于内部控制失效而导致的错报，或被审计单位广泛运用不恰当的假设或评估方法而导致的错报，均可能表明还存在其他错报。

抽样风险和非抽样风险可能导致某些错报未被发现。审计过程中累积错报的汇总

数接近按照《中国注册会计师审计准则第 1221 号——计划和执行审计工作时的重要性》的规定确定的重要性,则表明存在比可接受的低风险水平更大的风险,即可能未被发现的错报连同审计过程中累积错报的汇总数,可能超过重要性。

注册会计师可能要求管理层检查某类交易、账户余额或披露,以使管理层了解注册会计师识别出的错报的产生原因,并要求管理层采取措施以确定这些交易、账户余额或披露实际发生错报的金额,以及对财务报表作出适当的调整。例如,在从审计样本中识别出的错报推断总体错报时,注册会计师可能提出这些要求。

(四)错报的沟通和更正

及时与适当层级的管理层沟通错报事项是重要的,因为这能使管理层评价这些事项是否为错报,并采取必要行动,如有异议则告知注册会计师。适当层级的管理层通常是指有责任和权限对错报进行评价并采取必要行动的人员。

法律法规可能限制注册会计师向管理层或被审计单位内部的其他人员通报某些错报。例如,法律法规可能专门规定禁止通报某事项或采取其他行动,这些通报或行动可能不利于有关权力机构对实际存在的或怀疑存在的违法行为展开调查。在某些情况下,注册会计师的保密义务与通报义务之间存在的潜在冲突可能很复杂。此时,注册会计师可以考虑征询法律意见。

管理层更正所有错报(包括注册会计师通报的错报),能够保持会计账簿和记录的准确性,降低由于与本期相关的、非重大的且尚未更正的错报的累积影响而导致未来期间财务报表出现重大错报的风险。

《中国注册会计师审计准则第 1501 号——对财务报表形成审计意见和出具审计报告》要求注册会计师评价财务报表是否在所有重大方面按照适用的财务报告编制基础编制。这项评价包括考虑被审计单位会计实务的质量(包括表明管理层的判断可能出现偏向的迹象)。注册会计师对管理层不更正错报的理由的理解,可能影响其对被审计单位会计实务质量的考虑。

(五)评价未更正错报的影响

未更正错报,是指注册会计师在审计过程中累积的且被审计单位未予更正的错报。注册会计师在确定重要性时,通常依据对被审计单位财务结果的估计,因为此时可能尚不知道实际的财务结果。因此,在评价未更正错报的影响之前,注册会计师可能有必要依据实际的财务结果对重要性作出修改。如果在审计过程中获知了某项信息,而该信息可能导致注册会计师确定与原来不同的财务报表整体重要性或者特定类别交易、账户余额或披露的一个或多个重要性水平(如适用),注册会计师应当予以修改。因此,在注册会计师评价未更正错报的影响之前,可能已经对重要性或重要性水平(如适用)作出重大修改。但是,如果注册会计师对重要性或重要性水平(如适用)进行的重新评价导致需要确定较低的金额,则应重新考虑实际执行的重要性和进一步审计程序的性质、时间安排和范围的适当性,以获取充分、适当的审计证据,作为发表审计意见的基础。

注册会计师需要考虑每一单项错报,以评价其对相关类别的交易、账户余额或披露的影响,包括评价该项错报是否超过特定类别的交易、账户余额或披露的重要性水平(如适用)。如果注册会计师认为某一单项错报是重大的,则该项错报不太可能被其他错报抵销。例如，如果收入存在重大高估，即使这项错报对收益的影响完全可被相同金额的费用高估所抵销，注册会计师仍认为财务报表整体存在重大错报。对于同一账户余额或同一类别的交易内部的错报，这种抵销可能是适当的。然而，在得出抵销非重大错报是适当的这一结论之前，需要考虑可能存在其他未被发现的错报的风险。

确定一项分类错报是否重大，需要进行定性评估。例如，分类错报对负债或其他合同条款的影响，对单个财务报表项目或小计数的影响，以及对关键比率的影响。即使分类错报超过了在评价其他错报时运用的重要性水平，注册会计师可能仍然认为该分类错报对财务报表整体不产生重大影响。例如，如果资产负债表项目之间的分类错报金额相对于所影响的资产负债表项目金额较小，并且对利润表或所有关键比率不产生影响，注册会计师可以认为这种分类错报对财务报表整体不产生重大影响。即使某些错报低于财务报表整体的重要性，但因与这些错报相关的某些情况，在将其单独或连同在审计过程中累积的其他错报一并考虑时，注册会计师也可能将这些错报评价为重大错报。

可能影响评价的情况包括下列方面。

(1)错报对遵守监管要求的影响程度。

(2)错报对遵守债务合同或其他合同条款的影响程度。

(3)错报与会计政策的不正确选择或运用相关，这些会计政策的不正确选择或运用对当期财务报表不产生重大影响，但可能对未来期间财务报表产生重大影响。

(4)错报掩盖收益的变化或其他趋势的程度(尤其是在结合宏观经济背景和行业状况进行考虑时)。

(5)错报对用于评价被审计单位财务状况、经营成果或现金流量的有关比率的影响程度。

(6)错报对财务报表中列报的分部信息的影响程度。例如，错报事项对某一分部或对被审计单位的经营或盈利能力有重大影响的其他组成部分的重要程度。

(7)错报对增加管理层薪酬的影响程度。例如，管理层通过达到有关奖金或其他激励政策规定的要求以增加薪酬。

(8)相对于注册会计师所了解的以前向财务报表使用者传达的信息(如盈利预测)，错报是重大的。

(9)错报对涉及特定机构或人员的项目的相关程度。例如，与被审计单位发生交易的外部机构或人员是否与管理层成员有关联关系。

(10)错报涉及对某些信息的遗漏，尽管适用的财务报告编制基础未对这些信息作出明确规定，但是注册会计师根据职业判断认为这些信息对财务报表使用者了解被审计单位的财务状况、经营成果或现金流量是重要的。

(11)错报对其他信息(如包含在“管理层讨论与分析”或“经营与财务回顾”中的信息)的影响程度，这些信息与已审计财务报表一同披露，并被合理预期可能影响财务报表使用者作出的经济决策。

如果管理层拒绝调整财务报表，并且扩大审计程序范围的结果不能使注册会计师认为尚未更正错报的汇总数不重大，注册会计师应当考虑出具非无保留意见的审计报告。如果已识别但尚未更正错报的汇总数接近重要性水平，注册会计师应当考虑该汇总数连

同尚未发现的错报是否可能超过重要性水平，并考虑通过实施追加的审计程序，或要求管理层调整财务报表降低审计风险。

在评价审计程序结果时，注册会计师确定的重要性和审计风险，可能与计划审计工作时评估的重要性和审计风险存在差异。在这种情况下，注册会计师应当考虑实施的审计程序是否充分。

第四节 审计风险

审计风险是指财务报表存在重大错报而注册会计师发表不恰当审计意见的可能性。可接受的审计风险的确定，需要考虑会计师事务所对审计风险的态度、审计失败对会计师事务所可能造成损失的大小等因素。但必须注意，审计业务是一种保证程度高的鉴证业务，可接受的审计风险应当足够低，以使注册会计师能够合理保证所审计财务报表不含有重大错报。审计风险取决于重大错报风险和检查风险。

小提示

注册会计师对一股票上市前的财务报表进行审计和对一普通公司的年度财务报表进行审计，注册会计师对审计风险的要求是不一样的。对上市报表的审计风险可能确定为1%，这意味着注册会计师对审计结论要求99%把握是正确的，只有1%出错的可能性，注册会计师在审计过程中就必须执行较多的测试，获取较多的证据，以使审计风险降低到1%（可接受水平）；而对于普通年报，注册会计师可能确定其审计风险为10%，也就是说，最终审计结论只要90%正确就可以了，注册会计师以较少审计程序就可使审计风险降低到可接受的10%的水平。所以说，审计风险与审计证据之间呈反向变动关系。这里所说的审计风险，是注册会计师在审计之前，对自己的要求，所以，它是一种“要求的风险”，也就是“可接受的审计风险”。有时我们也可看到这样一句话，“审计风险越高，所需的审计证据就越多”，这又如何解释呢？这里的审计风险是指“存在的风险”，通常仅包括重大错报风险。

财务报表中存在重大错报未被查出，导致审计意见错误的可能性既有客户方面的原因，也有审计人员方面的原因（如图5－3所示），从图中可知，审计风险取决于重大错报风险和检查风险。

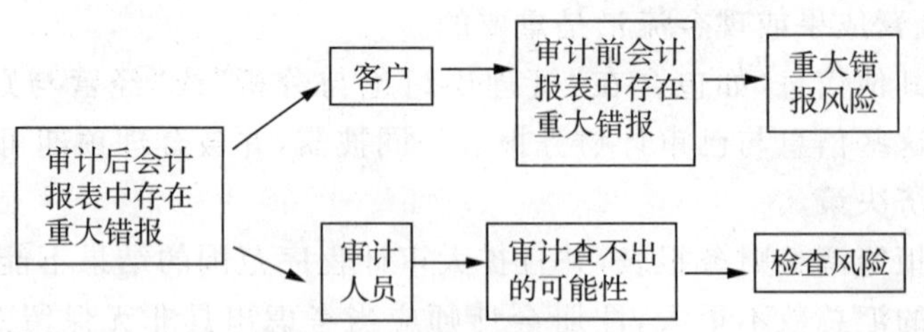

图5－3 财务报表中存在重大错报的原因

一、重大错报风险

重大错报风险是指财务报表在审计前存在重大错报的可能性。重大错报风险与被审计单位的风险相关，且独立于财务报表审计而存在。在设计审计程序以确定财务报表整体是否存在重大错报时，注册会计师应当从财务报表层次和各类交易、账户余额和披露认定层次方面考虑重大错报风险。《中国注册会计师审计准则第 1211 号——通过了解被审计单位及其环境识别和评估重大错报风险》对注册会计师如何评估财务报表层次和认定层次的重大错报风险提出了详细的要求。

(一)两个层次的重大错报风险

(1)财务报表层次重大错报风险与财务报表整体存在广泛联系，可能影响多项认定。此类风险通常与控制环境有关，但也可能与其他因素有关，如经济萧条。此类风险难以界定于某类交易、账户余额、列报的具体认定；相反，此类风险增大了任何数目的不同认定发生重大错报的可能性。此类风险对注册会计师考虑由舞弊引起的风险特别相关。

注册会计师评估财务报表层次重大错报风险的措施包括：考虑审计项目组承担重要责任的人员的学识、技术和能力，是否需要专家介入；考虑给予业务助理人员适当程度的监督指导；考虑是否存在导致注册会计师怀疑被审计单位持续经营假设合理性的事项或情况。

(2)注册会计师同时考虑各类交易、账户余额、列报认定层次的重大错报风险，考虑的结果直接有助于注册会计师确定认定层次上实施的进一步审计程序的性质、时间和范围。注册会计师在各类交易、账户余额、列报认定层次获取审计证据，以便能够在审计工作完成时，以可接受的低审计风险水平对财务报表整体发表审计意见。

(二)固有风险和控制风险

认定层次的重大错报风险又可以进一步细分为固有风险和控制风险。

(1)固有风险是指假设不存在相关的内部控制，某一认定发生重大错报的可能性，无论该错报单独考虑，还是连同其他错报构成重大错报。

某些类别的交易、账户余额、列报及其认定，固有风险较高。例如：复杂的计算比简单计算更可能出错；受重大计量不确定性影响的会计估计发生错报的可能性较大。产生经营风险的外部因素也可能影响固有风险，比如，技术进步可能导致某项产品陈旧，进而导致存货易于发生高估错报(计价认定)。被审计单位及其环境中的某些因素还可能与多个甚至所有类别的交易、账户余额和披露有关，进而影响多个认定的固有风险。这些因素包括维持经营的流动资金匮乏、被审计单位处于夕阳行业等。

(2)控制风险是指某类交易、账户余额或披露的某一认定发生错报，该错报单独或连同其他错报是重大的，但没有被内部控制及时防止或发现并纠正的可能性。控制风险取决于与财务报表编制有关的内部控制的设计和运行的有效性。由于控制的固有局限性，某种程度的控制风险始终存在。

需要特别说明的是，由于固有风险和控制风险不可分割地交织在一起，有时无法单独进行评估，审计准则通常不再单独提到固有风险和控制风险，而只是将两者合并

称为“重大错报风险”。但这并不意味着，注册会计师不可以单独对固有风险和控制风险进行评估。相反，注册会计师既可以对两者进行单独评估，也可以对两者进行合并评估。具体采用的评估方法取决于会计师事务所偏好的审计技术和方法，及实务上的考虑。

二、检查风险

检查风险是指如果存在某一错报，该错报单独或连同其他错报可能是重大的，注册会计师为将审计风险降至可接受的低水平而实施程序后没有发现这种错报的风险。检查风险取决于审计程序设计的合理性和执行的有效性。由于注册会计师通常并不对所有的交易、账户余额和披露进行检查，以及其他原因，检查风险不可能降低为零。其他原因包括注册会计师可能选择了不恰当的审计程序、审计过程执行不当，或者错误解读了审计结论。这些因素可以通过适当计划、在项目组成员之间进行恰当的职责分配、保持职业怀疑态度以及监督、指导和复核项目组成员执行的审计工作得以解决。

检查风险确定的步骤如图 5－4 所示。

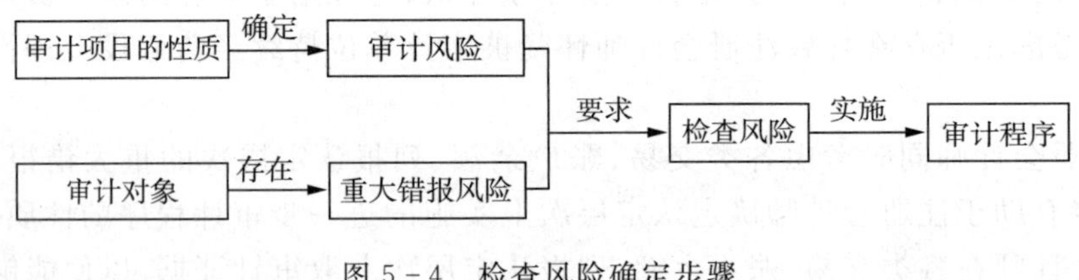

图 5－4　检查风险确定步骤

三、检查风险与重大错报风险的关系

在既定的审计风险水平下，可接受的检查风险水平与认定层次重大错报风险的评估结果呈反向关系。评估的重大错报风险越高，可接受的检查风险越低；评估的重大错报风险越低，可接受的检查风险越高。这两种风险的关系如图 5－5 所示。

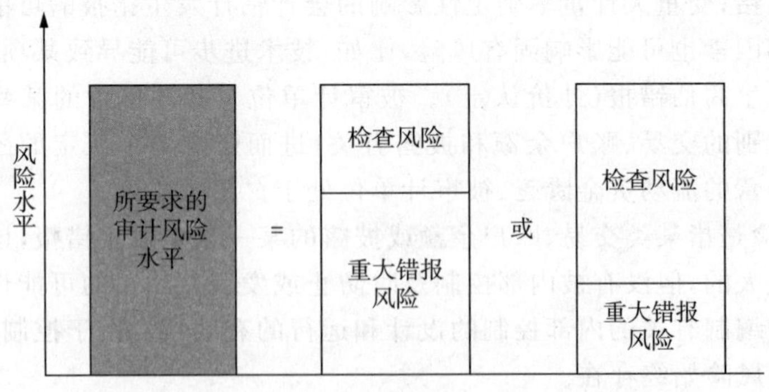

图 5－5　检查风险与重大错报风险的反向关系

检查风险与重大错报风险的反向关系用数学模型表示如下：

$$审计风险=重大错报风险\times检查风险$$

$$检查风险=审计风险\div重大错报风险$$

这个模型也就是审计风险模型。假设针对某一认定，注册会计师将可接受的审计风险水平设定为5%，注册会计师实施风险评估程序后将重大错报风险评估为25%，则根据这一模型，可接受的检查风险为20%。当然，实务中，注册会计师不一定用绝对数量表达这些风险水平，而选用"高""中""低"等文字描述。

注册会计师应当合理设计审计程序的性质、时间和范围，并有效执行审计程序，以控制检查风险。上例中，注册会计师根据确定的可接受检查风险（20%），设计审计程序的性质、时间和范围。审计计划，在很大程度上，围绕确定审计程序的性质、时间和范围而展开。

四、审计的固有限制

注册会计师不可能将审计风险降低至零，因此不能对财务报表不存在由于舞弊或错误导致的重大错报获取绝对保证。审计存在的固有限制，导致注册会计师据以得出结论和形成审计意见的大多数审计证据是说服性而非结论性的。审计的固有限制源于：财务报告的性质、审计程序的性质、在合理的时间内以合理的成本完成审计的需要。

（一）财务报告的性质

管理层编制财务报表，需要根据被审计单位的事实和情况运用适用的财务报告编制基础的规定，在这一过程中需要作出判断。此外，许多财务报表项目涉及主观决策、评估或一定程度的不确定性，并且可能存在一系列可接受的解释或判断。因此，某些财务报表项目的金额本身就存在一定的变动幅度，这种变动幅度不能通过实施追加的审计程序来消除，即便如此，审计准则要求注册会计师特别考虑在适用的财务报表编制基础下会计估计是否合理，相关披露是否充分，会计实务的质量是否良好（包括管理层判断是否可能存在偏向）。

（二）审计程序的性质

注册会计师获取审计证据的能力受到实务和法律上的限制，例如：①管理层或其他人员可能有意或无意地不提供与财务报表编制相关的或注册会计师要求的全部信息，因此，即使实施了旨在保证获取所有相关信息的审计程序，注册会计师也不能保证信息的完整性。②舞弊可能涉及精心策划和蓄意实施以进行隐瞒。因此，用以收集审计证据的审计程序可能对于发现舞弊是无效的。注册会计师没有接受文件真伪鉴定方面的培训，不应被期望成为鉴定文件真伪的专家。③审计不是对涉嫌违法行为的官方调查，因此，注册会计师没有被授予特定的法律权利（如搜查权），而这种权力对调查是必要的。

（三）财务报告的及时性和成本效益的权衡

审计中的困难、时间或成本等事项本身，不能作为注册会计师省略不可替代的审计程序或满足于说服力不足的审计证据的正当理由。制订适当的审计计划有助于保证执行审计工作需要的充分的时间和资源。尽管如此，信息的相关性及其价值会随着时间的

推移而降低,所以须在信息的可靠性和成本之间进行权衡。这在某些财务报告编制基础中得到认可。要求注册会计师处理所有可能存在的信息是不切实际的,基于信息存在的错误或舞弊除非能够提供反证的假设而竭尽可能地追查每一个事项也是不切实际的。正是因为认识到这一点,财务报表使用者的期望是,注册会计师在合理的时间内以合理的成本对财务报表形成审计意见。为了在合理的时间内以合理的成本对财务报表形成审计意见,注册会计师有必要:①计划审计工作,以使审计工作以有效的方式得到执行;②将审计资源投向最可能存在重大错报风险的领域,并相应地在其他领域减少审计资源;③运用测试和其他方法检查总体中存在的错报。

由于审计的固有限制,即使按照审计准则的规定适当地计划和执行审计工作,也不可避免地存在财务报表的某些重大错报可能未被发现风险。相应地,完成审计工作后发现舞弊或错误导致的财务报表重大错报,其本身并不表明注册会计师没有按照审计准则的规定执行审计工作。尽管如此,审计的固有限制并不能作为注册会计师满足于说服力不足的审计证据的理由。注册会计师是否按照审计准则的规定执行审计工作,取决于注册会计师在具体情况下实施的审计程序,由此获取的审计证据的充分性和适当性,以及根据总体目标和对审计证据的评价结果而出具审计报告的恰当性。

五、重要性、审计风险、审计证据的关系

重要性是注册会计师对财务报表能容忍的最大错报。如果重要性水平定得较低(指金额的大小),表明审计对象重要,注册会计师在审计过程中就必须执行较多的测试,获取较多的证据。可见,重要性与审计证据之间呈反向变动关系。

审计风险与审计证据之间呈反向变动关系,重要性与审计证据之间呈反向变动关系,那么,审计风险和重要性呈正向关系。这可就错了,这不是"负负得正"的关系。

审计风险和重要性呈反向关系,审计风险越大,重要性数额就越小。如果注册会计师通过初步分析,认为客户财务报表中出现错报的可能性较大,注册会计师难以将报表中重要错报的查出的可能性也就越大,即"存在的审计风险"较大,注册会计师应采用较低的重要性水平,以获取充分的审计证据,将审计风险降低至可接受水平。

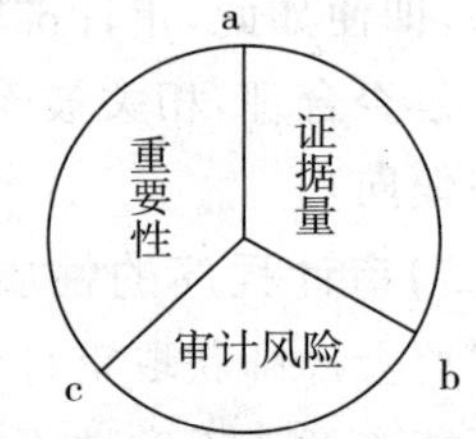

图 5-6　重要性、审计风险、审计证据的关系

三者的关系如图 5-6 所示:如果 a 线顺时针转动,表明重要性水平越高,所需审计证据的数量就越少。同样,将 b、c 线作顺时针、逆时针转可分析其他关系。如果 b 线或 c 线都表示审计风险的话,c 线表示存在的审计风险,b 线表示可接受的审计风险。

小提示

注册会计师不能为了使审计风险达到可接受的低水平,便将重要性水平定得很高,因为审计风险不是决定重要性水平的唯一要素。重要性水平的确定,从本质上看,与错报是否会影响财务报表使用者的判断或决策等因素密切相关。

附录 5－1

总体审计策略参考格式

被审计单位：__________ 索引号：__________

项目： 总体审计策略 财务报表截止日/期间：__________

编制：__________ 复核：__________

日期：__________ 日期：__________

一、审计范围

报告要求	
适用的财务报告编制基础(包括是否需要将财务信息按照其他财务报告编制基础进行转换)	
适用的审计准则	
与财务报告相关的行业特别规定	例如：监管机构发布的有关信息披露的法规、特定行业主管部门发布的与财务相关的法规等
……	

二、审计时间安排

(一)报告时间要求

审计工作	时间
1. 提交审计报告草稿	
2. 签署正式审计报告	
3. 公布已审计报表和审计报告	
……	

(二)执行审计工作的时间安排

审计工作	时间
1. 制定总体审计策略	
2. 制订具体审计计划	
3. 执行存货监盘	
……	

（三）沟通的时间安排

沟通	时间
与管理层的沟通	
与治理层的沟通	
项目组会议（包括预备会和总结会）	
与注册会计师的专家的沟通	
与组成部分注册会计师的沟通	
与前任注册会计师的沟通	
……	

三、影响审计业务的重要因素

（一）重要性

重要性	索引号
财务报表整体重要性	
特定类别的交易、账户余额或披露的一个或多个重要性水平（如适用）	
实际执行的重要性	
明显微小错报的临界值	

（二）可能存在较高重大错报风险的领域

可能存在较高重大错报风险的领域	索引号

（三）识别重要组成部分

(四)识别重要的交易、账户余额和披露

四、人员安排

(一)项目组主要成员

姓名	职级	主要职责

(注:在分配职责时可以根据被审计单位的不同情况按会计科目划分,或按交易类别划分。)

(二)质量控制复核人员

姓名	职级	主要职责

五、对专家或其他第三方工作的利用

(一)对专家工作的利用

主要报表项目	专家名称	主要职责及工作范围	索引号

(二)对内部审计工作的利用

主要流程/报表项目	拟利用的内部审计工作	索引号
……		

(三)对组成部分注册会计师工作的利用

组成部分注册会计师名称	利用其工作范围及程度	索引号

（续表）

组成部分注册会计师名称	利用其工作范围及程度	索引号

（四）对被审计单位使用服务机构的考虑

主要报表项目	服务机构名称	服务机构提供的相关服务及其注册会计师出具的审计报告意见及日期（如有）	索引号

六、其他事项

本章小结

在作出接受或保持客户关系及具体审计业务的决策后，审计业务开始前，注册会计师应与被审计单位就审计业务约定条款达成一致意见，签定或修改审计业务约定书，以避免双方对审计业务的理解产生分歧。

充分的审计计划可以帮助注册会计师对项目组成员进行恰当分工和指导监督，并复核其工作，有助于协调其他注册会计师和专家的工作。审计计划分为总体审计策略和具体审计计划两个层次。总体审计策略用以确定审计范围、时间和方向，并指导制订具体审计计划。总体审计计划比总体审计策略更加详细，其内容包括为获取充分、适当的审计证据以将审计风险降至可接受的低水平，项目组成员拟实施的审计程序的性质、时间和范围。

审计重要性概念的运用贯穿于整个审计过程。在计划审计工作时，注册会计师应当考虑导致财务报表发生重大错报的原因，并应当在了解被审计单位及其环境的基础上，确定一个可接受的重要性水平，即首先为财务报表层次确定重要性水平，以发现在金额上的重大错报。同时，注册会计师还应当评估各类交易、账户余额及列报认定层次的重要性，以便确定进一步审计程序的性质、时间和范围，将审计风险降至可接受的低水平。重要性与审计风险之间存在反向关系。

审计风险是指财务报表存在重大错报而注册会计师发表不恰当审计意见的可能性。审计风险包括固有风险、控制风险和检查风险。审计风险与审计证据之间呈反向变动关系，重要性与审计证据之间呈反向变动关系，重要性与审计风险之间呈反向变动关系。

【复习思考题】

1. 签订审计业务约定书前的准备工作有哪些？
2. 审计业务约定书的内容与作用有哪些？
3. 如何理解审计重要性的概念？
4. 计划阶段对重要性进行初步判断应考虑哪些因素？
5. 简述重要性与审计风险的关系。
6. 计划阶段如何确定会计报表层和账户余额层的重要性水平？
7. 简述总体审计策略的内容和作用。
8. 评价审计结果时对重要性如何考虑？
9. 审计风险有哪些构成要素？这些要素之间有何联系？
10. 审计风险模型是什么？如何运用？

【案例分析题】

1. 审计师在对被审计单位财务报表进行审计时，确定了报表层次的重要性水平为20万元，并准备在下列资产项目中进行分配，各资产项目的期末余额和分配的重要性水平如下表，分析审计师的分配方案是否合适。如果存在不合理的情形，说明应进行哪些方面的调整。

案例表1　　（单位：万元）

资产项目	期末余额	分配的重要性水平
现金	100	1.25
应收账款	300	3.75
存货	400	5
固定资产	800	10
合　计	1 600	20

2. 判断下列有关审计风险的提法是否正确，并简要说明原因。

(1)审计师对于基本情况相同的被审计单位会确定相同的可接受的审计风险。

(2)如果有更多的外部使用者要依赖财务报表，审计师一般会降低可接受的审计风险。

(3)如果被审计单位宣告破产的可能性比较大，审计师一般会降低可接受的审计

风险。

(4)对于基本情况不同的被审计单位,审计师也应该确定相同的证据收集量。

(5)如果审计师对两个不同的被审计单位确定了相同的可接受的审计风险,确定的证据收集量也应基本相同。

(6)如果审计师对两个不同的被审计单位确定了相同的可接受的审计风险、相同的重大错报风险,确定的证据收集量也应基本相同。

第六章 审计抽样

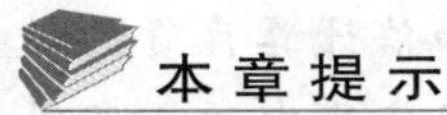

本章提示

学习目标 通过本章学习学生应该掌握审计抽样的概念和分类；审计抽样的判断及各类型的关系；审计抽样的基本程序；控制测试中审计抽样方法的运用；细节测试中审计抽样方法的运用。

重要概念 审计抽样；统计抽样；非统计抽样；抽样风险；非抽样风险；总体；分层；样本规模；随机选样；固定样本量抽样；概率比例规模抽样

引 例

一、法尔莫公司简介

从孩提时代开始，米奇·莫纳斯就喜欢几乎所有的运动，尤其是篮球。但是因天资及身高所限，他没有机会到职业球队打球。然而，莫纳斯确实拥有一个所有顶级球员共有的特征，那就是他有一种无法抑制的求胜欲望。

莫纳斯把他无穷的精力从球场上转移到他的董事长办公室里。他首先设法获得了位于(美)俄亥俄州阳土敦市的一家药店，在随后的十年中他又收购了另外299家药店，从而组建了全国连锁的法尔莫公司。不幸的是，这一切辉煌都是建立在资产造假——未检查出来的存货高估和虚假利润的基础上的，这些舞弊行为最终导致了莫纳斯及其公司的破产，同时也使为其提供审计服务的“五大”事务所损失了数百万美元。

二、案例始末

自获得第一家药店开始，莫纳斯就梦想着把他的小店发展成一个庞大的药品帝国。其所实施的策略就是他所谓的“强力购买”，即通过提供大比例折扣来销售商品。莫纳斯首先做的就是把实际上并不盈利且未经审计的药店报表拿来，用自己的笔为其加上并不存在的存货和利润。然后凭着自己空谈的天分及一套夸大了的报表，在一年之内骗得了足够的投资，收购了8家药店，这奠定了他的小型药品帝国的基础。这个帝国后来发展到了拥有300家连锁店的规模。一时间，莫纳斯成为金融领域的风云人物，他的公司则在阳土敦市赢得了令人崇拜的地位。

在一次偶然的事件导致这个精心设计的、至少引起5亿美元损失的财务舞弊事件浮出水面之时，莫纳斯和他的公司炮制虚假利润已达10年之久。这实在并非一件容易的

事。当时法尔莫公司的财务总监认为，公司低于成本出售商品招致了严重的损失，但是莫纳斯认为通过“强力购买”，公司完全可以发展得足够大以顺利地坚持它的销售方式。最终在莫纳斯的强大压力下，这位财务总监卷入了这起舞弊案件。在随后的数年之中，他和他的几位下属保持了两套账簿，一套用以应付注册会计师的审计，一套反映糟糕的现实。

他们先将所有的损失归入一个所谓的“水桶账户”，然后再将该账产的金额通过虚增存货的方式重新分配到公司的数百家成员药店中。他们仿造购货发票、制造增加存货并减少销售成本的虚假记账凭证、确认购货却不同时确认负债、多计或加倍计算存货的数量。财务部门之所以可以隐瞒存货短缺是因为注册会计师只对 300 家药店中的 4 家进行存货监盘，而且他们会提前数月通知法尔莫公司他们将检查哪些药店。管理人员随之将那 4 家药店堆满实物存货，而把那些虚增的部分分配到其余的 296 家药店。如果不考虑其会计造假，法尔莫公司实际已濒临破产。在一次审计中，其现金已紧缺到供应商因其未能及时支付购货款而威胁取消对其供货的地步。

注册会计师们一直未能发现这起舞弊，他们为此付出了昂贵的代价。这项审计失败使会计师事务所在民事诉讼中损失了 3 亿美元。那位财务总监被判 33 个月的监禁，莫纳斯本人则被判入狱 5 年。

三、案例思考与讨论

1. 审计抽样的基本程序有哪些？应该如何确认审计样本？
2. 对于审计抽样的样本结果，应该如何评价？
3. 结合本案例，应该采用怎样的审计抽样方法？

在早期的审计实务中，注册会计师一般要对被审计单位全部的会计和其他资料进行审查。随着现代企业内部控制理论和实践的不断发展以及概率和数理统计理论向审计领域的渗透，审计技术已经扬弃了传统的详细审计模式，转而采用审计抽样。例如在搜集审计证据的过程中，注册会计师通常会采用抽样的方法，通过样本的特征来推断总体特征，并进而得出审计结论。抽样技术和方法运用于审计工作，是审计理论和实践的重大突破，实现了审计工作从详细审计到抽样审计的历史性飞跃。

第一节　审计抽样概述

一、审计抽样的概念

在设计审计程序时，注册会计师应当确定选取测试项目的适当方法。注册会计师可以使用的方法包括，选取全部项目、选取特定项目和审计抽样。注册会计师可以根据具体情况，单独或综合使用选取测试项目的方法，但所使用的方法应当能够有效地提供充分、适当的审计证据，以实现审计程序的目标。

(一)选取全部项目

当存在下列情形之一时，注册会计师应当考虑选取全部项目进行测试：①总体由少量的大额项目构成；②存在特别风险且其他方法未提供充分、适当的审计证据；③由于信息系统自动执行的计算或其他程序具有重复性，对全部项目进行检查符合成本效益原则。一般情况下，对于全部项目进行检查，通常更适用于细节测试。

(二)选取特定项目

根据对被审计单位的了解、评估的重大错报风险以及所测试总体的特征等，注册会计师可以确定从总体中选取特定项目进行测试。选取的特定项目可能包括：大额或关键项目、超过某一金额的全部项目、被用于获取某些信息的项目、被用于测试控制活动的项目。根据判断选取特定项目，一般容易产生非抽样风险。对于非抽样将会在以后部分介绍。

选取特定项目实施检查，通常是获取审计证据的有效手段，但并不构成审计抽样。对按照这种方法所选取的项目实施审计程序的结果，不能推断全部项目的结果。当未被选取的项目重大时，注册会计师应当考虑是否需要对未被选取部分获取充分、适当的审计证据。

(三)审计抽样

审计抽样，是指注册会计师对某类交易或账户余额中低于百分之百的项目实施审计程序，使所有抽样单元都有被选取的机会。所谓抽样单元，是指构成总体的个体项目，而总体是指注册会计师从中选取样本并据此得出结论的整套数据，它可以分为多个层或子总体，每一层或子总体予以分别检查。

在实施审计程序过程中，注册会计师从审计对象总体中选取一定数量的样本进行测试，并根据测试结果推断总体特征。对于审计抽样，应当具备三个基本特征：一是对某类交易或账户余额中低于百分之百的项目实施审计程序，二是所有抽样单元都有被选取的机会，三是审计测试的目的是评价该账户余额或交易类型的某一特征。

此外，对于审计抽样，需要注意以下几点：①审计抽样不同于详细审计。详细审计是指全面地审查审计对象总体中的全部项目，并根据审计结果形成审计意见。但是，如果从审计对象总体中选取部分项目或有特殊重要性的全部项目进行审计，并对所选项目本身发表审计意见，则不是审计抽样。②审计抽样不能完全等同于抽查。广义的抽查作为一种技术，可以用来了解情况，确定审计重点、获取审计证据，使用中并无严格要求。审计抽样作为一种方法，需要运用抽查技术，但更重要的是要根据审计目的及具体环境的要求作出科学的抽样决策。审计抽样工作要严格按照规定的程序和方法去完成。审计抽样的基本目标是在有限审计资源条件限制下，收集充分、适当的审计证据，以形成和支持审计结论。

注册会计师从运用审计程序搜集审计证据的整个过程中，始终离不开审计抽样的运用，而所运用的审计程序也将对运用的审计抽样产生重要影响。有些审计程序可以使用审计抽样，有些审计程序则不宜使用审计抽样。注册会计师获取审计证据时可能使用三种目的的审计程序：风险评估、控制测试和实质性程序。风险评估程序通常不涉及审计抽样，如果注册会计师在了解控制的设计和确定控制是否得到执行的同时计划和实施控制测试，则会涉及审计抽样，但此时审计抽样是针对控制测试进行的。当控制的运行留下轨迹时，注册会计师可以考虑使用审计抽样实施控制测试；对于未留下运行轨迹的控

制，注册会计师通常实施询问、观察等审计程序，以获取有关控制运行有效性的审计证据，此时不涉及审计抽样。实质性程序包括对各类交易、账户余额、列报的细节测试，以及实质性分析程序，在实施细节测试时，注册会计师可以使用审计抽样获取；在实施实质性分析程序时，注册会计师不宜使用审计抽样。

二、审计抽样的分类

随着审计的外部和内部环境的不断变化和发展，审计抽样技术也是不断发展的，从产生到现在共经历了三个典型阶段，表现为由初级迈向高级的演进过程：任意抽样阶段（产生阶段）→判断抽样阶段（发展阶段）→统计抽样阶段（成熟阶段）。任意抽样阶段是抽样审计的最初阶段，注册会计师通常较为主观地抽取样本进行测试。为了克服主观性和盲目性，保证审计质量，审计实践和审计理论研究开始逐渐以判断抽样代替任意抽样。在判断抽样阶段，注册会计师按照被审计单位的实际情况，对被审计项目总体先进行分析判断，根据判断结果，有侧重地抽取样本进行测试。目前，在审计实践中仍可以看到判断抽样的应用。随着概率论和数理统计学的研究领域的扩展，统计抽样逐渐应用于审计抽样中，使得抽取的样本数量和质量更具有科学性，能够以一定的可靠程度满足评价被审计项目的需要。

审计抽样的种类很多，我们可以按照一定的标准将其划分为不同的类别，展开分析和比较，进而理解和掌握审计抽样基本原理和方法。按照抽样决策的依据，可以将审计抽样划分为统计抽样和非统计抽样；按照审计抽样所了解的总体特征不同，可以将审计抽样划分为属性抽样和变量抽样。

（一）统计抽样和非统计抽样

统计抽样和非统计抽样都是注册会计师在执行审计测试中可以选择的抽样方法，注册会计师在对某类交易或账户余额使用审计抽样时，应当根据具体情况并运用职业判断，确定使用这两种抽样方法，以最有效率地获取审计证据。统计抽样和非统计抽样可以单独使用，也可以结合使用。

统计抽样是指同时具备以下特征的抽样方法：①随机选取样本；②运用概率论评价样本结果，包括计量抽样风险。而不同时具备上述两个特征的抽样方法为非统计抽样。对于上述的概念特征，可以从两个方面加以理解：一方面，即使注册会计师严格按照随机原则选取样本，如果没有对样本结果进行统计评估，就不能认为使用了统计抽样；另一方面，基于非随机选取样本的统计评估也是无效的。

统计抽样最主要的优点是运用数学方法使抽样风险定量化。该抽样方法运用数量统计技术确定样本的数量与构成分布，随机抽取有效样本进行测试并评价抽样结果，可以合理保证总体中每一项都有抽选的机会，使样本特征尽可能地接近总体的特征。它有利于对注册会计师合理、有效地完成抽样审计工作，处于审计抽样发展的成熟阶段。

现代审计广泛采用统计抽样具有合理的依据，主要表现在：①有充分的数学方法做保障。统计抽样主要运用高等数学的方法。抽样时，如果样本选择适当，那么根据测试样本的结果，运用概率论的原理，可以合理地推断出总体。②有健全的内部控制做基础。企业具有健全的内部控制，会计核算方面出现错误和舞弊的可能性就会减少，即使发生了某些错误和舞弊也能迅速发现。因此，运用统计抽样技术必须以被审计单位有健全的内部控制为基础。③有合理的经济成本做依据。现代企业机构庞大，业务频繁，在这种情况下，如果采用全面测试，进行详细审计，不仅企业要支付大量的审计费用，而且会计师事务所和企业都需要为本次审计耗费大量的时间和人力。因此，从节约审计资源的角度来说，也需要以抽样审计代替详细审计。

虽然统计抽样有上述优点，并解决了非统计抽样难以解决的问题，但是，统计抽样的产生并不意味着非统计抽样的消亡，在一定的条件下，非统计抽样仍然具有应用的价值。非统计抽样主要是指，注册会计师不能将抽样风险定量化，主要运用专业经验和主观判断，从特定对象总体中抽取部分样本进行测试，并以样本的测试结果来推断总体特征的抽样审计方法。显然，任意抽取或判断抽取的样本往往代表性较差，很难保证它可以反映总体的真实情况，按照对这种样本的测试结果来推断总体，审计结论的可靠性难以保证，而且其结果在很大程度上取决于注册会计师的经验水平和判断能力的高低。但是，非统计抽样只要设计得当，也能够获得与统计抽样相同的效果。统计抽样和非统计抽样的关系如图 6-1 所示①。

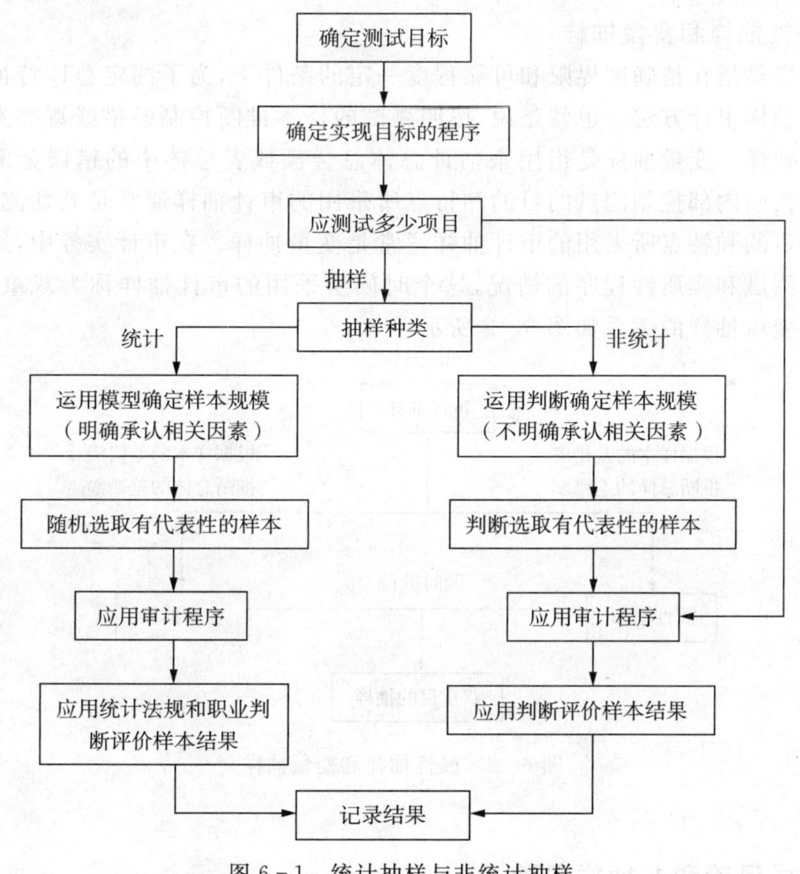

图 6-1　统计抽样与非统计抽样

① 刘明辉，孙坤，徐平．审计[M]．大连：东北财经大学出版社，2007.

应该强调，统计抽样和非统计抽样的选用，主要涉及审计程序实施的范围问题，并不影响运用样本程序的选择和获取单个样本项目证据的适当性及审计人员对发现样本错误的适当反应。

小提示

对于上述提到的统计抽样和非统计抽样，在其应用过程中，通常都包含三个阶段：计划样本、选择样本及完成审计程序、评估结果。计划样本的目的是确保审计程序在愿意接受的抽样风险且最小化非抽样误差情况下完成。样本选择包括如何从总体中选择样本项目，而结果的评估则涉及如何根据审计测试得出结论。例如，假定一位审计人员从总体中选择100张销货发票副本作为样本，逐一测试，看它们是否已附有发货单，最后，确定有3张例外。决定从总体选取哪100个项目，是一个样本的选择问题。在样本例外的比率为3%时对总体可能发生例外的比率作出结论，则是一个评估问题。

（二）属性抽样和变量抽样

属性抽样是指在精确度界限和可靠程度一定的条件下，为了测定总体特征的发生频率而采用的抽样审计方法。也就是说，按照测试的样本推断控制差错或舞弊发生频率而采用的审计抽样。变量抽样是指用来估计总体总金额或者总体中的错误金额而采用的一种方法。按照内部控制测试的目的和特点所采用的审计抽样通常是属性测试，按照实质性程序的目的和特点所采用的审计抽样通常是变量抽样。在审计实务中，经常存在同时进行控制测试和实质性程序的情况，这个时候所采用的审计抽样称为双重目的抽样。属性抽样和变量抽样的关系如图6－2所示。

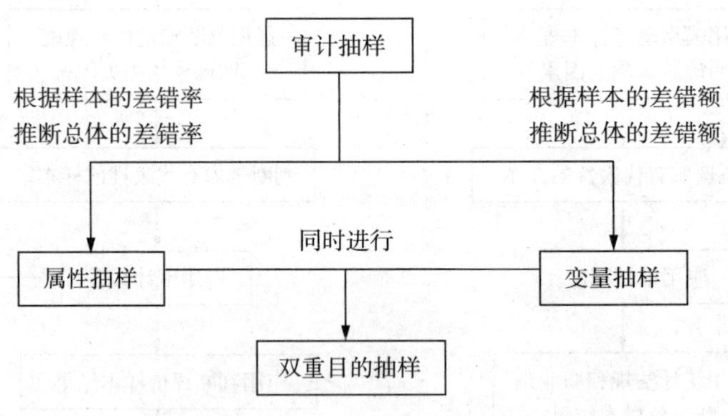

图6－2　属性抽样和变量抽样

三、抽样风险和非抽样风险

在获取审计证据时，注册会计师应当运用职业判断，评估重大错报风险，并设计进一步审计程序，以确保将审计风险降至可接受的低水平。在审计抽样时，抽样风险和非抽样风险可能影响重大错报风险的评估和检查风险的确定。

(一)抽样风险

抽样风险是指注册会计师根据样本得出的结论,与对总体全部项目实施与样本同样的审计程序得出的结论存在的差异的可能性。按照抽样风险的概念,可以将其分为两种类型:第一种类型的抽样风险,可能会影响到审计的效果,并可能导致注册会计师发表不恰当的审计意见。在实施控制测试时,注册会计师推断的控制有效性高于其实际有效性的风险;或在实施细节测试时,注册会计师推断某一重大错报不存在而实际上存在的风险。第二种类型的抽样风险,可能会影响到审计的效率。在实施控制测试时,注册会计师推断的控制有效性低于其实际有效性的风险;或在实施细节测试时,注册会计师推断某一重大错报存在而实际上不存在的风险。

由此可见,无论在控制测试还是在细节测试中,都可能存在影响审计效果的抽样风险和影响审计效率的抽样风险。但在控制测试和细节测试中,这两类抽样风险的表现形式有所不同。控制测试中的抽样风险包括信赖过度风险和信赖不足风险。对于注册会计师而言,信赖过度风险更容易导致注册会计师发表不恰当的审计意见,因而更应予以关注。相反,信赖不足风险与审计的效率有关,注册会计师可能会增加不必要的实质性程序,降低审计效率。在实施细节测试时,注册会计师也要关注两类抽样风险:误受风险和误拒风险。与信赖过度风险类似,误受风险影响审计效果,容易导致注册会计师发表不恰当的审计意见,因而注册会计师更应予以关注。与信赖不足风险类似,误拒风险影响审计效率,注册会计师会扩大不必要的细节测试范围并考虑获取其他审计证据,虽然最终注册会计师会得出恰当的结论,但降低了审计效率。抽样风险各类型的关系如表6-1所示。

表6-1 抽样风险各类型的关系

抽样风险	影响审计效果	影响审计效率
控制测试	信赖过度风险 表现:推断的控制有效性高于其实际有效性	信赖不足风险 表现:推断的控制有效性低于其实际有效性
细节测试	误受风险 表现:推断某一重大错报不存在而实际上存在	误拒风险 表现:推断某一重大错报存在而实际上不存在

注册会计师在实务中,只要使用了审计抽样,就一定会存在抽样风险。在使用统计抽样时,注册会计师可以准确地计量和控制抽样风险;在使用非统计抽样时,注册会计师无法量化抽样风险,只能根据职业判断对其进行定性的评价和控制。对特定样本而言,抽样风险与样本规模呈反比:样本规模越小,抽样风险越大;样本规模越大,抽样风险越小。按照抽样风险与样本规模的关系,控制抽样风险的唯一途径就是控制样本规模。无论是控制测试还是细节测试,注册会计师都可以通过扩大样本规模降低抽样风险。如果对总体中的所有项目都实施检查,就不存在抽样风险,此时审计风险则有非抽样风险产生。

(二)非抽样风险

非抽样风险是指某些与样本规模无关的因素导致注册会计师得出错误结论的可能性。注册会计师采用不适当的审计程序，或者误解审计证据而没有发现误差等，均可能导致非抽样风险。注册会计师即使对某类交易或账户余额的所有项目实施某项审计程序，也可能仍未能发现重大错报或控制失效。

在审计过程中，可能导致非抽样风险的原因包括下列情况：①注册会计师选择的总体不适合测试目标；②注册会计师未能适当地定义控制偏差或错报，导致注册会计师未能发现样本中存在的偏差或错报；③注册会计师选择了不适于实现特定目标的审计程序；④注册会计师未能适当地评价审计发现的情况；⑤其他一些导致非抽样风险的原因。

非抽样风险一般是由人为错误造成的，因而可以降低、消除或防范。无论是控制测试还是细节测试，注册会计师都可以通过对业务的指导、监督与复核降低非抽样风险，也可以通过仔细设计其审计程序尽量降低非抽样风险，还可以适当改进注册会计师实务，将非抽样风险降低至可接受的水平。

第二节　审计抽样的基本程序

一、样本设计

(一)基本要求

样本设计是审计抽样的计划工作，是注册会计师围绕样本的性质、样本量、抽样组织方式及抽样工作质量要求对抽样工作进行全面系统的规划。其要解决的核心问题是在确定的抽样组织方式下如何确定样本量。在设计审计样本时，注册会计师应当考虑审计程序的目标和抽样总体的属性。

(1)明确审计目标。注册会计师在设计样本时应当根据具体审计目标，考虑其所要获取的审计证据的性质，以及与该审计证据相关的可能的误差情况或其他特征，以正确地界定误差构成条件和抽样总体，来确定采用的审计抽样方法，并据此明确样本的性质、规模等要素。如具体审计目标若为验证账户余额估价的正确性，则需要采用统计抽样和概率方法选取样本的抽样测试方法。

(2)界定抽样总体。抽样总体就是注册会计师为形成审计结论，拟采用抽样方法审计的经济业务及有关会计或其他资料的全部项目。注册会计师通过界定抽样总体，归纳具有其特性的数据体，即为获取迎合测试需要的数据集合体。

此外，对总体的预计误差率或误差额的评估，也有助于设计审计样本和确定样本规模。在实施控制测试时，注册会计师通常根据对相关控制的设计和执行情况的了解，或根据从总体中抽取少量项目进行检查的结果，对拟测试总体的预计误差率进行评估。在实施细节测试时，注册会计师通常对总体的预计误差额进行评估。

(二)总体

如前所述，总体是指注册会计师从中选取样本并据此得出结论的整套数据。注册会计师在实施审计抽样时，应当确保总体的适当性和完整性。

(1)适当性。注册会计师应当确定总体适合于特定的审计目标，包括适合于测试的方向。如在细节测试中，如果注册会计师的目标是测试应收账款的低估，总体可以定义为应收账款清单。但在测试应付账款的高估时，总体就不是应收账款清单，而是后来收款的证明、未收款的发票、购货方的对账单、没有销售发票对应的发货报告，或能提供高估应收账款的审计证据的其他总体。

(2)完整性。注册会计师应当从总体项目内容和涉及时间等方面确定总体的完整性。如注册会计师从档案中选取收款证明，除非有充足的证据证实所有的收款证明已经归档，否则注册会计师不能对该期间的所有收款证明作出审计结论。

如果在实施审计程序时，使用被审计单位信息系统生成的信息，注册会计师应当获取与该信息的准确性和完整性有关的审计证据。同时，在实施审计抽样时，注册会计师应当实施相应的审计程序，以确保实施审计抽样所依据的全部信息足够完整和准确。

(三)分层

分层是指将一个总体划分为多个子总体的过程，每个子总体由一组具有相同特征(通常为货币金额)的抽样单元组成。一般在总体项目存在重大的变异性时，注册会计师应考虑分层。分层可以降低每一层中项目的变异性，从而在抽样风险没有成比例增加的前提下减小样本规模。注册会计师可以考虑将总体分为若干个离散的具有识别特征的子总体(层)，以提高审计效率。注册会计师还应当仔细界定子总体，以使每一抽样单元只能属于一个层。

当实施细节测试时，注册会计师通常按照货币金额对某类交易或账户余额进行分层，以将更多的审计资源投入到大额项目中，如表 6-2 所列。注册会计师也可以按照显示较高误差风险的某一特定特征对总体进行分层。对某一层中的样本项目实施审计程序的结果，只能用于推断构成该层的项目。如果对整个总体作出结论，注册会计师应当考虑与构成整个总体的其他层有关的重大错报风险。

表 6-2　应收账款分层示例

明细账余额	该层明细账户数量	该层余额合计	准备测试的明细账户数量
100 万以上	20	3 500 万	20
50 万～100 万	80	6 000 万	70
10 万～50 万	320	8 000 万	100
1 万～10 万	1200	7 500 万	120
1 万以下	2000	1 800 万	125
合计	3620	26 800 万	435

(四)定义误差构成条件

注册会计师必须实现准确定义构成误差的条件，否则执行审计程序时就没有识别误差的标准。在控制测试中，误差是指控制偏差，注册会计师要仔细定义所要测试的控制及可能出现偏差的情况；在细节测试中，误差是指错报，注册会计师要确定哪些情况构成错报。

注册会计师定义误差构成条件时要考虑审计程序的目标，清楚地了解误差构成条件，对于确保在界定误差时将且仅将所有与审计目标相关的条件包括在内至关重要。

(五)确定审计程序

注册会计师必须确定能够最好地实现测试目标的审计程序组合。例如，如果注册会计师的审计目标是通过测试某一阶段的适当授权证实交易的有效性，审计程序就是检查特定人员已在某文件上签字以示授权的书面证据。注册会计师预计样本中每一张该文件上都有适当的签名。

二、样本选取

(一)确定样本规模

样本规模是指从总体中选取样本项目的数量。在确定样本规模时，注册会计师应当考虑能否将抽样风险降至可接受的低水平。在实施审计抽样过程中，影响样本规模的因素主要包括下列方面。

(1)可接受的抽样风险。样本规模受注册会计师可接受的抽样风险水平的影响，可接受的抽样风险水平越低，需要的样本规模越大；愿意接受的抽样风险水平越高，需要的样本规模就越小。也就是说，可接受的抽样风险与需要的样本规模成反比。

(2)可容忍误差。可容忍误差是注册会计师认为抽样结果可以达到审计目的而可以接受的审计对象总体的最大误差。在审计计划阶段，注册会计师应当根据重要性原则合理地确定可容忍误差。在其他因素既定的条件下，可容忍误差越大，所需的样本规模越小，即可容忍误差与需要的样本规模成反比。

(3)预计总体误差。预计总体误差也是规划恰当的样本规模的重要程序，它是注册会计师预期在审计过程中发现的误差。在既定的可容忍误差下，当预计总体误差越大，所需的样本规模就越大，即预计总体误差与需要的样本规模成正比。

(4)总体变异性。总体变异性是指总体的某一特征在各项目之间的变异程度。在控制测试中，注册会计师在确定样本规模时一般不考虑总体变异性。在细节测试中，注册会计师确定适当的样本规模时要考虑特征的变异性。总体项目的变异性越低，通常样本规模越小，即总体变异性与需要的样本规模成正比。

(5)总体规模。注册会计师通常将抽样单位超过 5 000 个的总体视为大规模总体。对于大规模总体而言，总体的实际容量对样本规模几乎没有影响；而对于小规模总体而言，审计抽样比其他选择项目的方法的效率低。

根据上述影响样本规模的因素，可以分别总结出这些影响因素在控制测试和细节测试中的表现形式，如表 6 - 3 所列[①]。

使用统计抽样方法时，注册会计师必须对影响样本规模的因素进行量化，并利用根据统计公式开发的专门的计算机程序或专门的样本量表来确定样本规模。在非统计抽

① 中国注册会计师协会. 审计[M]. 北京：经济科学出版社，2013.

样中，注册会计师可以只对影响样本规模的因素进行定性的估计，并运用职业判断确定样本规模。

表 6-3 影响样本规模的因素

影响因素	控制测试	细节测试	与样本规模的关系
可接受的抽样风险	可接受的信赖过度风险	可接受的误受风险	反向变动
可容忍误差	可容忍偏差率	可容忍错报	反向变动
预计总体误差	预计总体偏差率	预计总体错报	同向变动
总体变异性	—	总体变异性	同向变动
总体规模	总体规模	总体规模	影响很小

(二)选取样本

在选取样本项目时，注册会计师应当使总体中的所有抽样单元均有被选取的机会。对于统计抽样，注册会计师应当随机选取样本项目，以使每一抽样单元以已知的机会被选中。抽样单元可能是实物项目(如发票)或货币单位。而对于非统计抽样，注册会计师应当运用职业判断选取样本项目。由于抽样的目的是对整个总体得出结论，注册会计师应当尽量选取具有总体典型特征的样本项目，并在选取样本时避免偏见。

选取样本的方法主要包括：随机选样、系统选样、随意选样、金额加权选样等。

1. 随机选样

随机选样是指对审计对象总体的所有项目，按照随机规则选取样本。在实务中，注册会计师一般通过使用随机数表或计算机辅助审计技术选样。采用随机选样，要求总体中的每一项都有不同的编号，最好是连续编号，然后利用随机数表或计算机乱数表随机选取样本。

随机数表也称乱数表，是一组从长期看出现概率相同的数码，且不会产生可识别的模式。它是由随机生成的从 0～9 共 10 个数字所组成的数表，每个数字在表中出现的次数是大致相同的，它们出现在表上的顺序是随机的。表 6-4 所列的是 5 位随机数表的一部分。

表 6-4 随机数表(部分)

行号 \ 随机数 \ 列号	1	2	3	4	5
1	99557	21091	63788	67237	53780
2	78946	47892	14322	52357	12427
3	72729	33780	30988	35806	34894
4	62762	36098	90223	43801	64821
5	68635	94117	01942	13347	09215
6	78904	65754	22438	35890	84692

（续表）

行号 \ 随机数 \ 列号	1	2	3	4	5
7	57901	42389	76280	45724	34315
8	48381	02591	11635	37583	67901
9	60719	67201	18543	11021	35675
10	07159	54363	42718	62789	15802
11	90321	32780	56952	16042	34167
12	17875	10984	52609	03276	41789
13	02874	42544	70456	89361	67098
14	76543	21789	66110	75521	53908
15	45678	80211	32890	51279	76598

使用随机数表时，首先应建立表中数字与总体中项目的一一对应关系。一般情况下，编号可利用总体项目中原有的某些编号，如凭证号、支票号、发票号；但有时也可以用账页的页码、金额在明细表中的行数等编号；甚至在某些情况下还可以考虑替换编号，如某些经济业务事项编号是 A1001、B2003 等，可指定 1 代替 A，2 代替 B 等。其次应选择一个随机起点和一个选号路线，随机起点和选号路线可以任意选择，但一经选定就不得改变，应从随机起点开始，按照选号路线依次选样。

随机数选择是科学的样本选取方法，应优先考虑使用，它不仅使总体中每个抽样单元被选取的概率相等，而且使相同数量的抽样单元组成的每种组合被选取的概率相等。这种方法在统计抽样和非统计抽样中均可使用。由于统计抽样要求注册会计师能够计量实际样本被选取的概率，这种方法尤其适合在统计抽样中使用。

2. 系统选样

系统选样又称为等距选样，是指按照相同的间隔从审计对象总体中等距离地选取样本的一种选样方法。使用系统选样，首先须确定选择间距，一般按总体规模除以样本量求得，然后随机确定选样起点，再按间距顺序选取样本。

系统选样方法的主要优点是使用方便，比其他选样方法节省时间，对总体的项目不需要编号，注册会计师只要简单数出每个间距即可。该方法一般适用于随机排列的总体，尤其是无限总体。但是，如果总体不是随机排列，就有可能产生非随机的、不具有代表性的样本，容易使测试和推断产生较大的偏差。为了克服系统选样法的这一缺点，取样时可以多设立几个随机起点，以减少这种可能性；或者在确定选样方法之前对总体特征的分布进行观察，若发现总体特征分布呈随机分布，则采用系统选样，否则可考虑使用其他选样方法。

3. 随意选样

随意选样又称为任意选样，是指注册会计师不带任何偏见地选取样本，即注册会计师不考虑样本项目的性质、大小、外观、位置或其他特征而选取总体项目。随意选样的主要缺点在于很难完全无偏见地选取样本项目，即这种方法难以彻底排除注册会计师的个人偏好对选取样本的影响，因而很可能使样本失去代表性。由于文化背景和所受训练等的不同，每个注册会计师都可能无意识地带有某种偏好。因此，在运用随意选样方法时，注册会计师要避免由于项目性质、大小、外观和位置等的不同所引起的偏见，尽量使所选取的样本具有代表性。虽然，随意选样也可以选出代表性的样本，但它属于非随机基础选样方法，因而不能在统计抽样中使用，只能在非统计抽样中使用。

4. 金额加权选样

在实施细节测试时，特别是测试高估时，将构成某类交易或账户余额的每一货币单位作为抽样单位，通常效率很高。金额加权选样的基本特点是每一元钱都有均等被抽样的机会。注册会计师通常从总体中选取特定货币单位，然后检查包含这些货币单位的特定项目。这种方法可以与系统选样方法结合使用，且在使用计算机辅助审计技术选取项目时效率最高。

如表 6 - 5 所列，假定某被审计单位在 2007 年度共有 6 张购货发票，注册会计师希望抽查第 2 500 元、5 000 元、10 000 元钱的购货业务。考虑到单独测试每一元钱是不现实的，所以注册会计师最后选中的是包含有第 2 500 元、5 000 元、10 000 元钱的 3 张发票进行测试，即编号为 2072、2073、2076 的购货发票。

表 6 - 5　金额加权选样(示例)

发票编号	发票金额	累计金额	选中的测试项目
2071	1 354	1 354	
2072	1 288	2 642	√
2073	2 946	5 588	√
2074	3 093	8 681	
2075	965	9 646	
2076	4 567	14 213	√

按照上述方法选出代表性的样本后，注册会计师应当针对选取的每个项目，实施适合于具体审计目标的审计程序。如果选取的项目不适合实施审计程序，注册会计师通常使用代替项目。如果凭证缺失等原因导致注册会计师无法对所选取的项目实施已设计的审计程序，且不能针对该项目实施适当的替代审计程序，注册会计师通常考虑将该项目视作误差。

(三)对样本实施审计程序

注册会计师应当针对选取的每个项目，实施适当具体目的的审计程序。对选取的样本项目实施审计程序旨在发现并记录样本中存在的误差。

如果审计程序不适用于选取的项目，注册会计师应当针对替代项目实施该审计程序。例如，如果在测试付款授权时选取了一张作废的支票，并确信支票已经按照适当程序作废因而不构成偏差，注册会计师需要适当选择一个替代项目进行检查。

注册会计师通常对每一样本项目实施适合于特定审计目标的审计程序。有时，注册会计师可能无法对选取的抽样单位实施计划的审计程序。注册会计师对未检查项目的处理取决于未检查项目对评价样本结果的影响。如果注册会计师对样本结果的评价不会因为未检查项目可能存在错报而改变，就不须对这些项目进行检查。如果未检查项目可能存在的错报会导致该类交易或账户余额存在重大错报，注册会计师就要考虑实施替代程序，为形成结论提供充分的证据。注册会计师也要考虑无法对这些项目实施检查的原因是否会影响计划的重大错报风险评估水平或对舞弊风险的评估。如果未能对某个选取的项目实施设计的审计程序或适当的替代程序，注册会计师应当将该项目视为控制测试中对规定的控制的一项偏差，或细节测试中的一项错报。

三、样本结果评价

(一)误差的性质和原因

注册会计师应当考虑样本的结果，已识别的所有误差的性质和原因及其对具体审计目标和审计的其他方面可能产生的影响。

无论是统计抽样还是非统计抽样，对样本结果的定性评估和定量评估一样重要。即使样本的统计评价结果在可以接受的范围内，注册会计师也应对样本中的所有误差进行定性分析。

当实施控制测试时，注册会计师应当获取控制在整个拟信赖的期间有效运行的充分、适当的审计证据。当识别出控制的运行存在误差时，注册会计师应当进行专门调查，并考虑下列事项：已识别的误差对财务报表的直接影响，内部控制的有效性及其对审计方法的影响。在上述情况下，注册会计师应当确定实施的控制测试能否提供适当的审计证据，是否需要增加控制测试，或是否需要使用实质性程序应对潜在的错报风险。

在分析发现的样本误差时，注册会计师可能注意到许多误差具有共同的特征。在这种情况下，注册会计师应当考虑识别出总体中具有共同特征的全部项目，并将审计程序延伸至所有这些项目。这些误差可能是故意的，并显示可能存在舞弊。

如果将某一误差视为异常误差[①]，注册会计师应当实施追加的审计程序，以高度确信该误差对总体误差不具有代表性。追加的审计程序取决于具体情况，但应能为注册会计师提供充分、适当的审计证据，以证明该误差并不影响总体的剩余部分。

(二)推断总体误差

在实施控制测试时，由于样本的误差率就是整个总体的推断误差率，注册会计师无须推断总体误差率。

但当实施细节测试时，注册会计师应当根据样本中发现的误差金额推断总体误差金额，并考虑推断误差对特定审计目标及审计的其他方面的影响。此外，注册会计师应当将推断的总体误差金额与可容忍误差比较，在细节测试中，可容忍误差即可容忍错报，其

① 异常误差是指由某一孤立事件引起的误差，该事件只有在特定条件下才会重复发生，因而异常误差对总体误差不具有代表性。

金额小于或等于注册会计师针对所审计的某类交易或账户余额而使用的重要性水平。

在根据样本误差推断总体时，如果将某一误差确定为异常误差，注册会计师可以将其排除在外。如果异常误差未得到更正，注册会计师除须推断非异常误差外，还须考虑异常误差的影响。

如果某类交易或账户余额已经分层，注册会计师应当在每一层分别推断误差。在考虑误差对某类交易或账户余额的总额可能的影响时，注册会计师应当将每一层的推断误差与异常误差汇总起来考虑。

(三)评价样本结果

注册会计师应当评价样本结果，以确定对总体相关特征的评估是否得到证实或需要修正。

1. 控制测试中的样本结果评价

在实施控制测试时，如果样本的误差率超出预期，注册会计师应当修正评估的重大错报风险，或获取进一步审计证据以支持初始评估结果。

(1)统计抽样。在统计抽样中，注册会计师通常使用表格或计算机程序计算抽样风险，并根据由样本误差率估计推断的总体偏差率与抽样风险允许限度之和，来确定信赖过度风险条件下可能发生的偏差率上限的估计值。

如果估计的总体偏差率上限大于或等于可容忍偏差率，则总体不能接受。此时注册会计师对总体作出结论，样本结果则不支持计划评估的控制有效性，也不支持计划的重大错报风险评估水平。因此，注册会计师应当修正重大错报风险评估水平，并增加实质性程序的数量，并且也可以对影响重大错报风险评估水平的其他控制进行测试，以支持计划的重大错报风险评估水平。

如果估计的总体偏差率上限小于可容忍偏差率，注册会计师应当在综合考虑其他审计程序结果的基础上，考虑是否接受总体。如果需要，注册会计师还应该考虑是否扩大测试范围，以进一步证实计划评估的控制有效性和重大错报风险水平。

(2)非统计抽样。在非统计抽样中，抽样风险一般无法直接计量。注册会计师通常是将样本偏差率与可容忍偏差率相比较，以判断总体是否可以接受。

如果样本偏差率大于可容忍偏差率，则总体不能接受。此时注册会计师对总体作出结论，样本结果则不支持计划评估的控制有效性，也不支持计划的重大错报风险评估水平。因此，注册会计师应当修正重大错报风险评估水平，并增加实质性程序的数量，并且也可以对影响重大错报风险评估水平的其他控制进行测试，以支持计划的重大错报风险评估水平。

当样本偏差率小于总体的可容忍偏差率时，注册会计师要考虑总体实际偏差率与可容忍偏差率之间的差额水平。如果样本偏差率小于但接近可容忍偏差率，注册会计师通常认为，可能会存在总体实际偏差率高于可容忍偏差率的抽样风险，因而总体不可接受。如果样本偏差率大大小于可容忍偏差率，注册会计师通常认为总体可以接受。如果样本偏差率与可容忍偏差率之间的差距介于上述两种情况之间，即不很大也不很小，以至于不能认定总体是否可以接受时，注册会计师则要考虑扩大样本规模，增加样本数量，以进一步搜集证据。

2. 细节测试中的样本结果评价

在实施细节测试时，如果样本的误差额超出预期，除非有进一步的证据证明不存在重大错报，注册会计师应当认为所测试的交易或账户余额存在重大错报。

(1)统计抽样。在统计抽样中，注册会计师通常会利用数学公式或计算机程序计算出总体错报上限，然后将计算的总体错报上限与可容忍错报额相互比较，其中总体错报上限等于推断的总体错报与抽样风险允许限度之和。

如果计算的总体错报上限大于或等于可容忍错报，则一般认为总体不能接受。此时，注册会计师在对总体作出结论，所测试的交易或账户余额可能会存在重大错报。在评估财务报表整体是否存在重大错报时，注册会计师不应只考虑该类交易或账户余额的错报，而应该将其与其他审计证据一并考虑。在这种情况下，注册会计师一般会提出建议，要求被审计单位对错报进行调查，并且在必要时调整账面记录。

如果计算的总体错报上限小于可容忍错报，则一般认为总体可以接受。此时，注册会计师应当对总体作出相应结论，而所测试的交易或账户余额一般认为不存在重大错报。

(2)非统计抽样。在非统计抽样中，注册会计师通常会运用其经验和职业判断评价抽样结果。

如果调整后的总体错报大于可容忍错报，或者虽小于可容忍错报但两者很接近，注册会计师通常会作出总体实际错报大于可容忍错报的结论，即该类交易或账户余额存在重大错报，因而总体不能接受。如果对样本结果的评价显示，对总体相关特征的评估需要修正，注册会计师可以单独或综合采取下列措施：①提请管理层对已识别的误差和存在更多误差的可能性进行调查，并在必要时予以调整；②修改进一步审计程序的性质、时间和范围；③考虑对审计报告的影响。

如果调整后的总体错报大大小于可容忍错报，注册会计师可以作出总体实际错报小于可容忍错报的结论，即该类交易或账户余额不存在重大错报，因而总体可以接受。

如果调整后的总体错报与可容忍错报之间的差距介于上述两种情况之间，即不很大也不很小，注册会计师应该仔细地考虑总体实际错报超过可容忍错报的风险是否能够接受，并考虑是否需要扩大细节的范围，以获取进一步的证据。

第三节 抽样方法的运用

审计抽样方法在控制测试和细节测试运用过程中有不同的表现形式。根据影响样本规模的因素，在控制测试中，可接受的抽样风险主要是指可接受的信赖过度风险[①]，可容忍误差主要是指可容忍偏差率，预计总体误差主要是指预计总体偏差率；在细节测试中，审计抽样只能在实施细节测试时使用，因此，可接受的抽样风险主要是指抽样风险中的误受风

① 由于控制测试主要是控制是否有效运行的主要证据来源，因此，可接受的信赖过度风险应确定在相对较低的水平上。通常，相对较低的水平在数量上是指5%～10%的信赖过度风险。在实务中，一般的测试是将信赖过度风险确定为10%。

险，可容忍误差主要是指可容忍错报，预计总体误差主要是指预计总体错报金额。

一、控制测试中抽样方法的运用

在实施控制测试过程中，注册会计师可能使用统计抽样方法，也可能使用非统计抽样方法。在使用统计抽样方法时，通常有三种，包括：固定样本量抽样、停-走抽样和发现抽样。

（一）固定样本量抽样

固定样本量抽样是一种使用最为广泛的抽样方法，常用于估计审计对象总体中某种误差发生的比例。在固定样本量抽样中，注册会计师对一个确定规模的样本实施检查，并且等到某一确定规模的样本全部选取、审查完以后，才作出审计结论。因此，首先应按照一定的方法确定样本规模，然后根据样本的测试结果推断总体误差。

1. *确定样本规模*

注册会计师在使用固定样本量抽样时，一般可以选用统计公式计算样本规模，或者选用样本量表确定样本规模。

(1)统计公式计算样本规模。在此，将会引用概率论中的泊松分布的统计模型，样本量的计算公式如下：

$$\text{样本量}(n)=\frac{\text{可接受的信赖过度风险系数}(R)}{\text{可容忍偏差率}(TR)}$$

在公式中，分子“可接受的信赖过度风险系数”主要取决于特定的信赖过度风险和预期将出现的偏差的个数，它可以在泊松分布表中查出。如表 6-6 所列，是以泊松分布表为基础，在控制测试中常用的可接受信赖过度风险系数表。

表 6-6　可接受的信赖过度风险系数表

预期发生偏差的数量	信赖过度风险	
	5%	10%
0	3.0	2.3
1	4.8	3.9
2	6.3	5.3
3	7.8	6.7
4	9.2	8.0
5	10.5	9.3
6	11.9	10.6
7	13.2	11.8
8	14.5	13.0
9	15.7	14.2
10	17.0	15.4

假设注册会计师确定的可接受的信赖过度风险为 10%,预计总体偏差率为 1%,可容忍偏差率为 3%,并估计预期将最多发现 2 例偏差。则注册会计师可以使用统计公式计算出样本规模为 177,计算过程如下:

$$n=\frac{R}{TR}=\frac{\text{可接受的信赖过度风险系数}}{\text{可容忍偏差率}}=\frac{5.3}{0.03}=177$$

计算式中的风险系数 5.3 是根据预期偏差数量 2,可接受的信赖过度风险 10%,从表 6-6 中查出的。

(2)使用样本量表确定样本规模。在控制测试中,注册会计师可以根据信赖过度风险水平,通过使用统计抽样参数资料中的相关表格或计算机程序,来确定抽样样本规模。表 6-7 和表 6-8 所列,是当可接受的信赖过度风险为 5%和 10%时,所使用的样本量确定表。

表 6-7　样本量确定表——可接受的信赖过度风险为 5%

(括号内为可接受的偏差数)

预计总体偏差率 \ 可容忍偏差率	2%	3%	4%	5%	6%	7%	8%	9%	10%	15%	20%
0.00%	149(0)	99(0)	74(0)	59(0)	49(0)	42(0)	36(0)	32(0)	29(0)	19(0)	14(0)
0.25%	236(1)	157(1)	117(1)	93(1)	78(1)	66(1)	58(1)	51(1)	46(1)	30(1)	22(1)
0.50%	—	157(1)	117(1)	93(1)	78(1)	66(1)	58(1)	51(1)	46(1)	30(1)	22(1)
0.75%	—	208(2)	117(2)	93(1)	78(1)	66(1)	58(1)	51(1)	46(1)	30(1)	22(1)
1.00%	—	—	156(1)	93(1)	78(1)	66(1)	58(1)	51(1)	46(1)	30(1)	22(1)
1.25%	—	—	156(2)	124(2)	78(1)	66(1)	58(1)	51(1)	46(1)	30(1)	22(1)
1.50%	—	—	192(3)	124(2)	103(2)	66(1)	58(1)	51(1)	46(1)	30(1)	22(1)
1.75%	—	—	227(4)	153(3)	103(2)	88(2)	77(2)	51(1)	46(1)	30(1)	22(1)
2.00%	—	—	—	181(4)	127(3)	88(2)	77(2)	68(2)	46(1)	30(1)	22(1)
2.25%	—	—	—	208(5)	127(3)	88(2)	77(2)	68(2)	61(2)	30(1)	22(1)
2.50%	—	—	—	—	150(4)	109(3)	77(2)	68(2)	61(2)	30(1)	22(1)
2.75%	—	—	—	—	173(5)	109(3)	95(3)	68(2)	61(2)	30(1)	22(1)
3.00%	—	—	—	—	195(6)	129(4)	95(3)	84(3)	61(2)	30(1)	22(1)
3.25%	—	—	—	—	—	148(5)	112(4)	84(3)	61(2)	30(1)	22(1)
3.50%	—	—	—	—	—	167(6)	112(4)	84(3)	76(3)	40(2)	22(1)
3.75%	—	—	—	—	—	185(7)	129(5)	100(4)	76(3)	40(2)	22(1)
4.00%	—	—	—	—	—	—	146(6)	100(4)	89(4)	40(2)	22(1)

（续表）

预计总体偏差率 \ 可容忍偏差率	2%	3%	4%	5%	6%	7%	8%	9%	10%	15%	20%
5.00%	—	—	—	—	—	—	—	158(8)	116(6)	40(2)	30(2)
6.00%	—	—	—	—	—	—	—	—	179(11)	50(3)	30(2)
7.00%	—	—	—	—	—	—	—	—	—	68(5)	37(3)

资料来源：AICPA Audit and Accounting Guide：Audit Sampling(2005)

表 6-8　样本量确定表——可接受的信赖过度风险为 10%

（括号内为可接受的偏差数）

预计总体偏差率 \ 可容忍偏差率	2%	3%	4%	5%	6%	7%	8%	9%	10%	15%	20%
0.00%	114(0)	76(0)	57(0)	45(0)	38(0)	32(0)	28(0)	25(0)	22(0)	15(0)	11(0)
0.25%	194(1)	129(1)	96(1)	77(1)	64(1)	55(1)	48(1)	42(1)	38(1)	25(1)	18(1)
0.50%	194(1)	129(1)	96(1)	77(1)	64(1)	55(1)	48(1)	42(1)	38(1)	25(1)	18(1)
0.75%	265(2)	129(1)	96(1)	77(1)	64(1)	55(1)	48(1)	42(1)	38(1)	25(1)	18(1)
1.00%	—	176(2)	96(1)	77(1)	64(1)	55(1)	48(1)	42(1)	38(1)	25(1)	18(1)
1.25%	—	221(3)	132(2)	77(1)	64(1)	55(1)	48(1)	42(1)	38(1)	25(1)	18(1)
1.50%	—	—	132(2)	105(2)	64(1)	55(1)	48(1)	42(1)	38(1)	25(1)	18(1)
1.75%	—	—	166(3)	105(2)	88(2)	55(1)	48(1)	42(1)	38(1)	25(1)	18(1)
2.00%	—	—	198(4)	132(3)	88(2)	75(2)	48(1)	42(1)	38(1)	25(1)	18(1)
2.25%	—	—	—	132(3)	88(2)	75(2)	65(2)	42(2)	38(2)	25(1)	18(1)
2.50%	—	—	—	158(4)	110(3)	75(2)	65(2)	58(2)	38(2)	25(1)	18(1)
2.75%	—	—	—	209(6)	132(4)	94(3)	65(2)	58(2)	52(2)	25(1)	18(1)
3.00%	—	—	—	—	132(4)	94(3)	65(2)	58(2)	52(2)	25(1)	18(1)
3.25%	—	—	—	—	153(5)	113(4)	82(3)	58(2)	52(2)	25(1)	18(1)
3.50%	—	—	—	—	194(7)	113(4)	82(3)	73(3)	52(2)	25(1)	18(1)
3.75%	—	—	—	—	—	131(5)	98(4)	73(3)	52(2)	25(1)	18(1)
4.00%	—	—	—	—	—	149(6)	98(4)	73(3)	65(3)	25(1)	18(1)
5.00%	—	—	—	—	—	—	160(8)	115(6)	78(4)	34(2)	18(1)
6.00%	—	—	—	—	—	—	—	182(11)	116(7)	43(3)	25(2)
7.00%	—	—	—	—	—	—	—	—	199(14)	52(4)	25(2)

资料来源：AICPA Audit and Accounting Guide：Audit Sampling(2005)

首先按照可接受的信赖过度风险确定选择相应的样本量确定表，然后注册会计师在参考前期审计工作底稿等历史资料，并运用其专业判断的基础上，确定预计总体偏差率和可容忍偏差率，最后将可容忍偏差率所在列与预计总体偏差率所在行的交点确认为所需的样本量。如上例所述，可接受的信赖过度风险为10%，预计总体偏差率为1%，可容忍偏差率为3%，则根据样本量确定表，查出所需的样本量为176。与前面所计算出来的样本量大体相当。

2. 推断总体误差

(1)计算总体偏差率。注册会计师在确定了样本规模以后，首先应准确计算出总体偏差率，其方法为：将样本中发现的偏差数量除以样本规模，就可以计算出样本偏差率。但是在控制测试中，样本偏差率就是注册会计师对总体偏差率的最佳估计，因而无须再另外推断总体偏差率，但同时注册会计师必须注意考虑抽样风险。

(2)考虑抽样风险。在审计实务中，注册会计师在使用统计抽样方法时，应当充分考虑抽样风险。通常情况下，注册会计师在计算出样本规模，确定了总体偏差率以后，会在确定的信赖过度风险水平下，通过使用公式、表格或计算机程序直接计算可能发生的偏差率上限，即估计的总体偏差率与抽样风险允许限度之和。如果注册会计师使用统计公式评价样本结果，则注册会计师首先应根据可接受的信赖过度风险和样本实施审计程序中实际发现的偏差数量，通过查询可接受的信赖过度风险系数表（表6-6）确定风险系数，再将风险系数除以样本量，最终计算出总体偏差率上限，总体偏差率上限的计算公式如下：

$$\text{总体偏差率上限}(MDR)=\frac{\text{可接受的信赖过度风险系数}(R)}{\text{样本量}(n)}$$

如果注册会计师使用样本结果评价表评价样本结果，则注册会计师在确定了样本规模和样本实际发现的偏差数量后，就可以根据样本结果评价表直接查询出总体偏差率上限。如表6-9和表6-10所列，是当可接受的信赖过度风险为5%和10%时，所使用的样本结果评价表。

表6-9　样本结果评价表（总体偏差率上限表）——可接受的信赖过度风险为5%

样本规模 \ 偏差数量	0	1	2	3	4	5	6	7	8	9	10
25	11.3	17.6	—	—	—	—	—	—	—	—	—
30	9.5	14.9	19.6	—	—	—	—	—	—	—	—
35	8.3	12.9	17.0	—	—	—	—	—	—	—	—
40	7.3	11.4	15.0	18.3	—	—	—	—	—	—	—
45	6.5	10.2	13.4	16.4	19.2	—	—	—	—	—	—
50	5.9	9.2	12.1	14.8	17.4	19.9	—	—	—	—	—
55	5.4	8.4	11.1	13.5	15.9	18.2	—	—	—	—	—
60	4.9	7.7	10.2	12.5	14.7	16.8	18.8	—	—	—	—
65	4.6	7.1	9.4	11.5	13.6	15.5	17.4	19.3	—	—	—

（续表）

偏差数量 / 样本规模	0	1	2	3	4	5	6	7	8	9	10
70	4.2	6.6	8.8	10.8	12.6	14.5	16.3	18.0	19.7	—	—
75	4.0	6.2	8.2	10.1	11.8	13.6	15.2	16.9	18.5	20.0	—
80	3.7	5.8	7.7	9.5	11.1	12.7	14.3	15.9	17.4	18.9	—
90	3.3	5.2	6.9	8.4	9.9	11.4	12.8	14.2	15.5	16.8	18.2
100	3.0	4.7	6.2	7.6	9.0	10.3	11.5	12.8	14.0	15.2	16.4
125	2.4	3.8	5.0	6.1	7.2	8.3	9.3	10.3	11.3	12.3	13.2
150	2.0	3.2	4.2	5.1	6.0	6.9	7.8	8.6	9.5	10.3	11.1
200	1.5	2.4	3.2	3.9	4.6	5.2	5.9	6.5	7.2	7.8	8.4

资料来源：AICPA Audit and Accounting Guide：Audit Sampling(2005)

表 6－10　样本结果评价表（总体偏差率上限表）——可接受的信赖过度风险为 10%

偏差数量 / 样本规模	0	1	2	3	4	5	6	7	8	9	10
20	10.9	18.1	—	—	—	—	—	—	—	—	—
25	8.8	14.7	19.9	—	—	—	—	—	—	—	—
30	7.4	12.4	16.8	—	—	—	—	—	—	—	—
35	6.4	10.7	14.5	18.1	—	—	—	—	—	—	—
40	5.6	9.4	12.8	16.0	19.0	—	—	—	—	—	—
45	5.0	8.4	11.4	14.3	17.0	19.7	—	—	—	—	—
50	4.6	7.6	10.3	12.9	15.4	17.8	—	—	—	—	—
55	4.1	6.9	9.4	11.8	14.1	16.3	18.4	—	—	—	—
60	3.8	6.4	8.7	10.8	12.9	15.0	16.9	18.9	—	—	—
70	3.3	5.5	7.5	9.3	11.1	12.9	14.6	16.3	17.9	19.6	—
80	2.9	4.8	6.6	8.2	9.8	11.3	12.8	14.3	15.8	17.2	18.6
90	2.6	4.3	5.9	7.3	8.7	10.1	11.5	12.8	14.1	15.4	16.6
100	2.3	3.9	5.3	6.6	7.9	9.1	10.3	11.5	12.7	13.9	15.0
120	2.0	3.3	4.4	5.5	6.6	7.6	8.7	9.7	10.7	11.6	12.6
160	1.5	2.5	3.3	4.2	5.0	5.8	6.5	7.3	8.0	8.8	9.5
200	1.2	2.0	2.7	3.4	4.0	4.6	5.3	5.9	6.5	7.1	7.6

资料来源：AICPA Audit and Accounting Guide：Audit Sampling(2005)

通过上述方法，注册会计师就可以确定总体偏差率上限，在分析样本偏差的性质和原因的基础上，得出结论。当确定的总体偏差率上限小于可容忍偏差率时，则总体可以接受，也就是说，样本结果证实注册会计师对控制运行有效性的估计和评价的重大错报风险水平是适当的。当确定的总体偏差率上限大于可容忍偏差率时，则总体不能接受，也就是说，样本结果不支持注册会计师对控制运行有效性的估计和评估的重大错报风险

水平。注册会计师应当扩大控制测试的范围,以证实初步评估结果,或提高重大错报风险评估水平,并适当增加实质性程序的数量,或者对影响重大错报风险评估水平的其他控制进行测试,以支持计划的重大错报风险评估水平。

(二)停-走抽样

停-走抽样是固定样本量抽样的一种修正形式,它是从预计总体误差为零开始,通过边抽样边评估来完成审计工作的一种抽样方法。采用这种抽样方法能够较为有效地提高工作效率,降低审计工作成本。与固定样本量抽样相比,停-走抽样不一定要把样本全部抽出,注册会计师一般先抽取一定量的样本进行审查,如果结果可以接受,就停止抽样得出结论,如果结果不能接受,就扩大样本量继续审查直至得出结论。一般情况下,所抽出的样本量不超过所确定的初始样本量的3倍。

在这种抽样方法下,抽样工作要经过几个步骤,每一步骤完成后,注册会计师都需要确定是继续下一步,还是停止抽样。在采用停-走抽样时,一般要进行下列基本步骤:①确定本次抽样的抽样单元组成数量(通常由2～4组抽样单元组成);②根据可接受的信赖过度风险、可容忍偏差率和预计总体偏差率,确定每组抽样单元的规模(通常使用表格查询或计算机程序计算);③进行停-走抽样决策。

注册会计师在确定了抽样单元组成数量和每组抽样单元的规模之后,应首先对第一组抽样单元实施检查,然后按照检查结果,即实际发现的偏差数与抽样计划累计偏差数范围的关系,进行决策。在决策时,注册会计师主要有三种可能的决策结果:①当实际发现的偏差数等于抽样计划累计偏差数范围的最小值时,则在不扩大检查范围的情况下,接受计划的重大错报风险评估水平;②当实际发现的偏差数等于抽样计划累计偏差数范围的最大值时,则在不扩大检查范围情况下,提高计划的重大错报风险评估水平;③当实际发现的偏差数在抽样计划累计偏差数范围之间时,则需要扩大检查范围,以获取充分的信息确定计划的重大错报风险评估水平。当出现第三种决策结果时,注册会计师要继续对第二组抽样单元实施检查,并同样进行决策判断,直至得出结论。

但是,如果在停-走抽样中需要对所有抽样单元都进行检查,其审计成本可能大大高于控制测试所减少的实质性程序的成本。因此,在审计实务中,注册会计师在预见到可能要对所有抽样单元都进行检查,并同时考虑到相关成本因素时,可以决定停止停-走抽样。

(三)发现抽样

发现抽样一般又称为显示抽样,它是固定样本量抽样的另一种特殊形式,与固定样本量抽样的不同之处在于发现抽样将预计总体偏差率直接定为零,并根据可接受信赖过度风险和可容忍偏差率一起确定样本量。在对选出的样本进行审查时,一旦发现一个偏差就立即停止抽样。也就是说,只要总体中存在着一定发生率的舞弊事件,则当样本量为一定容量时,至少可以发现一个舞弊事项。如果在样本中没有发现偏差,则可以得出总体可以接受的结论。因此,发现抽样适合于查找重大舞弊或非法行为。

在使用发现抽样过程中,注册会计师首先仍需利用前述的"样本量确定表",根据预计总体偏差率和可容忍偏差率来确定样本量,然后,再将总体预计偏差率确定为零,按照发现抽样的特点来进行审查。

(四)非统计抽样

在实施控制测试过程中,注册会计师除了可以使用上述介绍的统计抽样方法以外,还可以使用非统计抽样方法。使用非统计抽样方法,其基本步骤和所须考虑的因素与前面的统计抽样方法基本相同。主要的区别在于,以统计为基础的抽样方法是根据统计概率分布编制的"样本量确定表"来确定初始样本量,以及利用类似的"样本结果评价表"估计偏差率上限。而以非统计为基础的抽样方法不是如此,首先,由于它无须量化影响确定样本量的因素,审计人员只根据职业经验,主观判断各个因素对样本量的影响,综合考虑来确定初始的样本量;其次,选取样本的方法不受限制,概率性和非概率性选样均适用;最后,从抽样结果推断总体特征时,无法确认偏差率上限,一般只能依据职业经验和主观判断,将样本偏差率与可容忍偏差率进行比较、分析,形成审计结论。

二、细节测试中抽样方法的运用

按照《中国注册会计师审计准则第 1314 号——审计抽样和其他选取测试项目的方法》中的相关规定:实质性程序包括对各类交易、账户余额、列报的细节测试,以及实质性分析程序。在实施细节测试时,注册会计师可以使用审计抽样和其他选取测试项目的方法获取审计证据,以验证有关财务报表金额的一项或多项认定,或对某些金额作出独立估计;在实施实质性分析程序时,注册会计师不宜使用审计抽样和其他选取测试项目的方法。因此,在实质性程序中,审计抽样只能在实施细节测试时使用。注册会计师在实施细节测试时,可以使用统计抽样方法,也可以使用非统计抽样方法。统计抽样和非统计抽样的流程和步骤完全一样,只是在确定样本规模、选取样本和推断总体的具体方法上有所差别。为此,以下将重点介绍统计抽样方法。

在细节测试中使用的统计抽样方法主要包括传统变量抽样和概率比例规模抽样法。两种统计抽样方法的区别主要体现在确定样本规模和推断总体的具体方法两个方面。

(一)变量抽样

注册会计师在实施细节测试时,采用的变量抽样方法主要包括:均值估计抽样、差额估计抽样和比率估计抽样三种方法。

1. 均值估计抽样

均值估计抽样是指通过抽样审查确定样本的平均值,再按照样本平均值推断总体的平均值和总值的一种变量抽样方法。注册会计师在使用这种方法时,首先应计算样本中所有项目审定金额的平均值,然后用这个样本平均值乘以总体规模,得出总体金额的估计值。总体估计金额和总体账面金额之间的差额就是推断的总体错报。

现假定注册会计师欲测试某被审计单位应收账款总账余额的正确性,该被审计单位应收账款余额为 2 144 000 元,由 4 800 位客户的账户余额组成。注册会计师选择了 200 位客户的应收账款作为样本,并决定采用均值估计抽样。在对 200 个样本项目确定了正确的采购价格并重新计算了价格与数量的乘积之后,注册会计师需要将 200 个样本项目的审定金额加总,假设加总后的总额为 84 000 元,则样本项目的平均审定金额为 420 元(84 000÷200),然后计算该单位应收账款账户总体金额的估计值为 2 016 000 元(420×

4 800)，所以，推断的总体错报金额为 128 000 元(2 144 000－2 016 000)。

2. 差额估计抽样

差额估计抽样是以样本账面价值与实际金额的平均差额来估计总体账面价值与实际金额的平均差额，然后再以该平均差额乘以总体项目个数，从而估计出总体账面价值与实际金额之间差额(即总体错报)的一种抽样方法。

在采用差额估计抽样时，注册会计师通常运用下列公式：

$$平均错报=\frac{样本实际金额与账面价值的差额}{样本量}$$

$$估计的总体错报=平均错报差额\times总体规模$$

仍用上例，被审计单位的应收账款余额为 2 144 000 元，共由 4 800 位客户的账户余额组成，注册会计师选择了 200 位客户的应收账款作为样本，经审核后的 200 个样本的实际金额为 84 000 元，而其账面价值为 85 500 元。运用差额估计抽样可以推算：

$$平均错报=\frac{84\ 000-85\ 500}{200}=-7.5$$

$$估计的总体错报=4\ 800\times(-7.5)=-36\ 000(元)$$

则：被审计单位应收账款余额估计的总体错报为 36 000 元。

通过上述的计算不难看出，注册会计师在采用差额估计抽样时，只要先计算样本项目的平均错报差额，然后根据平均错报差额推断出总体的错报金额。一般来说，差额估计抽样适用于能获得书面记录值(如账面价值)，且被审计单位总体中存在较大的误差，而误差与账面价值又不成比例的情况。

3. 比率估计抽样

比率估计抽样是以样本账面价值与其实际金额之间的比率关系来估计总体账面价值与实际金额之间的比率关系，然后再以该比率乘以总体账面价值，从而估计出总体实际金额的一种抽样方法。

在采用差额估计抽样时，注册会计师通常运用下列公式：

$$比率=\frac{样本实际金额之和}{样本账面价值之和}$$

$$估计的总体实际金额=总体账面价值\times比率$$

$$估计的总体错报=估计的总体实际金额-总体账面金额$$

承上例，运用比率估计抽样可以推算：

$$比率=\frac{84\ 000}{85\ 500}\approx0.982$$

$$估计的总体实际金额=2\ 144\ 000\times0.982=2\ 105\ 408(元)$$

$$估计的总体错报=2\ 105\ 408-2\ 144\ 000=-38\ 592(元)$$

则:被审计单位应收账款余额估计的总体错报为 38 592 元。

显然,比率估计抽样也适用于能获得书面记录值(如账面价值),且被审计单位总体中存在较大的误差,并且误差与账面价值成比例的情况。

(二)概率比例规模抽样

在细节测试中,注册会计师除了能采用传统变量抽样方法外,还能够选用概率比例规模抽样法(PPS),为其实现审计目标提供充分的证据。PPS 抽样是一种运用属性抽样原理对货币金额而不是发生率得出结论的统计抽样方法。在某些情况下,PPS 抽样比传统变量抽样更实用。

PPS 抽样是以货币单位作为抽样单位进行选样的一种方法,有时也被称为金额加权抽样、货币单位抽样、累计货币金额抽样或是综合属性变量抽样等。在该方法下总体中的每个货币单位被选中的机会相同,所以总体中某一项目被选中的概率等于该项目金额与总体金额的比率。项目金额越大,被选中的概率就越大。但实际上注册会计师并不是对总体中的货币单位实施检查,而是对包含被选取货币单位的余额或交易实施检查。通常,注册会计师检查的余额或交易被称为逻辑单元。

PPS 抽样有助于注册会计师将审计重点放在较大的余额或交易,并且总体中每一余额或交易被选取的概率与其账面金额成一定比例。但同时,PPS 抽样也有自身的一些优缺点。其优点主要表现在:①PPS 抽样相比传统变量抽样更易使用;②PPS 抽样的样本更容易设计,且可在能够获得完整的总体之前开始选取样本;③PPS 抽样的样本规模不须考虑被审计金额的预计变异性;④PPS 抽样中项目被选取的概率与其金额大小成比例;⑤如果注册会计师预计没有错报,PPS 抽样的样本规模通常比传统变量抽样方法更小;⑥PPS 抽样中如果项目金额超过选样间距,PPS 抽样将会自动识别所有单个重大项目。其缺点主要包括:①使用 PPS 抽样时通常假设抽样单元的审定金额不应小于零或大于账面金额;②如果注册会计师在 PPS 抽样的样本中发现低估,在评价样本时需要特别考虑;③对零余额或负余额的选取需要在设计时特别考虑;④当发现错报时,如果风险水平一定,PPS 抽样在评价样本时可能高估抽样风险的影响,从而导致注册会计师更可能拒绝一个可接受的总体账面金额;⑤在 PPS 抽样中注册会计师通常需要逐个累计总体金额;⑥当预计总体错报金额增加时,PPS 抽样所需的样本规模也会增加。

当注册会计师采用 PPS 抽样时,选取样本的方法就是前面所介绍的“金额加权选样”,在此就不再赘述。但当样本的规模确定后,注册会计师便需要根据样本结果来推断总体的错报,确定相应的抽样误差。在审计实务中,当样本中存在错报和不存在错报时,注册会计师的推断是不同的,以下将分别进行介绍。

1. 未发现错报时总体的推断

在进行审计过程中,如果样本中没有发现错报,注册会计师也要确定总体中可能存在的高估和低估的最大数额,也就是分别确定错报上限和错报下限。所采用的方法与控制测试相同,都是使用“样本结果评价表”,只不过其中的实际发现的偏差数均为 0,并且查询出的总体偏差率上限,既代表错报上限也代表错报下限。由于错报上限和错报下限,均用百分数表示,所以注册会计师必须按照错报的总体金额转换为绝对数表示,即根据高估错报额和低估错报额确定错报的上下限额。

2. 发现错报的总体推断

如果样本中发现错报,注册会计师首先应分别计算出高估额和低估额的初始错报上限和错报下限。其次计算高估和低估的点估计值。初始错报上限减去低估的点估计值,得出调整后的错报上限;初始错报下限减去高估的点估计值,得出调整后的错报下限。对包括零错报在内的每项错报,分别作出不同的错报假定。当样本中没有发现错报时,还需要为总体错报项目估计一个错报平均百分比,错报界限的计算反映了集中不同的假定。[①] 若已经发现了错报,就可利用样本信息确定错报界限。但仍需要错报假定,只不过此时可以对实际错报数据加以修改。在各层计算时,注册会计师应首先根据"样本结果评价表"确定每项错报的计算的偏差率上限,然后再计算出各层,从而使每项错报都有不同的错报假定,并且将各个层与错报假定相互联系起来。

小案例

差额估计抽样的应用[②]

XYZ 公司的背景资料如下:在账龄试算表中总共列示了 4 000 笔应收账款,账面价值合计为 600 000 元。注册会计师认为该公司的内部控制存在薄弱环节,并预期审计中还将会在账面金额中发现大量的小额错报。其总资产为 2 500 000 元,税前净收益为 400 000元。由于财务报表的使用者有限,并且 XYZ 公司的财务状况良好,因此可接受的审计风险较高,分析程序的结果表明没有重大问题,并且在整个过程中,所有的函证都有答复或都已执行了有效的替代程序,因此样本规模就是寄出的积极函证的数量。

注册会计师对 XYZ 公司进行审计测试目标是确定在考虑坏账准备之前的应收账款是否存在重要错报。由于应收账款数目较大,决定采用审计抽样。XYZ 公司应收账款的总体容量为 4 000 笔。注册会计师确定的可容忍错报额为 21 000 元。

在 XYZ 公司应收账款审计中,注册会计师要确定两类风险:一类是可接受的误受风险,在 XYZ 公司审计中,采用 10%的可接受误受风险;另一类是可接受的误据风险,由于进行第二次函证的成本很高,因此采用 25%的可接受的误据风险。

注册会计师根据以前年度的审计测试结果,确定 XYZ 公司的预期总体错报的点估计为 1 500 元。由于在确定初始样本规模时,需要预先估计总体中个别错报的变动程度,它是以总体标准差来衡量的,因此注册会计师根据以前年度的审计测试结果,估计 XYZ 公司的总体标准差为 20 元。

现在,XYZ 公司的初始样本规模可用下列公式计算:

$$n=\left[\frac{SD^{*}(Z_A+Z_R)N}{TM-E^{*}}\right]^2$$

① 在实际工作中常用的假定,就是假定实际的样本错报是总体错报的代表。这一假定要求注册会计师计算每个样本项目被错报的百分比(错报额/账面金额),然后把这一百分比应用于总体。

② 中国注册会计师协会. 审计[M]. 北京:经济科学出版社,2013.

其中：n——初始样本规模；

SD^*——预先估计的标准差；

Z_A——可接受的误受风险的置信系数（见案例表1）；

Z_R——可接受的误据风向的置信系数（见案例表1）；

N——总体容量；

TM——总体可容忍错报；

E^*——估计的总体错报点估计值。

将该公式应用于XYZ公司，得

$$n=\left[\frac{20\times(1.28+1.15)\times4000}{21000-1500}\right]^2=(9.97)^2\approx100$$

案例表1　置信度、可接受的误受风险、可接受的误据风险的置信系数表

置信度(%)	可接受的误受风险(%)	可接受的误据风险(%)	置信系数
99	0.5	1	2.58
95	2.5	5	1.96
90	5	10	1.64
80	10	20	1.28
75	12.5	25	1.15
70	15	30	1.04
60	20	40	0.84
50	25	50	0.67
40	30	60	0.52
30	35	70	0.39
20	40	80	0.25
10	45	90	0.13
0	50	100	0

注册会计师运用本章中所讨论的选样方法之一随机选取了100个样本项目进行函证。案例表2列示了注册会计师计算总体错报上限的过程。

案例表2　总体错报界限的计算表

步骤	统计公式	以XYZ公司为例
取得样本规模	n = 样本规模	n = 100
确定样本中的每项错报值		75个账户经顾客证实，其余25个账户采用替代程序验证。在调整了时间性差异和顾客的错误后，确定了下列12个项目是客户的错误(低估)(1)12.75；(2)－69.46；(3)85.28；(4)100；(5)－27.30；(6)41.06；(7)－0.87；(8)24.32；(9)36.59；(10)－102.16；(11)54.71；(12)71.56。合计 = 226.48

（续表）

步骤	统计公式	以XYZ公司为例
计算错报总额的点估计值	$\bar{e}=\frac{\sum e_j}{n}$；$\hat{e}=N\bar{e}$ 其中：$\bar{e}$——样本中的平均错报额 e_j——样本中的个别错报 n——样本规模 $\hat{e}$——错报总额的点估计值 N——总体容量	$\bar{e}=222.48\div 100\approx 2.26$ $\hat{e}=4000\times 2.26=9040$(元)
根据样本计算错报的总体标准差	$SD=\sqrt{\frac{\sum(e_j)^2-n(\bar{e})^2}{n-1}}$ 其中：SD——标准差 e_j——样本中的个别错报 n——样本规模 $\bar{e}$——样本中的平均错报额	e_j(四舍五入至整元)　$(e_j)^2$ (1)13　169 (2)－69　4761 (3)85　7225 (4)100　10000 (5)－27　729 (6)41　1681 (7)－1　1 (8)24　576 (9)37　1369 (10)－102　10404 (11)55　3025 (12)72　5184 $SD=\sqrt{\frac{45124-100\times(2.26)^2}{100-1}}=21.2$
计算期望置信度的总体错报总额估计值的抽样风险允许限度	$CSR=NZ_A\frac{SD}{\sqrt{n}}\sqrt{\frac{N-n}{N}}$ 其中：CSR——计算的抽样风险允许限度 Z_A——可接受的误受风险的置信系数 $\sqrt{\frac{N-n}{N}}$——有限修正系数	$CSR=4000\times 1.28\times\frac{2.12}{\sqrt{100}}\times\sqrt{\frac{4000-100}{4000}}$ $=4000\times 1.28\times 2.12\times 0.99$ ≈ 10800
计算期望置信度的总体错报界限	$UCL=\hat{e}+CSR$ $LCL=\hat{e}-CSR$ UCL——计算的总体错报上限 LCL——计算的总体错报下限	$UCL=9040+10800=19840$ $LCL=9040-10800=-1760$ 故，总体错报的金额为0～19840。

本章小结

设计审计程序时，注册会计师应当确定选取测试项目的适当方法。注册会计师可以使用的方法，包括选取全部项目、选取特定项目和审计抽样。注册会计师可以根据具体情况，单独或综合使用选取测试项目的方法，但所使用的方法应当能够有效地提供充分、适当的审计证据，以实现审计程序的目标。

审计抽样是注册会计师在实施审计程序时，从审计对象总体中选取一定数量的样本进行测试，并根据测试结果推断总体。按照抽样决策的不同依据，审计抽样可分为统计抽样和非统计抽样，两种审计抽样的选用主要涉及审计程序实施的范围，并不涉及运用于样本的审计程序的选择，也不影响获取单个样本项目证据的适当性，以及审计人员对发现的样本错误所作的适当反应。

在获取审计证据时，注册会计师应当运用职业判断，评估重大错报风险，并设计进一步审计程序，以确保将审计风险降至可接受的低水平。在审计抽样时，抽样风险和非抽样风险可能影响重大错报风险的评估和检查风险的确定。

在审计抽样的基本程序中，设计审计样本时，注册会计师应当考虑审计程序的目标、抽样总体的属性以及分层和样本规模的影响因素。在选取样本项目时，注册会计师应当使总体中的所有抽样单元均有被选取的机会，选取样本的方法主要包括：随机选样、系统选样、随意选样和金额加权选样等。样本结果的评估，应充分考虑误差的性质和原因，推断总体误差等。抽样方法在控制测试和细节测试运用过程中有不同的表现形式。在实施控制测试过程中，注册会计师可能使用统计抽样方法（包括：固定样本量抽样、停-走抽样和发现抽样），也可能使用非统计抽样方法。在细节测试中使用的统计抽样方法主要包括传统变量抽样（包括：均值估计抽样、差额估计抽样和比率估计抽样）和概率比例规模抽样法。

【复习思考题】

1. 何谓审计抽样？试述其适用范围。
2. 统计抽样与非统计抽样有何异同？实务中如何决策统计和非统计抽样方法？
3. 何谓属性抽样和变量抽样？二者有何区别？又分别适用于何种审计测试？
5. 试述审计抽样的基本程序？
7. 注册会计师在设计样本时需要考虑哪些因素？
6. 试述影响样本规模确定的因素及其影响方式。
7. 试述样本选取的方式以及样本结果的评价方式。
8. 简述控制测试中抽样方法的运用。
9. 简述细节测试中抽样方法的运用。

第七章 内部控制系统及其评价与审计

本章提示

学习目标 通过本章学习，学生在知识方面应能理解与掌握内部控制的含义，以及内部控制评价与审计的概念等基本理论；在技能方面要掌握内部控制评价与审计的程序与方法；在能力方面要求能对内部控制的缺陷进行评价、确认与审计工作记录。

重要概念 内部控制；内部控制评价；内部控制审计；内部控制审计报告

引 例

一、三鹿破产的罪魁祸首

随着三鹿婴儿配方奶粉掺杂致毒化学物三聚氰胺事件的曝光，三鹿集团迅速走向破产。这引发了“中国乳业的大地震”，田文华也因此成为“中国乳业的罪人”。曾经，三鹿奶粉是“中国名牌产品”，“三鹿”品牌被评为最具价值品牌之一；“三鹿”商标被认定为“中国驰名商标”。从该事件本身及三鹿集团的应对过程我们可以发现，三鹿集团企业内部控制的五个要素设计不健全，也没有有效运行。

(1)治理结构问题反映了内部控制的内部环境不合理。

(2)风险管理不力说明了风险评估机制不健全。

(3)事故发生后反应滞后反映了重大风险的预警机制和突发事件的应急处理机制的缺失，正是控制活动不到位的表现。

(4)未向上级部门及时报告和对外披露相关信息反映了其信息与沟通机制的失灵。

(5)监督手段落实不到位说明了其内部监督的力度不够。

二、对三鹿集团案例的反思

该事件让我们警醒，建立健全和有效实施内部控制，对企业的生存发展有着重大的意义和深远的影响。

三、案例思考与讨论

1. 什么是内部控制？

2. 内部控制的目标是什么？

3. 内部控制有哪些要素?

4. 如何发挥内部控制的作用?

注册会计师在进行审计时,必须了解、研究、评价和把握被审计单位的内部控制,并对拟信赖的内部控制进行测试,据以设计和实施进一步审计程序的性质、时间和范围,以便合理、准确编制审计计划。本章主要介绍内部控制系统及其评价与审计的基本理论、程序与方法等。

第一节 内部控制系统

一、建立内部控制的必要性

(一)内部控制的含义

财政部、证监会、审计署、银监会、保监会联合下发的《企业内部控制基本规范》对内部控制定义为:"内部控制是由企业董事会、监事会、经理层和全体员工实施的,旨在实现控制目标的过程。"

《中国注册会计师审计准则第 1211 号——通过了解被审计单位及其环境并评估重大错报风险》对内部控制的定义为:指被审计单位为了合理保证财务报告的可靠性、经营的效率和效果以及对法律法规的遵守,由治理层、管理层和其他人员设计和执行的政策和程序。

虽然表述不同,但都体现了全员、全面、全过程的全面控制的理念。

1. 全员控制

(1)内部控制的主体是企业的内部人员,即内部控制来自企业的内部需求。

(2)如果控制者来自企业组织外部,那么由其对企业实施的控制就属于外部控制,如税务控制、政府审计控制等。

(3)在内部控制过程中,内部控制强调全员参与,其主体涵盖了企业内部各部门、各单位、各岗位。

(4)上至最高负责人,下至各部门负责人乃至各岗位员工,都应积极参与到企业的内部控制当中去,充分体现"全员控制"的精神,落实"人人有责"的理念,以主人翁的姿态积极参与内部控制的建设与实施,并主动承担相应责任,而不是被动地遵守内部控制的相关规定。

2. 全面控制

一方面它包含企业的所有事务和全部层级、环节,体现着多重控制目标的要求,即确保企业遵循了国家有关法律法规的规定,没有进行违法经营;保护资产的完整、安全,并对资产继续有效使用;保证财务及管理信息的可靠性并能够及时提供;保障企业经营活动的有序进行、做到资源优化配置,使得企业达到更大的获利目标等。

另一方面内部控制不仅仅是一种防弊纠错的机制,而且还是一种经营管理方法,是一种为多目标的实现而进行的全面控制。

内部控制的全面控制可以说是从横向角度为企业实现控制目标搭起了一道无形的网。

小提示

应该清楚地认识到，内部控制只能为上述目标的实现提供“合理保证”而非“绝对保证”。这是因为：一方面企业目标的实现不仅取决于企业自身，而且深受外部环境的影响；另一方面，内部控制固有的局限性也决定着它不可能成为“绝对保证”。

所谓“合理保证”意味着内部控制制度的设计和执行并不代表能“包治百病”，更不意味着有了内部控制的企业就可以“万事无忧”。但相对于缺乏内部控制制度或内部控制制度实施不力的企业而言，具有内部控制制度或执行良好的企业经营起来会更有效率。

3. 全程控制

(1)内部控制是一个动态的过程，它是企业依据环境的变化，制定相应的控制措施，再通过信息反馈进行纠错的过程。

(2)从整体控制看，包括制度设计、制度执行和制度评价(即对制度设计和执行情况的检查)等阶段，它们彼此间相互配合，层层递进，共同构成了一个闭合的良性循环系统。

(3)从业务控制看，一般应采取事前控制、事中控制和事后控制等措施，以确保控制的严谨性。

(4)内部控制是一种全程控制，即它是一个完整的内部控制体系。内部控制的全程控制通常以流程为主要手段，包括流程的设计、执行和监督评价，但又不仅仅局限于流程。企业要有效地实现全程控制，必须优化与整合企业内部控制流程。

(5)内部控制的全程控制，是从纵向角度为企业防范和管理风险砌起了一面牢固的墙。

(二)建立内部控制的重要意义

内部控制是企业管理的一个重要环节，加强内部控制有利于企业优化管理，从而促进经济效益与工作效率的提高，避免资源的重复浪费，使企业在有限的资源中创造出更大的价值。随着社会主义市场经济的发展，企业内部控制建设问题越来越得到重视和关注。从20世纪90年代起，我国政府就陆续颁布和修订了一系列法律法规，要求企业建立相应的内部管理和内部控制制度，这些法律法规的出台推动了内部控制在我国的发展。

衡量一项制度的价值，不在于其历史多么长久，而在于其在当今社会是否具有普遍的现实意义。随着生产力的发展、企业经营方式的改变、企业制度的变迁，内部控制在企业经营管理活动中的重要性越发凸显，已经逐渐成为企业防范和抵御风险的有效屏障和保障企业实现健康、科学、可持续发展的保护伞。

从企业的角度出发，形成一套完备合理的内部控制制度并严格执行是企业和投资者都希望看到的，但是现实中经常出现各种问题。一个内部控制失灵的企业存在着某些内部控制缺陷，这种缺陷可能是会影响财务报表内部的公允性，也可能是影响非财务报表层次的，构成一系列的内部控制问题，其根源可能是公司股权结构的不合理、管理制度不完善、管理人员舞弊行为、大股东借机侵占公司资产等。

因此，建立健全内部控制，对于企业来说具有非常重要的现实意义。

1. 内部控制是企业实现现代化管理的一种有效机制

企业的战略定位及其实施是贯穿企业整个经营过程的主线。对企业而言，战略定位是治理层所需要控制的，战略实施是管理层所需要控制的。企业正是通过有效和高效率地利用其资源、保障信息真实、合法合规经营等一系列措施来实现企业战略的。因此，企业的经营者需要通过建立和实施内部控制来对战略定位与战略实施的过程加以控制，内部控制是确保企业实施战略从而保证组织目标实现的一种机制。

2. 内部控制是影响财务信息质量的重要因素

在市场经济不断发展的新时期，财务信息质量对企业有着决策性的作用，也是决定企业发展与进一步提升的关键因素之一。而在企业的发展过程中，对财务信息质量的影响因素是多样的，其中内部控制作为提高企业经营效率和保护公司财产安全的重要手段，对财务信息的形成、传递会产生重要影响。因此只有加强内部控制，才能有效提升财务信息质量，进一步完善企业管理。

(1)在企业管理过程中，控制环境因素多与企业的组织设计和企业文化等有关。其中科学有效的组织结构设计能够形成较为严格的不相容职务分离机制和审批制度体系，从而在企业内部形成一种相互制约协调的牵制机制来合理控制财务操纵的风险，从而提升会计信息质量，而企业文化则与管理层的素质、理念和企业规章制度等因素具有紧密的联系，倘若企业文化具有体系性和较高的成熟度，将会为会计信息质量提供较强的管理环境支持。在实际工作中，如果企业的控制环境不够完善和健全，则企业的会计信息质量容易因为缺乏有效的制度保障而降低。

(2)合理有效地防范运营管理过程中的风险是内部控制的一个重要目标，风险评估机制健全完善与否关系着风险识别、衡量及应对的有效性，从而保证企业的经营稳定，降低收益的不确定性，减少企业进行盈余操纵的动机，从这个角度来看，风险评估因素是保障企业会计信息质量的一项重要基础。

(3)内部控制活动是具体执行的内部控制管理，是实施内部控制的关键手段，通过对企业的各项财务活动设置必要的流程和管控，可以合理利用内部控制的牵制机制来有效防范各类舞弊行为的发生，同时在业务流程中实施控制活动可以实现对企业资源的优化配置，从而确保了各类财务基础数据的真实准确性以及资产的安全完整性，客观上对会计信息质量的提升具有促进作用。

(4)从实践经验来看，企业在运营管理过程中之所以会出现各种财务舞弊行为或者其他会计信息失真问题，究其原因在于企业内部存在一定的信息不对称问题。从这个角度来看，内部控制要素中的信息与沟通要素也与会计信息质量存在一定的关联性，信息与沟通工作效率较高，可以有效规避信息不对称问题，实现对各种财务舞弊行为和其他会计信息失真问题的防范与管控，从而提高会计信息质量。

(5)内部控制的监督因素主要是指企业的内部监督。在内部控制实务中，内部监督手段主要有内部稽核、内部审计等，这些监督手段的实施能够及时发现内部控制机制中存在的缺陷与漏洞并加以修正，从而有效阻断各类不规范经济活动发生可能性，以提高

企业会计信息的真实性与准确性。

但是随着企业在经济市场的不断发展，部分企业为提高在市场中的核心竞争力，吸引外来投资者，纷纷在企业内部的财务信息上“做文章”，财务信息失真现象普遍存在。就上市公司而言，发生过“琼民源”“红光实业”“东方锅炉”“蓝田股份”“银广夏”等会计造假案。尤其是“银广夏”造假案，对股票市场影响巨大，危害深远，使投资者对股市失去信心，股票价格连续暴跌。股票市场长期不景气，与此不无关系。

由此我们可以看出，完善健全的内部控制五要素对财务信息质量具有较强的保障和促进作用，因此在实际工作中有必要通过强化内部控制来提高企业的财务信息质量。

小案例

绿大地欺诈发行案[①]

云南绿大地生物科技股份有限公司（下称“绿大地”）始建于 1996 年，2001 年完成股份制改造，2007 年 12 月 21 日，公开发行股票并在深圳证券交易所的中小板挂牌上市，成为 A 股唯一一个园林行业的上市公司。

2011 年 3 月 17 日，绿大地公司发布公告称，董事长何学葵因涉嫌欺诈发行股票罪被公安机关逮捕。4 天后，中国证监会在其官网上表示，证监会在 2010 年 3 月就因绿大地涉嫌信息披露违规立案稽查，发现公司存在涉嫌虚增资产、虚增收入、虚增利润等多项违法违规行为。

证监会有关部门负责人介绍，绿大地涉嫌欺诈发行，其违规事实包括：2004 年至 2007 年 6 月，绿大地利用其控制的多家公司，采用阴阳合同等方式虚增资产；以虚构银行回款的方式虚增收入；以虚增资产、虚假采购的方式将资金流出，再通过其控制的公司将资金转回的方式虚增销售收入。调减后，公司连续 3 年亏损。

负责人介绍，调查中，还发现绿大地存在以下涉嫌犯罪行为。一是涉嫌伪造、编造金融票证。2005 年至 2009 年，为配合虚增资产、采购、收入，绿大地伪造了近百张银行单据。二是涉嫌伪造国家机关公文、公司印章。首发上市之前，绿大地伪造了云南省工商局关于绿大地前十大销售客户、供应商的工商信息证明；伪造了云南生态技术有限公司、昆明汇丰花卉园艺有限公司、云南万子红园林花卉有限公司等公司公章，用于虚构销售合同、虚增收入。三是涉嫌隐匿、销毁会计资料。在调查期间（2010 年 4 月），绿大地隐匿、篡改 100 多笔财务凭证，涉及金额上亿元，并设立账外账。

2011 年 12 月，云南昆明官渡区法院对绿大地欺诈发行案作出一审判决，以欺诈发行股票罪判处绿大地罚金 400 万元；以同罪名判处何学葵（公司董事长）、蒋凯西（公司财务总监）有期徒刑 3 年，缓刑 4 年；并对其他相关责任人进行了判处。

3. 内部控制能有效遏制经济犯罪

近年来，各级经侦部门充分发挥职能作用，严厉打击各种经济犯罪活动，侦破了一大

① 池国华，樊子君．内部控制学（第二版）[M]．北京：北京大学出版社，2015.

批大案要案，抓获了一大批经济犯罪嫌疑人，为国家、集体和人民群众挽回了大量的经济损失，取得了显著的成绩。但当前经济犯罪活动依然相当猖獗，经济犯罪形势依然十分严峻，经济犯罪案件还处于高发态势，经济犯罪总量居高不下，犯罪种类不断增多，涉及的领域和地域也不断扩大。可以说，对经济犯罪仅靠"打击"这一手段是不行的，必须同时使用"防范"手段，遵循"打防结合、以防为主、标本兼治"的方针，才能从源头上遏制经济犯罪的发生。

经济犯罪有一个共同的特点，即罪犯所在单位的内部控制比较薄弱，甚至根本没有。任何人的自觉性都是有限的，无数事实反复证明：失去控制的权力必然产生贪污腐败和违法犯罪。因此，要减少违法犯罪的机会和条件，加强各单位的内部控制制度建设是重要举措之一。只有在有效的内部控制环境下工作和生活，人们才有可能守法和遵守道德，否则就极有可能贪欲膨胀，走上违法犯罪的道路。因此，高尚的道德品质和自觉守法行为大多产生于健康有效的内部控制环境中。所以说，内部控制能有效遏制经济犯罪，是遏制经济犯罪的必要手段。

总而言之，内部控制的完善不能一蹴而就，企业应提高对内部控制的重视，建立和完善企业的内部控制制度，让内部控制真正在企业经营管理中发挥其应有的作用，促进企业的发展，从而改变当前企业由于内部控制缺失或失效而造成的大量造假、财务信息失真、财务舞弊、经济犯罪的现象，以维护正常的社会经济秩序，让内部控制制度成为企业化解风险、创造效益的武器。[①]

二、内部控制的目标和要素

（一）内部控制的目标

我国《企业内部控制基本规范》规定，内部控制的目标是合理保证企业经营管理合法合规、资产安全、财务报告及相关信息真实完整、提高经营效率和效果、促进企业实现发展战略，具体归纳如下。

1. 合规目标

合规目标与企业活动的合法性有关。合规目标，是指内部控制要合理保证企业在国家法律和法规允许的范围内开展经营活动，严禁违法经营。也就是说，如果企业盲目追求利润、无视国家法律法规，必将为其违法行为付出巨大的代价。一旦被罚以重金或者被吊销营业执照，那么其失去的不仅仅是利润，而是持续经营的基础。一个违反相关的法律法规、丧失道德底线的企业，必然会将自身置于高风险的环境中，从而对自身的生存和发展造成巨大的威胁，最终必将遭到环境的摒弃。

遵守法规、制度是企业一切活动的前提，也是首先要完成的目标。确保经营管理合法合规是一个企业生存和发展的基本条件。

因此，合规目标是实现经营目标的有效保证，也是内部控制目标中最基本的目标。

《企业内部控制基本规范》第十九条明确规定："企业应当加强法制教育，增强董事、

① 池国华，樊子君．内部控制学（第二版）[M]．北京：北京大学出版社，2015.

监事、经理及其他高级管理人员和员工的法制观念，严格依法决策、依法办事、依法监督，建立健全法律顾问制度和重大法律纠纷案件备案制度。”

2. 资产安全目标

内部控制的资产安全目标有两层含义：一是确保资产在使用价值上的完整性，这不仅要防止有形资产被挪用、侵占或盗窃等，还要防止无形资产控制权的旁落；二是确保资产在价值上的完整性，这不仅要防止资产被低价处置，损害企业利益，还要充分提高资产使用效率、提升资产管理水平。

也就是说，企业内部控制通过制定涉及各类资产的取得、使用、保管、报废等各环节的严格的管理制度、管理流程，明确各类资产管理过程中的风险事件和风险点，制定资产运用奖惩指标和标准，来保证各项资产的安全完整，防止各项资产发生损失或被侵吞损害，提高资产的有效利用，减少不必要的损失和浪费，从而实现对资产安全性的有效控制。如果企业发生浪费、盗窃、无效使用、不当经营决策等原因使得资产遭受损失，则企业无法保证正常经营活动的顺利开展，加剧了我国国有资产流失严重的现象。所以，保护资产安全与完整对资产所有者来说具有紧迫的现实意义。资产安全目标是实现经营目标的物质前提。

3. 报告目标

报告目标是指内部控制要合理保证企业提供的财务信息和其他信息是真实可靠的。

我国的银广夏，以及美国的安然、世通等公司的“轰然倒塌”无不与财务报告及相关信息的失真或舞弊有关。财务报告及相关信息反映了企业的经营业绩，以及企业的价值增值过程。如果离开企业提供的财务和其他信息，就会影响资本市场的正常运转。资本市场中，所有的参与者都是依赖这些信息进行交易的，这些信息是资本市场中各方建立互信关系的桥梁。如果缺少这些信息，或者这些信息是虚假的，会导致相关各方缺失互信基础，资本市场会出现不可控的局面。因此，确保企业财务报告及相关信息的及时、真实、可靠，是企业内部控制的又一目标。

4. 经营目标

经营目标是指内部控制是科学化的管理方法和业务流程，其本质是对于风险的管理和控制，它可以将风险的防范落实到经营的每个细节和环节当中，真正地做到防微杜渐，使企业可以在低风险的环境中稳健经营。

《企业内部控制基本规范》要求单位结合自身所处的特定的经营、行业和经济环境，通过健全有效的内部控制，不断提高营运活动的盈利能力和管理效率。企业的核心工作就是进行生产经营活动，一切生产经营活动都是为了获得最大的经营收益，为企业、为社会创造价值。如果企业忽视内部控制的经营管理，不重视企业权责的划分、部门间的协调、流程的设计、良好的信息沟通体系等，即使企业表面貌似效率很高，实则可能处于高风险的经营环境，一旦不利事项发生，轻则对企业产生重创，重则导致企业灭亡。

经营目标是内部控制要达到的最直接和核心的目标。

内部控制可以通过精简组织、明确职权，建立良好的信息沟通体系，设立有效的内部考核机制等措施，充分发挥资源潜力，协调部门关系，加快资源流通，激励员工斗志，以提高经营效率与效益。

5. 战略目标

战略目标是最高目标，是与企业使命相联系的终极目标。战略与企业目标相关联并且支持其实现的基础，是管理者为实现企业价值最大化的根本目标而针对环境作出的一种反应和选择。

如果企业没有长远的发展目标和战略规划，或者企业发展战略实施不到位，势必会导致企业的盲目发展，企业难以在行业中形成竞争优势，丧失企业的发展机遇，乃至会出现企业偏离主业、严重的资源浪费，甚至造成企业经营失控，最终危及企业的生存和可持续发展。

小提示

战略目标与经营目标的关系

提高经营的效率和效果是从短期利益的角度定位的内部控制目标，促进企业实现发展战略则是从长远利益出发的内部控制目标。

战略目标是总括性的长远目标，而经营目标则是战略目标的短期化与具体化，内部控制要促进企业实现发展战略，必须立足于经营目标，着力于经营效率和效果的提高。

小提示

内部控制的五个目标不是彼此孤立的，而是相互联系在一起构成内部控制目标体系。战略目标是最高目标，是与企业使命相联系的终极目标；经营目标是战略目标的细化、分解与落实，是战略目标的短期化与具体化，是内部控制的核心目标；资产安全目标是实现经营目标的物质前提；报告目标是经营目标的成果体现与反映；合规目标是实现经营目标的有效保证。内部控制的五个目标关系如图 7－1 所示：

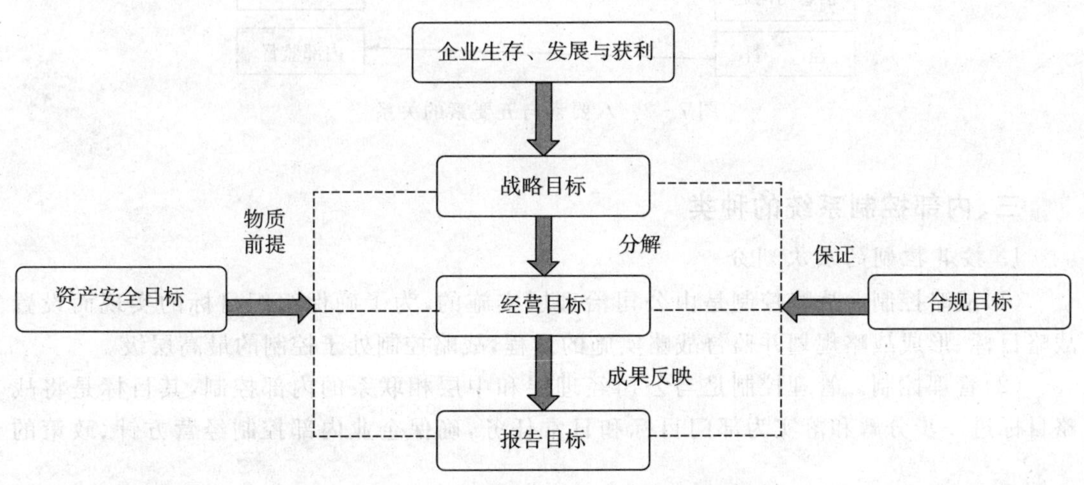

图 7－1　内部控制目标之间的关系

(二)内部控制的要素

内部控制要素是指内部控制整体的必要内容构成部分，是对内部控制系统科学合理的简明划分。合理确定内部控制要素有利于具体实施内部控制制度。①

内部控制要素的划分与设置在内部控制发展的不同时期有着较大的区别，分别经历了“二要素论”“三要素论”“五要素论”与“八要素论”的发展变化。

在内部控制制度阶段，内部控制要素包括内部会计控制与内部管理控制；在内部控制结构阶段，内部控制要素包括控制环境、会计制度和控制程序；在内部控制整体框架阶段，内部控制要素包括内部环境、风险评估、控制活动、信息与沟通以及内部监督；在风险管理整体框架阶段，内部控制要素包括内部环境、目标设定、事件识别、评估风险、应对风险、控制活动、信息与沟通、监督。

小提示

八要素与五要素的关系，如图 7－2 所示。

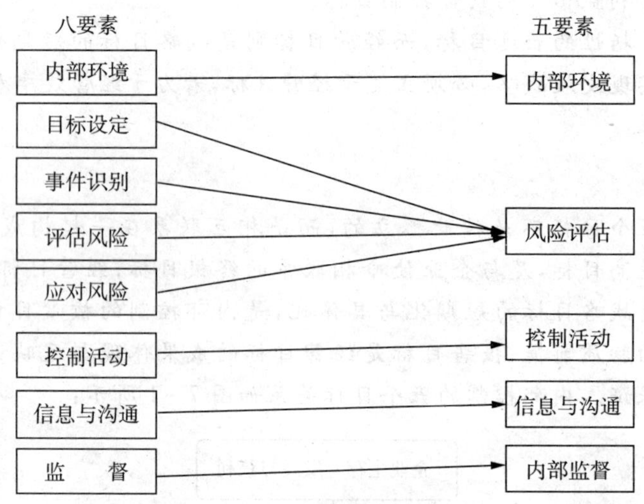

图 7－2　八要素与五要素的关系

三、内部控制系统的种类

1. 按其控制的层次划分

(1)战略控制。战略控制是由公司治理层实施的，为了确保组织目标的实现而设置战略目标、形成战略规划并监督战略实施的过程，战略控制处于控制的最高层级。

(2)管理控制。管理控制是与公司经理层和中层相联系的内部控制，其目标是将战略目标进一步分解和落实为部门目标和日常任务，确保企业内部控制经营方针、政策的

① 张俊民. 内部控制[M]. 北京：高等教育出版社，2020.

贯彻执行,最终实现组织目标。

(3)作业控制。作业控制是与操作管理层和员工相联系的,为确保作业和任务的可靠执行,主要针对的是具体业务的操作和事项的实施程序与措施。

2. 按其控制内容的不同划分

(1)基础控制。基础控制是指对企业生产经营活动赖以进行的内部环境所实施的总控制,因而亦称环境控制,它包括组织控制、人员控制、业务记录以及内部审计等内容。特征是不直接作用于具体经济活动。

(2)应用控制。应用控制是指直接作用于企业生产经营业务活动的具体控制,因此亦称业务控制。

基础控制是实施应用控制的前提,应用控制是基础控制的深化。健全有效的基础控制可以应用控制的有效运转提供良好的基础。准确认识基础控制与应用控制的关系有助于审计人员提高内部控制评价的效率。在评价内部控制时,审计人员首先检查检查控制,以确定其能否为应用控制提供充分发挥作用的条件,从而作出是否需要进一步评价应用控制的决定。这样,既可以减少审计测试的盲目性,避免无效劳动,大大提高评价工作的效率。

3. 按其控制的目的不同划分

(1)会计控制。会计控制是指与保证财产物资的安全性、会计信息的真实可靠性以及业务活动的合法性有关的那部分控制。会计控制包括组织规划和涉及保护资产与财务记录可靠性的程序和方法。

(2)管理控制。管理控制是指与保证经营决策、方针的贯彻执行,促进经济活动的经济性、效率性和成果性以及经营目标的实现有关的那部分控制。管理控制包括(但不限于)组织规划及与管理部门业务授权决策过程有关的程序和记录。

会计控制与管理控制的区别在于二者的目的不同,但两者并不是相互排斥、互不相容的:有些控制措施既可以用于会计控制,也可以用于管理控制;管理控制中的授权是直接与达到组织目标的责任相联系的管理职能,是对经济业务建立会计控制的出发点。

4. 按其控制地位的不同划分

(1)主导性控制。主导性控制是指为实现某项控制目标而首先实施的控制。在正常情况下,主导性控制能够防止错弊的发生,但如果主导性控制存在缺陷不能正常运行时,就必须有其他的控制措施进行补充,如凭证连续编号对凭证业务记录的完整性就是主导性控制。

(2)补偿性控制。补偿性控制是指能够健全全部或部分主导性控制缺陷的控制。

主导性控制与补偿性控制的划分是相对某种可能发生的错误或某项控制目标而言的,因此,在一种情况下表现为主导性控制,而在另一种情况下表现为补偿性控制;反之亦然。区分主导性控制与补偿性控制,有助于审计人员准确、全面地评价内部控制。即在评价内部控制时,首先应确定主导性控制是否健全有效,如果健全有效,则表明内部控制系统能够发挥控制作用;否则应进一步分析是否存在补偿性控制,以及能在多大程度

上弥补主导性控制存在的缺陷。

5. 按其控制的方式不同划分

(1)预防性控制。预防性控制是指为防止错误和舞弊以及防止经营和财务风险所采取的控制措施。

(2)检查项控制。检查性控制是为了查明并纠正已经发生的错误和舞弊而实施的控制措施。

(3)补救性控制。补救性控制是针对某些环节的不足或缺陷而采取的控制措施,例如终止合同履行、终止合同、停止交易等。

6. 按其控制功能的不同划分

(1)预防式控制。预防式控制是指防止错误与非法行为的发生,或尽量减少其发生机会所进行的一种控制,它主要解决"如何能够在一开始就防止错误或舞弊的发生"这个问题,如限制接近、双人守库等。

(2)侦察式控制。侦察式控制是指为及时查明已发生的错误和非法行为或增加发生错弊机会的能力所进行的各项控制,主要解决的是"如果错弊发生,如何查明"问题。

7. 按其控制过程的不同划分

(1)预先控制。预先控制是指企业单位为防止人力、物力、财力等资源在质和量上发生偏差而在行为发生之前所实施的内部控制,如报列支专项费用前的审核行为、贷款前的授信活动。

(2)过程控制。过程控制是指企业单位在经营活动过程中针对正在发生的行为所进行的控制,如四双制度。

(3)结果控制。结果控制是指企业单位针对生产经营活动的最终结果而采取的各项控制措施,如指标真实性的检查、任期责任稽核。

8. 按其控制目标的不同划分

(1)财产实物控制。财产实物控制是指企业单位为维护财产物资的安全性和完整性所实施的各项控制。

(2)会计信息控制。会计信息控制是指企业单位为保证会计凭证、账簿、报表等资料的可靠性和准确性所进行的各项内部控制。

(3)财务收支控制。财务收支控制是指企业单位为保证财务收支的合理性和合法性所采取的各项控制程序和控制措施。

(4)经营决策控制。经营决策控制是指企业单位为保证经管决策及方针政策的正确实施和有效执行所采取的各项控制程序和控制措施。

(5)经济效益控制。经济效益控制是指企业单位为保证其经济活动能够有序和高效率地进行所采取的各项控制手续和控制方法。

(6)经营目标控制。经营目标控制是指企业单位为保证经营目标的预期实现而采取的各项控制手续和控制方法。

小提示

内部控制的固有局限性

无论内部控制的设计和运行多么严密,也不能认为它是完全有效的。因此,对于任何一个内部控制系统来说,它总是存在着一些固有的局限性。由于内部控制存在固有的局限性,同时内部控制为财务报表公允反映只能提供合理的保证,因此在审计中,审计人员面临的控制风险总是存在的。这就要求审计人员在审计过程中,无论被审计单位的内部控制设计多么完善及运行得多么有效,都必须对财务报表的重要账户或交易类别执行最低限度的实质性测试。

内部控制的固有局限性之所以存在,是基于以下原因。

(1)内部控制的设计和运行受制于成本效益原则,因此在实务中,管理当局采用的内部控制往往不是最理想的。

(2)内部控制的设计一般仅针对常规交易与业务,对于非常规交易或业务,现有的内部控制往往无法起到约束控制作用。

(3)即使企业管理当局设计出一个理想的内部控制,这一制度也可能因为执行制度的人员粗心大意、判断失误或对管理当局指令的误解而失效。

(4)内部控制可能因为执行人员滥用职权,超越内控,或是两个不同岗位职责的人员相互勾结、串通而失效。

(5)企业面临的经营环境或业务性质的改变会让现有的内部控制不再适合,从而削弱内部控制的作用,甚至引起内控失效。

四、内部控制的内容

《企业内部控制基本规范》在形式上借鉴了COSO报告的相对成熟、稳定的内部控制整体框架中的五要素框架,在内容上体现了风险管理整合框架的八要素实质。内部控制的内容包括以下五要素。

(一)内部环境

内部环境规定企业的纪律与架构,影响经营管理目标的制定,塑造企业文化氛围并影响员工的控制意识,是企业建立与实施内部控制的基础。内部环境主要包括治理结构、机构设置及权责分配、内部审计机制、人力资源政策、企业文化等。

1. 治理结构

企业应当根据国家有关法律法规和企业章程,建立规范的公司治理结构和议事规则,明确股东大会、董事会、监事会和经理层在决策、执行、监督等方面的职责权限,形成科学有效的职责分工和制衡机制。

2. 机构设置及权责分配

企业应当结合业务特点和内部控制要求设置内部机构,明确职责权限,将权利与责任落实到各责任单位。企业内部机构设置虽然没有统一模式,但所采用的组织结构应当有利于提升管理效能,并保证信息通畅流动。

3. 内部审计机制

企业应当加强内部审计工作，保证内部审计机构设置、人员配备和工作的独立性，并开展内部控制审计。

4. 人力资源政策

人力资源政策应当有利于企业可持续发展，一般包括：员工的聘用、培训、辞退与辞职；员工的薪酬、考核、晋升与奖惩；关键岗位员工的强制休假制度和定期岗位轮换制度；对掌握国家秘密或重要商业秘密的员工离岗的限制性规定等内容。企业应当将职业道德修养和专业胜任能力作为选拔和聘用员工的重要标准，切实加强员工培训和继续教育，不断提升员工素质。

5. 企业文化

企业应当加强文化建设，培育积极向上的价值观和社会责任感，倡导诚实守信、爱岗敬业、开拓创新和团队协作精神，树立现代管理理念，强化风险意识和法制观念。董事、监事、经理及其他高级管理人员应在塑造良好的企业文化中发挥关键作用。

（二）风险评估

风险评估是企业及时识别、科学分析经营活动中与实现控制目标相关的风险因素，合理确定风险应对策略，实施内部控制的重要环节。风险评估主要包括目标设定、风险识别、风险分析和风险应对。

1. 目标设定

风险是指一个潜在事项的发生对目标实现产生影响的可能性。风险与可能被影响的控制目标相关联。企业必须制定与生产、销售、财务等业务相关的目标，设立可辨认、分析和管理相关风险的机制，以了解企业所面临的来自内部和外部的各种不同风险。

2. 风险识别

企业不仅要识别内部风险，还要识别与控制目标相关的各类外部风险。

企业识别内部风险，一般关注：董事、监事、经理及其他高级管理人员的职业操守，员工的专业胜任能力等人力资源因素；组织机构、经营方式、资产管理、业务流程等管理因素；研究开发、技术投入、信息技术运用等自主创新因素；财务状况、经营成果、现金流量等财务因素；营运安全、员工健康、环境保护等安全环保因素等。

企业识别外部风险，一般关注：经济形势、产业政策、融资环境、市场竞争、资源供给等经济因素；法律法规、监管要求等法律因素；安全稳定、文化传统、社会信用、教育水平、消费者行为等社会因素；技术进步、工艺改进等科学技术因素；自然灾害、环境状况等自然环境因素等。

3. 风险分析

在充分识别各种潜在风险因素后，企业应对固有风险（不采取任何防范措施可能造成的损失程度）和剩余风险（采取了相应应对措施之后仍可能造成的损失程度）进行分析。企业应当采用定性与定量相结合的分析方法，按照风险发生的可能性及其影响程度等，对识别的风险进行分析和排序，确定关注重点和须优先控制的风险。

4. 风险应对

企业在分析了相关风险发生的可能性和影响程度后，结合风险承受度，权衡风险与收益，确定风险应对策略。

常用的风险应对策略有：风险规避，即改变或回避相关业务，不承担相应风险；风险承受，即比较风险与收益后，愿意无条件承担全部风险；风险降低，即采取一切措施降低发生不利后果的可能性；风险分担，即通过购买保险、外包业务、合作经营等方式来分担一部分风险。

风险应对策略的选择与企业风险偏好密切相关，为此，企业应当合理分析、掌握董事、经理及其他高级管理人员，关键岗位员工的风险偏好，采取适当的控制措施，避免个人风险偏好给企业经营带来重大损失。风险应对策略往往须结合运用。

(三)控制活动

控制活动是指企业根据风险应对策略，采用相应的控制措施，将风险控制在可承受度之内，是实施内部控制的具体方式。常见的控制措施有：不相容职务分离控制、授权审批控制、会计系统控制、财产保护控制、预算控制、运营分析控制、绩效考评控制与合同控制。企业应当根据内部控制目标，结合风险应对策略，综合运用控制措施，对各种业务和事项实施有效控制。

1. 不相容职务分离控制

所谓不相容职务，是指那些如果由一个人担任既可能发生错误和舞弊行为，又可能掩盖其错误和舞弊行为的职务。不相容职务一般包括：授权批准与业务经办、业务经办与会计记录、会计记录与财产保管、业务经办与稽核检查、授权批准与监督检查等。对于不相容的职务如果不实行相互分离的措施，就容易发生舞弊等行为。不相容职务分离的核心是"内部牵制"，因此，企业在设计内部控制系统时，一方面应确定哪些岗位和职务是不相容的；另一方面要明确规定各个机构和岗位的职责权限，使不相容岗位和职务之间能够相互监督、相互制约，形成有效的制衡机制。

小提示

审计人员应该特别注意以下不相容职责是否分离：资产的保管与会计分离，交易的批准与交易的执行以及相关资产的保管三者相分离，经营责任与会计责任的分离，电子数据处理环境中的职责的分离。

2. 授权审批控制

授权审批是指企业在办理各项经济业务时，必须经过规定程序的授权批准。授权审批形式通常有常规授权和特别授权之分。常规授权是指企业在日常经营管理活动中按照既定的职责和程序进行的授权，用以规范经济业务的权力、条件和有关责任者，其时效性一般较长。特别授权是企业在特殊情况、特定条件下对办理例外的、非常规性交易事项的权力、条件和责任的应急性授权。企业必须建立授权审批体系，编制常规授权的权限指引，规范特别授权的范围、权限、程序和责任，严格控制特别授权。对于重大的业务和事项，企业应当实行集体决策审批或者联签制度，任何个人不得单独进行决策或擅自改变集体决策。

3. 会计系统控制

会计系统控制主要是通过对会计主体所发生的各项能用货币计量的经济业务进行

记录、归集、分类、编报等而进行的控制，其内容主要包括下列方面。

(1)依法设置会计机构，配备会计从业人员，建立会计工作的岗位责任制，对会计人员进行科学合理的分工，使之相互监督和制约。

(2)文档记录、批准、验证和对账控制。文档记录、批准、验证和对账控制的物质载体是凭证和记录，凭证和记录包括的内容很广泛，如销售发票、请购单、采购单、明细账、总账等。所有这些凭证和记录都非常重要，如果凭证和记录不充分，会带来很大的控制问题。凭证的功能是在企业内部不同部门之间或不同企业之间传递信息。凭证必须足以合理地保证所有的资产都得到适当控制，所有的业务都得到正确记录。

文档记录、批准、验证和对账的一系列控制活动用于防止和发现有关完整性和存在性方面的错误，并保证交易能够根据会计准则正确记录。

(3)财务报告控制。财务报告控制是指在编报财会报告时实施的相应控制措施。其具体内容包括：①按照规定的方法与时间编制及报送财务报告；②编制的会计报表必须由单位负责人、总会计师以及会计主管人员审阅、签名并盖章；③对报送给各有关部门的会计报表要装订成册，加盖公章等。

4. 资产保护控制

资产保护控制用于保护企业的资产，通过保证所记录的资产没有被非法占用，从而支持存在性认定。如果资产得不到适当的保护，任何人都可以随意接近资产，就可能发生失窃。保护控制可以进一步划分为接近控制和经管控制。

接近控制限制接近存放诸如存货、小工具、可转让证券和现金收据等便携和贵重资产的地方，以及限制接近资产使用或处置的授权文档；经管控制将这些资产的保管责任分配到具体的人员。

5. 预算控制

预算控制的内容涵盖了企业经营活动的全过程，企业通过预算的编制和检查预算的执行情况，可以比较、分析内部各单位未完成预算的原因，并对未完成预算的不良后果采取改进措施。在实际工作中，预算编制不论采用自上而下还是自下而上的方法，其决策权都应落实在内部管理的最高层，由这一权威层次进行决策、指挥和协调。预算确定后由各预算单位组织实施，并辅之以对等的权、责、利关系，由内部审计等部门负责监督预算的执行。

6. 运营分析控制

运营分析是对企业内部各项业务、各类机构的运行情况进行独立分析或综合分析，进而掌握企业运营的效率和效果，为持续的优化调整奠定基础。运营分析控制要求企业建立运营情况分析制度，综合运用生产、购销、投资、筹资、财务等方面的信息，通过因素分析、对比分析、趋势分析等方法，定期开展运营情况分析，发现存在的问题，及时查明原因并加以改进。

7. 绩效考评控制

绩效考评是对所属单位及个人占有、使用、管理与配置企业经济资源的效果进行的评价。绩效考评控制要求企业建立和实施绩效考评制度，科学设置考评指标体系，对企业内部各责任单位和全体员工的业绩进行定期考核和客观评价，将考评结果作为确定员工薪酬以及职务晋升、评优、降级、调岗、辞退等的依据。

8. 合同控制

《企业内部控制应用指引第 16 号——合同管理》对合同原件合同控制作出了明确的定义，指引中规定：合同是指企业与自然人、法人及其他组织等平等主体之间设立、变更、终止民事权利义务关系的协议，其中不包括企业与职工签订的劳务合同。合同控制是指企业通过梳理合同管理的整个过程，分析关键风险点，并采取有效措施，将合同风险控制在企业可接受范围内的整个过程。合同控制包括合同订立与履行两个阶段。合同订立阶段包括合同调查、合同谈判、合同文本拟定、合同审核审批、合同签署等环节；合同履行阶段涉及合同履行、合同补充和变更、合同解除、合同结算、合同登记等环节。

(四)信息与沟通

信息与沟通指管理当局通过所建立的对经济活动数据进行加工处理的信息系统为经营管理提供信息，并通过该系统实现信息传递的内部控制措施。

与审计人员相关的信息系统就是会计信息系统。

信息是控制的依据和基础，控制离不开信息的交换和反馈，没有信息，控制就失去依据；而信息的真实性和及时性，又决定了控制的有效性。只要企业的生产经营活动正常进行，就会不断产生各种经济信息。

一个良好的信息和沟通系统可以使企业及时掌握营运状况和组织中发生的各种情况，可以及时地为企业的员工提供履行职责所需的各种信息，从而使企业的经营和管理流畅地进行下去。为此，一个有效的内部控制系统必须能够提供相关、及时的信息与沟通。系统必须确定信息的需求，以形成一个能提供所需的数据和报告的信息系统。在评价信息系统的适当性时，企业必须考虑下列问题：①系统能获取内外部信息，并向管理当局提供有关企业与既定目标相关的绩效情况的报告；②系统能及时地向相关人员提供足够详细的信息，从而使得他们能够高效地履行其职责；③系统在必要时能升级或修改；④管理当局会提供必要的资源以支持信息系统的建立。

由于财务报表由信息系统产生，信息系统的不同构造会影响与财务报告认定相关的控制目标。良好的信息系统必须包含以下基本要素：信息的确认、信息的获取、信息的处理、信息的报告。

(五)内部监督

内部监督是企业对内部控制建立与实施情况进行监督检查，以评价内部控制的有效性，并及时改进发现的内部控制缺陷。

内部监督包括日常监督和专项监督。日常监督是指企业对建立与实施内部控制的情况进行常规、持续的监督检查。专项监督是指在企业发展战略、组织结构、经营活动、业务流程、关键岗位员工等发生较大调整或变化的情况下，对内部控制建立与实施的某一方面或某些方面的情况进行不定期的、有针对性监督检查。

内部监督是管理当局对内部控制质量进行持续或定期的评价，以确定各项控制是否按照意图运行，是否针对情况变化进行修正。内部监督可以有多种渠道，例如，对现有内部控制的专门调查、内部审计人员的报告、控制活动的例外报告、操作人员的反馈、顾客的投诉等。

在内部监督这一内部控制成分中发挥较大作用的是企业的内部审计职能。对于许多企业，特别是大型企业而言，内部审计部门在有效发挥内部监督作用的方面是非常关

键的。内部审计职能得以有效发挥的前提是内部审计部门的独立性。内部审计部门应该独立于其所要检查、监督的经营部门及会计部门，并直接将结果报告给企业董事会或其审计委员会。

内部审计部门的工作还能够协助外部审计人员的工作，这样可以在一定程度上降低外部审计成本。

小提示

对于小型企业而言，充分的职责分工以及独立的内部审计部门的设置是不现实的。在小型企业中，监控职能主要通过所有者亲自参与管理经营并实施适当的监督措施而实现。所有者的监控再加上员工之间的密切关系，使其有可能认真地评价员工的胜任能力以及整个内部控制的有效性。

小提示

内部控制五要素之间紧密联系，相互支持，形成统一的逻辑整体。任何将这五个要素割裂来看的内部控制系统，都难以有效，甚至会无形中增加企业成本，降低经营效率。构成内部控制内容的五要素关系如图 7－3 所示。

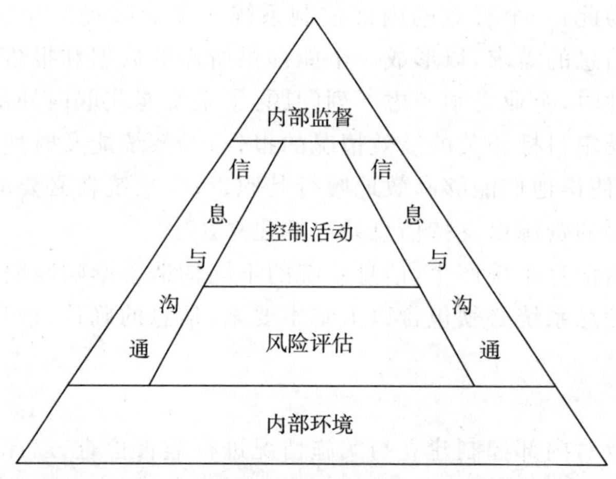

图 7－3　构成内部控制内容的五要素关系

（1）内部环境作为内部控制的基础，位于图形的最底部，影响着其他要素，所以说内部环境的好坏决定着内部控制其他要素能否有效运行。

（2）内部监督位于最顶部，说明它是针对其他要素而存在的，是一种自上而下的检查，是对内部控制质量进行评价的过程。

（3）企业在实施战略的过程中会受到内外部环境的影响，所以企业需要识别影响战略目标实现的有利和不利因素，并对存在的隐患进行定量和定性分析，进而制定应对策略，即风险评估，它是控制活动的依据。

（4）根据明确的风险应对策略，企业要及时采取控制措施，有效控制风险，尽量避免风险的发生，尽量降低企业的损失，这就是控制活动要素。

(5)信息与沟通处于承上启下、沟通内外的关键地位。

内部环境与其他要素之间的相互作用需要以信息与沟通为桥梁；风险评估、控制活动和内部监督的实施需要以信息与沟通的结果为依据，也需要通过信息与沟通来传递结果。

第二节　内部控制的描述

内部控制了解调查描述记录的方法一般有3种，即文字说明法、调查表(问卷)法、流程图法。

一、文字说明法

文字说明法(narrative memoranda)是指审计人员书面描述被审计单位内部控制的建立和执行情况。审计人员描述时，应按不同的交易循环，阐明各个岗位的职责或程序的工作内容，指出各项工作的负责人、经办人及他们编写和记录的文件凭证等。具体描述的内容应包括以下几点。

(1)控制系统中每种凭证和记录的来龙去脉，如销货发票如何开出、如何归档、如何送交顾客或销毁等。

(2)经济业务发生的全部处理过程，即每一项经济业务所有有关凭证传递，会计记录和资产收发等。

(3)指出重要内部控制及程序，如销货业务的审批和批准等。

文字说明法最适用于内部控制比较简单、比较容易描述的小型企业。它的优点是可以对调查对象作出比较深入和具体的描述，弥补了调查表只能作出简单肯定或否定的不足，几乎适用于任何类型、任何规模的单位。它的缺点在于有时很难用简明易懂的语言来描述内部控制要素的细节，不利于为有效地进行内部控制分析和控制风险评估提供依据。表7-1是有关销售与收款循环内部控制的文字说明。

表7-1　销售与收款循环内部控制文字说明

被审计单位：甲公司	财务报表日：12/31/2020	索引号：9—2
	编制人：	日期：
交易循环：销售和收款	复核人：	日期：
销售部门与顾客签订托收承付购销合同。当销售部收到顾客订货单一式两联后，A负责登记，B负责审查订货单上的商品、种类、质量要求、数量、价格、交货日期和付款方式，并在订货单上签署意见，将其中一联留存，另一联送交会计部C。在经过会计部门批准之后，销售部编制提货单和一式三联的销售单，提货单送交顾客，销售单一联保存，另外两联分别送仓管部和会计部，顾客凭提货单到仓管部提货，仓管部在核对销售单与提货单相符后，编制一式四联装运凭证，一联留存，一联用于编制产品发出汇总表，另外两联分别报送会计部和销售部。会计部根据产品发出汇总表登记库存商品明细账并与库存商品总账核对、会计部李明核对装运凭证、销售单和顾客订货单相符后，开出一式四联的销售发票，一联留存、两联用于登记销售收入明细账，并与总账核对，一联会同销售单、装运凭证以及其他一些文件交与开户银行办理托收承付收款手续。		

二、调查表法

调查表法(questionnaires)就是将那些与保证会计记录的正确性和可靠性，以及与保护资产的完整性有密切关系的事项列为调查对象，制成标准化的调查表，由企业有关人员填写或由审计人员根据调查的结果自行填写。调查表大多采用问卷式，一般针对企业各交易循环或生产经台环节的关键控制点提出问题，用“是”或“否”或“不适用”来回答。另外，通常还设一空白栏，记录有关评论。

调查表的主要优点是能对被审计单位的内部控制提供一个概括性说明，从而成为一种对审计人员十分有用的分析评价工具。例如，对表中列示的“否”专栏，即内部控制的弱点，可以引起审计人员的关注。另外，编制调查表简便易行，省时省力，可在审计项目初期就较快地编制好。这种方法的主要缺点是，由于被审计单位的内部控制只能按部分分别进行考查，往往不能提供一个完整的看法。此外，由于调查表格式固定，缺乏弹性，遇到特殊情况，往往因“不适用”栏填得过多而作用不大。因此，对于不同行业的企业或是小企业，标准型的调查表常常显得不太适用。以销售与收款业务循环为例，调查表的格式见表 7-2 所列。

表 7-2　销售与收款业务内部控制调查表

客　户：________调查人：________日期：

结账日：________复核人：________日期：

调查问题(举例)	是	否		不适用	备注
		轻微	严重		
1. 接受客户订单					
(1)是否对照顾客订单和顾客一览表？					
(2)对每张已接受的订单，是否都编制销货通知单？					
(3)销货通知单是否连续编号？					
2. 批准信用					
(1)是否对所有新客户实行独立的信用审查？					
(2)是否在每次销售前审查顾客的信用额度？					
3. 发运商品					
(1)每次发货是否都编制了发运凭证？					
(2)是否核对发运凭证与销售通知单？					
(3)是否核对仓库发运货物与发运凭证？					
4. 开具发票					
(1)每次开具发票是否有相应的发运凭证和经批准的销货通知单？					
(2)是否复核销售发票的计价和加总的正确性？					
5. 销售的记录					
(1)销售明细账与销告汇总表是否一致？					

（续表）

调查问题(举例)	是	否		不适用	备注
		轻微	严重		
(2)销售发票是否按连续编号记入销售明细账？ (3)是否定期与顾客核对应收账款明细账？ 6. 坏账处理 (1)所有的坏账冲销是否都有书面批准单？ (2)坏账的批准与账款的收取两职责是否实行分离？ 7. 销售退回与折让 (1)现金折扣是否经有关销售人员批准？ (2)销售退回和折让是否经有关销售人员批准？ (3)销售退回和折让是否采用预先连续编号的贷项通知单？ (4)销售退回和折让的批准与贷项通知单的职责是否实行分离？					
问题与评价：					

三、流程图法

流程图法是指用特定的符号和图形来描述被审计单位各项业务的处理手续，以及文件或凭证的传递流程的一种方法。

审计人员可以自己编制流程图，也可以利用被审计单位的流程图，根据繁简程度，流程图可分为总体流程图和系统流程图。

总体流程图是简要绘制的完整业务处理过程，也是概要性的图表。

系统流程图是对每一重要交易事项自发生到记录总账所进行的内部控制的轨迹，复杂详细，以提供更多的信息。

流程图的绘制方式有多种，常用的方法是以每个业务环节为单元，在图内分栏表示不同部门或人员的职责，并用流程线将整个业务处理程序所涉及的部门与人员顺序连结起来。绘制时应注意以下几点：①充分了解交易和事项的处理程序，熟悉每个环节的业务内容，与其他环节的联系，以及需要填制的凭单种类和传递步骤；②使用规定的符号与连线；③按各职能部门或经办人员设置专栏，栏内从上到下反映其经办业务的先后顺序，各栏从左到右反映各部门或经办人员之间的相互关系；④要注明每种账证单表的来源和去向；⑤附加必要的图解注释；⑥遵照一般惯例，所使用的符号尽量做到规范化、标准化。

流程图法是目前各国普遍使用的一种描述内部控制制度的方法。流程图的优点是形象直观，应用灵活，不仅便于审计人员的审阅和评价，而且在日后的再度审计或对同类型的客户进行审计时，只需要做少量的修改就可以绘制出一张新的流程图。因而重复发生和经常发生的业务尤其适合用流程图描述，但流程图的绘制有一定技术难度，特别是复杂业务对绘制技术要求更高，不易掌握，因此审计人员必须有较高的素质。

流程图的具体格式如图 7－4 所示。

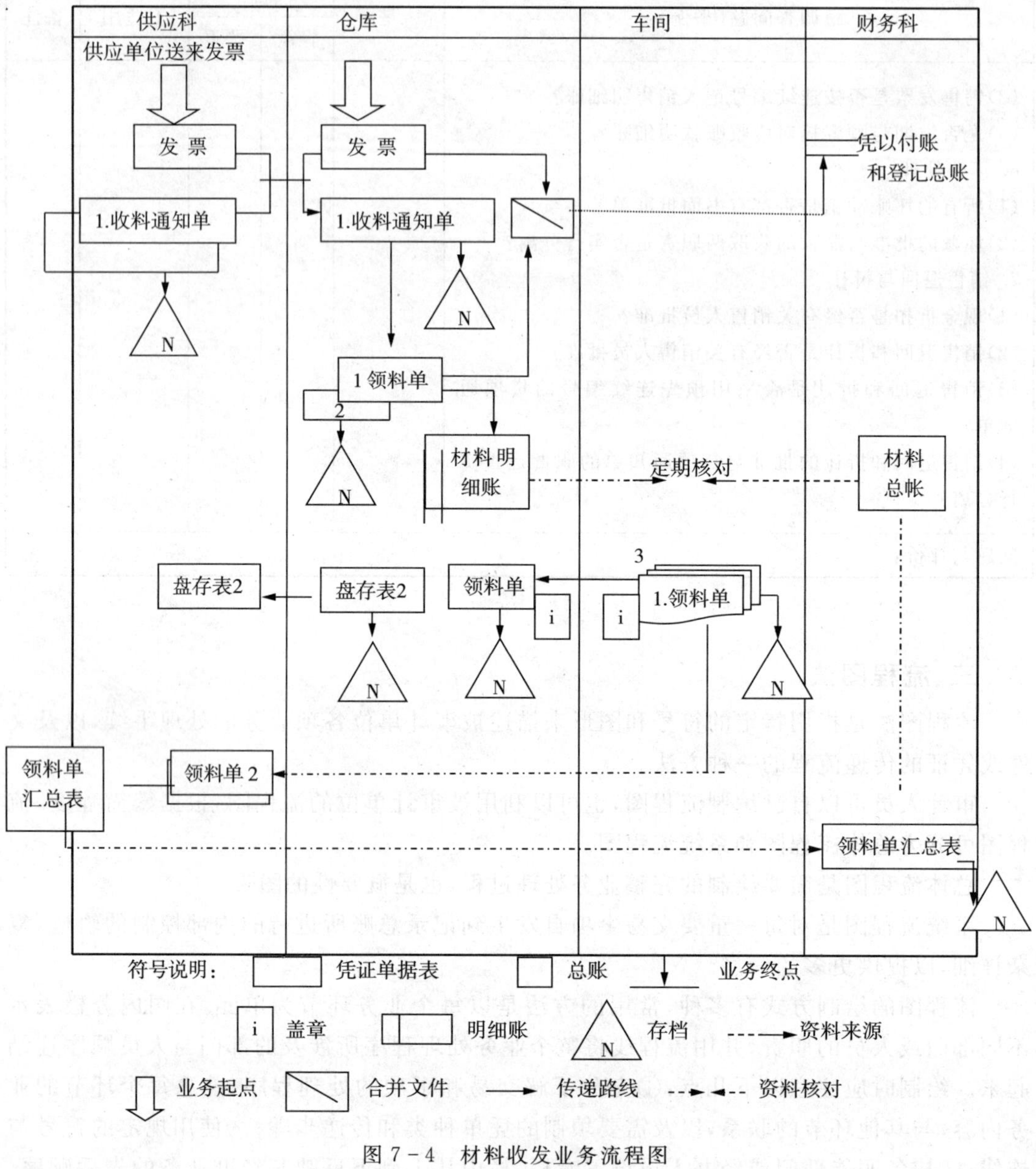

供应科　仓库　车间　财务科

供应单位送来发票

发 票　发 票

1.收料通知单　1.收料通知单

凭以付账
和登记总账

N　N

1 领料单
2

材料明细账　定期核对　材料总帐

N

3
盘存表2　盘存表2　领料单　i　i　1.领料单

N　N　N

领料单汇总表　领料单 2

领料单汇总表

N

符号说明：　凭证单据表　总账　业务终点

i 盖章　明细账　N 存档　资料来源

业务起点　合并文件　传递路线　资料核对

图 7－4　材料收发业务流程图

小提示

内部控制的三种描述方法是相互补充、相互依存的，并不相互排斥。在使用时，应结合被审计单位或被审计事项的实际情况，合理选择恰当的描述方法进行有机的组合，才能达到良好的描述效果。

第三节　内部控制评价

内部控制的评价是指企业董事会或类似权力机构对内部控制的有效性进行全面评价，形成评价结论，出具评价报告的过程。

2010 年 4 月 26 日，我国财政部、审计署等部门联合发布了《企业内部控制配套指引》。其中，《企业内部控制评价指引》和《企业内部控制审计指引》对内部控制有效性的内部评价主体、评价依据、评价范围及注册会计师内部控制审计范围、相关责任等进行了明确的规定。这为建立适合我国制度环境的内部控制评价系统，实现我国企业内部控制体系中“构建企业、注册会计师和有关监管部门三位一体的、有效的内外部监督评价体系”目标奠定了基础。

根据中国目前的制度环境，建立企业内部控制评价系统，可以掌握我国企业内部控制总体运行质量，了解和分析我国企业内部控制中存在的问题，并针对这些问题采取切实有效的措施，提高公司运营质量和经营业绩，保护投资者利益，减少或杜绝企业因破产倒闭、违法违规等事件给整个社会带来的不良后果。同时，企业内部控制质量的及时公开，也可以对企业形成强有力的声誉制约，促使证券市场质量的提高，有利于国外投资者来华投资，繁荣我国的资本市场。

一、内部控制评价的原则

企业实施内部控制评价应当遵循下列原则。

(1)风险导向原则。内部控制评价应当以风险评估为基础，根据风险发生的可能性和对企业单个或整体控制目标造成的影响程度来确定需要评价的重点业务单元、重要业务领域或流程环节。

(2)全面性原则。评价工作应当包括内部控制的设计与运行，涵盖企业及其所属单位的各种业务和事项。

(3)重要性原则。评价工作应当在全面评价的基础上，关注重要业务单位、重大业务事项和高风险领域。

(4)客观性原则。评价工作应当准确地揭示经营管理的风险状况，如实反映内部控制设计与运行的有效性。

(5)独立性原则。内部控制评价机构的确定及评价工作的组织实施应当保持相应的独立性。

(6)成本效益原则。内部控制评价应当以适当的成本实现科学有效的评价。

二、内部控制评价的内容

内部控制评价的对象是内部控制的有效性，而内部控制的有效性是企业建立与实施内部控制对实现控制目标提供合理保证的程度。内部控制的目标包括合规目标、资产目

标、报告目标、经营目标和战略目标。因此，内部控制评价的内容应是对以上五个目标的内部控制有效性进行全面评价。具体地说，内部控制评价应紧紧围绕内部环境、风险评估、控制活动、信息与沟通和内部监督五要素进行。

1. 内部环境评价

企业组织开展内部环境评价，应当以组织架构、发展战略、人力资源、企业文化、社会责任等应用指引为依据。其中，组织架构评价可以重点从组织架构的设计和运行等方面进行；发展战略评价可以重点从发展战略制定合理性、有效实施和适当调整三方面进行；人力资源评价应当重点从企业人力资源引进结构合理性、开发机制、激励约束机制等方面进行；企业文化评价应从建设和评估两方面进行；社会责任评价可以从安全生产、产品质量、环境保护与资源节约、促进就业、员工权益保护等方面进行。

2. 风险评估评价

企业组织开展风险评估评价，应当以《企业内部控制基本规范》有关风险评估的要求，以及各项应用指引中所列主要风险为依据，结合本企业的内部控制制度，对日常经营管理过程中的目标设定、风险识别、风险分析、应对策略等进行认定和评价。

3. 控制活动评价

企业组织开展控制活动评价，应当以《企业内部控制基本规范》和各项应用指引中的控制措施为依据，结合本企业的内部控制制度，对相关控制措施的设计和运行情况进行认定和评价。

4. 信息与沟通评价

企业组织开展信息与沟通评价，应当以内部信息传递、财务报告、信息系统等相关指引为依据，结合本企业的内部控制制度，对信息收集、处理和传递的及时性，反舞弊机制的健全性，财务报告的真实性，信息系统的安全性，以及利用信息系统实施内部控制的有效性进行认定和评价。

5. 内部监督评价

企业组织开展内部监督评价，应当以《企业内部控制基本规范》有关内部监督的要求，以及各项应用指引中有关日常管控的规定为依据，结合本企业的内部控制制度，对于内部监督机制的有效性进行认定和评价，重点关注监事会、审计委员会、内部审计机构等是否在内部控制设计和运行中有效发挥监督作用。

具体的内部控制评价内容可通过设计内部控制评价指标体系来确定。评价指标是对内部控制要素的进一步细化。评价指标可以有多个层级，大体可分为核心评价指标和具体评价指标两大类，企业可根据其实际情况进行细分。具体的评价内容确定之后，内部控制评价工作应形成工作底稿，详细记录企业执行评价工作的内容，包括评价要素、评价指标、评价标准、评价和测试的方法、主要风险控制点、采取的控制措施、有关证据资料以及认定结果等。工作底稿可以是一系列评价表格，通过对每个要素核心指标的分解、评价，最终汇总出评价结果。

三、内部控制评价的程序

内部控制评价程序直接决定着内部控制评价组织实施工作的效率与质量，只有按照规范合理的程序，科学组织实施内部控制评价，其评价结果才具备可靠性和实用性。合理的内部控制评价至少包括以下八个程序。

1. 制定评价工作方案

企业管理层作为内部控制评价的实施主体，在组织实施内部控制评价工作前应组织相关人员制定明确的工作方案，经相关权力机构批准后予以实施。工作方案至少包括内部控制评价的组织实施机构、实施步骤、费用预案、评价方法等。

2. 明确内部控制评价的范围

内部控制评价范围决定内部控制评价的方向，制定内部控制评价范围时应围绕公司资产的安全与完整、企业内部控制重点环节、业务报告的真实性等方面作出整体评估，把可能引发财务报告缺陷、非财务报告缺陷的重要风险点列入评价重点，并充分考虑公司法人治理运作是否规范，公司内部控制制度是否健全有效，与财务报告可靠性相关的会计控制、业务流程、财务报告编制及认定的样序、重大会计事项（如资产减值的确认、会计估计及会计变更）处理程序等内部控制是否有效，等等。

3. 评价现有制度和流程风险

企业组织实施内部控制评价，应对公司整体内部控制目标进行评估以确定主要风险控制点，并依据企业是否适应规避风险的需要设立有效的控制措施，比如，公司在设定财务报告重大缺陷可能造成财务报告重大错报的风险时，应充分考虑大额应收账款的控制程序、重大资本性支出的控制等，在此基础上为内部控制测试工作提供参考。但风险评估本身就隐含着很大的风险，需要很强的专业判断，需要专业人士采用专门的方法按规范的流程才能够完成，且评估过程中还要保持评估范围、评估对象、评估方法一致性。

4. 评价内部控制设计的有效性

企业内部控制评价过程中，只有设计恰当的内部控制才能有效控制内部风险，故应对内部控制设计的有效性进行恰当的评价。评价内部控制设计有效性须考虑以下四个方面。

(1)内部控制措施与企业及公司管理层设定的目标是否关联。

(2)有关内部控制措施是否完整全面并能及时有效地发现和防范企业的风险。

(3)内部控制信息流转是否顺畅，即能否及时可靠保证信息处理目标的信息需求，公司是否能通过风险媒体、内部刊物等媒介及时实现与相关信息需求方的信息沟通。

(4)内部控制各个环节的相关部门和相关人员职责分工是否明确，相关当事人的执行能力是否能足以处理公司生产经营过程中遇到的各种风险，有无其他备案措施。

5. 评价内部控制执行的有效性

再完善的内部控制制度也必须得到有效的执行才能发挥应有的防范风险的作用，企业在对内部控制进行测试并对测试结果进行评价时应充分考虑以下五个方面。

(1)是否具有风险防范意识，结合企业实际建立了风险数据库，按可能风险的大小进行排序，并采取有效措施。

(2)是否发现内部控制没有得到有效执行的情况并分析产生上述情况的主客观原因，企业是否有处理内部控制不到位而采取的其他预案。

(3)企业不相容岗位是否实现有效分离，企业管理层职责权限分配是否合理，相关管

理人员对自身职位描述是否很清晰。

(4)财务报告对产生重大的会计政策变更的判断及相关处理流程是否合理，通过对财务报告的分析，财务报告出现异常时，企业调查和解决的方式方法是否合理。

(5)是否建立完备的监督体系，对监督实施过程中发现的内部控制缺陷的处置是否恰当。

6. 与管理层或相关当事人沟通评价结果

为保证评价结果准确性，内部控制评价工作结束后，内部控制评价工作人员应汇总内部控制评价工作结果。评价人员应对评价工作底稿进行二级、三级复核，在此基础上对内部控制缺陷进行认定并要报告缺陷产生的原因及解决缺陷问题的意见和建议，形成评价报告初稿，向被审计单位进行通报，与被评价单位沟通形成一致意见后，经被评价单位主要负责人签字认可后，提交企业内部控制评价机构。内部控制评价机构将评价小组确认的评价结果和初步认定的内部控制缺陷，结合企业内部控制其他事项，独立、客观地编写内部控制评价报告。报送企业管理层或相关决策机构审定，并按对外披露的有关程序履行对外披露的义务。

7. 跟踪内部控制缺陷的整改结果

内部控制管理是不断变化、不断反复的过程，部分内部控制缺陷由于生产经营内部和外部环境的改变而消失，部分内部控制缺陷由于及时进行了整改而消失。企业经理层收到内部控制评价报告后，应根据内部控制缺陷的重要性及可能对生产经营目标产生影响的重要程度，分清轻重缓急，落实纠正措施，评价人员应在公司落实纠正后，重新对相关联控制点内部控制情况进行测试与评价，以对其设计和运行的确效性发表意见。

8. 出具内部控制评价报告

内部控制评价报告是内部控制评价工作最终成果的反映，企业内部控制自我评价报告应至少说明以下内容：企业内部控制评价组织与实施基础情况、企业内部控制制度是否健全并有效实施、企业内部控制缺陷认定的标准与依据、企业内部控制缺陷整改情况、企业内部控制缺陷认定有效性的确认等。

第四节　内部控制审计

随着近几年的审计丑闻事件的频繁出现，内部控制审计得到更广泛的关注，世界各国都在一定程度上对内部控制审计提出了具体的要求。世界各国对企业内部控制审计的相关做法可以大致分为两类：一类是以法案形式强制要求对企业财务报告内部控制进行审计，如美国和日本等；另一类是未强制要求进行内部控制审计，如欧盟各国、加拿大等。

一、内部控制审计的概念

内部控制审计是指会计师事务所师接受业务委托，对上市公司特定基准日内部控制设计与运行有效性进行审计，并应该在内部控制审计工作中获取充分、适当的证据，为发表内部控制审计意见提供合理保证。

对这个概念的理解需要注意以下三点。

(1)内部控制审计基于特定基准日,这并不意味着注册会计师只关注企业基准日当天的内部控制,而是要考察企业一个时期内部控制的设计和运行情况。

(2)定义中的内部控制的设计和运行是与财务报告相关的内部控制,并对内部控制审计过程中注意到的非财务报告内部控制的重大缺陷,在内部控制审计报告中增加"非财务报告内部控制重大缺陷描述段"予以披露。

(3)审计对象是内部控制设计的健全性与运行的有效性所涉及的相关内容。

我国《内部控制审计指引》指出,注册会计师可以单独进行内部控制审计,也可将内部控制审计与财务报表审计整合进行。

小提示

内部控制审计基准日,是指注册会计师评价内部控制在某一时日是否有效所涉及的基准日,也是被审计单位评价基准日,即最近一个会计期间截止日。

二、内部控制审计程序

(一)接受委托

注册会计师应当在了解被审计单位基本情况的基础上,考虑自身能力和能否保持独立性,初步评估审核风险,确定是否接受委托。一般来说,注册会计师在接受委托之前应确信以下方面。

(1)委托单位的管理层必须承担建立内部控制并保证其有效性的责任。

(2)管理层要根据适当的、可验证的标准对其内部控制的有效性作出评价。

(3)客观上存在或可以收集到支持管理层对内部控制评价的证据,或者说,管理层关于其内部控制有效性的认定必须是可以收集证据加以验证的。

如果接受委托,会计师事务所应当与委托人就约定事项达成一致意见,并签订业务约定书。

业务约定书应当包括以下主要内容:委托目的、委托业务的性质、审计范围、被审计单位管理层的责任和注册会计师的责任、内部控制的固有限制、评价内部控制的标准、报告分发和使用的限制。

(二)编制审计计划

注册会计师必须就内部控制审计业务进行充分的计划以便获取足够的证据来形成审计结论。

在编制审计计划前,注册会计师应当向管理层获取书面声明或书面认定以及内部控制手册、流程图、调查问卷和备忘录等文件。

小提示

注册会计师应当就以下重要事项向管理当局获取书面声明。

(1)管理当局对建立健全内部控制并保持其有效性负责。

(2)管理当局已对内部控制的有效性进行了评价。

(3)管理当局已作出特定日期与会计报表相关的内部控制有效性的认定。

(4)管理当局已向注册会计师告知内部控制在设计和执行方面存在的重大缺陷。

(5)管理当局已向注册会计师告知发生的重大舞弊,以及虽不重大但涉及管理人员或在内部控制过程中起关键作用的员工的其他舞弊。

(6)期后发生的内部控制变化和可能影响内部控制的其他因素,包括管理当局针对重大缺陷采取的各项改进措施。

如果管理当局拒绝提供有关内部控制的书面声明,注册会计师应当将其视为审核范围受到限制,并考虑管理当局其他声明的可靠性。

在制订审计计划时,注册会计师应当考虑以下主要因素。

(1)被审计单位所在行业的情况,包括行业景气程度、经营风险、技术进步等。

(2)被审计单位的内部情况,包括组织结构、经营特征、资本构成、生产和业务流程、员工素质等。

(3)被审计单位近期在经营和内部控制方面的变化。

(4)管理当局的诚信、能力及发生舞弊的可能性。

(5)管理当局评价内部控制有效性的方法和证据。

(6)对重要性水平、固有风险及其他与确定内部控制重大缺陷有关的因素的初步判断。

(7)特定内部控制的性质及其在内部控制整体中的重要性。

(8)对内部控制有效性的初步判断。

(9)从其他专业服务中了解到的有关被审核单位内部控制的情况。

如果被审计单位有多个经营场所,注册会计师应当选择某些经营场所的内部控制进行了解和测试。在选择了解和测试的经营场所时,注册会计师除考虑上述有关因素外,还应当考虑以下因素。

(1)不同场所之间经营活动和内部控制的相似性。

(2)会计处理的集中程度。

(3)控制环境的有效性,尤其是管理当局对各经营场所行使授权的控制和有效监督经营活动的能力。

(4)各经营场所发生交易的性质和金额。

(三)实施审计程序

注册会计师应当根据审核计划,实施以下审计程序。

1. 了解内部控制的设计

注册会计师应当实施以下程序,以了解内部控制的设计:询问被审计单位的有关人员,检查内部控制生成的文件和记录,观察被审计单位的经营管理活动。

2. 评价内部控制设计的合理性

注册会计师应当在了解内部控制各要素的基础上,根据内部控制能否防止和发现会计报表有关认定的重大错报，评价内部控制设计的合理性。

在评价内部控制设计的合理性时，注册会计师应当关注内部控制整体能否实现控制目标，而不应孤立地关注特定内部控制。

在确定评价特定内部控制设计合理性的程序时，注册会计师应当考虑以下因素：特定内部控制的性质、特定内部控制的描述方式、经营活动及其管理系统的复杂性。

3. 测试和评价内部控制执行的有效性

注册会计师应当对相关内部控制进行测试，获取充分、适当的证据，以评价内部控制执行的有效性。

在测试内部控制执行的有效性时，注册会计师应当关注该项内部控制是否得到执行、如何执行、由谁执行以及是否得到一贯执行。

(1)在测试内部控制执行的有效性时，注册会计师通常实施以下程序：①询问被审核单位的有关人员；②检查内部控制生成的文件和记录；③观察被审核单位的经营管理活动；④重新执行有关内部控制。

(2)在评价获取的证据是否充分、适当时，注册会计师应当运用专业判断，并考虑以下因素：①特定内部控制的性质；②特定内部控制在实现控制目标中的重要性；③被审计单位对特定内部控制执行有效性进行测试的性质和范围；④特定内部控制未得到遵循的风险。

在评价内部控制执行的有效性时，注册会计师可考虑利用管理当局对内部控制执行有效性的测试结果，但应获取充分、适当的证据进行印证。

(3)在评价特定内部控制未得到遵循的风险时，注册会计师应当考虑以下因素：①交易的数量和性质是否发生变化，以致对特定内部控制的设计和执行产生不利影响；②内部控制是否发生变化；③特定内部控制对其他内部控制有效性的依赖程度；④执行或监控内部控制的关键人员是否发生变动；⑤特定内部控制的执行是依赖人工还是电子设备；⑥特定内部控制的复杂程度；⑦特定控制目标的实现是否依赖于多项内部控制。

小提示

某些内部控制是连续执行的，而某些内部控制只在特定时间执行，注册会计师应当根据内部控制的性质及其执行的时间和频率，合理确定控制测试的性质、时间和范围。当管理当局在作出内部控制有效性认定之前已对内部控制作了改进时，如果注册会计师确定新的内部控制能够实现相关目标，并且已有效执行了适当的时间，可不考虑改进前内部控制设计的合理性和执行的有效性。

(4)对已发现的内部控制重大缺陷，注册会计师应当及时以书面形式与被审核单位进行沟通。在判断某项内部控制缺陷单独或连同其他内部控制缺陷是否为重大缺陷时，注册会计师应当考虑潜在的错误或舞弊可能导致错报的金额和性质。

三、内部控制审计报告

注册会计师在完成内部控制审计工作后，应当出具内部控制审计报告。注册会计师

需要在审计报告中清楚地表达对内部控制有效性的意见，并对出具的审计报告负责。

（一）内部控制审计报告要素

注册会计师在完成内部控制审计工作后，应当出具内部控制审计报告。标准内部控制审计报告应当包括下列要素。

（1）标题。内部控制审计报告的标题统一规范为“内部控制审计报告”。

（2）收件人。内部控制审计报告的收件人，是指注册会计师按照业务约定书的要求送至内部控制审计报告的对象，一般是指审计业务的委托人。内部控制审计报告需要载明收件人的全称。

（3）引言段。内部控制审计报告的引言段说明企业的名称和内部控制已经过审计。

（4）企业对内部控制的责任段。企业对内部控制的责任段说明，按照《企业内部控制基本规范》《企业内部控制应用指引》《企业内部控制评价指引》的规定，建立健全和有效实施内部控制，并评价其有效性是企业董事会的责任。

（5）注册会计师的责任段。注册会计师的责任段说明，在实施审计工作的基础上，对财务报告内部控制的有效性发表审计意见，并对注意到的非财务报告内部控制的重大缺陷进行披露是注册会计师的责任。

（6）内部控制固有局限性的说明段。内部控制无论如何有效，都只能为企业实现控制目标提供合理保证。内部控制实现目标的可能性受其固有限制的影响，这包括以下内容：①在决策时人为判断可能出现错误和人为失误而导致内部控制失效；②控制的运行也可能无效；③控制可能由于两个或更多的人员进行串通舞弊或管理层不当地凌驾于内部控制之上而被规避；④在设计和执行控制时，如果存在选择执行的控制以及选择承担的风险，管理层在确定控制的性质和范围时需要作出主观判断。

因此，注册会计师需要在内部控制固有局限性的说明段说明内部控制具有固有局限性，存在不能防止和不能发现错报的可能性。此外，由于情况的变化可能导致内部控制变得不恰当，或对控制政策和程序遵循的程度降低，根据内部控制审计结果推测未来内部控制的有效性具有一定风险。

（7）财务报告内部控制审计意见段。审计意见段应当说明：企业是否按照《企业内部控制基本规范》和相关规定在所有重大方面保持了有效的财务报告内部控制。

（8）非财务报告内部控制重大缺陷描述段。

（9）注册会计师的签名和盖章。

（10）会计师事务所的名称、地址及盖章。

（11）报告日期。审计报告的日期不应早于注册会计师获取充分、适当的审计证据（包括董事会认可对内部控制及评价报告的责任且已批准评价报告的证据），并在此基础上对内部控制的有效性形成审计意见的日期。如果内部控制审计和财务报表审计进行整合，注册会计师对内部控制审计报告和财务报表审计报告需要签署相同的日期。

（二）内部控制审计报告类型

企业内部控制审计报告类型包括：无保留意见、带有强调事项段的无保留意见、否定意见和无法表示意见四种类型的内部控制审计报告。

1. 无保留意见内部控制审计报告

如果符合下列所有条件的，注册会计师应当对财务报告内部控制审计出具无保留意见的内部控制审计报告（也称“标准无保留意见内部控制审计报告”），如参考格式 7 - 1 所示。

（1）在基准日，被审计单位按照适用的内部控制标准的要求（《企业内部控制基本规范》《企业内部控制应用指引》《企业内部控制评价指引》以及企业自身内部控制制度的要求），在所有重大方面保持了有效的内部控制；

（2）注册会计师已经按照《企业内部控制审计指引》的要求计划和实施审计工作，在审计过程中未受到限制。

参考格式 7 - 1　标准无保留意见内部控制审计报告

内部控制审计报告

××股份有限公司全体股东：

按照《企业内部控制审计指引》及中国注册会计师执业准则的相关要求，我们审计了××股份有限公司（以下简称××公司）××年×月×日的财务报告内部控制的有效性。

一、企业对内部控制的责任

按照《企业内部控制基本规范》《企业内部控制应用指引》《企业内部控制评价指引》的规定，建立健全和有效实施内部控制，并评价其有效性是××公司董事会的责任。

二、注册会计师的责任

我们的责任是在实施审计工作的基础上，对财务报告内部控制的有效性发表审计意见，并对注意到的非财务报告内部控制的重大缺陷进行披露。

三、内部控制的固有局限性

内部控制具有固有局限性，存在不能防止和发现错报的可能性。此外，由于情况的变化可能导致内部控制变得不恰当，或对控制政策和程序遵循的程度降低，根据内部控制审计结果推测未来内部控制的有效性具有一定风险。

四、财务报告内部控制审计意见

我们认为，××公司于××年×月×日按照《企业内部控制基本规范》和相关规定在所有重大方面保持了有效的财务报告内部控制。

××会计师事务所（盖章）　中国注册会计师：×××（签名并盖章）

中国注册会计师：×××（签名并盖章）

中国××市　　××年×月×日

2. 带有强调事项段的无保留意见的内部控制审计报告

注册会计师认为财务报告内部控制虽然不存在重大缺陷，但仍有一项或多项重大事项需要提醒内部控制审计报告使用者注意的，应当在内部控制审计报告中增加强调事项段予以说明，如参考格式 7 - 2 所示。

参考格式 7-2　带有强调事项段的无保留意见内部控制审计报告

内部控制审计报告

××股份有限公司全体股东：

按照《企业内部控制审计指引》及中国注册会计师执业准则的相关要求，我们审计了××股份有限公司（以下简称××公司）××年×月×日的财务报告内部控制的有效性。

（“一、企业对内部控制的责任”至“四、财务报告内部控制审计意见”参见标准无保留意见内部控制审计报告相关段落表达）

五、强调事项

我们提醒内部控制审计报告使用者关注（描述强调事项的性质及事项对内部控制的重大影响），本段内容不影响已对财务报告内部控制发表的审计意见。

××会计师事务所（盖章）　中国注册会计师：×××（签名并盖章）

中国注册会计师：×××（签名并盖章）

中国××市　　　　　　　　　　××年×月×日

3. 否定意见内部控制审计报告

如果注册会计师认为财务报告内部控制存在一项或多项重大缺陷，除非审计范围受到限制，否则应当对财务报告内部控制发表否定意见。若注册会计师出具否定意见的内部控制审计报告，还应当包括下列内容：重大缺陷的定义、重大缺陷的性质及其对财务报告内部控制的影响程度，如参考格式 7-3 所示。

参考格式 7-3　否定意见内部控制审计报告

内部控制审计报告

××股份有限公司全体股东：

按照《企业内部控制审计指引》及中国注册会计师执业准则的相关要求，我们审计了××股份有限公司（以下简称××公司）××年×月×日的财务报告内部控制的有效性。

（“一、企业对内部控制的责任”至“三、内部控制的固有局限性”参见标准内部控制审计报告相关段落表述。）

四、导致否定意见的事项

重大缺陷是内部控制中存在的、可能导致不能及时防止或发现并纠正财务报表出现重大错报的一项控制缺陷或多项控制缺陷的组合。

（指出注册会计师已识别出的重大缺陷，并说明重大缺陷的性质及其对财务报告内部控制的影响程度）

有效的内部控制能够为财务报告及相关信息的真实完整提供合理保证，而上述重大缺陷使××公司内部控制失去这一功能。

××公司管理层已识别出上述重大缺陷，并将其包含在企业内部控制评价报告中。上述缺陷在所有重大方面得到公允反映。

在××公司××年财务报表审计中，我们已经考虑了上述重大缺陷对审计程序的性质、时间安排和范围的影响，本报告并未对我们在××年×月×日对××公司××年财务报表出具的审计报告产生影响。

五、财务报告内部控制审计意见

我们认为，由于存在上述重大缺陷及其对实现控制目标的影响，××公司××年×月×日未能按照《企业内部控制基本规范》和相关规定在所有重大方面保持有效的财务报告内部控制。

××会计师事务所（盖章）　中国注册会计师：×××（签名并盖章）

中国注册会计师：×××（签名并盖章）

中国××市　　　　　　　　　　××年×月×日

4. 无法表示意见内部控制审计报告

注册会计师只有实施了必要的审计程序，才能对内部控制的有效性发表意见。注册会计师审计范围受到限制的，需要解除业务约定或出具无法表示意见内部控制审计报告，并就审计范围受到限制的情况，以书面形式与董事会进行沟通。

注册会计师出具无法表示意见内部控制审计报告时，须在报告中指明审计范围受到限制，无法对内部控制有效性发表意见，并单设段落说明无法表示意见的实质性理由。注册会计师不应在报告中指明所执行的程序，也不应描述内部控制审计的特征，以避免对无法表示意见的误解。注册会计师在已执行的有限程序中发现财务报告内部控制存在重大缺陷的，须在报告中对重大缺陷作出详细说明。

参考格式7-4　无法表示意见内部控制审计报告

内部控制审计报告

××股份有限公司全体股东：

按照《企业内部控制审计指引》及中国注册会计师执业准则的相关要求，我们审计了××股份有限公司（以下简称××公司）××年×月×日的财务报告内部控制的有效性。

（删除注册会计师的责任段，“一、企业对内部控制的责任”“二、内部控制的固有局限性”参见标准内部控制审计报告相关段落表述）

三、导致无法表示意见的事项

（描述审计范围受到限制的具体情况）

四、财务报告内部控制审计意见

由于审计范围受到上述限制，我们未能实施必要的审计程序以获取发表意见所需的充分、适当证据，因此，我们无法对××公司财务报告内部控制的有效性发表意见。

五、识别的财务报告内部控制重大缺陷

（如在审计范围受到限制前，执行有限程序未能识别出重大缺陷，则应删除本段）

重大缺陷是内部控制中存在的、可能导致不能及时防止或发现并纠正财务报表出现重大错报的一项控制缺陷或多项控制缺陷的组合。

尽管我们无法对××公司财务报告内部控制的有效性发表意见，但在我们实施的有限程序的过程中，发现了以下重大缺陷：（指出注册会计师已识别出的重大缺陷，并说明重大缺陷的性质及其对财

务报告内部控制的影响程度）。

有效的内部控制能够为财务报告及相关信息的真实完整提供合理保证，而上述重大缺陷使××公司内部控制失去这一功能。

××会计师事务所（盖章） 中国注册会计师：×××（签名并盖章）

中国注册会计师：×××（签名并盖章）

中国××市 ××年×月×日

本章小结

内部控制是企业管理的一个重要环节，加强内部控制有利于企业优化管理，从而促进经济效益与工作效率的提高，避免资源的重复浪费，使企业在有限的资源中创造出更大的价值。随着社会主义市场经济的发展，企业内部控制建设问题越来越得到重视和关注。从 20 世纪 90 年代起，我国政府就陆续颁布和修订了一系列法律法规，要求企业建立相应的内部管理和内部控制制度，这些法律法规的出台推动了内部控制在我国的发展。

《中国注册会计师审计准则第 1211 号——通过了解被审计单位及其环境并评估重大错报风险》规定，内部控制是指被审计单位为了合理保证财务报告的可靠性、经营的效率和效果以及对法律法规的遵守，由治理层、管理层和其他人员设计和执行的政策和程序。体现了全员、全面、全过程的全面控制的理念。我国《企业内部控制基本规范》规定，内部控制的目标是合理保证企业经营管理合法合规、资产安全、财务报告及相关信息真实完整、提高经营效率和效果、促进企业实现发展战略；内部控制要素是指内部控制整体的必要内容构成部分，是对内部控制系统科学合理的简明划分。合理确定内部控制要素有利于具体实施内部控制制度。内部控制要素的划分与设置在内部控制发展的不同时期有着较大的区别，分别经历了“二要素论”“三要素论”“五要素论”与“八要素论”的发展变化。

我国《企业内部控制基本规范》在形式上借鉴了 COSO 报告的相对成熟、稳定的内部控制整体框架中的五要素框架，在内容上体现了风险管理整合框架的八要素实质。内部控制的内容包括以下五要素：内部环境、风险评估、控制活动、信息与沟通、内部监督。

内部控制了解调查描述记录的方法一般有 3 种，即调查表（问卷）法、文字说明法、流程图法。

内部控制的评价是指企业董事会或类似权力机构对内部控制的有效性进行全面评价，形成评价结论，出具评价报告的过程。企业实施内部控制评价应当遵循下列原则：风险导向原则、全面性原则、重要性原则、客观性原则、独立性原则、成本效益原则。其内部控制评价的内容就是内部控制的五要素。

内部控制评价程序直接决定着内部控制评价组织实施工作的效率与质量，只有按照规范合理的程序，科学组织实施内部控制评价，其评价结果才具备可靠性和实用性。合理的内部控制评价至少包括以下8个程序:制定评价工作方案、明确内部控制评价的范围、评价现有制度和流程风险、评价内部控制设计的有效性、评价内部控制执行的有效性、与管理层或相关当事人沟通评价结果、跟踪内部控制缺陷的整改结果、出具内部控制评价报告。

内部控制审计是指会计师事务所接受业务委托,对上市公司特定基准日内部控制设计与运行有效性进行审计,并应该在内部控制审计工作中获取充分、适当的证据,为发表内部控制审计意见提供合理保证。通过实施审计程序:接受委托、编制审计计划与实施审计程序,收集审计证据,在充分适当审计证据的基础上形成内部控制审计报告,其构成要素包括:标题、收件人、引言段、企业对内部控制的责任段、注册会计师的责任段、内部控制固有局限性的说明段、财务报告内部控制审计意见段、非财务报告内部控制重大缺陷描述段、注册会计师的签名和盖章以及会计师事务所的名称、地址、盖章和报告日期。

企业内部控制审计报告类型包括:无保留意见、带有强调事项段的无保留意见、否定意见和无法表示意见4种类型的内部控制审计报告。

【复习思考题】

1. 什么是内部控制? 其目标是什么? 相互之间有何关系?
2. 内部控制的构成要素包括哪些? 相互之间有何关系?
3. 内部环境包括哪些内容? 内部环境在内部控制中的地位如何?
4. 什么是不相容职务? 请举例说明。
5. 什么是内部控制评价? 其内容包括哪些?
6. 什么是内部控制审计? 其审计程序是什么?
7. 内部控制审计报告的构成要素包括哪些?
8. 内部控制审计报告的意见类型有几种?

【案例分析题】

一、Q公司信息部门负责信息收集、传递及信息化建设,该信息部门制定有关信息资源管理制度,明确了各部门信息收集和传递的职责及权限,确定商业秘密范围,以加强信息管理。主要包括以下方面:财务报告、经营分析、业务表现等信息的沟通,行政管理和人力资源政策等信息的沟通,保密信息与沟通,包括确定保密信息的等级,审计信息沟通,雇员提供的信息,报告信息,专业信息以及从客户、供应商、经营伙伴、投资者处获得的信息,管理层与董事会以及职能部门间的沟通,与客户、供应商、律师、股东、监管者、外部审计师的沟通,明确审计、内部控制、财务等部门在反舞弊机制建设中的作用。

要求:

1. 内部控制的要素包括哪些? 请列举并加以解释。
2. 该案例中体现了内部控制的哪个要素? 该要素在5个内部控制要素中地位和作用是什么?

二、长城会计师事务所的A注册会计师和B注册会计师接受委派,对W集团股份有

限公司(以下简称“W 公司”)2020 年 12 月 31 日与会计报表相关的内部控制有效性的认定进行审核。W 公司采用手工记账。A 注册会计师和 B 注册会计师于 2019 年 11 月 12 日至 18 日对 W 公司的内部控制制度进行了解和测试,并在相关审计工作底稿中记录了了解、评价和测试的事项,摘录如下:

(1)W 公司产成品发出时,由销售部填制一式四联的出库单。仓库发出产成品后,将第一联出库单留存登记产品卡片,第二联交销售部留存,第三、四联交会计部会计乙登记产成品总账和明细账。

(2)会计人员戊负责开具销售发票。在开具销售发票之前,先核对装运凭证和相应的经批准的销售单,并根据已授权批准的商品价目表填写销售发票价格,根据装运凭证上的数量填写销售发票的数量。

(3)W 公司的材料采购需要经授权批准后方可进行。采购部根据经批准的请购单发出订购单。货物运达后,验收部根据订购单的要求验收货物并编制一式多联的未连续编号的验收单。仓库根据验收单验收货物,在验收单上签字后,将货物移入仓库加以保管。验收单上有数量、单价等要素。验收单一联交采购部登记采购明细账和编制付款凭单,付款凭单经批准后,一联交会计部;一联交会计部登记材料明细账;一联由仓库保留并登记材料明细账。会计部只根据附验收单的付款凭单登记有关账簿。

(4)会计部审核付款凭单后,支付采购款项。W 公司授权会计部的经理签署支票,经理将其授权给会计人员王明负责,但保留了支票印章。王明根据已适当批准的凭单,在确定支票收款人名称与凭单内容一致后签署支票,并在凭单上加盖“已支付”的印章。

(5)W 公司设立了内部审计部,直接对董事长负责。每年对子公司和各业务部进行审计,并出具内部审计报告。

(6)W 公司设立现金出纳员和银行出纳员。银行出纳员负责到银行取送业务等票据,并登记银行存款日记账。月底银行出纳员取得银行对账单并编制银行存款余额调节表。

(7)W 公司员工根据公司的批准手续报销,会计部门对报销单据加以审核,现金出纳员见到加盖核准印章的支出凭据后付款。

要求:

根据上述情况,假定未描述的其他内部控制不存在缺陷,请指出 W 公司内部控制在设计和运行方面的缺陷,并提出改进建议。

第八章　重大错报风险评估及其应对

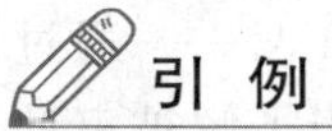

本章提示

学习目标　通过本章学习，学生在知识方面应能理解与掌握风险评估及其应对的含义，被审计单位及其环境，重大错报风险的识别与评估；在技能方面要掌握针对财务报表层次重大错报风险的总体应对措施与认定层次重大错报风险的进一步审计程序，控制测试与实质性程序。

重要概念　风险评估；重大错报风险；识别；评估；应对；控制测试；实质性程序

引　例

一、金亚科技财务造假案例

成都金亚科技股份有限公司(300028)(以下简称"金亚科技")，前身为成都金亚高科技有限公司，成立于1999年11月18日，于2007年完成股份制改革，2009年10月30日在深圳证券交易所挂牌交易。2015年2月13日，金亚科技大手笔地收购刚成立不久的成都天象互动科技有限公司(以下简称"天象互动")100%的股权，证监会怀疑其涉嫌重大利益输送并展开调查，由此查出金亚科技财务造假问题。2015年6月5日，金亚科技披露因涉嫌违法违规，证监会决定对公司及其实际控制人周旭辉立案调查。2016年8月31日，公司发布公告承认以前年度存在重大会计差错，并披露2014年年报中虚增货币资金2.2亿，营业收入归属于当期的净利润调整前为55822.95万元，调整后为53097.44万元，当期虚增营业收入2725.51万元，净利润由2577.28万元调减为646.16万元，2013年年报中虚增营业收入4362.63万元。多项财务数据的确认不符合《企业会计准则》，导致出现重大会计差错。

立信会计师事务所出具的审计结论："公司财务报表在所有重大方面按照企业会计准则的规定编制，公允反映了金亚科技2014年12月31日的合并及公司财务状况以及2014年度的合并及公司经营成果和现金流量。"

证监会决定，没收立信会计师事务所业务收入90万元，并处以270万元的罚款；同时，对邹军梅、程进给予警告，并分别处以10万元的罚款。

处罚书显示，上述当事人存在以下违法事实：金亚科技2014年度财务报表错报情况，金亚科技披露的2014年合并财务报表虚增银行存款2.18亿元，虚增营业收入7363.51万元，虚增营业成本1925.33万元，虚增预付工程款3.1亿元。而立信会计师事

务所在对金亚科技2014年度财务报表审计时,未勤勉尽责,出具了存在虚假记载的审计报告。

二、案例思考与讨论

如何提升审计风险的应对水平,防治审计失败?

环境的变化,尤其是20世纪60年代针对注册会计师职业界的“诉讼爆炸”的发生,引发并推动了审计技术的革命,审计模式已从最初的账项导向审计发展到现在的风险导向审计。风险导向审计的基本理念,就是审计的实施要以评估风险为切入点,将对审计风险的识别评估和应对贯穿于整个审计过程,将审计风险降低至可接受的水平,为经审计的财务报表不存在重大错报提供合理保证,可见,风险评估是现代审计的一项重要程序。

《中国注册会计师审计准则第1101号——注册会计师的总体目标和审计工作的基本要求》要求注册会计师在审计过程中贯彻风险导向审计的理念,围绕重大错报风险的识别、评估和应对,计划和实施审计工作。其中,如何识别和评估重大错报风险,构成了注册会计师应对重大错报风险的前提。《中国注册会计师审计准则第1211号——通过了解被审计单位及其环境识别和评估重大错报风险》指出,注册会计师应当了解被审计单位及其环境,以足够识别和评估财务报表重大错报风险,设计和实施进一步审计程序,该准则为注册会计师如何识别和评估财务报表重大错报风险提供了规范性的指导。《中国注册会计师审计准则第1231号——针对评估的重大错报风险采取的应对措施》指出,注册会计师的目标是,针对评估的重大错报风险,通过设计和实施恰当的应对措施,获取充分、适当的审计证据;注册会计师应当针对评估的财务报表层次重大错报风险,设计和实施总体应对措施。

第一节　重大错报风险评估

小案例

银广夏事件[①]

银广夏公司全称为广夏(银川)实业股份有限公司,证券简称为ST银广夏。1994年6月上市的银广夏公司,曾因其骄人的业绩和诱人的前景而被称为“中国第一蓝筹股”。2001年8月3日,《财经》杂志发表《银广夏陷阱》一文,银广夏虚构财务报表事件被曝光。该文指出,经向天津海关查实数据证实,1999年银广夏的出口总额仅是482万美元,还不到银广夏董事局主席所称数字的1/5;而出口的货物中,更有2/3是牙膏,此外还有少量的亚麻籽油。不仅如此,自天津海关还查得,银广夏从2001年1月至6月,没有一分钱的

① 谢晓燕.审计学[M].北京:高等教育出版社,2017.

出口额。

2001 年 8 月 3 日，银广夏被深圳证券交易所紧急停牌，中国证监会对银广夏正式立案调查。后查明，银广夏通过伪造购销合同、伪造出口报关单、虚开增值税专用发票、伪造免税文件和伪造金融票据等手段，虚构主营业务收入，虚构巨额利润 7.45 亿元。同时，还查明深圳中天勤会计师事务所及其签字注册会计师违反有关法律法规，为银广夏公司出具了严重失实的审计报告，证监会依法将银广夏事件涉嫌证券犯罪人员移送公安机关追究其刑事责任。

专家认为，银广夏出口为"不可能的产量、不可能的价格、不可能的产品"。以银广夏萃取设备的产能，即使通宵达旦地运作，也生产不出其宣称的数量；银广夏萃取产品出，价格高到近乎荒谬；对德出，合同中的某些产品，根本不能用二氧化碳超临界萃取设备提取。

问题讨论：

注册会计师应如何识别和评估审计风险？如果注册会计师缺乏被审计单位有关产品或其他方面的专业知识，应如何处理？

一、风险评估的概述

（一）风险评估的概念

风险评估程序，是指注册会计师为了解被审计单位及其环境（包括内部控制），以识别和评估财务报表层次和认定层次的重大错报风险（无论该错报由于舞弊或错误导致）而实施的审计程序。

风险评估过程是从了解被审计单位及其环境开始的，在此过程中，注册会计师要通过一定的程序，对被审计单位及其环境进行全面细致的了解，目的是识别和评估财务报表层次和认定层次的重大错报风险。了解的内容包括被审计单位所在行业状况、法律环境与监管环境以及其他外部因素，被审计单位的性质，被审计单位对会计政策的选择和运用，被审计单位的目标、战略以及相关经营风险，被审计单位财务业绩的衡量和评价以及被审计单位的内部控制等。

小提示

1. 经营风险，是指可能对被审计单位实现目标和实施战略的能力产生不利影响的重要状况、事项、情况、作为（或不作为）而导致的风险，或由于制定不恰当的目标和战略而导致的风险。

2. 特别风险，是指注册会计师识别和评估的、根据判断认为需要特别考虑的重大错报风险。

（二）风险评估程序和相关活动

为了解被审计单位及其环境而实施的程序称为"风险评估程序"。注册会计师应当依据实施风险评估程序所获取的信息，评估重大错报风险，以了解被审计单位及其环境。

小提示

注册会计师应当实施风险评估程序,为识别和评估财务报表层次和认定层次的重大错报风险提供基础。但是,风险评估程序本身并不能为形成审计意见提供充分、适当的审计证据。

1. 风险评估程序

风险评估程序应当包括以下方面。

(1)询问管理层、适当的内部审计人员(如有),以及注册会计师判断认为可能掌握有助于注册会计师识别由于舞弊或错误导致的重大错报风险的信息的被审计单位内部其他人员。

(2)分析程序。

(3)观察和检查。

小提示

需要询问的被审计单位内部其他人员,是注册会计师根据判断认为可能拥有某些信息的人员,这些信息有助于识别由于舞弊或错误导致的重大错报风险。

2. 相关活动

(1)注册会计师应当考虑在客户接受或保持过程中获取的信息是否与识别重大错报风险相关。

(2)如果项目合伙人已为被审计单位执行了其他业务,项目合伙人应当考虑所获取的信息是否与识别重大错报风险相关。

(3)如果拟利用以往与被审计单位交往的经验和以前审计中实施审计程序获取的信息,注册会计师应当确定被审计单位及其环境自以前审计后是否已发生变化,进而可能影响这些信息对本期审计的相关性。

(4)项目合伙人和项目组其他关键成员应当讨论被审计单位财务报表存在重大错报的可能性,以及如何根据被审计单位的具体情况运用适用的财务报告编制基础。项目合伙人应当确定向未参与讨论的项目组成员通报哪些事项。

二、了解被审计单位及其环境

注册会计师在了解被审计单位及其环境时,先要明确应从哪些方面进行了解。《中国注册会计师审计准则第1211号——通过了解被审计单位及其环境识别和评估重大错报风险》所称了解被审计单位基本情况及其环境,是指行业状况、法律环境与监管环境以及其他外部因素;被审计单位的性质;被审计单位对会计政策的选择和运用;被审计单位的经营目标、战略及相关经营风险;被审计单位财务业绩的衡量和评价;被审计单位的内部控制。

(一)行业状况、法律环境与监管环境以及其他外部因素

被审计单位所处的行业状况、法律环境与监管环境以及其他外部因素可能会对被审

计单位的经营活动乃至财务报表产生影响，注册会计师应当对这些外部因素进行了解。具体包括下列方面。

1. 行业状况

了解行业状况有助于注册会计师识别与被审计单位所处行业有关的重大错报风险。《中国注册会计师审计准则第 1211 号——通过了解被审计单位及其环境识别和评估重大错报风险》规定，注册会计师应当了解被审计单位的行业状况，主要包括：所处行业的市场供求与竞争，生产经营的季节性和周期性，产品生产技术的变化，能源供应与成本，行业的关键指标和统计数据。

小提示

具体而言，注册会计师可能需要了解以下情况。

(1)被审计单位所处行业的总体发展趋势是什么？

(2)被审计单位处于哪一发展阶段，如起步、快速成长、成熟/产生现金流入或衰退阶段？

(3)被审计单位所处市场的需求、市场容量和价格竞争如何？

(4)被审计单位是否受经济周期波动的影响，采取了什么行动使波动产生的影响最小化？

(5)被审计单位受技术发展影响的程度如何？

(6)被审计单位是否开发了新的技术？

(7)能源消耗在被审计单位成本中所占比重，能源价格的变化对成本的影响？

(8)谁是被审计单位最重要的竞争者，他们各自所占的市场份额是多少？

(9)被审计单位与其竞争者相比主要的竞争优势是什么？

(10)被审计单位业务的增长率和财务业绩与行业的平均水平及主要竞争者相比如何，存在重大差异的原因是什么？

(11)竞争者是否采取了某些行动，如购并活动、降低销售价格、开发新技术等，从而对被审计单位的经营活动产生影响？

2. 法律环境及监管环境

了解法律环境及监管环境的主要原因在于以下方面。

(1)某些法律法规或监管要求可能对审计单位经营活动有重大影响，如不遵守将导致停业等严重后果。

(2)某些法律法规或监管要求(如环保法规等)规定了被审计单位某些方面的责任和义务。

(3)某些法律法规或监管要求决定了被审计单位需要遵循的行业惯例和核算要求。

《中国注册会计师审计准则第 1211 号——通过了解被审计单位及其环境识别和评估重大错报风险》规定，注册会计师应当了解被审计单位所处的法律环境及监管环境，主要包括以下方面：适用的会计准则、会计制度和行业特定惯例；对经营活动产生重大影响的法律法规及监管活动；对开展业务产生重大影响的政府政策，包括货币、财政、税收和贸易等政策；与被审计单位所处行业和所从事经营活动相关的环保要求。

具体而言，注册会计师可能需要了解以下情况。

(1)国家对某一行业的企业是否有特殊的监管要求（如对银行、保险等行业的特殊监管要求）。

(2)是否存在新出台的法律法规（如新出台的有关产品责任、劳动安全或环境保护的法律法规等），对被审计单位有何影响。

(3)国家货币、财政、税收和贸易等方面政策的变化是否会对被审计单位的经营活动产生影响。

(4)与被审计单位相关的税务法规是否发生变化。

3. 其他外部因素

除了被审计单位的行业状况、法律环境和监管环境外，其他外部因素也可能对被审计单位的财务报告产生影响，因此，注册会计师还应当了解影响被审计单位经营活动的其他外部因素，这些因素主要包括：宏观经济的景气度，利率和资金供求状况，通货膨胀水平及币值变动，国际经济环境和政局变动。

具体而言，注册会计师可能需要了解以下情况。

(1)当前的宏观经济状况以及未来的发展趋势如何？

(2)目前国内或本地区的经济状况（如增长率、通货膨胀、失业率、利率等）怎样影响被审计单位的经营活动？

(3)被审计单位的经营活动是否受到汇率波动或全球市场力量的影响。

(二)了解被审计单位的性质

了解被审计单位的性质有助于注册会计师理解预期在财务报表中反映的各类交易、账户余额和列报。注册会计师应当主要从下列方面了解被审计单位的性质：所有权结构、治理结构、组织结构、经营活动、投资活动、筹资活动。

1. 所有权结构

对被审计单位所有权结构的了解有助于注册会计师识别关联方关系并了解被审计单位的决策过程。

《中国注册会计师审计准则第 1211 号——通过了解被审计单位及其环境识别和评估重大错报风险》规定，注册会计师应当了解所有权结构以及所有者与其他人员或单位之间的关系，考虑关联方关系是否已经得到识别，以及关联方交易是否得到恰当核算。例如，注册会计师应当了解被审计单位是属于国有企业、外商投资企业、民营企业，还是属于其他类型的企业，还应当了解其直接控股母公司、间接控股母公司、最终控股母公司和其他股东的构成，以及所有者与其他人员或单位（如控股母公司控制的其他企业）之间的关系。注册会计师应当按照《中国注册会计师审计准则第 1323 号——关联方》的规定，了解被审计单位识别关联方的程序，获取被审计单位提供的所有关联方信息，并考虑关联方关系是否已经得到识别，关联方交易是否得到恰当记录和充分披露。

同时，注册会计师可能需要对其控股母公司（股东）的情况作进一步的了解，包括控股母公司的所有权性质、管理风格及其对被审计单位经营活动及财务报表可能产生的影响；控股母公司与被审计单位在资产、业务、人员、机构、财务等方面是否分开，是否存在占用资金等情况;控股母公司是否施加压力,要求被审计单位达到其设定的财务业绩目标。

2. 治理结构

良好的治理结构可以对被审计单位的经营和财务运作实施有效的监督,从而降低财务报表发生重大错报的风险。

注册会计师应当了解被审计单位的治理结构。例如,董事会的构成情况、董事会内部是否有独立董事;治理结构中是否设有审计委员会或监事会及其运作情况。注册会计师还应当考虑治理层是否能够在独立于管理层的情况下对被审计单位事务(包括财务报告)作出客观判断。

3. 组织结构

复杂的组织结构可能导致某些特定的重大错报风险。注册会计师应当了解被审计单位的组织结构,考虑复杂组织结构可能导致的重大错报风险,包括财务报表合并、商誉摊销和减值、长期股权投资核算以及特殊目的实体核算等问题。例如,对于在多个地区拥有子公司、合营企业、联营企业或其他成员机构,或者存在多个业务分部和地区分部的被审计单位,不仅编制合并财务报表的难度增加,还存在其他可能导致重大错报风险的复杂事项,包括对于子公司、合营企业、联营企业和其他股权投资类别的判断及其会计处理,商誉在不同业务分部间的摊销及减值,对特殊目的实体是否进行了适当的会计处理等。

4. 经营活动

了解被审计单位经营活动有助于注册会计师识别预期在财务报表中反映的主要交易类别、重要账户余额和列报。

注册会计师应当从以下几方面来了解被审计单位的经营活动。

(1)主营业务的性质。例如,主营业务是制造业还是商品批发与零售,是银行、保险还是其他金融服务,是公用事业、交通运输还是提供技术产品和服务等。

(2)与生产产品或提供劳务相关的市场信息。例如,主要客户和合同、付款条件、利润率、市场份额、竞争者、出口、定价政策、产品声誉、质量保证、营销策略和目标等。

(3)业务的开展情况。例如,业务分部的设立情况、产品和服务的交付、衰退或扩展的经营活动的详情等。

(4)联盟、合营与外包情况。

(5)从事电子商务的情况。例如,是否通过互联网销售产品和提供服务以及从事营销活动。

(6)地区与行业分布。例如,是否涉及跨地区经营和多种经营,各个地区和各行业分布的相对规模以及相互之间是否存在依赖关系。

(7)生产设施、仓库的地理位置及办公地点。

(8)关键客户。例如,销售对象是少量的大客户还是众多的小客户;是否有被审计单位高度依赖的特定客户(如超过销售总额10%的顾客);是否有造成高回收性风险的若干客户或客户类别(如正处在一个衰退市场中的客户);是否与某些客户订立了不寻常的销售条款或条件。

(9)重要供应商。例如，是否签订长期供应合同，原材料供应的可靠性和稳定性，付款条件，以及原材料是否受重大价格变动的影响。

(10)劳动用工情况。例如，分地区用工情况、劳动力供应情况、工资水平、退休金和其他福利、股权激励或其他奖金安排以及与劳动用工事项相关的政府法规。

(11)研究与开发活动及其支出。

(12)关联方交易。例如，有些客户或供应商是否为关联方；对关联方和非关联方是否采用不同的销售和采购条款。此外，还存在哪些关联方交易，对这些交易采用怎样的定价政策。

5. 投资活动

了解被审计单位投资活动有助于注册会计师关注被审计单位在经营策略和方向上的重大变化。注册会计师应当了解的被审计单位的投资活动主要包括以下方面。

(1)近期拟实施或已实施的并购活动与资产处置情况，包括业务重组或某些业务的终止。注册会计师应当了解并购活动如何与被审计单位目前的经营业务相协调，并考虑他们是否会引发进一步的经营风险。例如，被审计单位并购了一个新的业务部门，注册会计师需要了解管理层如何管理这一新业务，而新业务又如何与现有业务相结合，发挥协同优势，如何解决原有经营业务与新业务在信息系统、企业文化等各方面的不一致。

(2)证券投资、委托贷款的发生与处置。

(3)资本性投资活动，包括固定资产和无形资产投资，近期或计划发生的变动，以及重大的资本承诺等。

(4)不纳入合并范围的投资。例如，联营、合营或其他投资，包括近期计划的投资项目。

6. 筹资活动

了解被审计单位筹资活动有助于注册会计师评估被审计单位在融资方面的压力，并进一步考虑被审计单位在可预见未来的持续经营能力。注册会计师应当了解被审计单位的筹资活动主要包括以下方面。

(1)债务结构和相关条款，包括担保情况及表外融资。例如，获得的信贷额度是否可以满足营运需要；得到的融资条件及利率是否与竞争对手相似，如不相似，原因何在；是否存在违反借款合同中限制性条款的情况；是否承受重大的汇率与利率风险。

(2)固定资产的租赁，包括通过融资租赁方式进行的筹资活动。

(3)关联方融资。例如，关联方融资的特殊条款。

(4)实际受益股东。例如，实际受益股东是国内的，还是国外的，其商业声誉和经验可能对被审计单位产生的影响。

(5)衍生金融工具的运用。例如，衍生金融工具是用于交易目的还是套期目的，以及运用的种类、范围和交易对手等。

(三)了解被审计单位对会计政策的选择和运用

注册会计师应当了解被审计单位对会计政策的选择和运用，是否符合适用的会计准则和相关会计制度，是否符合被审计单位的具体情况。在了解被审计单位对会计政策的选择和运用是否适当时，注册会计师应当关注下列事项。

1. 重要项目的会计政策和行业惯例

重要项目的会计政策包括：收入确认、存货的计价方法、投资的核算、固定资产的折旧方法、坏账准备、存货跌价准备和其他资产减值准备的确定、借款费用资本化方法、合并财务报表的编制方法等。除会计政策以外，某些行业可能还存在一些行业惯例，注册会计师应当熟悉这些行业惯例。当被审计单位采用与行业惯例不同的会计处理方法时，注册会计师应当了解其原因，并考虑采用与行业惯例不同的会计处理方法是否适当。

2. 重大和异常交易的会计处理方法

例如，本期发生的企业合并的会计处理方法。某些被审计单位可能存在与其所处行业相关的重大交易。例如，银行向客户发放贷款、证券公司对外投资、医药企业的研究与开发活动等，注册会计师应当考虑对重大的和不经常发生的交易的会计处理方法是否适当。

3. 在新领域和缺乏权威性标准或共识的领域，采用重要会计政策产生的影响

在新领域和缺乏权威性标准或共识的领域，注册会计师应当关注被审计单位选用了哪些会计政策，为什么选用这些会计政策以及选用这些会计政策产生的影响。

4. 会计政策的变更

如果被审计单位变更了重要的会计政策，注册会计师应当考虑变更的原因及其适当性，即考虑：①会计政策变更是否是法律、行政法规或者适用的会计准则和相关会计制度要求的变更；②会计政策变更是否能够提供更可靠、更相关的会计信息。除此之外，注册会计师还应当关注会计政策的变更是否得到充分披露。

5. 被审计单位何时采用以及如何采用新颁布的会计准则和相关会计制度

例如，新的企业会计准则自 2007 年 1 月 1 日起在上市公司施行，并鼓励其他企业执行。注册会计师应考虑被审计的上市公司是否已按照新会计准则的要求，做好衔接调整工作，并收集执行新会计准则需要的信息资料。

小提示

除上述与会计政策的选择和运用相关的事项外，注册会计师还应对被审计单位下列与会计政策运用相关的情况予以关注：①是否采用激进的会计政策、方法、估计和判断；②财会人员是否拥有足够的运用会计准则的知识、经验和能力；③是否拥有足够的资源支持会计政策的运用，如人力资源及培训、信息技术的采用、数据和信息的采集等。

此外，注册会计师还应当考虑，被审计单位是否按照适用的会计准则和相关会计制度的规定恰当地进行了列报，并披露了重要事项。

(四)了解被审计单位的经营目标、战略及相关经营风险

注册会计师应了解被审计单位是否存在与下列方面有关的目标和战略，以及可能导致财务报表重大错报的相关经营风险。

(1)行业发展，及其可能导致的被审计单位不具备足以应对行业变化的人力资源和业务专长等风险。

(2)开发新产品或提供新服务，及其可能导致的被审计单位产品责任增加等风险。

(3)业务扩张,及其可能导致的被审计单位对市场需求的估计不准确等风险。

(4)新颁布的会计法规,及其可能导致的被审计单位执行法规不当或不完整,或会计处理成本增加等风险。

(5)监管要求,及其可能导致的被审计单位法律责任增加等风险。

(6)本期及未来的融资条件,及其可能导致的被审计单位由于无法满足融资条件而失去融资机会等风险。

(7)信息技术的运用,及其可能导致的被审计单位信息系统与业务流程难以融合等风险。

多数经营风险最终都会产生财务后果,从而影响财务报表。注册会计师应当根据被审计单位的具体情况考虑经营风险是否可能导致财务报表发生重大错报。

管理层通常制定识别和应对经营风险的策略,注册会计师应当了解被审计单位的风险评估过程。

小提示

经营风险对重大错报风险的影响

经营风险与财务报表重大错报风险是既有联系又相互区别的两个概念。前者比后者范围更广。注册会计师了解被审计单位的经营风险有助于其识别财务报表重大错报风险,但并非所有的经营风险都与财务报表相关,注册会计师没有责任识别或评估对财务报表没有影响的经营风险。

多数经营风险最终都会产生财务后果,从而影响财务报表,但并非所有经营风险都会导致重大错报风险。经营风险可能对各类交易、账户余额以及列报认定层次或财务报表层次产生直接影响。例如,企业合并导致银行客户群减少,使银行信贷风险集中,由此产生的经营风险可能增加与贷款计价认定有关的重大错报风险。同样的风险,尤其是在经济紧缩时,可能具有更为长期的后果,注册会计师在评估持续经营假设的适当性时需要考虑这一问题。为此,《中国注册会计师审计准则第 1211 号——通过了解被审计单位及其环境并评估重大错报风险》的第三十七条规定,注册会计师应当根据被审计单位的具体情况考虑经营风险是否可能导致财务报表发生重大错报。

目标、战略、经营风险和重大错报风险之间的相互联系可举一例予以说明。例如,企业当前的目标是在某一特定期间内进入某一新的海外市场,企业选择的战略是在当地成立合资公司。从该战略本身来看,是可以实现这一目标的。但是,成立合资公司可能会带来很多的经营风险,例如,企业如何与当地合资方在经营活动、企业文化等各方面协调,如何在合资公司中获得控制权或共同控制权,当地市场情况是否会发生变化,当地对合资公司的税收和外汇管理方面的政策是否稳定,合资公司的利润是否可以汇回,是否存在汇率风险等。这些经营风险反映到财务报表中,可能会因对合资公司是属于子公司、合营企业或联营企业的判断问题,投资核算问题,包括是否存在减值问题、对当地税收规定的理解,以及外币折算等问题而导致财务报表出现重大错报风险。

(五)了解被审计单位财务业绩的衡量和评价

被审计单位管理层经常会衡量和评价关键业绩指标(包括财务和非财务的)、预算及差异分析、分部信息和分支机构、部门或其他层次的业绩报告以及与竞争对手的业绩比较。此外,外部机构也会衡量和评价被审计单位的财务业绩,如分析师的报告和信用评级机构的报告。

《中国注册会计师审计准则第 1211 号——通过了解被审计单位及其环境识别和评估重大错报风险》指出,被审计单位内部或外部对财务业绩的衡量和评价可能对管理层产生压力,促使其采取行动改善财务业绩或歪曲财务报表。因此,注册会计师应当了解被审计单位财务业绩的衡量和评价情况,考虑这种压力是否可能导致管理层采取行动,以至于增加财务报表发生重大错报的风险。

在了解被审计单位财务业绩衡量和评价情况时,注册会计师应当关注下列信息:关键业绩指标、业绩趋势、预测、预算和差异分析、管理层和员工业绩考核与激励性报酬政策、分部信息与不同层次部门的业绩报告、与竞争对手的业绩比较、外部机构提出的报告。

(六)了解被审计单位的内部控制(见本教材的第七章相关内容)

三、识别与评估重大错报风险

(一)识别和评估财务报表层次和认定层次的重大错报风险

了解被审计单位的目的之一就是评估重大错报风险。注册会计师应当识别和评估财务报表层次以及各类交易、账户余额、列报认定层次的重大错报风险。

1. 识别和评估重大错报风险的审计程序

在识别和评估重大错报风险时,注册会计师应当实施下列审计程序。

(1)在了解被审计单位及其环境的整个过程中识别风险,并考虑各类交易、账户余额、列报。注册会计师应当运用各项风险评估程序,在了解被审计单位及其环境的整个过程中识别风险,并将识别的风险与各类交易、账户余额和列报相联系。例如,被审计单位因相关环境法规的实施需要更新设备,可能面临原有设备闲置或贬值的风险;宏观经济的低迷可能预示应收账款的回收存在问题;竞争者开发的新产品上市,可能导致被审计单位的主要产品在短期内过时,预示将出现存货跌价和长期资产(如固定资产等)的减值。

(2)将识别的风险与认定层次可能发生错报的领域相联系。注册会计师应当将识别的风险与认定层次可能发生错报的领域相联系。例如,销售困难使产品的市场价格下降,可能导致年末存货成本高于其可变现净值而需要计提存货跌价准备,这显示存货的计价认定可能发生错报。

(3)考虑识别的风险是否重大。风险是否重大是指风险造成后果的严重程度。上例中,除考虑产品市场价格下降因素外,注册会计师还应当考虑产品市场价格下降的幅度、该产品在被审计单位产品中的比重等,以确定识别的风险对财务报表的影响是否重大。假如产品市场价格大幅下降,导致产品销售收入不能补偿成本,毛利率为负,那么年末存

货跌价问题严重，存货计价认定发生错报的风险重大；假如价格下降的产品在被审计单位销售收入中所占比例很小，被审计单位其他产品销售毛利率很高，尽管该产品的毛利率为负，但可能不会使年末存货发生重大跌价问题。

(4)考虑识别的风险导致财务报表发生重大错报的可能性。注册会计师还需要考虑上述识别的风险是否会导致财务报表发生重大错报。例如，考虑存货的账面余额是否重大，是否已适当计提存货跌价准备等。在某些情况下，尽管识别的风险重大，但仍不至于导致财务报表发生重大错报。例如，期末财务报表中存货的余额较低，尽管识别的风险重大，但不至于导致存货的计价认定发生重大错报。又如，被审计单位对于存货跌价准备的计提实施了比较有效的内部控制，管理层已根据存货的可变现净值，计提了相应的跌价准备。在这种情况下，财务报表发生重大错报的可能性将相应降低。

注册会计师应当利用实施风险评估程序获取的信息，包括在评价控制设计和确定其是否得到执行时获取的审计证据，作为支持风险评估结果的审计证据。注册会计师应当根据风险评估结果，确定实施进一步审计程序的性质、时间和范围。

2. 可能表明被审计单位存在重大错报风险的事项和情况

注册会计师应当关注下列事项和情况可能表明被审计单位存在重大错报风险：①在经济不稳定的国家或地区开展业务；②在高度波动的市场开展业务；③在严厉、复杂的监管环境中开展业务；④持续经营和资产流动性出现问题，包括重要客户流失；⑤融资能力受到限制；⑥行业环境发生变化；⑦供应链发生变化；⑧开发新产品或提供新服务，或进入新的业务领域；⑨开辟新的经营场所；⑩发生重大收购、重组或其他非经常性事项；⑪拟出售分支机构或业务分部；⑫复杂的联营或合资；⑬运用表外融资、特殊目的实体以及其他复杂的融资协议；⑭重大的关联方交易；⑮缺乏具备胜任能力的会计人员；⑯关键人员变动；⑰内部控制薄弱；⑱信息技术战略与经营战略不协调；⑲信息技术环境发生变化；⑳安装新的与财务报告有关的重大信息技术系统；㉑经营活动或财务报告受到监管机构的调查；㉒以往存在重大错报或本期期末出现重大会计调整；㉓发生重大的非常规交易；㉔按照管理层特定意图记录的交易；㉕应用新颁布的会计准则或相关会计制度；㉖会计计量过程复杂；㉗事项或交易在计量时存在重大不确定性；㉘存在未决诉讼和或有负债。

注册会计师应当充分关注可能表明被审计单位存在重大错报风险的上述事项和情况，并考虑由于上述事项和情况导致的风险是否重大，以及该风险导致财务报表发生重大错报的可能性。

3. 两个层次的重大错报风险

在对重大错报风险进行识别和评估后，注册会计师应当确定，识别的重大错报风险是与特定的某类交易、账户余额、列报的认定相关，还是与财务报表整体广泛相关，进而影响多项认定。

某些重大错报风险可能与特定的某类交易、账户余额、列报的认定相关。例如，被审计单位存在复杂的联营或合资，这一事项表明长期股权投资账户的认定可能存在重大错报风险。又如，被审计单位存在重大的关联方交易，该事项表明关联方及关联方交易的披露认定可能存在重大错报风险。

某些重大错报风险可能与财务报表整体广泛相关，进而影响多项认定。例如，在经济不稳定的国家和地区开展业务、资产的流动性出现问题、重要客户流失、融资能力受到限制等，可能导致注册会计师对被审计单位的持续经营能力产生重大疑虑。又如，管理层缺乏诚信或承受异常的压力可能引发舞弊风险，这些风险与财务报表整体相关。

4. 控制环境对评估财务报表层次重大错报风险的影响

财务报表层次的重大错报风险很可能源于薄弱的控制环境。薄弱的控制环境带来的风险可能对财务报表产生广泛影响，难以限于某类交易、账户余额、列报，注册会计师应当采取总体应对措施。

例如，被审计单位治理层、管理层对内部控制的重要性缺乏认识，没有建立必要的制度和程序；或管理层经营理念偏于激进，又缺乏实现激进目标的人力资源等，这些缺陷源于薄弱的控制环境，可能对财务报表产生广泛影响，需要注册会计师采取总体应对措施。

5. 控制对评估认定层次重大错报风险的影响

在评估重大错报风险时，注册会计师应当将所了解的控制与特定认定相联系。

这是由于控制有助于防止或发现并纠正认定层次的重大错报。在评估重大错报发生的可能性时，除了考虑可能的风险外，还要考虑控制对风险的抵消和遏制作用。有效的控制会减少错报发生的可能性，而控制不当或缺乏控制，错报就有可能变成现实。

控制可能与某一认定直接相关，也可能与某一认定间接相关。关系越间接，控制在防止或发现并纠正认定中错报的作用越小。例如，销售经理对分地区的销售网点的销售情况进行复核，与销售收入完整性的认定只是间接相关。相应地，该项控制在降低销售收入完整性认定中的错报风险方面的效果，要比与该认定直接相关的控制（例如，将发货单与开具的销售发票相核对）的效果差。因此，控制与认定直接或间接相关；关系越间接，控制对防止或发现并纠正认定错报的效果越小。

注册会计师可能识别出有助于防止或发现并纠正特定认定发生重大错报的控制。在确定这些控制是否能够实现上述目标时，注册会计师应当综合考虑控制活动和其他要素。如将销售和收款的控制置于其所在的流程和系统中考虑，以确定其能否实现控制目标。因为单个的控制活动（如将发货单与销售发票相核对）本身并不足以控制重大错报风险，只有多种控制活动和内部控制的其他要素综合作用才足以控制重大错报风险。

小提示

某些控制活动可能专门针对某类交易或账户余额的个别认定。例如，被审计单位建立的、以确保盘点工作人员能够正确地盘点和记录存货的控制活动，直接与存货账户余额的存在性和完整性认定相关。注册会计师只需要对盘点过程和程序进行了解，就可以确定控制是否能够实现目标。

注册会计师应当考虑对识别的各类交易、账户余额和列报认定层次的重大错报风险予以汇总和评估，以确定进一步审计程序的性质、时间和范围。

（二）需要特别考虑的重大错报风险

作为风险评估的一部分，注册会计师应当运用职业判断，确定识别的风险哪些是需

要特别考虑的重大错报风险（以下简称特别风险）。

在确定哪些风险是特别风险时，注册会计师应当在考虑识别出的控制对相关风险的抵消效果前，根据风险的性质、潜在错报的重要程度（包括该风险是否可能导致多项错报）和发生的可能性，判断风险是否属于特别风险。

特别风险通常与重大的非常规交易和判断事项有关，而日常的、不复杂的、经正规处理的交易不太可能产生特别风险。

非常规交易是指由于金额或性质异常而不经常发生的交易，例如，企业购并、债务重组、重大或有事项等。

出于下列原因，与重大判断事项相关的特别风险可能导致更高的重大错报风险：①对涉及会计估计、收入确认等方面的会计原则存在不同的理解，②所要求的判断可能是主观和复杂的，或需要对未来事项作出假设。

出于下列原因，与重大非常规交易相关的特别风险可能导致更高的重大错报风险：①管理层更多地介入会计处理；②数据收集和处理涉及更多的人工成分；③复杂的计算或会计处理方法；④非常规交易的性质可能使被审计单位难以对由此产生的特别风险实施有效控制。

在确定风险的性质时，注册会计师应当考虑下列事项：①风险是否属于舞弊风险；②风险是否与近期经济环境、会计处理方法和其他方面的重大变化有关；③交易的复杂程度；④风险是否涉及重大的关联方交易；⑤财务信息计量的主观程度，特别是对不确定事项的计量存在较大区间；⑥风险是否涉及异常或超出正常经营过程的重大交易。

（三）仅通过实质性程序无法应对的重大错报风险

作为风险评估的一部分，如果认为仅通过实质性程序获取的审计证据无法将认定层次的重大错报风险降至可接受的低水平，注册会计师应当评价被审计单位针对这些风险设计的控制，并确定其执行情况。

在被审计单位对日常交易采用高度自动化处理的情况下，审计证据可能仅以电子形式存在，其充分性和适当性通常取决于自动化信息系统相关控制的有效性，注册会计师应当考虑仅通过实施实质性程序不能获取充分、适当审计证据的可能性。

例如，某企业通过高度自动化的系统确定采购品种和数量，生成采购订单，并通过系统中设定的收货确认和付款条件进行付款。除了系统中的相关信息以外，该企业没有其他有关订单和收货的记录。在这种情况下，如果认为仅通过实施实质性程序不能获取充分、适当的审计证据，注册会计师应当考虑依赖的相关控制的有效性，并对其进行了解、评估和测试。

（四）对风险评估的修正

注册会计师对认定层次重大错报风险的评估应以获取的审计证据为基础，并可能随着不断获取审计证据而作出相应的变化。如果通过实施进一步审计程序获取的审计证据与初始评估获取的审计证据相矛盾，注册会计师应当修正风险评估结果，并相应修改原计划实施的进一步审计程序。

例如，注册会计师对重大错报风险的评估可能基于预期控制运行有效这一判断，即相关控制可以防止或发现并纠正认定层次的重大错报。但在测试控制运行的有效性时，注册会计师获取的证据可能表明相关控制在被审计期间并未有效运行。同样,在实施实质性程序后,注册会计师可能发现错报的金额和频率比在风险评估时预计的金额和频率要高。因此,如果通过实施进一步审计程序获取的审计证据与初始评估获取的审计证据相矛盾,注册会计师应当修正风险评估结果,并相应修改原计划实施的进一步审计程序。

因此,评估重大错报风险与了解被审计单位及其环境一样,也是一个连续和动态地收集、更新与分析信息的过程,贯穿于整个审计过程的始终。

小提示

注册会计师应当就下列事项形成审计工作底稿:①项目组进行的讨论以及得出的重要结论。②对被审计单位及其环境各个方面的了解要点、对内部控制各项要素的了解要点,获取上述了解的信息来源,以及实施的风险评估程序。③在财务报表层次和认定层次识别和评估的重大错报风险。④识别出的风险和了解的相关控制。

第二节 重大错报风险应对

小案例

万福生科造假案[①]

万福生科全称为万福生科(湖南)农业开发股份有限公司,成立于 2003 年,2009 年完成股份制改造,2011 年 9 月在深圳证券交易所挂牌上市。2012 年 8 月,湖南证监局在对万福生科的例行检查中偶然发现两套账本,万福生科财务造假问题便由此浮现。2013 年 5 月,证监会对该造假案件的行政调查终结,调查结果显示,一方面,万福生科涉嫌欺诈发行股票和违法信息披露。万福生科上市前的 2008—2010 年累计虚增销售收入约 46 000 万元,虚增营业利润约 11 298 万元;上市后披露的 2011 年年报和 2012 年半年报累计虚增销售收入 44 500 万元,虚增营业利润 10 070 万元,同时隐瞒重大停产事项。另一方面,相关中介机构未能勤勉尽责。保荐机构平安证券、审计机构中磊会计师事务所和法律服务机构湖南博鳌律师事务所在相关业务过程中未能保持应有的谨慎性和独立性,出具的报告存在虚假记载。

中磊会计师事务所未充分了解被审计单位及其环境以评估风险,缺失应有的审计程序,没有获取充分有效的审计证据,未执行有效的实质性程序来应对风险,缺乏职业判断,发表了不实审计报告,最终导致了审计失败。

请查找相关资料具体分析注册会计师审计万福生科时,缺乏哪些方面的风险评估以及应该执行哪些有效实质性程序应对风险?

① 谢晓燕.审计学[M].北京:高等教育出版社,2017.

一、针对财务报表层次重大错报风险的总体应对措施

（一）总体应对措施

按照《中国注册会计师审计准则第1211号——通过了解被审计单位及其环境识别和评估重大错报风险》与《中国注册会计师审计准则第1231号——针对评估的重大错报风险采取的应对措施》的相关规定，注册会计师应当针对评估的财务报表层次重大错报风险确定下列总体应对措施。

（1）向项目组强调在收集和评价审计证据过程中保持职业怀疑态度的必要性。所谓职业怀疑态度是指注册会计师以质疑的思维方式评价所获取审计证据的有效性，并对相互矛盾的审计证据，以及引起对文件记录或管理层和治理层提供的信息的可靠性产生怀疑的审计证据保持警觉。

（2）分派更有经验或具有特殊技能的审计人员，或利用专家的工作。由于各行业在经营业务、经营风险、财务报告、法规要求等方面具有特殊性，审计人员的专业分工细化成为一种趋势。审计项目组成员中应有一定比例的人员曾经参与过被审计单位以前年度的审计，或具有被审计单位所处特定行业的相关审计经验。必要时，要考虑参考信息技术、税务、评估、精算师等方面的专家的工作。

（3）提供更多的督导。对于财务报表层次重大错报风险较高的审计项目，项目组的高级别成员，如项目负责人、项目经理等经验较丰富的人员，要对其他成员提供更详细、更经常、更及时的指导和监督并加强项目质量复核。

（4）在选择进一步审计程序时，应当注意使某些程序不被管理层预见或事先了解。被审计单位人员，尤其是管理层，如果熟悉注册会计师的审计套路，就可能采取种种规避手段，掩盖财务报告中的舞弊行为。因此，在设计拟实施审计程序的性质、时间和范围时，为了避免既定思维对审计方案的限制，避免对审计效果的人为干涉，从而使得针对重大错报风险的进一步审计程序更加有效，注册会计师要考虑使某些程序不被被审计单位管理层预见或事先了解。

在实务中，注册会计师可以通过以下方式提高审计程序的不可预见性：①对某些未测试过的低于设定的重要性水平或风险较小的账户余额和认定实施实质性程序；②调整实施审计程序的时间，使被审计单位不可预期；③采取不同的审计抽样方法，使当期抽取的测试样本与以前有所不同；④选取不同的地点实施审计程序，或预先不告知被审计单位所选定的测试地点。

（5）对拟实施审计程序的性质、时间和范围作出总体修改。

注册会计师根据对控制环境的了解，评估财务报表层次重大错报风险。健全有效的控制环境可以使注册会计师增强对内部控制和被审计单位内部产生的证据的信赖程度。如果控制环境存在缺陷，注册会计师在对拟实施审计程序的性质、时间和范围作出总体修改时应当考虑以下方面。①在期末而非期中实施更多的审计程序。控制环境的缺陷通常会削弱期中获得的审计证据的可信赖程度。②通过实质性程序获取更多的审计证据。良好的控制环境是其他控制要素发挥作用的基础。控制环境存在缺陷通常会削弱其他控制要素的作用，导致注册会计师可能无法信赖内部控制，而主要依赖实施实质性程序获取审计证据。③修改审计程序的性质，获取更具说服力的审计证据。修改审计程序的性质主要是指调整拟实施审计程序的类别及组合，比如原先可能主要限于检查某项资产的账面记录或相关文件，而调整审计程序的性质后可能意味着更加重视实地检查该项资产。④扩大审计程序的范围，例如扩大样本规模，或采用更详细的数据实施分析程序。

(二)总体应对措施对拟实施进一步审计程序的总体方案的影响

财务报表层次重大错报风险难以限于某类交易、账户余额、列报的特点，意味着此类风险可能对财务报表的多项认定产生广泛影响，并相应增加注册会计师对认定层次重大错报风险的评估难度。因此，注册会计师评估的财务报表层次重大错报风险以及采取的总体应对措施，对拟实施进一步审计程序的总体方案具有重大影响。

进一步审计程序的总体方案包括实质性方案和综合性方案。其中，实质性方案是指注册会计师实施的进一步审计程序以实质性程序为主；综合性方案是指注册会计师在实施进一步审计程序时，将控制测试与实质性程序结合使用。当评估的财务报表层次重大错报风险属于高风险水平(并相应采取更强调审计程序不可预见性，重视调整审计程序的性质、时间和范围等总体应对措施)时，拟实施进一步审计程序的总体方案往往更倾向于实质性方案。

二、针对认定层次重大错报风险的进一步审计程序

(一)进一步审计程序的内涵和要求

进一步审计程序相对风险评估程序而言，是指注册会计师针对评估的各类交易、账户余额、列报(包括披露，下同)认定层次重大错报风险实施的审计程序，包括控制测试和实质性程序。

注册会计师应当针对评估的认定层次重大错报风险设计和实施进一步审计程序，包括审计程序的性质、时间和范围。注册会计师设计和实施的进一步审计程序的性质、时间和范围，应当与评估的认定层次重大错报风险具备明确的对应关系。这些条款的实质是要求注册会计师实施的审计程序具有目的性和针对性，有的放矢地配置审计资源，提高审计效率和效果。

需要说明的是，尽管在应对评估的认定层次重大错报风险时，拟实施的进一步审计程序的性质、时间和范围都应当确保其具有针对性，但其中进一步审计程序的性质是最重要的。例如，注册会计师评估的重大错报风险越高，实施进一步审计程序的范围通常越大；但是只有首先确保进一步审计程序的性质与特定风险相关时，扩大审计程序的范围才是有效的。

(二)设计进一步审计程序时的考虑因素

在设计进一步审计程序时，注册会计师应当考虑下列因素。

(1)风险的重要性。风险的重要性是指风险造成的后果的严重程度。风险的后果越严重，就越需要注册会计师关注和重视，越需要精心设计有针对性的进一步审计程序。

(2)重大错报发生的可能性。重大错报发生的可能性越大，同样越需要注册会计师

精心设计进一步审计程序。

(3)涉及的各类交易、账户余额和列报的特征。不同的交易、账户余额和列报，产生的认定层次的重大错报风险也会存在差异，适用的审计程序也有差别，需要注册会计师区别对待，并设计有针对性的进一步审计程序予以应对。

(4)被审计单位采用的特定控制的性质。不同性质的控制(尤其是人工控制还是自动化控制)对注册会计师设计进一步的审计程序具有重要影响。

(5)注册会计师是否拟获取审计证据，以确定内部控制在防止或发现并纠正重大错报方面的有效性。如果注册会计师在风险评估时预期内部控制运行有效，随后拟实施的进一步审计程序必须包括控制测试，且实质性程序自然会受到之前控制测试结果的影响。

综合上述几方面因素，在设计拟实施的进一步审计程序时，注册会计师应当：①考虑形成某类交易、账户余额和披露的认定层次重大错报风险评估结果的依据；②评估的风险越高，需要获取越有说服力的审计证据。

形成某类交易、账户余额和披露的认定层次重大错报风险评估结果的依据包括：因相关类别的交易、账户余额或披露的具体特征而导致重大错报的可能性(即固有风险)；②风险评估是否考虑了相关控制(即控制风险)，从而要求注册会计师获取审计证据以确定控制是否有效运行(即注册会计师在确定实质性程序的性质、时间安排和范围时，拟信赖控制运行的有效性)。

注册会计师对认定层次重大错报风险的评估为确定进一步审计程序的总体方案奠定了基础。因此，注册会计师应当根据对认定层次重大错报风险的评估结果，恰当选用实质性方案或综合性方案。通常情况下，注册会计师出于成本效益的考虑可以采用综合性方案设计进一步审计程序，即将测试控制运行的有效性与实质性程序结合使用。但在某些情况下，注册会计师必须通过实施控制测试，才可能有效应对评估出的某一认定的重大错报风险；而在另一些情况下(如注册会计师的风险评估程序未能识别出与认定相关的任何控制，或注册会计师认为控制测试很可能不符合成本效益原则)，注册会计师可能认为仅实施实质性程序就是适当的。

还需要特别说明的是，注册会计师对重大错报风险的评估毕竟是一种主观判断，可能无法充分识别所有的重大错报风险，同时内部控制存在固有局限性(特别是存在管理层凌驾于内部控制之上的可能性)，因此，无论选择何种方案，注册会计师都应当对所有重大的各类交易、账户余额、列报设计实施实质性程序。

(三)进一步审计程序的性质及选择

进一步审计程序的性质是指进一步审计程序的目的和类型。其中：进一步审计程序的目的包括通过实施控制测试以确定内部控制运行的有效性，通过实施实质性程序以发现认定层次的重大错报；进一步审计程序的类型包括检查、观察、询问、函证、重新计算、重新执行和分析程序。

不同的审计程序应对特定认定错报风险的效力不同。例如，对于与收入完整性认定相关的重大错报风险，控制测试通常更能有效应对；对于与收入发生认定相关的重大错报风险，实质性程序通常更能有效应对。所以，在应对评估的风险时，合理确定审计程序的性质是非常重要的。

注册会计师应当根据认定层次重大错报风险的评估结果选择审计程序。

评估的认定层次重大错报风险越高，对通过实质性程序获取的审计证据的相关性和可靠性的要求越高，从而可能影响进一步审计程序的类型及其综合运用。例如，当注册会计师判断某类交易协议的完整性存在更高的重大错报风险时，除了检查文件以外，注册会计师还可能决定向第三方询问或函证协议条款的完整性。

在确定拟实施的审计程序时，注册会计师应当考虑评估的认定层次重大错报风险产生的原因，包括考虑各类交易、账户余额、列报的具体特征以及内部控制。例如，注册会计师可能判断某特定类别的交易即使在不存在相关控制的情况下，发生重大错报的风险仍较低，此时注册会计师可能认为仅实施实质性程序就可以获取充分、适当的审计证据。

如果在实施进一步审计程序时拟利用被审计单位信息系统生成的信息，注册会计师应当就信息的准确性和完整性获取审计证据。例如，注册会计师在执行实质性分析程序时，使用了被审计单位生成的非财务信息或预算数据，注册会计师应当获取关于这些信息的准确性和完整性的审计证据。

(四)进一步审计程序的时间及选择

进一步审计程序的时间是指注册会计师何时实施进一步审计程序，或审计证据适用的期间或时点。因此，当提及进一步审计程序的时间时，在某些情况下指的是审计程序的实施时间，在另一些情况下是指需要获取的审计证据适用的期间或时点。

注册会计师在确定何时实施审计程序时应当考虑以下几项重要因素。

(1)控制环境。良好的控制环境可以抵消在期中实施进一步审计程序的局限性，使注册会计师在确定实施进一步审计程序的时间时有更大的灵活度。

(2)何时能得到相关信息。例如，某些控制活动可能仅在期中(或期中以前)发生，而之后可能难以再被观察到；再如，某些电子化的交易和账户文档如未能及时取得，可能被覆盖。在这些情况下，注册会计师如果希望获取相关信息，则需要考虑能够获取相关信息的时间。

(3)错报风险的性质。例如，被审计单位可能为了保证盈利目标的实现，而在会计期末以后伪造销售合同以虚增收入，此时注册会计师需要考虑在期末(即资产负债表日)这个特定时点获取被审计单位截至期末所能提供的所有销售合同及相关资料，以防范被审计单位在资产负债表日后伪造销售合同虚增收入的做法。

(4)审计证据适用的期间或时点。注册会计师应当根据需要获取的特定审计证据确定何时实施进一步审计程序。例如，为了获取资产负债表日的存货余额证据，显然不宜在与资产负债表日间隔过长的期中时点或期末以后时点实施存货监盘等相关审计程序。

需要说明的是，虽然注册会计师在很多情况下可以根据具体情况选择实施进一步审计程序的时间，但也存在着一些限制选择的情况。某些审计程序只能在期末或期末以后实施，包括将财务报表与会计记录相核对，检查财务报表编制过程中所作的会计调整等。如果被审计单位在期末或接近期末发生了重大交易，或重大交易在期末尚未完成，注册

会计师应当考虑交易的发生或截止等认定可能存在的重大错报风险,并在期末或期末以后检查此类交易。

(五)进一步审计程序的范围及确定

进一步审计程序的范围是指实施进一步审计程序的数量,包括抽取的样本量,对某项控制活动的观察次数等。

在确定审计程序的范围时,注册会计师应当考虑下列因素。

(1)确定的重要性水平。确定的重要性水平越低,注册会计师实施进一步审计程序的范围越广。

(2)评估的重大错报风险。评估的重大错报风险越高,对拟获取审计证据的相关性、可靠性的要求越高,因此注册会计师实施的进一步审计程序的范围也越广。

(3)计划获取的保证程度。计划获取的保证程度,是指注册会计师计划通过所实施的审计程序对测试结果可靠性所获取的信心。计划获取的保证程度越高,对测试结果可靠性要求越高,注册会计师实施的进一步审计程序的范围越广。例如,注册会计师对财务报表是否不存在重大错报的信心可能来自控制测试和实质性程序。如果注册会计师计划从控制测试中获取更高的保证程度,则控制测试的范围就更广。

需要说明的是,随着重大错报风险的增加,注册会计师应当考虑扩大审计程序的范围。但是,只有当审计程序本身与特定风险相关时,扩大审计程序的范围才是有效的。

鉴于进一步审计程序的范围往往是通过一定的抽样方法加以确定的,因此,注册会计师需要慎重考虑抽样过程对审计程序范围的影响是否能够有效实现审计目的。注册会计师使用恰当的抽样方法通常可以得出有效结论。但如果存在下列情形,注册会计师依据样本得出的结论可能与对总体实施同样的审计程序得出的结论不同,出现不可接受的风险:从总体中选择的样本量过小,选择的抽样方法对实现特定目标不适当,未对发现的例外事项进行恰当的追查。

此外,注册会计师在综合运用不同审计程序时,除了面临各类审计程序的性质选择问题,还面临如何权衡各类程序的范围问题。因此,注册会计师在综合运用不同审计程序时,不仅应当考虑各类审计程序的性质,还应当考虑测试的范围是否适当。

三、控制测试

(一)控制测试概述

1. 控制测试的含义

控制测试,是指用于评价内部控制在防止或发现并纠正认定层次重大错报方面的运行有效性的审计程序。

2. 控制测试的目的

测试控制运行的有效性与确定控制是否得到执行所需获取的审计证据是不同的。在实施风险评估程序以获取控制是否得到执行的审计证据时,注册会计师应当确定某项控制是否存在,被审计单位是否正在使用。在测试控制运行的有效性时,注册会计师应当从下列方面获取关于控制是否有效运行的审计证据:控制在所审计期间的相关时点是如何运行的,控制是否得到一贯执行,控制由谁或以何种方式运行。如果被审计单位在所审计期间内的不同时期使用了不同的控制,注册会计师应当考虑不同时期控制运行的有效性。

控制运行的有效性强调的是控制能够在各个不同时点按照既定设计得以一贯执行,因此,在了解控制是否得以执行时,注册会计师只需抽取少量的交易进行检查或观察某几个时点。但在测试控制运行的有效性时,注册会计师需要抽取足够数量的交易进行检查或对多个不同时点进行观察。

小提示

测试控制运行的有效性,与控制设计和确定控制是否得到执行所需获取的审计证据虽然存在差异但两者也有联系。为评价控制设计和确定控制是否得到执行而实施的某些风险评估程序尽管并非专为控制测试而设计,但可能提供有关控制运行有效性的审计证据,注册会计师可以考虑在评价控制设计和获取其得到执行的审计证据的同时测试控制运行的有效性,以提高审计效率,同时注册会计师应当考虑这些审计证据是否足以实现控制测试的目的。

3. 控制测试的要求

控制测试并非在任何情况下都需要实施。当存在下列情形之一时,注册会计师应当设计和实施控制测试,针对相关控制运行的有效性,获取充分、适当的审计证据。

(1)在评估认定层次重大错报风险时,预期控制的运行是有效的。

如果在评估认定层次重大错报风险时预期控制的运行是有效的,注册会计师应当实施控制测试,就控制在相关期间或时点的运行有效性获取充分、适当的审计证据。注册会计师通过实施风险评估程序,可能发现某项控制的设计是合理的,同时也得到了执行。在这种情况下,出于成本效益的考虑,注册会计师可能预期。如果相关控制在不同时点都得到了一贯执行,与该项控制有关的财务报表认定发生重大错报的可能性就不会很大,也就可以考虑通过实施控制测试而减少实施实质性程序。为此,注册会计师可能会认为值得对相关控制在不同时点是否得到了一贯执行进行测试,即实施控制测试。这种测试主要是出于成本效益的考虑,其前提是注册会计师在了解内部控制以后认为某项控制存在被信赖和利用的可能。也就是说,只有认为控制设计合理、能够防止或发现和纠正认定层次的重大错报时,注册会计师才有必要对控制运行的有效性实施测试。

(2)仅实施实质性程序并不能够提供认定层次充分、适当的审计证据。

如果认为仅实施实质性程序获取的审计证据无法将认定层次重大错报风险降至可接受的低水平,注册会计师应当实施相关的控制测试,以获取控制运行有效性的审计证据。

4. 控制测试的程序

在测试内部控制运行有效性时,注册会计师通常实施以下程序。

(1)询问。注册会计师可以通过询问被审计单位的适当员工来获取内部控制运行情

况相关信息。例如向负责复核银行存款余额调节表的人员询问其是如何进行复核的，复核要点及其发现不符事项的处理等。注意的是询问本身并不足以测试内控运行的有效性，还应当将询问与其他的审计程序结合使用，才能获得充分、适当的审计证据。

（2）观察。观察是测试不留下书面记录的控制（如职责分离）运行情况的有效方法，例如观察存货盘点控制的执行情况，观察空白支票是否被妥善保管等。通常，注册会计师通过观察直接获取的证据比间接获取的证据可靠。但观察获得的证据仅限于观察发生的时点，本身也不足以测试控制运行的有效性。

（3）检查。对运行情况留有书面证据的控制，检查非常适用。书面说明、复核时留下的记号，都可以被当作控制运行情况的证据。例如，检查销售发票是否有复核人员签字，检查其是否附有客户订购单和出库单等。

（4）重新执行。重新执行是指注册会计师按照相关内部控制的规定，将相关业务重新执行一遍。通常只有当询问、观察和检查程序结合一起仍然无法获得充分证据时，注册会计师才考虑通过重新执行来证实控制是否被有效地执行。例如，重新将某月的银行对账单与银行日记账进行核对，编制银行存款余额调节表，并与被审计单位会计人员编制的银行存款余额调节表进行核对，以验证银行存款相关内部控制执行的有效性。

（二）控制测试的性质

1. 控制测试的性质的含义

控制测试的性质是指控制测试所使用的审计程序的类型及其组合。注册会计师应当选择适当类型的审计程序以获取有关控制运行有效性的保证。计划从控制测试中获取的保证水平是决定控制测试性质的主要因素之一。计划的保证水平越高，对有关控制运行有效性的审计证据的可靠性要求越高，当拟实施的进一步审计程序主要以控制测试为主，尤其是仅实施实质性程序获取的审计证据无法将认定层次重大错报风险降至可接受的低水平时，注册会计师应当获取有关控制运行有效性的更高水平的保证。

小提示

（1）虽然控制测试与了解内部控制的目的不同，但两者采用审计程序的类型通常相同，包括询问、观察、检查和穿行测试。此外，控制测试的程序还包括重新执行。

（2）询问本身并不足以测试控制运行的有效性，注册会计师应当将询问与其他审计程序结合使用，以获取有关控制运行有效性的审计证据。观察程序提供的证据仅限于证明观察发生时点的情况，本身也不足以测试控制运行的有效性，将询问与检查或重新执行结合使用，通常能够比仅实施询问和观察程序获取更高的保证。例如，被审计单位针对处理收到的邮政汇款单设计和执行了相关的内部控制，注册会计师通过询问和观察程序往往不足以测试此类控制的运行有效性，还需要检查能够证明此类控制在所审计期间的其他时段有效运行的文件和凭证，以获取充分、适当的审计证据。

2. 控制测试性质的选择

注册会计师选择控制测试的性质通常会考虑以下因素：

(1)特定控制的性质。注册会计师应当根据特定控制的性质选择所需实施审计程序的类型。某些控制可能存在反映控制运行有效性的文件记录，在这种情况下，注册会计师应当考虑检查这些文件记录以获取控制运行有效性的审计证据；某些控制可能不存在文件记录，或文件记录与证实控制运行有效性不相关，在这种情况下，注册会计师应当考虑实施检查以外的其他审计程序，以获取有关控制运行有效性的审计证据。

(2)与认定直接相关和间接相关的控制。在设计控制测试时，注册会计师不仅应当考虑与认定直接相关的控制，还应当考虑这些控制所依赖的与认定间接相关的控制，以获取支持控制运行有效性的审计证据。例如，被审计单位可能针对超出信用额度的例外赊销交易设置报告和审核制度(与认定直接相关的控制)，在测试该项制度的运行有效性时，注册会计师不仅应当考虑审核的有效性，还应当考虑与例外赊销报告中信息准确性有关的控制(与认定间接相关的控制)是否有效运行。

(3)应用控制的自动化。对于一项自动化的应用控制，由于信息技术处理过程的内在一贯性，注册会计师可以利用该项控制得以执行的审计证据和信息技术一般控制(特别是对系统变动的控制)运行有效性的审计证据，作为支持该项控制在相关期间运行有效性的重要审计证据。

(4)控制测试的目的。控制测试的目的是评价控制是否有效运行，细节测试的目的是发现认定层次的重大错报。尽管两者目的不同，但注册会计师可以考虑针对同一交易同时实施控制测试和细节测试，以实现双重目的。例如，注册会计师通过检查某笔交易的发票可以确定其是否经过适当的授权，也可以获取关于该交易的金额、发生时间等细节证据。如果拟实施双重目的测试，注册会计师应当仔细设计和评价测试程序。

(5)实施实质性程序的结果对控制测试结果的影响。注册会计师应当考虑实施实质性程序发现的错报对评价相关控制运行有效性的影响，如降低对相关控制的信赖程度、调整实质性程序的性质、扩大实质性程序的范围等。如果实施实质性程序发现被审计单位没有识别出的重大错报，通常表明内部控制存在重大缺陷，注册会计师应当就这些缺陷与管理层和治理层进行沟通。

(三)控制测试的时间

1. 控制测试的时间

控制测试的时间直接关系到通过控制测试获取的审计证据的时间问题。通过控制测试获,取的审计证据的时间涉及两个问题：①证据什么时候获得和它可能被运用到审计期间的哪一部分；②在本审计期间对以前期间控制设计和运行有效证据的依赖程度。所以，注册会计师应当根据控制测试的目的确定控制测试的时间，并确定拟信赖的相关控制的时点或期间。如果仅需要测试控制在特定时点的运行有效性，注册会计师只需要获取该时点的审计证据；如果需要获取控制在某一期间有效运行的审计证据，仅获取与时点相关的审计证据是不充分的，注册会计师应当辅以其他控制测试，包括测试被审计单位对控制的监督。

2. 对期中审计证据的考虑

注册会计师可能在期中实施进一步审计程序。对于控制测试，注册会计师在期中实

施此类程序具有更积极的作用。但即使注册会计师已获取了有关控制在期中运行有效性的审计证据，仍然需要考虑如何能够将控制在期中运行有效性的审计证据合理延伸至期末。因此，如果已获取有关控制在期中运行有效性的审计证据，并拟利用该证据，注册会计师应当实施下列审计程序：

(1)获取这些控制在剩余期间发生重大变化的审计证据。针对期中已获取过审计证据的控制，考察这些控制在剩余期间的变化情况：如果这些控制在剩余期间没有发生重大变化，注册会计师可能决定信赖期中获取的审计证据；如果这些控制在剩余期间发生了重大变化，注册会计师需要了解并测试控制的变化对期中审计证据的影响。

(2)确定针对剩余期间还须获取的补充审计证据。针对期中证据以外的、剩余期间的补充证据，注册会计师应当考虑下列因素：①评估的认定层次重大错报风险的重大程度。评估的重大错报风险对财务报表的影响越大，注册会计师需要获取的剩余期间的补充证据越多。②在期中测试的特定控制。例如，对自动化运行的控制，注册会计师更可能测试信息系统一般控制的运行有效性，以获取控制在剩余期间运行有效性的审计证据。③在期中对有关控制运行有效性获取的审计证据的程度。如果注册会计师在期中对有关控制运行有效性获取的审计证据比较充分，可以考虑适当减少需要获取的剩余期间的补充证据。④剩余期间的长度。剩余期间越长，注册会计师需要获取的剩余期间的补充证据越多。⑤在信赖控制的基础上拟减少实施进一步实质性程序的范围。注册会计师对相关控制的信赖程度越高，通常在信赖控制的基础上拟减少进一步实质性程序的范围就越大，在这种情况下，注册会计师需要获取的剩余期间的补充证据就越多。⑥控制环境。在注册会计师总体上拟信赖控制程度一定的前提下，控制环境越薄弱或把握程度越低，注册会计师需要获取的剩余期间的补充证据越多。

小提示

被审计单位对控制的监督起到的是一种检验相关控制在所有相关时点是否都有效运行的作用。因此，除了上述的测试剩余期间控制的运行有效性，通过测试被审计单位对控制的监督，注册会计师还可以获取补充审计证据，以便更有把握地将控制在期中运行有效性的审计证据延伸至期末。

3. 对以前审计获取的审计证据的考虑

被审计单位内部控制中的一些要素往往是相对稳定的(相对于具体的交易、账户余额和列报)，注册会计师在本期审计时可以适当考虑利用以前审计获取的有关控制运行有效性的审计证据。但是，如果拟利用以前审计获取的有关控制运行有效性的审计证据，注册会计师应当通过获取这些控制在以前审计后是否发生重大变化的审计证据，确定以前审计获取的审计证据是否与本期审计持续相关。

注册会计师应当通过实施询问并结合观察或检查程序，获取这些控制是否发生重大变化的审计证据，以确认对这些控制的了解，并根据下列情况作出不同处理。

(1)如果已发生变化，并且这些变化对以前审计获取的审计证据的持续相关性产生影响，注册会计师应当在本期审计中测试这些控制运行的有效性。

(2)如果未发生这些变化，注册会计师应当每三年至少对内部控制测试一次，并且在每年审计中测试部分控制，以避免将所有拟信赖控制的测试集中于某一年，而在之后的两年中不进行任何测试。

在确定利用以前审计获取的有关控制运行有效性的审计证据是否适当以及再次测试控制的时间间隔时，注册会计师应当考虑的因素或情况包括下列方面。

(1)内部控制其他要素的有效性，包括控制环境、对控制的监督以及被审计单位的风险评估过程。

(2)控制特征(如是人工控制还是自动化控制)产生的风险。

(3)信息技术一般控制的有效性。

(4)控制设计及其运行的有效性，包括在以前审计中发现的控制运行偏差的性质和程度，以及是否发生对控制运行产生重大影响的人员变动。

(5)是否存在由于环境发生变化而特定控制缺乏相应变化导致的风险。

(6)重大错报风险和对控制的信赖程度。

当出现下列情况时，注册会计师应当缩短再次测试控制的时间间隔或完全不信赖以前审计获取的审计证据。

(1)控制环境薄弱。如果被审计单位控制环境薄弱或对控制的监督薄弱，注册会计师应当缩短再次测试控制的时间间隔或完全不信赖以前审计获取的审计证据。

(2)对控制的监督薄弱。

(3)相关控制中人工控制的成分较大，如果相关控制中人工控制的成分较大，考虑到人工控制一般稳定性较差，注册会计师可能决定在本期审计中继续测试该控制的运行有效性。

(4)信息技术一般控制薄弱。如果信息技术一般控制薄弱，注册会计师可能更少地依赖以前审计获取的审计证据。

(5)对控制运行产生重大影响的人事变动。如果所审计期间发生了对控制运行产生重大影响的人事变动，注册会计师可能决定在本期审计中不依赖以前审计获取的审计证据。

(6)环境的变化表明需要对控制作出相应的变动。如果环境的变化表明需要对控制作出相应的变动，被审计单位却没有作出相应变动，注册会计师应当充分意识到控制不再有效，从而导致本期财务报表发生重大错报的可能性，此时不应再依赖以前审计获取的有关控制运行有效性的审计证据。

(7)重大错报风险较大或对控制的拟信赖程度较高，如果重大错报风险较大或对控制的拟信赖程度较高，注册会计师应当缩短再次测试控制的时间间隔或完全不信赖以前审计获取的审计证据。

如果确定评估的认定层次重大错报风险是特别风险，并拟信赖针对该风险实施的控制，注册会计师应当在本期审计中测试这些控制运行的有效性。也就是说，如果注册会计师拟信赖针对特别风险的控制，那么所有关于该控制运行有效性的审计证据必须来自当年的控制测试，注册会计师应当在每次审计中都测试这类控制。

小提示

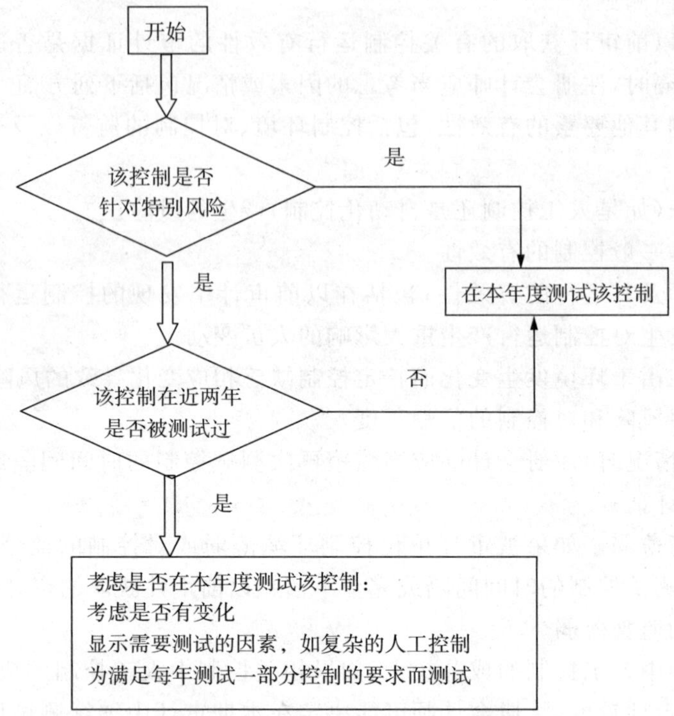

图 8－1　本审计期间测试某项控制的决策图

(四)控制测试的范围

控制测试的范围主要是指某项控制活动的测试次数。注册会计师应当设计控制测试，以获取控制在整个拟信赖的期间有效运行的充分、适当的审计证据。

在确定某项控制的测试范围时，注册会计师通常考虑下列因素。

1. 执行控制的频率

在整个拟信赖的期间，被审计单位执行控制的频率越高，控制测试的范围越大。

2. 在所审计期间，注册会计师拟信赖控制运行有效性的时间长度

拟信赖控制运行有效性的时间长度不同，在该时间长度内发生的控制活动次数也不同。注册会计师需要根据拟信赖控制的时间长度确定控制测试的范围，拟信赖期间越长，控制测试的范围越大。

3. 证据的相关性和可靠性

为证实控制能够防止或发现并纠正认定层次重大错报，对所需获取审计证据的相关性和可靠性要求越高，控制测试的范围越大。

4. 通过测试与认定相关的其他控制获取的审计证据的范围

针对同一认定，可能存在不同的控制，当针对其他控制获取审计证据的充分性和适当性较高时，测试该控制的范围可适当缩小。

5. 在风险评估时拟信赖控制运行有效性的程度

注册会计师在风险评估时对控制运行有效性的拟信赖程度越高，需要实施控制测试的范围越大。

6. 控制的预期偏差

预期偏差可以用控制未得到执行的预期次数占控制应当得到执行次数的比率加以衡量。考虑该因素是因为在考虑测试结果是否可以得出控制运行有效性的结论时，不可能只要出现任何控制执行偏差就认定控制运行无效，所以需要确定一个合理水平的预期偏差率。控制的预期偏差率越高，需要实施控制测试的范围越大。如果控制的预期偏差率过高，注册会计师应当考虑控制可能不足以将认定层次的重大错报风险降至可接受的低水平，从而针对某一认定实施的控制测试可能是无效的。

此外，对自动化控制来说，信息技术处理具有内在一贯性，除非系统发生变动，注册会计师通常不需要增加自动化控制的测试范围。对于一项自动化应用控制，一旦确定被审计单位正在执行该控制，注册会计师通常无须扩大控制测试的范围，但需要考虑测试与该应用控制有关的一般控制的运行有效性，还需要确定系统是否发生更改；如果发生更改，是否存在适当的系统更改控制，还需要确定对交易的处理是否使用授权批准的软件版本，以确定该项控制是否持续有效运行。

小提示

控制测试的重点是初步评价后所确定的内部控制的弱点和关键的控制点。注册会计师在完成控制测试后，应对被审计单位内部控制的有效性进行评价，以确认内部控制的可信赖程度以及控制风险。如果被审计单位内部控制健全、合理，并且均能有效发挥作用，注册会计师就可以将控制风险评估为低水平，这就意味着业务循环过程和会计记录发生错弊的可能性很小，注册会计师可以较高地信赖内部控制、较多利用内部控制，进而相应地减少实质性程序的数量和范围。如果内部控制设计不够健全、科学，存在一定的缺陷和薄弱环节，或内部控制设计较健全、科学，但实际执行不力，注册会计师就需要将控制风险评估为高水平。这就意味着业务循环过程和会计记录发生错弊的可能性较大，注册会计师应降低信赖并减少利用内部控制，扩大实质性程序的深度和广度，适当增加样本数量和范围。

四、实质性程序

(一)实质性程序的概述

1. 实质性程序的含义

实质性程序是指注册会计师针对评估的重大错报风险实施的直接用以发现认定层次重大错报的审计程序。实质性程序包括对各类交易、账户余额、列报的细节测试以及实质性分析程序。注册会计师应当针对评估的重大错报风险设计和实施实质性程序，以发现认定层次的重大错报。

由于注册会计师对重大错报风险的评估是一种判断，可能无法充分识别所有的重大

错报风险，加之内部控制存在固有局限性，所以无论评估的重大错报风险结果如何，注册会计师都应当针对所有重大的各类交易、账户余额、列报实施实质性程序。

2. 实施实质性程序的总体要求

注册会计师实施的实质性程序应当包括下列与财务报表编制完成阶段相关的审计程序。

(1)将财务报表与其所依据的会计记录进行核对或调节。

(2)检查财务报表编制过程中作出的重大会计分录和其他会计调整。注册会计师对重大会计分录和其他会计调整检查的性质和范围，取决于被审计单位财务报告过程的性质和复杂程度以及由此产生的重大错报风险。

如果认为评估的认定层次重大错报风险是特别风险，注册会计师应当专门针对该风险实施实质性程序。例如，如果认为管理层面临实现盈利指标的压力而可能提前确认收入，注册会计师在设计询证函时不仅应当考虑函证应收账款的账户余额，而且应当考虑函证销售协议的细节条款（如交货、结算及退货条款），注册会计师还可考虑在实施函证的基础上针对销售协议及其变动情况询问被审计单位的非财务人员。

如果针对特别风险仅实施实质性程序，注册会计师应当使用细节测试，或将细节测试和实质性分析程序结合使用，以获取充分、适当的审计证据。

(二)实质性程序的性质

1. 实质性程序的性质的含义

实质性程序的性质，是指实质性程序的类型及其组合。实质性程序的两种基本类型包括细节测试和实质性分析程序。

细节测试是对各类交易、账户余额、列报的具体细节进行测试，目的在于直接识别财务报表认定是否存在错报。

实质性分析程序从技术特征上看仍然是分析程序，主要是通过研究数据间关系评价信息，只是将该技术方法用作实质性程序，即用以识别各类交易、账户余额、列报及相关认定是否存在错报。

2. 实质性程序的设计

注册会计师应当根据各类交易、账户余额、列报的性质选择实质性程序的类型。细节测试和实质性分析程序的目的和技术手段存在一定差异。细节测试适用于对各类交易、账户余额、列报认定的测试，尤其是对存在或发生、计价认定的测试；对在一段时间内存在可预期关系的大量交易，注册会计师可以考虑实施实质性分析程序。

(1)细节测试。注册会计师应当针对评估的风险设计细节测试，获取充分、适当的审计证据，以达到认定层次所计划的保证水平。注册会计师需要根据不同的认定层次的重大错报风险设计有针对性的细节测试。

在针对存在或发生认定设计细节测试时，注册会计师应当选择包含在财务报表金额中的项目，并获取相关的审计证据。

在针对完整性认定设计细节测试时，注册会计师应当选择有证据表明应包含在财务报表金额中的项目，并调查这些项目是否确实包括在内。

(2)实质性分析程序。实质性分析程序是将分析程序作为实质性程序来使用，以发现认定层次可能存在的错报。在设计实质性分析程序时，注册会计师应当考虑下列因素：①对特定认定使用实质性分析程序的适当性；②对已记录的金额或比率作出预期时，所依据的内部或外部数据的可靠性；③作出预期的准确程度是否足以在计划的保证水平上识别重大错报；④已记录金额与预期值之间可接受的差异额。

小提示

当实施实质性分析程序时，如果使用被审计单位编制的信息，注册会计师应当考虑测试与信息编制相关的控制，以及这些信息是否在本期或前期经过审计。

(三)实质性程序的时间

1. 对期中实施实质性程序的考虑

如果在期中实施了实质性程序，注册会计师应当针对剩余期间实施进一步的实质性程序，或将实质性程序和控制测试结合使用，以将期中测试得出的结论合理延伸至期末。所以，在期中实施实质性程序，一方面消耗了审计资源，另一方面期中实施实质性程序获取的审计证据又不能直接作为期末财务报表认定的审计证据。注册会计师仍然需要消耗更多的审计资源使期中审计证据能够合理延伸至期末。因此，注册会计师需要权衡这两部分所须消耗的审计资源的总和是否能够显著小于完全在期末实施实质性程序所须消耗的审计资源。

在审计资源既定的情况下，注册会计师在期中实施实质性程序，可能减少期末实施实质性程序的数量，因而可能增加期末存在错报而未被发现的风险，并且该风险将随着剩余期间的延长而增加。所以，在考虑是否在期中实施实质性程序时，注册会计师应当考虑下列因素。

(1)控制环境和其他相关的控制。控制环境和其他相关的控制越薄弱，注册会计师越不宜依赖期中实施的实质性程序。

(2)实施审计程序所需信息在期中之后的可获得性。如果实施实质性程序所需信息在期中之后可能难以获取，注册会计师应考虑在期中实施实质性程序，但如果实施实质性程序所需信息在期中之后的可获得性并不存在明显困难，该因素不应成为注册会计师在期中实施实质性程序的重要影响因素。

(3)实质性程序的目标。如果针对某项认定实施实质性程序的目标就包括获取该认定的期中审计证据，注册会计师应在期中实施实质性程序。

(4)评估的重大错报风险。注册会计师评估的某项认定的重大错报风险越高，对针对该认定所须获取的审计证据的相关性和可靠性要求也就越高，注册会计师越应当考虑将实质性程序集中于期末(或接近期末)实施。

(5)各类交易或账户余额以及相关认定的性质。例如，某些交易或账户余额以及相关认定的特殊性质(如收入截止认定、未决诉讼)决定了注册会计师必须在期末(或接近期末)实施实质性程序。

(6)针对剩余期间，能否通过实施实质性程序或将实质性程序与控制测试相结合，降低期末存在错报而未被发现的风险。

如果针对剩余期间注册会计师可以通过实施实质性程序或将实质性程序与控制测试相结合，较有把握地降低期末存在错报而未被发现的风险，注册会计师可以考虑在期中实施实质性程序，但如果针对剩余期间注册会计师认为还需要消耗大量审计资源才有可能降低期末存在错报而未被发现的风险，甚至没有把握通过适当的进一步审计程序降低期末存在错报而未被发现的风险，注册会计师就不宜在期中实施实质性程序。

2. 对期中审计证据的考虑

(1)如果拟将期中测试得出的结论延伸至期末，注册会计师应当考虑针对剩余期间仅实施实质性程序是否足够。

(2)如果认为实施实质性程序本身不充分，注册会计师还应测试剩余期间相关控制运行的有效性或针对期末实施实质性程序。

(3)对于舞弊导致的重大错报风险(作为一类重要的特别风险)，被审计单位存在故意错报或操纵的可能性，那么注册会计师更应慎重考虑能否将期中测试得出的结论延伸至期末。因此，如果已识别出由于舞弊导致的重大错报风险，为将期中得出的结论延伸至期末而实施的审计程序通常是无效的，注册会计师应当考虑在期末或者接近期末实施实质性程序。

(4)如果已在期中实施了实质性程序，或将控制测试与实质性程序相结合，并拟信赖期中测试得出的结论，注册会计师应当将期末信息和期中的可比信息进行比较、调节，识别和调查出现的异常金额，并针对剩余期间实施实质性分析程序或细节测试。

小提示

在确定针对剩余期间拟实施的实质性程序时，注册会计师应当考虑是否已在期中实施控制测试，并考虑与财务报告相关的信息系统能否充分提供与期末账户余额及剩余期间交易有关的信息。

在针对剩余期间实施实质性程序时，注册会计师应当重点关注并调查重大的异常交易或分录、重大波动以及各类交易或账户余额在构成上的重大或异常变动。

(5)如果拟针对剩余期间实施实质性分析程序，注册会计师应当考虑某类交易的期末累计发生额或账户期末余额在金额、相对重要性及构成方面能否被合理预期。

(6)如果在期中检查出某类交易或账户余额存在错报，注册会计师应当考虑修改与该类交易或账户余额相关的风险评估以及针对剩余期间拟实施实质性程序的性质、时间和范围，或考虑在期末扩大实质性程序的范围或重新实施实质性程序。

3. 对以前审计获取的审计证据的考虑

在以前审计中实施实质性程序获取的审计证据，通常对本期只有很弱的证据效力或没有证据效力，不足以应对本期的重大错报风险，只有当以前获取的审计证据及其相关事项未发生重大变动时(如以前审计通过实质性程序测试过的某项诉讼在本期没有任何实质性进展)，以前获取的审计证据才可能用作本期的有效审计证据。但是，如果拟利用以前审计中实施实质性程序获取的审计证据，注册会计师应当在本期实施审计程序，以确定这些审计证据是否具有持续相关性。

(四)实质性程序的范围

在确定实质性程序的范围时，注册会计师应当考虑评估的认定层次重大错报风险和实施控制测试的结果，注册会计师评估的认定层次重大错报风险越高，需要实施实质性程序的范围越广；如果对控制测试结果不满意，注册会计师应当考虑扩大实质性程序的范围。

(1)在设计细节测试时，注册会计师除了须从样本量的角度考虑测试范围外，还要考虑选样方法的有效性等因素。例如，从总体中选取大额或异常项目，而不是进行代表性抽样或分层抽样。

(2)在设计实质性分析程序时，注册会计师应当确定已记录金额与预期值之间可接受的差异额。在确定该差异额时，注册会计师应当主要考虑各类交易、账户余额、列报及相关认定的重要性和计划的保证水平。实施分析程序可能发现偏差，但并非所有的偏差都值得展开进一步调查，可容忍或可接受的偏差(即预期偏差)越大，作为实质性分析程序一部分的进一步调查的范围就越小。

小提示

对列报和审计证据的评价与审计工作记录

(一)评价列报的适当性

《企业会计准则第 30 号——财务报表列报》规范了财务报表的列报，提出了财务报表列报的一致性、可比性等总体要求，并就财务报表各组成部分(如资产负债表、利润表)的列报提出了具体要求。因此，注册会计师应当实施审计程序，以评价财务报表总体列报是否符合适用的会计准则和相关会计制度的规定。

在评价财务报表总体列报时，注册会计师应当考虑评估的认定层次重大错报风险。

注册会计师应当考虑财务报表是否正确反映财务信息及其分类，以及对重大事项的披露是否充分。在评价财务报表列报时，注册会计师通常考虑财务报表各组成部分的格式、内容，报表项目的分类，所使用术语的可理解性，所披露金额或其他信息的详细程度等方面。

(二)评价审计证据的充分性和适当性

1. 完成审计工作前对进一步审计程序所获取审计证据的评价

在完成审计工作前对进一步审计程序所获取审计证据的评价，主要体现在根据发现的错报或控制执行偏差考虑修正重大错报风险的评估结果。

通过实施进一步审计程序，注册会计师首先需要考虑获取的审计证据是否可能影响此前对认定层次的重大错报风险的评估结果。因此，注册会计师应当根据实施的审计程序和获取的审计证据，评价对认定层次重大错报风险的评估是否仍然适当。

财务报表审计是一个累积和不断修正的过程。随着计划的审计程序的实施，如果获取的信息与风险评估时依据的信息有重大差异，注册会计师应当考虑修正风险评估结果，并据以修改原计划的其他审计程序的性质、时间和范围。

在实施控制测试时，如果发现被审计单位控制运行出现偏差，注册会计师应当了解

这些偏差及其潜在后果（如询问某项控制活动中关键人员发生变动的时间），并确定已实施的控制测试是否为信赖控制提供了充分、适当的审计证据，是否需要实施进一步的控制测试或实质性程序以应对潜在的错报风险。

注册会计师不应将审计中发现的舞弊或错误视为孤立发生的事项，而应当考虑其对评估的重大错报风险的影响。

在完成审计工作前，注册会计师应当评价是否已将审计风险降至可接受的低水平，是否需要重新考虑已实施审计程序的性质、时间和范围。

2. 形成审计意见时对审计证据的综合评价

在形成审计意见时，注册会计师应当从总体上评价是否已经获取充分、适当的审计证据，以将审计风险降至可接受的低水平。注册会计师应当考虑所有相关的审计证据，包括能够印证财务报表认定的审计证据和与之相矛盾的审计证据。

对于整个审计过程中作出的各项审计结论，注册会计师均应当评价相关审计证据的充分性和适当性。评价审计证据的充分性和适当性需要注册会计师运用职业判断，在评价审计证据的充分性和适当性时，注册会计师应当考虑下列因素。

(1)认定发生潜在错报的重要程度，以及潜在错报单独或连同其他潜在错报对财务报表产生重大影响的可能性。

(2)管理层应对和控制风险的有效性。

(3)在以前审计中获取的关于类似潜在错报的经验。

(4)实施审计程序的结果，包括审计程序是否识别出舞弊或错误的具体情形。

(5)可获得信息的来源和可靠性。

(6)审计证据的说服力。

(7)对被审计单位及其环境的了解。

如果对重大的财务报表认定没有获取充分、适当的审计证据，注册会计师应当尽可能获取进一步的审计证据。如果不能获取充分、适当的审计证据，注册会计师应当出具保留意见或无法表示意见的审计报告。

（三）审计工作记录

注册会计师应当就下列事项形成审计工作记录。

(1)对评估的财务报表层次重大错报风险采取的总体应对措施。

(2)实施进一步审计程序的性质、时间和范围。

(3)实施的进一步审计程序与评估的认定层次重大错报风险的联系。

(4)实施进一步审计程序的结果。

如果拟利用在以前审计中获取的有关控制运行有效性的审计证据，注册会计师应当记录信赖这些控制的理由和结论。

本章小结

审计准则要求注册会计师在审计过程中贯彻风险导向审计的理念，围绕重大错报风险的识别、评估和应对，计划和实施审计工作。

注册会计师应当了解被审计单位及其环境，以足够识别和评估财务报表重大错报风险，设计和实施进一步审计程序。注册会计师应当实施风险评估程序来了解被审计单位及其环境。风险评估是指以了解被审计单位及其环境为内容，以识别和评估财务报表重大错报风险为目的，在设计和实施进一步审计程序之前实施的程序。风险评估程序包括：询问被审计单位治理层、管理层和内部其他相关人员，与前任注册会计师沟通，执行分析程序，观察和检查。

注册会计师在进行审计时，必须了解、研究、评价和把握被审计单位的内部控制，并对拟信赖的内部控制进行测试，据以设计和实施进一步审计程序的性质、时间和范围，以便合理、准确编制审计计划。内部控制由控制环境、风险评估、信息系统与沟通、控制活动、监控五要素构成。

了解被审计单位及其环境以及内部控制的目的是识别和评估财务报表层次与认定层次的重大错报风险。此外，注册会计师还要考虑特别风险的影响以及仅通过实质性程序无法应对的重大错报风险的影响，并对风险评估进行修订。

注册会计师应当针对财务报表层次重大错报风险确定总体应对措施，并针对评估的认定层次重大错报风险设计和实施进一步程序，以将审计风险降至可接受的低水平。

在确定总体应对措施以及设计和实施进一步审计程序的性质、时间和范围时，注册会计师应当运用职业判断。

进一步审计程序相对风险评估程序而言，是指注册会计师针对评估的各类交易、账户余额、列报（包括披露）认定层次重大错报风险实施的审计程序，包括控制测试和实质性程序。

进一步审计程序的性质是指进一步审计程序的目的和类别。进一步审计程序的时间是指注册会计师何时实施进一步审计程序，或审计程序适用的期间或时点。

进一步审计程序的范围是指实施进一步审计程序的数量，包括抽取的样本量，对某项控制活动的观察次数等。

控制测试是指测试控制运行的有效性。注册会计师应当从下列方面获取关于控制是否有效运行的审计证据：控制在所审计期间的不同时点是如何运行的，控制是否得到一贯执行，控制由谁执行，控制以何种方式运行。

实质性程序是指注册会计师针对评估的重大错报风险实施的直接用以发现认定层次重大错报的审计程序。实质性程序包括对各类交易、账户余额、列报的细节测试以及实质性分析程序。

注册会计师在完成审计工作前需要对进一步审计程序所获取审计证据进行评价，在形成审计意见时需要对审计证据进行综合评价。最后，针对评估的重大错报风险实施的程序形成审计工作记录。

【复习思考题】

1. 什么是风险评估？风险评估程序的主要内容是什么？为什么要进行风险评估？

2. 简述了解被审计单位及其环境的程序。

3. 什么是控制测试？

4. 简述评估重大错报风险的审计程序。

5. 简述控制测试的范围与性质。

6. 怎样理解针对财务报表重大错报风险所采取的总体应对措施？它对实施进一步审计程序的总体方案有什么影响？

7. 进一步审计程序的总体方案包括哪些具体内容？

8. 怎样设计进一步审计程序？

9. 举例说明如何选择不同性质的进一步审计程序？

10. 如何运用实质性分析程序和细节测试程序？

【案例分析题】

1. 注册会计师黎明负责对长城公司2020年度财务报表进行审计。在识别、评估和应对特别风险时，注册会计师黎明遇到下列事项，请代为作出简要正确的专业判断。

(1)在确定特别风险时，注册会计师黎明的下列做法中正确的有(　　)。

A. 直接假定长城公司存货存在特别风险

B. 直接假定长城公司收入确认存在特别风险

C. 将长城公司管理层舞弊导致的重大错报风险确定为特别风险

D. 将长城公司管理层凌驾于控制之上的风险确定为特别风险

(2)在了解和测试与特别风险相关的内部控制时，注册会计师黎明的下列做法中，正确的有(　　)。

A. 评价相关控制的设计情况，并确定其是否已经得到执行

B. 如果拟信赖相关控制，且相关控制自上次测试后未发生变化，每2年测试一次控制的有效性

C. 如果拟信赖相关控制，每年测试控制的有效性

D. 如果相关控制不能恰当应对特别风险，应当就该事项与该公司治理层沟通

(3)在针对特别风险计划和实施进一步审计程序时，注册会计师黎明可能采取的做法有(　　)。

A. 仅实施控制测试

B. 仅实施实质性分析程序

C. 实施控制测试和实质性程序

D. 实施细节测试和实质性分析程序

2. A注册会计师是×公司2020年度财务报表审计业务的项目合伙人。通过对×公司及其环境的了解，发现×公司2020年度存在以下需要关注的事项。

(1)在2019年度实现销售收入增长10%的基础上，×公司董事会确定的2020年销售收入增长目标为20%。×公司管理层实行年薪制，总体薪酬根据上述目标的完成情况上下浮动。×公司所在行业2020年的销售增长率为10%。

(2)2020年12月初，×公司耗资500万元全面实现了会计电算化。为尽快适应信息技术环境，财务部门分期分批对全体财务人员进行了业务培训。

(3)×公司的1 000万元长期借款于2019年11月30日到期后，曾多次提出延长半

年还款,但债权银行仍于2018年初强行收回了贷款。

(4)2020年8月,由于开发商流动资金短缺,×公司委托某房地产开发公司承建的大型基建项目被迫停工,何时开工,尚难预料。

(5)自2020年10月起,×公司将主要产品交货方式由在×公司仓库收款交货改为运至客户指定交货地点交客户签收。

要求:假定上述第(1)至(5)项均为独立事项,逐项指出是否表明存在重大错报风险。如认为存在重大错报风险,请简要说明理由。

第三编

审计循环与报告

第九章　销售与收款循环审计

本章提示

学习目标　本章是审计实务中非常重要的内容。通过本章学习，学生应当了解和识别销售与收款循环相关的会计凭证、账户、主要经济业务活动，掌握销售与收款循环中内部控制的要点以及控制测试，掌握销售与收款循环审计的主要实质性程序及相关会计报表认定。

重要概念　销售与收款循环、内部控制、控制测试、实质性程序、积极式函证、消极式函证

引例

一、菲菲审计失败案例起因

北京京都会计师事务所有限责任公司是新中国本土执业最早和最具影响力的会计师事务所之一，它为中国主板市场30余家知名上市公司以及上千家大型国有企业、民营企业和外商投资企业提供了会计、审计、税务、资产评估和咨询服务。然而，这样一家“重量级”的会计师事务所，在对资产置入方菲菲农业进行审计时，却出现审计失败，受到中国证监会的行政处罚。

2002年1月22日，盛道包装（证券代码000769，2002年4月5日起公司名称更改为“菲菲农业”，2005年9月退市进入三板后证券代码为400046）发布公告称，拟以净值共计45 389.09万元的资产，与沈阳菲菲企业集团有限公司的相关资产置换，置入资产包括沈阳菲菲澳家房屋开发有限公司75%股权、沈阳菲菲澳家温室工程公司的全部资产和负债以及菲菲集团的四宗土地等，资产净值共计41 956.45万元。北京京都会计师事务所有限责任公司为该资产置换进行审计并出具了无保留意见审计报告。直到2003年1月中国证监会对菲菲农业违反证券法律、法规行为进行立案调查后，投资者才得知该资产置换存在惊人的舞弊行为。

第一，在2001年有关资产置换的关联交易公告及2002年定期报告中虚假披露资产4 774.09万元，净资产2 519.71万元。置入的农业公司的主要资产为在建工程，其中最大项目为人工湖。据农业公司账面记载，该公司共向沈阳通力达土石方工程处支付人工湖等项目的工程款4 340.56万元，均计入了“在建工程”，其中2 519.71万元由菲菲集团代付。但在菲菲集团账面上并没有相对应的付款记录，而且公司也未能提供任何付款凭

证。可见，农业公司在缺乏记账依据的情况下，记录增加“在建工程”账面价值 2 519.71 万元。2001 年 6 月，农业公司将包括上述款项在内的欠菲菲集团垫付的工程款又转增为菲菲集团对农业公司的投资，从而增加了实收资本。由此，公司在置换公告及 2002 年第一季度报告、半年度报告、第三季度报告和年度报告中虚增净资产（实收资本）2 519.71 万元。

第二，在 2001 年有关资产置换的关联交易公告中虚假披露收入 7 227.22 万元、利润 2 324.71 万元。经查，置入的房屋公司的主营业务收入均来自南园康居楼项目，主要以个人按揭贷款的方式销售。房屋公司采用虚假按揭贷款方式销售房屋 76 套（包括 5 个车库），2000 年 9 月—2001 年 9 月累积虚增收入 4 972.84 万元，虚增利润 1 818.12 万元。另经查，农业公司主营业务收入主要来源于为房屋公司、温室公司进行大小配套和土地平整的工程施工。截至 2001 年 9 月 30 日，农业公司为房屋公司施工的澳家庄园别墅小配套工程并未完工，实际成本发生额为 1 080.73 万元，农业公司却按全部完工确认营业收入 3 648.36 万元，结转营业成本 2 828.52 万元。经计算，其虚列主营业务收入 2 254.38 万元，虚增利润总额 506.59 万元，占所披露的该公司利润总额的 93.74%，导致在置换公告中虚假披露收入 2 254.38 万元，利润 506.59 万元。

第三，在 2002 年第一季度报告、半年度报告、第三季度报告及年度报告中虚假披露无形资产。盛道包装在置换公告中披露，置入资产中的四宗土地总地价 26 018.11 万元，其中 1 号地菲菲集团于 2000 年 8 月 14 日取得国有土地使用证，2 号、3 号、4 号三块土地菲菲集团仅取得土地权属证明。菲菲农业于 2002 年 3 月 29 日将上述土地使用权全部作为无形资产入账，在 2002 年第一季度报告、半年度报告、第三季度报告及年度报告中均将其作为该公司的无形资产披露。因此，菲菲农业在 2002 年第一季度报告中虚假披露无形资产 26 018.11 万元，在 2002 年半年度、第三季度和年度报告中虚假披露无形资产 17 707.31 万元（即三宗土地的土地使用权）。

（案例来源：《河南财政税务高等专科学校学报》杂志 2011 年 8 月号，有删改）

二、案例思考与讨论

1. 在本案例中，注册会计师审计存在哪些过失？
2. 在销售与收款循环审计中有哪些环节存在失误？

对交易和账户余额的实质性程序既可按财务报表项目，也可按业务循环组织实施。按财务报表项目组织实施的称为分项审计方法，按业务循环组织实施的称为循环审计方法。长期以来，审计人员对财务报告的审计常常是采取分项审计方法，一部分人员负责资产类账户，一部分人员负责负债和所有者权益账户，另一部分人员负责利润表项目。这种分工方式对于熟悉财务报表的人员来讲，分工十分清楚，便于对中小企业的审计。但其缺点是在企业组织越来越庞大、结构越来越复杂的情况下，这种审核方式容易使审计人员只见树木不见森林，且存在重复劳动，不利于提高工作效率和节约审计成本。因此，有必要采取按业务循环组织实施的循环审计方法。循环审计方法不仅可与按业务循

环进行的控制测试直接联系，加深审计人员对被审计单位经济业务的理解，而且便于审计人员的合理分工。将特定业务循环所涉及的财务报表项目分配给一个或数个审计人员，能够提高审计工作的效率与效果。一般而言，企业的经营活动可以划分为下列循环：销售与收款循环、采购与付款循环、生产与存货循环、筹资和投资循环。本章要讨论的内容是销售与收款循环的审计。销售与收款循环审计是四个业务循环审计中最为重要的一个环节，也是最容易出现错误和舞弊的环节。

第一节　销售与收款循环的概述

销售和收款循环是指企业以提供货物、服务或让渡资产使用权等来交换并收取经济利益的日常经营活动。对于制造业而言，其销售活动主要是提供货物，服务业等第三产业则主要提供服务。根据财务报表项目与业务循环的相关程度，销售与收款循环涉及的资产负债表项目主要包括应收票据、应收账款、长期应收款、预收账款、应交税费；所涉及的利润表项目主要包括营业收入、营业税金及附加、销售费用等。这一循环的特性，体现在所涉及的业务活动、凭证和记录，以及相关的内部控制与其他循环不同。

一、销售与收款循环的特性

销售与收款循环的特性主要体现在相关的业务活动、涉及的凭证与会计记录以及相关的内部控制与其他循环不同。

（一）销售与收款循环的主要业务活动

了解企业在销售与收款循环中的典型活动，对该业务循环的审计非常必要。这里我们简单地介绍一下销售与收款循环所涉及的主要业务活动。

1. 接受客户订购单

接受客户订购单是整个销售与收款循环的起点。客户订购单只有在符合企业管理层的授权标准时才能被接受。管理层一般设有已批准销售的客户名单，销售部门在决定是否同意接受某客户的订购单时，需要检查该客户是否在名单内。如果该客户未被列入名单，则通常需要由销售部门的主管来决定是否同意销售。

很多企业在批准了客户订购单之后，通常应编制一式多联的销售单。销售单是企业根据顾客订货单的相关内容填写的内部凭证，是销售方内部处理顾客订货单的依据。订单经批准后，销售部门还需要编制销售合同，提交销售部主管审核，并交更高的管理层审核批准，并与客户签订销售合同。销售单是证明销售交易的“发生”认定的凭据之一，也是此笔销售交易轨迹的起点之一。此外，由于客户订购单是来自外部的引发销售交易的文件之一，有时也能够为销售交易的“发生”认定提供补充证据。

2. 批准赊销信用

若是赊销业务，赊销批准是由信用管理部门根据管理层的赊销政策在每个顾客的已授权的信用额度进行的。信用管理部门的职员在收到销售单管理部门的销售单后，应将销售单与该顾客已被授权的赊销信用额度以及至今尚欠的账款余额加以比较。执行人工赊销信用检查时还应合理划分工作职责，以切实避免销售人员为扩大销售而使企业承受不适当的信用风险。

对于新顾客，企业应当进行信用调查，包括获取信用评审机构对顾客信用等级的评定报告。无论批准赊销与否，都要求被授权的信用管理部门人员在销售单上签署意见，然后再将已签署意见的销售单送回销售单管理部门。

设计信用批准控制的目的是降低坏账风险，因此，这些控制与应收账款账面余额的"准确性、计价和分摊"认定有关。

在使用信息系统实现自动控制的企业，订购单涉及的客户是否已被列入经批准的客户名单，以及赊销金额是否仍在信用额度内，这类控制往往通过系统设置得以实现。对于不满足条件的情形则要求管理层特别批准。

3. 根据销售单编制发运凭证并供货

企业管理层通常要求商品仓库只有在收到经过批准的销售单时才能供货。设立这项控制程序的目的是防止仓库在未经授权的情况下擅自发货。因此。已批准销售单一联，通常应送达仓库，作为仓库按销售单供货和发货给装运部门的授权依据。

信息系统可以协助企业在销售单得到发货批准后才能生成连续编号的发运凭证，并能按照设定的要求核对发运凭证与销售单之间相关内容的一致性。

4. 按销售单装运货物

将按经批准的销售单供货与按销售单装运货物职责相分离，有助于避免负责装运货物的职员在未经授权的情况下装运产品。此外，装运部门员工在装运之前，还必须进行独立验证，以确定从仓库提取的商品都附有经批准的销售单，并且，所提取商品的内容与销售单一致。

若符合要求，应填制装运凭证。装运凭证是指一式多联的、连续编号的提货单，可由电脑或人工编制。按序归档的装运凭证通常由装运部门保管。装运凭证提供了商品确实已装运的证据，因此，它是证实销售交易"发生"认定的另一种形式的凭据。而定期检查以确定在编制的每张装运凭证后均已附有相应的销售发票，则有助于保证销售交易"完整性"认定的正确性。

5. 向顾客开具发票

在发出货物的同时，企业会计部门需开具一式多联的事先连续编号的销售发票给顾客。与这项活动相关的问题是：①是否对所有装运的货物都开具了发票(即"完整性")；②是否只对实际装运的货物才开具发票，有无重复开具发票或虚开发票(即"发生")；③是否按已授权批准的商品价目表所列价格计价开具账单(即"准确性")。

为了降低开具账单过程中出现遗漏、重复、错误计价或其他差错的风险，应设立以下的控制程序。

(1)负责开发票的员工在开具每张销售发票之前，检查是否存在装运凭证和相应的经批准的销售单。

(2)依据已授权批准的商品价目表开具销售发票。

(3)独立检查销售发票计价和计算的正确性。

(4)将装运凭证上的商品总数与相对应的销售发票上的商品总数进行比较。

上述的控制程序有助于确保用于记录销售交易的销售发票的正确性。因此，这些控制与销售交易的“发生”“完整性”以及“准确性”认定有关。销售发票存根联联通常由开具发票部门保管。

信息系统也可以协助实现上述内部控制，在单证核对一致的情况下生成连续编号的销售发票，并对例外事项进行汇总，以供企业相关人员进行进一步的处理。

6. 记录销售

在手工会计系统中，记录销售的过程包括区分赊销、现销，按销售发票编制转账凭证或现金、银行存款收款凭证，据以登记营业收入明细账和应收账款/合同资产明细账或现金、银行存款日记账。记录销售的控制程序通常包括以下方面。

(1)只依据附有有效装运凭证和销售单的销售发票记录销售。这些装运凭证和销售单应能证明销售交易的发生及其发生的日期。

(2)使用事先连续编号的销售发票并对发票使用情况进行监控。

(3)独立检查已处理销售发票上的销售金额同会计记录金额的一致性。

(4)记录销售的职责应与处理销售交易的其他功能相分离。

(5)对记录过程中所涉及的有关记录的接触予以限制，以减少未经授权批准的记录发生。

(6)定期独立检查应收账款的明细账与总账的一致性。

(7)由不负责现金出纳和销售及应收账款记账的人员定期向客户寄发对账单，对不符事项进行调查，必要时调整会计记录，编制对账情况汇总报告并交管理层审核。

以上这些控制与“发生”“完整性”“准确性”以及“计价和分摊”认定有关。这里主要关心的问题是销售发票是否记录正确，并归属适当的会计期间。

7. 办理和记录现金、银行存款收入

这项活动涉及的是有关货款收回，现金、银行存款增加以及应收账款减少的活动。赊销款项收回时须登记货币资金日记账。若在折扣期内收回款项则需要处理现金折扣。在办理和记录现金、银行存款收入时，企业最应关心的是货币资金的安全。货币资金失窃或被侵占可能发生在货币资金收入登记入账之前或登记入账之后。处理货币资金收入时最重要的是要保证全部货币资金都必须如数、及时地记入库存现金、银行存款日记账或应收账款明细账，并如数、及时地将现金存入银行。企业通过出纳与现金记账的职责分离，现金盘点、编制银行存款余额调节表，定期向顾客发放对账单，使用汇款通知单等控制来实现上述目的。

8. 办理和记录销售退回、销售折扣与折让

顾客如果对商品不满意，销售企业一般都会同意接受退货，或给予一定的销售折让；顾客如果提前支付货款，销售企业则可能会给予一定的销售折扣。发生此类事项时，必须经销售部门授权批准并应确保办理此事的有关部门和职员各司其职，分别控制实物流程和会计处理。

9. 注销坏账

赊销方式下存在着货物发出，款项无法收回的可能性。无法收回的款项称为坏账。发生坏账时，相关部门如销售和会计部门须对该款项作出说明，并提出注销申请，经董事

会等管理部门批准后，会计方可注销坏账。

10. 提取坏账准备

坏账准备提取的数额必须能够弥补企业以后无法收回的本期销货额。

【单选题】下列认定中，与销售信用批准控制相关的是（　　）。

A. 准确性、计价和分摊　B. 发生　C. 权利和义务　D. 完整性

（二）涉及的主要凭证和会计记录

在内部控制比较健全的企业，处理销售与收款业务通常需要使用很多凭证和会计记录。典型的销售与收款循环所涉及的主要凭证和会计记录有以下几种。

1. 顾客订货单

顾客订货单即顾客提出的书面购货要求。实际工作中，企业经常没有规定格式的统一订货单，而是通过非正式的传真、电话或电子邮件说明购货意图。

2. 销售单

销售单是列示顾客所订商品的名称、规格、数量以及其他与顾客订货单有关的凭证，作为销售方内部处理顾客订货单的依据。

3. 出库单

仓库部门根据销售部门发出的销售通知单，在发出货物时需要填写出库单（多联），分别作为顾客提货、会计部门记录和仓库留存备查的依据。

4. 发运凭证

发运凭证即在发运货物时填制的，用以反映发出商品的名称、规格、数量和其他有关内容的凭据。发运凭证的一联留给客户，其余联（一联或数联）由企业保留，通常其中有一联由客户在收到商品时签署并返还给销售方，用作企业确认收入及向客户收取货款的依据。

5. 销售发票

销售发票是一种用来表明已销售商品的规格、数量、价格、销售金额、运费和保险费、开票日期、付款条件等内容的凭证，通常一式多联。以增值税发票为例，销售发票的两联（抵扣联和发票联）寄送给客户，一联由企业保留。销售发票是在会计账簿中登记销售交易的基本凭证。

6. 商品价目表

商品价目表是列示已经授权批准的、可供销售的各种商品的价格清单。

7. 贷项通知单

贷项通知单是一种用来表示由于销售退回或经批准的折让而导致应收货款减少的单据，其格式通常与销售发票的格式类似。

8. 现金解款单、进账单等银行收款单据

按照货币资金管理条例要求，企业收到的货币资金应全部存入银行。如现金存入银行，须填制现金解款单；若支票存入银行，须填制进账单；若购货方直接将货款汇至销售方银行账户，则银行以收款通知单形式告知销货方。这些单据均来自银行，销售方据此登记相关货币资金日记账。

9. 贷项通知单

贷项通知单是一种用来表示由于销售退回或经批准的折让而引起的应收销货款减少的凭证。在会计上确认退回和折让主要是依据销售方开出的红字发票。

10. 坏账审批表

坏账审批表是一种用来批准将某些应收款项注销为坏账的，仅在企业内部使用的凭证。这种事项属于不经常发生的业务，通常不设固定格式的单据。

11. 顾客对账单

客户对账单是一种定期寄送给客户的用于购销双方核对账目的文件。客户对账单上通常注明应收账款的期初余额、本期销售交易的金额、本期已收到的货款、贷项通知单的金额以及期末余额等内容。对账单可能是月度、季度或年度的，取决于企业的经营管理需要。

12. 相关的记账凭证、明细账与总账

包括转账凭证、收款凭证、库存现金日记账和银行存款日记账、应收账款明细账、主营业务收入明细账、折扣与折让明细账以及总账等。企业也可以不设置折扣与折让明细账，而将该类业务记录于主营业务收入明细账。

(三)销售与收款循环的关键内部控制

1. 适当的职责分离

适当的职责分离有助于防止各种有意或无意的错误。例如，主营业务收入账由记录应收账款之外的员工独立登记，并由另一位不负责账簿记录的员工定期调节总账和明细账；负责主营业务收入和应收账款记账的员工不得经手货币资金；赊销批准职能与销售职能的分离等。上述措施都可以达到相互牵制的效果。

为确保办理销售与收款业务的不相容岗位相互分离、制约和监督，一个企业销售与收款业务相关职责适当分离的基本要求通常包括：企业应当分别设立办理销售、发货、收款三项业务的部门(或岗位)；企业在销售合同订立前，应当指定专门人员就销售价格、信用政策、发货及收款方式等具体事项与客户进行谈判。谈判人员至少应有两人以上，并与订立合同的人员相分离；编制销售发票通知单的人员与开具销售发票的人员应相互分离；销售人员应当避免接触销货现款；企业应收票据的取得和贴现必须经由保管票据以外的主管人员书面批准。

注册会计师通过观察有关人员的活动以及与这些人员进行讨论，实施职责分离的控制测试。

2. 恰当的授权审批

销售交易必须经过恰当的授权审批。注册会计师应当关注以下四个关键点上的审批程序：第一，在销售发生之前，必须经过恰当的授权审批；第二，只有经过正当审批后才能发货；第三，销售价格、销售条件、运费、折扣等必须经过审批；第四，审批人应当在授权范围内进行审批，不得超越审批权限。前两项控制的目的在于防止企业因向虚构的或者无力支付货款的客户发货而蒙受损失；价格审批控制是为了确保销售交易按照企业定价政策规定的价格开票收款；对授权审批范围设定权限的目的则在于防止因审批人决策失误而造成严重损失。

注册会计师通过检查凭证上上述关键点是否经过恰当的审批，就可以测试出授权审批方面的内部控制的效果。

3. 充分的凭证和记录

充分的凭证和记录有助于企业执行各项控制以实现控制目标。例如，有的企业在收到客户订购单后，就立即编制一份预先编号的一式多联的销售单，分别用于批准赊销、审批发货、记录发货数量以及向客户开具发票等。在这种制度下，通过定期清点销售单和销售发票，漏开发票或漏记销售的情况就不太会发生。

4. 凭证的预先编号

预先对凭证进行编号，旨在防止销售以后忘记向客户开具发票或登记入账，也可防止重复开具发票或重复记账。当然，想要这一控制发挥作用，定期检查全部凭证的编号，并调查凭证缺号或重号的原因是关键。例如，由收款员对每笔销售开具发票后，将发运凭证按顺序归档，由另一名职员定期检查全部凭证的编号，看其编号是否连续，有无不正常的缺号或重号凭证。在目前信息技术得以广泛运用的环境下，凭证预先编号这一控制在很多情况下由系统执行，同时辅以人工的监控(例如，对系统生成的例外报告进行复核)。

5. 定期寄发对账单

由不负责现金出纳和销售及应收账款记账的人员定期向客户寄发对账单，能促使客户在发现应付账款余额不正确后及时反馈有关信息。为了使这项控制更加有效，最好将客户对账户余额提出的所有不符的账项，指定一位既不负责货币资金也不记录主营业务收入和应收账款账目的主管人员处理，然后由独立人员定期编制对账情况汇总报告并交管理层审阅。

6. 内部核查程序

由内部审计人员或其他独立人员核查销售与收款交易的处理和记录，是实现内部控制目标所不可缺少的一项控制措施，见表 9-1 所列。

表 9-1 内部核查程序

内部控制目标	内部核查程序举例
登记入账的销售交易是真实的	检查销售发票的连续性并检查所附的佐证凭证
销售交易均经适当审批	了解顾客的信用状况，确定是否符合企业的赊销政策
所有销售交易均已登记入账	检查发运凭证的连续性，并将其与主营业务收入明细账核对
登记入账的销售交易分类恰当	将登记入账的销售交易的原始凭证与会计科目表比较核对
销售交易的记录及时	检查开票员所保管的未开票发运凭证，确定是否包括所有应开票的发运凭证在内
销售交易已正确地记入明细账并经正确汇总	从发运凭证追查至主营业务收入明细账和总账

二、销售与收款循环的测试目标

(一)销售与收款循环的内部控制测试目标

1. 销售与收款循环内部控制的目标

企业内部控制规范及配套指引中明确提出销售与收款循环内部控制的目标包括如下方面。

(1)保证销售收入的真实性和合理性。销售获得的收入是对企业生产经营中发生耗费的补偿，为企业未来发展提供资金来源。加强对销售业务的控制，保证及时、准确地记录企业所发生的所有销售收入，完整地反映企业的销售全过程，防止少记、不记或漏记实现的销售收入或虚增销售收入，防止销售收入的货款被挪用或贪污。

(2)保证产品的安全、完整。交付已销售的产品应该数量准确，出库货物应同对方购买货物的订单或合同要求一致，运送产品应该保证产品在运输途中安全，保证质量不变、数量完整。

(3)保证销售折扣的适度性。销售折扣是企业信用政策中的一个重要组成部分，它是企业在得到一定利益的情况下放弃部分销售收入，是信用经济条件下的必然产物。通过加强对销售折扣的内部控制，主要是确定销售折扣的“度”，使销售折扣政策达到促进销售，及时收回货款的目的，防止销售折扣中以权谋私行为的发生。

(4)保证销售折让和退回的合理性与正确性。货物在运输中可能损坏、变质，或装运中出现数量或品种错误等情况，因而要给予客户一定的折让或发生货物退回。当这些情况发生时，企业要加强控制，检查其理由是否恰当，金额是否正确，保证折让和退回的手续完备，并在相关会计资料上予以体现。

(5)保证货款及时足额地收回。货款收回的控制，是销售控制中最关键的一点，如果货款无法及时收回，就会形成大批坏账，导致企业盈利的目标难以实现。企业只有加强对货款结算的控制，做好事前客户的信用调查和事后应收账款的催收工作，才能保证货款及时足额的收回。

2. 销售与收款循环内部控制测试的前提条件

当存在下列情形之一时，注册会计师应当对销售与收款循环设计和实施控制测试，针对相关控制运行的有效性，获取充分、适当的审计证据。

(1)在评估销售与收款循环认定层次重大错报风险时，预期控制的运行是有效的(即在确定实质性程序的性质、时间安排和范围时，注册会计师拟信赖控制运行的有效性)；

(2)仅实施实质性程序并不能够提供销售与收款循环认定层次充分、适当的审计证据。

3. 销售与收款循环内部控制测试的目标

结合内部控制的具体目标可知，在销售与收款循环注册会计师实施内部控制测试的目标是为了获取充分适当的证据，以证明相关内部控制运行是有效的。具体而言需要在以下几个方面获取充分、适当的审计证据。

(1)登记入账的销售交易确系已经发货给真实的客户。

(2)所有销售交易均已登记入账。

(3)登记入账的销售数量确系已经发货的数量,已正确开具账单并登记入账。

(4)销售交易的分类恰当。

(5)销售交易的记录及时。

(6)销售交易已经正确记入明细账,并经正确汇总。

(二)销售与收款循环实质性程序的目标

在销售与收款循环实施实质性程序的目的是通过收集证据评价在销售与收款循环是否存在认定层次的重大错报。

所实施的具体审计程序,将在后续内容做详细的介绍。

三、销售与收款循环重大错报风险

被审计单位可能有各种各样的收入来源,处于不同的控制环境和经营模式,存在复杂的合同安排,这些情况对收入交易的会计核算可能存在诸多影响。注册会计师应当考虑影响收入交易的重大错报风险,并对被审计单位经营活动中可能发生的重大错报风险保持警觉。

(一)收入交易和余额存在的重大错报风险

(1)收入确认存在的舞弊风险。

(2)收入的复杂性可能导致的错误。

(3)发生的收入交易未能得到准确记录。

(4)期末收入交易和收款交易可能未计入正确的期间,包括销售退回交易的截止错误。

(5)收款未及时入账或记入不正确的账户,因而导致应收账款的错报。

(6)应收账款坏账准备的计提不准确。

收入是利润的来源,直接关系到企业的财务状况和经营成果。有些企业往往为了达到粉饰财务报表的目的而采用虚增("发生"认定)或隐瞒收入("完整性"认定)等方式实施舞弊。在财务报表舞弊案件中,涉及收入确认的舞弊占有很大比例,收入确认已成为注册会计师审计的高风险领域。

下面重点说明对收入确认存在的舞弊风险的评估。

注册会计师在识别和评估与收入确认相关的重大错报风险时,应当基于收入确认存在舞弊风险的假定,评价哪些类型的收入、收入交易或认定导致舞弊风险。

假定收入确认存在舞弊风险,并不意味着注册会计师应当将与收入确认相关的所有认定都假定为存在舞弊风险。注册会计师需要结合对被审计单位及其环境的具体了解,考虑收入确认舞弊可能如何发生。例如,如果被审计单位预期难以达到下一年度的销售目标,而已经超额实现了本年度的销售目标,就可能倾向于将本期的收入推迟至下一年度确认,收入的截止认定存在舞弊风险的可能性较大,但不大可能同时提前确认收入。

如果注册会计师认为收入确认存在舞弊风险的假定不适用于业务的具体情况,从而未将收入确认作为由于舞弊导致的重大错报风险领域,注册会计师应当在审计工作底稿中记录得出该结论的理由。

(二)常用的收入确认舞弊手段

1. 为了达到粉饰财务报表的目的而虚增收入或提前确认收入

(1)虚构销售交易,包括:①在无存货实物流转的情况下,通过与其他方(包括已披露或未披露的关联方、非关联方等)签订虚假购销合同,虚构存货进出库,并通过伪造出库单、发运单、验收单等单据,以及虚开商品销售发票虚构收入;②在多方串通的情况下,通过与其他方(包括已披露或未披露的关联方、非关联方等)签订虚假购销合同,并通过存货实物流转、真实的交易单证票据和资金流转配合,虚构收入;③被审计单位根据其所处行业特点虚构销售交易。例如,从事网络游戏运营业务的被审计单位,以游戏玩家的名义,利用体外资金购买虚拟物品或服务,并予以消费,以虚增收入。

从是否涉及安排货款回笼的角度看,被审计单位可能通过两种方式掩盖虚构的收入。一种是虚构收入后无货款回笼,虚增的应收账款/合同资产通过日后不当计提减值准备或核销等方式加以消化。另一种方法相对复杂和隐蔽,被审计单位会使用货币资金配合货款回笼,并需要解决因虚构收入而带来的虚增资产或虚减负债问题。在这种情况下,虚构收入可能对许多财务报表项目均会产生影响,包括但不限于货币资金、应收账款/合同资产、预付款项、存货、长期股权投资、其他权益工具投资、固定资产、在建工程、无形资产、开发支出、短期借款、应付票据、应付账款、其他应付款、营业收入、营业成本、税金及附加、销售费用等。

被审计单位采用上述第二种方法虚构收入时,相应确认应收账款/合同资产,同时通过虚假存货采购套取其自有资金用于货款回笼,形成资金闭环。但通过虚假存货采购套取的资金金额可能小于虚构收入金额,或者对真实商品进行虚假销售而无须虚构存货,导致虚构收入无法通过上述方法套取的资金实现货款全部回笼,此时,被审计单位还可能采用如下手段:①通过虚假预付款项(预付商品采购款、预付工程设备款等)套取资金用于虚构收入的货款回笼。②虚增长期资产采购金额。被审计单位通过虚增对外投资、固定资产、在建工程、无形资产、开发支出等购买金额套取资金,用于虚增收入的货款回笼。形成的虚增长期资产账面价值,通过折旧、摊销或计提资产减值准备等方式在日后予以消化。③通过被投资单位套取投资资金。被审计单位将资金投入被投资单位,再从被投资单位套取资金用于虚构收入的货款回笼,形成的虚增投资账面价值通过日后计提减值准备予以消化。④通过对负债不入账或虚减负债套取资金。例如,被审计单位开具商业汇票给子公司,子公司将票据贴现后用于货款回笼。⑤伪造回款单据进行虚假货款回笼。采用这种方法通常会形成虚假货币资金。⑥对应收账款/合同资产不当计提减值准备。⑦被审计单位实际控制人或其他关联方将资金提供给被审计单位客户或第三方,客户或第三方以该笔资金向被审计单位支付货款。资金可能来源于被审计单位实际控制人或其他关联方的自有资金,也可能来源于对被审计单位的资金占用或通过被审计单位担保取得的银行借款。例如,被审计单位及其控股股东与银行签订现金管理账户协议,将被审计单位的银行账户作为子账户向控股股东集团账户自动归集,实现控股股东对被审计单位的资金占用,控股股东将该资金用于对被审计单位的货款回笼。又如,被审计单位以定期存款质押的方式为关联方提供担保,关联方取得借款后用于货款回笼。

需要注意的是,被审计单位在进行虚构收入舞弊时并不一定采用上述某一种方式,可能采用上述某几种方式的组合。例如，被审计单位生产非标准化产品，毛利率不具有可比性，可能无须虚构大量与虚增收入相匹配的存货采购交易，可以通过实际控制人或其他关联方的体外资金，或以虚增长期资产采购金额套取的资金实现货款回笼。

(2)进行显失公允的交易，包括：①通过与未披露的关联方或真实非关联方进行显失公允的交易。例如，以明显高于其他客户的价格向未披露的关联方销售商品。与真实非关联方客户进行显失公允的交易，通常会由实际控制人或其他关联方以其他方式弥补客户损失。②通过出售关联方的股权，使之从形式上不再构成关联方，但仍与之进行显失公允的交易，或与未来或潜在的关联方进行显失公允的交易。③与同一客户或同受一方控制的多个客户在各期发生多次交易，通过调节各次交易的商品销售价格，调节各期销售收入金额。

(3)在客户取得相关商品控制权前确认销售收入。例如，在委托代销安排下，在被审计单位向受托方转移商品时确认收入，而受托方并未获得对该商品的控制权。又如，在客户取得相关商品控制权前，通过伪造出库单、发运单、验收单等单据，提前确认销售收入。

(4)通过隐瞒退货条款，在发货时全额确认销售收入。

(5)通过隐瞒不符合收入确认条件的售后回购或售后租回协议，而将以售后回购或售后租回方式发出的商品作为销售商品确认收入。

(6)在被审计单位属于代理人的情况下，被审计单位按主要责任人确认收入。例如，被审计单位为代理商，在仅向购销双方提供帮助接洽、磋商等中介代理服务的情况下，按照相关购销交易的总额而非净额(佣金和代理费等)确认收入。又如，被审计单位将虽然签订购销合同但实质为代理的受托加工业务作为正常购销业务处理，按照相关购销交易的总额而非净额(加工费)确认收入。

(7)对于属于在某一时段内履约的销售交易，通过高估履约进度的方法实现当期多确认收入。

(8)当存在多种可供选择的收入确认会计政策或会计估计方法时，随意变更所选择的会计政策或会计估计方法。

(9)选择与销售模式不匹配的收入确认会计政策。

(10)通过调整与单独售价或可变对价等相关的会计估计，达到多计或提前确认收入的目的。

(11)对于存在多项履约义务的销售交易，未对各项履约义务单独进行核算，而整体作为单项履约义务一次性确认收入。

(12)对于应整体作为单项履约义务的销售交易，通过将其拆分为多项履约义务，达到提前确认收入的目的。

2. 为了达到报告期内降低税负或转移利润等目的而少计收入或推迟确认收入

(1)被审计单位在满足收入确认条件后，不确认收入，而将收到的货款作为负债挂账，或转入本单位以外的其他账户。

(2)被审计单位采用以旧换新的方式销售商品时，以新旧商品的差价确认收入。

(3)对于应采用总额法确认收入的销售交易，被审计单位采用净额法确认收入。

(4)对于属于在某一时段内履约的销售交易，被审计单位未按实际履约进度确认收

入,或采用时点法确认收入。

(5)对于属于在某一时点履约的销售交易,被审计单位未在客户取得相关商品或服务控制权时确认收入,推迟收入确认时点。

(6)通过调整与单独售价或可变对价等相关的会计估计,达到少计或推迟确认收入的目的。

《中国注册会计师审计准则问题解答第4号——收入确认》(2019年12月31日修订)特别强调收入的审计,并列举了各种收入舞弊的手法,这和实务中的舞弊类型中收入舞弊所占比重大是分不开的。近些年很多学者对上市公司舞弊类型进行了研究,其中黄世忠、叶钦华、徐珊(2019)教授对2007年至2018年6月87家涉及舞弊的上市公司的舞弊类型进行了统计,统计结果见表9-2所列:

表9-2 财务舞弊类型分布①

舞弊科目	舞弊家数	占比	舞弊科目	舞弊家数	占比
收入舞弊	57	65.52%	减值舞弊	7	8.05%
费用舞弊	23	26.44%	投资收益舞弊	8	9.20%
货币资金舞弊	20	22.99%	营业外收入舞弊	6	6.90%
成本舞弊	11	12.64%	其他舞弊	6	6.90%

注1:舞弊科目以影响主要会计科目为统计口径,如收入舞弊的同时引起成本及其他资产科目变动,本书仅统计收入科目。

注2:一家公司可能涉及多种舞弊类型,如同时进行收入虚增和费用虚减,二者之间相互独立,则分别作为舞弊科目统计。

由上表可以发现收入舞弊成为财务舞弊的"重灾区",占比为65.52%。可见,能否把收入审清楚是注册会计师审计的关键。所以,注册会计师除了要了解收入舞弊有哪些手法,还要知道哪些迹象可能表明上市公司对收入进行了舞弊。

(三)表明被审计单位在收入确认方面可能存在舞弊风险的迹象

舞弊风险迹象,是注册会计师在实施审计过程中发现的、需要引起对舞弊风险警觉的事实或情况。存在舞弊风险迹象并不必然表明发生了舞弊,但了解舞弊风险迹象,有助于注册会计师对审计过程中发现的异常情况产生警觉,从而更有针对性地采取应对措施。注册会计师保持职业怀疑,充分了解被审计单位业务模式并理解业务逻辑,有助于识别舞弊风险迹象。例如,被审计单位的产品具有一定的销售半径,如果存在超出销售半径而没有合理商业理由的销售交易,则可能表明被审计单位存在收入舞弊风险。又如,被审计单位技术水平处于行业中端,但高端产品占销售收入比重较大,可能表明被审计单位存在收入舞弊风险。

通常表明被审计单位在收入确认方面可能存在舞弊风险的迹象包括如下方面。

① 黄世忠,叶钦华,徐珊:上市公司财务舞弊特征分析——基于2007年至2018年6月期间的财务舞弊样本[J].财务与会计,2019(10):24-28.

1. 销售客户方面出现异常情况

(1)销售情况与客户所处行业状况不符。例如,客户所处行业景气度下降,但对该客户的销售出现增长;又如,销售数量接近或超过客户所处行业的需求。

(2)与同一客户同时发生销售和采购交易,或者与同受一方控制的客户和供应商同时发生交易。

(3)交易标的对交易对方而言不具有合理用途。

(4)主要客户自身规模与其交易规模不匹配。

(5)与新成立或之前缺乏从事相关业务经历的客户发生大量或大额的交易,或者与原有客户交易金额出现不合理的大额增长。

(6)与关联方或疑似关联方客户发生大量或大额交易。

(7)与个人、个体工商户发生异常大量的交易。

(8)对应收款项/合同资产账龄长、回款率低或缺乏还款能力的客户,仍放宽信用政策。

(9)被审计单位的客户是否付款取决于下列情况:能否从第三方取得融资、能否转售给第三方(如经销商)、被审计单位能否满足特定的重要条件。

(10)直接或通过关联方为客户提供融资担保。

2. 销售交易方面出现异常情况

(1)在临近期末时发生了大量或大额的交易。

(2)实际销售情况与订单不符,或者根据已取消的订单发货或重复发货。

(3)未经客户同意,在销售合同约定的发货期之前发送商品或将商品运送到销售合同约定地点以外的其他地点。

(4)被审计单位的销售记录表明,已将商品发往外部仓库或货运代理人,却未指明任何客户。

(5)销售价格异常。例如,明显高于或低于被审计单位和其他客户之间的交易价格。

(6)已经销售的商品在期后有大量退回。

(7)交易之后长期不进行结算。

3. 销售合同、单据方面出现异常情况

(1)销售合同未签字盖章,或者销售合同上加盖的公章并不属于合同所指定的客户。

(2)销售合同中重要条款(例如,交货地点、付款条件)缺失或含糊。

(3)销售合同中部分条款或条件不同于被审计单位的标准销售合同,或过于复杂。

(4)销售合同或发运单上的日期被更改。

(5)在实际发货之前开具销售发票,或实际未发货而开具销售发票。

(6)记录的销售交易未经恰当授权或缺乏出库单、货运单、销售发票等证据支持。

4. 销售回款方面出现异常情况

(1)应收款项收回时,付款单位与购买方不一致,存在较多代付款的情况。

(2)应收款项收回时,银行回单中的摘要与销售业务无关。

(3)对不同客户的应收款项从同一付款单位收回。

(4)经常兼用多方债权债务抵销的方式抵销应收款项。

5. 被审计单位通常会使用货币资金配合收入舞弊，注册会计师需要关注资金方面出现的异常情况

(1)通过虚构交易套取资金。

(2)发生异常大量的现金交易，或被审计单位有非正常的资金流转及往来，特别是有非正常现金收付的情况。

(3)在货币资金充足的情况下仍大额举债。

(4)被审计单位申请公开发行股票并上市，连续几个年度进行大额分红。

(5)工程实际付款进度明显快于合同约定付款进度。

(6)与关联方或疑似关联方客户发生大额资金往来。

6. 其他方面出现异常情况

(1)采用异常于行业惯例的收入确认方法。

(2)与销售和收款相关的业务流程、内部控制发生异常变化，或者销售交易未按照内部控制制度的规定执行。

(3)非财务人员过度参与与收入相关的会计政策的选择、运用以及重要会计估计的作出。

(4)通过实施分析程序发现异常或偏离预期的趋势或关系。

(5)被审计单位的账簿记录与询证函回函提供的信息之间存在重大或异常差异。

(6)在被审计单位业务或其他相关事项未发生重大变化的情况下，询证函回函相符比例明显异于以前年度。

(7)被审计单位管理层不允许注册会计师接触可能提供审计证据的特定员工、客户、供应商或其他人员。

需要注意的是，以上情况并未穷尽实务中存在舞弊风险的迹象，被审计单位存在列举的某一迹象也并不意味着其在收入确认方面一定存在舞弊风险，注册会计师应当结合对被审计单位及其环境的了解，在审计过程中对异常情况保持高度警觉和职业怀疑，在此基础上运用职业判断确定被审计单位在收入确认方面是否可能存在舞弊风险。

(四)对收入确认实施分析程序

在收入确认领域实施审计程序时，分析程序是一种较为有效的方法，注册会计师需要重视并充分利用分析程序，发挥其在识别收入确认舞弊中的作用。在设计分析程序时，注册会计师需要在充分了解被审计单位及其环境的基础上，识别与收入相关的财务数据和其他财务数据、非财务数据之间存在的关系，以提升实施分析程序的效果。基于被审计单位的业务性质，可以采用不同的数据指标分析。例如，餐饮业可以考虑翻台率，游戏直播行业可以考虑单客充值金额、实际在线时间等。

通过实施分析程序，注册会计师可能识别出未注意到的异常关系，或通过其他审计程序难以发现的变动趋势，从而有目的、有针对性地关注可能发生重大错报风险的领域，有助于评估重大错报风险，为设计和实施应对措施奠定基础。例如，如果注册会计师发现被审计单位不断地为完成销售目标而增加销售量，或者大量的销售因不能收现而导致应收账款大量增加，需要对销售收入的真实性予以额外关注；如果注册会计师发现被审计单位临近期末销售量大幅增加，需要警惕被审计单位将下期收入提前确认或虚假销售的可能性；如果注册会计师发现单笔大额收入能够减轻被审计单位盈利方面的压力，或使被审计单位完成销售目标，需要警惕被审计单位虚构收入的可能性。

如果发现异常或偏离预期的趋势或关系，注册会计师需要认真调查其原因，评价是否表明可能存在由于舞弊导致的重大错报风险。涉及临近期末收入和利润的异常关系尤其值得关注，例如，在报告期的最后几周内记录了不寻常的大额收入或异常交易。注册会计师可能采取的调查方法举例如下。

（1）如果注册会计师发现被审计单位的毛利率变动较大或与所在行业的平均毛利率差异较大，注册会计师可以采用定性分析与定量分析相结合的方法，从行业及市场变化趋势、产品销售价格和产品成本要素等方面对毛利率变动的合理性进行调查。

（2）如果注册会计师发现应收账款余额较大，或其增长幅度高于销售收入的增长幅度，注册会计师需要分析具体原因（如赊销政策和信用期限是否发生变化等），并在必要时采取恰当的措施，如扩大函证比例、增加截止测试和期后收款测试的比例、使用与前期不同的抽样方法、实地走访客户等。

（3）如果注册会计师发现被审计单位的收入增长幅度明显高于管理层的预期，可以询问管理层的适当人员，并考虑管理层的答复是否与其他审计证据一致。例如，如果管理层表示收入增长是销售量增加所致，注册会计师可以调查与市场需求相关的情况。

在收入确认领域，注册会计师可以借助数据分析技术。

第二节　针对重大错报风险实施的进一步审计程序

注册会计师在对销售与收款循环进行重大错报风险评估的基础上，制定实施进一步审计程序的总体方案，进一步审计程序的总体方案包括综合性方案和实质性方案。继而实施控制测试和实质性程序，以应对识别出的认定层次的重大错报风险。

评估的重大错报风险程度不同，实施的进一步审计程序的总体方案也可能不同。注册会计师通过控制测试和实质性程序获取的审计证据综合起来应足以应对识别出的认定层次的重大错报风险。例如注册会计师通过风险评估认为存在“销售收入可能未真实发生的风险”，而且这种风险是特别风险，同时认为内部控制是可以依赖的，则进一步审计程序的方案可能采用综合性方案，计划从控制测试中获取比较高的保证，同时从实质性程序中获取中等保证，总的来说，进一步审计程序可以应对识别出来的特别风险。

一、销售与收款循环的控制测试

只有当认为控制设计合理、能够防止或发现并纠正认定层次的重大错报时，注册会计师才有必要对控制运行的有效性实施测试。如果客户的相关内部控制不存在，或相关内部控制尽管存在但设计不合理，不能防止或发现并纠正认定层次的重大错报，或者虽设计合理但未得到执行，则注册会计师不应再继续实施控制测试，而应直接实施实质性程序。

在审计实务中，注册会计师可以考虑以被审计单位的内部控制目标为起点实施控制

测试,也可以考虑以风险为起点实施控制测试。

以内部控制目标和相关认定为起点的常用控制测试程序见表 9-3 所列。

表 9-3　销售业务的内部控制目标、关键内部控制、常用控制测试、实质性程序一览表

内部控制目标	关键内部控制	常用的控制测试	常用的交易实质性程序
登记入账的销售交易确系已经发货给真实的顾客(发生)	销售交易是以经过审核的发运凭证及经过批准的顾客订货单为依据登记入账的	检查销售发票副联是否附有发运凭证(或提货单)及顾客订货单	复核主营业务收入总账、明细账以及应收账款明细账中的大额或异常项目
	在发货前,顾客的赊购已经被授权批准	检查顾客的赊购是否经授权批准	追查主营业务收入明细账中的分录至销售单、销售发票副联及发运凭证
	销售发票均经事先编号并已恰当地登记入账	检查销售发票连续编号的完整性	将发运凭证与存货永续记录中的发运分录进行核对
	每月向顾客寄送对账单,对顾客提出的意见做专门追查	观察是否寄发对账单并检查顾客回函档案	将主营业务收入明细账中的分录与销售单中的赊销审批和发运审批进行核对
所有销售交易均已登记入账(完整性)	发运凭证(或提货单)均经事先编号并已经登记入账	检查发运凭证连续编号的完整性	将发运凭证与相关的销售发票和主营业务收入明细账及应收账款明细账中的分录进行核对
	销售发票均经事先编号并已登记入账	检查销售发票连续编号的完整性	
登记入账的销售数最确系已发货的数最,已正确开具账单并登记人账(计价和分摊)	销售价格、付款条件、运费和销售折扣的确定已经适当的授权批准	检查销售发票是否经适当的授权批准	复算销售发票上的数据、追查主营业务收入明细账中的分录至销售发票
	由独立人员对销售发票的编制作内部核查	检查有关凭证上的内部核查标记	追查销售发票上的详细信息至发运凭证、经批准的商品价目表和顾客订货单
销货业务的分类正确(分类)	采用适当的会计科目表	检查会计科目表是否适当	检查证明销售交易分类正确的原始证据
	内部复核和核查	检查有关凭证上内部复核和核查的标记	
销售交易的记录及时(截止)	采用尽量能在销售发生时开具收款账单和登记入账的控制方法	检查尚未开具收放账单的发货和尚未登记入账的销售交易	将销售交易登记入账的日期与发运凭证的日期比较核对
	内部核查	检查有关凭证上内部核查的标记	

（续表）

内部控制目标	关键内部控制	常用的控制测试	常用的交易实质性程序
销售交易已经正确地记入明细账并经正确汇总（准确性、计价和分摊）	每月定期给顾客寄送对账单	观察对账单是否已经寄出	将主营业务收入明细账加总，追查其至总账的过账
	由独立人员对应收账款明细账作内部核查	检查内部核查标记	
	将应收账款明细账余额合计数与其总账余额进行比较	检查将应收账款明细账余额合计数与其总账余额进行比较的标记	

审计人员应当针对每个具体的内部控制目标确定关键的内部控制，并对其实施相应的控制测试。

在控制测试完成之后，审计人员应当依据执行控制测试程序后的结果，对销售和收款循环的内部控制作出全面评估。若评估结果认为某一环节内部控制无法信赖或不健全，则说明该环节的控制风险高，在固有风险不变情况下，为保证最终审计风险处于可以接受水平内，审计人员需要修改已经制订的审计计划中与此会计科目相关的具体审计程序，扩大审计范围，增加审计测试的样本量。当然，若评估结果良好，则可以适当地缩小审计范围，减少测试的样本量。

风险评估和风险应对是整个审计过程的核心，因此，注册会计师通常以识别的重大错报风险为起点，选取拟测试的控制并实施控制测试。

表 9－4 以订单处理和销售的信用控制、发货两个环节为例，列示以风险为起点的控制测试。

表 9－4　以风险为起点的内部控制测试举例

可能发生错报的环节	存在的内部控制（自动）	存在的内部控制（人工）	相关的控制测试程序
订单处理和销售的信用控制			
可能向没有获得赊销授权或超过了其信用额度的客户赊销	订购单上的客户代码与应收账款主文档记录的代码一致。目前未偿付余额加上本次销售额在信用限额范围内。上述两项均满足才能生成销售单	对于不在主文档中的客户或是超过信用额度的客户订购单，需要经过适当授权批准，才可生成销售单	询问员工销售单的生成过程，检查是否所有生成的销售单均有对应的客户订购单为依据。检查系统中自动生成销售单的生成逻辑，是否确保满足了客户范围及其信用控制的要求。对于系统外授权审批的销售单，检查是否经过适当批准

（续表）

可能发生错报的环节	存在的内部控制（自动）	存在的内部控制（人工）	相关的控制测试程序
发运商品			
可能在没有批准发货的情况下发出商品	当客户销售单在系统中获得发货批准时，系统自动生成连续编号的发运凭证	只有当附有经批准的销售单和发运凭证时，保安人员才能放行	检查系统内发运凭证的生成逻辑以及发运凭证是否连续编号； 询问并观察发运时保安人员的放行检查
发运商品与客户销售单可能不一致	系统将发运凭证中所有准备发出的商品与销售单上的商品种类和数量进行比对。打印种类或数量不符的例外报告，并暂缓发货	管理层复核例外报告和暂缓发货的清单，并解决问题	检查例外报告和暂缓发货的清单
已发出商品可能与发运凭证上的商品种类和数量不符	—	商品打包发运前，装运部门对商品和发运凭证内容进行独立核对，并在发运凭证上签字以示商品已与发运凭证核对且种类和数量相符。客户要在发运凭证上签字以作为收到商品且商品与订购单一致的证据	检查发运凭证上相关员工及客户的签名，作为发货一致的证据
已销售商品可能未实际发运给客户	—	客户要在发运凭证上签字以作为收到商品且商品与订购单一致的证据	检查发运凭证上客户的签名，作为收货的证据

表9-4只列示了发货环节和订单处理环节可能存在的风险，以及以该风险为起点的控制测试。但在实务中，因被审计单位所处行业不同、规模不一、内部控制制度的设计和执行方式不同，以前期间接受审计的情况也各不相同，注册会计师需要从实际出发，设计适合被审计单位具体情况的实用高效的控制测试计划。

二、销售与收款循环的实质性程序

在审计过程中，很多实质性程序实施的目标与控制测试是一致的，因此，有的程序是否实施要取决于内部控制的健全程度和控制测试的结果。在审计过程中确定恰当的销售循环交易实质性程序是比较困难的，因为它总是随着不同的审计项目而改变。以下介绍一些常用的交易实质性测试程序，需要说明的是，有些测试程序可以实现多项审计目标。如果我们将同一审计目标下的控制测试与交易业务实质性测试程序相比较，可以清楚地发现，控制测试比较容易进行，花费时间较少，成本较低，而业务实质性测试所花费时间则明显增加，因此，如果内部控制有效，可以减少业务实质性测试的样本量，即降低了审计成本。我们同样分别对销售业务与收款业务的实质性程序进行介绍。

(一)销售业务的实质性程序

1. 登记入账的销售交易是真实的

对这一目标，审计人员一般关心三类错误的可能性：一是未曾发货却已将销售交易登入账；二是销售交易重复入账；三是向虚构的顾客发货，并作为销售交易登记入账。前两类错误可能是有意的，也可能是无意的，而第三类错误肯定是有意的。不难想象，将不真实的销售登记入账的情况虽然极少，但其后果很严重，因为这会导致高估资产和收入。

鉴别高估销售究竟是有意还是无意的，这一点非常关键。尽管无意的高估也会导致应收账款的明显增多，但审计人员通常可以通过函证轻易发觉。对于有意的高估就不同了，由于作假者试图加以隐瞒，审计人员较难发现。在这种情况下，审计人员就有必要制定并实施适当的实质性程序以发现这种有意的高估。

如何以恰当的实质性程序来发现不真实的销售，取决于审计人员认为可能在何处发生错误。对"发生"这一目标而言，审计人员通常只在认为内部控制有弱点时，才实施实质性程序。因此，测试的性质取决于潜在的控制弱点的性质。

(1)针对未曾发货却已将销售交易登记入账这类错误的可能性，审计人员可以从主营业务收入明细账中抽取若干笔分录，追查有无发运凭证及其他佐证，借以查明有无事实上没有发货却已登记入账的销售交易。如果审计人员对发运凭证等的真实性也有怀疑，就可能有必要再进一步追查存货的永续盘存记录，测试存货余额有无减少。

(2)针对销售交易重复入账这类错误的可能性，审计人员可以通过检查企业的销售交易记录清单以确定是否存在重号、缺号。

(3)针对向虚构的顾客发货并作为销售交易登记入账这类错误发生的可能性，审计人员应当检查主营业务收入明细账中与销售分录相应的销货单，以确定销售是否履行赊销批准手续和发货审批手续。

检查上述三类高估销售错误的可能性的另一有效的办法是追查应收账款明细账中贷方发生额的记录。如果应收账款最终得以收回货款或者由于合理的原因收到退货，则记录入账的销售交易一开始通常是真实的；如果贷方发生额是注销坏账，或者直到审计时所欠货款仍未收回，就必须详细追查相应的发运凭证和顾客订货单等，因为这些迹象都说明可能存在虚构的销售交易。

当然，只有在审计人员认为由于缺乏足够的内部控制而可能出现舞弊时，才有必要实施上述实质性程序。

2. 已发生的销售交易均已登记入账

销售交易的审计一般偏重于检查高估资产与收入的问题，因此，通常无须对完整性目标实施交易实质性程序。但是，如果内部控制不健全，比如被审计单位没有由发运凭证追查至主营业务收入明细账这一独立内部核查程序，就有必要实施交易实质性程序。

从发货部门的档案中选取部分发运凭证，并追查至有关的销售发票副本和主营业务收入明细账是测试未开票的发货的一种有效程序。为使这一程序成为一项有意义的测试,审计人员必须能够确信全部发运凭证均已归档,这一点可以通过检查凭证的编号顺序来查明。

由原始凭证追查至明细账与从明细账追查至原始凭证是有区别的:前者用来测试遗漏的交易("完整性"目标),后者用来测试不真实的交易("发生"目标)。

测试发生目标时,起点是明细账,即从主营业务收入明细账中抽取一个发票号码样本,追查至销售发票存根、发运凭证以及顾客订货单;测试完整性目标时,起点应是发货凭证,即从发运凭证中选取样本,追查至销售发票存根和主营业务收入明细账,以测试是否存在遗漏事项。

设计发生目标和完整性目标的审计程序时,确定追查凭证的起点即测试的方向很重要。例如,审计人员如果关心的是发生目标,但弄错了追查的方向(即由发运凭证追查至明细账),就属于严重的审计缺陷。

在测试其他目标时,方向一般无关紧要。例如,测试交易业务计价的准确性时,可以由销售发票追查发运凭证,也可以反向追查。

3. 登记入账的销售交易均经正确计价

销售交易计价的准确性包括:按订货数量发货,按发货数量准确地开具账单以及将账单上的数额准确地记入会计账簿。对这三个方面,每次审计中一般都要实施实质性程序,以确保其准确无误。

典型的实质性程序包括复算会计记录中的数据。通常的做法是,以主营业务收入明细账中的会计分录为起点,将所选择的交易业务的合计数与应收账款明细账和销售发票存根进行比较核对。销售发票存根上所列的单价,通常还要与经过批准的商品价目表进行比较核对,其金额小计和合计数也要进行复算。发票中列出的商品的规格、数量和顾客代号等,则应与发运凭证进行比较核对。另外,往往还要审核顾客订货单和销售单中的同类数据。

将计价准确性目标中的控制测试和实质性程序作一比较,便可作为例证来说明有效的内部控制如何节约了审计时间。很明显,计价目标的控制测试几乎不花多少时间,因为只须审核一下签字或者其他内部核查的证据即可。内部控制如果有效,实质性程序的样本量便可以减少,审计成本也因控制测试的成本较低而将大为降低。

4. 登记入账的销售交易分类恰当

如果销售分为现销和赊销两种,应注意不要在现销时借记应收账款,也不要在收回应收账款时贷记主营业务收入,同样不要将营业资产的销售(例如固定资产销售)混作正常销售。对那些采用不止一种销售分类的企业,例如需要编制分部报表的企业来说,正确的分类极其重要。

销售分类恰当的测试一般可与计价准确性测试一并进行。审计人员可以通过审核原始凭证确定具体交易业务的类别是否恰当,并以此与账簿的实际记录作比较。

5. 销售交易的记录及时

发货后应尽快开具账单并登记入账,以防止无意漏记销货业务,确保它们记入正确的会计期间。在执行计价准确性实质性测试程序的同时,一般要将所选取的提货单或其他发运凭证的日期与相应的销售发票存根、主营业务收入明细账和应收账款明细账上的日期作比较。如有重大差异,就可能存在销售截止期限上的错误。

6. 销售交易已经正确地记入明细账并经正确汇总

应收账款明细账的记录若不正确,将影响被审计单位收回应收账款的能力,因此,将全部赊销业务正确地记入应收账款明细账极为重要。同理,为保证财务报表准确,主营业务收入明细账必须正确地加总并过入总账。在多数审计中,通常都要加总主营业务收入明细账数,并将加总数和一些具体内容分别追查至主营业务收入总账和应收账款明细账或现金、银行存款日记账等测试方法,以检查在销货过程中是否存在有意或无意的错报问题。不过这一测试的样本量要受内部控制的影响。从主营业务收入明细账追查至应收账款明细账,一般与为实现其他审计目标所作的测试一并进行;而将主营业务收入明细账加总,并追查、核对加总数至其总账,则应作为单独的一项测试程序来执行。

(二)收款业务的实质性程序

与销售交易测试一样,收款交易的实质性程序的范围,在一定程度上要取决于关键控制是否存在以及控制测试的结果。由于销售与收款业务同属一个循环,在经济活动中密切相连,因此,收款交易的一部分测试可与销售交易的测试一并执行,但收款交易的特殊性又决定了其另一部分测试仍需单独实施。我们将在后续的报表项目审计中深入讨论。

三、营业收入实质性程序

(一)营业收入的审计目标

营业收入项目核算企业在销售商品、提供劳务等主营业务活动中所产生的收入,以及企业确认的除主营业务活动以外的其他经营活动实现的收入,包括出租固定资产、出租无形资产、出租包装物和商品、销售材料、用材料进行非货币性交换(非货币性资产交换具有商业实质且公允价值能够可靠计量)或债务重组等实现的收入。其审计目标一般包括:确定记录的营业收入是否已发生,且与被审计单位有关;确定营业收入记录是否完整;确定与营业收入有关的金额及其他数据是否已恰当记录,包括对销售退回、销售折扣与折让的处理是否适当;确定营业收入是否已记录于正确的会计期间;确定营业收入记录于恰当的账户;确定营业收入已被恰当地汇总或分解且表述清楚,按照企业会计准则的规定在财务报表中作出的相关披露是相关的、可理解的。

需要强调的是,这些审计目标以及我们以下要讨论的实质性程序并不是一成不变的。审计人员在审计过程中应当视具体情况,运用专业判断进行增删。营业收入包括主营业务收入和其他业务收入,下面仅就主营业务收入介绍其常见的实质性程序。

(二)主营业务收入的实质性程序

1. 获取营业收入明细表后执行的工作

(1)复核加计是否正确,并与总账数和明细账合计数核对是否相符。

(2)检查以非记账本位币结算的主营业务收入使用的折算汇率及折算是否正确。

2. 实施实质性分析程序

(1)针对已识别需要运用分析程序的有关项目,并基于对被审计单位及其环境的了

解，通过进行以下比较，同时考虑有关数据间关系的影响，以建立有关数据的期望值。①将本期销售收入金额与以前可比期间的对应数据或预算数进行比较。②分析销售收入与销售费用之间的关系，包括销售人员的人均业绩指标、销售人员薪酬、广告费、差旅费，以及销售机构的设置、规模、数量、分布等。③将销售毛利率、应收账款/合同资产周转率、存货周转率等关键财务指标与可比期间数据、预算数或同行业其他企业数据进行比较。④分析销售收入等财务信息与投入产出率、劳动生产率、产能、水电能耗、运输数量等非财务信息之间的关系。⑤将销售收入变动幅度与销售商品及提供劳务收到的现金、应收账款/合同资产、存货、税金等项目的变动幅度进行比较。⑥分析月度或季度销售量、销售单价、销售收入金额、毛利率变动趋势。⑦将账面销售收入、销售清单和销售增值税销项清单进行核对。

(2)确定可接受的差异额。

(3)将实际金额与期望值相比较，计算差异。

(4)如果差异额超过确定的可接受差异额，调查并获取充分的解释和恰当的、佐证性质的审计证据(如通过检查相关的凭证等)。需要注意的是，如果差异超过可接受差异额，注册会计师需要对差异额的全额进行调查证实，而非仅针对超出可接受差异额的部分。

(5)评价实质性分析程序的结果。

3. 检查主营业务收入确认方法是否符合企业会计准则的规定

根据《企业会计准则第 14 号——收入》的规定，企业应当在履行了合同中的履约义务，即在客户取得相关商品控制权时确认收入。取得相关商品控制权，是指能够主导该商品的使用并从中获得几乎全部的经济利益。

当企业与客户之间的合同同时满足下列条件时，企业应当在客户取得商品控制权时确认收入。

(1)合同各方已批准该合同并承诺将履行各自义务。

(2)该合同明确了合同各方与所转让商品或提供劳务相关的权利和义务。

(3)该合同有明确的与所转让的商品相关的支付条款。

(4)该合同具有商业实质，即履行该合同将改变企业未来现金流量的风险、时间分布或金额。

(5)企业因向客户转让商品而有权取得的对价很可能收回。

对于在某一时段内履行的履约义务，企业应当在该段时间内按照履约进度确认收入。当履约进度能够合理确定时，采用产出法或投入法确定恰当的履约进度。当履约进度不能合理确定时，企业已经发生的成本预计能够得到补偿的，应当按照已经发生的成本金额确认收入，直到履约进度能够合理确定为止。

对于在某一时点履行的履约义务，企业应当在客户取得相关商品的控制权时确认收入。在判断客户是否已取得商品控制权时，企业应当考虑下列迹象。

(1)企业就该商品享有现时收款权利，即客户就该商品负有现时付款义务；

(2)企业已将该商品的法定所有权转移给客户，即客户已拥有该商品的法定所有权；

(3)企业已将该商品实物转移给客户，即客户已实物占有该商品；

(4)企业已将该商品所有权上的主要风险和报酬转移给客户，即客户已取得该商品所有权上的主要风险和报酬；

(5)客户已接受该商品；

(6)其他表明客户已取得商品控制权的迹象。

因此，注册会计师在了解被审计单位商业模式和确认收入的会计政策基础上，重点测试被审计单位是否按照其既定的会计政策确认收入。

注册会计师通常对所选取的交易，检查销售合同及与履行合同相关的单据和文件记录，而对于某些特定的收入交易，注册会计师可能还需要根据被审计单位的具体情况和重大错报风险的评估结果，评价收入确认方法是否符合企业会计准则的规定。

(1)对于附有销售退回条款的销售，评价对退回部分的估计是否合理，确定其是否按照因向客户转让商品而预期有权收入的对价金额(即不包含预期因销售退回将退还的金额)确认收入。

(2)对于附有质量保证条款的销售，评价该质量保证是否在向客户保证所销售商品符合既定标准之外提供了一项单独的服务，如果是额外的服务，是否作为单项履约义务会计处理。

(3)对于售后回购交易，评价回购安排是否属于远期安排，企业拥有回购选择权还是客户拥有回售选择权等因素，确定企业是否根据不同的安排进行了恰当的会计处理。

本章假定被审计单位在某一时点履行履约义务，在商品发运至客户并签收时确认收入(客户在该时点取得对商品的控制权)。

4. 检查交易价格

交易价格，指企业因向客户转让商品而预期有权收取的对价金额。由于合同标价不一定代表交易价格，被审计单位需要根据合同条款，并结合以往的习惯做法等确定交易价格。注册会计师针对交易价格的实质性程序通常如下所列。

(1)询问管理层对交易价格的确定方法，在确定时管理层如何考虑可变对价、合同中存在的重大融资成分、非现金对价、应付客户对价等因素的影响。

(2)选取和阅读部分合同，确定合同条款是否表明需要将交易价格分摊至各单项履约义务，以及合同中是否包含可变对价、非现金对价、应付客户对价以及重大融资成分等。

(3)检查管理层的处理是否恰当，例如，测试管理层对非现金对价公允价值的估计。

5.“发生”认定

检查与收入交易相关的原始凭证与会计分录。以主营业务收入明细账中的会计分录为起点，检查相关原始凭证，如订购单、销售单、发运凭证、发票等，评价已入账的营业收入是否真实发生(“发生”认定)。检查订购单和销售单，用以确认存在真实的客户购买要求，销售交易已经过适当的授权批准。销售发票存根上所列的单价，通常还要与经过批准的商品价目表进行比较核对，对其金额小计和合计数也要进行复算。发票中列出的商品的规格、数量和客户代码等，则应与发运凭证进行比较核对，尤其是由客户签收商品的一联，确定已按合同约定履行了履约义务，可以确认收入。同时，还要检查原始凭证中的交易日期(客户取得商品控制权的日期)，以确认收入计入正确的会计期间。

6.“完整性”认定

从发运凭证（客户签收联）中选取样本，追查至主营业务收入明细账，以确定是否存在遗漏事项（“完整性”认定）。也就是说，如果注册会计师测试收入的“完整性”这一目标，起点需要是发运凭证。为使这一程序成为一项有意义的测试，注册会计师需要确认已获取全部发运凭证，通常可以通过检查发运凭证的顺序编号来查明。

7. 结合对应收账款实施的函证程序，选择客户函证本期销售额

通常选择被审计单位的主要客户，如对应销售较大的客户，函证本期销售额。

8. 实施销售截止测试

对销售实施截止测试，其目的主要在于确定被审计单位主营业务收入的会计记录归属期是否正确：应记入本期或下期的主营业务收入是否被推延至下期或提前至本期。注册会计师对销售交易实施的截止测试可能包括以下程序。

（1）选取资产负债表日前后若干天的发运凭证，与应收账款和收入明细账进行核对；同时，从应收账款和收入明细账选取在资产负债表日前后若干天的凭证，与发运凭证核对，以确定销售是否存在跨期现象。

（2）复核资产负债表日前后销售和发货水平，确定业务活动水平是否异常，并考虑是否有必要追加实施截止测试程序。

（3）取得资产负债表日后所有的销售退回记录，检查是否存在提前确认收入的情况。

（4）结合对资产负债表日应收账款/合同资产的函证程序，检查有无未取得客户认可的销售。

实施截止测试的前提是注册会计师充分了解被审计单位的收入确认会计实务，并识别能够证明某笔销售符合收入确认条件的关键单据。例如，货物出库时，与货物所有权相关的主要风险和报酬可能尚未转移，即客户尚未取得对商品的控制权，不符合收入确认的条件，因此，仓储部门留存的发运凭证可能不是实现收入的充分证据，注册会计师需要检查经客户签署的发运凭证联。销售发票与收入相关，但是发票开具日期不一定与收入实现的日期一致。实务中由于增值税发票涉及企业的纳税和抵扣问题，开票日期滞后于收入可确认日期的情况较为常见，因此，通常不能将开发票日期作为收入确认的日期。

假定某一般制造型企业在货物送达客户并由客户签收时确认收入，注册会计师可以考虑选择两条审计路径实施主营业务收入的截止测试。

一是以账簿记录为起点。从资产负债表日前后若干天的账簿记录追查至记账凭证和客户签收的发运凭证，目的是证实已入账收入是否在同一期间已发货并由客户签收，有无多记收入。这种方法的优点是比较直观，容易追查至相关凭证记录，以确定其是否应在本期确认收入，特别是在连续审计两个以上会计期间时，检查跨期收入十分便捷，可以提高审计效率。缺点是缺乏全面性和连贯性，只能检查多记，无法检查漏记，尤其是当本期漏记收入延至下期而审计时被审计单位尚未及时入账，不易发现应记入而未记入报告期收入的情况。因此，使用这种方法主要是为了防止多计收入。

二是以发运凭证为起点。从资产负债表日前后若干天的已经客户签收的发运凭证查至账簿记录，确定主营业务收入是否已记入恰当的会计期间。

上述两条审计路径在实务中均被广泛采用，它们并不是孤立的，注册会计师可以考

虑在同一主营业务收入科目审计中并用这两条路径。实际上，由于被审计单位的具体情况各异，管理层意图各不相同，有的为了完成利润目标、承包指标，更多地享受税收等优惠政策，便于筹资等目的，可能会多计收入；有的则为了以丰补歉、留有余地、推迟缴税时间等目的而少计收入。因此，注册会计师需要凭借专业经验和所掌握的信息进行风险评估，作出正确判断，选择适当的审计路径实施有效的收入截止测试。

9. 检查销售退回

对于销售退回，检查相关手续是否符合规定，结合原始销售凭证检查其会计处理是否正确，结合存货项目审计关注其真实性。

10. 检查可变对价的会计处理

注册会计师针对可变对价的实质性程序可能包括：①获取可变对价明细表，选取项目与相关合同条款进行核对，检查合同中是否确定存在可变对价；②检查被审计单位对可变对价的估计是否恰当，例如，是否在整个合同期间内一致地采用同一种方法进行估计；③检查计入交易价格的可变对价金额是否满足限制条件；④检查资产负债表日被审计单位是否重新估计了应计入交易价格的可变对价金额，如果可变对价金额发生变动，是否按照《企业会计准则第 14 号——收入》的规定进行了恰当的会计处理。

11. 检查主营业务收入

检查主营业务收入在财务报表中的列报和披露是否符合企业会计准则的规定。

(三)营业收入的“延伸检查”程序

如果识别出被审计单位收入真实性存在重大异常情况，且通过常规审计程序无法获取充分、适当的审计证据，注册会计师需要考虑实施“延伸检查”程序，即对检查范围进行合理延伸，以应对识别出的舞弊风险。例如，对所销售产品或服务及其所涉及资金的来源和去向进行追踪，对交易参与方(含代为收付款方)的最终控制人或其真实身份进行查询。

注册会计师在判断是否需要实施“延伸检查”程序及如何实施时，应当根据审计准则的规定，并考虑有经验的专业人士在该场景下通常会作出的合理职业判断。实务中，注册会计师可以实施的“延伸检查”程序举例如下。

(1)在获取被审计单位配合的前提下，对相关供应商、客户进行实地走访，针对相关采购、销售交易的真实性获取进一步的审计证据。

注册会计师应当充分考虑被审计单位与被访谈对象串通舞弊的可能性，根据实际情况仔细设计访谈计划和访谈提纲，并对在访谈过程中注意到的可疑迹象保持警觉。注册会计师在访谈前应注意对访谈提纲保密，必要时，选择两名或不同层级的被访谈人员访谈相同或类似问题，进行相互印证。

(2)利用企业信息查询工具，查询主要供应商和客户的股东至其最终控制人，以识别相关供应商和客户与被审计单位是否存在关联方关系。

(3)在采用经销模式的情况下，检查经销商的最终销售实现情况。

(4)当注意到存在关联方(例如，被审计单位控股股东、实际控制人、关键管理人员)配合被审计单位虚构收入的迹象时，获取并检查相关关联方的银行账户资金流水，关注是否存在与被审计单位相关供应商或客户的异常资金往来。

如果识别出收入舞弊或获取的信息表明可能存在舞弊，注册会计师可与被审计单位治理层沟通，并要求治理层就舞弊事项进行调查。

审计程序的性质、时间安排和范围应当能够应对评估的由于舞弊导致的认定层次重大错报风险。如果注册会计师认为“延伸检查”程序是必要的，但受条件限制无法实施，或实施“延伸检查”程序后仍不足以获取充分、适当的审计证据，注册会计师应当考虑审计范围是否受限，并考虑对审计报告意见类型的影响或解除业务约定。

四、应收账款的实质性程序

(一)应收账款的审计目标

应收账款的审计目标一般包括：确定资产负债表中记录的应收账款是否存在；确定记录的应收账款是否由被审计单位拥有或控制；确定所有应当记录的应收账款是否均已记录；确定应收账款是否可收回，坏账准备的计提方法和金额是否恰当，计提是否充分；应收账款及坏账准备是否已记录于恰当的账户，并已被恰当地汇总或分解且表述清楚，按照企业会计准则的规定在财务报表中作出的相关披露是相关的、可理解的。

(二)应收账款的实质性程序

1. 取得应收账款明细表

(1)复合加计正确，并与总账数和明细账合计数核对是否相符；结合损失准备科目与报表数核对是否相符。因应收款项报表数反映企业因销售商品、提供劳务等应向购货单位收取的各种款项，减去已计提的相应的坏账准备后的净额。

(2)检查非记账本位币应收账款的折算汇率及折算是否正确。对于用非记账本位币(通常为外币)结算的应收账款，注册会计师检查被审计单位外币应收账款的增减变动是否采用交易发生日的即期汇率将外币金额折算为记账本位币金额，或者采用按照系统合理的方法确定的、与交易发生日即期汇率近似的汇率折算，选择采用汇率的方法前后各期是否一致；期末外币应收账款余额是否采用期末即期汇率折合为记账本位币金额；折算差额的会计处理是否正确。

(3)分析有贷方余额的项目，查明原因，必要时，建议作重分类调整。

(4)结合其他应收款、预收款项等往来项目的明细余额，调查有无同一客户多处挂账、异常余额或与销售无关的其他款项(如代销账户、关联方账户或员工账户)。必要时提出调整建议。

2. 实施实质性分析程序

(1)复核应收账款借方累计发生额与主营业务收入是否匹配，若不匹配应查明原因，并将当期应收账款借方发生额占销售收入净额的百分比与管理层考核指标和被审计单位相关赊销政策比较，如存在异常查明原因。

(2)计算应收账款周转率、应收账款周转天数等指标，并与被审计单位相关赊销政策、被审计单位以前年度指标、同行业同期相关指标对比，分析是否存在重大异常并查明原因。

3. 向债务人函证应收账款

函证(即外部函证)，是指审计人员直接从第三方(被询证者)获取书面答复作为审计证据的过程，书面答复可以采用纸质、电子或其他介质等形式。函证应收账款的目的在于证实应收账款账户余额的真实性、正确性，防止或发现被审计单位及其有关人员在销售交易中发生的错误或舞弊行为。通过函证应收账款，可以比较有效地证明被询证者（即债务人）的存在和被审计单位记录的可靠性。

（1）函证的决策。《中国注册会计师审计准则第1312号——函证》指出，注册会计师应当确定是否有必要实施函证程序以获取认定层次的相关、可靠的审计证据。在作出决策时，注册会计师应当考虑评估的认定层次重大错报风险，以及通过实施其他审计程序获取的审计证据如何将检查风险降至可接受的水平。

通常注册会计师应当对应收账款进行函证，除非有充分证据表明应收账款对被审计单位财务报表而言是不重要的，或者函证很可能无效。如果注册会计师不对应收账款进行函证，应当在审计工作底稿中说明理由。如果认为函证很可能无效，则应当实施替代审计程序，获取相关、可靠的审计证据。

（2）函证的范围。函证范围是由诸多因素决定的，主要有：①应收账款在全部资产中的重要程度，如果应收账款占资产总额的比重较大，则需要相应扩大函证的范围。②被审计单位内部控制的有效性，如果相关内部控制有效，则可以相应减少函证范围；反之，则需要扩大函证范围。③以前期间的函证结果，如果以前期间函证中发现过重大差异，或欠款纠纷较多，则需要扩大函证的范围。

（3）函证的对象。注册会计师选择函证项目时，除考虑金额较大的项目，还需要考虑风险较高的项目，例如：账龄较长的项目、与债务人发生纠纷的项目、重大关联方项目、主要客户（包括关系密切的客户）项目、新增客户项目、交易频繁但期末余额较小甚至余额为零的项目、可能产生重大错报或舞弊的非正常的项目。这种基于一定的标准选取样本的方法具有针对性，比较适用于应收账款余额金额和性质差异较大的情况。如果应收账款余额由大量金额较小且性质类似的项目构成，则注册会计师通常采用抽样技术选取函证样本。

（4）函证的方式。应收账款函证可以采用积极式函证和消极式函证两种方式，也可以把两种方式结合使用。

第一，积极式函证。积极式函证具体可分为两种形式：一种是在询证函中列明拟函的账户的余额或其他信息，要求被询证者确认所函证的款项是否正确，具体格式参见例9-1。通常认为，对这种询证函的回复能够提供可靠的证据。但是，其缺点是被询证者可能对所列信息根本不加以验证就予以确认。另一种形式是在询证函中并不列明账户余额或其他信息，而要求被询证者填写相关信息或提供进一步信息，具体格式见例9-2。由于这种询证函要求被询证者作出更多的努力，可能会导致回函率降低，进而导致注册会计师不得不执行更多的替代程序。

【例9-1】 积极式询证函（格式一）

企业询证函

编号：

（公司）：

本公司聘请的××会计师事务所正在对本公司××年度财务报表进行审计，按照中

国注册会计师审计准则的要求，应当询证本公司与贵公司的往来账项等事项。下列数据出自本公司账簿记录，如与贵公司记录相符，请在本函下端“信息证明无误”处签章证明；如有不符，请在“信息不符”处列明不符金额。回函请直接寄至会××计师事务所。

回函地址：

邮编：　　电话：　　传真：　　联系人：

1. 本公司与贵公司的往来账项列示如下　　单位：元

截止日期	贵公司欠	欠贵公司	备注

2. 其他事项

本函仅为复核账目之用，并非催款结算，若款项在上述日期之后已经付清，仍请函复为盼。

（公司盖章）

年　月　日

结论：1. 信息证明无误。

（公司盖章）

年　月　日

经办人：

2. 信息不符，请列明不符的详细情况。

（公司盖章）

年　月　日

经办人：

【例 9－2】 积极式询证函（格式二）

企业询证函

编号：

（公司）：

本公司聘请的××会计师事务所正在对本公司××年度财务报表进行审计，按照中国注册会计师审计准则的要求，应当询证本公司与贵公司的往来账项等事项。请列示截至××年××月××日贵公司与本公司往来款项余额。回函请直接寄至××会计师事务所。

回函地址：

邮编：　　电话：　　传真：　　联系人：

1. 本公司与贵公司的往来账项列示如下　　　　单位:元

截止日期	贵公司欠	欠贵公司	备注

2. 其他事项

本函仅为复核账目之用,并非催款结算,若款项在上述日期之后已经付清,仍请函复为盼。

（公司盖章）

年　　月　　日

经办人:

第二,消极式询证函。消极式询证函又称否定式函证,在采用消极式函证时,注册会计师通常不需要辅之以其他审计程序。当同时存在下列所有情况时,注册会计可以考虑采用消极式函证:重大错报风险评估为低水平、涉及大量余额较小的账户、预期不存在大量的错误、没有理由相信被询证者不认真对待函证。具体格式见例 9－3。

【例 9－3】 消极式询证函

企业询证函

编号:

（公司）:

本公司聘请的××会计师事务所正在对本公司××年度财务报表进行审计,按照中国注册会计师审计准则的要求,应当询证本公司与贵公司的往来账项等事项。下列数据出自本公司账簿记录,如与贵公司记录相符,则无须回复;如有不符,请直接通知会计师事务所,并请在空白处列明贵公司认为正确的信息。回函请直接寄至××会计师事务所。

回函地址:

邮编:　　　　电话:　　　　传真:　　　　联系人:

1. 本公司与贵公司的往来账项列示如下　　　　单位:元

截止日期	贵公司欠	欠贵公司	备注

2. 其他事项

本函仅为复核账目之用,并非催款结算,若款项在上述日期之后已经付清,仍请函复为盼。

（公司盖章）

年　月　日

上面的信息不正确，差异如下：

（公司盖章）

年　月　日

经办人

(5)函证的时间。注册会计师通常以资产负债表日为截止日，充分考虑对方复函的时间，在资产负债表日后适当时间内实施函证。如果重大错报风险评估为低水平，注册会计师可选择资产负债表日前适当日期为截止日实施函证，并对所函证项目自该截止日起至资产负债表日止发生的变动实施其他实质性程序。

(6)函证的控制。注册会计师通常利用被审计单位提供的应收账款明细账户名称及客户地址等资料编制询证函，但注册会计师应当对函证全过程保持控制，并对确定需要确认或填列的信息、选择适当的被询证者、设计询证函以及发出和跟进（包括收回）询证函保持控制。

具体控制措施如下：①将被询证者的名称、地址与被审计单位有关记录核对；②将询证函中列示的账户余额或其他信息与被审计单位有关资料核对；③在询证函中指明直接向接受审计业务委托的会计师事务所回函；④询证函经被审计单位盖章后，由审计人员直接发出；⑤将发出询证函的情况形成审计工作记录；⑥根据回函情况编制函证结果汇总表，如表9－5所列。

表9－5　应收账款函证结果汇总表

被审计单位名称		编制人		日期		索引号	
会计期间或截止日		复核人		日期		页次	

询证函编号	债务人名称	债务人地址	账面金额	函证方式	函证日期		回函日期	替代程序	确认余额	差异金额及说明	备注
					第一次	第二次					
审计说明											

(7)函证回函差异的分析。回函存在差异并不表明应收账款一定存在错报，注册会计师需要调查核实原因，确定其是否构成错报。注册会计师不能仅通过询问被审计单位相关人员对不符事项的性质和原因得出结论，而是要在询问原因的基础上，检查相关的

原始凭证和文件资料予以证实。必要时与被询证方联系,获取相关信息和解释。

对应收账款而言,购销双方登记入账的时间不同可能导致应收账款回函不符,具体表现如下:①客户已经付款,被审计单位尚未收到货款;②被审计单位的货物已经发出并已做销售记录,但货物仍在途中,客户尚未收到货物;③客户由于某种原因将货物退回,而被审计单位尚未收到;④客户对收到的货物的数量、质量及价格等方面有异议而全部或部分拒付货款等。

(8)执行替代程序。如果被询证者以传真、电子邮件等方式回函,注册会计师应要求被询证者寄回原件。对于退回的信函要认真分析,查明是被询证者地址迁移、差错所致,还是客户蓄意舞弊造假所致。对于采用积极式询证函未收到回函的,应实施追查程序,发送第二次乃至第三次询证函,如果仍未有回复,注册会计师则应考虑实施必要的替代审计程序,例如,在考虑实施收入截止测试等审计程序所获取审计证据的基础上。

第一,检查资产负债表日后收回的货款。查看相关的收款单据,例如现金收据、银行进账单、银行对账单等收款单据,以证实付款方确为该客户且确与资产负债表日的应收账款相关。

第二,检查相关的销售合同、销售单、发运凭证等文件。注册会计师需要根据被审计单位的收入确认条件和时点,确定能够证明收入发生的凭证。

第三,检查被审计单位与客户之间的往来邮件,如有关发货、对账、催款等事宜邮件。

在某些情况下,注册会计师可能认为取得积极式函证回函是获取充分、适当的审计证据的必要程序,尤其是识别出有关收入确认的舞弊风险,导致注册会计师不能信赖从被审计单位取得的审计证据,则替代程序不能提供注册会计师需要的审计证据。在这种情况下,如果未获取回函,注册会计师应当确定其对审计工作和审计意见的影响。

需要指出的是,注册会计师应当将询证函回函作为审计证据,纳入审计工作底稿管理,询证函回函的所有权归属所在会计师事务所。

(9)管理层不允许寄发函证。如果管理层不允许寄发询证函,审计人应当做如下工作。

第一,询问管理层不允许寄发询证函的原因,并就其原因的正当性及合理性收集审计证据。管理层不允许寄发询证函是对审计人员希望获取的审计证据的限制,审计人员需要询问这项限制的原因。常见理由是被询证者与被审计单位之间存在争议或正在进行谈判。函证有可能影响争议或谈判的结果。由于管理层可能妨碍审计人员获取可能显示存在舞弊或错误的审计证据,审计人员需要针对管理层理由的正当性和合理性获取审计证据。

第二,评价管理层不允许寄发询证函对评估的相关重大错报风险(包括舞弊风险),以及其他审计程序的性质、时间安排和范围的影响。根据《中国注册会计师审计准则第1211号——通过了解被审计单位及其环境识别和评估重大错报风险》的规定,审计人员基于评估结果,可能认为需要修正认定层次重大错报风险的评估结果并相应地修改计划的审计程序。例如,如果认为管理层不允许实施函证程序不合理,可能表明存在《中国注册会计师审计准则第1141号——财务报表审计中与舞弊相关的责任》要求评价的舞弊风险因素。

第三,实施替代审计程序。当被审计单位的管理层不允许审计人员实施函证程序时,审计人员实施的替代审计程序与未回函时实施的替代审计程序类似。如果认为管理层不允许寄发询证函的原因不合理,或实施替代程序无法获取相关的、可靠的审计证据,审计人员应当按照《中国注册会计师审计准则第1151号——与治理层的沟通》的规定,与治理层进行沟通。审计人员还应当按照《中国注册会计师审计准则第1502号——在审计报告中发表非无保留意见》的规定,确定其对审计工作和审计意见的影响。

(10)函证回函的可靠性。如果存在对询证函回函的可靠性产生疑虑的因素,审计人员应当进一步获取审计证据以消除这些疑虑。

《〈中国注册会计师审计准则第1301号——审计证据〉应用指南》指出,即使用作审计证据的信息从独立于被审计单位的外部获得,某些情况也会影响其可靠性。所有回函都存在被拦截、更改或其他舞弊风险。无论该回函采用纸质、电子还是其他介质等形式,这种风险都会存在。显示回函的可靠性可能存在疑问的因素包括:注册会计师间接收到回函、回函看起来不是来自预期的被询证者。

对以电子形式收到的回函(如传真或电子邮件),由于回函者的身份及其授权情况很难确定,对回函的更改也难以发觉,因此可靠性存在风险。审计人员和回函者采用一定的程序为电子形式的回函创造安全环境,可以降低该风险。如果审计人员确信这种程序安全并得到适当控制,则会提高相关回函的可靠性。电子函证程序涉及多种确认发件人身份的技术,如加密技术、电子数码签名技术、网页真实性认证程序。

如果被询证者利用第三方协调和提供回函,审计人员可以实施审计程序以应对下列风险:回函来源不合适、回函者未经授权、信息传输的安全性遭到破坏。

《中国注册会计师审计准则第1301号——审计证据》规定,当审计人员对用作审计证据的信息的可靠性存有疑虑时,应当确定是否需要修改或追加审计程序以消除疑虑。审计人员可以与被询证者联系以核实回函的来源及内容。例如,当被询证者通过电子邮件回函时,审计人员可以通过电话联系被询证者,确定被询证者是否发送了回函。如果回函间接寄送给审计人员(例如,被询证者错将回函寄给了被审计单位而非审计人员),审计人员可以要求被询证者直接书面回复。

只对询证函进行口头回复不符合函证的要求,因为它不是对审计人员的直接书面回复。当收到口头回复后,审计人员可以根据情况要求被询证者提供直接书面回复。如果未收到回函,审计人员需要通过实施替代程序,寻找其他审计证据以支持口头回复中的信息。另外,询证函的回函可能包括对其使用作出限制的措辞。这种限制不一定使作为审计证据的回函失去可靠性。

如果认为询证函回函不可靠,审计人员应当评价其对评估的相关重大错报风险(包括舞弊风险),以及其他审计程序的性质、时间安排和范围的影响。根据《中国注册会计师审计准则第1211号——通过了解被审计单位及其环境识别和评估重大错报风险》的规定,审计人员可能需要修正认定层次重大错报风险评估结果并相应地修改计划的审计程序。例如,回函不可靠可能表明存在《中国注册会计师审计准则第1141号——财务报表审计中与舞弊相关的责任》要求审计人员评价的舞弊风险因素。

(11)消极式函证。对消极式询证函而言,未收到回函并不能明确表明预期的被询证者已经收到询证函或已经核实了询证函中包含的信息的准确性。因此,未收到消极式询证函的回函提供的审计证据,远不如积极式询证函的回函提供的审计证据有说服力。

除非同时满足下列条件,审计人员不得将消极式函证作为唯一实质性程序,以应对评估的认定层次重大错报风险:审计人员将重大错报风险评估为低水平,并已就与认定相关的控制的运行的有效性获取充分、适当的审计证据;需要实施消极式函证程序的总体由大量的小额、同质的账户余额、交易或事项构成;预期不符事项的发生率很低;没有迹象表明接收询证函的人员或机构不认真对待函证。

五、坏账准备的实质性程序

企业会计准则规定,企业应当在期末对应收款项进行检查,并预计可能产生的坏账损失。应收款项包括应收票据、应收账款、预付款项、其他应收款和长期应收款等。下面,我们以应收账款相关的坏账准备为例,阐述坏账准备审计常用的实质性程序。

(1)取得坏账准备明细表,核对坏账准备明细账和总账的余额是否相符。

(2)核对应收账款坏账准备本期计提数与信用减值损失相应明细项目的发生额是否相符。

(3)检查应收账款坏账准备计提和核销的批准程序,取得书面报告等证明文件,结合应收账款函证回函结果,评价计提坏账准备所依据的资料、假设及方法。

在确定坏账准备的计提比例时,企业应当根据以往的经验、债务单位的实际财务状况和现金流量的情况,以及其他相关信息合理地估计。除有确凿证据表明该项应收账款不能收回,或收回的可能性不大时(如债务单位撤销、破产、资不抵债、现金流量严重不足、发生严重的自然灾害等导致停产而在短时间内无法偿付债务等,以及应收款项逾期3年以上),下列各种情况一般不能全额计提坏账准备:①当年发生的应收账款,以及未到期的应收账款;②计划对应收账款进行重组;③与关联方发生的应收账款;④其他已逾期,但无确凿证据证明不能收回的应收账款。

这一规定并不意味着企业对与关联方之间发生的应收账款可以不计提坏账准备。企业与关联方之间发生的应收账款与其他的应收账款一样,也应当在期末时分析其可收回性,并预计可能发生的坏账损失。对预计可能发生的坏账损失,计提相应的坏账准备。企业与关联方之间发生的应收账款一般不能全额计提坏账准备,但如果有确凿证据表明关联方(债务单位)已撤销、破产、资不抵债、现金流量严重不足等,并且不准备对应收账款进行重组或无其他收回方式的,则对预计无法收回的应收关联方的款项也可以全额计提坏账准备。

(4)对有确凿证据表明该项应收款项不能够收回或收回的可能性不大的应收款项,检查是否全额计提坏账准备。

(5)检查坏账准备计提和转销的计算是否正确,记录是否完整。

企业通常应采用备抵法核算坏账损失,计提坏账损失的具体方法由企业自行确定。企业应当列出目录,具体注明计提坏账准备的范围、提取方法、账龄的划分和提取比例,按照管理权限,经股东大会或董事会,或经理(厂长)会议或类似机构批准,并且按照法律、行政法规的规定报有关各方备案,同时,备置于公司所在地,以供投资者查阅。坏账准备提取方法一经确定，不得随意变更。如需变更，仍然应按上述程序经批准后报有关各方备案，并在财务报表附注中说明变更的内容和理由、变更的影响数等。

用备抵法核算坏账，首先要按期估计坏账损失。估计坏账损失主要有账龄分析法、余额百分比法等方法。采用账龄分析法计提坏账准备时，收到债务单位当期偿还的部分债务后；剩余的应收账款，不应改变其账龄，仍应按原账龄加上本期应增加的账龄确定；在存在多笔应收账款，且各笔应收账款账龄不同的情况下，收到债务单位当期偿还的部分债务，应当逐笔认定收到的是哪一笔应收账款；如果确实无法认定的，按照先发生先收回的原则确定，剩余应收账款的账龄按上述同一原则确定。

在采用账龄分析法、余额百分比法等方法的同时，能否采用个别认定法，应当视具体情况而定。如果某项应收账款的可收回性与其他各项应收账款存在明显的差别（例如，债务单位所处的特定地区等），导致该项应收账款如果按照与其他应收账款同样的方法计提坏账准备，将无法真实地反映其可收回金额的，可对该项应收账款采用个别认定法计提坏账准备。企业应根据所持应收账款的实际可收回情况，合理计提坏账准备，不得多提或少提，否则应视为滥用会计估计按照重大会计差错更正的方法进行会计处理。

（6）对于被审计单位在被审期间发生的坏账损失，检查其原因是否清楚，核销证据是否符合有关规定，有无授权批准，有无已作坏账处理后又重新收回的应收款项，相应的会计处理是否正确。

（7）检查应收款项明细账及相关原始凭证，查找有无应做坏账核销的长期挂账应收款项，如有，应提请被审计单位作适当处理。

（8）对债务人回函中反映的例外事项及存在争议的余额，查明原因并作记录。必要时，应建议被审计单位作相应的调整。

（9）验明坏账准备是否已恰当披露。企业应当在财务报表附注中清晰地说明坏账的确认标准、坏账准备的计提方法和计提比例。并且，上市公司还应在财务报表附注中分项披露如下事项：①本期全额计提坏账准备，或计提坏账准备的比例较大的（计提比例一般超过40%及以上的，下同）应说明计提的比例以及理由；②以前期间已全额计提坏账准备，或计提坏账准备的比例较大但在本期又全额或部分收回的，或通过重组等其他方式收回的，应说明其原因、原估计计提比例的理由以及原估计计提比例的合理性；③对某些金额较大的应收账款不计提坏账准备或计提坏账准备比例较低（一般为5%或低于5%）的理由；④本期实际冲销的应收账款及其理由，其中，实际冲销的关联交易产生的应收账款应单独披露。

第三节　其他相关账户审计

在销售与收款循环中，除了以上介绍的营业收入、应收账款及坏账准备之外，还有应收票据、其他应收款、长期应收款、预收款项、应交税费、营业税金及附加和销售费用等报表项目。这些项目的重要性通常小于营业收入、应收账款等项目。我们对此简化阐述。

一、应收票据审计

如果企业销售实现时没有收到现款，而是收到客户的商业汇票，包括商业承兑汇票和银行承兑汇票，便产生了应收票据。应收票据是以书面形式表现的债权资产，其款项具有一定的保证，经持有人背书后可以提交银行贴现，具有较大的灵活性。由于应收票据是于企业赊销业务中产生的，因此对应收票据的审计也必须结合赊销业务一起进行。

企业以收取客户商业汇票方式进行赊销时，一般要进行销货、收取票据、计息、贴现、收款等活动，在此过程中要涉及一些凭证和账簿，这些都是应收票据的审计范围。

(一)应收票据的审计目标

应收票据的审计目标一般包括：确定应收票据是否存在；确定应收票据是否归被审计单位所有；确定应收票据及其坏账准备增减变动的记录是否完整；确定应收票据可否收回，坏账准备的计提方法和比例是否恰当，计提是否充分；检查应收票据及其坏账准备期末余额是否正确；确定应收票据及其坏账准备的披露是否恰当。

(二)应收票据的实质性程序

(1)核对应收票据明细账和总账的余额与报表是否相符。

(2)取得或编制应收票据明细表，列示票据的类别、出票人、金额、出票日、到期日、利率及付息条件、有无抵押等情况，复核加计正确，并与明细账核对相符。审计人员应抽查部分票据，并追查至相关文件资料，判断其内容是否正确，有无应转应收账款的逾期应收票据，以及虽未逾期但有确凿证据表明不能够收回或收回可能性不大的应收票据。

(3)监盘库存票据，注意票据的种类、号数、签收的日期、到期日、票面金额、合同交易号、付款人、承兑人、背书人姓名或单位名称，以及利率、贴现率、收款日期、收回金额等是否与应收票据登记簿的记录相符，是否存在已作质押的票据和银行退回的票据。将盘点结果形成账面记录，并追溯至报表日账面金额。

(4)必要时，抽取部分票据向出票人函证，以证实其存在性和可收回性；检查有疑问的商业票据是否曾经更换或转期，或向出票人函证以确定其兑现能力，并编制函证情况控制表。

(5)抽查金额重大的票据，追查相关的文件资料，对已交银行托收的应收票据，应检查银行托收凭证；对于逾期未兑回的票据，应查明原因，并判断是否应转作应收账款。

(6)验明应收票据的利息收入是否均已正确入账，注意逾期应收票据是否已按规定停止计提利息。如果审计人员复算得出的应计利息金额与账面所列金额不符，应加以分析，特别要注意“财务费用——利息收入”账户中那些与应收票据账户中所列任何票据均不相关的贷方金额，因为这些贷项可能代表据以收取利息的票据未曾入账。

(7)对于已贴现的应收票据，检查其贴现额与利息额的计算是否准确，贴现净额是否足额入账，会计处理方法是否恰当；复核、统计已贴现以及已转让但未到期的应收票据的金额。

企业以应收票据向银行等金融机构贴现，应比照应收账款等应收债权贴现的有关规定，即根据实质重于形式的原则，如果与所贴现应收票据有关的风险和报酬并未转移，申请贴现的企业应按照以应收票据为质押取得借款的规定进行会计处理；如果有关的风险

和报酬业已转移,应视同应收票据出售进行会计处理。

(8)请被审计单位协助,在应收票据明细表上标出至外勤审计时已兑现或已贴现的应收票据,核对收款凭证等资料,以确认其资产负债表日的真实性。

(9)对以非记账本位币结算的应收票据,应检查其采用的折算汇率和汇兑损益处理的正确性。

(10)上年度审计调整是否作了适当账务处理,并在会计报表上作了恰当披露。

(11)验明应收票据是否已在会计报表上恰当披露。

审计人员应检查被审计单位资产负债表中应收票据项目的数额是否与审定数相符,是否剔除了有关的风险和报酬业已转移的已贴现票据。如果被审计单位是一般企业,其已贴现的商业承兑汇票应在报表下端补充资料内的"已贴现的商业承兑汇票"项目中加以反映;如果被审计单位是上市公司,其财务报表附注通常应披露贴现或用作抵押的应收票据的情况和原因说明,以及持有其5%以上(含5%)股份的股东单位欠款情况。

二、其他应收款审计

其他应收款及其坏账准备的审计与应收账款及其坏账准备的审计目标与实质性程序是非相类似的,以下我们简要介绍其他应收款的审计目标与实质性程序,而对于其函证、坏账准备的审计,可参见应收账款审计的相关内容。

(一)其他应收款的审计目标

其他应收款的审计目标一般包括:确定其他应收款是否已存在;确定其他应收款是否归被审计单位所有;确定其他应收款及其坏账准备的记录是否完整;确定其他应收款是否可回收,坏账准备的计提方法和比例是否恰当,计提是否充分;确定其他应收款及其坏账准备期末余额是否正确;确定其他应收款及其坏账准备的列报是否恰当。

(二)其他应收款的实质性程序

(1)核对其他应收款明细账和总账的余额与报表是否相符,编制其他应收款导引表。

(2)取得或编制其他应收款龄及余额明细表,复核账龄及加计准确,标出应收关联方的款项,并标明截止审计日已收回或转销的项目,作相应核查。

(3)选取账龄长、金额大的其他应收款向债务人进行函证,并根据回函情况编制函证结果汇总表。回函金额不符的,要查明原因作出记录或适当调整;未回函的,可再次复询,如不复询可采用替代审计程序进行检查,根据替代检查结果判断其债权的真实性与可收回性。

(4)选取余额较大和异常的其他应收账款,检查有关原始凭证,包括检查截止审计日该其他应收款收回的情况,或追踪至其他应收款发生时的付款凭证,特别注意是否存在抽逃资金、隐藏费用的现象,此项程序在未收到其他应收款函证信时可作为替代审计程序。

(5)对于长期未能收回的项目,应查明原因,确定是否可能发生坏账损失。

(6)审查转作坏账损失的项目,是否符合规定并办妥审批手续。

(7)与债务人进行债务重组的,账务处理是否正确,是否正确披露。

(8)分析明细账余额,对于出现贷方余额的项目,应查明原因,必要时作重分类调整。

同时,分析有无挂账潜盈潜亏。

(9)上年度审计调整是否已作适当账务处理,并在会计报表作了恰当披露。

(10)对于用非记账本位币结算的其他应收款,检查其采用的汇率及折算方法是否正确。

(11)验明其他应收款是否已在资产负债表上恰当披露。

三、长期应收款审计

长期应收款是指企业融资租赁产生的应收款项和采用递延方式分期收款,实质上具有融资性质的销售商品和提供劳务等经营活动产生的应收款项。与长期应收款科目密切相关的是"未实现融资收益"科目,在报表中长期应收款金额以"长期应收款"账户余额减去"未实现融资收益"账户余额来列示。

(一)长期应收款的审计目标

长期应收款的审计目标一般包括:确定长期应收款和未实现融资收益是否存在;确定长期应收款和未实现融资收益是否归被审计单位所有;确定长期应收款的发生、收回和未实现融资收益的入账、摊销的记录是否完整;确定长期应收款是否可收回,坏账准备的计提方法和比例是否恰当,计提是否充分,其坏账准备增减变动的记录是否完整;确定长期应收款及其坏账准备和未实现融资收益期末余额是否正确;确定长期应收款和未实现融资收益的披露是否恰当。

(二)长期应收款的实质性程序

(1)获取或编制长期应收款明细表。①复核加计正确,并与总账数和明细账合计数核对相符,结合未实现融资收益科目与报表数核对相符;②检查长期应收款的内容,确定款项性质是否符合规定。

(2)对于融资租赁产生的长期应收款项,取得相关的合同和契约,进行检查。①关注租赁合同主要条款,检查是否满足企业会计准则对于融资租赁的相关规定,检查授权批准手续是否齐全;②根据合同及协议,检查最低租赁收款额、每期租金、担保余值和未担保余值等项目的金额是否正确;③检查初始直接费用及其相关的会计处理是否正确;④检查租赁资产在租赁期开始日的公允价值,如与账面价值有差额,会计处理是否正确;⑤检查应收租赁款项的收回情况,了解有无未能按合同规定收款或延期收款现象,并查明原因,检查坏账准备的计提是否恰当。

(3)对于采用递延方式、有融资性质的销售形成的长期应收款项,取得相关的销售合同或协议进行检查。①根据合同及协议,检查是否已满足确认销售的条件;检查合同规定的售价、每期租金、收款期等要素;检查所销售资产在销售确认日的公允价值;检查会计处理是否正确。②检查应收款项的收回情况,了解有无未能按合同规定收款或延期收款现象,并查明原因。③如果应收款项的收回存在问题,检查相关坏账准备的计提是否恰当。

(4)向债务人函证重大的长期应收款。

(5)对长期应收款相关的坏账准备进行审计(审计程序参见与应收账款相关坏账准备的审计程序)。

(6)如果被审计单位为上市公司，应标明应收关联方[包括持股5%以上(含5%)股东]的款项，执行关联方及其交易审计程序，并注明合并报表时应予抵销的金额。

(7)对于以非记账本位币结算的长期应收款，检查其采用的折算汇率是否正确。

(8)确定长期应收款的披露是否恰当，注意一年内到期的长期应收款是否在编制报表时已重分类至一年内到期的非流动资产。

(三)未实现融资收益实质性程序

(1)获取或编制未实现融资收益明细表，复核加计正确，并与总账数和明细账合计数核对相符。

(2)对于融资租赁产生的未实现融资收益，根据合同，进行如下检查：①结合长期应收款科目，检查未实现融资收益的入账金额是否正确，摊销年限是否恰当，会计处理是否正确；②检查未实现融资收益本期是否按实际利率摊销，复核摊销金额是否正确，相关的会计处理是否正确；③检查期末租赁资产的未担保余值是否发生变动，若有证据表明未担保余值减少的，相应的租赁内含利率是否已作正确调整，并将由此引起的租赁投资净额的减少计入当期损益。

(3)对于有融资性质的销售形成的长期应收款项，取得相关的销售合同或协议，检查未实现融资收益的入账金额是否正确，其摊销年限的确定是否恰当，是否按实际利率摊销，复核摊销金额是否正确，相关的会计处理是否正确。

(4)如果未实现融资收益对应的应收款项的收回存在问题，检查未实现融资收益的会计处理是否恰当。

(5)确定未实现融资收益的披露是否恰当。

四、预收款项审计

预收款项是在企业销售交易成立以前，预先收取的部分货款。由于预收款项是随着企业销售交易的发生而发生的，审计人员应结合企业销售交易对预收款项进行审计。

(一)预收款项审计目标

预收款项的审计目标一般包括：确定期末预收款项是否存在，确定期末预收款项是否为被审计单位应履行的偿还义务，确定预收款项的发生及偿还记录是否完整，确定预收款项的期末余额是否正确，确定预收款项的披露是否恰当。

(二)预收款项的实质性程序

(1)取得或编制预收款项明细表，复核其数字是否正确。

(2)将已核对的预收账款明细表的数据与报表数、总财数和明细账合计数据进行核对。

(3)选择大额或账龄较长的项目、关联方项目及主要客户项目进行函证。根据回函情况，编制与分析函证结果汇总表。对于回函金额不符的，应查明原因并作出记录或建议作适当调整。对未回函的，决定是否再次函证或通过检查资产负债表日后已转销的预收款项是否与仓库发运凭证、销售发票相一致等替代程序，确定其是否真实、正确。

(4)抽查预收款项余额较大的项目，检查有关原始凭证，核实交易事项的真实性，检查决算日至审计日已转销的预收款项是否与仓库发货单、销售发票等相一致，确定其是

否真实、正确，

(5)检查预收款项是否存在借方余额，确定是否进行重分类，

(6)检查预收款项长期挂账的原因，并作出记录，必要时予以调整，

(7)检查非记账本位币折合记账本位币采用的折算汇率，折算差额是否按规定进行会计处理，

(8)对税法规定应予纳税的预收销售货款，结合应交税金项目，检查是否及时、足额计缴有关税金，

(9)上年度审计调整是否已作了恰当账务处理，是否在会计报表上作了恰当披露。

(10)验明预收款项是否已在资产负债表上充分披露。如果被审计单位是上市公司，其财务报表附注通常应披露持有其5%以上(含5%)股份的股东单位账款情况，并说明账龄超过1年的预收款项未结转的原因。

五、应交税费审计

企业在一定时期内取得的营业收入和实现的利润，要按规定向国家交纳相应的税费。这些应交的税费通常应按权责发生制原则预提计入有关账户，在尚未交纳前就形成了企业的一项负债。

(一)应交税费审计目标

应交税费的审计目标一般包括：确定期末应交税费是否存在，确定期末应交税费是否为被审计单位应履行的义务，确定应计和已交税费的记录是否完整，确定应交税费的期末余额是否正确，确定应交税费的披露是否恰当。

(二)应交税费的实质性程序

(1)核对应交税费明细账和总账余额与报表是否相符，编制应交税费导引表。

(2)取得或编制应交税费明细表，复核其数字是否正确及资料来源。

(3)查阅被审计单位纳税鉴定或纳税通知及征、免、减税的批准文件，了解被审计单位适用的税种、计税基础、税率，以及征、免、减税的范围与期限，确认其年度内应纳税项的内容。

(4)核对年初应交税费与税务机关的认定数是否一致，如有差额，查明原因作出记录，必要时作适当调整。

(5)取得税务部门汇算清缴或其他确认文件、有关政府部门的专项检查报告、税务代理机构的专业报告、企业纳税申报有关资料等，分析其有效性，并与上述明细表及账面情况进行核对。

(6)检查应交增值税的计算是否正确，根据与增值税进项税额相关账户审定的有关数据，复核国内采购货物、进口货物、购进的免税农产品、接受投资或捐赠、接受应税劳务等应计的进项税额是否按规定进行了会计处理；根据与增值税销项税额相关账户审定的有关数据，复核存货销售，或将存货用于投资、无偿馈赠他人、分配给股东(或投资者)应计的销项税额，以及将自产、委托加工的产品用于非应税项目应计的销项税额是否正确计算，是否按规定进行会计处理；根据与增值税进项税额转出相关账户审定的有关数据，复算因存货改变用途或发生非常损失应计的进项税额转出数是否正确计算，是否按规定

进行了会计处理；检查出口货物退税的计算是否正确，是否按规定进行了会计处理。

(7)检查应交营业税、应交城建税和其他各种税金计算是否正确，是否按规定进行了会计处理。

(8)确定应纳税所得额及企业所得税税率，复核应交企业所得税的计算是否正确，是否按规定进行了会计处理。

(9)确定本年度应交纳的税款，检查有关账簿记录和交税凭证，确认本年度已交税款和期末未交税款。

(10)检查教育费附加、矿产资源补偿费、保险保障基金的计算是否正确，是否按规定进行了会计处理。

(11)验明应交税费是否已在资产负债表上充分披露。

六、营业税金及附加审计

营业税金及附加是指企业由于销售产品、提供劳务等负担的税金及附加，包括营业税、消费税、城市维护建设税、资源税和教育费附加，以及与投资性房地产相关的房产税、土地使用税等。对营业税金及附加的实质性程序应在查明被审计单位应交纳的税种基础上结合“营业税金及附加”总账、明细账与有关原始凭证，以及与该账户对应的“应交税费”等账户实施，必要时应向有关部门、单位和人员进行查询。

(一)营业税金及附加审计目标

营业税金及附加的审计目标一般包括：确定记录的营业税金及附加是否已发生，且与被审计单位有关；确定营业税金及附加记录是否完整；确定与营业税金及附加有关的金额及其他数据是否已恰当记录；确定营业税金及附加是否已记录于正确的会计期间；确定营业税金及附加的内容是否正确；确定营业税金及附加的披露是否恰当。

(二)营业税金及附加的实质性程序

(1)获取或编制营业税金及附加明细表，复核加计正确，并与报表数、总账数和明细账合计数核对相符。

(2)确定被审计单位的纳税范围与税种是否符合国家规定。

(3)根据审定的当期应纳营业税的主营业务收入，按规定的税率，分项计算、复核本期应纳营业税税额。

(4)根据审定的应税消费品销售额(或数量)，按规定适用的税率，分项计算、复核本期应纳消费税税额。

(5)根据审定的应税资源税产品的克税数量，按规定适用的单位税额，计算、复核本期应纳资源税税额。

(6)检查城市维护建设税、教育费附加等项目的计算依据是否和本期应纳增值税、营业税、消费税合计数一致，并按规定适用的税率或费率计算、复核本期应纳城建税、教育费附加等。

(7)复核各项税费与应交税金、其他应交款等项目的勾稽关系。

(8)确定被审计单位减免税的项目是否真实，理由是否充分，手续是否完备。

(9)检查城建税、教育费附加的计算是否正确。

(10)确定营业税金及附加是否已在利润表上作恰当披露。如果被审计单位是上市公司,在其会计报表附注中应分项列示本期营业税金及附加的计缴标准及金额。

七、销售费用审计

销售费用是指企业在销售商品过程中发生的费用。

(一)销售费用审计目标

销售费用的审计目标一般包括:确定记录的销售费用是否已发生,且与被审计单位有关;确定销售费用记录是否完整;确定与销售费用有关的金额及其他数据是否准确;确定销售费用是否已记录于正确的会计期间;确定销售费用的内容是否正确;确定销售费用的列报是否恰当。

(二)销售费用的实质性程序

(1)获取或编制营业费用明细表,复核加计正确,并与报表数、总账数和明细账合计数核对相符,并检查其明细项目的设置是否符合规定的核算内容与范围,是否划清了营业费用和其他费用的界限。

(2)检查营业费用各项目开支标准是否符合有关规定,开支内容是否与被审计单位的产品销售等活动有关,计算是否正确。

(3)将本期、上期营业费用各明细项目作比较分析,必要时比较本期各月的营业费用,如有重大波动和异常情况,应查明原因,并作适当处理。

(4)选择重要或异常的营业费用,检查原始凭证是否合法,会计处理是否正确,必要时实施截止性测试,检查有无跨期入账的现象,对于重大跨期项目应建议作必要调整。

(5)核对营业费用有关项目金额与累计折旧、应付工资、预提费用等项目相关金额的勾稽关系,如有不符,应查明原因并作适当处理。

(6)检查营业费用的结转是否正确、合规,查明有无多转、少转或不营业费用,人为调节利润的情况。

(7)确定营业费用是否已在利润表上恰当披露。

本章小结

企业的销售与收款循环是企业的主要业务循环之一,对其的审计在对企业报表审计过程中也占有重要地位。为了销售与收款循环业务的各环节能正常有序运行,并防止和揭露错误与舞弊,保证相关记录的真实、可靠,企业需要建立健全相关内部控制制度。审计人员在了解和初步评估内部控制的基础上,执行相关控制测试,并根据测试结果修正具体审计计划。审计人员可以运用检查、盘存、观察、询问、函证和分析性测试等方法,对销售和收款循环中相关账户进行测试,以实现特定的审计目标。审计人员应当重视盘存、分析性测试以及函证在销售与收款循环审计程序中的重要作用。

【复习思考题】

1. 销售和收款循环的主要业务活动有哪些？主要涉及哪些原始凭单？

2. 建立销售和收款循环内部控制的目标有哪些？

3. 销售和收款循环内部控制的关键控制点有哪些？如何对这些关键控制点进行控制测试？

4. 如何进行销售和收款循环的交易业务的实质性程序？

5. 在实施对应收账款发函询证程序时，审计人员应注意哪些具体事项？

6. 函证有哪些形式？各有什么优缺点？分别适用什么情况？

7. 在函证应收账款没有得到答复的情况下，应采用哪些替代的审计程序？如何确定应收账款函证的样本量？

8. 审计人员为什么要对销售业务的期末截止期进行审查？审查的具体方法是什么？

第十章　采购与付款循环审计

本章提示

学习目标　通过本章学习，学生应当了解和识别采购与付款循环相关的会计凭证、账户及主要经济业务活动，掌握采购与付款循环中内部控制的要点以及控制测试，掌握采购与付款循环审计的主要实质性程序及相关会计报表认定。

重要概念　采购与付款循环、内部控制、控制测试、实质性程序、应付账款审计、固定资产审计

引　例

一、美国法尔莫公司采购与付款舞弊案例起因

在形形色色的利润操纵手法中，资产造假占据了主要地位。我国近年来影响较大的财务报表舞弊案绝大多数与资产项目的造假有关，上市公司琼民源、蓝田股份、东方锅炉、红光实业就是其中的典型。造假的公司一般使用5种手段非法提高资产价值和虚增利润，即虚构收入、虚假的时间差异、隐瞒负债和费用、虚假披露以及资产计价舞弊。其中资产计价舞弊是资产造假的惯用手法；而存货项目因其种类繁多并且具有流动性强、计价方法多样的特点，又导致存货高估构成资产计价舞弊的主要部分。中外上市公司中，涉及存货舞弊的案例为数众多，其中比较有名的有麦克森＆罗宾斯公司、斯温道色拉油公司、权益基金、ZZZZ百斯特公司、法尔莫公司以及中国的红光实业公司、天津广夏(集团)有限公司等。这些公司所策划的舞弊方案给注册会计师带来了很大的审计风险。下面就选择其中较为典型的美国法尔莫公司案予以介绍。

从孩提时代开始，米奇·莫纳斯就喜欢几乎所有的运动，尤其是篮球。但是因天资及身高所限，他没有机会到职业球队打球。然而，莫纳斯确实拥有一个所有顶级球员共有的特征，那就是他有一种无法抑制的求胜欲望。莫纳斯把他无穷的精力从球场上转移到他的董事长办公室里。他首先设法获得了位于美国俄亥俄州阳士敦市的一家药店，在随后的十年中他又收购了另外299家药店，从而组建了全国连锁的法尔莫公司。不幸的是，这一切辉煌都是建立在资产造假—未检查出来的存货高估和虚假利润的基础上的，这些舞弊行为最终导致了莫纳斯及其公司的破产，同时也使为其提供审计服务的“五大”事务所损失了数百万美元。下面是这起案件的经过。

自获得第一家药店开始，莫纳斯就梦想着把他的小店发展成一个庞大的药品帝国。

其所实施的策略就是他所谓的“强力购买”，即通过提供大比例折扣来销售商品。莫纳斯首先做的就是把实际上并不盈利且未经审计的药店报表拿来，用自己的笔为其加上并不存在的存货和利润。然后凭着自己空谈的天分及一套夸大了的报表，在一年之内骗得了足够的投资，收购了 8 家药店，这奠定了他的小型药品帝国的基础。这个帝国后来发展到了拥有 30 家连锁店的规模。一时间，莫纳斯成为金融领域的风云人物，他的公司则在阳士敦市赢得了令人崇拜的地位。

在一次偶然的事件导致这个精心设计的、至少引起 5 亿美元损失的财务舞弊事件浮出水面之时，莫纳斯和他的公司炮制虚假利润已达 10 年之久。这实在并非一件容易的事。当时法尔莫公司的财务总监认为，公司低于成本出售商品招致了严重的损失，但是莫纳斯认为通过“强力购买”，公司完全可以发展得足够大以顺利地坚持它的销售方式。最终在莫纳斯的强大压力下，这位财务总监卷入了这起舞弊案件。在随后的数年之中，他和他的几位下属保持了两套账簿，一套用以应付注册会计师的审计，一套反映糟糕的现实。

他们先将所有的损失归入一个所谓的“水桶账户”，然后再将该账户的金额通过虚增存货的方式重新分配到公司的数百家成员药店中。他们伪造购货发票、制造增加存货并减少销售成本的虚假记账凭证、确认购货却不同时确认负债、多计或加倍计算存货的数量。财务部门之所以可以隐瞒存货短缺是因为注册会计师只对 300 家药店中的 4 家进行存货监盘，而且他们会提前数月通知法尔莫公司，他们将检查哪些药店。管理人员随之将那 4 家药店堆满实物存货，而把那些虚增的部分分配到其余的 296 家药店。如果不考虑其会计造假，法尔莫公司实际已濒临破产。在一次审计中，其现金已紧缺到供应商因其未能支付购货款而威胁取消对其供货的地步。

注册会计师一直未能发现这起舞弊，他们为此付出了昂贵的代价。这项审计失败使会计师事务所在民事诉讼中损失了 3 亿美元。那位财务总监被判 33 个月的监禁，莫纳斯本人则被判入狱 5 年。

（案例来源：张加学，李若山．存货的“奥秘”——美国法尔莫公司会计报表舞弊案例分析[J]．财务与会计，2002(2)：40，56.）

二、案例思考与讨论

1. 在本案例中注册会计师审计存在哪些过失？
2. 在采购与付款循环审计中有哪些环节存在失误？

第一节　采购与付款循环的概述

采购与付款循环包括购买商品和劳务，以及企业在经营活动中为获取收入而发生的直接或间接的支出。采购业务是企业生产经营活动的起点，企业的支出从性质、数量和发生频率上看是多种多样的。本章主要关注与购买货物和劳务、应付账款的支付等相关的控制活动以及重大交易。根据财务报表项目与业务循环的相关程度，采购与付款循环涉及的资产负债表项目主要包括应付票据、应付账款、其他应付款、存货、预付账款、应交税费、货币资金等;所涉及的利润表项目主要包括管理费用和资产减值损失等。这一循环的特性体现在,所涉及的业务活动、凭证和记录以及相关的内部控制与其他循环不同。

一、采购与付款循环的特性

采购与付款循环的特性主要体现在相关的业务活动、涉及的凭证与会计记录以及相关的内部控制与其他循环不同。

(一)采购与付款循环的主要业务活动

了解企业在采购与付款循环中的典型活动,对该业务循环的审计非常必要。这里我们简单地介绍一下采购与付款循环所涉及的主要业务活动。

1. 制订采购计划

基于企业的生产经营计划,生产、仓库等部门定期编制采购计划,经部门负责人等适当的管理人员审批后提交采购部门,具体安排商品及服务购买。

2. 供应商认证及信息维护

企业通常对于合作的供应商事先进行资质等审核,以及将审核的供应商信息录入系统,形成完整的供应商清单,并及时对其信息变更进行更新。采购部门只能向通过审核的供应商进行采购。

3. 请购商品或劳务

企业采购商品分为一般授权和特别授权两种形式。企业对正常经营活动所需物资的采购属于一般授权,例如,仓库在现有库存达到再订货点时就可直接提出采购申请,其他部门也可为正常的工作直接请购有关物品。因此,仓库负责对需要购买的已列入存货清单的项目填写请购单,其他部门也可申购所需要购买的未列入存货的项目编制请购单,但对资本支出和租赁合同,企业则通常要求作特别授权,只允许指定人员提出请购。请购单可由手工或计算机编制,由于企业内有关部门都可以填列请购单,不便事先编号,为加强控制,所有的请购单都应该经由对这类支出负责预算的主管人员签字批准。

请购单是证明有关采购交易的"发生"认定的凭据之一,也是采购交易轨迹的起点。

4. 编制订购单

采购部门在收到请购单后,只对经过批准的请购单发出订货单。对每张订货单,采购部门应确定最佳的供应商。对一些大额、重要的采购项目,应采取竞价方式来确定供应商,以保证供货的质量和低成本。订货单应正确填写所需要的商品名称、数量、价格、厂商名称和地址等。订货单应预先按顺序编号并经过被授权的采购人员签名,其正联送交供应商,副联则送至企业内部的验收部门、应付凭单部门和开出请购单的部门。随后,应独立检查订货单的处理,以确定是否实际收到商品并正确入账。这项检查与采购交易的"完整性"和"发生"认定有关。

5. 验收商品

购入的商品,均应由独立于采购、存储等部门以外的部门负责验收。验收部门首先

应比较所收商品与订货单上的要求是否相符，然后再盘点商品数量并检查商品质量。验收后，验收部门应对已收货的每张订货单编制一式多联、预先顺序编号的验收单，作为验收和检验商品的依据。验收完毕应立即将商品送交存储部门或其他请购部门，并将验收单副联分送采购部门、存储部门和应付凭单部门。验收单是支持资产以及与采购有关的负债的“存在或发生”认定的重要凭据。定期独立检查验收单的顺序以确定每笔采购交易都已编制凭单，则与采购交易的“完整性”认定有关。

6. 储存已验收的商品

商品入库须由存储部门（仓库）先行点验和检查，然后在验收单的副联上签收。据此，存储部门确立了本身应负的资产保管责任，并对验收部门的工作进行验证。将已验收商品的保管与采购职责相分离，目的是降低未经授权的采购和盗用商品的风险。存放商品的仓储区应相对独立，限制无关人员接近。此外，存储部门还应根据商品的品质特征分类存放，并填制标签。这项控制与商品的“存在”认定有关。

7. 编制付款凭单

货物验收后，应核对订购单、验收单和供货发票的一致性，确认负债，编制付款凭单，在付款凭单上填写应借记的资产或费用账户名称，并附上订货单、验收单和供应商发票等支持性凭证，由被授权人员在凭单上签字，以示批准照此凭单要求付款。所有尚未支付的付款凭单副联应保存在应付凭单部门的未付凭单档案中，以待日后付款。这些控制与“存在”“发生”“完整性”“权利与义务”和“计价与分摊”等认定有关。

8. 确认与记录负债

企业应正确地确认已验收货物的债务，要求会计部门准确并及时地记录负债。应付凭单部门应将已批准的未付款凭单送达会计部门，据以编制有关记账凭证和登记有关账簿。会计主管应监督为采购交易编制的记账凭证中账户分类的适当性，并通过定期核对编制记账凭证的日期与凭单副联的日期，以监督入账的及时性。而独立检查人员则应核对会计人员所送来的每日凭单汇总表是否一致，并定期独立检查应付账款总账余额与应付凭单部门未付款凭单中的总金额是否一致。这些控制与“存在”“准确性”“分类”“完整性”和“截止”等认定有关。

9. 付款

通常由应付凭单部门负责确定未付凭单在到期日付款。以常用的支票结算方式为例，编制和签发支票的有关控制包括如下内容。

(1)应由被授权的会计部门的人员负责签发支票。签发支票人员应确定每张支票都附有一张已经适当批准的付款凭单，还应确定支票收款人姓名和金额与凭单内容的一致性。

(2)独立检查已签发支票总额与所处理的付款凭单总额的一致性。

(3)支票一经签署就应在其凭单和支持性凭证上加盖印戳将其注销，以免重复付款。

(4)支票应预先连续编号，以确保支出支票存根的完整性和作废支票处理的恰当性。支票签署人不应签发无记名甚至空白支票。

(5)应确保只有被授权的人员才能接触未经使用的空白支票。

10. 记录银行存款支出

会计人员应根据已签发的支票编制付款凭证，并据以登记银行存款日记账及其他相关账簿。记录银行存款支出的有关控制包括如下内容。

(1)会计主管应独立检查记入银行存款日记账和应付账款明细账的金额，以及与支票汇总记录的一致性。

(2)定期比较银行存款日记账记录的日期与支票副本的日期，独立检查入账的及时性。

(3)独立编制银行存款余额调节表。

【单选题】下列认定中，与“采购交易应记入正确的会计期间”相关的是(　　)。

A. 准确性、计价和分摊　B. 截止　C. 权利和义务　D. 完整性

(二)涉及的主要凭证和会计记录

采购与付款业务通常要经过请购—订货—验收—付款这样的程序，同销售与收款业务一样，在内部控制比较健全的企业，处理采购与付款业务通常也需要使用很多凭证和会计记录。典型的采购与付款循环所涉及的主要凭证和会计记录有以下几种。

(1)采购计划。企业以销售和生产计划为基础，考虑供需关系及市场计划变化等因素，制订采购计划，并经适当的管理层审批后执行。

(2)供应商清单。企业通过文件审核及实地考察等方式对合作的供应商进行认证，将通过认证的供应商信息进行手工或系统维护，并及时进行更新。

(3)请购单。请购单是由企业商品制造、资产使用等部门的有关人员填写，送交采购部门，申请购买商品、劳务或其他资产的书面凭证。

(4)订货单。订货单是由企业采购部门填写，向供应商购买订单上所指定商品、劳务或其他资产的书面凭证。

(5)验收单及入库单。验收单是企业收到商品、资产时所编制的凭证，列示从供应商处收到的商品、资产的名称、种类、数量及其他资料等内容。入库单是由仓库管理人员填写的验收合格品入库的凭证。

(6)购货发票。购货发票是供应商开具的，交给买方以载明发运的货物或提供劳务的种类、数量、应付款金额和付款条件等事项的凭证。

(7)付款凭单。付款凭单是采购方的应付凭单部门编制的，载明已收到商品、资产或接受劳务的厂商、应付款金额和付款日期的凭证。付款凭单是企业内部记录和支付负债的授权证明文件。

(8)转账凭证。转账凭证是记录转账业务的记账凭证，它是根据有关转账业务(即不涉及库存现金、银行存款收付的各项业务)的原始凭证编制的。

(9)付款凭证。付款凭证包括库存现金付款凭证和银行存款付款凭证，是指用来记录库存现金和银行存款支付业务的记账凭证。

(10)应付账款明细账和总账。

(11)现金日记账、银行存款日记账及总账。

(12)卖方对账单。卖方对账单是由供货方定期编制的，标明期初余额、本期购买、本

期支付给卖方的款项和期末余额的凭证。卖方对账单是供货方对有关业务的陈述。如果不考虑买卖双方由于收发货物、收付款项等原因形成的未达账项，双方期末余额应一致。

（三）采购与付款循环的关键内部控制

采购与付款循环和财务报告相关的内部控制包括：适当的职责分离、审批控制、请购业务控制、订购业务控制、验收业务控制、付款控制和应付账款控制等。

1. 适当的职责分离

适当的职责分离有助于防止各种有意或无意的错误。单位应当建立采购与付款业务的岗位责任制，明确相关部门和岗位的职责、权限，确保办理采购与付款业务的不相容岗位相互分离、制约和监督。采购与付款业务不相容岗位主要包括：请购与审批，询价与确定供应商，采购合同的订立与审计，采购与验收，采购、验收与相关会计记录，付款审批与付款执行。被审计单位不得由同一部门或个人办理采购与付款业务的全过程；应当根据具体情况对办理采购与付款业务的人员进行岗位轮换。

2. 审批控制

被审计单位应当对采购与付款业务建立严格的授权批准制度，明确审批人对采购与付款业务的授权批准方式、权限、程序、责任和相关控制措施，规定经办人办理采购与付款业务的职责范围和工作要求。审批人应当根据采购与付款业务授权批准制度的规定，在授权范围内进行审批，不得超越审批权限；经办人应当在职责范围内，按照审批人的批准意见办理采购与付款业务。对于审批人超越授权范围审批的采购与付款业务，经办人员有权拒绝办理，并及时向审批人的上级授权部门报告。对于重要和技术性较强的采购业务，应当组织专家进行论证，实行集体决策和审批，防止出现决策失误而造成严重损失。严禁未经授权的机构或人员办理采购与付款业务。

3. 请购业务控制

被审计单位应当建立采购申请制度，依据购置物品或劳务类型，确定归口管理部门，授予相应的请购权，并明确相关部门或人员的职责权限及相应的请购程序。单位应当加强采购业务的预算管理。对于预算内采购项目，具有请购权的部门应当严格按照预算执行进度办理请购手续；对于超预算和预算外采购项目，具有请购权的部门应对需求部门提出的申请进行审核后再行办理请购手续。

4. 订购业务控制

被审计单位应当建立采购环节的管理制度，对采购方式确定、供应商选择程序等作出明确规定，确保采购过程的透明化。应当根据物品或劳务等的性质及其供应情况确定采购方式。一般物品或劳务等的采购应采用订单采购或合同订货等方式，小额零星物品或劳务等的采购可以采用直接购买等方式，并制定例外紧急需求的特殊采购处理程序。单位应当充分了解和掌握供应商的信誉、供货能力等有关情况，采取由采购、使用等部门共同参与比质比价的程序，并按规定的授权批准程序确定供应商。

5. 验收业务控制

被审计单位应当根据规定的验收制度和经批准的订单、合同等采购文件，由独立的验收部门或指定专人对所购物品或劳务等的品种、规格、数量、质量和其他相关内容进行验收，出具验收证明。对验收过程中发现的异常情况，负责验收的部门或人员应当立即向有关部门报告。有关部门应查明原因，及时处理。

6. 付款控制

被审计单位应当按照《现金管理暂行条例》《支付结算办法》和《内部会计控制规范——货币资金(试行)》等规定办理采购付款业务。单位财会部门在办理付款业务时，应当对采购发票、结算凭证、验收证明等相关凭证的真实性、完整性、合法性进行严格审核。单位应当建立预付账款和定金的授权批准制度，加强预付账款和定金的管理。单位应当加强应付账款和应付票据的管理，由专人按照约定的付款日期、折扣条件等管理应付款项。已到期的应付款项须经有关授权人员审批后方可办理结算与支付。单位应当建立退货管理制度，对退货条件、退货手续、货物出库、退货货款回收等作出明确规定，及时收回退货款。单位应当定期与供应商核对应付账款、应付票据、预付账款等往来款项。如有不符，应查明原因，及时处理。

7. 应付账款控制

对应付账款的控制包括：应付账款的记录必须由独立于请购、采购、验收、付款的人员进行；应付账款的入账必须在取得和审核的各种凭证后才能进行；对于有预付货款的交易，在收到供货商发票后，将预付金额冲抵部分发票金额计入应付账款；必须设置应付账款的总账和明细账；对于享有折扣的交易，应根据供应商发票金额减去折扣金额后的净额记录应付账款；定期将应付账款明细账与客户对账单进行核对。

二、采购与付款循环的测试目标

(一)采购与付款循环的内部控制测试目标

1. 采购与付款循环内部控制的目标

企业内部控制规范及配套指引中明确提出采购与付款内部控制的目标。

(1)合理请购商品或劳务，编写订购单。由经授权的专门机构或人员填制请购单，请购单是申请购买商品、劳务或其他资产的书面凭证，每张请购单应经过对这类支出负有责任的主管人员签字批准；订购单是经核准的采购业务的执行凭证，审计人员通常更注意对订购单的填制和处理的控制，关注订购单是否准确处理和全部有效，如编号、日期、摘要、数量、价格、规格、质量及运输要求是否齐全，是否附有请购单或其他授权文件。订购单一式多联，并预先连续编号，经被授权的采购人员签名。确保避免可能请购过多商品，造成不必要的资金占用以及未经授权的采购交易。

(2)按照程序验收并入库商品。收到货物时，应由独立于采购、仓储、运输职能的验收部门或人员点收，根据订购单验收商品，并编制一式多联的验收报告单，避免出现收到未订购的商品或者收到的商品名称、数量、规格、质量等不符合要求的情况；随后将保管和采购的其他职能相分离，只有经过授权的人员才能接近保管的资产，避免商品被盗以及其他原因造成的商品损失或损毁。

(3)正确编制付款凭单。每张凭单应与订购单、验收单和供应商发票相配合，避免对未订购的商品或未收到的商品编制凭单，给公司造成损失。

(4)正确确认和记录负债。独立检查每日的凭单汇总表和有关记账凭证上的金额的一致性，完整登记入账，避免遗漏记账或重复入账。

(5)正确确认和记录负债。独立检查每日的凭单汇总表和有关记账凭证上的金额的一致性，完整登记入账，避免遗漏记账或重复入账。

(6)正确支付负债。支票签署人应复核支付性凭单的完整性和批准情况，签发支票后应立即盖章注销已付款凭单和支持性凭证，独立检查支票金额与凭单的一致性，签署人应控制邮寄支票，避免出现对未授权的采购签发支票、重复付款、支票金额错误和支票在签署后被篡改的情况。

(7)正确记录现金支出。使用和控制预先编号的支票，定期独立编制银行存款余额调节表，和独立检查支票的日期和记账日期，避免出现支票未入账、记账金额出现错误和支票未及时入账的情况。

2. 采购与付款循环内部控制测试的前提条件

当存在下列情形之一时，注册会计师应当对采购与付款循环设计和实施控制测试，针对相关控制运行的有效性，获取充分、适当的审计证据。

(1)在评估采购与付款循环认定层次重大错报风险时，预期控制的运行是有效的(即在确定实质性程序的性质、时间安排和范围时，注册会计师拟信赖控制运行的有效性)；

(2)仅实施实质性程序并不能够提供采购与付款循环认定层次充分、适当的审计证据。

(二)采购与付款循环实质性程序的目标

结合内部控制的具体目标可知，在采购与付款循环中，注册会计师实施内部控制测试的目标是为了获取充分适当的证据，以判断相关内部控制运行是否有效，评估该循环发生错报的可能，进而设计和实施实质性程序。具体而言实质性程序需要在以下几个方面获取充分、适当的审计证据。

(1)登记入账的采购交易确系已经从真实的供应商处收到商品或劳务。

(2)所有采购交易均已登记入账。

(3)登记入账的采购数量确系已经验收入库的数量，已收到正确账单并登记入账。

(4)采购交易的分类恰当。

(5)采购交易的记录及时。

(6)采购交易已经正确记入明细账，并经正确汇总。

在采购与付款循环实施实质性程序的目的是通过收集证据判断在采购与付款循环是否存在认定层次的重大错报。所实施的具体审计程序，将在后续内容详细介绍。

三、采购与付款循环重大错报风险

注册会计师基于在了解被审计单位及其环境的整个过程中所识别的相关风险，结合对采购与付款循环中拟测试控制的了解，考虑在采购与付款循环中发生错报的可能性以及潜在错报的重大程度是否足以导致重大错报，从而评估采购与付款循环的相关交易和余额存在的重大错报风险，以为设计和实施进一步审计程序提供基础。影响采购与付款交易和余额的重大错报可能包括以下内容。

(一)评估采购与付款交易和余额的重大错报风险

1. 低估负债或相关准备

在承受反映较高盈利水平和营运资本的压力下，被审计单位管理层可能试图低估应付账款等负债或资产相关准备，包括低估对存货应计提的跌价准备。重大错报风险常常集中体现在以下方面。

(1)遗漏交易，例如未记录：已收取货物但尚未收到发票的相关采购负债，或尚未付款的已经购买的服务支出等。

(2)采用不正确的费用支出截止期，例如将本期的支出延迟到下期确认。

(3)将应当及时确认损益的费用性支出资本化，然后通过资产的逐步摊销予以消化等。

这些将对完整性、截止、发生、存在、准确性和分类认定产生影响。

2. 管理层错报负债费用支出的偏好和动因

被审计单位管理层可能为了完成预算，满足业绩考核要求，保证从银行获得资金，吸引潜在投资者，误导股东，影响公司股价等动机，通过操纵负债和费用的确认控制损益。

(1)平滑利润。通过多计准备或少计负债和准备，把损益控制在被审计单位管理层希望的程度。利润平滑指的是被审计单位的管理层为了使企业每一年的利润都呈现出相对平稳的态势，而不是过大幅度的波动的情况，从而使企业的财务报表表现出持续稳定盈利趋势。通过会计手段等方式实现利润平滑，主要出于两种目的：一是管理者通过使企业呈现出更好的经营结果，来实现提高个人报酬的目的；二是出于拉高或平稳股价的目的。因为财务信息使用者对于呈现平稳收益的企业会更加信任，更愿意去投资。

(2)利用特别目的实体把负债从资产负债表中剥离，或利用关联方之间的费用定价优势制造虚假的收益增长趋势。

(3)被审计单位管理层把私人费用计入企业费用，把企业资金当作私人资金运作。

3. 费用支出的复杂性

例如，被审计单位以复杂的交易安排购买一定期间的多种服务，管理层对于涉及的服务受益与付款安排所涉及的复杂性缺乏足够的了解，这可能导致费用支出分配或计提的错误。

4. 不正确地记录外币交易

当被审计单位进口用于出售的商品时，可能由于采用不恰当的外币汇率而导致该项采购的记录出现差错。此外，还存在未能将诸如运费、保险费和关税等与存货相关的进口费用进行正确分摊的风险。

5. 舞弊和盗窃的固有风险

如果被审计单位经营大型零售业务，由于所购买商品和固定资产的数量及支付的款项庞大，交易复杂，容易造成商品发运错误，员工和客户发生舞弊和盗窃的风险较高。如果负责付款的会计人员有权接触应付账款主文档，并能够通过在应付账款主文档中擅自添加新的账户来虚构采购交易，风险也会增加。

6. 存在未记录的权利和义务

这可能导致资产负债表分类错误以及财务报表附注不正确或披露不充分。

为评估重大错报风险，注册会计师应详细了解有关交易或付款的内部控制，这些控制主要是为预防、检查和纠正前面所认定的重大错报的固有风险而设置的。注册会计师

可以通过审阅以前年度审计工作底稿、观察内部控制执行情况、询问管理层和员工、检查相关的文件和资料等方法加以了解。

在评估重大错报风险时，注册会计师需要充分了解被审计单位对采购与付款交易的控制活动，目的在于使得计划实施的审计程序更加有效。注册会计师必须对被审计单位的重大错报风险有一定认识，在此基础上设计并实施进一步审计程序，才能有效应对重大错报风险。

(二)根据重大错报风险的评估结果设计进一步审计程序

针对评估的财务报表层次重大错报风险，注册会计师应计划进一步审计程序的总体方案，包括确定针对相关认定计划采用综合性方案还是实质性方案，以及考虑审计程序的性质、时间安排和范围。当存在下列情形之一时，注册会计师应当设计和实施控制测试。

(1)在评估认定层次重大错报风险时，预期控制的运行是有效的(即在确定实质性程序的性质、时间安排和范围时，注册会计师拟信赖控制运行的有效性)。

(2)仅实施实质性程序并不能够提供认定层次充分、适当的审计证据。

综合控制测试及实质性程序，注册会计师需要评价获取的审计证据是否足以应对识别出的认定层次重大错报风险。需要说明的是，如果在审计过程中注册会计师了解的情况或获取的证据导致其更新相关风险的评估，则注册会计师需要执行的进一步审计程序也需要相应更新。

第二节　针对重大错报风险实施的进一步审计程序

注册会计师在对采购与付款循环进行重大错报风险评估的基础上，制定实施进一步审计程序的总体方案，进一步审计程序的总体方案包括综合性方案和实质性方案。继而实施控制测试和实质性程序，以应对识别出的认定层次的重大错报风险。评估的重大错报风险程度不同，实施的进一步审计程序的总体方案也可能不同。注册会计师通过控制测试和实质性程序获取的审计证据综合起来应足以应对识别出的认定层次的重大错报风险。

一、采购与付款循环的控制测试

(一)采购与付款循环的控制测试

只有当认为控制设计合理、能够防止或发现并纠正认定层次的重大错报时，注册会计师才有必要对控制运行的有效性实施测试。如果客户的相关内部控制不存在，或相关内部控制尽管存在但设计不合理，不能防止或发现并纠正认定层次的重大错报，或者虽然设计合理但未得到执行，则注册会计师不应再继续实施控制测试，而应直接实施实质性程序。

在审计实务中，注册会计师可以考虑以风险为起点实施控制测试，也可以考虑以被审计单位的内部控制目标为起点实施控制测试。风险评估和风险应对是整个审计过程的核心，因此，注册会计师通常以识别的重大错报风险为起点，选取拟测试的控制并实施控制测试。审计人员也可以针对每个具体的内部控制目标确定关键的内部控制，并对其实施相应的控制测试。

下面仅列示以风险为起点的控制测试，见表10-1所列。

表 10-1　以风险为起点的内部控制测试

可能发生错报的环节	存在的内部控制（自动）	存在的内部控制（人工）	相关的控制测试程序
采购计划未经适当审批		生产、仓库等部门根据生产计划制订需求计划，采购部门汇总需求，按采购类型制订采购计划，经复核人员复核后执行	询问复核人员复核采购计划的过程，检查采购计划是否经复核人员恰当复核
新增供应商或供应商信息变更未经恰当的认证	采购订单上的供应商代码必须与系统供应商清单中的代码匹配，才能生效并发送供应商	复核人员复核并批准每一对供应商数据的变更请求，并评估是否得到合适文件的支持。当复核完成且变更请求符合要求，复核人员在系统中确认复核完成	(1)询问复核人员复核供应商数据变更请求的过程，抽样检查变更需求是否得到相关文件支持，以及复核人员的复核确认 (2)检查系统中采购订单的生成逻辑是否合理
采购订单与有效的请购单不符		复核人员复核并批准每一个采购订单，也确认采购订单的价格与供应商协商一致且该供应商已通过审批，复核人员签署确认复核完成	询问复核人员复核采购订单的过程。抽样检查采购订单是否有对应的请购单及复核人员签署确认
订单未被录入系统或在系统中重复录入	系统每月末生成列明跳码或重码的采购订单的例外报告	复核人员定期复核例外报告，以确定是否有遗漏、重复的记录	(1)检查系统例外报告的生成逻辑 (2)询问复核人员对确认发现的问题是否及时跟进处理
接受了缺乏有效采购订单或未经验收的商品	入库确认后，系统生成连续编号的入库单	收货人员只有完成以下程序，才能在系统中确认商品入库： (1)检查是否存在有效的采购订单 (2)检查是否存在有效的验收单 (3)检查收到的货物数量、规格等是否与发货单一致	(1)检查系统入库单编号的连续性 (2)询问收货人员的收货过程，抽样检查入库单是否有对应一致的采购订单及验收单
临近会计期末的采购未被记录在正确的会计期间	系统每月末生成列明跳码或重码的采购订单的例外报告	复核人员复核系统生成的例外报告，检查是否有遗漏、重复入库单。当复核完成且复核人员提出的问题已得到满意的解决后，签署确认复核完成	(1)检查系统例外报告的生成逻辑 (2)询问复核人员对例外报告的检查过程，确认发现的问题是否及时跟进处理
	系统每月末生成包含所有已收货但相关发票未录入系统货物信息的例外报告	复核人员复核该例外报告中的项目，确定采购是否被记录在正确的期间以及负债计提是否有效。当复核完成且复核人员提出的问题已得到满意的解决后，签署确认复核完成	(1)检查系统例外报告的生成逻辑 (2)询问复核人员对例外报告的检查过程，核对报告中的采购是否计提了相应负债，检查复核人员的签署确认

（续表）

可能发生错报的环节	存在的内部控制（自动）	存在的内部控制（人工）	相关的控制测试程序
批准付款的发票上存在价格或数量错误，或劳务尚未提供的情形	系统将入库单与采购订单进行核对。如信息相符，系统将自动批准发票可以付款。如不相符，将生成例外报告，由人工跟进	由无职责冲突的人员负责跟进例外报告中的所有项目。仅当不符信息从例外报告中消除后发票才可以付款	(1)检查系统报告的生成逻辑，确认例外报告的完整性及准确性。与复核人员讨论例外报告的跟进过程； (2)抽样选取采购发票、入库单和采购订单，进行内容的“三单核对”，检查是否一致
现金支付未记录、未记录在正确的供应商账户（串户）或记录金额不正确		由独立人员负责每月末编制银行存款余额调节表，并跟进重大差异。经授权的管理人员复核银行存款余额调节表，当重大差异得到满意的解决后，签署确认复核工作已完成	(1)询问复核人员对银行存款余额调节表的复核过程； (2)抽样检查银行存款余额调节表是否得到复核以及跟进处理、签署确认情况
		(1)应付账款会计人员将供应商提供的对账单与应付账款明细表进行核对，并对差异进行跟进处理； (2)复核人员定期复核上述对账结果，当复核工作完成或问题已得到满意的解决后，签署确认复核工作已完成	(1)询问复核人员对供应商对账结果的处理过程； (2)检查复核人员的相关签署确认
员工具有不适当的访问权限，使其能够实施违规交易或隐瞒错误	采购系统根据管理层的授权进行权限设置，以支持采购职能所要求的上述职责分离	管理层分离以下活动： (1)供应商主信息维护； (2)请购授权； (3)输入采购订单； (4)开具供应商发票； (5)按照订单收取货物； (6)存货盘点调整等	(1)检查系统中相关人员的访问权限； (2)复核管理层的授权职责分配表，对不相容职位是否设置了恰当的职责分离
总账与明细账中的记录不一致	应付账款、费用明细账的总余额与总账账户间的调节表会在每个期间末及时执行	(1)任何差异会被调查，如恰当，将进行调整； (2)复核人员会复核调节表及相关支持文档，任何差异或调整会被批准	核对总账与明细账的一致性，检查复核人员的复核及差异跟进记录

注册会计师在实务工作中，并不需要对该循环的所有控制点进行测试，而是应该针对识别的可能发生错报环节，选择足以应对评估的重大错报风险的关键控制进行控制测试，更能提高审计效率。

在控制测试完成之后，审计人员应当依据执行控制测试程序后的结果，对采购与付款循环的内部控制作出全面评估。若评估结果认为某一环节内部控制无法信赖或不健全，则说明该环节的控制风险高，在固有风险不变情况下，为保证最终审计风险处于可以接受水平内，审计人员需要修改已经制订的审计计划中与此会计科目相关的具体审计程序，扩大审计范围，增加审计测试的样本量。当然，若评估结果良好，则可以适当地缩小审计范围，减少测试的样本量。

(二)固定资产的内部控制和控制测试

存货与固定资产同属于一个交易循环，在内部控制和控制测试问题上有许多共性的地方，但固定资产因其特殊性，有必要对它进行单独说明。

就制造业被审计单位来说，固定资产在其资产总额中占很大比重，大额固定资产的购建会很大程度上影响其现金流量，而固定资产的折旧、减值、维修等费用则是影响其损益大小的重要原因。固定资产内部控制制度一旦失效，所造成的损失和给单位带来的影响将是巨大的，所以为了确保固定资产的真实、完整、安全和有效利用，被审计单位应当建立和健全固定资产的内部控制制度。

1. 固定资产的内部控制

(1)建立固定资产的预算制度。预算制度是固定资产内部控制中最重要的部分。注册会计师应注意检查固定资产的取得和处置是否均依据预算，对实际支出与预算之间的差异以及未列入预算的特殊事项，应检查其是否履行特别的审批手续。如果固定资产增减均能处于良好的经批准的预算控制之下，注册会计师即可适当减少对固定资产增减审计的实质性程序的样本量。

(2)完善的授权审批制度。企业资本性支出预算只有经过董事会审批方可生效；所有固定资产的取得和处置均须经企业管理当局的书面认可。注册会计师不仅要检查被审计单位固定资产授权审批制度设计是否完善，还要注意授权审批制度是否得到有效执行。

(3)严格的凭证与记录制度。除固定资产总账外，被审计单位还须设置固定资产明细分类账和固定资产登记卡，按固定资产类别、使用部门和每项固定资产进行明细分类核算。固定资产的增减变化均应有充分的原始凭证。一套设置完善的固定资产明细分类账和登记卡，将为注册会计师分析固定资产的取得和处置、复核折旧费用和修理支出的列支带来帮忙。

(4)明确的职责分工制度。对固定资产的取得、记录、保管、使用、维修、处置等，均应明确划分责任，由专门部门和专人负责。明确的职责分工制度，有利于防止舞弊，降低注册会计师的审计风险。

(5)划清资本性支出和收益性支出的界限。被审计单位应制定资本性支出和收益性支出的书面标准。通常须明确资本性支出的范围和最低金额，凡不属于资本性支出的范围、金额低于下限的任何支出，均应列作费用并抵减当期损益。

(6)固定资产的维护保养制度。固定资产应有严密的维护保养制度,以防止其因各种自然和人为的因素而遭受损失,并应建立日常维护和定期检修制度,以延长其使用寿命。

(7)固定资产的处置制度。固定资产的投资转出、报废、出售等,均要有一定的申请报批程序。

(8)固定资产的定期盘点制度。对固定资产的定期盘点,是验证账面各项资产是否真实存在和了解资产放置地点和使用状况,以及发现是否存在未入账固定资产的必要手段。注册会计师应了解和评价被审计单位固定资产盘点制度,并应注意查询盘盈、盘亏固定资产的处理情况。

2. 固定资产控制测试

(1)控制测试。注册会计师除了要了解被审计单位固定资产内部控制制度外,还需要进一步确定这些制度是否得到了有效执行。进行抽查时,可以运用统计和非统计等审计抽样方法抽取样本,并重点审查以下方面。

第一,固定资产预算与资产取得、报废情况是否相符,确定是否存在未经适当授权的固定资产业务。注册会计师可以通过查阅固定资产账户的本期增减变动记录,追查相应的固定资产请购单或报废、出售等工作通知单,确定是否经适当授权,是否受固定资产预算控制。

第二,资本性支出与收益性支出的划分标准是否得到遵守。注册会计师可以通过审查固定资产维修和保养账户的记录、工作通知单,检查其金额。

第三,固定资产的记录是否完善,注册会计师可以通过抽查应付账款、现金收支、营业外收支等账户和相关凭证,审查有无固定资产增加、报废、出售等业务未记入固定资产账户。抽查明细账或登记卡,审查其记录是否完善,包含的信息是否充分。此外,被审计单位还保存租入或租出固定资产的详细记录。

第四,现存固定资产的控制情况。注册会计师应深入实地观察有关固定资产的使用、保养情况,查清有无固定资产用于未经授权的用途,账实是否相符,获取包括实物检查报告在内的有关证据。检查时应注意租入固定资产的控制情况,有无损毁、报废或被盗等情形而未记录。此外,注册会计师还可对固定资产的验收、安装等进行控制测试。可以通过流程图或内部控制调查表来对控制测试的结果进行综合评价。

(2)评价内部控制。注册会计师在对固定资产内部控制制度做了充分调查和控制测试之后,即可对其加以评价,并将评价的结果记录在审计工作底稿中。评价重点在于:①固定资产内部控制执行情况能在多大程度上确保被审计单位会计记录的可靠性和正确性;②内部控制制度的有效执行,能在多大程度上保护固定资产的完整性。

注册会计师应根据被审计单位固定资产内部控制较强和薄弱环节,确定其实质性程序的性质、时间安排和范围。必要时,可采用适当方式,针对薄弱环节向被审计单位管理当局提出相应的改进建议。

二、采购与付款循环的实质性程序

采购与付款循环内部控制是否健全、有效,以及注册会计师对该循环控制风险的评价结果，影响其实质性程序的性质、时间安排和范围。注册会计师应根据被审计单位的具体情况，灵活运用专业判断予以确定。

(一)采购业务的实质性程序

1. 登记入账的采购交易是真实的

这一测试所要达到的一般审计目标是真实性(与"存在"认定有关)。为了实现这一目标，注册会计师可以实施的实质性程序包括如下方面。

(1)对采购明细账、总账及应付账款明细账进行复核，注意是否有大额或不正常的金额。

(2)审查请购单、订购单、验收单和供货方发票的合理性和真实性。

(3)追查存货的采购至存货永续盘存记录。

(4)检查取得的固定资产。

如果注册会计师肯定被审计单位的内部控制有效性，那么实质性程序就可以大大减少，因为有效的内部控制可以及时防止、发现和纠正被审计单位的错误和舞弊行为。

2. 已发生的采购业务均已登记入账

这一测试所要达到的一般审计目标是完整性(与"完整性"认定有关)。注册会计师通常采用下列程序检查已发生的采购业务是否均已登记入账。

(1)从验收单追查至采购明细账。

(2)从供应商发票追查至采购明细账。

3. 已登记入账的采购业务估价是否准确

这一测试所要达到的一般审计目标是估价(与"计价与分摊"认定有关)。注册会计师通常采用将采购明细账记录的业务与其相关原始凭证进行比较，复核供应商发票计算的准确性，来测试已发生的采购业务估价是否准确。

由于许多资产、负债和费用项目的估价有赖于交易在采购明细账上的正确记录，因此，这些报表项目实质性程序的范围，在很大程度上就取决于注册会计师对被审计单位采购业务内部控制执行效果的评价。

4. 登记入账的采购业务分类是否正确

这一测试所要达到的一般审计目标是分类(与"分类"认定有关)。采购业务分类是否正确的测试，通常情况下可以同估价测试一并进行。注册会计师可以通过审核供应商发票等原始凭证和会计科目表来确定具体业务分类是否正确，并以此与账簿的实际记录相比较。

5. 采购业务的记录是否及时

注册会计师通常采用将验收单和供应商发票上的日期进行比较，以确定采购业务的记录是否及时。

6. 采购业务已经正确地记入明细账并经正确汇总

注册会计师通过加计采购明细账，追查过入采购总账和应付账款、存货明细账的金额，并与采购明细账进行核对，以确定采购业务是否已正确地记入明细账并准确地汇总。

(二)付款业务的实质性程序

与采购业务测试一样，付款交易的实质性程序的范围，在一定程度上要取决于关键

控制是否存在以及控制测试的结果。由于采购与付款业务同属一个循环，在经济活动中密切相连，因此，付款交易的一部分测试可与采购业务的测试一并执行，但付款交易的特殊性又决定了其另一部分测试仍须单独实施。我们将在后续的报表项目审计中深入讨论。

三、应付账款审计

应付账款是企业在正常经营过程中，因购买材料、商品和接受劳务供应等经营活动而应付给供应单位的款项。可见，应付账款是随着企业赊购交易的发生而发生的，审计人员应结合赊购交易对应付账款进行审计。

（一）应付账款的审计目标

应付账款的审计目标一般包括如下方面。

（1）确定期末资产负债表中记录的应付账款是否存在（存在认定）。

（2）确定所有应当记录的应付账款是否均已记录（完整性认定）。

（3）确定资产负债表中记录的应付账款是否为被审计单位应履行的现时义务（权利和义务认定）。

（4）确定应付账款是否以恰当的金额包括在财务报表中（准确性认定），与之相关的计价调整是否已恰当记录（计价与分摊认定）。

（5）确定应付账款是否已按照企业会计准则的规定在财务报表中作出恰当的列报。

具体的审计程序计划则需要根据评估的重大错报风险确定。值得引起注意的是，对于一般以营利为导向的企业而言，采购与付款交易的重大错报风险常见的情况下是通过低估费用和应付账款，高估利润、粉饰财务状况。但某些企业可能为平滑各年度利润，在经营情况和预算完成较好的年度倾向于高估费用，则高估费用和负债可能是其相关年度审计时需要应对的重大错报风险。

（二）应付账款的实质性程序

（1）获取或编制应付账款明细表，复核加计正确，并与报表数、总账数和明细账合计数核对相符。

（2）根据被审计单位实际情况，选择适当的方法对应付账款执行分析性复核程序。①将应付账款期末余额与期初余额进行比较，查找是否存在异常波动现象，分析其波动原因。②分析长期挂账的应付账款，要求被审计单位作出解释，判断被审计单位是否缺乏偿债能力或利用应付账款隐瞒利润；并注意其是否可能无须支付，对确实无须支付的应付款的会计处理是否正确，依据是否充分。③计算应付账款与存货的比率，应付账款与流动负债的比率，并与以前年度相关比率对比分析，评价应付账款整体的合理性。④分析存货、主营业务收入和主营业务成本等项目的增减变动，判断应付账款增减变动的合理性。

（3）函证应付账款。一般情况下，应付账款不需要函证，因为函证并不能确保查出未记录的应付账款，况且审计人员能够取得采购发票等外部凭证来证实应付账款的余额。但如果控制风险较高，对应付账款明细金额较大债权人或被审计单位处于财务困难阶段，则应进行应付账款的函证。应付账款函证与应收账款函证的程序、方法基本相同。

一是向债权人发送询证函。注册会计师应根据审计准则的规定对询证函保持控制，包括确定需要确认或填列的信息、选择适当的被询证者、设计询证函，包括正确填列被询证者的姓名和地址，以及被询证者直接向注册会计师回函的地址等信息，必要时再次向被询证者寄发询证函等。

二是将询证函回函确认的余额与已记录金额相比较，如存在差异，检查支持性文件。评价已记录金额是否适当。

三是对于未作回复的函证实施替代程序：如检查至付款文件（现金支付、电汇凭证或支票复印件）、相关采购文件（采购订单、验收单、发票和合同）或其他适当文件。

四是如果认为回函不可靠，评价对评估的重大错报风险以及其他审计程序的性质、时间安排和范围的影响。

(4)检查应付账款是否计入正确的会计期间，是否存在未入账的应付账款。为了防止企业低估负债，审计人员应检查被审计单位有无故意漏记应付账款行为。

一是对本期发生的应付账款增减变动，检查至相关支持性文件，确认会计处理是否正确。

二是检查资产负债表日后应付账款明细账贷方发生额的相应凭证，关注其验收单、购货发票的日期，确认其入账时间是否合理。

三是获取并检查被审计单位与其供应商之间的对账单以及被审计单位编制的差异调节表，确定应付账款金额的准确性。

四是针对资产负债表日后付款项目，检查银行对账单及有关付款凭证（如银行汇款通知、供应商收据等），询问被审计单位内部或外部的知情人员，查找有无未及时入账的应付账款。

五是结合存货监盘程序，检查被审计单位在资产负债表日前后的存货入库资料（验收报告或入库单），检查相关负债是否计入了正确的会计期间。

如果注册会计师通过这些审计程序发现某些未入账的应付账款，应将有关情况详细记入审计工作底稿，并根据其重要性确定是否需要建议被审计单位进行相应的调整。

(5)寻找未入账负债的测试。获取期后收取、记录或支付的发票明细，包括获取支票登记簿/电汇报告/银行对账单以及入账的发票和未入账的发票。从中选取项目（尽量接近审计报告日）进行测试并实施以下程序：①检查支持性文件，如相关的发票、采购合同/申请、收货文件以及接受劳务明细，以确定收到商品/接受劳务的日期及应在期末之前入账的日期；②追踪已选取的项目至应付账款明细账、货到票未到的暂估入账和/或预提费用明细账，并关注费用所计入的会计期间，调查并跟进所有已识别的差异；③评价费用是否被记录于正确的会计期间，并相应确定是否存在期末未入账的负债。

(6)检查应付账款是否存在借方余额。如有，应查明原因，必要时建议作重分类调整。

(7)被审计单位与债权人进行债务重组的，检查不同债务重组方式下的会计处理方法是否正确。

(8)结合其他应付款、预付款项等项目的审计，检查有无同时挂账的项目，或有无属于其他应付款的款项。如有，应作出记录，必要时，建议被审计单位作重分类调整或会计

误差调整。

(9)确定应付账款的披露是否恰当。一般来说，"应付账款"项目应根据"应付账款"和"预付账款"科目所属明细科目的期末贷方余额的合计数填列。

四、固定资产审计

固定资产是为生产商品、提供劳务、出租或经营管理而持有的，使用寿命超过一个会计年度的，在使用过程中保持实物形态不变的，单位价值较高的有形资产。由于固定资产在企业资产总额中一般所占的比重较大，固定资产的安全、完整对企业的生产经营影响极大，审计人员应对固定资产的审计予以高度重视。

固定资产审计的范围很广，包括固定资产原价、累计折旧和固定资产减值准备。此外，由于固定资产的增加包括购置、自行建造、投资者投入、融资租入、更新改造、以应收债权换入、以非货币性资产交换方式换入、经批准无偿调入、接受捐赠和盘盈等多种途径，相应涉及货币资金、应付账款、预付款项、在建工程、股本、资本公积、长期应付款、递延所得税负债等项目；企业的固定资产又因出售、报废、投资转出、捐赠转出、抵债转出、以非货币性资产交换方式换出、无偿调出、毁损和盘亏等而减少，与固定资产清理、其他应收款、营业外收入和营业外支出等项目有关；另外，企业按月计提固定资产折旧，又与制造费用、销售费用、管理费用等项目联系在一起。因此，在进行固定资产审计时，应当关注这些相关项目。

(一)固定资产的审计目标

固定资产的审计目标一般包括如下方面。

(1)确定固定资产是否存在(存在认定)。

(2)确定固定资产是否属于被审计单位所有或控制(权利和义务认定)。

(3)确定固定资产的计价方法是否恰当(计价与分摊认定)。

(4)确定固定资产的折旧政策是否恰当、一贯(计价与分摊认定)。

(5)确定固定资产减值准备的计提是否充分、完整，方法是否恰当(计价与分摊认定)。

(6)确定固定资产、累计折旧和固定资产减值准备的记录是否完整(完整性认定)。

(7)确定固定资产、累计折旧和固定资产减值准备的期末余额是否正确(准确性认定)。

(8)确定固定资产、累计折旧和固定资产减值准备的披露是否恰当。

(二)固定资产的实质性程序

固定资产的实质性程序一般包括如下内容。

1. 获取或编制固定资产分类汇总表

获取或编制固定资产、累计折旧及减值准备分类汇总表，检查固定资产的分类是否正确，复核加计是否正确，并与报表数、总账余额和明细账余额合计数核对相符。

注册会计师首先应获取或编制固定资产、累计折旧及减值准备分类汇总表，见表10-2所列。

表 10-2 固定资产、累计折旧及减值准备分类汇总表

被审计单位： 索引号：

项目：固定资产、累计折旧及减值准备明细表 财务报表截止日/期间：

编制： 复核：

日期： 日期：

项目名称	期初余额	本期增加	本期减少	期末余额	备注
一、原价合计					
其中：房屋、建筑物					
机器设备					
运输工具					
二、累计折旧合计					
其中：房屋、建筑物					
机器设备					
运输工具					
三、固定资产减值准备合计					
其中：房屋、建筑物					
机器设备					
运输工具					
四、固定资产账面价值合计					
其中：房屋、建筑物					
机器设备					
运输工具					

2. 根据具体情况，选择适当的方法对固定资产实施分析程序

(1)计算固定资产原值与全年产量的比率，并与以前年度比较，分析其波动原因，可能发现闲置固定资产或已减少固定资产未在账户上注销的问题。

(2)计算本期计提折旧额与固定资产总成本的比率，将此比率同上期比较，旨在发现本期折旧额计算上可能存在的错误。

(3)计算累计折旧与固定资产总成本的比率，将此比率同上期比较，旨在发现累计折旧核算上可能存在的错误。

(4)比较本期各月之间、本期与以前各期之间的修理及维护费用，旨在发现资本性支出和收益性支出区分上可能存在的错误。

(5)比较本期与以前各期的固定资产增加和减少。由于被审计单位的生产经营情况不断变化，各期之间固定资产增加和减少的数额可能相差很大。审计人员应当深入分析其差异，并根据被审计单位以往和今后的生产经营趋势，判断差异产生的原因是否合理。

(6)分析固定资产的构成及其增减变动情况，与在建工程、现金流量表、生产能力等

相关信息交叉复核，检查固定资产相关金额的合理性和准确性。

3. 实地检查重要固定资产，确定其是否存在，关注是否存在已报废但仍挂账的固定资产

实施实地检查审计程序时，审计人员可以以固定资产明细分类账为起点，进行实地追查，以证明会计记录中所列固定资产确实存在，并了解其目前的使用状况；也可以以实地为起点，追查至固定资产明细分类账，以获取实际存在的固定资产均已入账的证据。审计人员实地检查的重点是本期新增加的重要固定资产，必要时，观察范围也会扩展到以前期间增加的重要固定资产。

4. 检查固定资产的所有权

对各类固定资产，审计人员应获取、收集不同的证据以确定其是否属于被审计单位所有：对外购的机器设备等固定资产，通常经审核采购发票、采购合同等予以确定；对于房地产类固定资产，尚须查阅有关的合同、产权证明、财产税单、抵押借款的还款凭据、保险单等书面文件；对融资租入的固定资产，应验证有关融资租赁合同，证实其并非经营租赁；对汽车等运输设备，应验证有关运营证件等；对受留置权限制的固定资产，通常还应审核被审计单位的有关负债项目等。

5. 检查本期固定资产的增加

被审计单位如果不正确核算固定资产的增加，将对资产负债表和利润表产生长期的影响。因此，审计固定资产的增加，是固定资产实质性程序中的重要内容。固定资产的增加有多种途径，审计中应注意以下方面。

(1)对于外购固定资产，通过核对采购合同、发票、保险单、发运凭证等资料，抽查测试其入账价值是否正确，授权批准手续是否齐备，会计处理是否正确；如果购买的是房屋建筑物，还应检查契税的会计处理是否正确；检查分期付款购买固定资产入账价值及会计处理是否正确。

(2)对于在建工程转入的固定资产，应检查竣工决算、验收和移交报告是否完备，与在建工程的相关记录是否核对相符，借款费用资本化金额是否恰当；对已经达到预定可使用状态，但尚未办理竣工决算手续的固定资产，检查其是否已暂估入账，并按规定计提折旧；是否待确定实际成本后再对固定资产原价进行调整。

(3)对于投资者投入的固定资产，检查投资者投入的固定资产是否按投资各方确认的价值入账，并检查确认价值是否公允，交接手续是否齐全；涉及国有资产的是否有资产评估报告并经国有资产管理部门备案或核准确认。

(4)对于更新改造增加的固定资产，检查通过更新改造而增加的固定资产，增加的原值是否符合资本化条件，是否真实，会计处理是否正确；重新确定的剩余折旧年限是否恰当。

(5)对于融资租赁增加的固定资产，获取融资租入固定资产的相关证明文件，检查融资和租赁合同主要内容，并结合长期应付款、未确认融资费用科目检查相关的会计处理是否正确。

(6)对于企业合并、债务重组和非货币性资产交换增加的固定资产，检查产权过户手续是否齐备，检查固定资产入账价值及确认的损益和负债是否符合规定。

(7)检查固定资产的后续支出是否符合资本化条件,会计处理是否正确。

(8)如果被审计单位为外商投资企业,检查其采购国产设备退还增值税的会计处理是否正确。

(9)检查被审计单位的固定资产是否需要预计弃置费用,相关的会计处理是否符合规定。

6. 检查本期固定资产的减少

固定资产的减少主要包括出售、向其他单位投资转出、向债权人抵债转出、报废、毁损、盘亏等。审计固定资产减少的主要目的就在于查明业已减少的固定资产是否已做适当的会计处理,其审计要点如下。

(1)结合固定资产清理科目,抽查固定资产账面转销额是否正确。

(2)检查出售、盘亏、转让、报废或毁损的固定资产是否经授权批准,会计处理是否正确。

(3)检查因修理、更新改造而停止使用的固定资产的会计处理是否正确。

(4)检查投资转出固定资产的会计处理是否正确。

(5)检查债务重组或非货币性资产交换转出固定资产的会计处理是否正确。

(6)检查转出的投资性房地产账面价值及会计处理是否正确。

7. 检查固定资产后续支出的核算是否符合规定

《企业会计准则第 4 号——固定资产》规定,与固定资产有关的后续支出,如果同时满足下列两个确认条件:一是该固定资产包含的经济利益很可能流入企业,二是该固定资产的成本能够可靠计量,应当将该后续支出计入固定资产成本;否则,应当在该后续支出发生时计入当期损益。

在具体实务中,对于固定资产发生的下列各项后续支出,通常的处理方法如下。

(1)固定资产修理费用,应当直接计入当期费用。

(2)固定资产改良支出,应当计入固定资产账面价值,其增加后的金额不应超过该固定资产的可收回金额。

(3)如果不能区分是固定资产修理还是固定资产改良,或固定资产修理和固定资产改良结合在一起,则企业应按上述原则进行判断,其发生的后续支出,分别计入固定资产价值或计入当期费用。

(4)固定资产装修费用,符合上述原则可予资本化的,在两次装修期间与固定资产尚可使用年限两者中较短的期间内,采用合理的方法单独计提折旧。如果在下次装修时,该固定资产相关的固定资产装修项目仍有余额,应将该余额一次全部计入当期营业外支出。

8. 获取暂时闲置固定资产的相关证明文件

获取暂时闲置固定资产的相关证明文件,并观察其实际状况,检查是否已按规定计提折旧,相关的会计处理是否正确

9. 检查有无与关联方的固定资产购售活动,是否经适当授权,交易价格是否公允对于合并范围内的购售活动,记录应予合并抵消的金额。

10. 确定固定资产的披露是否恰当

财务报表附注通常应说明固定资产的标准、分类、计价方法和折旧方法；各类固定资产的预计使用寿命和预计净残值；分类别披露固定资产期初余额、本期增加额、本期减少额及期末余额；还应披露在建工程转入的固定资产以及固定资产的出售、置换、抵押或担保等情况。

（三）累计折旧审计

企业计提固定资产折旧，是为了把固定资产的成本分配于各个受益期，实现期间收入与费用的正确配比，折旧核算是一个成本分配过程。影响折旧的因素有固定资产账面原价、固定资产的残值和预计经济使用年限三个方面。固定资产折旧的审查，就是为了确定固定资产折旧的计算、提取和分配是否合法与公允。

累计折旧的审计目标如下。

（1）确定折旧政策和方法是否符合国家有关的财务会计制度，是否一贯遵循（计价与分摊认定）。

（2）确定累计折旧增减变动的记录是否完整（完整性认定）。

（3）确定折旧费用的计算、分摊是否正确、合理和一贯（计价与分摊认定）。

（4）确定累计折旧的期末余额是否正确（准确性认定）。

（5）确定累计折旧在会计报表上的披露是否恰当。

累计折旧的实质性程序通常包括如下方面。

（1）获取或编制累计折旧分类汇总表，复核加计正确，并与总账数和明细账合计数核对相符。

（2）对累计折旧执行分析程序，主要包括如下步骤。

第一，对折旧计提的总体合理性进行复核，是测试折旧正确与否的一个有效方法。在不考虑固定资产减值准备的前提下，计算、复核的方法是用应计提折旧的固定资产原价乘本期的折旧率。计算之前，注册会计师应对本期增加和减少固定资产、使用寿命长短不一的和折旧方法不同的固定资产作适当调整。如果总的计算结果和被审计单位的折旧总额相近，且固定资产及累计折旧的内部控制较健全时，就可以适当减少累计折旧和折旧费用的其他实质性程序工作量。

第二，计算本期计提折旧额占固定资产原值的比率，并与上期比较，分析本期折旧计提额的合理性和准确性。

第三，计算累计折旧占固定资产原值的比率，评估固定资产的老化程度，并估计因闲置、报废等原因可能发生的固定资产损失，结合固定资产减值准备，分析是否合理。

（3）复核本期折旧费用的计提，主要包括如下方面。

一是已计提部分减值准备的固定资产，计提的折旧是否正确。按照《企业会计准则第 4 号——固定资产》的规定，已计提减值准备的固定资产的应计折旧额应当扣除已计提的固定资产减值准备累计金额，按照该固定资产的账面价值以及尚可使用寿命重新计算确定折旧率和折旧额。

二是已全额计提减值准备的固定资产，是否已停止计提折旧。

三是因更新改造而停止使用的固定资产是否已停止计提折旧，因大修理而停止使用的固定资产是否照提折旧。

四是对按规定予以资本化的固定资产装修费用是否在两次装修期间与固定资产尚可使用年限两者中较短的期间内，采用合理的方法单独计提折旧，并在下次装修时将该项固定资产装修余额一次全部计入当期营业外支出。

五是对融资租入固定资产发生的、按规定可予以资本化的固定资产装修费用，是否在两次装修期间、剩余租赁期与固定资产尚可使用年限三者中较短的期间内，采用合理的方法单独计提折旧。

六是对采用经营租赁方式租入的固定资产发生的改良支出，是否在剩余租赁期与租赁资产尚可使用年限两者中较短的期间内，采用合理的方法单独计提折旧。

七是未使用、不需用和暂时闲置的固定资产是否按规定计提折旧。

八是持有待售的固定资产折旧是否符合规定。

(4)将"累计折旧"账户贷方的本期计提折旧额与相应的成本费用中的折旧费用明细账户的借方相比较，以查明所计提折旧金额是否已全部摊入本期产品成本或费用，一旦发现差异，应及时追查原因，并考虑是否应建议作适当调整。

(5)检查累计折旧的披露是否恰当。

(四)固定资产减值准备审计

固定资产的可收回金额低于其账面价值称为固定资产减值。这里的可收回金额应当根据固定资产的公允价值减去处置费用后的净额与资产预计未来现金流量的现值两者之间的较高者确定。这里的处置费用包括与固定资产处置有关的法律费用、相关税费、搬运费以及为使固定资产达到可销售状态所发生的直接费用等。

企业应当在资产负债表日判断固定资产是否存在可能发生减值的迹象。根据《企业会计准则第 8 号——资产减值》的规定，如存在下列迹象，表明固定资产可能发生了减值。

(1)固定资产的市价当期大幅度下跌，其跌幅明显高于因时间的推移或正常使用而预计的下跌。

(2)企业经营所处的经济、技术或者法律等环境以及固定资产所处的市场在当期或者将在近期发生重大变化，从而对企业产生不利影响。

(3)市场利率或者其他市场投资回报率在当期已经提高，从而影响企业计算固定资产预计未来现金流量现值的折现率，导致固定资产可收回金额大幅度降低。

(4)有证据表明固定资产陈旧过时或者其实体已经损坏。

(5)固定资产已经或者将被闲置、终止使用或者计划提前处置。

(6)企业内部报告的证据表明固定资产的经济绩效已经低于或者将低于预期，如固定资产所创造的净现金流量或者实现的营业利润(或损失)远远低于(或高于)预计金额等。

(7)其他表明固定资产可能已经发生减值的迹象。

如果该固定资产存在上述迹象，导致其可收回金额低于账面价值的，应当将固定资产的账面价值减记至可收回金额，将减记的金额确认为固定资产减值损失，计入当期损益，同时计提相应的固定资产减值准备。

固定资产减值准备的实质性程序一般包括如下方面。

(1)获取或编制固定资产减值准备明细表,复核加计正确,并与总账数和明细账合计数核对相符。

(2)检查固定资产减值准备计提和核销的批准程序,取得书面报告等证明文件。

(3)检查被审计单位计提固定资产减值准备的依据是否充分及会计处理是否正确。

(4)检查资产组的认定是否恰当,计提固定资产减值准备的依据是否充分,会计处理是否正确。

(5)实施实质性分析程序,计算本期末固定资产减值准备占期末固定资产原值的比率,并与期初该比率比较,分析固定资产的质量状况。

(6)检查被审计单位处置固定资产时原计提的减值准备是否同时结转,会计处理是否正确。

(7)检查是否存在转回固定资产减值准备的情况。按照《企业会计准则》规定,固定资产减值损失一经确认,在以后会计期间不得转回。

(8)确定固定资产减值准备的披露是否恰当。如果企业计提了固定资产减值准备,根据《企业会计准则第 8 号——资产减值》的规定,企业应当在财务报表附注中披露:当期确认的固定资产减值损失金额。企业提取的固定资产减值准备累计金额。如果发生重大固定资产减值损失的,还应当说明导致重大固定资产减值损失的原因,固定资产可收回金额的确定方法,以及当期确认的重大固定资产减值损失的金额。

五、其他相关账户审计

在采购与付款循环中,除以上介绍的会计报表项目以外,还涉及预付账款、在建工程、工程物资、固定资产清理、固定资产减值准备、应付票据等项目。这里分别介绍其审计程序和方法。

(一)预付账款的审计

预付账款是企业购买原材料、商品、接受劳务等,预先支付给供货单位的货款。会计上是通过"预付账款"或"应付账款"(借方)账户进行核算的。

预付账款的实质性程序主要有如下方面。

(1)获取或编制预付账款明细表,复核加计数额是否正确,并与报表数、总账和明细账的余额核对相符。同时请被审计单位协助,在预付账款明细表上标出截止审计外勤日已收到货物并冲销预付账款的项目。

(2)选择大额或异常的预付账款重要项目进行函证。函证这些账户的余额是否正确,包括余额为零的账户,并根据回函情况编制函证结果汇总表,对回函金额不符的,要查明原因,作出记录或建议做适当调整;对未回函的,可再次函证,也可采用替代方法进行检查。

(3)抽查入库记录,查核有无重复付款或将同一笔已付清的账款在预付账款和应付账款这两个账户同时挂账的情况。

(4)分析预付账款明细账余额,对于出现贷方余额的项目,应查明原因,必要时建议做重分类调整。

(5)对于用非记账本位币结算的预付账款，检查其采用的折算汇率和汇兑损益处理的正确性。

(6)确定预付账款是否已在资产负债表上恰当披露。

(二)在建工程的审计

在建工程的实质性程序主要有如下方面。

(1)获取或编制在建工程明细表，复核加计是否正确，并与报表数、总账和明细账的余额核对相符。

(2)审查本期在建工程的增减额是否正确。

第一，审查在建工程的费用支出是否真实，会计处理是否正确。包括：对于领用的工程物资，抽查工程物资的领用是否有审批手续；对于借款费用资本化，应结合长短期借款、应付债券或长期应付款的审计，检查借款费用资本化的计算方法是否正确，资本化金额是否合理；对于工程管理费资本化，应结合管理费用等的审计工作，检查工程管理费资本化的金额是否合理，会计处理是否正确；对于计缴的土地开发费，应审查土地开发费的合法性、真实性，并检查其会计处理是否正确。

第二，了解在建工程结转固定资产的政策，并结合固定资产审计，检查在建工程转销额是否正确，是否存在将已交付使用的固定资产挂在在建工程而少计折旧的情况。

第三，检查已完工程项目的竣工决算报告、验收交接单等凭证以及其他转出数的原始凭证，检查其会计处理是否正确。对于重大的在建工程项目，应取得有关工程项目的立项批文、预算总额等业务资料。

(3)审查在建工程账户期末余额的构成内容。判断是否存在长期挂账的在建工程，如果存在则应予以适当关注。审计人员还应实地观察了解工程项目的实际完工进度，查看相关安装设备是否实际存在。

(4)结合对银行借款等的检查，了解在建工程是否存在抵押、担保的情况。若有，则应取证记录，并提请被审计单位作必要披露。

(5)审查在建工程是否已在会计报表上恰当披露。被审计单位的在建工程如存在抵押担保情况，应在会计报表上作必要披露。如果被审计单位为上市公司，其会计报表附注中应披露主要在建工程本期的增减变动、期末余额的组成、相应的资金来源和工程进度等内容。

(三)工程物资的审计

工程物资的主要实质性程序包括如下方面。

(1)获取或编制工程物资明细表，复核加计是否正确，并与报表数、总账和明细账的余额核对相符。

(2)对工程物资实施监盘程序，确定其是否存在，账实是否相符，并观察是否有呆滞、积压物资。

(3)抽查若干工程物资采购合同、采购发票、货物验收单等原始凭证，检查其是否经过授权批准，会计处理是否正确。

(4)结合在建工程审计，检查物资领用手续是否齐全，会计处理是否正确。

(5)检查被审计单位是否对工程物资定期盘点，对盘盈、盘亏的处理是否及时，是否

符合规定，会计处理是否正确。

(6)检查工程完工后剩余的工程物资在转入存货时，是否将其所含增值税进项税额进行了正确的分离。

(7)确定工程物资在资产负债表上的披露是否恰当。

(四)固定资产清理的审计

固定资产清理的审计目标一般包括：确定固定资产清理的记录是否完整，确定固定资产清理反映的内容是否正确，确定固定资产清理期末余额是否正确，确定固定资产清理在会计报表上的披露是否恰当。

固定资产清理的主要实质性程序包括如下方面。

(1)获取或编制固定资产清理明细表，复核加计是否正确，并与报表数、总账和明细账的余额核对相符。

(2)检查固定资产清理的发生是否有正当理由，是否经有关技术部门鉴定，固定资产清理的发生和转销是否经授权批准。

(3)审查固定资产清理的会计处理是否正确。包括结合对固定资产的审计，检查固定资产、累计折旧以及固定资产减值准备的账面余额结转是否正确；检查固定资产清理收入和清理费用的发生是否真实、准确，清理结果(净损益)的计算是否正确；是否正确记入相关账户。

(4)检查固定资产清理是否长期挂账，如有，应进行记录，必要时建议调整。

(5)检查固定资产清理是否已在资产负债表上恰当披露。

(五)应付票据的审计

应付票据是指企业购买原材料、商品和接受劳务等而开出、承兑的商业汇票，包括银行承兑汇票和商业承兑汇票。随着商业活动的票据化，企业票据业务将越来越多，应付票据也成为一个重要的审计领域。

应付票据审计涉及的凭证和记录除大部分与应付账款相同外，还包括应付票据备查簿、应付票据明细账与总账、财务费用明细账与总账等。同样，应付票据的内部控制除大部分与应付账款相同外，还包括签发票据必须经过适当的授权批准；票据的签署、经办和记账应分工负责；由不经管票据的人员登记应付票据备查簿；定期独立检查应付票据的会计处理等。

应付票据的实质性程序主要包括如下方面。

(1)获取或编制应付票据明细表。审计人员应首先获取或编制应付票据明细表，复核加计是否正确，并与应付票据备查簿、报表数、总账和明细账的余额核对相符。在核对过程中，审计人员应注意被审计单位有无漏报或错报票据，有无漏列作为抵押的资产，有无漏计、多计或少计应付利息等情况。

(2)函证应付票据。审计人员应选择票面金额较大的商业汇票以及重要应付票据项目(包括零账户)，函证其余额是否正确，应付票据函证应结合银行存款余额一起函证。询证函通常应包括出票日、到期日、票面未付金额、已付息期间、利息率以及票据抵押担保等内容。对未回函的，可再次函证，也可采取其他替代审计程序以确定应付票据的真实性。

(3)抽查部分业务。审查应付票据备查簿，并抽查若干重要原始凭证，以确定其是否真实，会计处理是否正确。审查内容如下：①检查该笔债务的相关合同、发票、货物验收单等资料，核实交易事项的真实性；②抽查决算日后应付票据明细账及现金、银行存款日记账，核实其是否已付款并转销；③对截止报表日已偿付的应付票据，注意其凭证入账日期的合理性。

(4)检查逾期末兑付应付票据的原因，如系有抵押的票据，应作出记录，并提请被审计单位作必要的被露。

(5)确定应付票据是否已在资产负债表上恰当披露。应付票据在资产负债表上应单独列示，并充分揭示其金额、利息率、到期日和担保抵押资产等。

本章小结

企业的采购与付款循环是企业的主要业务循环之一，对其的审计在对企业报表审计过程中也占有重要地位。为了采购与付款循环业务的各环节能正常有序运行，并防止和揭露错误与舞弊，保证相关记录的真实、可靠，企业需要建立健全相关内部控制制度。审计人员在了解和初步评估内部控制的基础上，执行相关控制测试，并根据测试结果修工具体审计计划。审计人员可以运用检查、盘存、观察、询问、函证和分析性测试等方法，对采购与付款循环中相关账户进行测试，以实现特定的审计目标。

【复习思考题】

1. 采购与付款循环的主要业务活动有哪些？主要涉及哪些原始凭单？
2. 建立采购与付款循环内部控制的目标有哪些？
3. 采购与付款循环内部控制的关键控制点有哪些？如何对这些关键控制点进行控制测试？
4. 如何进行采购与付款循环的交易业务的实质性程序？
5. 在实施对应付账款发函询证程序时，审计人员应注意哪些具体事项？
6. 累计折旧的实质性程序包括哪些？
7. 固定资产清理的实质性程序包括哪些？
8. 固定资产减值准备的实质性程序包括哪些？

第十一章 生产与存货循环审计

本章提示

学习目标 通过本章学习，学生应当了解和识别生产与存货循环相关的会计凭证、账户、主要经济业务活动，掌握生产与存货循环中内部控制的要点以及控制测试，掌握生产与存货循环审计的主要实质性程序及相关会计报表认定。

重要概念 生产与存货循环、内部控制、控制测试、实质性程序、存货审计、存货计价测试

引 例

一、獐子岛扇贝存货案例

2020 年 6 月，证监会依据调查结果对吴厚刚下发行政处罚决定书，认定獐子岛年报及信息披露涉嫌虚假记载，对其处以罚款、终身市场禁入的“顶格”处罚措施，吴厚刚等多名高管随即辞职。2020 年 12 月 30 日记者核实，吴厚刚在北京市第一中级人民法院对证监会发起行政诉讼，要求撤销相关行政处罚。起诉状长达 1 万多字。12 月 16 日，该案已进行首次质证（当事人、诉讼代理人及第三人在法庭的主持下，对当事人及第三人提出的证据就其真实性、合法性、关联性以及证明力的有无、大小予以说明和质辩的活动或过程）。此前，在“扇贝跑了”“扇贝死了”等备受市场质疑问题出现后，相关部门介入对獐子岛公司财务问题进行了为期 17 个月的调查。

《中国经营报》报道称，本次行政诉讼中，吴厚刚认为证监会在认定相关事实时，其核心证据《中科宇图报告》和《东海所报告》（以下简称“两份报告”）不具备行政处罚证据的真实性、准确性与合法性；且认为证监会在调查时，未依法履行全面、客观、公正调查搜集证据的法定程序……因此希望法院判决撤销行政处罚和市场禁入决定。

上述两份报告系证监会委托专业机构作出——中科宇图科技股份有限公司（以下简称“中科宇图”）和中国水产科学研究院东海水产研究所（以下简称“东海所”），通过北斗星通提供的獐子岛采捕船卫星定位数据，还原其航行轨迹，进而复原獐子岛实际采捕海域，认定其存在造假问题。

证监会此前借助卫星定位数据，对公司 27 条采捕船只数百万条海上航行定位数据进行分析，委托两家第三方专业机构运用计算机技术还原了采捕船只的真实航行轨迹，复原了公司最近两年真实的采捕海域，进而确定实际采捕面积，并据此认定獐子岛公司成本、营业外支出、利润等存在虚假。以虾夷扇贝捕捞船只的北斗导航定位信息为基础，经第三方

专业机构测算，獐子岛2016年度账面结转捕捞面积较实际捕捞面积少13.93万亩，由此，獐子岛2016年度虚减营业成本6 002.99万元。同时，獐子岛2017年账面结转捕捞面积较实际捕捞区域面积多5.79万亩，由此，獐子岛2017年虚增营业成本6 159.03万元。

经比对獐子岛底播虾夷扇贝库存图和捕捞船只导航定位信息发现，部分库存区域未显示捕捞航行轨迹，而獐子岛在这部分区域进行了底播，根据会计核算一贯性原则，上述区域既往库存资产应作核销处理。同时，经第三方专业机构测算，核销海域中2014年、2015年和2016年底播的虾夷扇贝分别有20.85万亩、19.76万亩和3.61万亩已在以往年度采捕。由此，獐子岛2016年虚减了营业外支出7 111.78万元，2017年虚增营业外支出20 595.54万元。经第三方专业机构测算，减值海域中2015年和2016年底播的虾夷扇贝分别有6.38万亩、0.13万亩已在以往年度采捕，由此，2017年獐子岛虚增资产减值损失1 110.52万元。

综上，獐子岛2016年虚增利润13 114.77万元，虚增利润占当期利润总额的158.11%；2017年虚减利润27 865.09万元，占当期披露利润总额的38.57%。

此外，公司还涉及年终盘点报告和核销公告披露不真实，不及时披露业绩变化情况等多项违法事实，违法情节特别严重，严重扰乱证券市场秩序、严重损害投资者利益，社会影响极其恶劣。

2017年10月25日，獐子岛披露的《关于2017年秋季底播虾夷扇贝抽测结果的公告》称，獐子岛按原定方案完成了全部计划120个调查点位的抽测工作。经与抽测船只秋测期间的航行定位信息对比，獐子岛记录完成抽测计划的1 206个调查点位中，有60个点位抽测船只航行路线并未经过，即獐子岛并未在上述计划点位完成抽测工作，占披露完成抽测调查点位总数的50%，相关内容存在虚假记载。

经与虾夷扇贝采捕船的航行轨迹进行比对发现，獐子岛盘点的2014年底播区域的70个点位已全部实际采捕，2015年底播区域的119个点位中有80个点位已实际采捕。獐子岛核销海域中，2014年、2015年和2016年底播虾夷扇贝分别有20.85万亩、19.76万亩和3.61万亩已在以往年度采捕，致使虚增营业外支出24 782.81万元，占核销金额的42.91%；减值海域中，2015年、2016年底播虾夷扇贝分别有6.38万亩、0.13万亩已在以往年度采捕，致使虚增资产减值损失1 110.52万元，占减值金额的18.29%。综上，獐子岛发布的《年终盘点公告》和《核销公告》存在虚假记载。

（案例来源：搜狐网）

二、案例思考与讨论

1. 在本案例中特殊存货的盘点难点有哪些？
2. 在生产与存货循环审计中有哪些环节存在失误？

第一节　生产与存货循环的概述

生产与存货循环同其他业务循环的联系非常密切。原材料经过采购与付款循环进入生产与存货循环，生产与存货循环又随销售与收款循环中产成品的销售环节而结束。生产

与存货循环涉及的内容主要是存货的管理及生产成本的计算等。考虑财务报表项目与业务循环的相关程度，该循环所涉及的资产负债表项目主要是存货、应付职工薪酬等；所涉及的利润表项目主要是营业成本等项目。其中，存货又包括：材料采购或在途物资、原材料、材料成本差异、库存商品、发出商品、商品进销差价、委托加工物资、委托代销商品、受托代销商品、周转材料、生产成本、制造费用、劳务成本、存货跌价准备、受托代销商品款等。

一、生产与存货循环的特性

存货与存货循环由将原材料转化为产成品的有关活动组成。该循环包括制定生产计划；控制、保持存货水平以及与制造过程有关的交易和事项；涉及领料、生产加工、销售产成品等主要环节。以制造业为例，存货与存货循环所涉及的主要业务活动包括：计划和安排生产；发出原材料；生产产品；核算产品成本；储存产成品；发出产成品等。上述业务活动通常涉及以下部门：生产计划部门、仓库、生产部门、人事部门、销售部门、会计部门等。

（一）生产与存货循环所涉及的主要业务活动

1. 计划和安排生产

生产计划部门的职责是根据顾客订单或者对销售预测和产品需求的分析来决定生产授权。如决定授权生产，即签发预先编号的生产通知单。该部门通常应将发出的所有生产通知单编号并加以记录控制。此外，还需要编制一份材料需求报告，列示所需要的材料和零件及其库存。

2. 发出原材料

仓库部门的责任是根据从生产部门收到的领料单发出原材料。领料单上必须列示所需的材料数量和种类，以及领料部门的名称。领料单通常一式三联。仓库发料后，将其中一联交给领料部门，其余两联经仓库登记材料明细账后，送会计部门进行材料收发核算和成本核算。

3. 生产产品

生产部门在收到生产通知单及领取原材料后，便将生产任务分解到每一个生产工人，并将所领取的原材料交给生产工人，据以执行生产任务。生产工人在完成生产任务后，将完成的产品交生产部门查点，然后转交检验员验收并办理入库手续，或是将所完成的产品移交下一个部门，作进一步加工。

4. 核算产品成本

为了正确核算并有效控制产品成本，必须建立健全成本会计制度，将生产控制和成本核算有机结合在一起。一方面，生产过程中的各种记录、生产通知单、领料单、计工单、入库单等文件资料都要汇集到会计部门，由会计部门对其进行检查和核对，了解和控制生产过程中存货的实物流转；另一方面，会计部门要设置相应的会计账户，会同有关部门对生产过程中的成本进行核算和控制。成本会计制度可以非常简单，只是在期末记录存货余额，也可以是完善的标准成本制度，它持续地记录所有材料处理、在产品和产成品，并形成对成本差异的分析报告。完善的成本会计制度应该提供原材料转为在产品，在产品转为产成品，以及按成本中心、分批生产任务通知单或生产周期所消耗的材料、人工和间接费用的分配与归集的详细资料。

5. 储存产成品

产成品入库，须由仓库部门先行点验和检查，然后签收。签收后，将实际入库数量通知会计部门。据此，仓库部门确立了本身应承担的责任，并对验收部门的工作进行验证。除此之外，仓库部门还应根据产成品的品质特征分类存放，并填制标签。

6. 发出产成品

产成品的发出须由独立的发运部门进行。装运产成品时必须持有经有关部门核准的发运通知单，并据此编制出库单。出库单通常一式四联，一联交仓库部门，一联发运部门留存，一联送交顾客，一联作为给顾客开发票的依据(财务部门)。

7. 存货盘点

管理人员编制盘点指令，安排适当人员对存货实物(包括原材料、在产品和产成品等所有存货类别)进行定期盘点，将盘点结果与存货账面数量进行核对，调查差异并进行适当调整。

8. 计提存货跌价准备

财务部门根据存货货龄分析表信息或相关部门提供的有关存货状况的其他信息，结合存货盘点过程中对存货状况的检查结果，对出现损毁、滞销、跌价等降低存货价值的情况进行分析计算，计提存货跌价准备。

【单选题】下列认定中，与“生产交易均已登记入账”相关的是(　　)。

A. 准确性、计价和分摊　B. 发生　C. 权利和义务　D. 完整性

(二)涉及的主要凭证和会计记录

在内部控制比较健全的企业，处理生产与存货业务通常需要使用很多单据与会计记录。生产与存货循环所涉及的主要凭证和会计记录有以下几种。

1. 生产指令

生产指令又称“生产任务通知单”或“生产通知单”，是企业下达制造产品等生产任务的书面文件，用以通知供应部门组织材料发放，生产车间组织产品制造，会计部门组织成本计算。

2. 领发料凭证

领发料凭证是企业为控制材料发出所采用的各种凭证，如材料发出汇总表、领料单、限额领料单、领料登记簿、退料单等。

3. 产量和工时记录

产量和工时记录是登记工人或生产班组在出勤时间内完成产品数量、质量和生产这些产品所耗费工时数量的原始记录。产量和工时记录的内容与格式是多种多样的，在不同的生产企业中，甚至在同一企业的不同生产车间中，由于生产类型不同而采用不同格式的产量和工时记录。常见的产量和工时记录主要有工作通知单、工序进程单、工作班产量报告、产量通知单、产量明细表、废品通知单等。

4. 工薪汇总表及工薪费用分配表

工薪汇总表是为了反映企业全部工薪的结算情况，并据以进行工薪总分类核算和汇

总整个企业工薪费用而编制的，它是企业进行工薪费用分配的依据。工薪费用分配表反映了各生产车间各产品应负担的生产工人工薪及福利费。

5. 材料费用分配表

材料费用分配表是用来汇总反映各生产车间各产品所耗费的材料费用的原始记录。

6. 制造费用分配汇总表

制造费用分配汇总表是用来汇总反映各生产车间各产品所应负担的制造费用的原始记录。

7. 成本计算单

成本计算单是用来归集某一成本计算对象所应承担的生产费用，计算该成本计算对象的总成本和单位成本的记录。

8. 产成品入库单和出库单

产成品入库单是产品生产完成并经检验合格后从生产部门转入仓库的凭证。产成品出库单是根据经批准的销售单发出产成品的凭证。

9. 存货明细账

存货明细账是用来反映各种存货增减变动情况和期末库存数量及相关成本信息的会计记录。

10. 存货盘点指令、盘点表及盘点标签

一般制造业企业通常会定期对存货实物进行盘点，将实物盘点数量与账面数量进行核对，对差异进行分析调查，必要时作账务调整，以确保账实相符。在实施存货盘点之前，管理人员通常编制存货盘点指令，对存货盘点的时间、人员、流程及后续处理等方面作出安排。在盘点过程中，通常会使用盘点表记录盘点结果，使用盘点标签对已盘点存货及数量作出标识。

11. 存货货龄分析表

企业通过编制存货货龄分析表，识别流动较慢或滞销的存货，并根据市场情况和经营预测，确定是否需要计提存货跌价准备。这对于管理具有保质期的存货尤其重要。

(三)生产与存货循环的关键内部控制

1. 授权审批制度

(1)生产指令、领料单和工薪应履行恰当手续，经过特别审批或一般审批。

(2)批准上工、工作时间特别是加班时间、工资、薪金或佣金、代扣款项、工薪结算表和工薪汇总表必须履行恰当手续，经过特别审批或一般审批。

2. 职务分离

(1)存货保管人员与记录人员职务分离。

(2)人事、考勤、工薪发放、记录等职务相互分离。

3. 会计记录

(1)成本的核算应以经过审核的生产通知单、领发料凭证、产量和工时记录、工薪费用分配表、材料费用分配表、制造费用分配表为依据。

(2)生产通知单、领发料凭证、产量和工时记录、工薪费用分配表、材料费用分配表、制造费用分配表均应事先编号并全部登记入账。

(3)成本核算方法和费用分配应采用适当的方法并保持前后各期一致。

(4)应采用适当的成本核算流程和账务处理流程。

(5)工薪分配表和工薪汇总表应完整反映已发生的工薪支出。

4. 定期核对

定期进行账实核对,即定期进行存货盘点。

二、生产与存货循环的测试目标

(一)生产与存货循环的内部控制测试目标

1. 生产与存货循环内部控制的目标

企业内部控制规范及配套指引中明确提出生产与存货内部控制的目标如下所列。

(1)合理计划和控制生产。由生产计划和控制部门批准生产单,才可以进行生产,避免盲目生产、货不对路,浪费企业资源。

(2)按正确程序发出原材料。按已批准的生产单和签字的发料单发出原材料,避免未经授权领用原材料、无故占用原材料,延误生产活动。

(3)保质保量生产产品。正确使用记工单记录完成生产单耗用的直接人工小时,避免出现直接人工小时可能未计入生产单的情况,影响产品成本的正确核算。

(4)正确转移已完工产品到产成品仓库。产成品仓库人员收到产品时,在最后一张转移单上签字确认,避免出现仓库人员可能声称未从生产部门收到产成品的情况。

(5)安全储存产成品。仓库加锁并限制只有经过授权的人才能接近仓库,使用签字的转移单控制生产部门之间产品的转移,防止存货和在产品的丢失、被盗或其他原因导致的企业损失或损毁。

(6)正确核算和记录制造成本。管理层批准制造费用分配率和标准成本,及时报告调整差异;将编制分录所使用的资料,与每日生产活动报告资料相调节,并与完工生产报告中的资料相调节,防止可能使用不适当的制造费用分配率和标准成本;可能未记录制造成本分配给在产品;可能未结转已完工产品的成本至产成品。

2. 生产与存货循环内部控制测试的前提条件

当存在下列情形之一时,注册会计师应当对生产与存货循环设计和实施控制测试,针对相关控制运行的有效性,获取充分、适当的审计证据。

(1)在评估生产与存货循环认定层次重大错报风险时,预期控制的运行是有效的(即在确定实质性程序的性质、时间安排和范围时,注册会计师拟信赖控制运行的有效性)。

(2)仅实施实质性程序并不能够提供生产与存货循环认定层次充分、适当的审计证据。

(二)生产与存货循环实质性程序的目标

结合内部控制的具体目标可知,在生产与存货循环中,注册会计师实施内部控制测试的目标是获取充分适当的证据,以证明相关内部控制运行是否有效,评估该循环发生错报的可能,进而设计和实施实质性程序。具体而言实质性程序需要在以下几个方面获取充分、适当的审计证据。

(1)登记入账的生产交易确系已经真实发生，存货确实存在。

(2)所有生产交易和存货均已登记入账。

(3)登记入账的生产数量确系已经验收入库的数量，并登记入账。

(4)生产交易和存货的分类恰当。

(5)生产交易和存货的记录及时。

(6)生产交易和存货已经正确记入明细账，并经正确汇总。

在生产与存货循环实施实质性程序的目的是通过收集证据评价在该循环是否存在认定层次的重大错报。所实施的具体审计程序，将在后续内容做详细的介绍。

三、生产与存货循环重大错报风险

(一)生产与存货循环存在的重大错报风险

以一般制造类企业为例，影响生产与存货循环交易和余额的风险因素可能包括如下方面。

(1)交易的数量和复杂性。制造类企业交易的数量庞大，业务复杂，这就增加了错误和舞弊的风险。

(2)成本核算的复杂性。制造类企业的成本核算比较复杂。虽然原材料和直接人工等直接成本的归集和分配比较简单，但间接费用的分配较为复杂，并且，同一行业中的不同企业也可能采用不同的认定和计量基础。

(3)产品的多元化。这可能要求聘请专家来验证其质量、状况或价值。另外，计算库存存货数量的方法也可能是不同的。例如，计量煤堆、筒仓里的谷物或糖、黄金或贵重宝石、化工品和药剂产品的存储量的方法都可能不一样，这并不是要求注册会计师每次清点存货都需要专家配合，如果存货容易辨认、存货数量容易清点，就无须专家帮助。

(4)某些存货项目的可变现净值难以确定。例如价格受全球经济供求关系影响的存货，由于其可变现净值难以确定，会影响存货采购价格和销售价格的确定，并影响注册会计师对与存货计价和分摊认定有关的风险进行的评估。

(5)将存货存放在很多地点。大型企业可能将存货存放在很多地点，并且可以在不同的地点之间配送存货，这将增加商品途中毁损或遗失的风险，或者导致存货在两个地点被重复列示，也可能产生转移定价的错误或舞弊。

(6)寄存的存货。存放于企业的存货所有权实际已不归属于企业；相反，所有权归属企业的存货可能存放于其他企业。

(7)存货跌价风险。技术进步或竞争对手推出新产品导致的存货跌价；鲜活、易腐烂的产品因变质导致的存货跌价；销路不畅或行业低迷导致的存货跌价。

由于存货与企业各项经营活动的紧密联系，存货的重大错报风险往往与财务报表其他项目的重大错报风险紧密相关。例如，收入确认的错报风险往往与存货的错报风险共存；采购交易的错报风险与存货的错报风险共存，存货成本核算的错报风险与营业成本的错报风险共存，等等。

综上所述，一般制造型企业的存货的重大错报风险通常包括如下方面。

(1)存货实物可能不存在(存在认定)。

(2)属于被审计单位的存货可能未在账面反映(完整性认定)。

(3)存货的所有权可能不属于被审计单位(权利和义务认定)。

(4)存货的单位成本可能存在计算错误(准确性、计价和分摊认定)。

(5)存货的账面价值可能无法实现,即跌价损失准备的计提可能不充分(计价和分摊认定)。

(二)根据重大错报风险评估结果设计进一步审计程序

注册会计师基于生产与存货循环的重大错报风险评估结果,制定实施进一步审计程序的总体方案,即综合性方案和实质性方案。继而实施控制测试和实质性程序,以应对识别出的认定层次的重大错报风险。注册会计师通过控制测试和实质性程序获取的审计证据综合起来应足以应对识别出的认定层次的重大错报风险。

注册会计师根据重大错报风险的评估结果初步确定实施进一步审计程序的具体审计计划,因为风险评估和审计计划都是贯穿于审计全过程的动态活动,而且控制测试的结果可能导致注册会计师改变对内部控制的信赖程度,因此,具体审计计划并非一成不变,可能需要在审计过程中进行调整。

第二节　针对重大错报风险实施的进一步审计程序

注册会计师在对生产与存货循环进行重大错报风险评估的基础上,制定实施进一步审计程序的总体方案,进一步审计程序的总体方案包括综合性方案和实质性方案。继而实施控制测试和实质性程序,以应对识别出的认定层次的重大错报风险。

评估的重大错报风险程度不同,实施的进一步审计程序的总体方案也可能不同。注册会计师通过控制测试和实质性程序获取的审计证据综合起来应足以应对识别出的认定层次的重大错报风险。例如注册会计师通过风险评估认为存在“生产交易可能未真实发生的风险”,而且这种风险是特别风险,同时认为内部控制是可以依赖的,则进一步审计程序的方案可能采用综合性方案,计划从控制测试中获取比较高的保证,同时从实质性程序中获取中等保证,总的来说,进一步审计程序可以应对识别出来的特别风险。

一、生产与存货循环的控制测试

生产与存货循环的内部控制主要包括存货数量的内部控制和存货单价的内部控制两方面。由于生产和存货循环与其他业务循环联系紧密,生产与存货循环中某些审计程序,特别是对存货余额的审计程序,与其他相关业务循环的审计程序同时进行将更为有效。因此,在对生产与存货循环的内部控制实施测试时,要考虑其他业务循环的控制测试是否与本循环相关,避免重复测试。

在审计实务中,注册会计师可以考虑以风险为起点实施控制测试,也可以考虑以被审计单位的内部控制目标为起点实施控制测试。风险评估和风险应对是整个审计过程的核心,因此,注册会计师通常以识别的重大错报风险为起点,选取拟测试的控制并实施控制测试。审计人员也可以针对每个具体的内部控制目标确定关键的内部控制,并对其实施相应的控制测试。

下面仅列示以风险为起点的控制测试，见表11－1所列。

表11－1 以风险为起点的内部控制测试举例

可能发生错报的环节	存在的内部控制(自动)	存在的内部控制(人工)	相关的控制测试程序
发出原材料			
原材料的发出可能未经授权	—	所有领料单由生产主管审核签字批准，仓库管理员凭经批准的领料单发出原材料	选取领料单，了解生产主管如何执行相关复核，检查是否有生产主管的签字授权
发出的原材料可能未正确记入相应产品的生产成本中	领料单信息输入系统时须输入对应的生产任务单编号和所生产的产品代码，每月末系统自动归集生成材料成本明细表	生产主管每月末将其生产任务单及相关领料单存根联与材料成本明细表进行核对，调查差异并处理	检查生产主管核对材料成本明细表的记录，并询问其核对过程及结果
记录人工成本			
生产工人的人工成本可能未得到准确反映	所有员工有专属员工代码和部门代码，员工的考勤记录记入相应员工代码	人事部每月编制工薪费用分配表，按员工所属部门将工薪费用分配至生产成本、制造费用、管理费用和销售费用，经财务经理复核后入账	检查系统中员工的部门代码设置是否与其实际职责相符。询问并检查财务经理复核工资费用分配表的过程和记录
记录制造费用			
发生的制造费用可能没有得到完整归集	系统根据输入的成本和费用代码自动识别制造费用并进行归集	成本会计每月复核系统生成的制造费用明细表并调查异常波动。必要时由财务经理批准进行调整	检查系统的自动归集设置是否符合有关成本和费用的性质，是否合理。询问并检查成本会计复核制造费用明细表的过程和记录，检查财务经理对调整制造费用的分录的批准记录
计算产品成本			
生产成本和制造费用在不同产品之间、在产品和产成品之间的分配可能不正确	—	成本会计执行产品成本核算日常成本核算，财务经理每月末审核产品成本计算表及相关资料(原材料成本核算表、工薪费用分配表、制造费用分配表等)，并调查异常项目	询问财务经理如何执行复核及调查。选取产品成本计算表及相关资料，检查财务经理的复核记录

（续表）

可能发生错报的环节	存在的内部控制(自动)	存在的内部控制(人工)	相关的控制测试程序
产成品入库			
已完工产品的生产成本可能没有转移到产成品中	系统根据当月输入的产成品入库单和出库单信息自动生成产成品收(入库)发(出库)存(余额)报表	成本会计将产成品收发存报表中的产品入库数量与当月成本计算表中结转的产成品成本对应的数量进行核对	询问和检查成本会计将产成品收发存报表与成本计算表进行核对的过程和记录
发出产成品			
销售发出的产成品的成本可能没有准确转入营业成本	系统根据确认的营业收入所对应的售出产品自动结转营业成本	财务经理和总经理每月对毛利率进行比较分析，对异常波动进行调查和处理	检查系统设置的自动结转功能是否正常允许，成本结转方式是否符合公司成本核算政策； 询问和检查财务经理和总经理进行毛利率分析的过程和记录，并对异常波动的调查和处理结果进行核实
盘点存货			
存货可能被盗或因材料领用以及产品销售未入账而出现账实不符	—	仓库保管员每月末盘点存货并与仓库台账核对并调节一致；成本会计监督其盘点与核对，并抽查部分存货进行复盘；每年末盘点所有存货，并根据盘点结果分析盘盈盘亏并进行账面调整	—
计提存货跌价准备			
可能存在残冷背次的存货，影响存货的价值	系统根据存货入库日期自动统计货龄，每月末生成存货货龄分析表	财务部根据系统生成的存货货龄分析表，结合生产和仓库部门上报的存货损毁情况及存货盘点中对存货状况的检查结果，计提存货跌价准备，报总经理审核批准后入账	询问财务经理识别减值风险并确定减值准备的过程，检查总经理的复核批准记录

注册会计师在实务工作中，并不需要对该循环的所有控制点进行测试，而是应该针对识别的可能发生错报环节，选择足以应对评估的重大错报风险的关键控制进行控制测试，更能提高审计效率。

在控制测试完成之后，审计人员应当依据执行控制测试程序后的结果，对生产与存货循环的内部控制作出全面评估。若评估结果认为某一环节内部控制无法信赖或不健

全，则说明该环节的控制风险高，在固有风险不变情况下，为保证最终审计风险处于可以接受水平内，审计人员需要修改已经制订的审计计划中与此会计科目相关的具体审计程序，扩大审计范围，增加审计测试的样本量。当然，若评估结果良好，则可以适当地缩小审计范围，减少测试的样本量。

二、存货的审计

在完成控制测试之后，注册会计师基于控制测试的结果，确定从控制测试中已获得的审计证据及其保证程度，确定是否需要对具体审计计划中设计的实质性程序的性质、时间安排和范围作出适当调整。

《企业会计准则第 1 号——存货》规定，存货是指企业在日常活动中持有以备出售的产成品或商品、处在生产过程中的在产品、在生产过程或提供劳务过程中耗用的材料和物料等。

(一)存货的审计目标

存货审计需要达到的审计目标如下所列。

(1)确定存货是否存在(存在认定)。

(2)确定存货是否归被审计单位所有(权利和义务认定)。

(3)确定存货和存货跌价准备增减变动的记录是否完整(完整性认定)。

(4)确定存货的计价方法是否恰当(计价与分摊认定)。

(5)确定存货的品质状况。存货跌价损失是否真实、完整，存货跌价准备的计提方法是否合理(计价与分摊认定)。

(6)确定存货和存货跌价准备的期末余额是否正确(准确性认定)。

(7)确定存货和存货跌价准备的披露是否恰当。

(二)存货计价测试

1. 存货计价测试的一般要求

监盘程序主要是对存货的结存数量予以确认。为验证财务报表上存货余额的真实性。还必须对存货的计价进行审计，即确定存货实物数量和永续盘存记录中的数量是否经过正确的计价和汇总。存货计价测试主要是针对被审计单位所使用的存货单位成本是否正确所做的测试。广义地看，存货成本的审计也可以被视为存货计价测试的一项内容。存货计价审计表见表 11-2 所列。

表 11-2 存货计价审计表

日期	品名及规格	购入			发出			余额		
		数量	单价	金额	数量	单价	金额	数量	单价	金额
1. 计价方法说明：										
2. 情况说明及审计结论：										

(1)样本的选择。计价审计的样本,应从存货数量已经盘点、单价和总金额已经计入存货汇总表的结存存货中选择。选择样本时应着重选择结存余额较大且价格变化比较频繁的项目,同时考虑所选样本的代表性。抽样方法一般采用分层抽样法,抽样规模应足以推断总体的情况。

(2)计价方法的确认。存货的计价方法多种多样,被审计单位应结合企业会计准则的基本要求选择符合自身特点的方法。注册会计师除应了解掌握被审计单位的存货计价方法外,还应对这种计价方法的合理性与一贯性予以关注。

(3)计价测试。进行计价测试时,注册会计师首先应对存货价格的组成内容予以审核。然后按照所了解的计价方法对所选择的存货样本进行计价测试。注册会计师的测试结果应与被审计单位账面记录对比,编制对比分析表,分析形成差异的原因。如果差异过大,应扩大测试范围,并根据审计结果考虑是否应提出审计调整建议。

在存货计价审计中由于被审计单位期末存货采用成本与可变现净值孰低的方法计价,所以注册会计师应充分关注其对存货可变现净值的确定及存货跌价准备的计提。

2. 存货成本的计价测试

存货成本审计主要包括直接材料成本的审计、直接人工成本的审计、制造费用的审计等内容。其主要审计程序如下。

(1)直接材料成本的审计。直接材料成本的审计一般应从审阅材料和生产成本明细账人手,抽查有关的费用凭证,验证企业产品直接耗用材料的数量、计价和材料费用分配是否真实、合理。其主要审计程序通常包括:①抽查产品成本计算单,检查直接材料成本的计算是否正确,材料费用的分配标准与计算方法是否合理和适当,是否与材料费用分配汇总表中该产品分摊的直接材料费用相符。②检查直接材料耗用数量的真实性,有无将非生产用材料计入直接材料费用。③分析比较同一产品前后各年度的直接材料成本,如有重大波动应查明原因。④抽查材料发出及领用的原始凭证,检查领料单的签发是否经过授权,材料发出汇总表是否经过适当的人员复核,材料单位成本计价方法是否适当,是否正确及时入账。⑤对采用定额成本或标准成本的被审计单位,应检查直接材料成本差异的计算、分配与会计处理是否正确,并查明直接材料的定额成本、标准成本在本年度内有无重大变更。

(2)直接人工成本的审计。直接人工成本的主要审计程序通常包括:①抽查产品成本计算单,检查直接人工成本的计算是否正确,人工费用的分配标准与计算方法是否合理和适当,是否与人工费用分配汇总表中该产品分摊的直接人工费用相符。②将本年度直接人工成本与前期进行比较,查明其异常波动的原因。③分析比较本年度各个月份的人工费用发生额,如有异常波动,应查明原因。④结合应付职工薪酬的检查,抽查人工费用会计记录及会计处理是否正确。⑤对采用标准成本法的被审计单位,应抽查直接人工成本差异的计算、分配与会计处理是否正确,并查明直接人工的标准成本在本年度内有无重大变更。

(3)制造费用的审计。制造费用的主要审计程序通常包括:①获取或编制制造费用汇总表,并与明细账、总账核对相符,抽查制造费用中的重大数额项目及例外项目是否合理。②审阅制造费用明细账,检查其核算内容及范围是否正确,并应注意是否存在异常

交易事项，如有，则应追查至记账凭证和原始凭证，重点查明被审计单位有无将不应列入成本费用的支出（如投资支出、被没收的财物、支付的罚款、违约金等）计入制造费用。③必要时对制造费用实施截止测试，即检查资产负债表日前后若干天的制造费用明细账及其凭证，确定有无跨期入账的情况。④检查制造费用的分配是否合理。重点查明制造费用的分配方法是否符合被审计单位自身的生产技术条件，是否体现受益原则，分配方法一经确定，是否在相当时期内保持稳定，有无随意变更的情况。⑤对于采用标准成本法的被审计单位，应抽查标准制造费用的确定是否合理，计入成本计算单的数额是否正确，制造费用的计算、分配与会计处理是否正确，并查明标准制造费用在本年度内有无重大变动。

（三）存货监盘

1. 存货监盘的含义和作用

《中国注册会计师审计准则第1311号——存货监盘》规定，存货监盘是注册会计师现场观察被审计单位存货的盘点，并对已盘点存货进行适当检查。可见，存货监盘有两层含义：一是注册会计师应亲临现场观察被审计单位存货的盘点；二是在此基础上，注册会计师应根据需要适当抽查已盘点存货。

存货监盘主要针对存货存在、完整性以及权利和义务的认定。注册会计师监盘存货的目的在于获取有关存货数量和状况的审计证据，以确证被审计单位记录的所有存货确实存在，已经反映了被审计单位拥有的全部存货，并属于被审计单位的合法财产。存货监盘作为存货审计的一项核心审计程序，通常可同时实现上述多项审计目标。

需要指出的是，注册会计师在测试存货的所有权认定和完整性认定时，可能还需要实施其他审计程序，这些将在本章的其他部分讨论。

2. 存货监盘计划

（1）制订存货监盘计划的基本要求。注册会计师应当在评价被审计单位存货盘点计划的基础上，编制存货监盘计划。如果认为被审计单位的存货盘点计划存在缺陷，注册会计师应当提请被审计单位调整。

（2）制定存货监盘计划应实施的工作。在编制存货监盘计划时，注册会计师应当实施下列审计程序：①了解存货的内容、性质、各存货项目的重要程度及存放场所；②了解与存货相关的内部控制；③评估与存货相关的重大错报风险和重要性；④查阅以前年度的存货监盘工作底稿；⑤考虑实地察看存货的存放场所，特别是金额较大或性质特殊的存货；⑥考虑是否需要利用专家的工作或其他注册会计师的工作；⑦复核或与管理层讨论其存货盘点计划。

（3）存货监盘计划的主要内容。存货监盘计划应当包括以下主要内容：①存货监盘目标、范围及时间安排；②存货监盘的要点及关注事项；③参加存货监盘人员的分工；④检查存货的范围。

3. 存货监盘程序

（1）观察程序。在被审计单位盘点存货前，注册会计师应当观察盘点现场，确定应纳入盘点范围的存货是否已经适当整理和排列，并附有盘点标识，防止遗漏或重复盘点。对未纳入盘点范围的存货，注册会计师应当查明未纳入的原因。

对所有权不属于被审计单位的存货，注册会计师应当取得其规格、数量等有关资料。确定是否已分别存放、标明，且未被纳入盘点范围中，并向对方发函询证存货的数量及所有权归属。

注册会计师在实施存货监盘过程中，应当跟随被审计单位安排的存货盘点人员，注意观察被审计单位事先制订的存货盘点计划是否得到了贯彻执行，盘点人员是否准确无误地记录了被盘点存货的数量和状况。

(2)检查程序。注册会计师应当对已盘点的存货进行适当检查，将检查结果与被审计单位盘点记录相核对，并形成相应记录。检查的目的既可以是确证被审计单位的盘点计划得到适当的执行(控制测试)，也可以是证实被审计单位的存货实物总额(实质性程序)。

检查的范围通常包括每个盘点小组盘点的存货以及难以盘点或隐蔽性较强的存货。需要说明的是，注册会计师应尽可能避免让被审计单位事先了解将抽取检查的存货项目。

在检查已盘点的存货时，注册会计师应当从存货盘点记录中选取项目追查至存货实物，以测试盘点记录的准确性；注册会计师还应当从存货实物中选取项目追查至存货盘点记录，以测试存货盘点记录的完整性。注册会计师在实施检查程序时发现差异，很可能表明被审计单位的存货盘点在准确性或完整性方面存在错误。由于检查的内容通常仅仅是已盘点存货中的一部分，所以在检查中发现的错误很可能意味着被审计单位的存货盘点还存在着其他错误。一方面，注册会计师应当查明原因，并及时提请被审计单位更正；另一方面，注册会计师应当考虑错误的潜在范围和重大程度，在可能的情况下，扩大检查范围以减少错误的发生。注册会计师还可要求被审计单位重新盘点。重新盘点的范围可限于某一特殊领域的存货或特定盘点小组。

(3)对特殊类型存货的监盘。对某些特殊类型的存货而言，被审计单位通常使用的盘点方法和控制程序并不完全适用。这些存货通常或者没有标签，或者其数量难以估计，或者其质量难以确定，或者盘点人员无法对其移动实施控制。在这些情况下，注册会计师需要运用职业判断，根据存货的实际情况，设计恰当的审计程序，对存货的数量和状况获取审计证据。

(4)存货监盘结束时的工作。在被审计单位存货盘点结束前，注册会计师应当：①再次观察盘点现场，以确定所有应纳入盘点范围的存货是否均已盘点；②取得并检查已填用、作废及未使用盘点表单的号码记录，确定其是否连续编号，查明已发放的表单是否均已收回，并与存货盘点的汇总记录进行核对。注册会计师应当根据自己在存货监盘过程中获取的信息对被审计单位最终的存货盘点结果汇总记录进行复核，并评估其是否正确地反映了实际盘点结果。

如果存货盘点日不是资产负债表日，注册会计师应当实施适当的审计程序，确定盘点日与资产负债表日之间存货的变动是否已作正确的记录。

如果被审计单位采用永续盘存制核算存货，注册会计师应当关注永续盘存制下的期末存货记录与存货盘点结果之间是否一致。如果这两者之间出现重大差异，注册会计师应当实施追加的审计程序，查明原因并检查永续盘存记录是否已作出了适当调整。如果

认为被审计单位的盘点方式及其结果无效，注册会计师应当提请被审计单位重新盘点。

(四)存货截止测试

所谓存货截止测试，就是检查截至11月30日，购入并已包括在12月31日存货盘点范围内的存货。存货正确截止的关键在于存货实物纳入盘点范围的时间与存货引起的借贷双方会计科目的入账时间都处于同一会计期间。如果当年12月31日购入货物，并已包括在当年12月31日的实物盘点范围内，而购货发票是次年1月2日才收到，并已记入次年1月份账内，当年12月份账上并无进货和对应的负债记录，这就少计了存货和应付账款；相反，如果在当年12月31日就收到一张购货发票，并记入当年12月份账内，而这张发票所对应的存货实物在次年1月2日才收到，未包括在当年年底的盘点范围内，这样就有可能虚减本年的利润。

按照存货正确截止的基本要求，若未将年终在途货物列入当年存货盘点范围内，只要相应的负债亦同时记入次年账内，对会计报表的影响就并不重要。

存货截止审计的主要方法是抽查存货盘点日期前后的购货发票与验收报告或入库单，档案中的每张发票均附有验收报告或入库单，12月底入账的发票如果附有12月31日或之前的验收报告或入库单，则货物肯定已经入库，并包括在本年的实地盘点盘货范围内；如果验收报告日期为1月份的日期，则货物不会列入年底实地盘点存货范围内；反之，如果仅有验收报告或入库单而并无购货发票，则应认真审核每一验收报告单上面是否加盖暂估入库印章，并以暂估价记入当年存货账内，待次年年初以红字冲销。

存货截止审计的另一种方法是审阅验收部门的业务记录，凡是接近年底（包括次年年初）购入的货物，必须查明其相对应的购货发票是否在同期入账，对于未收到购货发票的入库存货，是否将入库单分开存放并暂估入账。

在确定截止审计样本时，一般以截止日为界限，分别向前倒推或向后顺推若干日，按顺序选取较大金额购货业务的发票或验收报告作审计样本。截止审计完成后，对于发现的错误，应提请被审计单位必要的账务调整。

三、应付职工薪酬审计

(一)应付职工薪酬的审计目标

职工薪酬是指企业为获得职工提供的服务而给予各种形式的报酬以及其他相关支出。应付职工薪酬的审计目标一般包括以下方面。

(1)确定期末应付职工薪酬是否存在（存在认定）。

(2)确定期末应付职工薪酬是否为被审计单位应履行的现时义务（权利和义务认定）。

(3)确定应付职工薪酬计提和支出依据是否合理、记录是否完整（完整性认定）。

(4)确定应付职工薪酬期末余额是否正确（准确性认定）。

(5)确定应付职工薪酬的披露是否恰当。

(二)应付职工薪酬的实质性程序

应付职工薪酬的实质性程序通常包括以下方面。

(1)获取或编制应付职工薪酬明细表，复核加计正确，并与报表数、总账数和明细账合计数核对相符。

(2)对本期职工薪酬执行实质性分析程序:①检查各月职工薪酬的发生额是否存在异常波动。若有,应查明波动原因并作出记录。②将本期职工薪酬总额与上期进行比较,要求被审计单位解释大幅增减变动的原因,并取得被审计单位管理层关于职工薪酬标准的决议。③了解被审计单位本期平均职工人数,计算人均薪酬水平,与上期或同行业水平进行比较。

(3)检查本项目的核算内容是否包括工资、职工福利、社会保险费、住房公积金、工会经费、职工教育经费、解除职工劳动关系补偿、股份支付等明细项目。

(4)检查职工薪酬的计提是否正确,分配方法是否合理,与上期是否一致,分配计入各项目的金额占本期全部职工薪酬的比例与上期比较是否有重大差异。

(5)检查应付职工薪酬的计量和确认,包括如下方面:①是否按照国家相关规定计提基础和计提比例计提职工福利费等。②被审计单位以及自产产品或外购商品作为非货币性福利发放给职工的,应根据受益对象,将该产品或商品的公允价值,计入相关的资产成本或当期损益,同时确认应付职工薪酬。③被审计单位将其拥有的房屋等资产无偿提供给职工使用的,应当根据受益对象,将该住房每期应计提的折旧计入相关资产成本或当期损益,同时确认应付职工薪酬。④被审计单位租赁住房等资产无偿提供给职工使用的,应当根据受益对象,将每期应付的租金计入相关资产成本或当期损益,同时确认应付职工薪酬。

(6)审阅应付职工薪酬明细账,抽查应付职工薪酬各明细项目的支付和使用情况,检查是否符合有关规定,是否履行审批程序。

(7)检查被审计单位实行的工薪制度,包括如下方面:①如果被审计单位实行工效挂钩,应取得主管部门确认效益工资发放额的认定证明,并复核确定可予发放的效益工资的有关指标,检查其计提额、发放额是否正确,是否作纳税调整。②如果被审计单位实行计税工资制,应取得被审计单位平均人数证明,并进行复核,计算可准予税前列支的费用额,对超支部分的工资及附加费作纳税调整。

(8)检查应付职工薪酬期末余额中是否存在拖欠性质的职工薪酬,了解拖欠的原因。

(9)检查被审计单位的辞退福利核算是否符合有关规定。

(10)确定应付职工薪酬的披露是否恰当。

四、营业成本审计

营业成本是指企业从事对外销售商品、提供劳务等主营业务活动和销售材料、出租固定资产、出租无形资产、出租包装物等其他经营活动所发生的实际成本,包括主营业务成本和其他业务成本。

(一)营业成本的审计目标

营业成本的审计目标一般包括如下方面。

(1)确定记录的营业成本是否已发生,且与被审计单位有关(发生认定;权利和义务认定)。

(2)确定营业成本记录是否完整(完整性认定)。

(3)确定与营业成本有关的金额及其他数据是否已恰当记录(准确性认定)。

(4)确定营业成本是否已记录于正确的会计期间(截止认定)。

(5)确定营业成本的内容是否正确(分类认定)。

(6)确定营业成本与营业收入是否配比。

(7)确定营业成本的披露是否恰当。

(二)营业成本——主营业务成本的实质性审计程序

(1)获取或编制主营业务成本汇总明细表,复核加计是否正确,并与报表数、总账数和明细账合计数核对相符。

(2)复核主营业务成本汇总明细表的正确性。

将主营业务成本与库存商品等科目勾稽并编制生产成本与主营业务成本倒轧表,如表11-3所示。

表11-3　生产成本与主营业务成本倒轧表

项目	未审数	调整或重分类金额借(贷)	审定数
原材料期初余额			
加:本期购进			
减:原材料期末余额			
其他发出额			
直接材料成本			
加:直接人工成本			
制造费用			
生产成本			
加:在产品期初余额			
减:在产品期末余额			
产品生产成本			
加:产成品期初余额			
减:产成品期末余额			
主营业务成本			

(3)检查主营业务成本的内容和计算方法是否符合有关规定,前后期是否一致。

(4)对主营业务成本执行分析程序,检查前期及本期内各月同一产品的单位成本是否存在异常波动,是否存在调节成本的现象。

(5)抽取若干月份的主营业务成本结转明细清单,结合生产成本的审计,检查销售成本结转数额的正确性,比较计入主营业务成本的商品品种、规格、数量与计入主营业务收入的口径是否一致,是否符合配比原则。

(6)检查主营业务成本中重大调整事项如销售退回的会计处理是否正确。

(7)在采用计划成本、定额成本、标准成本或售价核算存货的情况下,检查产品成本差异或商品进销差价的计算、分配和会计处理是否正确。

(8)确定主营业务成本的披露是否恰当。

(三)营业成本——其他业务成本的实质性程序

(1)获取或编制其他业务收入、其他业务成本明细表复核加计正确,与总账数和明细账合计数核对相符,并注意其他业务成本是否有相应的收入。

(2)与上期其他业务收入、其他业务成本比较,检查是否有重大波动,如有,应查明原因。

(3)检查其他业务成本内容是否真实,计算是否正确,配比是否恰当,并择要抽查原始凭证予以核实。

(4)对异常项目,应追查入账依据及有关法律文件是否充分。

(5)确定其他业务成本的披露是否恰当。

五、其他相关账户的审计

为实现存货的审计目标,注册会计师除需要实施存货监盘、存货计价测试,生产成本、制造费用、劳务成本和营业成本等审计程序外,还必须对各种具体存货相关账户实施实质性程序。本节仅以库存商品账户为例说明相关账户的审计程序。

库存商品的实质性程序如下。

(1)获取或编制库存商品明细表,复核加计正确,并与总账数、明细账合计数核对相符,同时抽查明细账与仓库台账、卡片记录,检查是否相符。

(2)执行实质性分析程序:①编制本期库存商品增减变动分析表,分析其变动规律,并与上期比较,如果存在差异,分析原因。②对主要库存商品上期及本期内各月的单位成本进行比较,分析其波动原因,对异常项目进行调查并记录。

(3)执行存货监盘程序。

(4)检查库存商品的入账基础和计价方法是否正确,前后期是否一致。

(5)检查投资者投入的库存商品是否按照投资合同或协议约定的价值入账,并同时检查约定的价值是否公允,交接手续是否齐全。

(6)检查与关联方的商品购销交易是否正常,关注交易价格、交易金额的真实性与合理性。

(7)抽查库存商品入库单,核对库存商品的品种、数量与入账记录是否一致,检查产成品入库的实际成本是否与“生产成本”科目的结转额相符。

(8)了解被审计单位库存商品发出计价方法,并抽取主要库存商品检查其计算是否正确。若库存商品以计划成本计价,还应检查产品成本差异的发生和结转金额是否正确。

(9)查阅资产负债表日前后若干天的库存商品增减变动记录和原始凭证,检查有无跨期现象。如有,则应作出记录,必要时进行调整。

(10)编制本期库存商品发出汇总表,与相关科目勾稽核对,并抽查复核月度库存商品发出汇总表的正确性。

(11)审阅库存商品明细账,检查有无长期挂账的库存商品。如有,应查明原因,必要时提出适当处理建议。

(12)结合外购库存商品的盘点,检查期末有无货到单未到的情况。如有应查明是否

已暂估入账，暂估价是否合理。

(13)结合长、短期借款等项目，了解是否有用于债务担保的库存商品。如有，应取证并作相应记录，同时提请被审计单位恰当披露。

(14)确定库存商品的披露是否恰当。

本章小结

企业的生产与存货循环是企业的主要业务循环之一，对其的审计在对企业报表审计过程中也占有重要地位。为了生产与存货循环业务的各环节能正常有序运行，并防止和揭露错误与舞弊，保证相关记录的真实、可靠，企业需要建立健全相关内部控制制度。审计人员在了解和初步评估内部控制的基础上，执行相关控制测试，并根据测试结果修正具体审计计划。审计人员可以运用检查、盘存、观察、询问、函证和分析性测试等方法，对生产与存货循环中相关账户进行测试，以实现特定的审计目标。审计人员应当重视盘存、分析性测试以及函证在生产与存货循环执行程序中的重要作用。

【复习思考题】

1. 生产与存货循环的主要业务活动有哪些？主要涉及哪些原始凭单？
2. 建立生产与存货循环内部控制的目标有哪些？
3. 生产与存货循环内部控制的关键控制点有哪些？如何对这些关键控制点进行控制测试？
4. 如何进行生产与存货循环的交易业务的实质性程序？
5. 应付职工薪酬的实质性程序包括哪些？
6. 库存商品的实质性程序包括哪些？
7. 营业成本的实质性程序包括哪些？

第十二章　筹资与投资循环审计

本章提示

学习目标　通过本章学习，学生应了解筹资和投资循环的基本特点，能够评估筹资和投资活动中存在的重大错报风险，掌握筹资和投资活动内部控制内容以及测试内部控制的要点，并掌握筹资和投资各交易和项目的实质性程序。

重要概念　筹资和投资循环；银行借款审计；应付债券审计；所有者权益审计；投资审计

引例

一、万福生科的"IPO"

万福生科股份有限公司于2011年9月27日在深市创业板上市(简称万福生科)。

2012年8月22日，万福生科发布上市后的第一份半年报，其管理层讨论与分析称：今年上半年，公司实现的净利润由于受到原材料价格的上涨、计提的资产减值损失等因素同比有所下降。但公司又称，公司在2011年年度报告中披露公司2012年经营目标为：力争公司2012年销售收入达到63 000万～65 000万元，净利润达到7 200万～7 400万元。

此时湖南证监局上市公司检查组正在万福生科进行上市后的例行现场检查，检查组很快发现了万福生科2012半年报预付账款存在重大异常：公开披露的资产负债表显示，预付账款余额为1.46亿元，而科目余额表显示，万福生科预付账款余额超过3个亿，预付账款"账表不符"；财务总监解释称为了让报表好看一点，将一部分预付账款重分类至在建工程等其他科目，但检查组意识到如此畸高的预付账款绝对不正常，因为上年同期才只有0.2亿元，那么这些预付款到底去哪里了？

检查组立即追查到银行追踪资金真实去向，结果不查不知道，一查吓一跳，银行真实的资金流水显示，账上列示的预付给设备款8 036万元根本没有打给供应商(法人)，而是打给自然人；再一比对，发现下游回款根本不是客户(法人)打进来的，而是自然人打进来的。现场检查组发现万福生科银行回单涉嫌造假重大违法事实之后，湖南证监局立即于2012年9月14日宣布对其立案调查，案情上报之后得到证监会高度重视，9月17日中国证监会稽查总队宣布对其立案调查。

在铁的事实面前，财务总监无奈交出私人控制的56张个人银行卡，稽查大队又在现

场截获存有2012年上半年真实收入数据的U盘，从此揭开了一个伪造银行回单14亿元、虚构收入9亿多元的惊天大案。

证监会稽查组负责人介绍，万福生科造假案是集系统化、隐蔽性、独立性为一体的，采取了成本倒算制，使得财务报表整体十分平衡，很难从形式上发现问题。

可以说万福生科就是创业板造假第一例，为什么造假如此恶劣的公司IPO竟能通过层层审核，最终又被湖南证监局一次例行检查揭开盖子？在万福生科IPO过程中注册会计师等中介机构哪去了？（以上案例根据网络资料加以整理）

二、案例思考与讨论

注册会计师在公司IPO中有什么作用？

第一节　筹资与投资循环概述

一、筹资与投资循环的特性

筹资与投资循环是由筹资业务和投资业务所构成。筹资业务是指企业为满足生存和发展的需要，通过改变资本及债务规模和构成而筹集资金的活动，筹资业务主要由负债交易和股东权益交易组成。投资业务是指企业为通过分配来增加财富，或为谋求其他利益，将资产让渡给其他单位而活动另一项资产的活动，投资业务主要由债权性投资和权益性投资组成。

（一）筹资与投资业务特点

（1）交易风险大，授权级别高。筹资与投资活动不同于一般的生产或购销业务，虽然发生次数少，但对公司财务状况的影响很大。每笔交易的发生都会使企业面临着很大的风险，所以此类业务的授权级别高，一般需要企业的最高权力机构或高级管理层进行审批和管理。注册会计师在审计时要注意查阅相关文件，以证实所有的投资、负债与所有者权益账户的增减变动都是经过适当授权的。

（2）交易金额大，发生频率低。筹资与投资活动相对于购货和生产活动而言，一般在审计年度内发生的交易次数少，但是每笔交易的金额较大，例如发行股票和债券进行的筹资活动。因此，注册会计师通常核实整个年度中发生的每笔交易，作为核实资产负债表的一部分。在审计工作底稿中包括每个相关账户的期初余额且记录该年度中发生的每笔交易，这种情况很常见。

（3）要求会计处理准确度高。由于投资和筹资涉及的金额较大，所以漏记或不恰当地对一笔交易业务进行处理，将会导致重大错误，从而对财务报表的公允产生较大的影响。因此，对审计的首要重点就是债务的完整性和准确性。

（4）交易程序复杂，约束条件多。筹资和投资交易必须遵守国家法律、法规和相关契约的规定。筹资与投资活动应根据有关法律、法规要求履行审批手续，向有关机关递交相关文件，并保证文件的真实和有效，按照有关法律、法规规定的义务进行公告和披露相关信息。在对循环中的交易和余额进行审计时，注册会计师必须注意确定那些影响财务报表的重大法律要求都已经得到了适当的满足并且在报表上作了充分的表述和披露。

(二)筹资与投资循环涉及的主要业务活动

1. 筹资涉及的主要业务活动

企业生存和发展离不开资金。资金的筹集有两个渠道：债权人和股东提供的资金。因此，企业筹资业务分为两个交易种类：一是负债交易，如长短期借款、应付债券的取得、计息、偿还等；二是所有者权益交易，包括股票的发行、股利的支付等。

(1)审批授权。企业通过借款筹集资金须经管理层的审批，其中债券的发行每次均要由董事授权；企业发行股票必须依据国家有关法规或企业章程的规定，报经企业最高权力机构(如董事会)及国家有关管理部门批准。

(2)签订合同或协议。向银行或其他金融机构融资须签订借款合同，发行债券须签订债券契约和债券承销或包销合同。

(3)取得资金。企业实际取得银行或金融机构划入的款项或债券、股票的融入资金。

(4)计算利息或股利。企业应按有关合同或协议的规定及时计算利息或股利。

(5)偿还本息或发放股利。银行借款或发行债券应按有关合同或协议的规定偿还本息，融入的股本根据股东大会的决定发放股利。

2. 投资涉及的主要业务活动

(1)审批授权：投资业务应由企业的高层管理机构进行审批。

(2)取得证券或其他投资。企业可以通过购买股票或债券进行投资，也可以通过与其他单位联合形成投资。

(3)取得投资收益。企业可以取得股权投资的股利收入、债券投资的利息收入和其他投资收益。

(4)转让证券或收回其他投资。企业可以通过转让证券实现投资的收回；其他投资已经投出，除联营合同期满，或由于其他特殊原因联营企业解散外，一般不得抽回投资。

(三)筹资与投资循环涉及的主要凭证和会计记录

表 12-1 是对筹资与投资循环涉及的主要凭证和会计记录的一个简单汇总。

表 12-1　筹资与投资循环涉及的主要凭证和会计记录

筹资活动	投资活动
股票或债券	债券或股票
债券契约	债券契约
股东名册	经纪人通知书
公司债券存根簿	企业合同及章程
证券销售协议	投资协议
借款合同	相关会计凭证
相关会计凭证	相关账簿
相关账簿	—

筹资与投资循环中主要凭证和会计记录包括如下内容。

(1)债券或股票。债券是公司依据法定程序发行、约定在一定期限内还本付息的有价证券。股票是公司签发的证明股东所持股份的凭证。

(2)债券契约。债券契约是明确债券持有人与发行企业双方所拥有的权利与义务的法律性文件，其内容一般包括：债券发行的标准；债券的明确表述；利息或利息率；受托管理认证书；登记和背书；如系抵押证券，其所担保的资产；债券发生拖欠情况如何处理；建立偿债基金的承诺、利息支付和本金返还的方式和处理。

(3)股东名册。发行记名股票的公司所记载的内容一般包括：股东的姓名或者名称、住所，各股东所持股份数，各股东所持股票的编号，各股东取得其股份的日期。发行无记名股票的公司应当记载其股票数量、编号及发行日期。

(4)公司债券存根簿。记名公司债券应记载的内容一般包括：债券持有人的姓名或名称及住所；债券持有人取得债券的日期及债券的编号；债券总额、债券的票面金额、债券的利率、债券还本付息的期限和方式；债券的发行日期。发行无记名债券的公司应当在债券存根簿上记载债券总额、利率、偿还期限和方式、发行日期和债权编号。

(5)合同或协议。筹资与投资活动相关的合同或协议主要包括承销或包销协议、借款合同或协议、企业的章程及有关协议、投资协议等。借款合同或协议是向银行或其他金融机构借入款项时与其签订的合同或协议。公司向社会公开发行股票或债券时，应当由依法设立的证券机构承销或包销，公司应与其签订承销或包销协议。

(6)其他文件和凭证。其主要包括董事会会议和股东大会决议等重要会议文件及相关会计科目的记账凭证、明细账和总账等。

(四)筹资与投资循环涉及的主要财务报表账户

筹资与投资循环业务中涉及的主要财务报表账户见表 12 - 2 所列。

表 12 - 2　筹资与投资循环涉及的主要财务报表账户

资产负债表账户	利润表账户
短期借款	财务费用
长期借款	投资收益
应付债券	管理费用
股本(实收资本)	营业外收入
资本公积	营业外支出
盈余公积	所得税
利润分配	
交易性金融资产	
债权投资	
其他债权投资	
其他股权投资	
长期股权投资	
无形资产	

二、筹资与投资循环的测试目标

(一)筹资业务测试目标

(1)证实筹资形成负债、所有者权益的存在性。

(2)证实所有筹资形成的负债项目、所有者权益项目的完整性。

(3)所记录的负债项目是由企业承担的义务,所记录的所有者权益是企业所有者对企业净资产的要求权。

(4)所有负债项目、所有者权益项目均以恰当估价计量。

(5)债务的条件、要求、承诺及其他与负债、所有者权益相关事项均已得到证实,债务进行了恰当分类,并揭示于资产负债表上。尤其是企业的某些长期负债,可能有些特别条款或要求,它们可能导致负债提前到期或加大负债水平,也有可能支持或阻止财务结构的变动、选择会计原则等事项。

(二)投资业务测试目标

(1)对外投资的存在。对外投资资产账面余额是否代表资产负债日实际存在的投资,投资收益(或损失)是否是由被审计期间内实际发生的投资交易或事项引起的。

(2)对外投资的完整性。确定对外投资是否归被审计单位所有。

(3)对外投资的权利。确定对外投资是否归被审计单位所有。

(4)对外投资的股价或分摊。确定对外投资的计价方法是否正确,确定短期投资、长期投资在资产负债表上年末余额是否正确,确定各项投资减值准备计提的合理性。

(5)对外投资的表达与披露。确定对外投资在资产负债表上的分类是否恰当、披露是否充分。

三、筹资与投资循环中的重大风险

注册会计师基于在了解被审计单位及其环境的整个过程中所识别的相关风险,结合对筹资与投资循环中拟测试内部控制的了解,考虑在筹资与投资循环中发生错报的可能性以及潜在错报的重大程度是否足以导致重大错报,从而评估筹资与投资循环的相关交易和余额存在的重大错报风险,以为设计和实施进一步审计程序提供基础。

影响筹资与投资循环交易和余额的重大错报风险可能包括如下方面。

(1)企业资金筹集或对外投资没有经过适当的授权批准,违法违规发行债券、股票;对外盲目扩张,进行不正当的投资,这些不当的行会导致将为财务报表上存在重大错报隐患。

(2)低估负债水平。在承受反映较高盈利水平和营运资本的压力下,被审计单位可能试图低估银行借款和应付债券,隐藏过度负债带来的坏消息。重大错报风险通常集中表现在:①遗漏交易,未记录应属于当期的负债;②采用不正确的费用支出截止期,将应属于本期的支出延迟到下期确认;③将应当属于费用化的支出作为资本性支出确认,然后通过资产折旧或者摊销的方式分期确认。

这些将对完整性、截止、发生、存在、准确性和分类认定产生影响。

(3)管理层错报费用支出的偏好和动因。被审计单位管理层可能为了完成预算，满足业绩考核要求，保证从银行获得资金，吸引潜在投资者，误导股东，影响公司股价等动机，通过操控负债和费用控制损益，表现在：①在各期平滑利润，满足被审计单位管理层希望的业绩变动幅度而不至于大起大落；②转移负债，被审计单位管理层可能利用“特别目的实体”从本公司资产负债表上剥离；③被审计单位管理层可能占用资金，并将个人的生活费用计入公司账上。

(4)舞弊和盗窃的固有风险。如果对有价证券的控制不充分，权益性有价证券的舞弊和盗窃风险可能性很高，从而影响投资的有效性。

(5)业务的复杂程度。例如，通过企业合并而取得的长期股权投资可以区分为同一合并和非同一合并两种方式，不同取得方式，其初始入账成本有很大区别。再比如，多元化投资，多种投资的情况下，相关投资费用和投资收益在各种不同投资之间进行分配就变得复杂和烦琐，同时还会增加投资失败的风险。

(6)计价的复杂程度。对于采用公允价值计量的金融工具，其公允价值的确定存在较为复杂的估计步骤。

(7)金融资产分类不正确。会计准则对于取得金融资产按照被审计单位管理当局的意图来分类，这样就很有可能为被审计单位管理层出于特定目的错误分类金融资产提供可能。负债也有同样的问题，是否将一年内到期的长期负债重新分类为流动负债。

在评估重大错报风险时，注册会计师之所以需要充分了解被审计单位对筹资与投资循环交易的控制活动，目的在于使得计划实施的审计程序更加有效。也就是说，注册会计师必须对被审计单位的重大错报风险有一定认识，在此基础上设计并实施进一步审计程序，才能有效应对重大错报风险。

第二节　针对重大错报风险实施的进一步审计程序

一、筹资与投资循环内部控制的控制测试

(一)筹资活动的控制测试

1. 筹资活动的内部控制

为了有效开展筹资业务的经济活动，企业应建立如下筹资活动内部控制的要点。

(1)授权审批控制。筹资业务的授权控制，解决的是办理业务的权限。重大的筹资活动，如大额银行贷款、发行债券、发行股票等，应由董事会作出决议或由最高管理层决策，然后由财务人员执行；小规模的筹资活动，如短期借款等，则可由财务部门负责人作出决定。适当的授权控制可明显地提高筹资活动效率，降低筹资风险，防止由于缺乏授权、审批而出现的一系列舞弊现象。

(2)职责分离控制。职责分工、明确责任是筹资业务内部控制的重要手段，筹资业务的职责分离主要包括：①筹资计划编制人与审批人适当分离，以利于审批人从独立的立场来评判计划的优劣。②经办人员不能接触会计记录，通常由独立的机构代理发行债券和股票。③会计记录人员同负责收、付款的人员相分离，有条件的应聘请独立的机构负

责支付业务。④证券保管人员同会计记录人员相分离。例如，办理一项举债业务，应由财务部门根据对资金的需求情况向董事会或管理层提出借款申请，经董事会或管理层审批后，财务部门办理贷款的人员与金融机构商讨借款细节和签订借款合同；取得借款后，由财务部门有关会计人员负责登记记录和监督借款按用途使用；财务部门接到银行转来的结息单后，有关会计人员要核对借款合同并复核利息的计算，再交由出纳员支付款项；出纳员支付利息款后，将凭证交有关会计人员记账；负责该项借款记账的会计人员定期与金融机构就借款的使用和余额进行核对，保证双方账目相符。再如，发行长期债券的职责分工除了申请、批准（包括得到证券管理部门的批准）、签约分工与借款业务相似外，特别强调：记录应付债券业务的会计人员不得参与债券发行；未发行的债券不得由记录债权的会计人员保管；"债券发行备查簿"应由专人管理并定期与债权人核算；债券的收回要经管理层批准，分别由记录应付债券的会计人员销账，由其他专人销毁收回的债券；负责债券利息支付的人员不得兼做记录。

(3)收入和支出款项的控制。筹资金额大，最好委托独立的代理机构代为发行。因为代理机构本身所负有的法律责任、客观立场，既从外部协助了企业内部控制的有效执行，也从客观、公正的角度证实了公司会计记录的可信性，防止以筹资业务为名进行不正当活动或者以伪造会计记录来掩盖不正当活动的事项发生。

无论采用何种筹资形式，都面临支付款项的问题，主要是利息的支付或股利的发放。支付利息，企业应安排专门人员负责利息的计算工作。应付利息应当在有关人员签字确认后，才对外偿付。企业可委托有关代理机构代为偿付利息，从而减少支票签发次数，降低舞弊可能。除此之外，应定期核对利息支付清单和开出支票总额。股利发放，要以董事会有关发放孤立的决议文件为依据，鼓励的支付可以由企业自行完成或委托代理机构完成。对于无法支付利息或股利的支票要及时注销或加盖作废标记。

(4)实物保管的控制。债券和股票都应设立相应的筹资登记簿，详细登记和转移发行的债券和股票有关事项，如签发日期、到期日期、支付方式、支付利率、当时市场利率、金额等。登记的同时应对不同的筹资项目集体编号，对于增资配股更要详细登记，可以备注充分说明。相应地，未发行的债券应加强保管，并定期盘点，定期核对筹资登记簿的记录与清点、盘点记录，以及银行或受托公司的相关记录。对于已收回的债券要及时注销或盖章作废，防止不合法地多次使用。

(5)会计记录控制。对筹资业务的会计控制，除了要通过会计系统提供及时、可靠的负债、所有者权益方面的信息外，还要依靠严密的账簿和凭证组织，实施对筹资活动的记录控制。如前所述，筹资业务的会计处理较复杂，会计记录的控制就十分重要，必须保证及时地按正确的金额、合理的方法，在适当的账户和合理的会计期间予以正确记录。选用适当的溢价、折价的摊销方法。对发行在外的股票要设置股东明细账加以控制；利息、股利的支付必须计算正确后记入对应账户。对未领利息、股利也必须全面反映，单独列示。

2. 筹资业务的控制测试程序

(1)了解筹资业务的内部控制。针对重要的内部控制要点，审计人员通过观察和询问相关人员、审阅和检查筹资业务内部控制的文件和记录等方法对筹资业务的内部控制

加以了解，并结合企业的实际情况采用调查表、文字表述或流程图及时适当地记录了解到的筹资业务的内部控制情况。

(2)测试筹资业务内部控制。审计人员在了解筹资业务的内部控制之后，如果准备信赖相关的内部控制，就要对筹资业务的内部控制的设计是否合理和执行是否有效进行测试。但是，如果企业筹资业务比较少，审计人员可根据成本效益原则决定直接进行交易的实质性程序。

筹资业务内部控制的主要测试程序包括：①筹资业务是否经过授权批准，查看有关筹资业务文件，并询问被审计单位管理层，以确定授权批准控制的运行状况；②筹资业务岗位是否分离，筹资业务的授权、执行、记录和实物保管应该严格分离；③筹资业务是否建立严密的记录制度和账簿体系。

(3)评价筹资业务内部控制。审计人员了解内部控制要点后，测试其执行是否有效，从而最终对筹资业务的内部控制进行分析、评价。在评价环节应考虑相关的内部控制是否存在，是否完善，能否达到控制的目的，在哪些环节存在缺陷以及可能带来的影响。做了这样的评价之后，找出被审计单位的筹资业务的薄弱环节，以确定其在实质性程序工作中的影响，确定下一步的审查重点。

(二)投资活动的控制测试

1. 投资业务的内部控制

(1)授权审批控制。企业对外投资的业务，应该经过适当层次的授权审批。大规模的投资活动，要由董事会决定，然后授权给经理人员执行；小规模的投资活动，如利用闲置资金购入有价证券或出让有价证券，也应由财务主管授权，交由具体财务人员办理。对外投资的授权控制，一是为了保证投资收益，降低投资风险；二是避免个人擅自挪用资金，防止财产流失。

(2)职责分工控制。合理的分工，可以明确责任，相互牵制，避免或减少舞弊的可能性。投资业务的会计记录与授权、执行和保管等方面明确职责分工。比如，投资业务在企业高层管理机构核准后，可由高层负责人员授权签批，由财务经理办理具体的股票或债券的买卖业务，由会计部门负责进行会计记录和财务处理，并由专人保管股票或债券。

(3)投资资产安全保护控制。企业对投资资产(指股票和债券资产)一般有两种保管方式：一种是由独立的专门机构保管，如在企业拥有较大的投资资产的情况下，委托银行、证券公司、信托投资公司等机构进行保管。这些机构拥有专门的保存和保管措施，大大提高了资产的安全性；又可以使保管人和业务的经办人、记录人完全分离，减少了舞弊的可能性。另一种方式是由企业自行保管，在这种方式下，必须建立严格的联合控制制度，即至少要由两名以上人员共同控制，不得一人单独接触证券。对于任何证券的存入或取出，都要将债券名称、数量、价值及存取的日期、数量等详细记录于证券登记簿内，并由所有在场的经手人员签名。

(4)会计控制。合理设置各种投资账簿。应对每一种股票或债券分别设立明细分类账，并详细记录其名称、面值、证书编号、数量、取得日期、经纪人(证券商)名称、购入成本、收取的股息或利息等。

另外，企业应建立严格的记名登记制度。除无记名证券外，企业在购入股票或债券时应在购入的当日登记于企业名下，切忌登记于经办人员名下，防止冒名转移并借其他名义牟取私利的舞弊行为发生。

(5)盘点制度。由内部审计人员或不参与证券投资业务的人员定期对证券进行盘点，并进行账实核对。

2. 投资业务的控制测试程序

(1)了解业务的内部控制。审计人员通过查阅被审计单位的有关规章制度和文件资料，询问有关人员和现场观察，了解被审计单位内部控制及其环境。

(2)测试投资业务的内部控制。投资业务内部控制的主要测试程序包括：①投资业务是否经过授权批准，对于投资计划的授权批准控制，查阅有关计划的资料、文件，并询问被审计单位管理层，以确定投资业务授权批准控制的运行状况。②投资业务岗位是否分离，筹资业务的授权、执行、记录和实物保管应该严格分离，对于职务分离控制的测试，注册会计师可以采用实地调查、跟踪业务的方法进行。③投资业务是否建立严密的记录制度和账簿体系，相关投资收益的会计处理是否正确，是否符合有关财务制度的规定。④是否建立健全有价证券保管制度。注册会计师应审阅被审计单位的有价证券盘点报告单，判断其盘点方式是否适当，盘点结果与会计核算记录进行核对情况以及差异的会计处理是否符合规定。⑤对投资收益的监控是否适当。

(3)评价投资业务的内部控制。审计人员完成上述各步骤后，取得了有关投资业务内部控制是否健全、有效的证据，并在审计工作底稿中标明了投资业务内部控制的强弱点，即可以对投资业务内部控制进行评价，确认对投资业务内部控制的可信赖程度，进而确定实质性程序的程序和重点。

二、筹资与投资循环的实质性程序

(一)借款审计

1. 借款审计目标

借款是被审计单位向银行或金融机构借入资金而承担的一项经济义务，是企业的负债项目。根据还款期限的不同，借款可分为短期负债和长期负债。本节的内容包括短期借款和长期借款，另外，包括应付债券。在一般情况下，被审计单位不会高估负债，因为这样于自身不利，且难以与债权人的会计记录相互印证。注册会计师对于负债项目的审计，主要是防止企业低估债务。低估债务经常伴随着低估成本费用，从而高估利润的目的。因此，低估债务不仅影响财务状况的反映，而且还会极大地影响企业财务成果的反映。所以，注册会计师在执行借款业务审计时，应将被审计单位是否低估借款作为一个关注的要点。

银行借款的审计目标通常包括如下方面。

(1)了解并确定被审计单位有关借款的内部控制是否存在、有效且一贯遵守。

(2)确定被审计单位在特定期间内发生的借款业务是否均已记录完毕，有无遗漏。

(3)确认被审计单位所记录的借款在特定期间是否确实存在，是否为被审计单位所承担。

（4）确认被审计单位所有借款的会计处理是否正确。

（5）确定被审计单位各项借款的发生是否符合与有关法律的规定，被审计单位是否遵守了有关债务契约的规定。

（6）确认被审计单位借款余额在有关会计报表上的反映是否恰当。

2. 短期借款的实质性程序

短期借款是指向银行或者其他金融机构借入的期限在 1 年以内（含 1 年）的各种借款，一般而言，测试短期借款的实质性程序主要包括如下方面。

（1）获取或编制长期借款明细表，复核其加计数是否正确，并与明细账和总账核对相符。

（2）函证短期借款。注册会计师在职业判断的基础上选择短期借款向银行等金融机构函证企业短期借款的实有数。

（3）检查短期借款的增减变动情况。对年度内新增的短期借款，注册会计师需要检查借款合同，审查短期借款的借款金额、借款条件、借款日期、借款期限、借款利率，并与相关会计记录核对；对于年度内减少的短期借款，注册会计师需要检查相关的还款记录和原始凭证，核实还款金额。

（4）符合短期借款利息费用。注册会计师应根据借款利率和期限，重新计算并复核被审计单位利息费用计算是否多计算或者少计算，必要时需要提请被审计单位调整。

（5）如有外币短期借款，注册会计师需要检查被审计单位外币折算汇率的选择各期是否一致，折算金额是否正确，期末外币短期借款余额是否按照期末汇率调整。

（6）检查短期借款在资产负债表上的列报是否恰当。短期借款在资产负债表上通常以“短期借款”项目单独列报，对于企业因抵押而取得的短期借款，被审计单位是否在报表中做了充分的披露。

3. 长期借款审计的实质性程序

长期借款是指向银行或者其他金融机构借入的期限在 1 年以上（不含 1 年）的各种借款，一般而言，企业借入长期借款一般都是资本性的需求，因而长期借款的借款数额巨大、借款期间较长、利率较高，长期借款的审计程序类同短期借款审计程序。测试长期借款的实质性程序主要包括如下方面。

（1）获取或编制长期借款明细表，复核其加计数是否正确，并与明细账和总账核对相符。

（2）了解金融机构对被审计单位的授信情况以及被审计单位的信用等级评估情况，了解被审计单位获得短期借款和长期借款的抵押和担保情况，评估被审计单位的信誉和融资能力。

（3）对年度内增加的长期借款，应检查借款合同和授权批准，了解借款数额、借款条件、借款日期、还款期限、借款利率，并与相关会计记录核对。对年度内减少的长期借款，注册会计师应检查相关记录和原始凭证，核实还款数额。

（4）检查长期借款的使用是否符合借款合同的规定，重点检查长期借款使用的合理性。

（5）向银行或其他债权人函证重大的长期借款。

(6)检查年末有无到期未偿还的借款，逾期借款是否办理了延期手续；分析计算逾期借款的金额、比率和期限，判断被审计单位的资信程度和偿债能力。

(7)计算短期借款、长期借款在各个月份的平均余额，选取适用的利率匡算利息支出总额，并与财务费用的相关记录核对，判断被审计单位是否高估或低估利息支出，必要时进行适当调整。

(8)检查非记账本位币折算为记账本位币时采用的折算汇率，折算差额是否按规定进行会计处理。

(9)检查借款费用的会计处理是否正确。借款费用，指企业因借款而发生的利息及其他相关成本，包括折价或溢价的摊销、辅助费用以及因外币借款而发生的汇兑差额。按照《企业会计准则第17号——借款费用》的规定，企业发生的借款费用，可直接归属于符合资本条件的资产的购建或生产的，应当予以资本化，计入相关资产成本；其他借款费用，应当在发生时根据其发生额确认费用，计入当期损益。

(10)检查企业抵押长期借款的抵押资产的所有权是否属于企业，其价值和实际状况是否与抵押契约中的规定相一致。

(11)检查企业重大的资产租赁合同，判断被审计单位是否存在资产负债表外融资的现象。

(12)检查长期借款是否已在资产负债表上充分披露。长期借款在资产负债表上列示于长期负债类下，该项目应根据"长期借款"科目的期末余额扣减将于一年内到期的长期借款后的数额填列，该项扣除数应当填列在流动负债类下的"一年内到期的长期负债"项目单独反映。注册会计师应根据审计结果，确定被审计单位长期借款在资产负债表上的列示是否充分，并注意长期借款的抵押和担保是否已在财务报表附注中作了充分的说明。

小提示

银行借款一旦形成以后，在其偿还期内，除了按规定计提利息外，相关的经济业务一般不会发生，如果注册会计师在上一审计年度已对相关的银行借款进行了审计，本年度的审计程序可以大大简化，有关工作底稿还可以继续利用，审计的侧重点则放在各银行借款本年发生的变动上。

4. 应付债券的实质性程序

应付债权作为一种筹措长期资金的手段，它与银行借款既有相同地方（如都必须还本付息），又有所不同，主要表现在：企业发行债券必须严格遵守国家有关债券管理规定；债券能在市场上流通转让等。

应付债券的实质性程序一般包括如下方面。

(1)取得或编制应付债券明细表。同其他负债项目的实质性程序一样。注册会计师应首先取得或编制应付债券明细表，并同有关的明细分类账和总分类账核对相符。

(2)检查债券交易的有关原始凭证。检查债券交易的各项原始凭证，是确定应付债券金额及其合法性的重要程序，注册会计师应做好以下工作：①检查企业现有债券副本，

确定其发行是否合法,各项内容是否同相关的会计记录相一致。②检查企业发行债券所收入现金的收据、汇款通知单、送款登记簿及相关的银行对账单。③检查用以偿还债券的支票存根,并检查利息费用的计算。④检查已偿还债券数额同应付债券借方发生额是否相符。⑤如果企业发行债券时已作抵押或担保,注册会计师还应检查相关契约的履行情况。

(3)检查应计利息、债券折(溢)价摊销及其会计处理是否正确。此项工作一般可通过检查债券利息、溢价、折价等账户分析表来进行。该表可让企业代为编制,注册会计师加以检查,也可由注册会计师自己编制。

(4)函证"应付债券"账户期末余额。为了确定"应付债券"账户期末余额的真实性,注册会计师如果认为必要,可以直接向债权人及债券的承销人或包销人进行函证。函证内容应包括应付债券的名称、发行日、到期日、利率、已付利息期间、年内偿还的债券、资产负债表日尚未偿还的债券及注册会计师认为应包括的其他重要事项。

(5)检查到期债券的偿还。对到期债券的偿还,注册会计师应检查相关会计记录,检查其会计处理是否正确。对可转换公司债券持有人行使转换权利,将其持有的债券转换为股票,则应检查其转股的会计处理是否正确。

(6)检查借款费用的会计处理是否正确。

(7)检查应付债券是否已在资产负债表上充分披露。注册会计师应根据审计结果,确定被审计单位应付债券在财务报表上的披露是否充分,应注意有关应付债券的类别是否已在财务报表附注中作了充分的说明。

5. 财务费用的是实质性程序

财务费用的实质性程序通常包括下列工作。

(1)获取或编制财务费用明细表,复核加计正确,与报表数、总账数以及明细账合计数核对是否一致。

(2)实施分析程序。注册会计师将本期和上期的财务费用各项目作比较分析,必要时比较分析年内各个月份财务费用,如有重大波动或者异常情况应追查原因,扩大审计范围或者进一步追查。

(3)实施截至测试。审阅下期期初的财务费用,检查财务费用项目有无跨期入账的现象,对于重大的跨期项目,应建议被审计单位作必要的调整。

(4)检查财务费用在报表上的披露是否恰当。

小提示

过高的负债对企业来说是一个坏消息,所以企业有隐藏漏报负债的动机。因此注册会计师在审计负债时一般不能采用逆向审计方法(即从报表项目到账簿再到凭证),而应该采用顺向审计方法(即从凭证到账簿再到报表项目)。

(二)所有者权益审计

1. 所有者权益的审计目标

所有者权益交易业务较少,金额虽然较大,但是并不经常发生。通常根据会计恒等式，可以在证明资产和负债的基础上从侧面证实所有者权益的正确性，所以审计所有者权益一般需要的时间较少，但是对所有者权益的实质性程序仍然十分必要。所有者权益的审计目标主要包括以下四个方面。

(1)评价企业有关股本交易和利润分配的内部控制的适当性和真实性，并为被审计单位改善内部控制提供意见。

(2)确认被审计期间发生的所有关于所有者权益的经济业务是否都已记录入账，并已在会计账簿上正确、公允地加以反映。

(3)查明被审计期间发生的所有者权益项目的增减变动是否均经过审核，是否符合有关法律、法规的规定。

(4)确认所有者权益在财务报表上是否得以恰当的反映。

2. 实收资本(股本)审计的实质性程序

实收资本(股本)的实质性程序通常包括如下方面。

(1)获取或编制实收资本(股本)增减变动情况明细表，复核加计正确。与报表数、总账数和明细账合计数核对相符。

(2)查阅公司章程、股东大会、董事会会议记录中有关实收资本(股本)的规定。收集与实收资本(股本)变动有关的董事会会议纪要、合同、协议、公司章程及营业执照。公司设立批文、验资报告等法律性文件，并更新永久性档案。

(3)检查实收资本(股本)增减变动的原因，查阅其是否与董事会纪要、补充合同、协议及其他有关法律性文件的规定一致，逐笔追查至原始凭证，检查其会计处理是否正确。注意有无抽资或变相抽资的情况，如有，应取证核实，作恰当处理。对首次接受委托的客户，除取得验资报告外，还应检查并复印记账凭证及进账单。

(4)对于以资本公积、盈余公积和未分配利润转增资本的，应取得股东(大)会等资料，并审核是否符合国家有关规定。

(5)以权益结算的股份支付，取得相关资料，检查是否符合相关规定。

(6)根据证券登记公司提供的股东名录，检查被审计单位及其子公司、合营企业与联营企业有无违反规定的持股情况。

(7)以非记账本位币出资的，检查其折算汇率是否符合规定。

(8)检查认股权证及其有关交易，确定委托人及认股人是否遵守认股合约或认股权证中的有关规定。

(9)确定实收资本(股本)的披露是否恰当。

小提示

为了保护债权人的利益，公司回购资本受到较多的法律法规的限制，禁止抽逃资本，因此"股本"科目借方很少有发生额。一旦有借方发生额，则提示注册会计师需要注意潜在的风险。

3. 资本公积的实质性程序

资本公积的实质性程序通常包括如下方面。

（1）获取或编制资本公积明细表，复核加计正确，并与报表数、总账数和明细账合计数核对相符。

（2）收集与资本公积变动有关的股东（大）会决议、董事会会议纪要、资产评估报告等文件资料，更新永久性档案。首次接受委托的，应检查期初资本供给的原始发生依据。

（3）根据资本公积明细账，对股本溢价、其他资本公积各明细发生额逐项审查。

对资本溢价应检查是否在企业吸收新投资时形成，资本溢价的确定是否按实际出资额扣除其投资比例所占的资本额计算，其投资是否经过董事会决定，并已报原审批机关批准；对股本溢价应检查发行是否合法，是否经过有关部门批准，股票发行价格与其面值的差额是否全部计入资本供给，发行股票支付的手续费或佣金、股票印制成本等减去发行股票冻结期间所产生的利息收入后的余额是否已从溢价中扣除。对于其他资本供给，审计人员还应检查这些业务的处理是否符合会计准则和相关法规的规定，以及会计记录是否准确。

（4）检查资本公积各项目，考虑对所得税的影响。

（5）记录资本公积中不能转增资本的项目。

（6）确定资本公积的披露是否恰当，应审查资本公积是否在资产负债表上单独列示。

4．盈余公积的实质性程序

盈余公积的实质性程序通常包括如下方面。

（1）取得或编制盈余公积明细表，复核加计，并与报表数、总账数和明细账合计数核对相符。

（2）收集与盈余公积变动有关的董事会会议纪要、股东（大）会决议以及政府主管部门、财政部门批复等文件资料，进行审阅，并更新永久性档案。

（3）对法定盈余公积和任意盈余公积的发生额逐项审查至原始凭证：①审查法定盈余公积和任意盈余公积的计提顺序、计提基数、计提比例是否符合有关规定，会计处理是否正确。②审查盈余公积的减少是否符合有关规定，取得董事会会议纪要、股东（大）会决议，予以核实，检查有关会计处理是否正确。

（4）如系外商投资企业，应对储备基金、企业发展基金的发生额逐项审查至原始凭证。

（5）如系中外合作经营企业，应对利润归还投资的发生额审查至原始凭证，并与“实收资本——已归还投资”科目的发生金额核对。

（6）确定盈余公积的披露是否恰当，各项变动是否已在附注中说明。

5．未分配利润的实质性程序

未分配利润的实质性程序通常包括如下方面。

（1）获取或编制利润分配明细表。复核加计正确，与报表数、总账数及明细账合计数核对相符。

（2）检查未分配利润期初数与上期审定数是否相符，涉及损益的上期审计调整是否正确入账。

（3）收集和检查与利润分配有关的董事会会议纪要、股东（大）会决议、政府部门批文及有关合同、协议、公司章程等文件资料，更新永久性档案。对照有关规定确认利润分配的合法性。检查对资产负债表日后至财务报告批准报出日之间由董事会或类似机构所制定利润分配方案中拟分配的股利，是否在财务报表附注中单独披露。注意当境内与境外会计师事务所审定的可供分配利润不同时，被审计单位进行利润分配的基数是否正确？

(4)检查本期未分配利润变动除净利润转入以外的全部相关凭证，结合所获取的文件资料，确定其会计处理是否正确。

(5)了解本年利润弥补以前年度亏损的情况，如果已超过弥补期限，且已因为抵扣亏损而确认递延所得税资产的，应当进行调整。

(6)结合以前年度损益调整科目的审计检查以前年度损益调整的内容是否真实、合理，注意对以前年度所得税的影响。对重大调整事项应逐项核实其发生原因和有关资料、复核数据的正确性。

(7)确定未分配利润的披露是否恰当。

6. 应付股利的实质性程序

应付股利的实质性程序通常包括如下方面。

(1)获取或编制应付股利明细表，复核加计是否正确，并与报表数、总账数和明细账合计数核对相符。

(2)审阅公司章程和股东(大)会决议中有关股利的规定，了解股利分配标准和发放方式是否符合有关规定并经法定程序批准。若被审计单位董事会或类似机构通过利润分配方案拟分配现金股利或利润的，注意是否披露。

(3)检查应付股利的发生额。是否根据股东(大)会决定的利润分配方案，从可供分配利润中计算确定，并复核应付股利计算和会计处理的正确性。

(4)检查股利支付的原始凭证的内容、金额和会计处理是否正确。

(5)现金股利是否按公告规定的时间、金额予以发放结算，非标准手之零星股东股利有否采用适当方法结算，对无法结算及委托发放而长期未结的股利是否作出适当处理。

(6)确定应付股利的披露是否恰当。

(三)投资审计

1. 投资审计目标

投资的审计目标一般包括：确认投资是否存在；确定投资是否确实属于被审计单位的权利；确定投资在报告期内的增减变动及收益或损失是否全部登记入账，确定投资的计量标准和核算方法是否恰当；确定投资的期末余额是否正确；确定投资在资产负债表上的列报是否恰当。

2. 以公允价值计量且其变动计入当期损益的金融资产的实质性程序

(1)获取或编制交易性金融资产明细表，复核加计正确，并与报表数、总账数和明细账合计数核对相符。

(2)对期末结存的相关交易性金融资产，向被审计单位核实其持有目的，检查本科目核算范围是否恰当。

(3)获取股票、债券及基金等交易流水单及被审计单位证券投资部门的交易记录。与明细账核对，检查会计记录是否完整、会计处理是否正确。

(4)监盘库存交易性金融资产，并与相关账户余额进行核对，如有差异，应查明原因并作出记录或进行适当调整。

(5)向相关金融机构发函询证交易性金融资产期末数量以及是否存在变现限制（与存出投资款一并函证），并记录函证过程。取得回函时应检查相关签章是否符合要求。

(6)抽取交易性金融资产增减变动的相关凭证，检查其原始凭证是否完整合法，会计处理是否正确：①抽取交易性金融资产增加的记账凭证，注意其原始凭证是否完整合法，成本、交易费用和相关利息或股利的会计处理是否符合规定。②抽取交易性金融资产减少的记账凭证，检查其原始凭证是否完整合法，会计处理是否正确；注意出售交易性金融资产时其成本结转是否正确。原计入的公允价值变动损益有无调整至投资收益。

(7)复核与交易性金融资产相关的损益计算是否准确，并与公允价值变动损益及投资收益等有关数据核对。

(8)复核股票、债券及基金等交易性金融资产的期末公允价值是否合理，相关会计处理是否正确。

(9)关注交易性金融资产是否存在重大的变现限制。

(10)确定交易性金融资产的披露是否恰当。

3. 以摊余成本计量的金融资产的实质性程序

以摊余成本计量的金融资产的实质性程序通常包括如下方面。

(1)获取或编制以摊余成本计量的金融资产明细表，复核加计正确，并与总账数和明细账合计数核对相符。

(2)获取以摊余成本计量的金融资产对账单，与明细账核对，并检查其会计处理是否正确。

(3)检查库存以摊余成本计量的金融资产并与账面余额进行核对，如有差异，应查明原因，并作出记录或进行适当调整。

(4)向相关金融机构发函询证以摊余成本计量的金融资产期末数量，并记录函证过程。取得回函时应检查相关签章是否符合要求。

(5)对期末结存的以摊余成本计量的金融资产，核实被审计单位持有的目的和能力，检查本科目核算范围是否恰当。

(6)抽取以摊余成本计量的金融资产增加的记账凭证，注意其原始凭证是否完整合法，成本、交易费用和相关利息的会计处理是否符合规定。

(7)抽取以摊余成本计量的金融资产减少的记账凭证，检查其原始凭证是否完整合法，会计处理是否正确。

(8)根据相关资料，确定债券投资的计息类型。结合投资收益科目，复核计算利息采用的利率是否恰当，相关会计处理是否正确，检查以摊余成本计量的金融资产持有期间收到的利息会计处理是否正确。检查债券投资票面利率和实际利率有较大差异时被审计单位采用的利率及其计算方法是否正确。

(9)结合投资收益科目，复核处置以摊余成本计量的金融资产的损益计算是否准确。已计提的减值准备是否同时结转。

(10)检查以摊余成本计量的金融资产划转为以公允价值计量且其变动计入其他综

合收益的金融资产的会计处理是否正确。

(11)结合银行借款等科目,了解是否存在已有债务担保的以摊余成本计量的金融资产。如有,则应取证并作相应的记录,同时提请被审计单位作恰当披露。

(12)当有客观证据表明以摊余成本计量的金融资产发生减值的,应当复核相关资产项目的预计未来现金流量现值,并与其账面价值进行比较,检查相关准备计提是否充分。

(13)若发生减值,检查相关利息的计算及处理是否正确。

(14)确定以摊余成本计量的金融资产的披露是否恰当,注意一年内到期的以摊余成本计量的金融资产是否已重分类至一年内到期的非流动资产。

4. 以公允价值计量且其变动计入其他综合收益的金融资产的实质性程序

(1)获取或编制以公允价值计量且其变动计入其他综合收益的金融资产明细表,复核加计正确,并与总账数和明细账合计数核对相符。

(2)获取以公允价值计量且其变动计入其他综合收益的金融资产对账单,与明细账核对,并检查其会计处理是否正确。

(3)检查库存以公允价值计量且其变动计入其他综合收益的金融资产,并与相关账户余额进行核对,如有差异,应查明原因,并作出记录或进行适当调整。

(4)向相关金融机构发函询证可供出售资产期末数量,并记录函证过程。取得回函时应检查相关签章是否符合要求。

(5)对期末结存的以公允价值计量且其变动计入其他综合收益的金融资产,向被审计单位核实其持有目的。检查本科目核对范围是否恰当。

(6)抽取以公允价值计量且其变动计入其他综合收益的金融资产增减变动的相关凭证,检查其原始凭证是否完整合法,会计处理是否正确:①抽取以公允价值计量且其变动计入其他综合收益的金融资产增加的记账凭证,注意其原始凭证是否完整合法,成本、交易费用和相关利息或股利的会计处理是否符合规定。②抽取以公允价值计量且其变动计入其他综合收益的金融资产减少的记账凭证,检查其原始凭证是否完整合法,会计处理是否正确。注意出售以公允价值计量且其变动计入其他综合收益的金融资产时相应的资本公积有无调整。

(7)复核以公允价值计量且其变动计入其他综合收益的金融资产的期末公允价值是否合理,检查会计处理是否正确。

(8)如果以公允价值计量且其变动计入其他综合收益的金融资产的公允价值发生较大幅度下降,并且预期这种下降趋势属于非暂时性的,应当检查被审计单位是否计提资产减值准备,计提金额和相关会计处理是否正确。

(9)已确认减值损失的以公允价值计量且其变动计入其他综合收益的金融资产。当公允价值回升时检查其相关会计处理是否正确。注意债券等债务工具应从资产减值损失科目转回;股票等权益工具则应从资本公积转回,不得从当期损益转回。

(10)若债券等债务工具类以公允价值计量且其变动计入其他综合收益的金融资产发生减值,检查相关利息的计算和会计处理是否正确。

(11)检查以公允价值计量且其变动计入其他综合收益的金融资产出售时,其相关损益计算及会计处理是否正确,已计入资本公积的公允价值累计变动额是否转入投资收益

科目。

（12）复核以公允价值计量且其变动计入其他综合收益的金融资产划转为以摊余成本计量的金融资产的依据是否充分，会计处理是否正确。

（13）检查债券投资计入损益的利息收入计算所采用的利率是否正确。

（14）结合银行借款等科目，了解是否存在已用于债务担保的以公允价值计量且其变动计入其他综合收益的金融资产。如有，则应取证并作相应的记录。同时提请被审计单位作恰当披露。

（15）确定以公允价值计量且其变动计入其他综合收益的金融资产的披露是否恰当。

5. 长期股权投资的实质性程序

（1）获取或编制长期股权投资明细表，复核加计正确，并与总账数和明细账合计数核对相符；结合长期股权投资减值准备科目与报表数核对相符。

（2）根据有关合同和文件，确认股权投资的股权比例和持有时间，检查股权投资核算方法是否正确。

（3）对于重大的投资，向被投资单位函证被审计单位的投资额、持股比例及被投资单位发放股利等情况。

（4）对于应采用权益法核算的长期股权投资，获取被投资单位已经注册会计师审计的年度财务报表，如果未经注册会计师审计，则应考虑对被投资单位的财务报表实施适当的审计或审阅程序：①复核投资收益时，应以取得投资时被投资单位各项可辨认资产等的公允价值为基础，对被投资单位的净利润进行调整后加以确认；被投资单位采用的会计政策及会计期间与被审计单位不一致的，应当按照被审计单位的会计政策及会计期间对被投资单位的财务报表进行调整，据以确认投资损益。②将重新计算的投资收益与被审计单位所计算的投资收益相核对，如有重大差异，则查明原因，并作适当调整。③检查被审计单位按权益法核算长期股权投资，在确认应分担被投资单位发生的净亏损时，应首先冲减长期股权投资的账面价值，其次冲减其他实质上构成对被投资单位净投资的长期权益账面价值（如长期应收款等）；如果按照投资合同和协议约定被审计单位仍须承担额外损失义务的，应按预计承担的义务确认预计负债，并与预计负债中的相应数字核对无误；被投资单位以后期间实现盈利的，被审计单位在其收益分享额弥补未确认的亏损分担额后，恢复确认收益分享额。审计时，应检查被审计单位会计处理是否正确。④检查除净损益以外被投资单位所有者权益的其他变动是否调整计入所有者权益。

（5）对于采用成本法核算的长期股权投资，检查股利分配的原始凭证及分配决议等资料，确定会计处理是否正确；对被审计单位实施控制而采用成本法核算的长期股权投资，比照权益法编制变动明细表，以备合并报表使用。

（6）对于成本法和权益法相互转换的，检查其投资成本的确定是否正确。

（7）确定长期股权投资的增减变动的记录是否完整：①检查本期增加的长期股权投资，追查至原始凭证及相关的文件或决议及被投资单位验资报告或财务资料等，确认长期股权投资是否符合投资合同、协议的规定，并已确实投资，会计处理是否正确。②检查本期减少的长期股权投资，追查至原始凭证，确认长期股权投资的收回有合理的理由及授权批准手续并已确实收回投资，会计处理是否正确。

(8)期末对长期股权投资进行逐项检查,以确定长期股权投资是否已经发生减值:①核对长期股权投资减值准备本期与以前年度计提方法是否一致,如有差异,查明政策调整的原因,并确定政策改变对本期损益的影响,提请被审计单位作适当披露。②对长期股权投资逐项进行检查,根据被投资单位经营政策、法律环境的变化,市场需求的变化,行业的变化,盈利能力等各种情形予以判断长期股权投资是否存在减值迹象。确有出现导致长期股权投资可收回金额低于账面价值的,将可收回金额低于账面价值的差额作为长期股权投资减值准备予以计提,并与被审计单位已计提数相核对。如有差异,查明原因。③将本期减值准备计提金额与利润表资产减值损失中的相应数字核对无误。④长期股权投资减值准备按单项资产计提,计提依据充分,得到适当批准。减值损失一经确认,在以后会计期间不得转回。

(9)结合银行借款等的检查,了解长期股权投资是否存在质押、担保情况。如有,则应详细记录,并提请被审计单位进行充分披露。

(10)确定长期股权投资在资产负债表上已恰当列报。与被审计单位人员讨论确定是否存在被投资单位由于所在国家和地区及其他方面的影响,其向被审计单位转移资金的能力受到限制的情况。如存在,应详细记录受限情况,并提请被审计单位充分披露。

6. 应收利息的实质性程序

应收利息的实质性程序通常包括如下方面。

(1)获取或编制应收利息明细表,复核加计正确,并与总账数和明细账合计数核对相符,结合坏账准备科目与报表数核对相符。

(2)实质性分析程序。按照不同借款类别,将借款平均余额与平均利率的乘积,与账面利息收入相比较。确定两者差异额是否合理。

(3)与长期股权投资、交易性金融资产、可供出售金融资产、持有至到期投资等相关项目的审计结合,验证确定应收利息的计算是否充分、正确,检查会计处理是否正确。

(4)对于重大的应收利息项目,审阅相关文件,复核其计算的准确性。必要时,向有关单位函证并记录。

(5)检查应收利息减少有无异常。

(6)检查期后收款情况,对至审计时已收回金额较大的款项进行常规检查,如核对收款凭证、银行对账单、发票等。

(7)关注长期未收回及金额较大的应收利息,询问被审计单位管理人员及相关职员,确定应收利息的可收回性。必要时,向被投资单位函证利息支付情况,复核并记录函证结果。

(8)确定应收利息已恰当披露。

7. 投资收益的实质性程序

(1)获取或编制投资收益分类明细表,复核加计正确并与总账数和明细账合计数核对相符,与报表数核对相符。

(2)与长期股权投资、交易性金融资产、可供出售金融资产等相关项目的审计结合,验证确定应收股利的计算是否正确,检查会计处理是否正确。

(3)对于重大的应收股利项目,审阅相关文件,测试其计算的准确性。必要时,向被

投资单位函证并记录。

(4)检查应收股利减少有无异常。

(5)检查期后收款情况,对至审计时已收回金额较大的款项进行常规检查,如核对收款凭证、银行对账单、股利分配方案等。

(6)关注长期未收回且金额较大的应收股利,询问被审计单位管理人员及相关职员或者查询被投资单位的情况,确定应收股利的可收回性。必要时,向被投资单位索要股利支付情况,复核并记录函证结果。

(7)确定应收股利已恰当列报,确定境外投资应收股利汇回是否存在重大限制,如果存在,应该已充分披露。

(四)其他相关账户审计

1. 其他应收款的实质性程序

其他应收款审计目标一般包括:确定其他应收款是否存在,确定其他应收款是否归被审计单位所有,确定其他应收款增减变动的记录是否完整,确定其他应收款是否可收回,确定其他应收款期末余额是否正确,确定其他应收款的披露是否恰当。

其他应收款审计实质性程序包括如下方面。

(1)获取或编制其他应收款明细表,复核加计正确,并与报表数、总账数和明细账合计数核对相符;检查其他应收款的账龄分析是否正确;分析有贷方余额的项目,查明原因,必要时作重新分类调整;结合应收账款明细余额查验是否有双方同时挂账的项目,核算内容是否重复,必要时作出适当调整;标明应收关联方(包括持股5%以上的股东)的款项,并注明合并报表时应予抵销的数字。

(2)判断选择一定金额以上、账龄较长或异常的明细账户余额发函询证,编制函证结果汇总表。

(3)对发出询证函未能收到回函的样本,采用替代审计程序,如查核下期明细账,或追踪至其他应收款发生时的原始凭证。特别注意是否存在抽逃资金、隐藏费用的现象。

(4)审核资产负债表日后的收款事项,确定有无未及时入账的债权。

(5)分析明细账户,对于长期未能收回的项目,应查明原因,确定是否可能发生坏账损失。

(6)对非记账本位币结算的其他应收款,检查其采用的折算汇率是否正确。

(7)检查转作坏账损失项目是否符合规定并办妥审批手续。

(8)验明其他应收款的披露是否恰当。

2. 无形资产的实质性程序

无形资产,是指企业为生产产品或者提供劳务、出租给其他单位,或为管理目的而持有的,没有实物形态的可辨认非货币性资产,包括专利权、非专利技术、商标权、著作权、土地使用权等。

无形资产审计目标有:确定无形资产是否存在,是否为被审计单位所有,其增减变动及摊销记录是否正确,减值准备计提是否充分,年末余额是否正确,是否在报表上作恰当披露。

无形资产的实质性程序包括如下方面。

(1)获取或编制其他应收款明细表,复核加计正确,并与报表数、总账数和明细账合计数核对相符。

(2)获取有关协议或董事会纪要等文件、资料,检查无形资产的性质、构成内容、计价依据,其所有权是否属于被审计单位;检查无形资产的摊销政策是否符合有关规定,前后各期是否一致;若摊销政策变化,政策变化的理由是否充分。

(3)检查无形资产的增加是否合理。对于股东投入的无形资产,检查是否符合相关规定,并经过适当审查批准。对无形资产的价值是否分别与验资报告及评估报告等证明文件一致,会计处理是否正确。自行取得或购入的无形资产,检查其原始凭证,确认计价是否正确、法律程序是否完备、会计处理是否正确。

(4)检查无形资产转让的会计处理是否正确,需要注意转让的是无形资产的使用权还是所有权。

(5)检查本期摊销额是否正确,会计处理是否正确。

(6)检查无形资产的减值准备计提是否正确。

(7)检查无形资产在财务报表上的披露是否恰当。

3. 管理费用的实质性程序

管埋费用,是指企业为组织和管理企业生产经营所发生的各项费用。主要包括:企业筹建期间发生的开办费、董事会和行政管理部门在企业的经营管理中发生的或者应由企业统一负担的公司经费、工会经费、董事会费、诉讼费、业务招待费、房产税、车船税、土地使用税、印花税、技术转让费、未资本化的研发费用等。

管理费用的审计目标包括:确定管理费用是否已经发生,记录是否完整,金额计算是否正确,披露是否恰当。

管理费用的实质性程序包括如下方面。

(1)获取或编制其他应收款明细表,复核加计正确,并与报表数、总账数和明细账合计数核对相符。

(2)检查管理费用各项目的设置是否符合国家会计制度的规定。

(3)执行分析性程序。比较本期和上期管理费用组成部分的变动情况,必要时执行本年各个月份管理费用项目的变动情况,对于重大波动和异常情况,应查明原因,必要时提请被审计单位调整。

(4)执行截止测试程序,已确定被审计单位是否在期末随意调整费用入账时间。

(5)确定管理费用在财务报表上披露是否恰当。

4. 营业外收入的实质性程序

营业外收入,是指企业取得的与日常活动没有直接关系的各项利得,主要包括非流动资产毁损报废利得、债务重组利得、罚没利得、政府补助利得、无法支付的应付款项、捐赠利得、盘盈利得等。

营业外收入的审计目标包括:确定营业外收入是否发生,确定营业外收入的记录是否完整,确定营业外收入的计算是否正确,确定营业外收入在会计报表上的披露是否恰当。

营业外收入的实质性程序包括如下方面。

（1）获取或编制营业外收入明细表，复核其加计数是否正确，并与明细账、总账和报表数核对相符。

（2）检查营业外收入各项目的设置是否符合规定的核算内容和范围，是否划清营业外收入与其他收益的界限。

（3）结合相关科目审计，检查其他与营业外收入相关的入账金额及会计处理是否正确。

（4）抽查大额营业外收入，检查原始凭证是否齐全，有无授权批准，会计处理是否正确。

（5）验明营业外收入是否已在利润表上恰当披露。

5. 营业外支出的实质性程序

营业外支出，是指企业发生的与日常活动没有直接关系的各项损失，主要包括非流动资产毁损报废损失、债务重组损失、罚款支出、捐赠支出、非常损失、盘亏损失等。

营业外支出的审计目标包括：确定营业外支出是否发生，确定营业外支出的记录是否完整，确定营业外支出的计算是否正确，确定营业外支出在会计报表上的披露是否恰当。

营业外支出的实质性程序包括如下方面。

（1）获取或编制营业外支出明细表，复核其加计数是否正确，并与明细账、总账和报表数核对相符。

（2）检查营业外收入各项目的设置是否符合规定的核算内容和范围，是否划清营业外支出与其他费用支出的界限。

（3）结合相关科目审计，检查其他与营业外支出相关的入账金额及会计处理是否正确。

（4）抽查大额营业外支出，检查原始凭证是否齐全，有无授权批准，会计处理是否正确。

（5）验明营业外支出是否已在利润表上恰当披露。

6. 所得税费用的实质性程序

所得税费用是指企业按照会计准则的规定确认的应从当期利润总额中扣除的当期所得税费用和递延所得税费用。

所得税费用的审计目标包括：确定记录的所得税费用是否已发生，且与被审计单位有关；确定所得税费用记录是否完整；确定与所得税费用有关的金额及其他数据是否已恰当记录；确定所得税费用是否已记录于正确的会计期间；确定所得税费用的内容是否正确；确定所得税费用的披露是否恰当。

所得税费用审计的实质性程序包括如下方面。

（1）获取或编制所得税费用明细表、递延所得税资产明细表、递延所得税负债明细表，核对与明细账合计数、总账及报表数是否相符。

（2）根据审计结果和税法规定，核实当期的纳税调整事项，确定应纳税所得额，计算当期所得税费用。

（3）根据期末资产及负债的账面价值与其计税基础之间的差异，以及未作为资产和负债确认的项目的账面价值与按照税法的规定确定的计税基础的差异，计算递延所得税资产、递延所得税负债期末应有余额，并根据递延所得税资产、递延所得税负债期初余额，倒轧出递延所得税费用(收益)。

(4)将当期所得税费用与递延所得税费用之和与利润表上的“所得税”项目金额相核对。

(5)确定所得税费用、递延所得税资产、递延所得税负债是否已在财务报表中恰当列报。

7. 公允价值变动收益的实质性程序

公允价值变动收益包括交易性金融资产、交易性金融负债，以及采用公允价值模式计量的投资性房地产、衍生金融工具、套期保值业务等公允价值变动形成的应计入当期损益的利得或损失。同样，公允价值变动收益审计是与相关资产、负债的审计一并进行的。作为测试相关资产、负债计价认定的一项重要内容。在审计公允价值变动收益时，公允价值的确定是关键，注册会计师应当考虑《中国注册会计师审计准则 1322 号——公允价值计量和披露的审计》的规定。

公允价值变动收益的审计目标一般包括：确定已记录的公允价值变动收益是否已发生，且与被审计单位有关；确定公允价值变动收益记录是否完整；确定与公允价值变动收益有关的金额及其他数据是否已恰当记录；确定公允价值变动收益是否已记录于正确的会计期间；确定公允价值变动收益的内容是否正确；确定公允价值变动收益的披露是否恰当。

公允价值变动收益的实质性程序包括如下方面。

(1)获取或编制公允价值变动收益明细表，复核加计正确，与报表数、总账数及明细账合计数核对相符。

(2)根据公允价值变动收益明细账，对交易性金融资产(负债)、衍生工具、套期保值业务和投资性房地产等各明细发生额逐项检查：①在资产负债表日，被审计单位是否将交易性金融资产(负债)的公允价值与其账面价值的差额记入本科目；处置交易性金融资产(负债)时，是否将原已记入本科目的公允价值变动金额转入投资收益。②在资产负债表日，被审计单位是否将衍生金融工具的公允价值与其账面价值的差额记入本科目；终止确认衍生金融工具时，其会计处理是否正确。③对于在资产负债表日，满足运用套期会计方法条件的现金流量套期和境外经营净投资套期产生的利得和损失，是否进行了正确的会计处理。④以公允价值模式计量的投资性房地产的公允价值变动收益，应结合对应科目检查其初始成本确定是否正确，期末公允价值确定是否合理；处置时原公允价值变动(含记入本科目和资本公积)有无正确结转至其他业务成本。

(3)确定公允价值变动收益的披露是否恰当。

8. 预计负债的实质性程序

预计负债主要因企业确认的对外担保、未决诉讼、产品质量保证、重组义务、亏损性合同等形成。预计负债的审计是或有事项审计的一部分内容。预计负债的审计目标一般包括：确定预计负债的确认是否完整，预计负债的计量是否符合规定，预计负债的会计处理是否正确，预计负债的披露是否恰当。

预计负债的实质性程序通常包括如下方面。

(1)获取或编制预计负债明细表。复核加计正确，并与报表数、总账数和明细账合计数核对相符。

(2)向相关银行函证担保事项。

(3)对已涉诉并已判决的对外担保，取得并审阅相关法院判决书。

(4)对已涉诉但尚未判决的对外担保，取得被审计单位律师或法律顾问的法律意见。

(5)检查预计负债的估计是否准确，会计处理是否正确。

(6)检查预计负债的披露是否恰当。

9. 资产减值准备的实质性程序

资产减值准备包括坏账准备、存货跌价准备、长期投资减值准备、可供出售金融资产减值准备、持有至到期减值准备、投资性房地产减值准备、固定资产减值准备、工程物资减值准备、在建工程减值准备、无形资产减值准备、商誉减值准备等项目。根据企业会计准则的规定，不同类别资产的减值，适用于不同的准则。

对资产减值准备的审计是与相关资产的审计一并进行的，作为测试相关资产计价认定的一项重要内容。资产减值准备往往涉及会计估计，因此，在审计资产减值准备时，注册会计师应当考虑《中国注册会计师审计准则1321号——会计估计的审计》的要求。

资产减值准备的审计目标一般包括：确定记录是否完整，确定与资产减值损失有关的金额及其他数据是否已恰当记录，确定资产减值损失是否已记录于正确的会计期间，确定资产减值损失的内容是否正确，确定资产减值损失的披露是否恰当。

资产减值准备的实质性程序包括如下方面。

(1)获取或编制资产减值损失明细表，复核加计正确，并与报表数、总账数及明细账合计数核对相符。

(2)检查资产减值损失核算内容是否符合规定。

(3)对本期增减变动情况检查如下：①对本期增加及转回的资产减值损失，与坏账准备等科目进行交叉勾稽；②对本期转销的资产减值损失，结合相关资产科目的审计，检查会计处理是否正确。

(4)确定资产减值损失的披露是否恰当。

本章小结

筹资与投资循环是由筹资业务和投资业务构成。筹资业务是指企业为满足生存和发展的需要，通过改变资本及债务规模和构成而筹集资金的活动，筹资业务主要由负债交易和股东权益交易组成。投资业务是指企业为通过分配来增加财富，或为谋求其他利益，将资产让渡给其他单位而活动另一项资产的活动，投资业务主要由债权性投资和权益性投资组成。

注册会计师基于了解被审计单位及其环境的整个过程中所识别的相关风险，结合对筹资与投资循环中拟测试内部控制的了解，考虑在筹资与投资循环中发生错报的可能性以及潜在错报的重大程度是否足以导致重大错报，从而评估筹资与投资循环的相关交易和余额是否存在的重大错报风险，设计和实施进一步审计程序，完成筹资与投资循环审计目标。

【复习思考题】

1. 投资和筹资的主要业务活动有哪些？
2. 短期借款的实质性程序主要有哪些？
3. 长期借款的实质性程序主要有哪些？
4. 股本的实质性程序主要有哪些??
5. 如何实施长期股权投资的实质性程序？

第十三章　货币资金审计

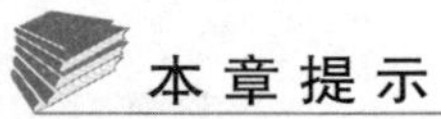

本章提示

学习目标　通过本章的学习,学生应了解货币资金与其他业务循环的关系,能评估货币资金可能存在的重大错报风险,着重掌握货币资金的内部控制规范、测试程序以及货币资金项目(包括库存现金、银行存款、其他货币资金)的实质性测试程序。

重要概念　货币资金的重大错报风险;货币资金的内部控制;库存现金内部控制测试;库存现金实质性程序;银行存款内部控制测试;银行存款实质性程序

引例

一、"存贷双高"是否合理?

2017年6月末,康得新账面货币资金高达168.43亿元,占总资产比例高达54.07%,有息负债(短期借款+长期借款+应付债券)同样到达98.33亿元,占总资产31.57%;而利息收入只有0.5亿元,利息支出2.34亿元,利息净支出为1.84亿元。

康得新账面有168亿元的现金,却又对外借债98亿元,而且利息净支出为1.84亿元,完全不符合常理!

连交易所也看不下去了,要求康得新结合公司业务发展需要情况测算营运资金需求,说明公司货币资金水平与资金需求是否匹配,以及在货币资金较为充裕的情况下发生新债的原因及理由。

从康得新给出的"营运资金需求测算表"可以看出,康得新资金需要为46.74亿元,介于50亿～60亿元,企业却持有货币资金高达168亿元,远远高过企业的实际需要。

表13-1　康得新营运资金需求测算表(以2016年为例)

名称	金额/数量	名称	数量(次)	名称	数量(天)
上年销售收入	92.32亿元	应收账款周转次数	2.42	应收账款周转天数	148.76
上年度利润总额	23.03亿元	预收账款周转次数	141.01	预收账款周转天数	2.55
上年度销售利润率	25.00%	存货周转次数	9.71	存货周转天数	37.08
预计销售收入年增长率	35.00%	预付账款周转次数	8.18	预付账款周转天数	44.01
营运资金周转次数	2.00次	应付账款周转次数	7.55	应付账款周转天数	47.68
营运资金量			46.74亿元		

康得新给出的解释说,(1)公司发展快速,需要储备充足的营运资金;(2)如果仅仅满足日产的资金需求,公司会失去市场先机;(3)对于发债,银行授信成本高,发行票据成本低,因此通过超短融资和中期票据代替信用额(以上案例根据网络资料加以整理)。

二、案例思考与讨论

1. 你相信康得新对于自己"存贷双高"解释吗?

2. 假如你是一名注册会计师,应如何考虑这个问题?

第一节　货币资金审计概述

货币资金的是企业所有的以货币形式存储的资金,是企业资产的重要组成部分,也是企业所有资产中流动性最强的部分,包括库存现金、银行存款以及其他货币资金。企业出于支付动机、预防动机以及投机需求都需要手持一定量的货币资金,是维持企业正常生产活动的基本条件。企业只有保持正常的、健康的现金流,才可能持续生产下去;否则,企业现金流入不敷出,产生负的现金流,将会使企业陷入财务困境,进而对企业的持续经营能力产生不利影响,可能引起财务报表披露存在问题。

一、货币资金的内部控制

(一)货币资金与业务循环

企业从通过债务和权益手段筹集货币资金开始,用于构建形成生产能力的资产投资,支付采购和生产环节的费用支出,通过销售回收货币资金,用于成本补偿计算利润,然后偿付对外债务和股利等形成资金流出企业,从而企业资金形成一个完整的循环系统。货币资金与其他业务循环关系如图 13－1 所示。

(二)涉及的主要单据和会计记录

货币资金涉及的主要单据和会计记录包括:①现金盘点表;②银行对账单;③银行存款余额调节表;④有关科目的记账凭证,例如现金收付款凭证、银行收付款凭证;⑤有关会计账簿,例如库存现金日记账和总账、银行存款日记账和总账。

(三)货币资金的内部控制要点

一般来说,良好的货币资金的内部控制一般遵循以下一些原则。

(1)岗位分工和职务分离。办理货币资金业务,必须做到不相容岗位相互分离、制约和监督,任何一个人都不得从头到尾包办一切货币资金业务。

(2)货币资金收支要有合理、合法的凭据。对于不真实、不合法的原始凭证,不予受理。对于弄虚作假、涂改或者经济业务严重违法的凭证,在拒绝受理的同时,应当予以扣留,并及时向单位领导人报告,请求查明原因,追究当事人的责任。

(3)不得"坐支"现金。现金收入和现金支出应该两条线进行,不得直接从现金收入中支付现金,也就是不得"坐支"现金,因特殊情况需要"坐支"现金,必须先报经开户银行批准;除按规定支付现金外,企业一律通过银行转账进行资金支付与结算;全部资金应及

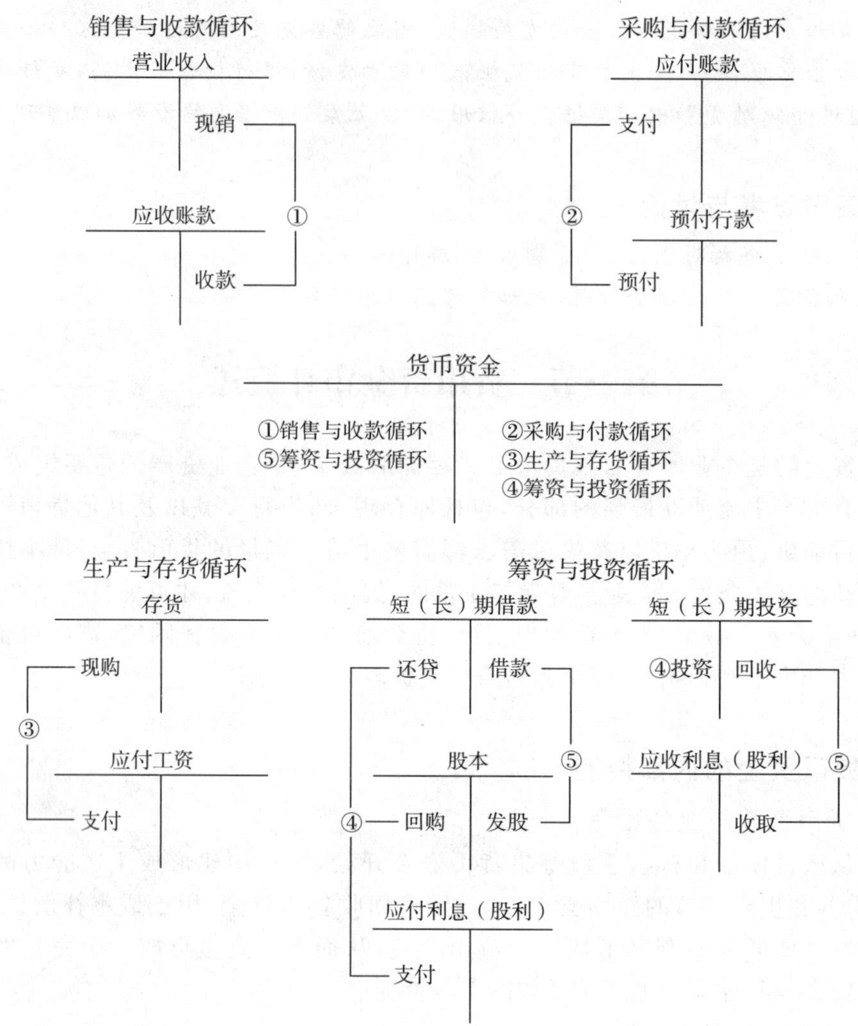

图 13－1　货币资金与业务循环的关系

时入账，不得拖拉，做到日清月结。

(4)严格支出受权审批制度。企业应当按照支付申请、支付审批、支付复核、支付办理等规定程序办理货币资金业务的支出业务；对于一些重要的货币资金支付业务，应实行集体决策办法；严禁未经授权的机构或人员办理货币资金业务或直接接触货币资金。

货币资金内部控制主要包括以下一些内容。

1. 岗位分工和授权批准

(1)企业应当建立货币资金业务的岗位责任制，明确相关部门和岗位的职责权限，确保办理货币资金业务的不相容岗位相互分离、制约和监督。货币资金业务的不相容岗位至少应当包括：货币资金支付的审批与执行，货币资金的保管与盘点清查，货币资金的会计记录与审计监督。

出纳人员不得兼任稽核、会计档案保管和收入、支出、费用、债权债务账目的登记工作。单位资金不得由一人办理货币资金业务的全过程。

(2)企业应当配备合格的人员办理货币资金业务，并结合企业实际情况，对办理货币资金业务的人员定期进行岗位轮换。办理货币资金业务的人员应当具备良好的职业道德，忠于职守、廉洁奉公、遵纪守法、客观公正，不断提高会计业务素质和职业道德水平。

(3)单位应当对货币资金业务建立严格的授权批准制度，明确审批人对货币资金业务的授权批准方式、权限、程序、责任和相关控制措施，规定经办人办理货币资金业务的职责范围和工作要求。

(4)审批人应当根据货币资金授权批准制度的规定，在授权范围内进行审批，不得超越审批权限。经办人应当在职责范围内，按照审批人的批准意见办理货币资金业务。对于审批人超越授权范围审批的货币资金业务，经办人员有权拒绝办理，并及时向审批人的上级授权部门报告。

(5)单位应当按照规定的程序办理货币资金支付业务：①支付申请。单位有关部门或个人用款时，应当提前向审批人提交货币资金支付申请，注明款项的用途、金额、预算、支付方式等内容，并附有效经济合同或相关证明。②支付审批。审批人根据其职责、权限和相应程序对支付申请进行审批；对不符合规定的货币资金支付申请，审批人应当拒绝批准。③支付复核。复核人应当对批准后的货币资金支付申请进行复核，复核货币资金支付申请的批准范围、权限、程序是否正确，手续及相关单证是否齐备，金额计算是否准确；支付方式、支付单位是否妥当等。复核无误后，交由出纳人员办理支付手续。④办理支付。出纳人员应当根据复核无误的支付申请，按规定办理货币资金支付手续，及时登记现金和银行存款日记账。

(6)单位对于重要货币资金支付业务，应当实行集体决策和审批，并建立责任追究制度，防范贪污、侵占、挪用货币资金等行为。

(7)严禁未经授权的机构或人员办理货币资金业务或直接接触货币资金。

小提示

使用网上交易、电子支付方式的企业办理资金支付业务，不应因支付方式的改变而随便简化内部控制程序。企业在严格实行网上交易、电子支付操作人员不相容岗位分离的同时，还应当配备专门人员加强对交易和支付行为的审核。

2. 现金和银行存款的管理

(1)单位应当加强现金库存限额的管理，超过库存限额的现金应及时存入银行。

(2)单位必须根据《现金管理暂行条例》的规定，结合本单位的实际情况，确定本单位现金的开支范围。不属于现金开支范围的业务应当通过银行办理转账结算。

(3)单位现金收入应当及时存入银行，不得用于直接支付单位自身的支出。因特殊情况须“坐支”现金的，应事先报经开户银行审查批准。单位借出款项必须执行严格的授权批准程序，严禁擅自挪用、借出货币资金。

(4)单位取得的货币资金收入必须及时入账，不得私设“小金库”，不得账外设账，严禁收款不入账。

(5)单位应当严格按照《支付结算办法》等国家有关规定，加强银行账户的管理，严格

按照规定开立账户,办理存款、取款和结算。单位应当定期检查、清理银行账户的开立及使用情况,发现问题,及时处理。单位应当加强对银行结算凭证的填制、传递及保管等环节的管理与控制。

(6)单位应当严格遵守银行结算纪律,不准签发没有资金保证的票据或远期支票,套取银行信用;不准签发、取得和转让没有真实交易和债权债务的票据,套取银行和他人资金;不准无理拒绝付款,任意占用他人资金;不准违反规定开立和使用银行账户。

(7)单位应当指定专人定期核对银行账户,每月至少核对一次,编制银行存款余额调节表,使银行存款账面余额与银行对账单调节相符。如调节不符,应查明原因,及时处理。

(8)单位应当定期和不定期地进行现金盘点,确保现金账面余额与实际库存相符。发现不符,及时查明原因,作出处理。

3. 票据及有关印章的管理

(1)单位应当加强与货币资金相关的票据的管理,明确各种票据的购买、保管、领用、背书转让、注销等环节的职责权限和程序,并专设登记簿进行记录,防止空白票据的遗失和被盗用。

(2)单位应当加强银行预留印鉴的管理。财务专用章应由专人保管,个人名章必须由本人或其授权人员保管。严禁一人保管支付款项所需的全部印章。按规定需要有关负责人签字或盖章的经济业务,必须严格履行签字或盖章手续。

4. 监督检查

(1)单位应当建立对货币资金业务的监督检查制度,明确监督检查机构或人员的职责权限,定期和不定期检查。

(2)货币资金监督检查的内容主要包括:①货币资金业务相关岗位及人员的设置情况。重点检查是否存在货币资金业务不相容职务混岗的现象。②货币资金授权批准制度的执行情况。重点检查货币资金支出的授权批准手续是否健全,是否存在越权审批行为。③支付款项印章的保管情况。重点检查是否存在办理付款业务所需的全部印章由一人保管的现象。④票据的保管情况。重点检查票据的购买、领用、保管手续是否健全,票据保管是否存在漏洞。

(3)对监督检查过程中发现的货币资金内部控制中的薄弱环节,应当及时采取措施,加以纠正和完善。

二、货币资金内部控制的测试

如果在评估与货币资金的交易、余额和列报有关的认定层次的重大错报风险时预期控制的运行是有效的,或仅实施实质性程序不能够提供认定层次充分、适当的审计证据,注册会计师应当实施控制测试,以就与货币资金的交易、余额和列报有关的认定层次的相关控制在相关期间或者时点的运行有效性获取充分、适当审计证据。如果注册会计师根据职业判断,决定对货币资金实施实质性方案,在此情况下,则无须实施下面所述的测试货币资金内部控制运行有效性的审计程序。

(一)了解货币资金内部控制

按照新的审计准则,了解被审计单位及其环境是审计的必经程序,包括对内部控制的了解。因此对货币资金进行审计，首先必须了解货币资金内部控制。企业的货币资金内部控制体现在各项规章制度中，如成本管理制度、资金管理制度。因此对企业内部控制的了解应先从企业的规章制度入手，然后调查其执行情况。企业的规章制度很多、很复杂，注册会计师不应该也没必要查阅所有的规章制度，而仅就与货币资金内部控制有关的规章制度进行查阅即可。

注册会计师通常实施以下审计程序，了解与货币资金相关的内部控制。

(1)询问被审计单位业务部分人、财务人员以及管理人员。

(2)观察货币资金业务流程中特定的内部控制执行情况，例如，财务人员如何编制银行存款余额调节表。

(3)检查相关文件资料和报告，例如，审阅企业收付款凭证签字、复核是否恰当。

(4)执行穿行测试。穿行测试综合了询问、观察、检查、重新执行等多种程序，可以帮助注册会计师获取充分审计证据信息以评价货币资金内部控制的设计和执行情况。

小提示

如以前年度审计时已经编制了现金内部控制流程图，注册会计师可以根据本年度了解的情况对以前年度的内部控制流程图加以更新，以供本年度审计之用。

(二)初步评价内部控制的风险

注册会计师在重点了解企业货币资金业务流程相关内部控制情况之后，评价业务固有风险，并对涉及的控制风险作出初步的评价，以确定下一步审计程序。如果货币资金控制风险非常高，注册会计师将绕过控制测试程序，转而直接实施实质性程序以将审计风险降至可接受的水平。

(三)具体测试内部控制的要点

(1)抽取部分收款凭证并检查。货币资金的高流动性决定了其相对于其他类资产易于被贪污、盗窃或挪用，所以企业应该加强对货币资金的内部控制，保证货币资金的安全和完整。为了测试货币资金收款的内部控制，注册会计师可以选取部分收款凭证样本，进行如下检查：核对收款凭证与存入银行账户的日期和金额是否相符，核对库存现金、银行存款日记账的收入金额是否正确，核对收款凭证与银行对账单是否相符，核对收款凭证与应收账款等相关明细账的有关记录是否相符，核对实收金额与销货发票等相关凭证是否一致，等等。

(2)抽取部分付款凭证并检查。为了测试货币资金付款的内部控制，注册会计师可以选取部分收款凭证样本，进行如下检查：检查付款的授权批准手续是否符合规定，核对库存现金、银行存款日记账的付出金额是否正确，核对付款凭证与银行对账单是否相符，核对付款凭证与应付账款等相关明细账的有关记录是否相符，核对实付金额与购货发票等相关凭证是否一致，等等。

(3)抽取一定期间的库存现金、银行存款日记账与总账核对是否相符。通过抽取一定期间的库存现金、银行存款日记账和总账核对可以发现日记账与总账各自计算、登记是否有误，日记账与总账是否有不符之处；而且通过抽取一定期间的日记账和总账核对还可以为进一步审计货币资金是否存在重大错报提供一些线索。

(4)抽取一定期间的银行存款调节表，检查其编制是否正确。

(5)对于有外币库存现金收支业务的企业，注册会计师应检查外币资金的折算方法是否符合规定。对于有外币库存现金业务的企业，注册会计师应重点检查其外币折算采用的是否是业务发生时的即期汇率，期末折算差额处理是否正确，所采用的折算汇率各期是否一致。

(四)再次评价货币资金内部控制的风险

评价货币资金的内部控制。在对货币资金内部控制进行上述测试的基础上，注册会计师应该对货币资金内部控制整体运行状况作出评价，以确定哪些控制运行良好，哪些控制存在薄弱之处，为注册会计师在实质性测试中有的放矢地进行审计资源分配做好铺垫。

三、货币资金业务的重大错报风险

(一)货币资金可能发生错报的环节

一般来说，与货币资金有关的交易和余额可能发生错报的环节包括如下方面。

(1)资产负债表的货币资金项目不存在。

(2)未完整记录应当记录的货币资金，存在遗漏。

(3)记录的货币资金不属于被审计单位拥有或者控制。

(4)被审计单位的现金收款有可能被舞弊侵占。

(5)货币资金未在财务报表中恰当列报。

(二)识别应对可能发生错报环节的内部控制

注册会计师为了评估与货币资金的交易、余额和列报有关的认定层次的重大错报风险，需要了解与货币资金有关的内部控制，其目的在于使得计划实施的审计程序更加有效，审计资源得到更加有效的配置。为此，注册会计师可以通过阅读以前年度的审计工作底稿、观察内部控制执行、检查相关文件、询问业务人员和管理人员，或者必要时重新执行内部控制，以更好地了解被审计单位货币资金内部控制的设计和运行。注册会计师只有恰当地评估被审计单位的重大错报风险，在此基础上实施进一步审计程序，才能更有效应对重大错报风险。

(三)与货币资金相关的重大错报风险

注册会计师通过前面所述的程序以及职业判断，确定货币资金业务带来的固有风险以及相应的控制风险评价，形成对被审计单位与货币资金有关的重大错报风险的评估，进而进一步影响进一步审计程序的实施。

与货币资金的交易、余额和列报有关的认定层次的重大错报风险可能包括如下方面。

(1)被审计单位存在虚假的货币资金交易和余额，可能导致货币资金交易的发生或余额存在性可能存在重大错报。

(2)被审计单位货币资金期末收支存在截至错误。

(3)被审计单位存在大额的外币交易和余额，因折算汇率的选择问题，而导致可能存在外币交易或余额未被正确记录。

(4)被审计单位可能未能按照企业会计准则的规定恰当披露货币资金。

小提示

在实施货币资金审计过程中，如果被审计单位存在以下事项或情形(包括但不限于)，注册会计师需要保持警惕。

(1)被审计单位现金交易比例较高，并与其所在行业常用的结算模式不同。

(2)现金规模明显超过企业实际业务需求量。

(3)银行账户开立数量与企业业务规模不匹配。

(4)在没有业务的地区开立银行账户。

(5)企业资金存放于私人账户。

(6)货币资金收支与现金流量表不匹配。

(7)不能有效提供银行对账单或银行存款余额调节表。

(8)存在长期的或大量的未达账项。

(9)银行存款日记账存在非正常转账的“一借一贷”。

(10)违反货币资金存放和使用的规定。

(11)存在大额外币收付记录，而被审计单位并不涉足外贸业务。

(12)被审计单位以各种理由不配合注册会计师实施银行函证程序。

(四)拟实施的进一步审计程序的总体方案

基于以上识别的重大错报风险评估结果，注册会计师应制定实施进一步审计程序的总体方案(包括综合性方案或实质性方案)，以应对识别出的重大错报风险。需要强调的是，注册会计师通过包括综合性方案或实质性方案获取的审计证据应足以应对已识别出的与货币资金的交易、余额和列报有关的认定层次的重大错报风险。

第二节　库存现金审计

一、库存现金的审计目标

库存现金包括人民币现金和外币现金。库存现金是企业流动性最强的现金，所以容易发生舞弊行为，发生错报的可能性较大，即使库存现金发生错报金额不大，但其性质可能很严重，因此注册会计师应重视对库存现金的审计。库存现金的审计目标一般包括以下目标。

(1)确定被审计单位资产负债表日报表上货币资金中包括的库存现金是否确实存在，是否为被审计单位所有。

(2)确定被审计单位库存现金的收支业务记录是否完整，有无遗漏。

(3)确定被审计单位库存现金的余额是否正确。

(4)确定被审计单位库存现金在报表上的披露是否恰当。

二、库存现金的内部控制测试

(1)了解库存现金内部控制。了解库存现金内部控制是审计库存现金的必经程序。

库存现金是企业中流动性最强的资产，容易发生舞弊行为，因此加强库存现金的内部控制对维护资产安全完整意义重大。一般来说，注册会计师可以通过询问被审计单位管理层和内部相关人员、观察和检查等程序来了解被审计单位库存现金的内部控制状况，并通过编制流程图来描述库存现金内部控制。了解库存现金内部控制，应重点关注以下几点：①出纳与会计岗位分离；②库存现金收支要有合理、合法的凭据；③不得“坐支”现金；④严格支出受权审批制度；⑤库存现金收入应及时入账，不得拖拉；⑥定期与不定期盘点库存现金，保证账实相符；⑦加强库存现金内部审计。

(2)抽取部分收款凭证，核对收款凭证与库存现金日记账的入账金额和日期是否相符，与应收账款明细账记录是否一致，核对收款凭证与银行对账单是否相符；核对收款凭证与应收账款等相关明细账的有关记录是否相符；⑤核对实收金额与销货发票等相关凭证是否一致；等等。

(3)抽取部分付款凭证并检查。为了测试货币资金付款的内部控制，注册会计师可以选取部分收款凭证样本，进行如下检查：检查付款的授批准手续是否符合规定，核对库存现金、银行存款日记账的付出金额是否正确，核对付款凭证与应付账款等相关明细账的有关记录是否相符，核对实付金额与购货发票等相关凭证是否一致，等等。

(4)抽取一定期间的库存现金日记账与总账核对是否相符，查明计算、加总是否正确，账账是否相符。

(5)对于有外币库存现金收支业务的企业，注册会计师应检查外币库存现金的折算方法是否符合规定。对于有外币库存现金业务的企业，注册会计师应重点检查其外币折算采用的是否是业务发生时的即期汇率，期末折算差额处理是否正确，所采用的折算汇率各期是否一致。

(6)评价库存资金的内部控制。在对库存现金内部控制进行上述测试的基础上，注册会计应该对库存现金内部控制整体运行状况作出评价，以确定哪些控制运行良好，哪些控制存在薄弱之处，为注册会计师在实质性测试中有的放矢地进行库存现金审计做好铺垫。

三、库存现金的实质性程序

(1)核对库存现金日记账与总账余额是否相符，如不相符，应查明原因，并作出记录或进行适当调整。

(2)监盘库存现金，查明库存现金是否存在、账实是否相符。这是检查库存现金是否存在的一条非常有效的途径。库存现金盘点范围包括被审计单位已经收到但尚未存入银行的库存现金、零用金、找换金及库存其他有价物品等。盘点的基本思路是：以实际盘点数为基础，进行调节后与账面数核对，用公式表示为：

实际库存现金余额＋已经付款未入账金额－已经收款未入账金额＝账面结存数

盘点和监盘库存现金的步骤和方法主要有：①制定合理的库存现金盘点程序。②选择恰当的盘点时间。最好选择上午上班或下午下班前，不用预先通知，而要采取突击检查。③盘点人员必须有出纳、会计主管人员和注册会计师。④盘点的范围一般包括企业各部门经管的现金；如企业库存现金存放部门有两处或两处以上，应同时进行盘点，如不能同时监盘，则应对监盘后的库存现金实施封存。⑤检查现金日记账，确定库存现金余额，并同时与现金收付款凭证核对，查明二者的内容、金额、日期等是否相符。⑥盘点库存现金余额，编制库存现金盘点余额表(格式参见表 13－2)，并由参加盘点人员共同签字确认。⑦盘点后立即与现金日记账核对是否相符，查明是否存在现金短缺情况。⑧审查库存现金收、支及留存的合法性，检查有无白条抵库等不合规行为。

表 13－2　库存现金盘点余额表

客　户　　　　编制人：　　　　日期：　　　　索引号：

项　目　　　　复核人：　　　　日期：　　　　页　次：

会计期间

盘点日期：　　年　　月　　日

检查盘点记录					实有现金盘点记录						
项目	项次	人民币	美元	某外币	面额	人民币		美元		某外币	
						张	金额	张	金额	张	金额
上一日账面库存余额	1				1 000 元						
盘点日未记账传票收入金额	2				500 元						
盘点日未记账传票支出金额	3										
盘点日账面应有余额	4＝1＋2－3				100 元						
盘点实有现金数额	5				50 元						
盘点日应有与实有差异	6＝4－5				10 元						
差异原因分析　白条抵库(张)					5 元						
					2 元						
					1 元						
					0.5 元						
					0.2 元						
					0.1 元						
					合计						
追溯调整　报表日至审计日现金付出总额					情况说明及审计结论						
报表日至审计日现金收入总额											
报表日库存现金应有余额											
报表日账面汇率											
报表日余额折算本位币金额											
本位币合计											

盘点人：　　　　　　　　监盘人：　　　　　　　　复核人：

(3)审查大额现金收支的真实性、合理性和合法性。具体方法是:①抽取部分现金原始凭证与记账凭证,核对其是否一致、真实;应重点检查现金支付原始凭证是否经过适当授权。②抽取部分现金日记账记录,并结合现金记账凭证与原始凭证,审查其是否及时登记入账;是否存在隐瞒现金收入和虚列现金支出等情况;企业有无"坐支"现金的现象发生;是否按照有关规定使用现金。

(4)审查外币库存现金的折算是否正确。对于有外币收支业务的企业,注册会计师应重点审查其是否采用了规定的折算汇率折算,期末折算的应有余额与企业账面余额是否一致,且折算损益处理是否正确。

(5)确定现金收支的截止日期是否正确。为了使库存现金收付业务记入恰当的会计期间,注册会计师应该对资产负债表日的银行存款余额实施截止测试。

(6)确定库存现金在资产负债表上是否恰当披露。注册会计师经过审计以后确定被审计单位银行存款账面余额与应有余额是否一致,进而确定银行存款在资产负债表上的披露是否恰当。

第三节　银行存款审计

一、银行存款的审计目标

企业按规定必须在银行开户,按中国人民银行规定的结算办法办理结算。除国家另有规定以外,企业的一切收入款项都得当日解送银行,不得"坐支"现金,因特出情况需要"坐支"现金,必须先报经开户银行批准;企业的一切支出,除按规定可以用现金结算以外,都必须通过银行办理转账进行结算,而且都应该在"银行存款日记账"和"银行存款"总账中核算。银行存款的审计目标一般包括以下目标。

(1)确定被审计单位资产负债表日报表上货币资金中包括的银行存款是否确实存在,是否为被审计单位所有。

(2)确定被审计单位银行存款的收支业务记录是否完整,有无遗漏。

(3)确定被审计单位银行存款的余额是否正确。

(4)确定被审计单位银行存款在报表上的披露是否恰当。

二、银行存款的内部控制测试

(1)了解银行存款内部控制。了解银行存款内部控制是审计银行存款的必经程序。银行存款是企业中流动性较强的资产,也容易发生舞弊行为,因此加强银行存款的内部控制对维护资产安全完整意义重大。一般来说,注册会计师可以通过询问被审计单位管理层和内部相关人员、观察和检查等程序来了解被审计单位银行存款的内部控制状况,并通过编制流程图来描述银行存款内部控制。了解银行存款内部控制,应重点关注以下几点:①银行存款收支与记账岗位分离;②货币资金收支要有合理、合法的凭据;③严格支出受权审批制度;④银行存款收入应及时入账,不得拖拉;⑤定期取得银行存款对账单并编制银行存款余额调节表,做到账实相符;⑥加强银行存款的内部审计。

(2)银行账户的开立、变更和注销。企业开立、变更和注销银行账户须遵循法律法规和企业内部规章的要求,并且需要企业主管人员批处理。注册会计师须实施以下控制测试程序:①询问会计主管被审计单位本年度开户、变更、撤销的整体情况;②取得本年度银行账户开立、变更和注销申请项目清单,检查清单的完整性,并选取适当银行账户检查开户、变更、撤销的项目是否经财务经理和总经理批准。

(3)抽取部分收款凭证,核对收款凭证与银行存款日记账的入账金额、日期是否相符,与应收账款明细账记录是否一致;核对收款凭证与银行对账单是否相符;核对收款凭证与应收账款等相关明细账的有关记录是否相符;核对实收金额与销货发票等相关凭证是否一致;等等。

(4)抽取部分付款凭证并检查。为了测试货币资金付款的内部控制,注册会计师可以选取部分收款凭证样本,进行如下检查:检查付款的授批准手续是否符合规定,核对银行存款日记账的付出金额是否正确,核对付款凭证与应付账款等相关明细账的有关记录是否相符,核对实付金额与购货发票等相关凭证是否一致,等等。

(5)抽取一定期间的银行存款日记账与总账核对是否相符,查明计算、加总是否正确,账账是否相符。

(6)对于有外币银行存款收支业务的企业,注册会计师应检查外币银行存款的折算方法是否符合规定。对于有外币银行存款业务的企业,注册会计师应重点检查其外币折算采用的是否是业务发生时的即期汇率,期末折算差额处理是否正确,所采用的折算汇率各期是否一致。

(7)编制银行存款余额调节表。企业编制银行存款余额表是保证企业银行存款安全的重要内部控制手段,针对该内部控制,注册会计师可以实施以下控制测试程序:①询问应收账款会计和会计主管人员,以确定其执行是否与企业规章制度规范一致,特别是针对未达账项的编制及审批流程;②抽取部分银行存款余额调节表,查看余额调节表中记录的银行存款日记账余额是否与银行存款日记账余额保持一致,余额调节表中记录的银行对账单余额是否与企业提供的银行对账单余额保持一致;③针对调节项目,检查是否经过会计主管的签字复核;④针对大额未达账项进行期后收付款的检查。

(8)评价银行存款的内部控制。在对银行存款内部控制进行上述测试的基础上,注册会计应该对银行存款内部控制整体运行状况作出评价,以确定哪些控制运行良好,哪些控制存在薄弱之处,为注册会计师在实质性测试中有的放矢地进行银行存款审计做好铺垫。

三、银行存款的实质性程序

(1)审查银行存款日记账与其总账是否相符,如果不相符,应查明原因,并作出记录或适当调整。

(2)实施实质性分析程序,确定是否存在不合理情况,如是否存在高利借贷。

(3)审查银行存款对账单和银行存款余额调节表。检查银行存款余额调节表是证实资产负债表中所列示货币资金项目中银行存款是否存在的重要程序。银行存款余额调节表通常应由被审计单位会计人员根据不同的银行账户及货币种类分别编制。但是会计人员编制的银行存款余额调节表的内容，只包括未达账项，而审计人员编制的银行存款余额调节表的内容较多，它应包括未达账项、记账错误和其他应予纠正的错误。银行存款余额调节表的格式如表 13－3 所示。审计时应关注：①银行存款对账单是否真实，有无银行人员签字或盖章，编号是否齐全衔接，数字有无涂改和伪造，如有必要，可由审计人员亲自到银行复核、查阅；②逐笔核对银行对账单与银行存款日记账，追查在途存款，并查明是否存在非法经营行为；③对未达账项应分析其原因，对超过一个月以上的未达账项应重点审查，查明其是否存在舞弊行为；④审查未提现支票是否真实；⑤检查银行存款的截止日期是否正确。银行存款余额经调节后，如果仍有差额，则无论其差额大小、多少，均属于性质严重的问题，应该追踪审查。

表 13－3　银行存款余额调节表

年　　月　　日

编制人：　　　　日期：　　　　索引号：

复核人：　　　　日期：　　　　页　次：

户别：　　　　币　别：

项目
银行对账单余额（　年　月　日）
加：企业已收、银行尚未入账金额
其中：1. 元
2. 元
减：企业已付、银行尚未入账金额
其中：1. 元
2. 元
调整后银行对账单金额
企业银行存款日记账金额（　年　月　日）
加：银行已收、企业尚未入账金额
其中：1. 元
2. 元
减：银行已付、企业尚未入账金额
其中：1. 元
2. 元
调整后企业银行存款日记账金额
经办会计人员：（签字）　　　　会计主管：（签字）

（4）函证银行存款余额。银行存款函证是指注册会计师在执行审计业务过程中，需要以被审计单位名义向有关单位发函询证，以验证被审计单位的银行存款是否真实、合法、完整。函证银行存款余额是证实资产负债表上所列示货币资金项目中银行存款是否存在的重要程序。通过向往来银行函证，注册会计师不仅可以了解企业资产的存在，还可以了解企业账面反映所欠银行负债的情况，并有助于发现企业未入账的银行借款和未披露的或有负债。

注册会计师向被审计单位在本年存过款（含外埠存款、银行汇票存款、银行本票存款、信用证保证金存款、信用卡存款）的所有银行发函，其中包括企业存款账户已结清的银行，因为有可能存款账户已结清，但仍有银行借款或其他负债存在。并且，虽然注册会计师从某一银行取得了银行对账单和所有已付支票，但仍应向这一银行进行函证。

根据《关于进一步规范银行函证及回函工作的通知》（财会〔2016〕13号），各银行应对询函列示的全部项目作出回应，并在收到询证函之日起10个工作日内，将回函直接寄往会计师事务所。注册会计师向被审计单位开户银行的询证函参考格式（通用格式）见格式13-1。

格式13-1　审计业务银行询函证（通用格式）

编号：

××（银行）

本公司聘请的××会计师事务所正在对本公司　　　　年度（或期间）的财务报表进行审计，按照中国注册会计师审计准则的要求，应当询证本公司与贵行的相关信息。下列第1—14项信息出自本公司的记录：

(1)如与贵行记录相符，请在本公函"结论"部分签字、签章。

(2)如有不符，在本公函"结论"部分列明不符项目及具体内容，并签字和签章。

本公司谨授权贵行将回函直接寄至××会计师事务所，地址及联系方式如下：

回函地址：

联系人：　　　　电话：　　　　传真：　　　　邮编：

电子邮箱：

本公司谨授权贵行可从本公司××账户支取办理本询证函回函服务的费用。

截至________年________月________日，本公司与贵行的相关信息列示如下：

1. 银行存款

账户名称	银行账号	币种	利率	账户类型	余额	起止日期	余额是否用于担保或存在其他使用限制	备注

除上述列示的银行存款外，本公司并无在贵行的其他存款。

注："起止日期"一栏仅适用于定期存款，如为活期或者保证金存款，可只填写"活期"或"保证金"字样。"账户类型"列明账户性质，如基本户、一般户。

2. 银行借款

借款人名称	银行账号	币种	余额	借款日期	到期日期	利率	抵（质）押品/担保人	备注

除上述列示的银行借款外,本公司并无在贵行的其他借款。

注:如存在本金或利息逾期未付行为,在"备注"栏中予以说明。

3. 自　年　月　日起至　年　月　日期间内注销的账户

账户名称	银行账号	币种	注销账户日

除上述列示的注销账户外,本公司在此期间并未在贵行注销其他账户。

4. 本公司作为贷款方的委托贷款

账户名称	银行账号	资金借入方	币种	利率	余额	贷款起止日期	备注

除上述列示的委托存款外,本公司并无通过贵行办理的其他委托存款。

注:如资金借入方存在本金或利息逾期未付行为,在"备注"栏中予以说明。

5. 本公司作为借款方的委托贷款

账户名称	银行账号	资金出借方	币种	利率	本金	利息	贷款起止日期	备注

除上述列示的委托存款外,本公司并无通过贵行办理的其他委托存款。

注:如资金借入方存在本金或利息逾期未付行为,在"备注"栏中予以说明。

6. 担保(包括保函)

(1)本公司为其他单位提供的、以贵行为担保受益人的担保。

被担保人	担保方式	担保金额	担保到期日	担保事由	担保合同编号	备注

除上述列示的担保外,本公司并无其他以贵行为担保受益人的担保。

注:如采用抵押或质押方式提供担保的,应在备注中说明抵押物或质押物情况。如被担保方存在本金或利息逾期未付行为,在"备注"栏中予以说明。

(2)贵行向本公司提供的担保

被担保人	担保方式	担保金额	担保到期日	担保合同编号	备注

除上述列示的担保外，本公司并无贵行提供的其他担保。

7. 本公司为出票人且由贵行承兑而尚未支付的银行承兑汇票

银行承兑汇票号码	承兑银行名称	结算账户账号	票面金额	出票日	到期日

除上述列示的银行承兑汇票外，本公司并无由贵行承兑而尚未支付的其他银行承兑汇票。

8. 本公司向贵行已贴现而尚未到期的商业汇票

商业汇票号码	付款人名称	承兑人名称	票面金额	出票日	到期日	贴现日	贴现率	贴现净额

除上述列示的商业汇票外，本公司并无向贵行已贴现而尚未到期的其他商业汇票。

9. 本公司为持票人且由贵行托收的商业汇票

商业汇票号码	承兑人名称	票面金额	出票日	到期日

除上述列示的商业汇票外，本公司并无由贵行托收的其他商业汇票。

10. 本公司为申请人、由贵行开具的、未履行完毕的不可撤销信用证

信用证号码	受益人	信用证金额	到期日	未使用金额

除上述列示的不可撤销信用证外，本公司并无由贵行开具的、未履行完毕的其他不可撤销信用证

11. 本公司与贵行之间未履行完毕的外汇买卖合约

类别	合约号码	买卖币种	未履行的合约买卖金额	汇率	交收日期

除上述列示的外汇买卖合约外，本公司并无与贵行之间未履行完毕的其他外汇买卖合约。

12. 本公司存放于贵行的有价证券或其他产权文件

有价证券或其他产权名称	产权文件编号	数量	金额

除上述列示的有价证券或其他产权文件外，本公司并无存放于贵行的其他有价证券或其他产权文件。

13. 本公司购买的由贵行发行的未到期银行理财产品

产品名称	产品类型	认购金额	购买日	到期日	币种

除上述列示的银行理财产品外，本公司并无购买其他由贵行发行的理财产品。

14. 其他

注：此项应填列注册会计师认为重大且应予函证的其他事项，如欠银行的其他负债或者或有负债、除外汇买卖外的其他衍生交易、贵金属交易等。

（预留印鉴）　年　月　日

经办人：

职务：

电话：

结论：

经本行核对，所函证项目与本行记载信息相符。特此函复。 年　月　日 经办人：　职务：　电话： 复核人：　职务：　电话： （银行盖章）

经本行核对,存在以下不符之处。 年　月　日 经办人:　　　　职务:　　　　电话: 复核人:　　　　职务:　　　　电话: (银行盖章)

说明:

(1)本询证函(包括回函)中所列示的信息应严格保密,仅用于注册会计师审计目的。

(2)注册会计师可根据审计的需要,从本函所列第1—14项中选择所须询证的项目,对于不适用的项目,应当将该项目中的表格用斜线划掉。

(3)本函应由被审计单位加盖骑缝章。

(5)抽查大额的银行存款收付款业务,查明这些业务登记入账是否有合法的原始凭证,注册会计师应特别关注银行存款付款是否经有权机构授权批准。银行存款收付业务涉及多方面的关系,注册会计师必须从银行存款日记账、收付凭证以及有关账户记录中核对落实,必要时,还应到外单位调查取证才能下结论。

(6)审查银行存款收付的截止日期是否正确。为了使银行存款收付业务记入恰当的会计期间,注册会计师应该对资产负债表日的银行存款余额实施截止测试。

(7)对外汇收支业务,应查明外币银行存款的折算是否正确,有无套汇、逃汇、私自或变相买卖外汇和倒卖外汇的现象。

(8)审查银行存款在资产负债表上的披露是否恰当。注册会计师经过审计以后确定被审计单位银行存款账面余额与应有余额是否一致,进而确定银行存款在资产负债表上的披露是否恰当。

第四节　其他货币资金审计

一、其他货币资金的审计目标

在企业的经营资金中,有些货币资金的存款地点和用途与库存现金和银行存款不同,如外埠存款、银行汇票存款、银行本票存款、信用证保证金存款、信用卡存款、存出投资款等,这些资金在会计核算上统称为"其他货币资金"。除设置"其他货币资金"总账外,企业还应按照上述内容设置明细账核算其他货币资金。其他货币资金的审计目标与库存现金以及银行存款的审计目标类似,包括如下方面。

(1)确定被审计单位资产负债表日报表上货币资金中包括的其他货币资金是否确实存在,是否为被审计单位所有。

(2)确定被审计单位其他货币资金的收支业务记录是否完整,有无遗漏。

(3)确定被审计单位其他货币资金的余额是否正确。

(4)确定被审计单位其他货币资金在报表上的披露是否恰当。

二、其他货币资金的内部控制测试

其他货币资金的内部控制测试包括如下方面。

(1)了解其他货币资金的内部控制。了解其他货币资金内部控制是审计其他货币资金的必经程序。一般来说，了解其他货币资金内部控制，应重点关注以下几点：①其他货币资金收支与记账岗位分离；②其他货币资金收支要有合理、合法的凭据；③严格支出受权审批制度；④其他货币资金收入应及时入账，不得拖拉；⑤加强其他货币资金业务的内部审计。

(2)抽取部分收款凭证，核对收款凭证与其他货币资金的入账金额、日期是否相符，原始凭证是否充分、合法。

(3)抽取部分付款凭证，检查付款的授批准手续是否符合规定，核对付款凭证与其他货币资金的入账金额、日期是否相符，原始凭证是否充分、合法。

(4)抽取一定期间的其他货币资金明细账与其总账核对，应检查计算、加总是否正确，账账是否相符。

(5)对于有外币收支业务的企业，注册会计师应检查外币银行存款的折算方法是否符合规定。对于有外币业务的企业，注册会计师应重点检查其外币折算采用的是否是业务发生时的即期汇率，期末折算差额处理是否正确，所采用的折算汇率各期是否一致。

(6)评价其他货币资金的内部控制。在对其他货币资金内部控制进行上述测试的基础上，注册会计应该对其他货币资金内部控制整体运行状况作出评价，以确定哪些控制运行良好，哪些控制存在薄弱之处，为注册会计师在实质性测试中有的放矢地进行其他货币资金审计做好铺垫。

三、其他货币资金的实质性程序

其他货币资金的实质性程序包括如下方面。

(1)核对其他货币资金明细账与总账期末余额是否一致，如不一致，应该查明原因，作出适当记录或适当调整。

(2)函证外埠存款、银行汇票存款、银行本票存款、信用证保证金存款、信用卡存款、存出投资款等，查明被审计单位的其他货币资金、借款及往来是否真实、合法和完整。

(3)抽取大额收付款原始凭证、记账凭证以及相关账户，审查其他货币资金业务的合法性，应重点审查其他货币资金支出业务的是否经过授权批准。

(4)审查外币其他货币资金的折算是否正确。对于有外币其他货币资金收支业务的企业，注册会计师应重点审查其是否采用了规定的折算汇率折算，期末折算的应有余额与企业账面余额是否一致，且折算损益处理是否正确。

(5)确定其他货币资金收支的截止日期是否正确。

(6)确定其他货币资金在资产负债表上是否恰当披露。

本章小结

货币资金是企业资金运动的起点和终点，其流动性最强，因而货币资金容易发生舞弊等行为，加强对货币资金的审计意义重大。企业的货币资金根据其存放地点和用途，可以分为库存现金、银行存款以及其他货币资金。企业需要建立健全有效的货币资金内部控制制度。

货币资金的审计目标一般包括：①确定被审计单位资产负债表日报表上货币资金余额是否确实存在，是否为被审计单位所有。②确定被审计单位货币资金的收支业务记录是否完整，有无遗漏。③确定被审计单位货币资金的余额是否正确。④确定被审计单位货币资金在报表上的披露是否恰当。注册会计师在遵循审计执业准则的基础上，根据企业的实际情况以及自身的职业判断，确定采用相应的进一步审计程序（包括综合性方案和实质性方案）以完成货币资金的审计目标。

【复习思考题】

1. 库存现金的审计目标有哪些？
2. 如何盘点和监盘库存现金？
3. 银行存款的审计目标一般包括哪些？
4. 编制银行存款余额调节表应关注哪些重点问题？
5. 什么是银行存款函证？银行存款函证的范围包括哪些？

第十四章　完成审计

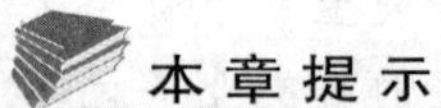

本章提示

学习目标　通过本章学习，学生应该掌握期初余额的含义、审计程序及其审计对审计报告的影响；期后事项的含义和种类；注册会计师对各时段期后事项的责任及知悉该期后事项时的考虑；或有事项的审计；持续经营的审计；理解获取管理层声明以及编制差异调整表和试算平衡表。

重要概念　期初余额；期后事项；或有事项；持续经营；管理层声明；与治理层沟通；核算错误；重分类错误；差异调整表；试算平衡表

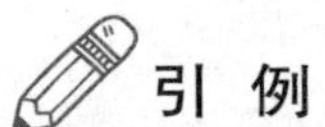

引例

一、华光公司期后事项审计案例

华光股份有限公司属旅游行业。公司主营项目投资与管理；饭店经营与管理；旅游服务；旅游产品开发、销售；出租汽车客运；承办展览展示活动；餐饮服务；设计，制作、代理、发布国内及外商来华广告；技术开发、技术服务、技术咨询。其中饭店经营与管理、展览展示业务和旅行社业务的经营规模和经济效益在全国同行业中都处较为领先地位。公司在报告期内实现主营业务收入 64 972 万元，比上年增长 71.45%；实现主营业务利润19 286万元，比上年增长 11.31%。该公司在董事会下设有审计委员会，在总经理下设有审计部，审计委员会和审计部在业务上是指导与被指导关系。注册会计师的审计工作得到了该公司内部审计的协助。

根据审计约定书，天宇会计师事务所派以郑新为组长及以江芳、张海、赵明为组员的项目组于 2012 年 2 月 1 日开始对该公司 2011 年度的会计报表进行了审计。审计项目小组对《企业会计准则第 29 号——资产负债表日后事项》予以了特别关注。

项目组首先对有关人员进行调查询问，了解资产负债表日后的一些异常项目；其次审阅华光公司的资产负债表日后编制的内部报表、会计记录日记账、分类账、会计凭证和会议记录，以掌握影响 2011 年度的会计报表的重大期后事项。

审计发现华光公司存在与期后事项有关的下列问题。

(1)华光公司应收天力玻璃有限公司结算款 342 万元，于 2012 年 1 月经公司董事会决议，将该债权按每股 3.42 元共折合 100 万股，增加公司对天力玻璃有限公司的投资。有关的工商登记手续尚在办理过程中。该事项虽然与华光公司资产负债表日存在状况无关，但属于对一个企业的重大投资。

(2)华光公司的一笔销售退回业务，是资产负债表日之前售出的商品在资产负债表日至财务会计报告批准报出日之间发生退回的，按照企业会计制度的规定，应当作为资产负债表日后事项的调整事项处理，调整2011年度资产负债表项目的有关内容，调减应收账款1 638万元；调减坏账准备81.9万元等；调整利润表及利润分配表项目的有关内容，如调减主营业务收入1 400万元；调减主营业务成本1 000万元等。但华光公司没对其进行日后调整。

(3)天宇会计师事务所在2012年2月15日完成了外勤工作，预计2月25日可签发无保留意见的审计报告。然而，2月22日，当尚未完成审计报告时，江芳得知以下事项：华光公司于2月16日购买了另一家公司。在这种情况下，审计人员江芳认为该购买事项对华光公司2011年度会计报表的可靠性有重要影响，须扩大对该期后事项的审计。

（资料来源：《审计案例研究》赵保卿，有改动）

二、案例思考与讨论

1. 什么是期后事项？如何审计期后事项？

2. 区分案例中期后事项(1)(2)的种类，并讨论如何正确处理？

3. 针对案例中期后事项(3)，天宇会计师事务所项目组应如何确定审计报告的日期？分析不同签署日期对其审计责任的影响。

第一节　完成外勤审计工作

一、期初余额审计

(一)期初余额的含义

期初余额是指期初已存在的账户余额。期初余额以上期期末余额为基础，反映了以前期间的交易和上期采用的会计政策的结果。正确理解期初余额的含义，需要把握以下三点。

(1)期初余额是期初已存在的账户余额。期初已存在的账户余额是由上期结转至本期的金额，或是上期期末余额调整后的金额。

(2)期初余额反映了以前期间的交易和上期采用的会计政策的结果。

(3)期初余额与注册会计师首次接受委托相联系。

(二)期初余额的审计目标

《中国注册会计师审计准则第1331号——首次审计业务涉及的期初余额》第六条规定，在执行首次审计业务时，注册会计师针对期初余额的目标是，获取充分、适当的审计证据以确定：①期初余额是否含有对本期财务报表产生重大影响的错报；②期初余额反映的恰当的会计政策是否在本期财务报表中得到一贯运用，或会计政策的变更是否已按照适用的财务报告编制基础作出恰当的会计处理和适当的列报。

(三)期初余额的审计程序

《中国注册会计师审计准则第1331号——首次审计业务涉及的期初余额》第八条规定,注册会计师应当通过采取下列措施,获取充分、适当的审计证据,以确定期初余额是否包含对本期财务报表产生重大影响的错报:①确定上期期末余额是否已正确结转至本期,或在适当的情况下已作出重新表述;②确定期初余额是否反映对恰当会计政策的运用;③实施一项或多项审计程序。

注册会计师实施的一项或多项审计程序包括:①如果上期财务报表已经审计,查阅前任注册会计师的审计工作底稿,以获取有关期初余额的审计证据;②评价本期实施的审计程序是否提供了有关期初余额的审计证据;③实施其他专门的审计程序,以获取有关期初余额的审计证据。

如果获取的审计证据表明期初余额存在可能对本期财务报表产生重大影响的错报,注册会计师应当实施适合具体情况的追加的审计程序,以确定对本期财务报表的影响。如果认为本期财务报表中存在这类错报,注册会计师应当按照《中国注册会计师审计准则第1251号——评价审计过程中识别出的错报》的规定,就这类错报与适当层级的管理层和治理层进行沟通。

如果被审计单位上期适用的会计政策不恰当或与本期不一致,注册会计师在实施期初余额审计时应提请被审计单位进行调整或予以披露。

如果上期财务报表由前任注册会计师审计,注册会计师应当考虑通过查阅前任注册会计师的工作底稿获取有关期初余额的充分、适当的审计证据,并考虑前任注册会计师的独立性和专业胜任能力。

如果上期财务报表未经审计,或者上期财务报表虽经前任注册会计师审计,但在查阅前任注册会计师的工作底稿后未能获取有关期初余额的充分、适当的审计证据,未能对期初余额得出满意结论,注册会计师应当根据期初余额有关账户的不同性质,实施相应的审计程序。账户的性质主要按照账户属于资产类还是负债类、属于流动性还是非流动性等标准加以区分。

(1)对流动资产和流动负债的审计程序。

(2)对流动资产和流动负债,注册会计师通常可以通过本期实施的审计程序获取部分审计证据。

期初流动资产和流动负债在本期的交易事项中通常会有所反映,因此,通过本期实施的审计程序有时可以印证期初流动资产和流动负债的存在性和金额。

(3)对非流动资产和非流动负债的审计程序。

对非流动资产和非流动负债,注册会计师通常检查形成期初余额的会计记录和其他信息。在某些情况下,注册会计师可向第三方函证期初余额,或实施追加的审计程序。

非流动资产和非流动负债比较稳定,变动较少,因此,通过检查形成期初非流动资产和非流动负债的会计记录和其他信息,可以获取较充分、适当的审计证据。

此外,在某些情况下,注册会计师向第三方函证也是确认非流动资产类账户和非流动负债类账户期初余额的有效审计程序。

(4)考虑账户的性质和本期财务报表中的重大错报风险。

(5)考虑期初余额对于本期财务报表的重要程度。

在审计期初余额时，无论是考虑被审计单位运用的会计政策，还是上期财务报表是否经过审计，或者是考虑期初余额相关账户的性质，都应该同时考虑期初余额对于本期财务报表而言是否重要。如果期初余额本身并不重要，或者虽然对于上期财务报表是重要的，但由于本期被审计单位资产规模和经营规模迅速扩大，期初余额对于本期财务报表而言已经变得不重要，则注册会计师无须对其予以特别关注。只有当期初余额对于本期财务报表重要时，注册会计师才须对其予以特别关注并实施专门的审计程序。

(四)期初余额审计对审计报告的影响

在对期初余额实施审计程序后，注册会计师应当分析已获取的审计证据，区分不同情况形成对被审计单位期初余额的审计结论，在此基础上确定其对本期财务报表出具审计报告的影响。

(1)审计后无法获取有关期初余额的充分、适当的审计证据。如果不能获取有关期初余额的充分、适当的审计证据，注册会计师应当按照《中国注册会计师审计准则第1502号——在审计报告中发表非无保留意见》的规定，对财务报表发表保留意见或无法表示意见。

(2)期初余额存在重大错报对审计报告的影响。如果认为期初余额存在对本期财务报表产生重大影响的错报，且错报的影响未能得到恰当的会计处理或适当的列报，注册会计师应当按照《中国注册会计师审计准则第1502号——在审计报告中发表非无保留意见》的规定，对财务报表发表保留意见或否定意见。

(3)会计政策变更对审计报告的影响。如果认为按照适用的财务报告编制基础与期初余额相关的会计政策未能在本期得到一贯运用，或者会计政策的变更未能得到恰当的会计处理或适当的列报，注册会计师应当按照《中国注册会计师审计准则第1502号——在审计报告中发表非无保留意见》的规定，对财务报表发表保留意见或否定意见。

(4)前任注册会计师对上期财务报表出具了非标准审计报告，如果前任注册会计师对上期财务报表出具了非标准审计报告，注册会计师应当考虑该审计报告对本期财务报表的影响。如果导致出具非标准审计报告的事项对本期财务报表仍然相关和重大，注册会计师应当按照《中国注册会计师审计准则第1502号——在审计报告中发表非无保留意见》和《中国注册会计师审计准则第1511号——比较信息》的规定，对本期财务报表发表非无保留意见。

二、期后事项审计

(一)期后事项的种类

期后事项，是指财务报表日至审计报告日之间发生的事项，以及注册会计师在审计报告日后知悉的事实。

为了确定期后事项对被审计单位财务报表公允性的影响，有两类期后事项需要被审计单位管理层考虑，并需要注册会计师审计：一是资产负债表日后调整事项，即对资产负债表日已经存在的情况提供了新的或进一步证据的事项。这类事项影响财务报表金额，须提请被审计单位管理层调整财务报表及与之相关的披露信息。二是资产负债表日后

非调整事项，即表明资产负债表日后发生的情况的事项。这类事项虽不影响财务报表金额，但可能影响财务报表的正确理解，需提请被审计单位管理层在财务报表的附注中作适当披露。

1. 财务报表日后调整事项

这类事项既为被审计单位管理层确定财务报表日账户余额提供信息，也为注册会计师核实这些余额提供补充证据。如果这类期后事项的金额重大，应提请被审计单位对本期财务报表及相关的账户金额进行调整。

(1)财务报表日后诉讼案件结案，法院判决证实了企业在财务报表日已经存在现时义务，需要调整原先确认的与该诉讼案件相关的预计负债，或确认一项新负债。

例如，被审计单位由于某种原因在财务报表日前被起诉，法院于财务报表日后判决被审计单位应赔偿对方损失。因这一负债实际上在财务报表日之前就已存在，所以，如果赔偿数额比较大，注册会计师应考虑提请被审计单位调整或增加财务报表有关负债项目的金额，并加以说明。

(2)财务报表日后取得确凿证据，表明某项资产在财务报表日发生了减值或者需要调整该项资产原先确认的减值金额。

例如，财务报表日被审计单位认为可以收回的大额应收款项，因财务报表日后债务人突然破产而无法收回。在这种情况下，债务人财务状况显然早已恶化，所以注册会计师应考虑提请被审计单位计提坏账准备或增加计提坏账准备，调整财务报表有关项目的金额。

(3)财务报表日后进一步确定了财务报表日前购入资产的成本或售出资产的收入。

例如，被审计单位在财务报表日前购入一项固定资产，并投入使用。由于购入时尚未确定准确的购买价款，故先以估计的价格，考虑其达到预定可使用状态前所发生的可归属于该项固定资产的运输费、装卸费、安装费和专业人员服务费等因素暂估入账，并按规定计提固定资产折旧。如果在财务报表日后商定了购买价款，取得了采购发票，被审计单位就应该据此调整该固定资产原值。

(4)财务报表日后发现了财务报表舞弊或差错。

例如，在财务报表日以前，被审计单位根据合同规定所销售的商品已经发出，当时认为与该项商品所有权相关的风险和报酬已经转移，货款能够收回，按照收入确认原则确认了收入并结转了相关成本，即在财务报表日被审计单位确认为销售实现，并在财务报表上反映。但在财务报表日后至审计报告日之间所取得的证据证明该批已确认为销售的商品确实已经退回。如果金额较大，注册会计师应考虑提请被审计单位调整财务报表有关项目的金额。

利用期后事项审计以确认被审计单位财务报表所列金额时，应对财务报表日已经存在的事项和财务报表日后出现的事项严加区分，不能混淆。如果确认发生变化的事项直到财务报表日后才发生，就不应将财务报表日后的信息并入财务报表中去。

2. 财务报表日后非调整事项

这类事项因不影响财务报表日财务状况，而不需要调整被审计单位的本期财务报表。但如果被审计单位的财务报表因此可能受到误解，就应在财务报表中以附注的形式予以适当披露。

被审计单位在财务报表日后发生的，需要在财务报表中披露而非调整的事项通常包括以下方面。

(1)财务报表日后发生重大诉讼、仲裁、承诺。

(2)财务报表日后资产价格、税收政策、外汇汇率发生重大变化。

(3)财务报表日后因自然灾害导致资产发生重大损失。

(4)财务报表日后发行股票和债券以及其他巨额举债。

(5)财务报表日后资本公积转增资本。

(6)财务报表日后发生巨额亏损。

(7)财务报表日后发生企业合并或处置子公司。

(8)财务报表日后企业利润分配方案中拟分配的以及经审议批准宣告发放的股利或利润。

如图 14－1 所示，期后事项可以按时段划分为三个时段：第一个时段是财务报表日至审计报告日，我们可以把在这一期间发生的事项称为“第一时段期后事项”；第二个时段是审计报告日后至财务报表报出日，我们可以把这一期间发现的事项称为“第二时段期后事项”；第三个时段是财务报表报出日后，我们可以把这一期间发现的事项称为“第三时段期后事项”。

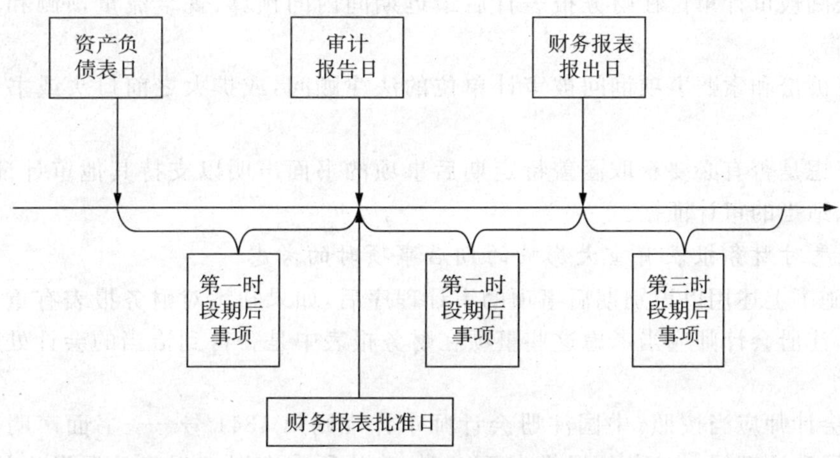

图 14－1　期后事项分段示意

(二)财务报表日至审计报告日之间发生的事项

1. 主动识别第一时段期后事项

注册会计师应当实施必要的审计程序，获取充分、适当的审计证据，以确定截至审计报告日发生的、需要在财务报表中调整或披露的事项是否均已得到识别。

财务报表日至审计报告日之间发生的期后事项属于第一时段期后事项。对于这一时段的期后事项，注册会计师负有主动识别的义务，应当设计专门的审计程序来识别这些期后事项，并根据这些事项的性质判断其对财务报表的影响，进而确定是进行调整，还是披露。

2. 用以识别第一时段期后事项的审计程序

注册会计师应当按照审计准则的规定实施审计程序，以使审计程序能够涵盖财务报表日至审计报告日（或尽可能接近审计报告日）之间的期间。

通常情况下，针对期后事项的专门审计程序，其实施时间越接近审计报告日越好。越接近审计报告日，也就意味着离财务报表日越远，被审计单位这段时间内累积的对财务报表日已经存在的情况提供的进一步证据也就越多；越接近审计报告日，注册会计师遗漏期后事项的可能性也就越小。

《中国注册会计师审计准则第 1332 号——期后事项》规定，在确定审计程序的性质和范围时，注册会计师应当考虑风险评估的结果。用以识别第一时段期后事项的审计程序通常包括如下方面。

(1)了解管理层为确保识别期后事项而建立的程序。

(2)询问管理层和治理层（如适用），确定是否已发生可能影响财务报表的期后事项。

(3)查阅被审计单位的所有者、管理层和治理层在财务报表日后举行会议的纪要，在不能获取会议纪要的情况下，询问此类会议讨论的事项。

(4)查阅被审计单位最近的中期财务报表（如有）。

除这些审计程序外，注册会计师可能认为实施下列一项或多项审计程序是必要和适当的。

(1)查阅被审计单位在财务报表日后最近期间内的预算、现金流量预测和其他相关的管理报告。

(2)就诉讼和索赔事项询问被审计单位的法律顾问，或扩大之前口头或书面查询的范围。

(3)考虑是否有必要获取涵盖特定期后事项的书面声明以支持其他审计证据，从而获取充分、适当的审计证据。

3. 知悉对财务报表有重大影响的期后事项时的考虑

在实施了上述用以识别期后事项的审计程序后，如果知悉对财务报表有重大影响的期后事项，注册会计师应当考虑这些事项在财务报表中是否得到恰当的会计处理或予以充分披露。

注册会计师应当按照《中国注册会计师审计准则第 1341 号——书面声明》的规定，要求管理层和治理层（如适用）提供书面声明，确认所有在财务报表日后发生的、按照适用的财务报告编制基础的规定应予调整或披露的事项均已得到调整或披露。

（三）注册会计师在审计报告日后至财务报表报出日前知悉的事实

1. 被动识别第二时段期后事项

在审计报告日后，注册会计师没有责任针对财务报表实施审计程序或进行专门查询。审计报告日后至财务报表报出日前发现的事实属于“第二时段期后事项”，注册会计师针对被审计单位的审计业务已经结束，要识别可能存在的期后事项比较困难，因而无法承担主动识别第二时段期后事项的审计责任。但是，在这一阶段，被审计单位的财务报表并未报出，管理层有责任将发现的可能影响财务报表的事实告知注册会计师。当然，注册会计师还可能从媒体报道、举报信或者证券监管部门告知等途径获悉影响财务报表的期后事项。

2. 知悉第二时段期后事项时的考虑

在审计报告日后至财务报表报出日前，如果知悉了某事实，且若在审计报告日知悉可能导致修改审计报告，注册会计师应当与管理层和治理层（如适用）讨论该事项；确定财务报表是否需要修改；如果需要修改，询问管理层将如何在财务报表中处理该事项。

（1）管理层修改财务报表时的处理。如果管理层修改财务报表，注册会计师应当根据具体情况对有关修改实施必要的审计程序；同时，除非下文述及的特殊情况适用，注册会计师应当将用以识别期后事项的上述审计程序延伸至新的审计报告日，并针对修改后的财务报表出具新的审计报告。新的审计报告日不应早于修改后的财务报表被批准的日期。

此时，注册会计师需要获取充分、适当的审计证据，以验证管理层根据期后事项所作出的财务报表调整或披露是否符合适用的财务报告编制基础的规定。

特殊情况是，在有关法律法规或适用的财务报告编制基础未禁止的情况下，如果管理层对财务报表的修改仅限于反映导致修改的期后事项的影响，被审计单位的董事会、管理层或类似机构也仅对有关修改进行批准，注册会计师可以仅针对有关修改将用以识别期后事项的上述审计程序延伸至新的审计报告日。在这种情况下，注册会计师应当选用下列处理方式之一。

一是修改审计报告，针对财务报表修改部分增加补充报告日期，从而表明注册会计师对期后事项实施的审计程序仅限于财务报表相关附注所述的修改。

在这种处理方式下，注册会计师修改审计报告，针对财务报表修改部分增加补充报告日期，而对管理层作出修改前的财务报表出具的原审计报告日期保持不变。之所以这样处理是因为，原审计报告日期告知财务报表使用者针对该财务报表的审计工作何时完成；补充报告日期告知财务报表使用者自原审计报告日之后实施的审计程序仅针对财务报表的后续修改。有关补充报告日期的示例如下：“除附注×所述事项的日期为（仅针对附注×所述修改的审计程序完成日期）之外（原审计报告日）。”

二是出具新的或经修改的审计报告，在强调事项段或其他事项段中说明注册会计师对期后事项实施的审计程序仅限于财务报表相关附注所述的修改。

（2）管理层不修改财务报表且审计报告未提交时的处理。如果认为管理层应当修改财务报表而没有修改，并且审计报告尚未提交给被审计单位，注册会计师应当按照《中国注册会计师审计准则第 1502 号——在审计报告中发表非无保留意见》的规定发表非无保留意见，然后再提交审计报告。

（3）管理层不修改财务报表且审计报告已提交时的处理。如果认为管理层应当修改财务报表而没有修改，并且审计报告已经提交给被审计单位，注册会计师应当通知管理层和治理层（除非治理层全部成员参与管理被审计单位）在财务报表作出必要修改前不要向第三方报出。如果财务报表在未经必要修改的情况下仍被报出，注册会计师应当采取适当措施，以设法防止财务报表使用者信赖该审计报告。例如，针对上市公司，注册会计师可以利用证券传媒等刊登必要的声明，防止使用者信赖该审计报告。

(四)注册会计师在财务报表报出后知悉的事实

1. 没有义务识别第三时段的期后事项

在财务报表报出后,注册会计师没有义务针对财务报表作出查询。财务报表报出日后发现的事实属于第三时段期后事项,注册会计师没有义务针对财务报表作出查询。但是,并不排除注册会计师通过媒体等其他途径获悉可能对财务报表产生重大影响的期后事项的可能性。

2. 知悉第三时段期后事项时的考虑

在财务报表报出后,如果知悉了某事实,且若在审计报告日知悉可能导致修改审计报告,注册会计师应当考虑如下方面:与管理层和治理层(如适用)讨论该事项;确定财务报表是否需要修改;如果需要修改,询问管理层将如何在财务报表中处理该事项。

应当指出的是,需要注册会计师在知悉后采取行动的第三时段期后事项是有严格限制的:①这类期后事项应当是在审计报告日已经存在的事实;②该事实如果被注册会计师在审计报告日前获知,可能影响审计报告。只有同时满足这两个条件,注册会计师才需要采取行动。

(1)管理层修改财务报表时的处理。如果管理层修改了财务报表,注册会计师应当采取如下必要的措施。

一是根据具体情况对有关修改实施必要的审计程序。例如,查阅法院判决文件、复核会计处理或披露事项,确定管理层对财务报表的修改是否恰当。

二是复核管理层采取的措施能否确保所有收到原财务报表和审计报告的人士了解这一情况。

在修改了财务报表的情况下,管理层应当采取恰当措施(如上市公司可以在证券类报纸、网站刊登公告,重新公布财务报表和审计报告),让所有收到原财务报表和审计报告的人士了解这一情况。注册会计师需要对这些措施进行复核,判断它们能否达到这样的目标。例如,上市公司管理层刊登公告的媒体是否是中国证券监督管理委员会指定的媒体,若仅刊登在其注册地的媒体上则异地的使用者可能无法了解这一情况。

三是延伸实施审计程序,并针对修改后的财务报表出具新的审计报告。

除非上文所述的特殊情形适用,将用以识别期后事项的上述审计程序延伸至新的审计报告日,并针对修改后的财务报表出具新的审计报告,新的审计报告日不应早于修改后的财务报表被批准的日期。

四是在特殊情况下,修改审计报告或提供新的审计报告。

这里的特殊情况就是上文所指的特殊情况。

需要提醒的是,注册会计师应当在新的或经修改的审计报告中增加强调事项段或其他事项段,提醒财务报表使用者关注财务报表附注中有关修改原财务报表的详细原因和注册会计师提供的原审计报告。

(2)管理层未采取任何行动时的处理。如果管理层没有采取必要措施确保所有收到原财务报表的人士了解这一情况,也没有在注册会计师认为需要修改的情况下修改财务报表,注册会计师应当通知管理层和治理层(除非治理层全部成员参与管理被审计单位),注册会计师将设法防止财务报表使用者信赖该审计报告。

如果注册会计师已经通知管理层或治理层，而管理层或治理层没有采取必要措施，注册会计师应当采取适当措施，以设法防止财务报表使用者信赖该审计报告。

三、或有事项审计

(一)或有事项的含义

或有事项，是指过去的交易或事项形成的，其结果须由某些未来事项的发生或不发生时才能决定的不确定事项。常见的或有事项主要包括：未决诉讼或仲裁、债务担保、产品质量保证(含产品安全保证)、承诺、亏损合同、重组义务、环境污染整治等。

由于或有事项具有不确定性这一重要特征，其结果只能由未来发生的事项确定，需要注册会计师具备相当程度的专业判断能力。

(二)或有事项的审计

在审计或有事项时，注册会计师尤其要关注财务报表反映的或有事项的完整性。

针对或有事项的审计程序通常包括如下方面。

(1)向被审计单位管理层询问其确定、评价与控制或有事项方面的有关方针政策和工作程序。

(2)向被审计单位管理层索取或有事项相关资料，作必要的审核和评价。

(3)向被审计单位的法律顾问和律师进行函证，以获取法律顾问和律师对被审计单位资产负债表日业已存在的，以及资产负债日至复函日期间存在的或有事项的确认证据。分析被审计单位在审计期间所发生的法律费用，从法律顾问和律师处复核发票，视其是否足以说明存在或有事项，特别是未决诉讼或未决税款估价等方面的问题。

(4)复核上期和税务机构的税收结算报告。从报告中或许能发现被审期间有关纳税方面可能发生的争执之处。如果税款拖延时间较久，发生税务纠纷的可能性就较大。

(三)获取律师声明书

在对被审计单位期后事项和或有事项等进行审计时，注册会计师往往要向被审计单位的法律顾问和律师进行函证，以获取其对资产负债表日业已存在的，以及资产负债表日至他们复函日这一时期内存在的期后事项和或有事项等的确认证据。被审计单位律师对函证问题的答复和说明，就是律师声明书。律师声明书通常可提供有力的证据，帮助注册会计师解释并报告有关的期后事项和或有事项，从而减少注册会计师误解上述事项的可能性，但其本身不足以对注册会计师形成审计意见提供基本理由。

对于律师声明书应从整体上分析，以便确定它对审计询证函的总体反应，确定它与注册会计师所知的情况是否矛盾。倘若律师声明书表明或暗示律师拒绝提供信息，或隐瞒信息，或对被审计单位叙述的情况应予修正而不加修正，注册会计师一般应认为审计范围受到限制，就不能出具无保留意见的审计报告。

四、持续经营审计

(一)管理层的责任和注册会计师的责任

1. 管理层的责任

某些适用的财务报告编制基础明确要求管理层对持续经营能力作出评估，并规定了与此相关的需要考虑的事项和作出的披露。相关法律法规还可能对管理层评估持续经营能力的责任和相关财务报表披露作出具体规定。

而其他财务报告编制基础可能没有明确要求管理层对持续经营能力作出评估。但由于持续经营假设是编制财务报表的基本原则,即使其他财务报告编制基础没有对此作出明确规定,管理层也需要在编制财务报表时评估持续经营能力。

《中国注册会计师审计准则第1324号——持续经营》第五条规定,管理层对持续经营能力的评估涉及在特定时点对事项或情况的未来结果作出判断,这些事项或情况的未来结果具有固有不确定性。下列因素与管理层的判断相关。

(1)某一事项或情况或其结果出现的时点距离管理层作出评估的时点越远,与事项或情况的结果相关的不确定性程度将显著增加。因此,明确要求管理层对持续经营能力作出评估的大多数财务报告编制基础可能规定了管理层应当考虑所有可获得信息的期间。

(2)被审计单位的规模和复杂程度、经营活动的性质和状况以及被审计单位受外部因素影响的程度,将影响对事项或情况的结果作出的判断。

(3)对未来的所有判断都以作出判断时可获得的信息为基础。管理层作出的判断在当时情况下可能是合理的,但之后发生的事项可能导致事项或情况的结果与作出的判断不一致。

2. 注册会计师的责任

《中国注册会计师审计准则第1324号——持续经营》第六条规定,注册会计师的责任是,就管理层在编制财务报表时运用持续经营假设的适当性获取充分、适当的审计证据并得出结论,并根据获取的审计证据就被审计单位持续经营能力是否存在重大不确定性得出结论。即使编制财务报表时采用的财务报告编制基础没有明确要求管理层对持续经营能力作出专门评估,注册会计师的这种责任仍然存在。在执行财务报表审计业务时,注册会计师的责任是考虑管理层运用持续经营假设的适当性和披露的充分性。注册会计师应当按照审计准则的要求,实施必要的审计程序,获取充分、适当的审计证据,确定可能导致对持续经营能力产生重大疑虑的事项或情况是否存在重大不确定性,并考虑对审计报告的影响。

财务报表审计的目标,是注册会计师对被审计单位财务报表的合法性和公允性发表意见,注册会计师的审计意见旨在提高财务报表的可信赖程度。因此,未提及持续经营能力存在重大不确定性的审计报告,不应被视为注册会计师对被审计单位能够持续经营作出的保证。

持续经营审计的基本思路如图14-2所示。

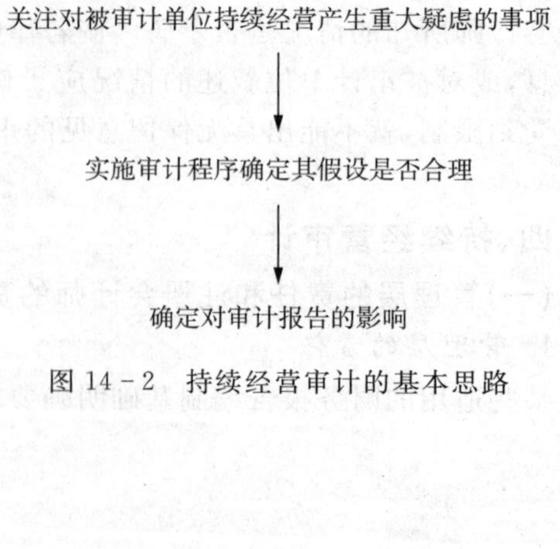

关注对被审计单位持续经营产生重大疑虑的事项

↓

实施审计程序确定其假设是否合理

↓

确定对审计报告的影响

图14-2 持续经营审计的基本思路

(二)风险评估程序和相关活动

在按照《中国注册会计师审计准则第1211号——通过了解被审计单位及其环境识别和评估重大错报风险》的规定实施风险评估程序时,注册会计师应当考虑是否存在可能导致对被审计单位持续经营能力产生重大疑虑的事项或情况。在进行考虑时，注册会计师应当确定管理层是否已对被审计单位持续经营能力作出初步评估。

如果管理层已对持续经营能力作出初步评估，注册会计师应当与管理层进行讨论，并确定管理层是否已识别出单独或汇总起来可能导致对被审计单位持续经营能力产生重大疑虑的事项或情况；如果管理层已识别出这些事项或情况，注册会计师应当与其讨论应对计划；如果管理层未对持续经营能力作出初步评估，注册会计师应当与管理层讨论其拟运用持续经营假设的基础，询问管理层是否存在单独或汇总起来可能导致对被审计单位持续经营能力产生重大疑虑的事项或情况。

在计划审计工作和实施风险评估程序时，注册会计师应当考虑是否存在可能导致对持续经营能力产生重大疑虑的事项或情况及相关的经营风险，评价管理层对持续经营能力作出的评估，并考虑已识别的事项或情况对重大错报风险评估的影响。

被审计单位在财务、经营以及其他方面存在的某些事项或情况可能导致经营风险，这些事项或情况单独或连同其他事项或情况可能导致注册会计师对持续经营假设产生重大疑虑。

1. 财务方面

被审计单位在财务方面存在的可能导致对持续经营假设产生重大疑虑的事项或情况主要包括如下方面。

(1)净资产为负或营运资金出现负数。资不抵债有可能使被审计单位在近期内无法偿还到期债务，从而引发债务危机。

(2)定期借款即将到期，但预期不能展期或偿还，或过度依赖短期借款为长期资产筹资。过度依赖短期借款为长期资产筹资，将使被审计单位长期面临巨大的短期偿债压力，如果无法及时偿还到期债务，将陷入财务困境。

(3)存在债权人撤销财务支持的迹象。如果被审计单位不再能够获得供应商正常商业信用，就意味着无法通过赊购取得生产经营所必需的原材料或其他物资，现金偿付压力巨大。一旦资金短缺，生产经营就有可能中断。

(4)历史财务报表或预测性财务报表表明经营活动产生的现金流量净额为负数。如果被审计单位的营运资金以及经营活动产生的现金流量净额出现负数，表明被审计单位的现金流量可能不能有效维持正常的生产经营，从而影响被审计单位的盈利能力和偿债能力，降低其在市场竞争中的信用等级，最终可能因资金周转困难而破产。

(5)关键财务比率不佳。

(6)发生重大经营亏损或用以产生现金流量的资产的价值出现大幅下跌。经营亏损可能是由于被审计单位经营管理不善引起的，也可能是行业整体不景气造成的。巨额经营亏损可能意味着被审计单位丧失盈利能力，并导致其持续经营能力存在着重大的不确定性。

(7)拖欠或停止发放股利。

(8)在到期日无法偿还债务。

(9)无法履行借款合同的条款。为了保证贷款的安全，银行往往在借款合同中订有诸如流动资金保持量、资本支出的限制等条款。一旦被审计单位无法履行这些条款，银行为保全其债权，就有可能要求被审计单位提前偿还借款，从而导致被审计单位的资金

周转出现困难。

(10)与供应商由赊购变为货到付款。

(11)无法获得开发必要的新产品或进行其他必要的投资所需的资金。被审计单位无法获得必需的资金，则没有能力在盈利前景良好的项目上进行投资并获取未来收益。当现有产品失去市场竞争力时，将直接影响到被审计单位的盈利能力，从而对被审计单位的持续经营能力产生重大影响。

2. 经营方面

被审计单位在经营方面存在的可能导致对持续经营假设产生重大疑虑的事项或情况主要包括如下方面。

(1)管理层计划清算被审计单位或终止经营。

(2)关键管理人员离职且无人替代。通常，关键管理人员负责管理企业的日常经营活动，在被审计单位中起着重要作用。如果关键管理人员离职且无人替代，则会对被审计单位的经营活动产生重大不利影响，从而使其持续经营能力存在重大的不确定性。

(3)失去主要市场、关键客户、特许权、执照或主要供应商。如果被审计单位失去主要市场、关键客户、特许权、执照或主要供应商，表明其在销售、经营和采购方面将面临极大困境，从而影响其持续经营能力。

(4)出现用工困难问题。一些企业的生产经营高度依赖于科技研发人员、技术熟练工人等，比如软件开发公司从事软件设计的关键人员。如果企业缺乏这些对持续经营具有决定性影响的人力资源，将可能无法持续经营。

(5)重要供应短缺。一些企业的生产经营高度依赖于重要原材料供应，一旦短缺，企业将可能无法持续经营。

(6)出现非常成功的竞争者。一旦出现非常成功的竞争者，将可能对企业产品市场、原材料供应、关键管理人员和重要员工的稳定性等诸多方面产生影响，进而可能影响企业的持续经营能力。

3. 其他方面

被审计单位在其他方面存在的可能导致对持续经营假设产生重大疑虑的事项或情况主要包括如下方面。

(1)违反有关资本或其他法定要求。被审计单位在生产经营过程中如果严重违反有关法律法规或政策，则有可能被有关部门撤销或责令关闭，或被处以较大数额的罚款，这将导致被审计单位无法持续经营或对其持续经营能力产生重大影响。

(2)未决诉讼或监管程序，可能导致其无法支付索赔金额。未决诉讼或监管程序可能导致企业财产被冻结或被有关部门责令停产整改，也可能导致其无法支付索赔金额，从而影响其持续经营。

(3)法律法规或政府政策的变化预期会产生不利影响。例如，被审计单位的利润和现金流量主要来自对境外子公司的投资分得的红利。如果该子公司所在国家加强了外汇管制，被审计单位能否收到红利存在重大不确定性，就可能影响其持续经营。

(4)对发生的灾害未购买保险或保额不足。不可抗力因素超出了企业可控制和预测的范围，企业可能因此无法开展正常的经营活动，从而无法持续经营。

需要说明的是，以上是单独或汇总起来可能导致对持续经营假设产生重大疑虑的事项或情况的示例。这些示例并不能涵盖所有事项或情况，也不意味着存在其中一个或多个项目就一定表明存在重大不确定性，就必然导致被审计单位无法持续经营。某些措施通常可以减轻这些事项或情况的严重性，注册会计师对此应作出职业判断。例如，被审计单位无法正常偿还债务的影响，可能被管理层通过替代方法（如处置资产、重新安排贷款偿还或获得额外资本金计划）保持足够的现金流量所抵消；主要供应商的流失也可以通过寻找适当的替代供应来源以降低损失。在这种情况下，注册会计师不一定会得出被审计单位无法持续经营的结论。

针对有关可能导致对被审计单位持续经营能力产生重大疑虑的事项或情况的审计证据，注册会计师应当在整个审计过程中保持警觉。注册会计师对此类事项或情况的考虑应当随着审计工作的开展而不断深入。如果被审计单位存在资不抵债、无法偿还到期债务等事项或情况，这可能表明被审计单位存在因持续经营问题导致的重大错报风险，该项风险与财务报表整体广泛相关，从而会影响多项认定。

（三）评价管理层对持续经营能力作出的评估

管理层应当定期对其持续经营能力作出分析和判断，确定以持续经营假设为基础编制财务报表的适当性。管理层对持续经营能力的评估是注册会计师考虑持续经营假设的一个重要组成部分。注册会计师应当评价管理层对持续经营能力作出的评估。

1. 管理层评估涵盖的期间

在评价管理层对被审计单位持续经营能力作出的评估时，注册会计师的评价期间应当与管理层按照适用的财务报告编制基础或法律法规（如果法律法规要求的期间更长）的规定作出评估的涵盖期间相同。

大多数明确要求管理层作出评估的财务报告编制基础都详细规定了管理层需要在多长期间考虑所有可获得的信息。持续经营假设是指被审计单位在编制财务报表时，假定其经营活动在可预见的将来会继续下去，而可预见的将来通常是指财务报表日后12个月。因此，管理层对持续经营能力的合理评估期间应是自财务报表日起的下一个会计期间。如果管理层评估持续经营能力涵盖的期间短于自财务报表日起的12个月，注册会计师应当提请管理层将其至少延长至自财务报表日起的12个月。

2. 管理层的评估、支持性分析和注册会计师的评价

纠正管理层缺乏分析的错误不是注册会计师的责任。在某些情况下，管理层缺乏详细分析以支持其评估，可能不妨碍注册会计师确定管理层运用持续经营假设是否适合具体情况。例如，如果被审计单位具有盈利经营的记录并很容易获得财务支持，管理层可能不需要进行详细分析就能作出评估。在这种情况下，如果其他审计程序足以使注册会计师认为管理层在编制财务报表时运用的持续经营假设适合具体情况，注册会计师可能无须实施详细的评价程序，就可以对管理层评估的适当性得出结论。

在其他情况下，注册会计师评价管理层对被审计单位持续经营能力所作的评估，可能包括评价管理层作出评估时遵循的程序、评估依据的假设、管理层的未来应对计划以及管理层的计划在当前情况下是否可行。

在评价管理层作出的评估时，注册会计师应当考虑管理层作出评估的过程，依据的

假设以及应对计划。注册会计师应当考虑管理层作出的评估是否已考虑所有相关信息,其中包括注册会计师实施审计程序获取的信息。

管理层的评估所遵循的程序包括对可能导致对其持续经营能力产生重大疑虑的事项或情况的识别、对相关事项或情况结果的预测、对拟采取改善措施的考虑和计划以及最终的评估结论。在考虑管理层的评估程序时,注册会计师应当关注管理层是如何识别可能导致对其持续经营能力产生重大疑虑的事项或情况的,所识别的事项或情况是否完整,是否已经对注册会计师在实施审计程序过程中发现的所有相关信息进行了充分考虑。

在考虑管理层作出的评估所依据的假设时,注册会计师应当考虑管理层对相关事项或情况结果的预测所依据的假设是否合理,并特别关注具有以下几类特征的假设:一是对预测性信息具有重大影响的假设,二是特别敏感的或容易发生变动的假设,三是与历史趋势不一致的假设。注册会计师应当基于对被审计单位的了解,比较以前年度的预测与实际结果、本期的预测和截至目前的实际结果。如果发现某些因素的影响尚未反映在相关预测中,注册会计师应当与管理层讨论这些因素,必要时,要求管理层对相关预测所依据的假设作出修正。

(四)超出管理层评估期间的事项或情况

可能存在着已知的事项(预定的或非预定的)或情况,是超出管理层评估期间发生的,可能导致注册会计师对管理层编制财务报表时运用持续经营假设的适当性产生怀疑。注册会计师需要对存在这些事项或情况的可能性保持警觉。由于事项或情况发生的时点距离作出评估的时点越远,与事项或情况的结果相关的不确定性的程度也相应增加,因此在考虑更远期间发生的事项或情况时,只有持续经营事项的迹象达到重大时,注册会计师才需要考虑采取进一步措施。如果识别出这些事项或情况,注册会计师可能需要提请管理层评价这些事项或情况对于其评估被审计单位持续经营能力的潜在重要性。

除询问管理层外,注册会计师没有责任实施其他任何审计程序,以识别超出管理层评估期间并可能导致对被审计单位持续经营能力产生重大疑虑的事项或情况。

(五)识别出事项或情况时实施追加的审计程序

如果识别出可能导致对持续经营能力产生重大疑虑的事项或情况,注册会计师应当通过实施追加的审计程序(包括考虑缓解因素),获取充分、适当的审计证据,以确定是否存在重大不确定性。

这些程序应当包括如下方面。

(1)如果管理层尚未对被审计单位持续经营能力作出评估,提请其进行评估。

如果管理层没有对持续经营能力作出初步评估,注册会计师应当与管理层讨论运用持续经营假设的理由,询问是否存在导致对持续经营能力产生重大疑虑的事项或情况,并提请管理层对持续经营能力作出评估。

(2)评价管理层与持续经营能力评估相关的未来应对计划,这些计划的结果是否可能改善目前的状况,以及管理层的计划对于具体情况是否可行。

评价管理层未来应对计划可能包括向管理层询问该计划。管理层的应对计划可能包括管理层变卖资产、对外借款、重组债务、削减或延缓开支或者获得新的资本。

(3)如果被审计单位已编制现金流量预测,且对预测的分析是评价管理层未来应对计划时所考虑的事项或情况的未来结果的重要因素，评价用于编制预测的基础数据的可靠性，并确定预测所基于的假设是否具有充分的支持。

此外，注册会计师还可能：将最近若干期间的预测性财务信息与实际结果相比较，将本期预测性财务信息与截至目前的实际结果相比较。

如果管理层的假设包括第三方通过放弃贷款优先求偿权、承诺保持或提供补充资金或担保等方式向被审计单位提供持续的支持，且这种支持对于被审计单位的持续经营能力很重要，注册会计师可能需要考虑要求该第三方提供书面确认（包括条款和条件），并获得有关该第三方有能力提供这种支持的证据。

（4）考虑自管理层作出评估后是否存在其他可获得的事实或信息。

（5）要求管理层和治理层（如适用）提供有关未来应对计划及其可行性的书面声明。

如果合理预期不存在其他充分、适当的审计证据，注册会计师应当就对财务报表有重大影响的事项向管理层和治理层（如适用）获取书面声明。

由于管理层就持续经营能力而提出的应对计划和其他缓解措施通常基于假设基础之上，注册会计师在进行评价时，取得的审计证据多为说服性而非结论性的，因此，注册会计师应当向管理层获取有关应对计划的书面声明。

此外，尽管被审计单位当前可能是盈利的，但一些特殊的事项或情况可能导致被审计单位发生重大损失。为避免诸如诉讼事项可能发生的巨额赔偿支出，管理层将会考虑主动寻求破产保护。在这种情况下，获取管理层和治理层（如适用）声明是非常有必要的。注册会计师可以要求管理层和治理层（如适用）作出如下声明："在财务报表日起的12个月内，管理层和治理层（如适用）没有申请破产保护的计划。"

（六）审计结论与报告

注册会计师应当根据获取的审计证据，运用职业判断，确定是否存在与事项或情况相关的重大不确定性（且这些事项或情况单独或汇总起来可能导致对被审计单位持续经营能力产生重大疑虑）并考虑对审计意见的影响，如图14－3所示。

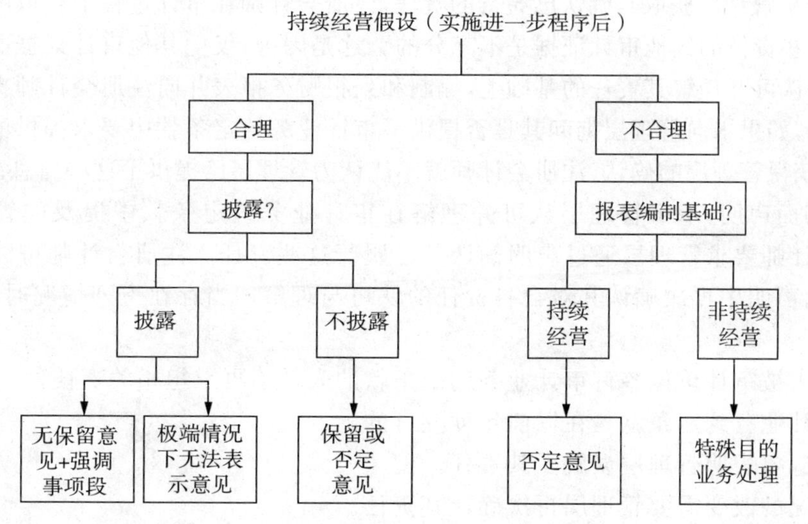

图14－3　持续经营假设对审计报告的影响

第二节　书面声明

书面声明，是指管理层向注册会计师提供的书面陈述，用以确认某些事项或支持其他审计证据。书面声明不包括财务报表及其认定，以及支持性账簿和相关记录。在本节中单独提及管理层时，应当理解为管理层和治理层(如适用)。管理层负责按照适用的财务报告编制基础编制财务报表并使其实现公允反映。

书面声明是注册会计师在财务报表审计中需要获取的必要信息，是审计证据的重要来源。如果管理层修改书面声明的内容或不提供注册会计师要求的书面声明，可能使注册会计师警觉存在重大问题的可能性。而且，在很多情况下，要求管理层提供书面声明而非口头声明，可以促使管理层更加认真地考虑声明所涉及的事项，从而提高声明的质量。

尽管书面声明提供必要的审计证据，但其本身并不为所涉及的任何事项提供充分、适当的审计证据。而且，管理层已提供可靠书面声明的事实，并不影响注册会计师就管理层责任履行情况或具体认定获取的其他审计证据的性质和范围。

一、针对管理层责任的书面声明

针对财务报表的编制，注册会计师应当要求管理层提供书面声明，确认其根据审计业务约定条款，履行了按照适用的财务报告编制基础编制财务报表并使其实现公允反映(如适用)的责任。

针对提供的信息和交易的完整性，注册会计师应当要求管理层就下列事项提供书面声明：①按照审计业务约定条款，已向注册会计师提供所有相关信息，并允许注册会计师不受限制地接触所有相关信息以及被审计单位内部人员和其他相关人员；②所有交易均已记录并反映在财务报表中。

如果未从管理层获取其确认已履行的责任，注册会计师在审计过程中获取的有关管理层已履行这些责任的其他审计证据是不充分的。这是因为，仅凭其他审计证据不能判断管理层是否在认可并理解其责任的基础上，编制和列报财务报表并向注册会计师提供了相关信息。例如，如果未向管理层询问其是否提供了审计业务约定条款中要求提供的所有相关信息，没有获得管理层的确认，注册会计师就不能认为管理层已提供了这些信息。

上述书面声明，基于管理层认可并理解在审计业务约定条款中提及的管理层的责任，注册会计师要求管理层通过声明确认其已履行这些责任。注册会计师可能还要求管理层在书面声明中再次确认其对自身责任的认可与理解。当存在下列情况时，这种确认尤为适当。

(1)代表被审计单位签订审计业务约定条款的人员不再承担相关责任。

(2)审计业务约定条款是在以前年度签订的。

(3)有迹象表明管理层误解了其责任。

(4)情况的改变需要管理层再次确认其责任。

当然，再次确认管理层对自身责任的认可与理解，并不限于管理层已知的全部事项。

二、其他书面声明

除《中国注册会计师审计准则第 1341 号——书面声明》和其他审计准则要求的书面声明外，如果注册会计师认为有必要获取一项或多项其他书面声明，以支持与财务报表或者一项或多项具体认定相关的其他审计证据，注册会计师应当要求管理层提供这些书面声明。

（一）关于财务报表的额外书面声明

除了针对财务报表的编制，注册会计师应当要求管理层提供基本书面声明以确认其履行了责任外，注册会计师可能认为有必要获取有关财务报表的其他书面声明。其他书面声明可能是对基本书面声明的补充，但不构成其组成部分。其他书面声明可能包括针对下列事项作出的声明。

（1）会计政策的选择和运用是否适当。

（2）是否按照适用的财务报告编制基础对下列事项（如相关）进行了确认、计量、列报或披露：①可能影响资产和负债账面价值或分类的计划或意图；②负债（包括实际负债和或有负债）；③资产的所有权或控制权，资产的留置权或其他物权，用于担保的抵押资产；④可能影响财务报表的法律法规及合同（包括违反法律法规及合同的行为）。

（二）与向注册会计师提供信息有关的额外书面声明

除了针对管理层提供的信息和交易的完整性的书面声明外，注册会计师可能认为有必要要求管理层提供书面声明，确认其已将注意到的所有内部控制缺陷向注册会计师通报。

（三）关于特定认定的书面声明

在获取有关管理层的判断和意图的证据时，或在对判断和意图进行评价时，注册会计师可能考虑下列一项或多项事项。

（1）被审计单位以前对声明的意图的实际实施情况。

（2）被审计单位选取特定措施的理由。

（3）被审计单位实施特定措施的能力。

（4）是否存在审计过程中已获取的、可能与管理层判断或意图不一致的任何其他信息。

此外，注册会计师可能认为有必要要求管理层提供有关财务报表特定认定的书面声明，尤其是支持注册会计师就管理层的判断或意图或者完整性认定从其他审计证据中获取的了解。例如，如果管理层的意图对投资的计价基础非常重要，但若不能从管理层获取有关该项投资意图的书面声明，注册会计师就不可能获取充分、适当的审计证据。尽管这些书面声明能够提供必要的审计证据，但其本身并不能为财务报表特定认定提供充分、适当的审计证据。

三、书面声明的日期和涵盖的期间

书面声明的日期应当尽量接近对财务报表出具审计报告的日期，但不得在审计报告日后。书面声明应当涵盖审计报告针对的所有财务报表和期间。

由于书面声明是必要的审计证据,在管理层签署书面声明前,注册会计师不能发表审计意见,也不能签署审计报告。而且,由于注册会计师关注截至审计报告日发生的、可能需要在财务报表中作出相应调整或披露的事项,书面声明的日期应当尽量接近对财务报表出具审计报告的日期,但不得在其之后。

在某些情况下,注册会计师在审计过程中获取有关财务报表特定认定的书面声明可能是适当的。此时,可能有必要要求管理层更新书面声明。管理层有时需要再次确认以前期间作出的书面声明是否依然适当,因此,书面声明需要涵盖审计报告中提及的所有期间。注册会计师和管理层可能认可某种形式的书面声明,以更新以前期间所作的书面声明。更新后的书面声明需要表明,以前期间所作的声明是否发生了变化,以及发生了什么变化(如有)。

在实务中可能会出现这样的情况,即在审计报告中提及的所有期间内,现任管理层均尚未就任。他们可能由此声称无法就上述期间提供部分或全部书面声明。然而,这一事实并不能减轻现任管理层对财务报表整体的责任。相应的,注册会计师仍然需要向现任管理层获取涵盖整个相关期间的书面声明。

四、书面声明的形式

书面声明应当以声明书的形式致送注册会计师。

参考格式 14-1 列示了一种声明书的范例。有必要先介绍一下与该声明书相关的几点背景信息:①被审计单位采用企业会计准则编制财务报表;②《中国注册会计师审计准则第 1324 号——持续经营》中有关就被审计单位持续经营能力获取书面声明的要求不相关;③所要求的书面声明不存在例外情况,如果存在例外情况,则需要对本参考格式列示的书面声明的内容予以调整,以反映这些例外情况。

参考格式 14-1

(致注册会计师):

本声明书是针对你们审计 ABC 公司截至 20×1 年 12 月 31 日的年度财务报表而提供的。审计的目的是对财务报表发表意见,以确定财务报表是否在所有重大方面已按照企业会计准则的规定编制,并实现公允反映。

尽我们所知,并在作出了必要的查询和了解后,我们确认:

一、财务报表

1. 我们已履行(插入日期)签署的审计业务约定书中提及的责任,即根据企业会计准则的规定编制财务报表,并对财务报表进行公允反映。

2. 在作出会计估计时使用的重大假设(包括与公允价值计量相关的假设)是合理的。

3. 已按照企业会计准则的规定对关联方关系及其交易作出了恰当的会计处理和披露。

4. 根据企业会计准则的规定,所有需要调整或披露的资产负债表日后事项都已得到调整或披露。

5. 未更正错报,无论是单独还是汇总起来,对财务报表整体的影响均不重大。未更正错报汇总表附在本声明书后。

6.(插入注册会计师可能认为适当的其他任何事项)。

二、提供的信息

7. 我们已向你们提供下列工作条件:

(1)允许接触我们注意到的、与财务报表编制相关的所有信息(如记录、文件和其他事项)。

(2)提供你们基于审计目的要求我们提供的其他信息。

(3)允许在获取审计证据时不受限制地接触你们认为必要的本公司内部人员和其他相关人员。

8. 所有交易均已记录并反映在财务报表中。

9. 我们已向你们披露了由于舞弊可能导致的财务报表重大错报风险的评估结果。

10. 我们已向你们披露了我们注意到的、可能影响本公司的与舞弊或舞弊嫌疑相关的所有信息,这些信息涉及本公司的:

(1)管理层;

(2)在内部控制中承担重要职责的员工;

(3)其他人员(在舞弊行为导致财务报表重大错报的情况下)。

11. 我们已向你们披露了从现任和前任员工、分析师、监管机构等方面获知的、影响财务报表的舞弊指控或舞弊嫌疑的所有信息。

12. 我们已向你们披露了所有已知的、在编制财务报表时应当考虑其影响的违反或涉嫌违反法律法规的行为。

13. 我们已向你们披露了我们注意到的关联方的名称和特征、所有关联方关系及其交易。

14.(插入注册会计师可能认为必要的其他任何事项)。

附:未更正错报汇总表

ABC公司	ABC公司管理层
(盖章)	(签名并盖章)
中国××市	二〇×二年×月×日

五、对书面声明可靠性的疑虑以及管理层不提供要求的书面声明

(一)对书面声明可靠性的疑虑

1. 对管理层的胜任能力、诚信、道德价值观或勤勉尽责存在疑虑

如果对管理层的胜任能力、诚信、道德价值观或勤勉尽责存在疑虑,或者对管理层在这些方面的承诺或贯彻执行存在疑虑,注册会计师应当确定这些疑虑对书面或口头声明和审计证据总体的可靠性可能产生的影响。注册会计师可能认为,管理层在财务报表中作出不实陈述的风险很大,以至于审计工作无法进行。在这种情况下,除非治理层采取适当的纠正措施,否则注册会计师可能需要考虑解除业务约定(如果法律法规允许)。很多时候,治理层采取的纠正措施可能并不足以使注册会计师发表无保留意见。

2. 书面声明与其他审计证据不一致

如果书面声明与其他审计证据不一致,注册会计师应当实施审计程序以设法解决这些问题。注册会计师可能需要考虑风险评估结果是否仍然适当。如果认为不适当,注册会计师需要修正风险评估结果,并确定进一步审计程序的性质、时间安排和范围,以应对评估的风险。如果问题仍未解决,注册会计师应当重新考虑对管理层的胜任能力、诚信、道德价值观或勤勉尽责的评估,或者重新考虑对管理层在这些方面的承诺或贯彻执行的评估,并确定书面声明与其他审计证据的不一致对书面或口头声明和审计证据总体的可靠性可能产生的影响。

如果认为书面声明不可靠,注册会计师应当采取适当措施,包括确定其对审计意见

可能产生的影响。

（二）管理层不提供要求的书面声明

如果管理层不提供要求的一项或多项书面声明，注册会计师应当注意以下方面。

(1)与管理层讨论该事项。

(2)重新评价管理层的诚信，并评价该事项对书面或口头声明和审计证据总体的可靠性可能产生的影响。

(3)采取适当措施，包括确定该事项对审计意见可能产生的影响。

如果存在下列情形之一，注册会计师应当对财务报表发表无法表示意见。

(1)注册会计师对管理层的诚信产生重大疑虑，以至于认为其作出的书面声明不可靠。

(2)管理层不提供审计准则要求的书面声明。

这是因为，如果注册会计师认为有关这些事项的书面声明不可靠，或者管理层不提供有关这些事项的书面声明，则注册会计师无法获取充分、适当的审计证据，这对财务报表的影响可能是广泛的，并不局限于财务报表的特定要素、账户或项目。在这种情况下，注册会计师需要对财务报表发表无法表示意见。

另外，管理层对注册会计师所要求的书面声明的内容作出调整，并不一定意味着管理层不提供书面声明。然而，作出调整的真正原因可能影响审计意见的类型。

(1)有关管理层财务报表编制责任履行情况的书面声明可能声称，除了与适用的财务报告编制基础的某一要求有重大不符外，管理层认为财务报表已按照适用的财务报告编制基础编制。由于注册会计师认为管理层已提供可靠的书面声明，需要按照《中国注册会计师审计准则第 1502 号——在审计报告中发表非无保留意见》的规定，考虑不符事项对审计意见的影响。

(2)有关管理层向注册会计师提供审计业务约定条款中要求提供的所有相关信息的责任的书面声明，可能声称除火灾中毁损的信息外，管理层认为其已向注册会计师提供了所有相关信息。由于注册会计师认为管理层已提供了可靠的书面声明，需要按照《中国注册会计师审计准则第 1502 号——在审计报告中发表非无保留意见》的规定，考虑火灾中毁损信息对财务报表产生影响的广泛性，进而确定其对审计意见的影响。

第三节　终结审计

一、编制审计差异调整表和试算平衡表

在完成按业务循环进行的内部控制测试、会计报表项目的实质性测试和特殊项目的审计后，对审计项目组成员在审计中发现的被审计单位的会计处理方法与有关会计准则、会计制度的不一致，即审计差异内容，审计项目经理应根据审计重要性原则予以初步确定并汇总，并建议被审计单位进行调整，使经审计的会计报表所载信息能够真实反映被审计单位的财务状况、经营成果和现金流量。这一对审计差异内容的“初步确定并汇总”直至形成“经审计的会计报表”的过程，主要是通过编制审计差异调整表和试算平衡表得以完成的。

(一)编制审计差异调整表

审计差异按是否需要调整账户记录可分为核算错误和重分类错误。核算错误是被审计单位对经济业务进行了不正确的会计核算而引起的错误，用重要性原则来衡量核算错误，又可把核算错误区分为建议调整的不符事项和不建议调整的不符事项(即未调整不符事项)；重分类错误是被审计单位未按适用的财务报告编制基础列报财务报表而引起的错误。例如，被审计单位在应付账款项目中反映的预付款项、在应收账款项目中反映的预收款项等。

无论是建议调整的不符事项。重分类错误还是未调整不符事项，在审计工作底稿中通常都是以会计分录的形式反映的。由于审计中发现的错误往往不止一两项，为便于审计项目的各级负责人综合判断，分析和决定，也为了便于有效编制试算平衡表以评价经审计的财务报表，通常需要将这些建议调整的不符事项、重分类错误以及未调整不符事项分别汇总至“账项调整分录汇总表”“重分类调整分录汇总表”与“未更正错报汇总表”。3 张汇总表的参考格式分别见表 14－1、表 14－2 和表 14－3 所列。

表 14－1　账项调整分录汇总表

被审计单位名称＿＿＿＿＿＿＿＿　索引号＿＿＿＿　页　次＿＿＿＿

审计项目名称＿＿＿＿＿＿＿＿　编　制＿＿＿＿　日　期＿＿＿＿

会计期间或截止日＿＿＿＿年＿＿＿＿月＿＿＿＿日　复　核＿＿＿＿　日　期＿＿＿＿

序号	索引号	调整分录及说明	资产负债表		损益表		被审计单位调整情况及未调整原因
			借方	贷方	借方	贷方	

与被审计单位的沟通：

参加人员：

被审计单位：＿＿＿＿＿＿＿＿＿＿＿＿＿＿＿＿

审计项目组：＿＿＿＿＿＿＿＿＿＿＿＿＿＿＿＿

被审计单位的意见：

＿＿＿＿＿＿＿＿＿＿＿＿＿＿＿＿

＿＿＿＿＿＿＿＿＿＿＿＿＿＿＿＿

结论：

是否同意上述审计调整：＿＿＿＿＿＿＿＿＿＿＿＿＿＿＿＿

被审计单位授权代表签字：＿＿＿＿＿＿＿＿　日期：＿＿＿＿＿＿＿＿

表 14-2 重分类调整分录汇总表

被审计单位：________ 索引号：________

项目：________ 财务报表截止日/期间：________

编制：________ 复核：________

日期：________ 日期：________

序号	内容及说明	索引号	调整项目和金额			
			借方项目	借方金额	贷方项目	贷方金额

与被审计单位的沟通：

参加人员：

被审计单位：________

审计项目组：________

被审计单位的意见：

____

____

结论：

是否同意上述审计调整：________

被审计单位授权代表签字：________ 日期：________

表 14-3 未更正错报汇总表

被审计单位：________ 索引号：ED________

项目：________ 财务报表截止日/期间：________

编制：________ 复核：________

日期：________ 日期：________

序号	内容及说明	索引号	未调整内容				备注
			借方项目	借方金额	贷方项目	贷方金额	

（续表）

序号	内容及说明	索引号	未调整内容				备注
			借方项目	借方金额	贷方项目	贷方金额	

未更正错报的影响：

项目	金额	百分比	计划百分比
1. 总资产	________	________	________
2. 净资产	________	________	________
3. 销售收入	________	________	________
4. 费用总额	________	________	________
5. 毛利	________	________	________
6. 净利润	________	________	________

结论：

被审计单位授权代表签字：________________________ 日期：____________________

注册会计师确定了建议调整的不符事项和重分类错误后，应以书面方式及时征求被审计单位对需要调整财务报表事项的意见。若被审计单位予以采纳，应取得被审计单位同意调整的书面确认；若被审计单位不予采纳，应分析原因，并根据未调整不符事项的性质和重要程度，确定是否在审计报告中予以反映，以及如何反映。

（二）编制试算平衡表

试算平衡表是注册会计师在被审计单位提供的未审财务报表的基础上，考虑调整分录、重分类分录等内容以确定已审数与报表披露数的表式。有关资产负债表和利润表的试算平衡表的参考格式分别见表 14-4 和表 14-5 所列。需要说明以下几点。

（1）试算平衡表中的"未审数"，应根据被审计单位提供的未审计财务报表填列。

（2）试算平衡表中的"调整借方"和"调整贷方"，应根据经被审计单位同意的"账项调整分录汇总表"和"重分类调整分录汇总表"填列。

（3）在编制完试算平衡表后，应注意核对相应的钩稽关系。例如，资产负债表试算平衡表左边的"未审数"列合计数、"审定数"列合计数应分别等于其右边相应各列合计数；资产负债表试算平衡表左边的"调整借方"合计数与"调整贷方"合计数之差应等于右边"调整贷方"合计数与"调整借方"合计数之差等。

表 14-4 资产负债表试算平衡表

被审计单位：______ 索引号：______

项目：______ 财务报表截止日/期间：______

编制：______ 复核：______

日期：______ 日期：______

项目	未审数	调整借方	调整贷方	审定数	项目	审前数	调整借方	调整贷方	审定数
流动资产：					流动负债：				
货币资金					短期借款				
交易性金融资产					应付票据				
应收票据					应付账款				
应收账款					预收款项				
其他应收款					应付职工薪酬				
存货					应交税费				
流动资产合计					流动负债合计				
非流动资产：					非流动负债：				
可供出售金融资产					长期借款				
持有至到期投资					应付债券				
长期股权投资					长期应付款				
长期应收款					预计负债				
投资性房地产					非流动负债合计				
固定资产					负债合计				
在建工程					所有者权益：				
无形资产					实收资本（股本）				
开发支出					资本公积				
商誉					盈余公积				
长期待摊费用					未分配利润				
非流动资产合计					所有者权益合计				
资产总计					负债和所有者权益总计				

表 14－5　利润表试算平衡表

被审计单位：＿＿＿＿＿＿＿＿＿＿＿＿　索引号：＿＿＿＿＿＿＿＿

项目：＿＿＿＿＿＿＿＿＿＿＿＿　财务报表截止日/期间：＿＿＿＿＿＿＿＿

编制：＿＿＿＿＿＿＿＿＿＿＿＿　复核：＿＿＿＿＿＿＿＿

日期：＿＿＿＿＿＿＿＿＿＿＿＿　日期：＿＿＿＿＿＿＿＿

项目	审前数	调整借方	调整贷方	审定数
一、营业收入				
减：营业成本				
营业税金及附加				
销售费用				
管理费用				
财务费用				
资产减值损失				
加：公允价值变动收益（损失以"—"号填列）				
投资收益（损失以"—"号填列）				
其中：对联营企业和合营企业的投资收益				
二、营业利润（亏损以"—"号填列）				
加：营业外收入				
减：营业外支出				
其中：非流动资产处置净损失				
三、利润总额（亏损总额以"—"号填列）				
减：所得税费用				
四、净利润（净亏损以"—"号填列）				
五、每股收益：				
（一）基本每股收益				
（二）稀释每股收益				

小提示

调整分录汇总表和重分类分录汇总表编制完成后，再据以编制资产负债表试算平衡表工作底稿和利润表试算平衡表工作底稿。注册会计师认可的财务报表最终反映的数额应以试算平衡表调整后数额为准。

二、对财务报表总体合理性实施分析程序

在审计结束或临近结束时，注册会计师运用分析程序的目的是确定审计调整后的财

务报表整体是否与其对被审计单位的了解一致。这时运用分析程序是强制要求，注册会计师在这个阶段应当运用分析程序。

在运用分析程序进行总体复核时，如果识别出以前未识别的重大错报风险，注册会计师应当重新考虑对全部或部分各类交易、账户余额、列报评估的风险是否恰当，并在此基础上重新评价之前计划的审计程序是否充分，是否有必要追加审计程序。

三、评价审计中的重大发现

在审计完成阶段，项目合伙人和审计项目组考虑的重大发现和事项的例子包括如下方面。

（1）期中复核中的重大发现及其对审计方法的影响。

（2）涉及会计政策的选择、运用和一贯性的重大事项，包括相关披露。

（3）就识别出的重大风险，对审计策略和计划的审计程序所作的重大修正。

（4）在与管理层和其他人员讨论重大发现和事项时得到的信息：

（5）与注册会计师的最终审计结论相矛盾或不一致的信息。

对实施的审计程序的结果进行评价，可能全部或部分地揭示出以下事项。

（1）为了实现计划的审计目标，是否有必要对重要性进行修订。

（2）对审计策略和计划的审计程序的重大修正，包括对重大错报风险评估结果的重要变动。

（3）对审计方法有重要影响的值得关注的内部控制缺陷和其他缺陷。

（4）财务报表中存在的重大错报或漏报，包括相关披露和其他审计调整。

（5）项目组成员内部，或项目组与项目质量控制复核人员或提供咨询的其他人员之间，就重大会计和审计事项达成最终结论所存在的意见分歧。

（6）在实施审计程序时遇到的重大困难。

（7）向事务所内部有经验的专业人士或外部专业顾问咨询的事项。

（8）与管理层或其他人员就重大发现以及与注册会计师的最终审计结论相矛盾或不一致的信息进行的讨论。

注册会计师在审计计划阶段对重要性的判断，与其在评估审计差异时对重要性的判断是不同的。如果在审计完成阶段修订后的重要性水平远远低于在计划阶段确定的重要性水平，注册会计师应重新评估已经获得的审计证据的充分性和适当性。重要性的任何变化都要求注册会计师重新评估重大错报上限和审计策略。

如果审计项目组内部、项目组与被咨询者之间以及项目合伙人与项目质量控制复核人员之间存在意见分歧，审计项目组应当遵循事务所的政策和程序予以妥善处理。

四、与治理层沟通

（一）沟通目标

《中国注册会计师审计准则第 1151 号——与治理层的沟通》第十一条规定，注册会计师与治理层沟通的目标如下所列。

(1)就注册会计师与财务报表审计相关的责任、计划的审计范围和时间安排的总体情况,与治理层进行清晰的沟通。

(2)向治理层获取与审计相关的信息。

(3)及时向治理层通报审计中发现的与治理层对财务报告过程的监督责任相关的重大事项。

(4)推动注册会计师和治理层之间有效的双向沟通。

(二)沟通内容

注册会计师应当直接与治理层沟通的事项主要包括如下方面。

1. 注册会计师的责任

注册会计师应当就其责任直接与治理层沟通。注册会计师通常考虑将该沟通事项包含在审计业务约定书中。注册会计师应当向治理层说明,注册会计师的责任是对管理层在治理层监督下编制的财务报表发表审计意见,对财务报表的审计并不能减轻管理层和治理层的责任。主要应当与治理层沟通下列事项。

(1)注册会计师有责任按照审计准则的规定执行审计业务,发表审计意见;审计准则要求沟通的事项包括财务报表审计中发现的,且与治理层履行对财务报告过程监督职责相关的重大事项。

(2)审计准则并不要求注册会计师专门为识别与治理层沟通的补充事项设计程序,但如果注册会计师注意到根据其职业判断认为重大且与治理层责任相关的补充事项,并且这些事项没有通过其他渠道与治理层作过有效沟通,注册会计师应当就这些事项与治理层沟通。

(3)如果存在要求和商定沟通的其他事项,注册会计师还有责任就这些事项与治理层沟通。

2. 计划实施的审计范围和时间

注册会计师应当就计划实施的审计范围和时间直接与治理层作简要沟通。当与治理层沟通计划的审计范围和时间时,注册会计师应当保持职业谨慎,以防止由于具体审计程序易于被治理层,尤其是承担管理责任的治理层所预见等而损害审计工作的有效性。主要应当考虑与治理层沟通下列事项。

(1)注册会计师拟如何应对由于舞弊或错误导致的重大错报风险。

(2)注册会计师对与审计相关的内部控制采取的方案。

(3)重要性的概念,但不宜涉及重要性的具体底线或金额。

(4)审计业务受到的限制或法律法规对审计业务的特定要求。

(5)注册会计师与治理层商定的沟通事项的性质。

3. 审计工作中发现的问题

注册会计师应当就审计工作中发现的问题与治理层直接沟通下列事项。

(1)注册会计师对被审计单位会计处理质量的看法。

(2)审计工作中遇到的重大困难。

(3)尚未更正的错报,除非注册会计师认为这些错报明显不重要。

(4)审计中发现的,根据职业判断认为重大且与治理层履行财务报告过程监督责任

直接相关的其他事项。

4. 注册会计师的独立性

如果被审计单位是上市公司，注册会计师应当就独立性与治理层直接沟通下列内容。

(1)就审计项目组成员、会计师事务所其他相关人员以及会计师事务所和网络事务所按照相关职业道德要求保持了独立性作出声明。

(2)根据职业判断，注册会计师认为会计师事务所、网络事务所与被审计单位之间存在的可能影响独立性的所有关系和其他事项，包括会计师事务所和网络事务所在财务报表涵盖期间，为被审计单位和受被审计单位控制的组成部分提供审计、非审计服务的收费总额。这些收费应当分配到适当的业务类型中，以帮助治理层评估这些服务对注册会计师独立性的影响。

(3)为消除对独立性的不利影响或将其降至可接受的水平，已经采取的相关防范措施。

五、复核审计工作底稿和财务报表

(一)对财务报表总体合理性进行总体复核

在审计结束或临近结束时，注册会计师需要运用分析程序的目的是确定经审计调整后的财务报表整体是否与对被审计单位的了解一致，是否具有合理性。注册会计师应当围绕这一目的运用分析程序。

在运用分析程序进行总体复核时，如果识别出以前未识别的重大错报风险，注册会计师应当重新考虑对全部或部分各类别的交易、账户余额、披露评估的风险是否恰当，并在此基础上重新评价之前计划的审计程序是否充分，是否有必要追加审计程序。

(二)评价审计结果

注册会计师评价审计结果，主要是为了确定审计意见的类型以及在整个审计工作中是否遵循了审计准则。为此，注册会计师必须完成两项工作：一是对重要性和审计风险进行最终的评价；二是对财务报表形成审计意见并草拟审计报告。

1. 对重要性和审计风险进行最终的评价

对重要性和审计风险进行最终评价，是注册会计师决定发表何种类型审计意见的必要过程。该过程可通过以下两个步骤来完成。

(1)确定可能的错报金额。可能的错报金额包括已经识别的具体错报和推断误差。

(2)根据财务报表层次重要性水平，确定可能的错报金额的汇总数(即可能错报总额)对整个财务报表的影响程度。应当注意的是：一是这里的“财务报表层次重要性水平”是指审计计划阶段确定的重要性水平，如果该重要性水平在审计过程中已作过修正，则应当按修正后的财务报表层次重要性水平进行比较；二是这里的可能错报总额一般是指各财务报表项目可能的错报金额的汇总数，也包括上一期间的任何未更正可能错报对本期财务报表的影响。上一期间的未更正可能错报与本期未更正可能错报累计起来，可能会导致本期财务报表产生重大错报。因此，注册会计师估计本期的可能错报总额时，应当包括上一期间的未更正可能错报。

注册会计师在审计计划阶段已确定了审计风险的可接受水平。随着可能错报总额的增加，财务报表可能发生重大错报的风险也会增加。如果注册会计师得出结论，审计风险处在一个可接受的水平，则可以直接根据审计结果发表意见；如果注册会计师认为审计风险不能接受，则应追加审计测试或者说服被审计单位作必要调整，以便将重大错报的风险降低到可接受的水平。否则，注册会计师应慎重考虑该审计风险对审计报告的影响。

2. 对财务报表形成审计意见并草拟审计报告

在审计过程中，要实施各种测试。这些测试通常是由参与本次审计工作的审计项目组成员来执行的，而每个成员所执行的测试可能只限于某几个领域或账项，所以，在每个业务循环或报表项目的测试都完成之后，审计项目经理应汇总所有成员的审计结果。

在完成审计工作阶段，为了对财务报表整体发表适当的意见，必须将这些分散的审计结果加以汇总和评价，综合考虑在审计过程中收集到的全部证据。项目合伙人对这些工作负有最终责任。在有些情况下，这些工作可以先由审计项目经理初步完成，然后再逐级交给部门经理和项目合伙人认真复核。

在对审计意见形成最后决定之前，会计师事务所通常要与被审计单位召开沟通会。在沟通会上，注册会计师可口头报告本次审计所发现的问题，并说明建议被审计单位作必要调整或表外披露的理由。当然，管理层也可以在会上申辩其立场。最后，双方达成一致意见。如果达成一致意见，注册会计师一般即可签发标准审计报告，否则，注册会计师可能不得不发表其他类型的审计意见。注册会计师的审计意见是通过审计报告来反映的，下一章将介绍不同类型的审计报告。

(三)复核审计工作底稿

《质量控制准则第 5101 号——会计师事务所对执行财务报表审计和审阅、其他鉴证和相关服务业务实施的质量管理》对会计师事务所业务复核与项目质量控制复核的质量控制制度作出了规定。《中国注册会计师审计准则第 1121 号——对财务报表审计实施的质量管理》对注册会计师执行财务报表审计的复核与审计项目质量控制复核的质量控制程序作出了规定。

遵循准则要求执行复核是确保注册会计师执业质量的重要手段之一。会计师事务所需要按照《质量控制准则第 5101 号——会计师事务所对执行财务报表审计和审阅、其他鉴证和相关服务业务实施的质量控制》和《中国注册会计师审计准则第 1121 号——对财务报表审计实施的质量管理》的相关规定，结合事务所自身组织架构特点和质量控制体系建设需要，制定相关的质量控制政策和程序，对审计项目复核(包括项目内部复核和项目质量控制复核)的级次以及人员、时间、范围和工作底稿记录等作出规定。

1. 项目组内部复核

(1)复核人员。《质量控制准则第 5101 号——会计师事务所对执行财务报表审计和审阅、其他鉴证和相关服务业务实施的质量控制》规定，会计师事务所在安排复核工作时，应当由项目组内经验较多的人员复核经验较少的人员的工作。会计师事务所应当根据这一原则，确定有关复核责任的政策和程序。项目组需要在制订审计计划时确定复核人员的指派，以确定所有工作底稿均得到适当层级人员的复核。

对一些较为复杂、审计风险较高的领域，例如：舞弊风险的评估与应对、重大会计估计及其他复杂的会计问题、审核会议记录和重大合同、关联方关系和交易、持续经营存在

的问题等,需要指派经验丰富的项目组成员(如项目负责经理)进行复核,必要时可以由项目合伙人执行复核。

(2)复核范围。所有的审计工作底稿至少要经过一级复核。

执行复核时,复核人员需要考虑的事项包括:①审计工作是否已按照执业准则和适当的法律法规的规定执行;②重大事项是否提请进一步考虑;③相关事项是否进行适当咨询,由此形成的结论是否得到记录和执行;④是否需要修改已执行审计工作的性质、时间安排和范围;⑤已执行的审计工作是否支持形成的审计结论,并已得到适当记录;⑥已获取的审计证据是否充分、适当;⑦审计程序的目标是否实现。

(3)复核时间。审计项目复核贯穿审计全过程,随着审计工作的开展,复核人员在审计计划阶段、执行阶段和完成阶段及时复核相应的工作底稿,例如:在审计计划阶段复核记录审计策略和审计计划的工作底稿,在审计执行阶段复核记录控制测试和实质性程序的工作底稿,在审计完成阶段复核记录重大事项、审计调整及未更正错报的工作底稿等。

(4)项目合伙人复核。根据审计准则的规定:项目合伙人应当对会计师事务所分派的每项审计业务的总体质量负责;项目合伙人应当对项目组按照会计师事务所复核政策和程序实施的复核负责。

《中国注册会计师审计准则第 1121 号——对财务报表审计实施的质量管理》应用指南指出,项目合伙人在审计过程的适当阶段及时实施复核,有助于重大事项在审计报告之前得到及时满意的解决。项目合伙人复核的内容包括:①对关键领域所作的判断,尤其是执行业务过程中识别出的疑难问题或争议事项;②特别风险;③项目合伙人认为重要的其他领域。项目合伙人无须复核所有审计工作底稿。《中国注册会计师审计准则第 1131 号——审计工作底稿》要求合伙人记录复核的范围和时间。在审计报告日或审计报告日之前,项目合伙人应当通过复核审计工作底稿和与项目组讨论,确信已获取充分、适当的审计证据,支持得出的结论和拟出具的审计报告。

2. 项目质量控制复核

根据《质量控制准则第 5101 号——会计师事务所对执行财务报表审计和审阅、其他鉴证和相关服务业务实施的质量控制》的规定,会计师事务所应当制定政策和程序,要求对特定业务(包括所有上市尸体财务报表审计)实施项目质量控制复核,以客观评价项目组作出的重大判断以及在编制报告时得出的结论。

会计师事务所应当制定政策和程序,以确定项目质量控制复核的性质、时间安排和范围。这些政策和程序应当要求,只有完成项目质量控制复核,才可以签署业务报告。

(1)质量控制复核人员。《质量控制准则第 5101 号——会计师事务所对执行财务报表审计和审阅、其他鉴证和相关服务业务实施的质量控制》规定,会计师事务所应当制定政策和程序,解决项目质量控制复核人员的委派问题,明确项目质量控制复核人员的资格要求,包括:①履行职责需要的技术资格,包括必要的经验和权限;②在不损害其客观性的前提下,项目质量控制复核人员能够提供业务咨询的程度。

会计师事务所在确定项目质量控制复核人员的资格要求时,需要充分考虑质量控制复核工作的重要性和复杂性,安排经验丰富的注册会计师担任项目质量控制复核人员,例如:有一定执业经验的合伙人,或专门负责质量控制复核的注册会计师等。

(2)质量控制复核范围。《中国注册会计师审计准则第 1121 号——对财务报表审计实施的质量管理》规定，项目质量控制复核人员应当客观地评价项目组作出的重大判断以及在编制审计报告时得出的结论。

评价工作应当涉及下列内容：①与项目组合伙人讨论重大事项；②复核财务报表和拟出具的审计报告；③复核选取的与项目组作出的重大判断和得出的结论相关的审计工作底稿；④评价在编制审计报告时得出的结论，并考虑拟出具审计报告的恰当性。

对于上市实体财务报表审计，项目质量控制复核人员在实施项目质量控制复核时，还应当考虑：①项目组就具体审计业务对会计师事务所独立性作出的评价；②项目组是否已就涉及意见分歧的事项，或者其他疑难问题或争议事项进行适当咨询，以及咨询得出的结论；③选取的用于复核的审计工作底稿，是否反映了项目组针对重大判断执行的工作，以及是否支持得出的结论。

(3)质量控制复核时间。《中国注册会计师审计准则第 1121 号——对财务报表审计实施的质量管理》规定，只有完成了项目质量控制复核，才能签署审计报告。

按照《质量控制准则第 5101 号——会计师事务所对执行财务报表审计和审阅、其他鉴证和相关服务业务实施的质量控制》的规定，审计报告的日期不得早于注册会计师获取充分、适当的审计证据，并在此基础上对财务报表形成审计意见的日期。对于上市实体财务报表审计业务或符合标准需要实施项目质量控制复核的其他业务，这种符合有助于注册会计师确定是否已获取充分、适当的审计证据。

项目质量控制复核人员在业务过程中的适当阶段及时实施项目质量控制复核，有助于重大事项在审计报告日之前得到迅速、满意的解决。

注册会计师要考虑在审计过程与项目质量控制复核人员积极配合，使其能够及时实施质量控制复核，而非在出具审计报告前才实施复核。例如：在审计计划阶段，项目质量控制复核人员复核项目组对会计师事务所独立性作出的评价、项目组在制定审计策略和审计计划时作出的重大判断及发现的重大事项等。

针对项目组内部复核以及项目质量控制复核，很多会计师事务所都备有详细的业务执行复核工作核对表，项目复核可以通过填列业务执行复核工作核对表的方式来进行，这样，不仅可对那些经常容易被忽视的审计方面起到提醒作用，还有利于检查审计证据的充分性和适当性。表 14－6 是业务执行复核工作核对表的一个范例，供参考。

表 14－6　业务执行复核工作核对表

被审计单位：＿＿＿＿＿＿＿＿　索引号：＿＿＿＿＿＿＿＿

项目：＿＿＿＿＿＿＿＿　财务报表截止日/期间：＿＿＿＿＿＿＿＿

编制：＿＿＿＿＿＿＿＿　复核：＿＿＿＿＿＿＿＿

日期：＿＿＿＿＿＿＿＿　日期：＿＿＿＿＿＿＿＿

一、项目负责经理复核

复核事项	是/否/不适用	备注
1. 是否已复核已完成的审计计划，以及导致审计计划作出重大修改的事项？		

第十四章　完成审计

（续表）

复核事项	是/否/不适用	备注
2. 是否已复核重要的财务报表项目？		
3. 是否已复核特殊交易或事项，包括债务重组、关联方交易、非货币性交易、或有事项、期后事项、持续经营能力等？		
4. 是否已复核重要会计政策、会计估计的变更？		
5. 是否已复核重大事项概要？		
6. 是否已复核建议调整事项？		
7. 是否已复核管理层声明书，股东大会、董事会相关会议纪要，与客户的沟通记录及重要会议记录，律师询证函复函？		
8. 是否已复核审计总结？		
9. 是否已复核已审计财务报表和拟出具的审计报告？		
10. 实施上述复核后，是否可以确定下列事项：		
(1)审计工作底稿提供了充分适当的记录，作为审计报告的基础。		
(2)已按照中国注册会计师审计准则的规定执行了审计工作。		
(3)对重大错报风险的评估及采取的应对措施是恰当的，针对存在特别风险的审计领域，设计并实施了针对性的审计程序，且得出了恰当的审计结论。		
(4)作出的重大判断恰当合理。		
(5)提出的建议调整事项恰当，相关调整分录正确。		
(6)未更正错报无论是单独还是汇总起来对财务报表整体均不具有重大影响。		
(7)已审计财务报表的编制符合企业会计准则的规定，在所有重大方面公允反映了被审计单位的财务状况、经营成果和现金流量。		
(8)拟出具的审计报告措辞恰当，已按照中国注册会计师审计准则的规定发表了恰当的审计意见。		

签字：________________ 日期：________________

二、项目合伙人复核

复核事项	是/否/不适用	备注
1. 是否已复核已完成的审计计划，以及导致对审计计划作出重大修改的事项？		
2. 是否已复核重大事项概要？		

（续表）

复核事项	是/否/不适用	备注
3. 是否已复核存在特别风险的审计领域，以及项目组采取的应对措施？		
4. 是否已复核项目组作出的重大判断？		
5. 是否已复核建议调整事项？		
6. 是否已复核管理层声明书，股东大会、董事会相关会议纪要，与客户的沟通记录及重要会谈记录，律师询证函复函？		
7. 是否已复核审计总结？		
8. 是否已复核已审计财务报表和拟出具的审计报告？		
9. 实施上述复核后，是否可以确定：		
(1)对项目负责经理实施的复核结果满意。		
(2)对重大错报风险的评估及采取的应对措施是恰当的，针对存在特别风险的审计领域，设计并实施了针对性的审计程序，且得出了恰当的审计结论。		
(3)项目组作出的重大判断恰当合理。		
(4)提出的建议调整事项恰当合理，未更正错误无论是单独还是汇总起来对财务报表整体均不具有重大影响。		
(5)已审计财务报表的编制符合企业会计准则的规定，在所有重大方面公允反映了被审计单位的财务状况、经营成果和现金流量。		
(6)拟出具的审计报告措辞恰当，已按照中国注册会计师审计准则的规定发表了恰当的审计意见。		

签字：________________________ 日期：________________________

三、项目质量控制复核

复核事项 （由独立的项目质量控制复核人员进行复核。项目质量控制复核适用于上市实体财务报表审计或会计师事务所按有关规定确定的其他类型审计业务）	是/否/不适用	备注
1. 项目质量控制复核之前进行的复核是否均已得到满意的执行？		
2. 是否已复核项目组针对本业务对本所独立性作出的评价，并认为该评价是恰当的？		
3. 是否已复核项目组在审计过程中识别的特别风险以及采取的应对措施，包括项目组对舞弊风险的评估及采取的应对措施，认为项目组作出的判断和应对措施是恰当的？		

（续表）

复核事项 （由独立的项目质量控制复核人员进行复核。项目质量控制复核适用于上市实体财务报表审计或会计师事务所按有关规定确定的其他类型审计业务）	是/否/不适用	备注
4. 是否已复核项目组作出的判断，包括关于重要性和特别风险的判断，认为这些判断恰当合理？		
5. 是否确定项目组已就存在的意见分歧、其他疑难问题或争议事项进行适当咨询，且咨询得出的结论是恰当的？		
6. 是否已复核审计过程中识别的已更正和未更正错报的重要程度及处理情况？		
7. 是否已复核项目组与管理层和治理层沟通的记录以及拟与其沟通的事项，对沟通情况表示满意？		
8. 是否认为所复核的审计工作底稿反映了项目组针对重大判断执行的工作能够支持得出的结论？		
9. 是否已复核已审计财务报表和拟出具的审计报告，认为已审计财务报表符合企业会计准则的规定，拟出具的审计报告已按照中国注册会计师审计准则的规定发表了恰当的审计意见？		

签字：____________________ 日期：____________________

本章小结

出具审计报告之前，注册会计师必须完成各项外勤审计工作、获取书面声明及终结审计。

外勤审计工作包括期初余额审计、期后事项审计、或有事项审计、持续经营审计等。各种审计结果都会对审计报告产生不同的影响。

书面声明，是指被审计单位管理层向注册会计师提供的关于财务报表的各项陈述，也称管理层声明。管理层声明具有以下两个基本作用：一是明确管理层对财务报表的责任。被审计单位管理层在声明书中对提供给注册会计师的有关资料的真实性、合法性和完整性作出正面陈述，并明确承认对财务报表负责。二是提供审计证据。如果管理层拒绝提供注册会计师认为必要的声明，注册会计师应当将其视为审计范围受到限制，出具保留意见或无法表示意见的审计报告。

终结审计包括编制审计差异调整表和试算平衡表、对财务报表总体合理性实施分析程序、评价审计结果、与治理层沟通、完成质量控制复核工作。

【复习思考题】

1. 如何根据期初余额的审计结论确定其对本期审计意见类型的影响？

2. 什么是期后事项？期后事项分为哪两种类型？各自对会计报表有何影响？

3. 持续经营假设对审计意见有何影响？

4. 什么是书面声明？它对注册会计师收集审计证据发表审计意见有何影响？

5. 审计差异包括哪几种类型？汇总审计差异以后如何进行评价和处理？

6. 对审计中发现的核算错误，如何运用审计重要性原则来划分建议调整的不符事项与未调整的不符事项？

7. 签发审计报告前如何完成项目质量控制复核？

第十五章 审计报告

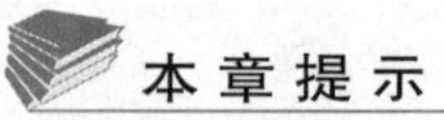
本章提示

学习目标 通过本章学习，学生掌握审计报告的基本内容；审计意见的形成；审计报告类型的确定。

重要概念 审计报告；无保留意见；保留意见；否定意见；无法表示意见；强调事项；关键事项；重大错报

引例

一、年报审计结果出炉，几家欢喜几家愁

截至2021年4月30日，44家会计师事务所共为4 299家上市公司出具了2020年度财务报表审计报告，其中，沪市主板1 611家，深市主板1 474家，创业板947家，科创板267家。

从审计报告意见类型看，4 156家被出具了无保留意见审计报告（其中52家被出具带强调事项段的无保留意见，60家被出具带持续经营事项段的无保留意见），110家被出具保留意见审计报告，33家被出具无法表示意见审计报告。从非标准审计意见看，255家被出具非标准审计意见（占比5.93%），较2019年度275份（占比7.15%）略有下降，具体情况如下：

单位：家

审计意见	2020年	2019年	同比
标准无保留意见	4 044	3 573	13.18%
带有解释性说明的无保留意见	112	102	9.80%
保留意见	110	126	−12.70%
无法表示意见	33	46	−28.26%
否定意见	—	1	—
合计	4 299	3 484	11.72%

非标准审计意见，是指注册会计师对财务报表发表的非无保留意见或带有解释性说明的无保留意见。其中，非无保留意见，是指注册会计师对财务报表发表的保留意见、否定意见或无法表示意见；带有解释性说明的无保留意见，是指对财务报表发表的带有强调事项段、持续经营重大不确定性段落的无保留意见或者其他信息段落中包含其他信息未更正重大错报说明的无保留意见。

注册会计师在确定恰当的非无保留意见类型时，需要考虑下列因素。

(1)导致非无保留意见的事项的性质，是财务报表存在重大错报，或是在无法获取充分、适当的审计证据的情况下财务报表可能存在重大错报。

(2)注册会计师就导致非无保留意见的事项对财务报表产生或可能产生的影响的广泛性作出的判断。

上述两个因素对非无保留意见类型的影响如下：

导致发表非无保留意见的事项的性质	对财务报表产生或可能产生的影响是否具有广泛性	
	重大但不具有广泛性	重大且具有广泛性
财务报表存在重大错报(已对相关事项获取充分、适当的审计证据)	保留意见	否定意见
无法获取充分、适当的审计证据(不能得出财务报表整体不存在重大错报的结信纸)	保留意见	无法表示意见

从审计意见内容看，导致2020年度财务报表审计报告被出具“无法表示意见”的主要事项包括担保、诉讼等或有事项，预计负债计提的准确性；持续经营能力存在重大不确定性；内部控制失效，审计范围受限；减值准备计提的合理性；资金往来、交易的真实性与商业合理性；关联方资金占用；中国证监会立案调查事项；资产的存在和准确性等。

截至2021年4月30日，共有35家事务所向中注协报备了上市公司财务报表审计机构变更信息，涉及上市公司405家。后任事务所尚未报备变更信息的有37家，前任事务所尚未报备变更信息的有73家，前后任事务所均已报备变更信息的有295家。对于变更原因，有147家表示，是上市公司业务发展或审计需要；有73家表示，是前任事务所提供审计服务年限较长或聘期届满；有50家表示，是根据规定需要轮换；有36家表示，是上市公司根据集团、控股股东要求更换审计机构。

(数据来源：《中注协发布上市公司2020年年报审计情况快报(第十期)》《证监会发布2019年上市公司年报会计监管报告》，其他资料来源：会计雅苑——会计审计资讯平台，有改动)

二、案例思考与讨论

1. 被出具非标准审计意见的披露要求及后果。

2. 非标准审计意见占比减少，是A股公司2020年财报披露质量提高了吗？

3. 不同审计意见对公司和投资者而言意味着什么?

4. 注册会计师出具不同类型审计意见的标准是什么?

第一节　审计报告概述

一、审计报告的含义

审计报告是指注册会计师根据审计准则的规定,在执行审计工作的基础上,对财务报表发表审计意见的书面文件。

审计报告是注册会计师在完成审计工作后向委托人提交的最终产品,具有以下特征。

(1)注册会计师应当按照审计准则的规定执行审计工作。

(2)注册会计师在实施审计工作的基础上才能出具审计报告。

(3)注册会计师通过对财务报表发表意见履行业务约定书约定的责任。

(4)注册会计师应当以书面形式出具审计报告。

注册会计师应当根据由审计证据得出的结论,清楚表达对财务报表的意见。无论是出具标准审计报告,还是非标准审计报告,注册会计师一旦在审计报告上签名并盖章,就表明对其出具的审计报告负责。

审计报告是注册会计师对财务报表是否在所有重大方面按照财务报告编制基础编制并实现公允反映发表审计意见的书面文件,因此,注册会计师应当将已审计的财务报表附于审计报告之后,以便于财务报表使用者正确理解和使用审计报告,并防止被审计单位替换、更改已审计的财务报表。

二、审计报告的作用

注册会计师签发的审计报告,主要具有鉴证、保护和证明三方面的作用。

(一)鉴证作用

注册会计师签发的审计报告,不同于政府审计和内部审计的审计报告,是以超然独立的第三者身份,对被审计单位财务报表合法性、公允性发表意见。这种意见,具有鉴证作用,得到了政府及其各部门和社会各界的普遍认可。政府有关部门,如财政部门、税务部门等了解、掌握企业的财务状况和经营成果的主要依据是企业提供的财务报表。财务报表是否合法、公允,主要依据注册会计师的审计报告作出判断。股份制企业的股东,主要依据注册会计师的审计报告来判断被投资企业的财务报表是否公允地反映了财务状况和经营成果,以进行投资决策等。

(二)保护作用

注册会计师通过审计,可以对被审计单位财务报表出具不同类型审计意见的审计报告,以提高或降低财务报表使用者对财务报表的信赖程度,能够在一定程度上对被审计单位的财产,债权人和股东的权益及企业利害关系人的利益起到保护作用。如投资者为了减少投资风险，在进行投资之前，需要查阅被投资企业的财务报表和注册会计师的审计报告，了解被投资企业的经营情况和财务状况。投资者根据注册会计师的审计报告作出投资决策，可以降低其投资风险。

(三)证明作用

审计报告是对注册会计师审计任务完成情况及其结果所作的总结，它可以表明审计工作的质量并明确注册会计师的审计责任。因此，审计报告可以对审计工作质量和注册会计师的审计责任起证明作用。审计报告，可以证明注册会计师在审计过程中是否实施了必要的审计程序，是否以审计工作底稿为依据发表审计意见，发表的审计意见是否与被审计单位的实际情况相一致，审计工作的质量是否符合要求。审计报告，可以证明注册会计师对审计责任的履行情况。

三、审计意见的形成

注册会计师应当就财务报表是否在所有重大方面按照适用的财务报告编制基础编制并实现公允反映形成审计意见。为了形成审计意见，针对财务报表整体是否不存在由于舞弊或错误导致的重大错报，注册会计师应当得出结论，确定是否已就此获取合理保证。

在得出结论时，注册会计师应当考虑下列方面。

(1)按照《中国注册会计师审计准则第 1231 号——针对评估的重大错报风险采取的应对措施》的规定，是否已获取充分、适当的审计证据。

在得出总体结论之前，注册会计师应当根据实施的审计程序和获取的审计证据，评价对认定层次重大错报风险的评估是否仍然适当。在形成审计意见时，注册会计师应当考虑所有相关的审计证据，无论该证据与财务报表认定相互印证还是相互矛盾。

如果对重大的财务报表认定没有获取充分、适当的审计证据，注册会计师应当尽可能获取进一步的审计证据。

(2)按照《中国注册会计师审计准则第 1251 号——评价审计过程中识别出的错报》的规定，未更正错报单独或汇总起来是否构成重大错报。

在确定时，注册会计师应当考虑：①相对特定类别的交易、账户余额或披露以及财务报表整体而言，错报的金额和性质以及错报发生的特定环境；②与以前期间相关的未更正错报对相关类别的交易、账户余额或披露以及财务报表整体的影响。

(3)评价财务报表是否在所有重大方面按照适用的财务报告编制基础编制。

注册会计师应当依据适用的财务报告编制基础特别评价下列内容。

一是财务报表是否充分披露了选择和运用的重要会计政策。

二是选择和运用的会计政策是否符合适用的财务报告编制基础，并适合被审计单位的具体情况。会计政策是被审计单位在会计确认、计量和报告中采用的原则、基础和会计处理方法。被审计单位选择和运用的会计政策既应符合适用的财务报告编制基础，也应适合被审计单位的具体情况。在考虑被审计单位选用的会计政策是否适当时，注册会计师还应当关注重要的事项。重要事项包括重要项目的会计政策和行业惯例、重大和异常交易的会计处理方法、在新领域和缺乏权威性标准或共识的领域采用重要会计政策产

生的影响、会计政策的变更等。

三是管理层作出的会计估计是否合理。会计估计通常是指被审计单位以最近可利用的信息为基础对结果不确定的交易或事项所作的判断。由于会计估计具有主观性、复杂性和不确定性,管理层作出的会计估计发生重大错报的可能性较大。因此,注册会计师应当判断管理层作出的会计估计是否合理,确定会计估计的重大错报风险是否是特别风险,是否采取了有效的措施予以应对。

四是财务报表列报的信息是否具有相关性、可靠性、可比性和可理解性。财务报表反映的信息应当符合信息质量特征,具有相关性、可靠性、可比性和可理解性。注册会计师应当根据适用的财务报告编制基础的规定,考虑财务报表反映的信息是否符合信息质量特征。

五是财务报表是否作出充分披露,使财务报表预期使用者能够理解重大交易和事项对财务报表所传递的信息的影响。按照通用目的编制基础编制的财务报表通常反映被审计单位的财务状况、经营成果和现金流量。对于通用目的财务报表,注册会计师需要评价财务报表是否作出充分披露,以使财务报表预期使用者能够理解重大交易和事项对被审计单位财务状况、经营成果和现金流量的影响。

六是财务报表使用的术语(包括每一财务报表的标题)是否适当。

在评价财务报表是否在所有重大方面按照适用的财务报告编制基础编制时,注册会计师还应当考虑被审计单位会计实务的质量,包括表明管理层的判断可能出现偏向的迹象。

管理层需要对财务报表中的金额和披露作出大量判断。在考虑被审计单位会计实务的质量时,注册会计师可能注意到管理层判断中可能存在的偏向。注册会计师可能认为缺乏中立性产生的累积影响,连同未更正错报的影响,导致财务报表整体存在重大错报。管理层缺乏中立性可能影响注册会计师对财务报表整体是否存在重大错报的评价。缺乏中立性的迹象包括下列情形。

一是管理层对注册会计师在审计期间提请其注意的错报进行选择性更正。例如,如果更正某一错报将增加盈利,则对该错报予以更正,反之如果更正某一错报将减少盈利,则对该错报不予更正。

二是管理层在作出会计估计时可能存在偏向。

《中国注册会计师审计准则第 1321 号——会计估计审计》涉及管理层在作出会计估计时可能存在的偏向。在得出某项会计估计是否合理的结论时,可能存在管理层偏向的迹象本身并不构成错报。然而,这些迹象可能影响注册会计师对财务报表整体是否不存在重大错报的评价。

(4)评价财务报表是否实现公允反映。

在评价财务报表是否实现公允反映时,注册会计师应当考虑:财务报表的整体列报、结构和内容是否合理,财务报表(包括相关附注)是否公允地反映了相关交易和事项。

(5)评价财务报表是否恰当提及或说明适用的财务报告编制基础。

管理层和治理层(如适用)编制的财务报表需要恰当说明适用的财务报告编制基础。由于这种说明向财务报表使用者告知编制财务报表所依据的编制基础,因此非常重要。但只有财务报表符合适用的财务报告编制基础(在财务报表所涵盖的期间内有效)的所有要求，声明财务报表按照该编制基础编制才是恰当的。在对适用的财务报告编制基础的说明中使用不严密的修饰语或限定性的语言（如“财务报表实质上符合国际财务报告准则的要求”）是不恰当的，因为这可能误导财务报表使用者。

在某些情况下，财务报表可能声明按照两个财务报告编制基础（如某一国家或地区的财务报告编制基础和国际财务报告准则）编制。这可能是因为管理层被要求或自愿选择同时按照两个编制基础的规定编制财务报表，在这种情况下，两个财务报告编制基础都是适用的财务报告编制基础。只有当财务报表分别符合每个财务报告编制基础的所有要求时，声明财务报表按照这两个编制基础编制才是恰当的。财务报表需要同时符合两个编制基础的要求并且不需要调节，才能被视为按照两个财务报告编制基础编制。在实务中，同时遵守两个编制基础的可能性很小，除非某一国家或地区采用另一财务报告编制基础（如国际财务报告准则）作为本国或地区的财务报告编制基础，或者已消除遵守另一财务报告编制基础的所有障碍。

四、审计报告的类型

审计报告分为标准审计报告和非标准审计报告。当注册会计师出具的无保留意见的审计报告不附加说明段、强调事项段或任何修饰性用语时，该报告称为标准审计报告。标准审计报告包含的审计报告要素齐全，属于无保留意见，且不附加说明段、强调事项段或任何修饰性用语。否则，不能称为标准审计报告。

非标准审计报告，是指标准审计报告以外的其他审计报告，包括带强调事项段的无保留意见的审计报告和非无保留意见的审计报告。非无保留意见的审计报告包括保留意见的审计报告、否定意见的审计报告和无法表示意见的审计报告。

审计报告的类型总结如图 15－1 所示。

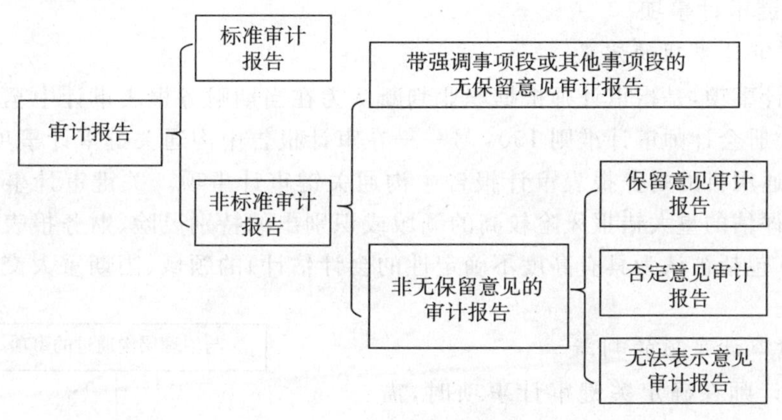

图 15－1 审计报告的类型

五、审计报告的内容

审计报告应当包括下列内容：标题，收件人，审计意见，形成审计意见的基础，关键审计事项，其他信息（如适用），管理层及治理层对财务报表的责任，注册会计师对财务报表

审计的责任，按照相关法律法规的要求报告的事项（如适用），注册会计师的签名和盖章，会计师事务所的名称、地址及盖章，报告日期。

（一）标题

审计报告的标题应当统一规范为“审计报告”。

考虑到这一标题已广为社会公众所接受，因此，我国注册会计师出具的审计报告中标题没有包含“独立”两个字，但注册会计师在执行财务报表审计业务时，应当遵守独立性的要求。

（二）收件人

审计报告的收件人是指注册会计师按照业务约定书的要求致送审计报告的对象，一般是指审计业务的委托人。审计报告应当载明收件人的全称。

注册会计师应当与委托人在业务约定书中约定致送审计报告的对象，以防止在此问题上发生分歧或审计报告被委托人滥用。针对整套通用目的财务报表出具的审计报告，审计报告的致送对象通常为被审计单位的全体股东或董事会。

（三）审计意见

审计意见部分包括下列方面：指出被审计单位的名称，说明财务报表已经审计，指出构成整套财务报表的每一财务报表的名称，提及财务报表附注，指明构成整套财务报表的每一财务报表的日期或涵盖的期间。

（四）形成审计意见的基础

该部分包括下列方面：说明注册会计师按照审计准则的规定执行了审计工作；提及审计报告中用于描述审计准则规定的注册会计师责任的部分；声明注册会计师按照与审计相关的职业道德要求独立于被审计单位，并履行了职业道德方面的其他责任；说明注册会计师是否相信获取的审计证据是充分、适当的，为发表审计意见提供了基础。

（五）关键审计事项

1. 关键审计事项的定义

关键审计事项，是指审计师根据职业判断认为在当期财务报表审计中至关重要的事项。《中国注册会计师审计准则1504号——在审计报告中沟通关键审计事项》要求在上市实体整套通用目的财务报表审计报告中沟通关键审计事项。关键审计事项可能涉及注册会计师评估的重大错报风险较高的领域或识别出的特别风险、财务报表中涉及管理层重大判断（包括被认为具有高度不确定性的会计估计）的领域、当期重大交易或事项对审计的影响。

2. 关键审计事项的判断

注册会计师在确定关键审计事项时，需要遵循一定的步骤，具体如图15－2所示。

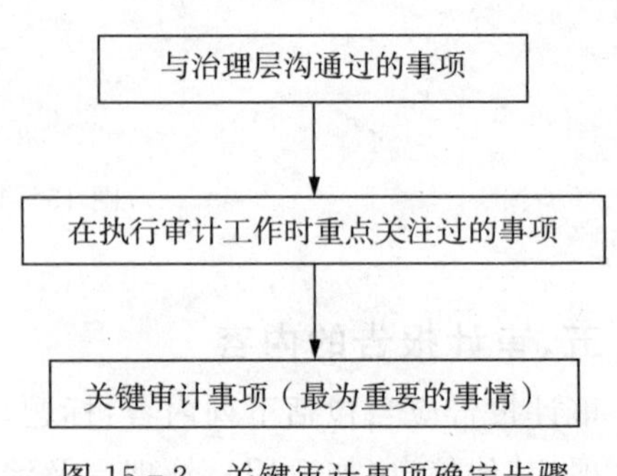

图15－2　关键审计事项确定步骤

（1）以“与治理层沟通的事项”作为起点确定关键审计事项。注册会计师与被审计单位治理层沟通审计过程中的重大发现，包括对被审计单位会计政策、会计估计和财务报表披露的重大方面的看法以及审计中遇到的重大困难等，以便于治理层履行其监督财务报告过程的职责，也便于注册会计师履行审计职责。

除非注册会计师针对这些事项发表无保留意见，否则这部分沟通将不在审计报告中披露。

(2)从“与治理层沟通的事项”中选取在执行审计工作时“重点关注过的事项”。在确定哪些事项属于重点关注过的事项时，需要特别考虑以下方面：一是评估的重大错报风险较高的领域或识别出的特别风险，二是与财务报表中涉及重大管理层判断的领域相关的重大审计判断，三是本期重大交易或事项对审计的影响。

(3)从“执行审计工作时重点关注过的事项”中确定对“本期财务报的审计最为重要的事项”，从而构成“关键审计事项”。

对于最为重要的事项，注册会计师需要综合考虑：①就相关事项与治理层沟通的性质和程度；②该事项对预期使用者理解财务报表整体的重要程度；③与该事项相关的会计政策的复杂程度或主观程度；④与该事项相关的错报的性质和重要程度；⑤为应对该事项需要付出的审计努力的性质和程度；⑥执业人员遇到的困难的性质和严重程度；⑦与该事项相关的控制缺陷的严重程度；⑧该事项是否涉及多项相联系的审计考虑。

注册会计师应当在审计报告中描述关键审计事项，说明被确定为关键审计事项的原因以及该事项在审计中是如何应对的。

小提示

关键审计事项的分类见表 15－1 所列。

表 15－1 关键审计事项类别

序号	项目
A	识别到的特别风险和具有较高重大错报风险领域
B	与涉及重要管理层判断(包括具有高度估计不确定性的会计估计)的财务报表领域有关的重要的审计判断
C	本期发生的重大事项或交易对审计的影响

(六)其他信息(如适用)

其他信息是指在被审计单位年度报告中，包含的除财务报表和审计报告以外的财务信息和非财务信息。在审计业务没有提出专门要求的情况下，审计意见不涵盖其他信息。注册会计师没有专门责任确定其他信息是否得到陈述。然而，由于已审计财务报表与其他信息之间可能存在的重大不一致将损害已审计财务报表的可信性，注册会计师需要阅读其他信息，在阅读时，如果识别出重大不一致，注册会计师应当确定已审计财务报表或其他信息是否需要作出修正。

如果在审计报告中存在下列两种情况之一，审计报告应当包括一个单独部分，以“其他信息”为标题。

(1)对于上市实体财务报表审计,注册会计师已获取或预期将获取其他信息。

(2)对于上市实体以外其他被审计单位的财务报表,注册会计师已获取部分或全部其他信息。

(七)管理层及治理层对财务报表的责任

应当说明管理层负责下列方面。

(1)按照适用的财务报告编制基础编制财务报表,使其实现公允反映,并设计、执行和维护必要的内部控制,以使财务报表不存在由于舞弊或错误导致的重大错报。

(2)评估被审计单位的持续经营能力和使用持续经营假设是否适当,并披露与持续经营相关的事项(如适用)。对该评估责任的说明应当包括描述在何种情况下使用持续经营假设是适当的。

治理层负责监督公司的财务报告过程。

(八)注册会计师对财务报表审计的责任

(1)说明注册会计师的目标是对财务报表整体是否不存在由于舞弊或错误导致的重大错报获取合理保证,并出具包含审计意见的审计报告;说明合理保证是高水平的保证,但并不能保证按照审计准则执行审计在某一重大错报存在时总能发现;说明错报可能由于舞弊或错误导致。

(2)说明在按照审计准则执行审计工作的过程中,注册会计师运用职业判断,并保持职业怀疑;通过说明注册会计师的责任,对审计工作进行描述,这些责任包括如下方面。

一是识别和评估由于舞弊或错误导致的财务报表重大错报风险,对这些风险有针对性地设计和实施审计程序,获取充分、适当的审计证据,作为发表审计意见的基础。由于舞弊可能涉及串通、伪造、故意遗漏、虚假陈述,或凌驾于内部控制之上,未能发现由于舞弊导致的重大错报的风险高于未能发现由于错误导致的重大错报的风险。

二是了解与审计相关的内部控制,以设计恰当的审计程序,但目的并非对内部控制的有效性发表意见。当注册会计师有责任在财务报表审计的同时对内部控制的有效性发表意见时,应当略去上述“目的并非对内部控制的有效性发表意见”的表述。

三是评价管理层选用会计政策的恰当性和作出会计估计及相关披露的合理性。

四是对管理层使用持续经营假设的恰当性得出结论。同时,基于所获取的审计证据,对是否存在与特定事项或情况相关的重大不确定性,从而可能导致对被审计单位的持续经营能力产生重大疑虑得出结论。如果注册会计师得出结论认为存在重大不确定性,审计准则要求注册会计师在审计报告中提请报表使用者注意财务报表中的相关披露;如果披露不充分,注册会计师应当发表非无保留意见。注册会计师的结论基于审计报告日可获得的信息。然而,未来的事项或情况,可能导致被审计单位不能持续经营。

五是评价财务报表的总体列报、结构和内容(包括披露),并评价财务报表是否公允反映相关交易和事项。

(九)按照相关法律法规的要求报告的事项(如适用)

注册会计师可能承担报告其他事项的额外责任,这些责任是对审计准则规定的注册会计师责任的补充。例如,如果注册会计师在财务报表审计中注意到某些事项,可能被要求对这些事项予以报告。此外，注册会计师可能被要求实施额外的规定程序并予以报告，或对特定事项(如会计账簿和记录的适当性、财务报告内部控制或其他信息)发表意见。如果注册会计师在对财务报表出具的审计报告中履行其他报告责任，应当在审计报告中将其单独作为一部分，并以“按照相关法律法规要求报告的事项”为标题，或使用适合该部分内容的其他标题，除非其他报告责任涉及的事项与审计准则规定的报告责任涉及的事项相同。如果涉及相同的事项，其他报告责任可以在审计准则规定的同一报告要素部分列示。如果将其他报告责任在审计准则规定的同一报告要素部分列示，审计报告应当清楚区分其他报告责任和审计准则要求的报告责任。

(十)注册会计师的签名和盖章

项目合伙人的姓名应当包含在上市实体整套通用目的财务报表出具的审计报告中，并且由注册会计师签名和盖章。

(十一)会计师事务所的名称、地址及盖章

审计报告应当载明会计师事务所的名称和地址，并加盖会计师事务所公章。

(十二)报告日期

审计报告不应早于注册会计师获取充分、适当的审计证据，并在此基础上对财务报表形成审计意见的日期。在确定审计报告日时，注册会计师应当确信已获取下列两方面的审计证据：构成整套财务报表的所有报表(包括相关附注)已编制完成，被审计单位的董事会、管理层或类似机构已经认可其对财务报表的责任。

第二节 审计意见的形成及其审计报告

一、审计意见的形成

注册会计师应当评价根据审计证据得出的结论，也作为对财务报表形成审计意见的基础。在对财务报表形成审计意见时，注册会计师应当根据已获取的审计证据，评价是否已对财务报表整体不存在重大错报获取合理保证。注册会计师应当就财务报表是否在所有重大方面按照适用的财务报告编制基础的规定编制，并实现公允反映形成审计意见。具体要求见表 15－2 所列。

表 15－2 形成审计意见时注册会计师应当考虑的内容

序号	应当考虑的内容
1	根据《中国注册会计师根据中国注册会计师审计准则第 1231 号——针对评估的重大错报风险采取的应对措施》的规定，是否已获取充分适当的审计证据
2	根据《中国注册会计师审计准则第 1251 号——评价审计过程中识别出的错报》的规定，未更正错报单独或汇总起来是否构成重大错报
3	是否在所有重大方面按照适用的财务报告编制基础的规定编制，在评价时，注册会计师应考虑被审计单位会计实务的质量，包括表明管理层的判断可能出现偏向的迹象

（续表）

序号	应当考虑的内容
4	注册会计师应当根据适用的财务报告编制基础，特别评价下列内容： (1)财务报表是否充分披露了所选择和应用的重要会计政策； (2)选择和运用的会计政策是否符合适用的财务报告编制基础，并适合被审计单位的具体情况； (3)管理层作出的会计估计是否合理； (4)财务报表列报的信息是否具有相关性、可靠性、可比性和可理解性； (5)财务报表是否作出充分披露，使预期使用者能够理解重大交易和事项对财务报表所传递信息的影响； (6)财务报表使用的术语是否适当

二、审计意见的判断及其审计报告格式

审计意见的类型包括无保留审计意见和非无保留审计意见两大类。

(一)无保留审计意见

如果认为被审计单位财务报表在所有重大方面按照适用的财务报告编制基础编制并实现公允反映，注册会计师应当发表无保留审计意见。判断流程如图 15-3 所示

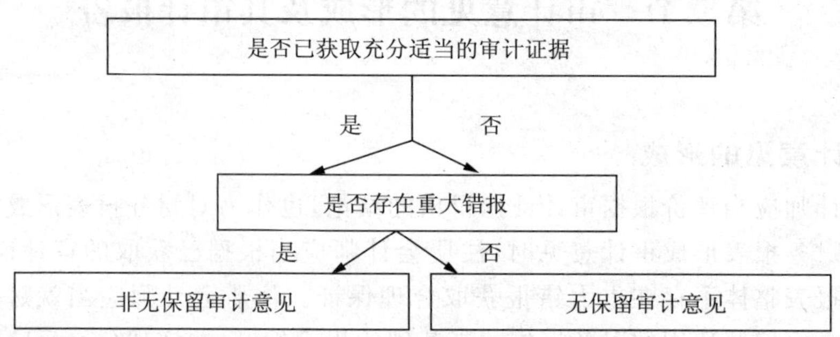

图 15-3　无保留审计意见判断流程图

无保留审计意见包括标准无保留审计意见和带强调事项段的无保留审计意见。

1. 标准无保留审计意见

(1)判断依据。如果注册会计师认为财务报表符合表 15-1 所列的全部要求，说明被审计单位编制的财务报表已按照适当的会计准则的规定编制并在所有重大方面公允反映了被审计单位的财务状况、经营成果和现金流量。注册会计师应当发表标准无保留审计意见。

(2)审计报告格式。下面是信永中和会计师事务所为海思科医药集团股份公司出具的标准无保留意见审计报告。

审计报告

XYZH/2021CDAA80106

海思科医药集团股份有限公司全体股东：

一、审计意见

我们审计了海思科医药集团股份有限公司(以下简称"海思科公司")财务报表，包括2020年12月31日的合并及母公司资产负债表，2020年度的合并及母公司利润表、合并及母公司现金流量表、合并及母公司股东权益变动表，以及相关财务报表附注。

我们认为，后附的财务报表在所有重大方面按照企业会计准则的规定编制，公允反映了海思科公司2020年12月31日的合并及母公司财务状况以及2020年度的合并及母公司经营成果和现金流量。

二、形成审计意见的基础

我们按照中国注册会计师审计准则的规定执行了审计工作。审计报告的"注册会计师对财务报表审计的责任"部分进一步阐述了我们在这些准则下的责任。按照中国注册会计师职业道德守则，我们独立于海思科公司，并履行了职业道德方面的其他责任。我们相信，我们获取的审计证据是充分、适当的，为发表审计意见提供了基础。

三、关键审计事项

关键审计事项是我们根据职业判断，认为对本期财务报表审计最为重要的事项。这些事项的应对以对财务报表整体进行审计并形成审计意见为背景，我们不对这些事项单独发表意见。

关键审计事项	审计中的应对
1. 收入的确认 如财务报表附注四、29及附注六、40所示，2020年度，海思科公司主营业务收入为人民币3 327 522 673.59元，较上年同期下降15.45%； 营业收入是海思科公司的关键业绩指标之一，收入确认存在因舞弊导致重大错报的固有风险较高，因此我们将营业收入确认事项作为关键审计事项	针对收入确认，我们执行的审计程序主要包括： (1)评价并测试与收入循环有关的内部控制制度的设计和执行情况； (2)对于药品销售，选取样本检查合同，识别与药品控制权转移的条款，评价收入确认时点是否符合企业会计准则的要求； (3)对于药品销售，按产品和月度与上年度分别进行了对比分析，对于主要产品的销量、销售价格的变动，月度之间毛利率的波动，结合销售模式进行了分析说明； (4)对收入选择样本执行函证程序，以评价收入金额的准确性与完整性； (5)对于药品销售选取样本，检查收入确认的原始单据，以评价收入确认的准确性； (6)对于药品营销服务收入和专利许可收入，检查营销服务协议、专利/技术改进和商业秘密实施许可合同、营销服务验收确认单、专利许可收入计算表、与营销服务及专利许可相关的药品销售对账明细表，并从药品销售对账明细表中选取样本进行函证，以评价营销服务收入和专利许可收入确认的准确性； (7)结合存货盘点程序，对收入进行截止测试以判断收入确认是否存在重大跨期

（续表）

关键审计事项	审计中的应对
…… （鉴于本书篇幅，其他关键审计事项未列示）	

四、其他信息

海思科公司管理层（以下简称管理层）对其他信息负责。其他信息包括海思科公司2020年年度报告中涵盖的信息，但不包括财务报表和我们的审计报告。

我们对财务报表发表的审计意见不涵盖其他信息，我们也不对其他信息发表任何形式的鉴证结论。

结合我们对财务报表的审计，我们的责任是阅读其他信息，在此过程中，考虑其他信息是否与财务报表或我们在审计过程中了解到的情况存在重大不一致或者似乎存在重大错报。

基于我们已执行的工作，如果我们确定其他信息存在重大错报，我们应当报告该事实。在这方面，我们无任何事项需要报告。

五、管理层和治理层对财务报表的责任

管理层负责按照企业会计准则的规定编制财务报表，使其实现公允反映，并设计、执行和维护必要的内部控制，以使财务报表不存在由于舞弊或错误导致的重大错报。

在编制财务报表时，管理层负责评估海思科公司的持续经营能力，披露与持续经营相关的事项（如适用），并运用持续经营假设，除非管理层计划清算海思科公司、终止运营或别无其他现实的选择。

治理层负责监督海思科公司的财务报告过程。

六、注册会计师对财务报表审计的责任

我们的目标是对财务报表整体是否不存在由于舞弊或错误导致的重大错报获取合理保证，并出具包含审计意见的审计报告。合理保证是高水平的保证，但并不能保证按照审计准则执行的审计在某一重大错报存在时总能发现。错报可能由于舞弊或错误导致，如果合理预期错报单独或汇总起来可能影响财务报表使用者依据财务报表作出的经济决策，则通常认为错报是重大的。

在按照审计准则执行审计工作的过程中，我们运用职业判断，并保持职业怀疑。同时，我们也执行以下工作。

（1）识别和评估由于舞弊或错误导致的财务报表重大错报风险，设计和实施审计程序以应对这些风险，并获取充分、适当的审计证据，作为发表审计意见的基础。由于舞弊可能涉及串通、伪造、故意遗漏、虚假陈述或凌驾于内部控制之上，未能发现由于舞弊导致的重大错报的风险高于未能发现由于错误导致的重大错报的风险。

（2）了解与审计相关的内部控制，以设计恰当的审计程序。

（3）评价管理层选用会计政策的恰当性和作出会计估计及相关披露的合理性。

（4）对管理层使用持续经营假设的恰当性得出结论。同时，根据获取的审计证据，就可能导致对海思科公司持续经营能力产生重大疑虑的事项或情况是否存在重大不确定性得出结论。如果我们得出结论认为存在重大不确定性，审计准则要求我们在审计报告中提请报表使用者注意财务报表中的相关披露；如果披露不充分，我们应当发表非无保留意见。我们的结论基于截至审计报告日可获得的信息。然而，未来的事项或情况可能导致海思科公司不能持续经营。

(5)评价财务报表的总体列报、结构和内容，并评价财务报表是否公允反映相关交易和事项。

(6)就海思科公司中实体或业务活动的财务信息获取充分、适当的审计证据，以对财务报表发表审计意见。我们负责指导、监督和执行集团审计，并对审计意见承担全部责任。

我们与治理层就计划的审计范围、时间安排和重大审计发现等事项进行沟通，包括沟通我们在审计中识别出的值得关注的内部控制缺陷。我们还就已遵守与独立性相关的职业道德要求向治理层提供声明，并与治理层沟通可能被合理认为影响我们独立性的所有关系和其他事项，以及相关的防范措施(如适用)。

从与治理层沟通过的事项中，我们确定哪些事项对本期财务报表审计最为重要，因而构成关键审计事项。我们在审计报告中描述这些事项，除非法律法规禁止公开披露这些事项，或在极少数情形下，如果合理预期在审计报告中沟通某事项造成的负面后果超过在公众利益方面产生的益处，我们确定不应在审计报告中沟通该事项。

信永中和会计师事务所(特殊普通合伙)　中国注册会计师：(项目合伙人)

(盖章)　(签名并盖章)

中国注册会计师：

(签名并盖章)

中国北京　二〇二一年三月二十四日

2. 带强调事项段的无保留审计意见

(1)判断依据。如果注册会计师认为被审计单位编制的财务报表符合相关会计准则的要求并在所有重大方面公允反映了被审计单位财务状况、经营成果和现金流量，但是存在需要说明的事项，如对持续经营能力产生重大疑虑及重大不确定事项等。

如果注册会计师认为有必要提醒财务报表使用者关注已在财务报表中列报或披露，且根据职业判断认为对财务报表使用者理解财务报表至关重要的事项，在同时满足下列条件时，注册会计师应当在审计报告中增加强调事项段。

一是该事项不会导致注册会计师发表非无保留审计意见。

二是该事项未被确定为在审计报告中沟通的关键审计事项。

如果在审计报告中包含强调事项段，注册会计师应当采取下列措施。

一是将强调事项段作为单独的一部分置于审计报告中，并使用包含“强调事项”这一术语的适当标题。

二是明确提及被强调事项以及相关披露的位置，以便能够在财务报表中找到对该事项的详细描述。强调事项段应当仅提及在财务报表中列报或披露的信息。

(2)审计报告格式。下面是中兴财光华会计师事务所为深圳大通实业股份有 限公司出具的带强调事项段的无保留意见审计报告。

审计报告

中兴财光华审会字(2021)第105001号

深圳大通实业股份有限公司全体股东：

一、审计意见

我们审计了深圳大通实业股份有限公司(以下简称"深大通公司")财务报表，包括2020年12月31日的合并及公司资产负债表，2020年度的合并及公司利润表、合并及公司现金流量表、合并及公司股东权益变动表以及财务报表附注。

我们认为后附的财务报表在所有重大方面按照企业会计准则的规定编制，公允反映了深大通公司2020年12月31日的合并及公司财务状况，以及2020年度的合并及公司经营成果和现金流量。

二、形成审计意见的基础

我们按照中国注册会计师审计准则的规定执行的审计工作。审计报告的"注册会计师对财务报表审计的责任"部分进一步阐述了我们在这些准则下的责任。按照中国注册会计师职业道德守则，我们独立于深大通公司，并履行了职业道德方面的其他责任。我们相信，我们获取的审计证据是充分、适当的，为发表审计意见提供了基础。

三、强调事项

我们提醒财务报表使用者关注：如财务报表附注十二、2、(1)所述，截至2020年12月31日深大通公司对苏州大通箐鹰投资合伙企业(有限合伙)优先级合伙人山东省金融资产管理股份有限公司在投资期间的预期投资收益及实缴出资额负有差额补足的义务，该合伙企业约定期限三年，但山东省金融资产管理股份有限公司提前一年提起诉讼，深大通公司于2021年3月1日收到山东青岛市中级人民法院一审判决书，判决公司支付山东省金融资产管理股份有限公司差额补足款项327 526 021.40元及案件律师费、财产保全、保险费等。公司经咨询法学专家对案件情况和一审判决的分析意见以及对大通箐鹰合伙企业投资项目的评估，认为差额补足义务不会触发。公司已于2021年3月15日提起上诉，上述差额补助义务未来是否承担存在不确定性。本段内容不影响已发表的审计意见。

四、关键审计事项

……

(鉴于本书篇幅，关键审计事项略)

五、其他信息

(与上篇无保留意见审计报告对应段落内容相同)

六、管理层和治理层对财务报表的责任

(与上篇无保留意见审计报告对应段落内容相同)

七、注册会计师对财务报表审计的责任

(与上篇无保留意见审计报告对应段落内容相同)

中兴财光华会计师事务所(特殊普通合伙) 中国注册会计师:(项目合伙人)
(盖章) (签名并盖章)

中国注册会计师:
(签名并盖章)

中国北京 2021 年 4 月 9 日

(二)非无保留审计意见

非无保留审计意见,是指注册会计师对财务报表发表保留意见、否定意见或无法表示意见。判断标准如图 15-4 所示。

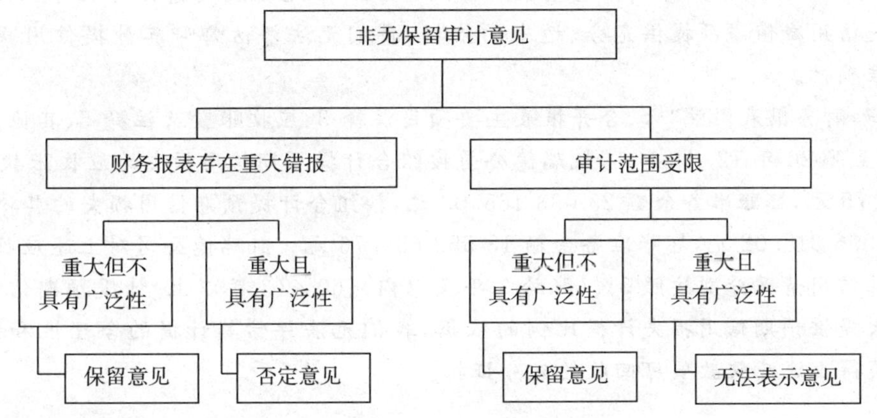

图 15-4 非无保留审计意见判断标准

1. 保留意见

(1)判断依据。当存在下列情形之一时,注册会计师应当发表保留意见。

一是在获取充分、适当的审计证据后,注册会计师认为错报单独或汇总起来对财务报表影响重大,但不具有广泛性。

二是注册会计师无法获取充分、适当的审计证据作为形成审计意见的基础,但认为未发现的错报(如存在)对财务报表可能产生的影响重大,但不具有广泛性。

(2)审计报告格式。下面是亚太(集团)会计师事务所为凯瑞德控股股份公司出具的保留意见审计报告。

审计报告

亚会审字(2021)第 01140001 号

凯瑞德控股股份有限公司全体股东:

一、保留意见

我们审计了凯瑞德控股股份有限公司(以下简称"凯瑞德公司")财务报表,包括 2020 年 12 月 31 日的合并及母公司资产负债表,2020 年度的合并及母公司利润表、合并及母公司现金流量表、合并及母公司股东权益变动表以及相关财务报表附注。

我们认为除“形成保留意见的基础”部分所述事项可能产生的影响外，后附的财务报表在所有重大方面按照企业会计准则的规定编制，公允反映了凯瑞德公司 2020 年 12 月 31 日的合并及母公司财务状况以及 2020 年度的合并其母公司经营成果和现金流量。

二、形成保留意见的基础

（一）信用减值事项

1. 应收款项减值

(1)如财务报表附注“六、合并报表主要项目注释 5、其他应收款（一）其他应收款 4、单项计提预期信用损失的其他应收款情况”所述，截至 2020 年 12 月 31 日凯瑞德公司应收原股东张培峰 170 938 699.00 元，2020 年度凯瑞德公司对该项应收债权计提信用减值 145 987 829.10 元，累计计提信用减值 170 938 699.00 元。凯瑞德公司未对应收张培峰债权计提信用减值事项提供充分、适当的依据，我们无法评估唧唧其计提信用减值的合理性和准确性。

(2)如财务报表附注“六、合并报表主要项目注释 3、应收账款及注释 5、其他应收款”所述，截至 2020 年 12 月 31 日，凯瑞德公司按组合计提预期信用损失的应收账款余额 41 418 724.75 元，坏账准备余额 23 033 165.03 元，按组合计提预期信用损失的其他应收款余额 43 305 315.02 元，坏账准备余额 18 552 659.76 元。凯瑞德公司对上述应收款项根据各单位信用情况分别按照 5%(账龄 3 年及以内)、60%(3 年以上)计提预期信用损失。凯瑞德未提供预期信用损失计提比例的依据，我们无法评估其计提的合理性和充分性，亦没有获得上述应收款项可回收的充分证据。

……

(限于本书篇幅，其他事项未列示)

三、强调事项

（一）投资性房地产产权证办理事项

如财务报表附注“六、合并报财务报表，主要项目注释 8、投资性房地产 (3)未办妥产权证书的投资性房地产情况”所述，凯瑞德公司未取得投资性房地产房屋产权证。2020 年 1 月 15 日，凯瑞德公司控制的山西龙智物业有限公司与临汾万鑫达焦化有限责任公司(以下简称“万鑫达”)签订合同编号为 WXDLZDJ 03 的《工业园区综合体代建协议补充协议》，约定由万鑫达于 2020 年 12 月 31 日前办理工业园区综合体各项资质证明文件，并由其承担办理过程中的一切费用。截至审计报告日，公司尚未办妥各项资质证明文件，也未与万鑫达就产权办理事宜签订新的协议。

……

(限于本书篇幅，其他事项未列示)

四、关键审计事项

……

(限于本书篇幅，具体内容略)

五、其他信息

……

(限于本书篇幅，具体内容略)

六、管理层和治理层对财务报表的责任

……

（限于本书篇幅，具体内容略）

七、注册会计师对财务报表审计的责任

……

（限于本书篇幅，具体内容略）

亚太（集团）会计师事务所（特殊普通合伙） 中国注册会计师：（项目合伙人）

（盖章） （签名并盖章）

中国注册会计师：

（签名并盖章）

中国北京 2021 年 1 月 18 日

小提示

发表保留意见的具体情形见表 15－3 所列。

表 15－3　发表保留意见的具体情形

涉及事项	具体情形
重大错报影响重大但不具有广泛性	错报单独或汇总起来对财务报表影响重大
审计范围受限	如果未发现的错报，如果在对财务报表可能产生的重大影响但不具有广泛性，注册会计师应当发表保留意见； 如果对重大的财务报表认定没有获取充分、适当的审计证据，注册会计师应当尽可能获取进一步的审计证据。如果仍然不能获取充分适当的审计证据，注册会计师应当对财务报表发表保留意见或无法表示意见； 在某些情况下，注册会计师可能认为有必要提醒管理层作出评估或延长评估期间（管理层的评估期间至少是自财务报表日起十二个月）。如果管理层予以拒绝，由于注册会计师无法获取有关管理层运用持续经营假设编制财务报表的充分、适当的审计证据（如是否存在管理层提出的应对计划或其他缓解因素的审计证据），注册会计师发表保留意见或无法表示意见的，可能是适当的； 如果不能获取有关期初余额的充分、适当的审计证据，注册会计师应当按照《中国注册会计师审计准则第 1502 号——在审计报告中发表非无保留意见》的规定，对财务报表发表保留意见或无法表示意见； 如果因管理层或治理层阻挠而无法获取充分适当的审计证据，以评价是否存在或可能存在对财务报表产生重大影响的违反法律法规行为，注册会计应当按照《中国注册会计师审计准则第 1502 号——在审计报告中发表非无保留意见》的规定，发表保留意见或无法表示意见

（续表）

涉及事项	具体情形
持续经营能力存在重大不确定性，财务报表披露不充分	如果运用持续经营假设是适当的，但存在重大不确定性，且财务报表对重大不确定性未作出充分披露，注册会计师应当按照《中国注册会计师审计准则第1502号——在审计报告中发表非无保留意见》的规定，对财务报表发表保留意见或否定意见。注册会计师应当在审计报告"形成保留（否定）意见的基础"部分说明，存在可能导致对被审计单位持续经营能力产生重大疑虑的重大不确定性，但财务报表未充分披露该事项
违反法律法规行为对财务报表具有重大影响	如果认为违反法律法规行为对财务报表具有重大影响，且未能在财务报表中得到充分反映，注册会计师应当按照《中国注册会计师审计准则第1502号——在审计报告中发表非无保留意见》的规定，对财务报表发表保留意见或否定意见
期初错报的影响未能得到正确的会计处理和恰当的列报与披露	如果认为期初余额存在对本期财务报表产生重大影响的错报，且错报的影响，未能得到恰当的会计处理或适当的列报与披露，注册会计师应当按照《中国注册会计师审计准则第1502号——在审计报告中发表非无保留意见》的规定，对财务报表发表保留意见或否定意见
会计政策未能一贯运用或者会计政策变更未能得到恰当的会计处理或恰当的列报与披露	如果认为按照适用的财务报告框架，与期初余额相关的会计政策未能在本期得到一贯运用，或者会计政策的变更未能得到恰当的会计处理或适当的列报与披露，注册会计师应当按照《中国注册会计师审计准则第1502号——在审计报告中发表非无保留意见》的规定，对财务报表发表保留意见或否定意见
管理层确定衍生金融工具公允价值能够可靠计量的假定不成立	当管理层确定衍生金融工具公允价值能够可靠计量的假定不成立时，注册会计师应当获取支持管理层作出这项规定的审计证据，并确定衍生金融工具是否按照适用的会计准则和相关会计制度的规定进行恰当的会计处理。如果管理层不能提出该假定不成立的合理理由，注册会计师应当出具保留意见或否定意见的审计报告

2. 否定意见

（1）判断依据。在获取充分、适当的审计证据后，如果认为错报单独或汇总起来对财务报表的影响重大且具有广泛性，注册会计师应当发表否定意见。

（2）审计报告格式。下面是立信中联会计师事务所为上海至臻文化传媒股份有限公司出具的否定意见审计报告。

审计报告

立信中联审字（2020）D－0468号

上海至臻文化传媒股份有限公司全体股东：

一、否定意见

我们审计了上海至臻文化传媒股份有限公司（以下简称"至臻传媒"）财务报表，包括2019年12月31日的资产负债表，2019年度的利润表、股东权益变动表和现金流量表以及相关财务报表附注。

我们认为由于“形成否定意见的基础”部分所述事项的重要性，后附的财务报表没有在所有重大方面按照企业会计准则的规定编制，未能公允反映至臻传媒 2019 年 12 月 31 日的财务状况以及 2019 年度的经营成果和现金流量。

二、形成否定意见的基础

如财务报表附注二，财务报表的编制基础所述，至尊传媒财务报表以持续经营假设为基础编制。目前至臻传媒已停止经营，无法清偿到期债务，且在可预见的未来不会复业，至臻传媒已不具备持续经营能力，因此我们认为至臻传媒按照持续经营假设编制的 2019 年度财务报表不恰当。我们按照中国注册会计师审计准则的规定执行了审计工作。审计报告的“注册会计师对财务报表审计的责任”部分进一步阐述了我们在这些准则下的责任。按照中国注册会计师职业道德守则，我们独立于至臻传媒，并履行了职业道德方面的其他责任。我们相信我们获取的审计证据是充分、适当的，为发表否定意见提供了基础。

三、关键审计事项

……

（限于本书篇幅，具体内容略）

四、其他信息

……

（限于本书篇幅，具体内容略）

五、管理层和治理层对财务报表的责任

……

（限于本书篇幅，具体内容略）

六、注册会计师对财务报表审计的责任

……

（限于本书篇幅，具体内容略）

立信中联会计师事务所（特殊普通合伙）　　中国注册会计师：（项目合伙人）

（盖章）　　（签名并盖章）

中国注册会计师：

（签名并盖章）

中国天津　　2020 年 4 月 29 日

小提示

发表否定意见的具体情形见表 15－4 所列。

表 15－4　发表否定意见的具体情形

涉及事项	具体情形
重大错报影响重大但不具有广泛性	在获取充分、适当的审计证据后，如果认为错报单独或汇总起来对财务报表的影响重大且具有广泛性，注册会计师应当发表否定意见

（续表）

涉及事项	具体情形
持续经营能力存在重大不确定性，财务报表披露不充分	如果运用持续经营假设是适当的，但存在重大不确定性，且财务报表对重大不确定性未作出充分披露，注册会计师应当按照《中国注册会计师审计准则第1502号——在审计报告中发表非无保留意见》的规定，对财务报表发表保留意见或否定意见。注册会计师应当在审计报告“形成保留（否定）意见的基础”部分说明，存在可能导致对被审计单位持续经营能力产生重大疑虑的重大不确定性，但财务报表未充分披露该事项
管理层在财务报表运用持续经营假设不恰当	如果财务报表已按照持续经营假设编制，但根据判断认为管理层在财务报表中运用持续经营假设是不恰当的，注册会计师应当发表否定意见
违反法律法规行为对财务报表具有重大影响	如果认为违反法律法规行为对财务报表具有重大影响，且未能在财务报表中得到充分反映，注册会计师应当按照《中国注册会计师审计准则第1502号——在审计报告中发表非无保留意见》的规定，对财务报表发表保留意见或否定意见
期初错报的影响未能得到正确的会计处理和恰当的列报与披露	如果认为期初余额存在对本期财务报表产生重大影响的错报，且错报的影响未能得到恰当的会计处理或适当的列报与披露，注册会计师应当按照《中国注册会计师审计准则第1502号——在审计报告中发表非无保留意见》的规定，对财务报表发表保留意见或否定意见
会计政策未能一贯运用或者会计政策变更未能得到恰当的会计处理或恰当的列报与披露	如果认为按照适用的财务报告框架，与期初余额相关的会计政策未能在本期得到一贯运用，或者会计政策的变更未能得到恰当的会计处理或适当的列报与披露，注册会计师应当按照《中国注册会计师审计准则第1502号——在审计报告中发表非无保留意见》的规定，对财务报表发表保留意见或否定意见
管理层确定衍生金融工具公允价值能够可靠计量的假定不成立	当管理层确定衍生金融工具公允价值能够可靠计量的假定不成立时，注册会计师应当获取支持管理层作出这项规定的审计证据，并确定衍生金融工具是否按照适用的会计准则和相关会计制度的规定进行恰当的会计处理。如果管理层不能提出该假定不成立的合理理由，注册会计师应当出具保留意见或否定意见的审计报告

3. 无法表示意见

（1）判断依据。如果无法获取充分、适当的审计证据以作为形成审计意见的基础，但认为未发现的错报（如存在）对财务报表可能产生的影响重大且具有广泛性，注册会计师应当发表无法表示意见。

如果存在多个不确定事项，即使注册会计师对每个单独的不确定事项获取了充分、适当的审计证据，但由于不确定事项之间可能存在相互影响，以及可能对财务报表产生累积影响，注册会计师应当发表无法表示意见。

（2）审计报告格式。下面是中审亚太会计师事务所为广东金润和科技股份有限公司出具的无法表示意见审计报告。

审计报告

中审亚太审字(2021)010550号

一、无法表示意见

我们审计了广东金润和科技股份有限公司(以下简称"金润和")财务报表,包括2020年12月31日的资产负债表,2020年度的利润表、股东权益变动表和现金流量表以及相关财务报表附注。

我们不对后附金润和公司财务报表发表审计意见。由于"形成无法表示意见的基础"部分所述事项的重要性,我们无法获取充分、适当的审计证据以作为对财务报表发表审计意见的基础。

二、形成无法表示意见的基础

1. 如"附注11、资产负债表日后事项3,公司实际控制人及时任董事长、总经理李中林和时任财务总监彭江鸿(曾用名彭江华)因涉嫌虚开增值税专用发票刑事犯罪""附注10.2.2承诺及或有事项公司因诉讼发现的违规担保"以及"附注9.5.1关联方应收款项中李中林存在大股东资金占用的情况"所示,我们认为:①金润和公司内部控制存在重大缺陷,我们也无法实施满意的审计程序作出进一步判断;②由于公司实际控制人及时任董事长、总经理李中林和时任财务总监彭江鸿被刑事判决后,公司人员流失严重,未提供完整的相关资料,我们无法就被审计单位的营业收入、营业成本、应收账款、存货、应付账款、研发费用、管理费用、预计负债和资产减值损失等多个重大的财务报表项目获取充分、适当的审计证据;③由于公司涉嫌刑事犯罪虚开增值税专用发票时间为2016年度和2017年度,我们无法实施相应的期初审计程序,未能判断是否需要对财务报表期初作出调整以及如何调整。由于以上问题影响重大且具有广泛性,我们对金润和编制的2020年度财务报告无法获取充分、适当的审计证据以作为对财务报表发表审计意见的基础。

2. 截至审计报告日,金润和公司及其子公司出现大量诉讼官司,银行账户被冻结、实际控制人李中林因虚开增值税专用发票被判处5年有期徒刑、员工大量离职等情况。如"财务报表12、其他重要事项"所述,金润和公司就资产负债表日后12个月改善持续经营能力拟定了相关措施,但我们仍无法取得与评估持续经营能力相关的充分、适当的审计证据,因此我们无法确定金润和公司基于持续经营假设编制的财务报表是否适当。

三、关键审计事项

……

(限于本书篇幅,具体内容略)

四、其他信息

……

(限于本书篇幅,具体内容略)

五、管理层和治理层对财务报表的责任

……

(限于本书篇幅,具体内容略)

六、注册会计师对财务报表审计的责任

……

（限于本书篇幅，具体内容略）

中审亚太会计师事务所（特殊普通合伙）　中国注册会计师：（项目合伙人）
（盖章）　（签名并盖章）
中国注册会计师：
（签名并盖章）

中国北京　2020 年 4 月 29 日

小提示

发表无法表示意见的具体情形见表 15－4 所列。

表 15－5　发表无法表示意见的具体情形

涉及事项	具体情形
审计范围受到限制，可能产生的影响非常重大和广泛	如果未发现的错报（如存在）可能对财务报表产生的影响重大且具有广泛性，以至于发表保留意见不足以反映情况的严重性，注册会计师应当在可行时解除业务约定（除非法律法规禁止），如果在出具审计报告之前解除业务约定被禁止或不可行，应当发表无法表示意见； 如果对重大的财务报表认定没有获取充分、适当的审计证据，注册会计师应当尽可能获取进一步的审计证据。如果仍然不能获取充分适当的审计证据，注册会计师应当对财务报表发表保留意见或无法表示意见 在某些情况下，注册会计师可能认为有必要提醒管理层作出评估或延长评估期间（管理层的评估期间至少是自财务报表日起十二个月）。如果管理层予以拒绝，由于注册会计师无法获取有关管理层运用持续经营假设编制财务报表的充分、适当的审计证据（如是否存在管理层提出的应对计划或其他缓解因素的审计证据），注册会计师发表保留意见或无法表示意见的，可能是适当的； 如果不能获取有关期初余额的充分、适当的审计证据，注册会计师应当按照《中国注册会计师审计准则第 1502 号——在审计报告中发表非无保留意见》的规定，对财务报表发表保留意见或无法表示意见； 如果存在下列情形之一，注册会计师应当对财务报表发表无法表示意见：①注册会计师对管理层的诚信产生重大疑虑，以至于认为其按照《中国注册会计师审计准则第 1341 号——书面声明》第 9 条和第 10 条的要求作出的书面声明不可靠；②管理层不提供《中国注册会计师审计准则第 1341 号——书面声明》第 9 条和第 10 条要求的书面证明； 如果因管理层或治理层阻挠而无法获取充分适当的审计证据，以评价是否存在或可能存在对财务报表产生重大影响的违反法律法规行为，注册会计应当按照《中国注册会计师审计准则第 1502 号——在审计报告中发表非无保留意见》的规定，发表保留意见或无法表示意见

（续表）

涉及事项	具体情形
存在多个不确定事项	在极少数情况下，可能存在多个不确定事项。尽管注册会计师对每个单独的不确定事项获取了充分、适当的审计证据，但由于不确定事项之间可能存在相互影响，以及可能对财务报表产生累计影响，注册会计师不可能对财务报表形成审计意见。在这种情况下，注册会计师应当发表无法表示意见

本章小结

审计报告是指注册会计师根据中国注册会计师审计准则的规定，在实施审计工作的基础上对被审计单位财务报表发表审计意见的书面文件。

注册会计师对其出具的审计报告的真实性、合法性负责。

注册会计师形成审计意见并出具审计报告，要确定关键审计事项，即注册会计师根据职业判断认为对当期财务报表审计最为重要的，并与治理层沟通的事项。

审计意见包括无保留审计意见和非无保留审计意见。如果注册会计师认为财务报表所有重大方面按照适用的财务报告编制基础编制并公允反映，应当发表无保留意见。如果注册会计师发现根据获取的审计证据，得出财务报表整体存在重大错报的结论，或无法获取充分、适当的审计证据，不能得出财务报表的整体不存在重大错报的结论，注册会计师应发表非无保留意见。非无保留意见包括保留意见、否定意见和无法表示意见。

注册会计师需要对管理层编制财务报表运用持续经营假设的适当性，获取充分、适当的审计证据，并出具审计报告。注册会计师在对财务报表形成审计意见后，根据职业判断是否有必要在审计报告的增加强调事项段或其他事项段。

【复习思考题】

1. 审计报告的含义与作用。
2. 在什么情况下，注册会计师可以在审计报告的意见段之后增加强调事项段？
3. 注册会计师签发无法表示意见审计报告的条件是什么？
4. 列举审计报告的要素。
5. 审计报告的意见类型有几种？辨析四种意见类型发表条件的异同。

第四编

其他认证业务

第十六章　验资、预测性财务信息审核

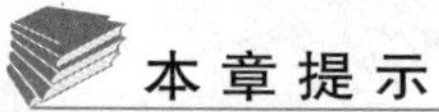

本章提示

学习目标　通过本章的学习，学生能了解与掌握设立验资与变更验资的审核程序；预测性财务信息审核与内部控制审核的相关概念、程序与审核报告的编写。

重要概念　验资；设立验资；变更验资；实收资本；验资报告；注册资本；预测；规划；预测性财务信息；审核报告；业务约定书

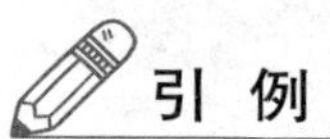

引　例

一、后任注册会计师能否否定前任注册会计师的验资报告

（一）×××有限公司股东及其出资情况

×××有限公司是2004年1月24日经“惠城外经资字〔2004〕×××号”文批准成立的中外合资企业。投资总额和注册资本均为港币1 200万元，其中：中方出资120万港元，出资比例10%；外方出资1 080万港元，出资比例90%。双方均以现金投入。

2005年3月2日经“惠城外经资字〔2005〕×××号”文批复同意：按原投资比例增加注册资本1 000万港元，其中：中方增加投资100万港元；外方增加投资900万港元。

2006年12月29日经“惠城外经资字〔2006〕×××号”文批复同意：中方股东变更。

2008年7月15日经“惠城外经资字〔2008〕×××号”文批复同意：外方股东变更。

2016年4月10日经“惠城外经资字〔2016〕×××号”文批复同意：调整出资方式，调整后合资中方以场地使用权折价220万港元出资，合资港方以货币9 325 129港元、实物10 474 871港元出资。

2019年11月26日惠州市惠城区财政局以“惠城财国资字〔2019〕×××号”文批复：根据2019年11月6日C会计师事务所出具“×××专审字〔2019〕×××号”《专项审计报告》，并商惠城区外经贸局，批复同意中方终止与外方合资经营的关系，占合资公司10%的国有股份不再投入。

2019年12月6日经“惠城外经资字〔2019〕×××号”文批复：根据2019年11月6日C会计师事务所出具“×××专审字〔2019〕×××号”《专项审计报告》的审计认定和2019年11月26日惠城区财政局“惠城财国资字〔2019〕×××号”文的批复，鉴于中方实际未履行出资义务的事实，批复同意中方退出，由外方承接中方在公司的一切权利和义务，公司变更为外资企业，由外方独资经营。中方未到位的认缴出资额由外方自营业执照变更之日起两年内以现汇方式投入。

2019 年 12 月 14 日变更《台港澳侨投资企业批准证书》。

2019 年 12 月 26 日工商局根据 2019 年 12 月 25 日 D 会计师事务所出具"×××会验字〔2019〕×××号"《验资报告》变更了公司的《企业法人营业执照》。变更前注册资本 22 000 000.00 元、实收资本 22 000 000.00 元；变更后注册资本 22 000 000.00 元、实收资本 19 800 000.00 元。

公司向惠州市外管局申请办理外汇变更登记时，外管局就 D 会计师事务所出具的"×××会验字〔2019〕×××号"《验资报告》进行质疑：①后任注册会计师能否否定前任注册会计师的验资报告；②市外管局能否按照惠州市 D 会计师事务所出具的"×××会验字〔2019〕×××号"《验资报告》为×××有限公司办理外汇变更登记。

(二)历次资本验资等情况

2007 年 4 月 28 日 A 会计师事务所出具"×××验字〔07〕×××号"《验资报告》验证确认：截至 2007 年 4 月 22 日已收到股东投入注册资本总额 HKD14 655 071.00 元，其中：中方以厂房折价投入 HKD2 200 000.00 元，占认缴出资的 100%；外方以机器设备及材料作价投入 HKD12 455 071.00 元，占认缴出资的 62.90%。其中中方投入的厂房是其下属公司名下的物业。

2012 年 4 月 25 日 B 会计师事务所出具"×××验字〔2012〕×××号"《验资报告》验证确认：本期验证外方以实物资产作价投入 HKD899 800.00 元，累计实收资本 HKD15 554 871.00 元。

2016 年 9 月 13 日 B 会计师事务所出具"×××验字〔2016〕×××号"《验资报告》验证确认：本期验证外方以现汇投入 HKD6 445 129.00 元，累计实收资本 HKD22 000 000.00 元。

2019 年 11 月 6 日 C 会计师事务所出具"×××专审字〔2019〕×××号"《专项审计报告》审计结果：中方股东没有履行出资义务，没有对合资公司进行任何形式的投资。

2019 年 12 月 25 日 D 会计师事务所出具"×××会验字〔2019〕×××号"《验资报告》验证确认：验证变更前注册资本 22 000 000.00 元、实收资本 22 000 000.00 元；变更后注册资本 22 000 000.00 元、实收资本 19 800 000.00 元。

二、案例思考与讨论

上述验资报告存在哪些主要问题？

在注册会计师可以提供的审计服务中，有一些业务比较特殊，如验资、商业银行的财务报表审计、小型被审计单位、环境事项、衍生金融工具、电子商务等。除此之外，注册会计师还可以提供财务报表审阅及预测性财务报表审计等其他鉴证服务。本章主要介绍验资与预测性财务信息审核时须关注的要点与主要内容。

第一节　验资

某单位或某个人要进入某个市场，必须设立企业。海外许多社会诚信系统健全的国家规定，企业的设立是简单备案制；我国政府规定是核准制，核准的手续之一就是验资。

一、验资的概述

（一）验资的含义

验资是指注册会计师依法接受委托，对被审验单位注册资本的实收情况或注册资本及实收资本的变更情况进行审验，并出具验资报告。

（二）验资截止日

验资截止日是指注册会计师所验证的注册资本实收情况或注册资本及实收资本变更情况的截止日期，是注册会计师审验结论成立的一个特定时点。

（三）验资类型

《中国注册会计师审计准则第 1602 号——验资》的第三条第二款指出，验资分为设立验资和变更验资。

1. 设立验资

设立验资是指注册会计师对被审验单位申请设立登记时的注册资本实收情况进行的审验。

通常有以下情况需要注册会计师进行设立验资。

(1)被审验单位向公司登记机关申请设立登记时全体股东的一次性全部出资和分次出资的首次出资。

(2)公司新设合并、分立，新设立的公司向公司登记机关申请设立登记。

2. 变更验资

变更验资是指注册会计师对被审验单位申请变更登记时的注册资本及实收资本的变更情况进行的审验。

当出现以下情况时，需要注册会计师进行变更验资。

(1)被审验单位出资者(包括原出资者和新出资者)新投入资本，增加注册资本及实收资本。

(2)分次出资的非首次出资，增加实收资本，但注册资本不变。

(3)被审验单位以资本公积、盈余公积、未分配利润转增注册资本及实收资本。

(4)被审验单位因吸收合并变更注册资本及实收资本。

(5)被审验单位因派生分立、注销股份或依法收购股东的股权等减少注册资本及实收资本。

(6)被审验单位整体改制，包括由非公司制企业变更为公司制企业或由有限责任公司变更为股份有限公司时，以净资产折合实收资本。

需要指出的是，公司因出资者、出资比例等发生变化，注册资本及实收资本金额不变，需要按照有关规定向公司登记机关申请办理变更登记，但不需要进行变更验资。

二、验资的范围与程序

（一）验资范围

1. 设立验资的审验范围

设立验资的主要目的是验证被审验单位注册资本是否符合法律、法规的要求，各投资方是否按照合同、协议或章程规定的出资比例、出资方式和出资期限缴足资本金。因此，设立验资的审验范围一般限于与被审验单位注册资本实收情况有关的事项，包括出资者、出资币种、出资金额，出资时间、出资方式和出资比例等。

2. 变更验资的审验范围

变更验资的主要目的是验证被审验单位注册资本的变更事宜是否符合法定程序，注册资本的增减是否真实，相关的会计处理是否正确。因此，变更验资的审验范围一般限于与被审验单位注册资本及实收资本增减变动情况有关的事项。

增加注册资本及实收资本时，审验范围包括与增资相关的出资者、出资币种、出资金额、出资时间、出资方式、出资比例和相关会计处理，以及增资后的出资者、出资金额和出资比例等。

减少注册资本及实收资本时，审验范围包括与减资相关的减资者、减资币种、减资金额、减资时间、减资方式、债务清偿或债务担保情况、相关会计处理，以及减资后的出资者、出资金额和出资比例等。

(二)验资程序

1. 签订验资业务约定书

注册会计师应当了解被审验单位基本情况，考虑自身独立性和专业胜任能力，初步评估验资风险，以确定是否接受委托。

(1)了解被审验单位基本情况。了解被审验单位基本情况，主要是指在接受委托前，注册会计师应当与委托人、被审验单位管理层沟通，实地查看被审验单位的住所和主要经营场所，了解被审验单位基本情况，获取有关资料，填写被审验单位基本情况表。

被审验单位基本情况主要包括：被审验单位的设立审批、变更审批，名称预先核准，经营范围，公司类型，组织机构和人员，申请设立或变更登记的注册资本、实收资本，出资方式、出资时间，全体出资者指定代表或委托代理人等基本情况。

对于变更验资，注册会计师应当查阅被审验单位的前期验资报告、近期财务报表、审计报告和其他与本次验资有关的资料，以了解被审验单位以前注册资本的实收情况。

(2)评估验资风险。验资风险主要源自两个方面：一是被审验单位管理层的诚信程度，所提供验资资料的真实性与完整性；二是注册会计师的专业胜任能力和职业道德水平。

导致注册资本实收情况或注册资本及实收资本变更情况发生重大错报风险的事项通常有：①验资业务委托渠道复杂或不正常；②验资资料存在涂改、伪造痕迹或验资资料相互矛盾；③被审验单位随意更换或不及时提供验资资料，或只提供复印件不提供原件；④自然人出资、家庭成员共同出资或关联方共同出资；⑤出资人之间存在意见分歧；⑥被审验单位拒绝或阻挠注册会计师实施重要审验程序，如被审验单位拒绝或阻挠注册会计师实施银行存款函证、实物资产监盘等程序，或不执行法律规定的程序，如非货币财产应当评估而未评估等；⑦被审验单位处在高风险行业；⑧非货币财产计价的主观程度高或其计价需要大量的主观判断；⑨验资付费远远超出规定标准或明显不合理。

(3)与委托人的沟通。注册会计师应当就委托目的、出资者和被审验单位的责任以及注册会计师的责任、审验范围、时间要求、验资收费、报告分发和使用的限制等主要事

项与委托人沟通，并达成一致意见。

沟通的目的，是避免双方对验资业务的理解产生分歧。如果委托人不是被审验单位，在签订业务约定书前，注册会计师应当与委托人、被审验单位就验资业务约定相关条款进行充分沟通，并达成一致意见。

(4)签订业务约定书。如果接受委托，注册会计师应当与委托人就双方达成一致的事项签订业务约定书。

验资业务约定书的具体内容可能因被审验单位的不同、验资类型的不同而存在差异，但至少应当包括：业务范围与委托目的、双方的责任与义务、验资收费、验资报告的用途及使用责任、业务约定书的有效期间、约定事项的变更及违约责任等条款。

业务约定书应当由会计师事务所与委托人签订。

2. 编制验资计划，合理安排验资工作

注册会计师执行验资业务，应当编制验资计划，对验资工作作出合理安排。

(1)验资计划的种类。验资计划包括总体验资计划和具体验资计划。总体验资计划是注册会计师对验资业务作出的总体安排；具体验资计划是注册会计师对拟实施审验程序的性质、时间和范围作出的具体安排。

计划验资工作并非验资业务的一个孤立阶段，而是一个持续的、不断修正的过程，贯穿于整个验资业务的始终。由于未预期事项、条件的变化或在实施审验程序中获取的审验证据的变化等，注册会计师可以在验资过程中对总体验资计划和具体验资计划作出必要的更新和修改。

(2)验资计划的内容包括如下方面。

一是总体验资计划通常包括下列主要内容：验资类型、委托目的和审验范围，以往的验资和审计情况，重点审验领域，验资风险评估，对专家工作的利用，验资工作进度及时间、收费预算，验资小组组成及人员分工，质量控制安排。

二是具体验资计划通常包括与各审验项目有关的下列主要内容：审验目标、审验程序、执行人及完成工作日期。

3. 初步了解和掌握验资的基本情况及做好验资准备工作

这一阶段工作又可分为以下几个环节。

(1)了解和掌握验资前的情况和委托方的要求。对设立验资中的非首期出资或变更验资，注册会计师应当实施下列程序，以关注前期注册资本实收情况和增资前的净资产状况：①查阅以前各期验资报告、近期财务报表和审计报告；②向被审验单位获取有关前期出资已到位、出资者未抽回资本的书面声明；③检查前期出资的实物，无形资产有关产权转移手续的办理及有关财产权转移手续；④关注被审验单位与关联方往来款项有无明显异常情况；⑤查阅近期财务报表和审计报告，关注被审验单位是否存在由于严重亏损而导致增资前的净资产小于注册资本的情况；⑥如果委托人要求对增资后累计的注册资本实收情况进行审验，注册会计师应当复核以前各期的注册资本实收情况并实施必要的审计程序。

(2)必要时聘请专家协助。注册会计师在审验过程中利用专家协助工作时，应当考虑其专业胜任能力和独立性，并对利用专家工作结果所形成的审验结论负责。

注册会计师在执行验资业务时，可在以下方面利用专家的工作：①对出资的房屋、建筑物、机器设备、知识产权、非专利技术、土地使用权等非现金资产及工艺品、宝石等特殊类型资产的估价及该类资产评估报告价值的审查；②特定资产数量和物质状况的测定，如地下矿藏储量、成分、等级的测定与估算，房屋、建筑物及设备剩余使用年限的测算等；③须用特殊技术或方法的金额测算；④未完工合同中已完成和未完成工作的计量，如按建造合同进行计量的资产在进行投资时，在未完工状态下的价值确认。

当利用专家的工作结果作为审验证据时，注册会计师应当评价专家所用原始资料的适当性，专家使用的假设和方法的一贯性，并对利用专家工作结果所形成的审验结论负责。

(3)准备好验资工作底稿。验资工作底稿分为综合类工作底稿、业务类工作底稿和备查类工作底稿。注册会计师应当按照《中国注册会计师审计准则第 1131 号——审计工作底稿》的要求，准备、编制、管理、保存好验资工作底稿。

注册会计师在验资工作中，从了解被审验单位基本情况、接受委托，到对各个项目的验证情况、遇到的问题、处理过程、形成的结论等，都应作成记录，连同有关审验证据及其文件资料，形成验资工作底稿。

4. 实施审验程序

(1)获取注册资本实收情况明细表或注册资本、实收资本变更情况明细表。

注册会计师应当向被审验单位获取注册资本实收情况明细表或注册资本、实收资本变更情况明细表。

注册会计师在验资过程中获取的由被审验单位签署的注册资本实收情况明细表或注册资本、实收资本变更情况明细表，是被审验单位出资者出资情况的总括反映，经被审验单位签署确认后，代表了被审验单位对其出资者出资情况的认定，也是被审验单位的一种书面声明，是注册会计师应当获取的重要证据之一。获取这一证据有助于分清被审验单位和注册会计师各自的责任。

(2)实施对货币、实物、无形资产和净资产出资的具体审验程序，不论上述何种出资形式，都要对出资者投入资本及其相关的资产、负债进行验证。

① 以货币出资的，应当在检查被审验单位开户银行出具的收款凭证、对账单及银行询证函回函等的基础上，审验出资者的实际出资金额，并关注全体股东的货币出资额占注册资本的比例是否符合法定要求。对于股份有限公司向社会公开募集的股本，还应当检查证券公司承销协议、募股清单和股票发行费用清单等。

② 以实物出资的，应当观察、检查实物，审验其权属转移情况，并按照国家有关规定在资产评估的基础上审验其价值。如果被审验单位是外商投资企业，注册会计师应当按照国家有关外商投资企业的规定，审验实物出资的价值。

③ 以知识产权、土地使用权等无形资产出资的，应当审验其权属转移情况，并按照国家有关规定在资产评估的基础上审验其价值。如果被审验单位是外商投资企业，注册会计师应当按照国家有关外商投资企业的规定，审验无形资产出资的价值。

④ 以净资产折合实收资本的，或以资本公积、盈余公积、未分配利润转增注册资本及实收资本的，应当在审计的基础上按照国家有关规定审验其价值。

⑤ 以货币、实物、知识产权、土地使用权以外的其他财产出资的,注册会计师应当审验出资是否符合国家有关规定。

⑥ 外商投资企业的外方出资者以上述第 1 项至第 5 项所述方式出资的,注册会计师还应当关注其是否符合国家外汇管理有关规定,向企业注册地的外汇管理部门发出外方出资情况询证函,并根据外方出资者的出资方式附送银行询证函回函、资本项目外汇业务核准件及进口货物报关单等文件的复印件,以询证上述文件内容的真实性、合规性。

三、验资报告

(一)形成审验意见和出具验资报告的基础

注册会计师应当评价根据审验证据得出的结论,以作为形成审验意见和出具验资报告的基础。

(二)验资报告要素

验资报告应当包括下列要素:标题,收件人,范围段,意见段,说明段,附件,注册会计师的签名和盖章,会计师事务所的名称、地址及盖章,报告日期。

1. 标题

验资报告的标题应当统一规范为"验资报告"。

2. 收件人

验资报告的收件人是指注册会计师按照业务约定书的要求致送验资报告的对象,一般是指验资业务的委托人。验资报告应当载明收件人的全称。

对拟设立的公司,收件人通常是公司登记机关预先核准的名称并加"(筹)"。

3. 范围段

验资报告的范围段应当说明审验范围、出资者和被审验单位的责任、注册会计师的责任、审验依据和已实施的主要审验程序等。

(1)审验范围是指注册会计师所验证的被审验单位截至特定日期的注册资本实收情况或注册资本及实收资本变更情况。

(2)出资者和被审验单位的责任是按照法律法规以及协议、合同、章程的要求出资,提供真实、合法、完整的验资资料,保护资产的安全、完整。

(3)注册会计师的责任是按照本准则的规定,对被审验单位注册资本的实收情况或注册资本及实收资本的变更情况进行审验,出具验资报告。

(4)审验依据是《中国注册会计师审计准则第 1602 号——验资》。

(5)已实施的主要审验程序通常包括检查记录或文件、检查有形资产、观察、询问、函证、重新计算等。

以拟设立有限责任公司股东一次全部出资为例,范围段通常表述为:"我们接受委托,审验了贵公司(筹)截至××年×月×日申请设立登记的注册资本实收情况。按照法律法规以及协议、章程的要求出资,提供真实、合法、完整的验资资料,保护资产的安全、完整是全体股东及贵公司(筹)的责任。我们的责任是对贵公司(筹)注册资本的实收情况发表审验意见。我们的审验是依据《中国注册会计师审计准则第1602号——验资》进行的。在审验过程中，我们结合贵公司（筹）的实际情况，实施了检查等必要的审验程序。”

4. 意见段

验资报告的意见段应当说明已审验的被审验单位注册资本的实收情况或注册资本及实收资本的变更情况。

(1)设立验资报告意见段内容。对于设立验资，注册会计师在意见段中应当说明被审验单位申请登记的注册资本金额、约定的出资时间，并说明截至特定日期止，被审验单位已收到全体出资者缴纳的注册资本情况，包括实收注册资本金额(实收资本)，各种出资方式的出资金额。

(2)注册会计师对变更验资发表审验意见的特殊考虑。对于变更验资，注册会计师仅对本次注册资本及实收资本的变更情况发表审验意见。

这里主要是考虑公司在经营中，其原始资本与现有资产无法一一对应，注册会计师对公司前期已收到的资本无法辨认，也不能对前期注册资本的实收情况发表意见。但注册会计师应当在验资报告说明段中说明对以前注册资本实收情况审验的会计师事务所名称及其审验情况，并说明变更后的累计注册资本实收金额。如果在审验中发现被审验单位由于严重亏损而出现增资前的净资产小于注册资本、实收资本，或发现被审验单位以前收到的注册资本存在不实或有明显抽逃迹象，注册会计师应在验资报告的说明段中予以说明。

(3)变更验资报告意见段内容。注册会计师在意见段中应当说明原注册资本及实收资本金额，增资或减资的依据，申请增加或减少注册资本及实收资本金额，约定的增资或减资的时间，变更后的注册资本金额，并说明截至特定日期被审验单位注册资本及实收资本变更情况，包括实际收到或实际减少的注册资本及实收资本金额，各种出资方式的增资金额或减资方式的减资金额。

5. 说明段

验资报告的说明段应当说明验资报告的用途、使用责任及注册会计师认为应当说明的其他重要事项。对于变更验资，注册会计师还应当在验资报告说明段中说明对以前注册资本实收情况审验的会计师事务所名称及其审验情况，并说明变更后的累计注册资本实收金额。

(1)验资报告的用途、使用责任。验资报告具有法定证明效力，供被审验单位申请设立登记或变更登记及据以向出资者签发出资证明时使用。验资报告不应被视为对被审验单位验资报告日后资本保全、偿债能力和持续经营能力等的保证。委托人、被审验单位及其他第三方因使用验资报告不当所造成的后果，与注册会计师及其所在的会计师事务所无关。

(2)注册会计师认为应当说明的其他重要事项：①注册会计师与被审验单位在注册资本及实收资本的确认方面存在的异议，如果在注册资本及实收资本的确认方面与被审验单位存在异议，且无法协商一致，注册会计师应当在验资报告说明段中清晰地反映有关事项及其差异和理由；②已设立公司尚未对注册资本的实收情况或注册资本及实收资

本的变更情况作出相关会计处理；③被审验单位由于严重亏损而出现增资前的净资产小于注册资本及实收资本；④验资截止日至验资报告日期间注册会计师发现的影响审验结论的重大事项；⑤注册会计师发现的前期出资不实的情况以及明显的抽逃出资迹象；⑥其他事项。

6. 附件

验资报告的附件应当包括已审验的注册资本实收情况明细表或注册资本、实收资本变更情况明细表和验资事项说明等。

(1)附件中的注册资本实收情况明细表或注册资本、实收资本变更情况明细表是验资报告的组成部分，反映了注册会计师验证的结果，而在验资过程中获取的被审验单位签署的注册资本实收情况明细表或注册资本、实收资本变更情况明细表作为被审验单位的一种书面声明，是注册会计师应当获取的重要证据之一。两者之间存在区别，前者是注册会计师的审验结果，后者是审验证据。

(2)设立验资的验资事项说明包括如下方面。

一是基本情况。说明公司名称、公司类型、公司组建及审批情况（需要批准的）、股东或发起人的名称或者姓名、公司名称预先核准情况等。

二是申请的注册资本及出资规定。说明公司申请的注册资本额、各股东或者发起人的认缴或者认购额、出资时间、出资方式，如果是以募集方式设立的股份有限公司，还应当说明发起人认购的股份和该股份占公司股份总数的比例等。

三是审验结果。说明公司实收资本额、实收资本占注册资本的比例、各股东或者发起人实际缴纳出资额、出资时间、出资方式，以货币出资的还应当说明股东或者发起人的出资额、出资时间、货币资金缴存的开户银行、户名及账号；以实物、知识产权、土地使用权等可以用货币估价并可以依法转让的非货币财产作价出资的，应当具体说明其出资方式和内容，并说明非货币出资权属转移情况（股东已办理财产权转移手续的证明文件情况）、评估情况（包括评估结果和确认情况）；全部货币出资占注册资本的比例（对于出资者一次全部出资或分次出资的末次出资的验资时，应当说明全体股东的货币出资额占注册资本的比例是否不低于百分之三十）；对于有限责任公司出资者分次出资的首次验资应当说明全体股东的首次出资额占公司注册资本的比例及该出资额是否不低于法定的注册资本最低限额；对于发起设立的股份有限公司出资者分次出资的首次验资应当说明全体发起人的首次出资额占公司注册资本的比例；出资者的实际出资超过认缴出资的还应当说明超过部分的处理情况等。

四是其他事项。注册会计师认为应当说明的其他重要事项，例如，对外商投资企业的验资，应当说明向国家外汇管理局××分（支）局发函询证情况，收到回函情况及被审验单位的外资外汇登记编号等。

(3)变更验资的验资事项说明包括如下方面。

一是基本情况。说明公司名称，公司类型，公司组建及审批情况（需要批准的），变更前后各股东或者发起人的名称或者姓名、出资额和出资方式、出资时间，申请变更前后的注册资本及实收资本金额等。

二是新增资本的出资规定或减资规定。说明申请新增的注册资本数额或实收资本数额，出资者、出资方式、出资时间；或减资数额、减资者、减资方式、减资时间等。

三是审验结果。增加注册资本或实收资本的，应当说明被审验单位实际收到各出资者的新增注册资本及实收资本，或新增实收资本的情况，包括：以货币出资的，应当说明股东或者发起人的出资额、出资时间、货币资金缴存开户银行和户名及账号；以实物、知识产权、土地使用权及其他可以用货币估价并可以依法转让的非货币财产作价出资的，应当具体说明其出资方式和内容，并说明股东办理财产权转移手续的情况、评估情况（包括评估结果和确认情况）；以资本公积、盈余公积和未分配利润转增注册资本及实收资本的，应当说明转增的方式、用以转增注册资本的项目和金额、公司实施转增的基准日期、财务报表的调整情况（包括会计处理情况）、留存的法定公积金不少于转增前公司注册资本的百分之二十五、转增前后财务报表相关科目的实际情况、转增后股东的出资额；出资者的实际出资超过认缴出资的还应当说明超过部分的处理情况等。

减少注册资本及实收资本的，除说明减资者、减资币种、减资金额、减资时间、减资方式和减资后的出资者、出资金额、出资比例及减资后的净资产和实收资本（股本）外，还应当说明公司履行公司法规定程序情况和股东或者发起人对公司债务清偿或者债务担保情况。

7. 注册会计师的签名和盖章

验资报告应当由注册会计师签名并盖章。

8. 会计师事务所的名称、地址及盖章

验资报告应当载明会计师事务所的名称和地址，并加盖会计师事务所公章。

验资报告中的会计师事务所地址通常应注明“中国××市”。

9. 报告日期

验资报告日期是指注册会计师完成审验工作的日期。

（三）拒绝出具验资报告并解除业务约定的理由

注册会计师在审验过程中，遇有下列情形之一时，应当拒绝出具验资报告并解除业务约定。

（1）被审验单位或出资者不提供真实、合法、完整的验资资料的。

（2）被审验单位或出资者对注册会计师应当实施的审验程序不予合作，甚至阻挠审验的。

（3）被审验单位或出资者坚持要求注册会计师作不实证明的。例如，遇有下列情形之一时，注册会计师应当拒绝出具验资报告并解除业务约定。①出资者投入的实物、知识产权、土地使用权等资产的价值难以确定；②被审验单位及其出资者不按国家有关规定对出资的实物、知识产权、土地使用权等非货币财产进行资产评估或价值鉴定、办理有关财产权转移手续；③被审验单位减少注册资本或合并、分立时，不按国家有关规定进行公告、债务清偿或提供债务担保；④外汇管理部门在外方出资情况询证函回函中注明附送文件存在虚假、违规等情况；⑤出资者以法律法规禁止的劳务、信用、自然人姓名、商誉、特许经营权或者设定担保的财产等作价出资；⑥首次出资额和出资比例不符合国家有关规定；⑦全体股东的货币出资比例不符合国家有关法律法规规定。

(四)验资报告参考格式

1. 适用于拟设立有限责任公司股东分次出资首次验资

验资报告

××有限责任公司:

我们接受委托,审验了贵公司 截至××年×月×日申请设立登记的注册资本首次实收情况。按照法律法规以及协议、章程的要求出资,提供真实、合法、完整的验资资料,保护资产的安全、完整是全体股东及贵公司 的责任。我们的责任是对贵公司注册资本的首次实收情况发表审验意见。我们的审验是依据《中国注册会计师审计准则第1602号——验资》进行的。在审验过程中,我们结合贵公司的实际情况,实施了检查等必要的审验程序。

根据协议、章程的规定,贵公司 申请登记的注册资本为人民币××元,由全体股东分××期于××年×月×日之前缴足。本次出资为首次出资,出资额为人民币××元,应由××和××于××年×月×日之前缴纳。经我们审验,截至××年×月×日,贵公司已收到××和××首次缴纳的注册资本(实收资本) 合计人民币××元(大写)。各股东以货币出资××元,实物出资××元。

(如果存在需要说明的重大事项增加说明段)

本验资报告供贵公司申请设立登记及据以向全体股东签发出资证明时使用,不应被视为是对贵公司验资报告日后资本保全、偿债能力和持续经营能力等的保证。因使用不当造成的后果,与执行本验资业务的注册会计师及本会计师事务所无关。

附件:(1)本期注册资本实收情况明细表

(2)验资事项说明

××会计师事务所　　　　中国注册会计师: ×××
(盖章)　　　　(主任会计师/副主任会计师)
(签名并盖章)

中国注册会计师: ×××
(签名并盖章)

地址:中国××市　　　　报告日期: 年 月 日

2. 适用于外商投资企业股东1次性全部出资的验资

验资报告

××有限责任公司:

我们接受委托,审验了贵公司截至××年×月×日设立登记的注册资本实收情况。按照法律法规以及协议、合同、章程的要求出资,提供真实、合法、完整的验资资料,保护资产的安全、完整是全体股东及贵公司的责任。我们的责任是对贵公司注册资本的实收情况发表审验意见。我们的审验是依据《中国注册会计师审计准则第1602号——验资》进行的。在审验过程中,我们结合贵公司的实际情况,实施了检查等必要的审验程序。

根据协议、合同、章程的规定,贵公司申请登记的注册资本为 (币种) ××元,由全体股东于××年×月×日之前一次缴足。经我们审验,截至××年×月×日,贵公司已收到全体股东缴纳的注册资本合计 (币种) ××元(大写),贵公司的实收资本为××元(大写)。各股东以货币出资 (币种) ××元、实物出资 (币种) ××元、知识产权出资 (币种) ××元,土地使用权出资 (币种) ××元。

(如果存在需要说明的重大事项增加说明段)

本验资报告供贵公司申请办理注册资本和实收资本登记以及据以向全体股东签发出资证明时使用,不应被视为是对贵公司验资报告日后资本保全、偿债能力和持续经营能力等的保证。因使用不当造成的后果,与执行本验资业务的注册会计师及本会计师事务所无关。

附件:(1)注册资本实收情况明细表

(2)验资事项说明

××会计师事务所　　　　　　中国注册会计师: ×××

(盖章)　　　　　　　　　　(主任会计师/副主任会计师)

(签名并盖章)

中国注册会计师: ×××

(签名并盖章)

地址:中国××市　　　　　　报告日期: 年 月 日

3. 适用于有限责任公司增资验资

验资报告

××有限责任公司:

我们接受委托,审验了贵公司截至××年×月×日新增注册资本及实收资本情况。按照法律法规以及协议、章程的要求出资,提供真实、合法、完整的验资资料,保护资产的安全、完整是全体股东及贵公司的责任。我们的责任是对贵公司新增注册资本及实收资本情况发表审验意见。我们的审验是依据《中国注册会计师审计准则第1602号——验资》进行的。

在审验过程中,我们结合贵公司的实际情况,实施了检查等必要的审验程序。

贵公司原注册资本为人民币××元,实收资本为人民币××元。根据贵公司××股东会决议和修改后的章程规定,贵公司申请增加注册资本人民币××元,由××(以下简称甲方)、××(以下简称乙方)于××年×月×日之前一次缴足,变更后的注册资本为人民币××元。经我们审验,截至××年×月×日,贵公司已收到甲方、乙方缴纳的新增注册资本(实收资本)合计人民币××元(大写)。各股东以货币出资××元,实物出资××元,知识产权出资××元。

（如果存在需要说明的重大事项增加说明段）

同时我们注意到，贵公司本次增资前的注册资本人民币××元，实收资本人民币××元，已经××会计师事务所审验，并于××年×月×日出具××（文号）验资报告。截至××年×月×日，变更后的累计注册资本人民币××元，实收资本××元。

本验资报告供贵公司申请办理注册资本及实收资本变更登记及据以向全体股东签发出资证明时使用，不应被视为是对贵公司验资报告日后资本保全、偿债能力和持续经营能力等的保证。因使用不当造成的后果，与执行本验资业务的注册会计师及本会计师事务所无关。

附件：(1)新增注册资本实收情况明细表

(2)注册资本及实收资本变更前后对照表

(3)验资事项说明

××会计师事务所　　　　中国注册会计师：×××
（盖章）　　　　（主任会计师/副主任会计师）
（签名并盖章）

中国注册会计师：×××
（签名并盖章）

地址：中国××市　　　　报告日期：　年　月　日

第二节　预测性财务信息审核

从历史性信息到预测性信息这一变化趋势，在给注册会计师职业带来新的机遇的同时也带来了新的挑战。一方面，预测性财务信息与决策的相关性较高，另一方面，由于它是基于估计和假设之上，因而可靠性较差。可靠的预测性财务信息对决策者才是有用的，为了增强预测性财务信息的可信赖程度，注册会计师便接受委托，对预测性财务信息进行审核并出具审核报告。

一、预测性财务信息审核概述

（一）预测性财务信息的含义

预测性财务信息是指被审核单位依据对未来可能发生的事项或采取的行动的假设而编制的财务信息。

（二）预测性财务信息的种类

预测性财务信息可以表现为预测、规划或两者的结合，可能包括财务报表或财务报表的一项或多项要素。

(1)预测是指管理层在最佳估计假设的基础上编制的预测性财务信息。最佳估计假设是指截至编制预测性财务信息日，管理层对预期未来发生的事项和采取的行动作出的假设。

盈利预测是一种最典型的预测，是指被审核单位（如证券发行人）的管理层在对未来经营业绩所作最佳估计假设的基础上编制的预测性财务信息。

(2)规划。规划是指管理层基于推测性假设或同时基于推测性假设和最佳估计假设编制的预测性财务信息。推测性假设是指管理层对未来事项和采取的行动作出的假设，该事项或行动预期在未来未必发生。

规划信息多见于“如果……那么……”的分析中，即在给定的推测性假设下估算相关财务指标的可能结果。例如，假定市场占有率分别为5%、10%和20%，在此基础上分别推算各种情况下可能获得的净利润。这时，假定的市场占有率数据属于推测性假设，所预测的财务信息属于规划。

(3)预测与规划的结合。在很多情况下，预测性财务信息可以表现为预测和规划的结合。例如，管理层可以编制2023年度的预测和2024—2030年各年度的规划，并在同一份文件中同时列报。

区分预测和规划的标准是其所依据假设的性质，而不是涵盖期间的长短。当然，随着涵盖期间的延长，管理层作出最佳估计假设的能力会逐步减弱，因而涵盖期间长的预测性财务信息被定性为规划的可能性相对较大，但这并不表明涵盖时间长的预测性财务信息必然是规划，涵盖时间短的预测性财务信息必然是预测。

小提示

预测性财务信息所涵盖的期间可以有一部分是历史期间（例如，在2014年4月编制2014年全年的预测性财务报表时，其中1—3月份的数据是已实现数），但不能全部是历史期间，必须至少有一部分属于未来期间。

由于预测性财务信息所涉及的是截至目前尚未发生的事项，因此不可避免地带有高度的主观性，并且在编制过程中需要作出大量的估计和判断。这是预测性财务信息的一项重要特征。

注册会计师不应对预测性财务信息的结果能否实现发表意见。当对管理层采用的假设的合理性发表意见时，注册会计师仅提供有限保证。注册会计师接受委托对预测性财务信息实施审核并出具报告，可增强该信息的可信赖程度。

(三)预测性财务信息审核的含义与目标

1. 含义

预测性财务信息审核是注册会计师对被审核单位编制的预测性财务信息进行审核，并提供有限保证的业务。

2. 审核目标

预测性财务信息审核的目标是对被审核的预测性财务信息所依据的基本假设、信息的编制和列报及使用的会计政策进行审核，出具审核报告。

(1)对基本假设进行审核。这里所说的基本假设是指进行财务预测所依据的最佳估计和编制财务规划所依据的推测性假设。审核基本假设是预测性财务信息审核要解决的第一个问题，即管理层编制预测性财务信息所依据的最佳估计是否合理，或推测性假

设与信息编制目的是否相适应，确定有无证据表明这些最佳估计是不合理的，或所依据的推测性假设与信息的编制目的不相适应。

(2)对信息的编制基础进行审核。注册会计师审核预测性财务信息的第二个目的，是确定信息是否是在前述假设的基础上恰当编制的。

(3)对预测性财务信息的列报进行审核。注册会计师审核预测性财务信息的第三个目标就是确定预测性财务信息的列报是否恰当，所有重大假设是否已经得到充分披露，包括说明采用的是最佳估计假设还是推测性假设。

(4)对会计政策进行审核。主要是判定预测性财务信息所使用的会计政策是否与历史财务报表所采用的会计政策相一致。"会计政策"是指被审核单位管理层认为适合于本企业情况，并能最公允地反映企业财务状况和经营成果，而选择并一贯使用的会计原则和方法。

出具审核报告，发表审核意见，是注册会计师执行预测性财务信息审核业务的最终目标。注册会计师对编制预计报表所使用的基本假设、会计政策、编制和列报情况进行审核并获得充分的证据后，就可以发表审核意见。

(四)管理层的责任、注册会计师的责任与保证程度

对预测性财务信息进行鉴证的难度比较大，因而对管理层的责任与注册会计师责任的界定要严格而清楚。

1. 管理层的责任

管理层负责编制预测性财务信息，包括识别和披露预测性财务信息依据的假设。

由于预测性财务信息能否最终实现取决于多种因素，其中一些因素对管理层而言是不可控的，因此，管理层无法对预测性财务信息的未来可实现程度作出保证。但是，管理层对被审核单位的业务最为了解，且能够对被审核单位的经营活动施加控制或者影响，因此有能力对各项关键因素作出合理、适当的假设，并对编制预测性财务信息的假设进行识别和披露。

2. 注册会计师的责任

注册会计师接受委托对预测性财务信息实施审核并出具报告，可增强该信息的可信赖程度。

注册会计师的责任不包括对预测性财务信息的结果能否实现发表意见，但需要对管理层采用假设是否合理发表有限保证的审核意见，对预测性财务信息是否依据这些假设恰当编制并按照适用的会计准则和相关会计制度的规定进行列报发表合理保证的审核意见。

注册会计师应当通过业务约定书、管理层声明书等形式提请管理层确认应由其承担的责任，并且在出具的预测性财务信息审核报告中对管理层的责任作出清晰的界定，借以提示预测性财务信息的使用者。

3. 保证程度

(1)不对预测性财务信息的结果能否实现发表意见。预测性财务信息是被审核单位管理层对未来所作的预计和测算，很大程度上受到主观判断的影响，所涉及的事项和行动通常并非如预期的那样发生，并且变动可能重大，实际结果可能与预测性财务信息存

在差异。所以，注册会计师不应对预测性财务信息的结果能否实现发表意见。

(2)对管理层采用假设的合理性提供有限保证。鉴证业务的保证程度分为合理保证和有限保证，有限保证的保证程度低于合理保证。注册会计师在对预测性财务信息所依据假设的合理性进行评价时，由于根据所能获取的支持性证据不能从正面断定假设的合理性，而只能判断有无任何证据表明假设不合理。因此，当对管理层采用的假设的合理性发表意见时，注册会计师仅提供有限保证。

(3)提供合理保证的事项。在预测性财务信息审核业务中，注册会计师需要对预测性财务信息是否依据假设恰当编制，并按照适用的会计准则和相关会计制度的规定进行列报发表意见。对这一事项，注册会计师通常提供合理保证。

小提示

在同一份预测性财务信息审核报告中往往会出现两种保证共存的情况，即对于假设的合理性提供有限保证，同时对预测性财务信息的编制与假设的一致性，以及是否按照适用的会计准则和相关会计制度的规定进行列报提供合理保证。注册会计师应当注意区分不同性质的保证及其各自的适用范围，避免混淆。

(五)总体要求

注册会计师在执行预测性财务信息审核业务的过程中，应当遵守相关的职业道德规范，恪守独立、客观、公正的原则，保持专业胜任能力和应有的关注，并对执业过程中获知的信息保密。

注册会计师应当在了解被审核单位的情况以及预测性财务信息涵盖期间的基础上，实施相应的审核程序，获取充分、适当的审核证据，作为形成审核结论和发表审核意见的基础。在执行预测性财务信息审核业务时，注册会计师应当就下列事项获取充分、适当的证据。

(1)管理层编制预测性财务信息所依据的最佳估计假设并非不合理；在依据推测性假设的情况下，推测性假设与信息的编制目的是相适应的。

(2)预测性财务信息是在假设的基础上恰当编制的。

(3)预测性财务信息已恰当列报，所有重大假设已充分披露，包括说明采用的是推测性假设还是最佳估计假设。

(4)预测性财务信息的编制基础与历史财务报表一致，并选用了恰当的会计政策。

二、预测性财务信息审核程序

注册会计师在执行预测性财务信息审核业务时，应保持应有的职业谨慎，执行必要的审核程序，实现审核目标。

(一)接受业务委托

为了明确预测性财务信息的性质、范围、委托目的，以及对可能因承接业务而面临的执业风险作出有根据的判断，在承接预测性财务信息审核业务前，注册会计师应当考虑下列因素：

(1)信息的预定用途；

(2)信息是广为分发还是有限分发；

(3)假设的性质，是最佳估计假设还是推测性假设；

(4)信息中包含的要素；

(5)信息涵盖的期间。

小提示

注册会计师在承接业务时，或者在业务的执行过程中，如果发现假设明显不切实际，或认为预测性财务信息并不适合预定用途，应当拒绝接受业务委托，或解除业务约定。

在已签订业务约定书的情况下解除业务约定，由于可能涉及违约责任等法律问题，注册会计师在决定解除业务约定之前，应当考虑征询法律意见。

(二)了解被审核单位情况

注册会计师应当充分了解被审核单位情况。通过了解情况，注册会计师可以熟悉被审核单位编制预测性财务信息的过程，评价管理层是否识别出编制预测性财务信息所要求的全部重要假设。

小提示

在盈利预测审核业务中，注册会计师需要重点了解的事项包括：

(1)能否获得开展经营活动所需的资源，包括原材料、劳动力、短期和长期融资、固定资产、无形资产等，以及获取这些资源所需付出的成本。

(2)被审核单位提供的产品或劳务的销售状况和市场状况。如果被审核单位并不直接面向最终消费者销售其产品或劳务，还应了解最终消费市场的有关情况。

(3)与被审核单位所处行业有关的特定风险因素。例如，行业竞争状况、对宏观经济形势变化的敏感程度、特殊的会计政策和会计实务惯例、特殊的监管要求、技术进步情况等。

(4)有关被审核单位过去的经营业绩的情况，或与被审核单位具有可比性的其他企业的过去经营业绩的情况。例如收入和成本的变化趋势、资金周转状况、固定资产的产能及其实际利用情况和管理政策等。

(三)制订审核计划

为了有效地执行审核业务，注册会计师应当认真地制订审核计划。包括审核的步骤和方法、应当收集的资料、审核过程中应当注意的事项和需要考虑的因素等，并在执行审核业务过程中根据实际情况及其变化，进行必要的修改和补充。

(四)获取有关资料

注册会计师执行盈利预测审核程序时，应当获取被审核单位编制盈利预测所依据的基本假设的书面文件、基本假设的相关资料及有关盈利预测的声明书等。有关盈利预测的声明书是由被审核单位董事会作出的，主要是关于盈利预测是在合理的基本假设基础上编制的、董事会对盈利预测负全部责任等方面的声明。

(五)实施审核程序

实施审核程序的目标是获取充分、适当的审核证据,出具审核报告,增强所审核的预测性财务信息的可信赖程度。注册会计师应当通过确定和实施恰当的审核程序来实现这一目标。

在确定审核程序的性质、时间和范围时,注册会计师应当考虑重大错报的可能性;以前期间执行业务所了解的情况;管理层编制预测性财务信息的能力;预测性财务信息受管理层判断影响的程度;基础数据的恰当性和可靠性等因素。

注册会计师在充分了解有关情况和取得有关资料以后,应当对这些情况和资料进行审核和评价。注册会计师的审核程序主要有以下几个方面。

1. 对基本假设的审核

(1)获取被审核单位关于盈利预测基本假设的书面文件,检查编制盈利预测所依据的基本假设是否与书面文件一致,被审核单位是否依据确定的基本假设来编制盈利预测。

(2)检查这些基本假设是否有合理的支持证据。任何假设都有一定的支持证据,虽然不能从正面断定哪些假设是合理的,但只要没有发现任何证据表明哪些假设是不合理的,就可以认为这些假设有合理的支持证据。如果发现有任何证据表明某些假设是不合理的,注册会计师应当建议被审核单位放弃这些假设,重新考虑其他假设,按照新的假设编制盈利预测。

(3)对基本假设所依据的资料进行检查。注册会计师在对基本假设进行审核时,应当获取以下资料,并执行以下检查工作:各项假设是否确实以有关资料为依据,建立假设所依据的资料是否存在不合理因素,建立假设的过程是否合理。

(4)须重点关注事项。注册会计师在评价编制预测性财务信息所依据的假设时,应当重点关注具有以下特征的假设:对预测性财务信息具有重大影响的假设,对内外部因素的变化特别敏感的假设,与历史模式或趋势不相符的假设,存在重大不确定性的假设。

小提示

注册会计师可以通过下列程序,识别具有上述特征的假设。

(1)分析被审核单位的有关文档资料及其中的原始数据,确定可能对被审核的预测性财务信息产生重大影响的关键因素。

(2)获取与被审核单位类似单位的预测性财务信息,识别这些单位的预测性财务信息中的关键假设。

(3)分析以前期间的经营成果,识别可能对经营成果产生重要影响的因素。

(4)获取和查阅已批准报出的财务报表、公开媒体报道、正式计划、董事会会议纪要等文件,注意其中是否包含关于将来的计划、合同或者具有法律约束力的协议等事项的信息。

(5)询问管理层,确定是否还存在其他需要考虑的因素,以及已作出的关于这些关键因素的假设是否可能发生变化。

(6)利用对被审核单位及其所处行业的了解,分析被审核单位经营活动中风险特别

高或者特别敏感的领域。

(7)与相关行业的专家讨论，确定所依据的假设哪些存在上述情形，以帮助判断这些假设的合理性。

2. 会计政策的审核

主要是检查预测性财务信息所选用的会计政策和实际采用的相关会计政策是否一致。实际采用的会计政策是指交易事项实际发生时所预期采用的会计政策，实际上与历史财务信息所使用的会计政策应该是一致的。

注册会计师还应当获取管理层的书面声明，以明确预测性财务信息的预定用途和管理层对所作出的重大假设的完整性及预测性财务信息编制责任的认可。

3. 列报的审核

在评价预测性财务信息的列报(包括披露)时，注册会计师要确定以下事项。

(1)预测性财务信息的列报是否符合相关法律、法规的要求。

(2)预测性财务信息的列报是否提供了有用的、非误导性的信息。

(3)预测性财务信息是否通过附注披露了选用的会计政策和依据的基本假设，是否明确区分最佳估计假设和推测性假设；对于影响重大且具有高度不确定性的假设，是否披露了这种不确定性以及由此导致的预测结果的敏感性。

(4)预测性财务信息的编制日期是否得以披露，管理层是否确认截至该日期止，编制预测性财务信息所依据的各项假设仍然适当。

(5)当预测性财务信息的结果以区间表示时，是否已清楚地说明该区间选取的基础，该区间的选择是否不带偏见或不产生误导。

(6)从最近历史财务信息披露以来，会计政策是否发生变更、变更的原因及对预测性财务信息的影响。

4. 获取管理层书面声明

注册会计师应当就下列事项向管理层获取书面声明：预测性财务信息的预定用途，管理层作出的重大假设的完整性，管理层认可对预测性财务信息的责任。

此外，管理层书面声明还可以包括注册会计师认为必要的其他信息，例如，假设是否属于发生可能性很小的事项；如果预测性财务信息包含一个区间，管理层对于该区间的选择是否不带偏见，是否不至于产生误导等。

管理层书面声明通常由管理层中对被审核单位及其财务(包括预测性财务信息)负主要责任的人员签署。在某些情况下，注册会计师也可以向管理层中的其他人员获取管理层声明书。

小提示

管理层书面声明的日期通常即注册会计师出具审核报告的日期。对于须经被审核单位董事会或者类似权力机构批准报出方为有效的预测性财务信息，审核报告的日期不应早于(但可以晚于)被审核单位董事会或者类似权力机构批准被审核的预测性财务信息的日期。如果管理层书面声明的日期晚于预测性财务信息的编制完成日或批准日，则可在管理层书面声明中添加以下内容:"自预测性财务信息编制完成日(或董事会批准日)起至本声明书签署之日止的期间内,本公司管理层未曾获知该预测性财务信息编制所依据的原始数据、假设和内外部环境因素发生过重大变化的情况。"

5. 复核审核工作底稿

注册会计师应当对预测性财务信息的审核过程加以记录,形成审核工作底稿,并进行必要的复核。审核工作底稿包括:审核业务约定书、审核计划、被审核单位编制的预测性财务信息预测表、预测依据的基本假设、选用的会计政策及其编制基础、基本假设的评价记录、所选用会计政策的检查记录、计算方法的检查记录、被审核单位管理当局声明书、审核报告、审核工作总结及与预测性财务信息审核有关的其他资料。

三、预测性财务信息审核报告

注册会计师在完成审核工作后,应复核审核工作底稿,出具审核报告,表示审核意见。

小提示

审核意见与审计意见不同,审核意见要说明预测性财务信息的编制是否符合有关法律、法规的要求,所使用的假设是否合理,会计政策的运用是否与历史财务信息的编制相一致,而且以消极保证的形式表示审核意见。报告里必须包含一个陈述,告诫读者实际情况与预测性信息会有差异,甚至是重大的差异。

(一)审核报告的要素

注册会计师对预测性财务信息出具的审核报告应当包括下列内容。

(1)标题。标题一般统一规范为"审核报告"。

(2)收件人。收件人是注册会计师致送审核报告的对象。一般为审核业务约定书中的委托人,也可能是审核业务约定书中指明的其他致送对象。审核报告应当载明收件人的全称。

(3)指出所审核的预测性财务信息,即对预测性财务信息作出的界定与描述。应特别注意的是,审核报告中提及的预测性财务信息的各项识别特征(如报表或者所涉及项目的名称、日期、涵盖期间等)应与后附的管理层签署的预测性财务信息一致。

(4)提及审核预测性财务信息时依据的准则。

(5)说明管理层对预测性财务信息(包括编制该信息所依据的假设)负责。

(6)适当时,提及预测性财务信息的使用目的和分发限制。指明预测性财务信息仅限于已经明确识别的特定主体使用,或者仅用于在业务约定书中明确的用途。

(7)以消极方式说明假设是否为预测性财务信息提供合理基础。

(8)对预测性财务信息是否依据假设恰当编制,并按照适用的会计准则和相关会计制度的规定进行列报发表意见。

(9)对预测性财务信息的可实现程度作出适当警示,即在审核报告中说明,由于预期事项通常不一定如预期那样发生,并且变动可能重大,实际结果可能与预测性财务信息存在差异。当预测性财务信息以区间形式表述时,对实际结果是否处于该区间内不提供任何保证。如果审核的是财务规划,编制预测性财务信息是为了特定的目的,审核报告应说明具体目的。在编制财务规划时运用了一整套假设,包括有关未来事项和管理层行动的推测性假设,而这些事项和行动预期在未来不一定发生。因此,提醒信息使用者注意,预测性财务信息不得用于该特定目的以外的其他目的。

(10)注册会计师的签名及盖章。

(11)会计师事务所的名称、地址及盖章。

(12)报告日期。报告日期应为完成审核工作的日期。报告日期不应早于被审核单位管理层批准和签署预测性财务信息的日期。

如果认为预测性财务信息的列报不恰当,注册会计师应当对预测性财务信息出具保留或否定意见的审核报告,或解除业务约定。

如果认为一项或多项重大假设不能为依据最佳估计假设编制的预测性财务信息提供合理基础,或在给定的推测性假设下,一项或者多项重大假设不能为依据推测性假设编制的预测性财务信息提供合理基础,注册会计师应当对预测性财务信息出具否定意见的审核报告,或解除业务约定。

如果审核范围受到限制,导致无法实施必要的审核程序,注册会计师应当解除业务约定,或出具无法表示意见的审核报告,并在报告中说明审核范围受到限制的情况。

(二)审核报告的参考格式

1. 无保留意见审核报告(以预测为基础)

审核报告

ABC股份有限公司:

我们审核了后附的ABC股份有限公司(以下简称ABC公司) 编制的预测(列明预测涵盖的期间和预测的名称)。我们的审核依据是《中国注册会计师其他鉴证业务准则第3111号——预测性财务信息的审核》。ABC公司管理层对该预测及其所依据的各项假设负责。这些假设已在附注×中披露。

根据我们对支持这些假设的证据的审核,我们没有注意到任何事项使我们认为这些假设没有为预测提供合理基础。而且,我们认为,该预测是在这些假设的基础上恰当编制的,并按照××编制基础的规定进行了列报。

由于预期事项通常并非如预期那样发生,并且变动可能重大,实际结果可能与预测性财务信息存在差异。

××会计师事务所　　　　中国注册会计师:×××
(盖章)　　　　　　　　(签名并盖章)
　　　　　　　　　　　　中国注册会计师:×××
　　　　　　　　　　　　(签名并盖章)

地址:中国××市　　　　日期:××××年×月×日

2. 无保留意见审核报告(以规划为基础)

审核报告

ABC股份有限公司：

我们审核了后附的ABC股份有限公司(以下简称ABC公司) 编制的规划(列明规划涵盖的期间和规划的名称)。我们的审核依据是《中国注册会计师其他鉴证业务准则第3111号——预测性财务信息的审核》。ABC公司管理层对该规划及其所依据的各项假设负责。这些假设已在附注×中披露。

ABC公司编制规划是为了××。由于ABC公司尚处于营业初期,在编制规划时运用了一整套假设,包括有关未来事项和管理层行动的推测性假设,而这些事项和行动预期在未来未必发生。因此,我们提醒信息使用者注意,该规划不得用于××目的以外的其他目的。

根据我们对支持这些假设的证据的审核,在推测性假设(列明推测性假设)成立的前提下,我们没有注意到任何事项使我们认为这些假设没有为规划提供合理基础。我们认为,该规划是在这些假设的基础上恰当编制的,并按照××编制基础的规定进行了列报。

即使在推测性假设中所涉及的事项发生,但由于预期事项通常并非如预期那样发生,并且变动可能重大,因此实际结果仍然可能与预测性财务信息存在差异。

××会计师事务所　　　　中国注册会计师：×××
(盖章)　　　　　　　　(签名并盖章)
　　　　　　　　　　　　中国注册会计师：×××
　　　　　　　　　　　　(签名并盖章)

地址:中国××市　　　　日期:××××年×月×日

本章小结

某单位或某个人要进入某个市场,必须设立企业。海外许多社会诚信系统健全的国家规定,企业的设立是简单备案制;我国政府规定是核准制,核准的手续之一就是验资。验资是指注册会计师依法接受委托,对被审验单位注册资本的实收情况或注册资本及实收资本的变更情况进行审验,并出具验资报告。《中国注册会计师审计准则第1602号——验资》的第三条第二款指出,验资分为设立验资和变更验资。

设立验资是指注册会计师对被审验单位申请设立登记时的注册资本实收情况进行的审验。通常有以下情况需要注册会计师进行设立验资:①被审验单位向公司登记机关申请设立登记时全体股东的一次性全部出资和分次出资的首次出资;②公司新设合并、分立,新设立的公司向公司登记机关申请设立登记。

变更验资是指注册会计师对被审验单位申请变更登记时的注册资本及实收资本的变更情况进行的审验。当出现以下情况时,需要注册会计师进行变更验资:①被审验单

位出资者（包括原出资者和新出资者）新投入资本，增加注册资本及实收资本；②分次出资的非首次出资，增加实收资本，但注册资本不变；③被审验单位以资本公积、盈余公积、未分配利润转增注册资本及实收资本；④被审验单位因吸收合并变更注册资本及实收资本；⑤被审验单位因派生分立、注销股份或依法收购股东的股权等减少注册资本及实收资本；⑥被审验单位整体改制，包括由非公司制企业变更为公司制企业或由有限责任公司变更为股份有限公司时，以净资产折合实收资本。

注册会计师应当评价根据审验证据得出的结论，以作为形成审验意见和出具验资报告的基础。验资报告应当包括下列要素：标题，收件人，范围段，意见段，说明段，附件，注册会计师的签名和盖章，会计师事务所的名称、地址及盖章，报告日期。

只有可靠的预测性财务信息对决策者才是有用的，为了增强预测性财务信息的可信赖程度，注册会计师便接受委托，对预测性财务信息进行审核并出具审核报告。预测性财务信息是指被审核单位依据对未来可能发生的事项或采取的行动的假设而编制的财务信息。预测性财务信息可以表现为预测、规划或两者的结合，可能包括财务报表或财务报表的一项或多项要素。预测性财务信息审核是注册会计师对被审核单位编制的预测性财务信息进行审核，并提供有限保证的业务。

注册会计师在执行预测性财务信息审核业务时，应保持应有的职业谨慎，执行必要的审核程序，实现审核目标，具体包括：接受业务委托、了解被审核单位情况、制订审核计划、获取有关资料、实施审核程序。

注册会计师在完成审核工作后，应复核审核工作底稿，出具审核报告，表示审核意见。注册会计师对预测性财务信息出具的审核报告应当包括下列内容：标题；收件人；指出所审核的预测性财务信息；提及审核预测性财务信息时依据的准则；说明管理层对预测性财务信息（包括编制该信息所依据的假设）负责；适当时，提及预测性财务信息的使用目的和分发限制；以消极方式说明假设是否为预测性财务信息提供合理基础；对预测性财务信息是否依据假设恰当编制，并按照适用的会计准则和相关会计制度的规定进行列报发表意见；对预测性财务信息的可实现程度作出适当警示；注册会计师的签名及盖章；会计师事务所的名称、地址及盖章；报告日期。

【复习思考题】

1. 在哪些情况下，注册会计师应在验资报告的意见段之后增列说明段予以说明？

2. 设立验资、变更审验范围分别包括什么？

3. 在什么情况下，注册会计师应当拒绝出具验资报告？

4. 注册会计师验资时，向银行寄发的询证函与财务报表审计时向银行寄发的询证函有何相同点？

5. 什么是预测性财务信息？简述预测性财务信息审核过程及程序。

6. 预测性财务信息审核报告包括哪些内容？

第十七章　国家审计与内部审计

本章提示

学习目标　通过本章的学习，学生应了解国家审计和内部审计的基本概念、审计主体和审计职能；我国国家审计准则和内部审计准则；理解财政及财务支出审计、国家专项审计的含义、审计的对象、审计的范围和审计的内容；内部审计和风险管理的关系；了解生产经营审计的含义、审计范围和审计内容。

重要概念　国家审计；财政支出审计；财务支出审计；国家专项审计；内部审计；风险管理；生产经营审计

引　言

不同的审计主体，审计目标、审计对象、审计内容、审计方法和审计报告都有所不同。从国内外审计的历史和现状来看，审计按不同主体可划分为国家审计、内部审计和注册会计师审计，并相应地形成了三类审计组织机构，共同构成审计监督体系。

通过前面各章节的学习我们已经知道，注册会计师审计是由经政府有关部门审核批准的注册会计师组成的会计师事务所进行的审计。那什么是国家审计和内部审计呢？国家审计是由国家审计机关行使的审计监督，在我国“三位一体”的审计体系中占有重要地位。国家审计主要监督检查各级政府及其部门的财政收支及公共资金的收支、运用情况。国家审计从本质上而言，是通过依法履行职责，对权力运行进行监督和制约，发挥预防、揭示和抵御的“免疫系统”功能，推动实现国家良好治理。内部审计是由各部门、各单位内部设置的专门机构或人员实施的审计。内部审计主要监督检查本部门、本单位的财务收支和经营管理活动。内部审计是组织价值增加者，内部审计可以评价和改善组织的风险管理、内部控制、改善组织管理过程的有效性等。

在审计监督体系中，国家审计、内部审计和注册会计师审计既相互联系又各自独立、各司其职，分别在不同的领域实施审计，履行其职责。从发展的观点来看，以监督国家经济活动为主要特征的国家审计将会得到进一步加强；随着企业规模的逐步扩大化和内部管理的科学化，内部审计将得到更多重视和发展。在本书前面的章节中，已经系统介绍了注册会计师审计。本章将概括性地介绍国家审计和内部审计的主要审计内容、审计准则和审计方法等。

第一节　国家审计

《中华人民共和国宪法》第九十一条规定,国务院设立审计机关,对国务院各部门和地方各级政府的财政收支,对国家的财政金融机构和企业事业组织的财务收支,进行审计监督。国家审计,也称政府审计,是指由国家审计机关代表国家所实施的审计。具体来说,是由审计机关依法对公共资金、国有资产、国有资源管理、分配、使用的真实合法效益,以及领导干部履行经济责任和自然资源资产及生态保护责任情况所进行的独立监督活动。

国家审计产生于国家管理事务中的受托经济责任关系。国家将其财产委托给专门部门和单位进行经营和管理,从而形成了财产所有权与经营管理权的分离。国家需要了解和监督经营者和管理者是否严格履行受托经济责任,是否存在营私舞弊行为;因此就产生了对受托经济责任进行审计的要求,即国家审计。

国家审计的主体,即由谁来审计,按照《中华人民共和国宪法》和《中华人民共和国中华人民共和国审计法》规定,各级审计机关和审计人员依法独立行使审计监督权,其他行政机关、社会团体、内部审计机构和社会审计组织都无权行使国家审计监督权。审计主体具体包括:国家审计机关[①]、审计人员[②]、授权性主体[③]。国家审计的客体,即哪些部门和单位必须接受审计。在我国,国家审计的客体是各级政府以及国有企事业单位的财政收支、财务收支情况。[④] 人们通常习惯将反映国家参与国民收入分配和再分配的货币运动称为财政收支,将反映政府部门、企业事业单位、社会团体经济活动的货币运动称为财务收支。全面推进依法治国的时代号角,也掀开了审计工作与时俱进科学发展的新篇章。随着改革不断深入,国家审计对象日趋多元化、复杂化。实现审计监督全覆盖是提高审计监督层次和水平的重要途径,是在新的历史条件下对审计单位提出的新的更高的要求。因此,监督经济责任的履行情况,就必须落实到对财政、财务收支的监督,国家审计的基本职能是经济监督;国家审计的目的在于通过审计财政、财务收支真实、合法和效益,最终达到维护国家财政经济秩序、促进廉政建设、保障国民经济的健康发展。

一、国家审计的职能

国家审计职能是指国家审计本身所固有的、内在的功能,即国家审计在社会经济生活中能干什么。它是由国家审计的本质特征所决定的,或者说是国家审计本质特征的反映。国家审计是一种有独立性的经济监督活动。作为经济监督活动,它当然具有经济监督职

---

① 国家审计机关,即审计署和县级以上人民政府设立的审计机关。

② 审计人员,即各级审计机关具体从事审计业务的人员。

③ 授权性主体,包括审计机关授权实施审计的审计特派员等。

④ 依据《中华人民共和国宪法》和《中华人民共和国审计法》规定,必须接受审计的部门和单位包括:国务院各部门、地方人民政府及其各部门;国有的金融机构;国有企业和国有资产占控股地位或者主导地位的企业;国家事业组织;其他应当接受审计的部门和单位,以及上述部门和单位的有关人员。审计的内容是这些部门和单位的财政收支和财务收支。

能；作为有独立性的经济监督活动，它具有客观性、公正性，因而还能够起到鉴证和评价的作用。因此，传统观点认为，国家审计具有经济监督、经济鉴证和经济评价三种职能。

(一)经济监督职能

经济监督职能是国家审计的基本职能。国家审计是独立于管理者之外，不参与具体的管理活动，不履行决策、计划、组织、指挥、协调职能，对财政、财务收支专司监督的例行行为。不论被审计单位有无问题，审计机关均应当履行其监督职能，进行例行审计。因此，监督是国家审计的基本职能。具体来讲，审计监督就是审计组织和人员能够通过审核、检查被审计单位的经济活动，检查被审计单位在经济活动中是否按授权或既定目标履行经济责任，有无弄虚作假、违法违规、损失浪费行为，并督促其采取措施加以改进，保证被审计单位的经济活动在规定的范围内或正常的轨道上进行。它通常包括三个环节：①通过审查，了解被审计对象的真相；②以一定的法规或其他既定标准为依据，判断被审计单位的经济活动是否真实、合法、有效；③督促被审计单位合法、合理、有效地进行经济活动，公允、真实地处理经济业务，反映经济活动情况。

(二)经济鉴证职能

国家审计的经济鉴证职能，是指国家审计组织和人员通过对被审计单位的会计及其他资料进行审核、检查，鉴定其公允可靠性，并作出书面证明，以增进被审计单位的社会信誉。鉴证包括鉴定和证明两个方面。没有鉴定就不能提供证明，做了鉴定就必须提供证明，否则，鉴定就没有完成，也就没有意义。国家审计的经济鉴证职能，源于审计组织和人员身份的独立性和专业技能的权威性。

(三)经济评价职能

国家审计的经济评价职能，是指国家审计组织和人员通过审核、检查，客观、公正、权威地评定被审计单位的经济决策、计划和方案等是否先进、可行，经济活动是否按照既定的决策和目标进行，是否有经济效益，有关经济活动的规章制度是否健全、有效，有关管理人员的经济责任履行是否圆满等。审计评价一般包括下列步骤：①通过审核、检查，确定需要评价资料的真实性；②按照评价目的的要求，确定评价指标，并计算其实际数值；③将评价指标的实际数值与事先确定的标准数值进行比较，确定是否存在差异；④本着客观、公正、全面、积极的原则进行分析评价，并出具评价意见，如被审计单位经济效益的优劣，内部管理制度是否健全、有效等，并提出改进经营管理的建议。

(四)国家审计职能的演进

上述三条是有关国家审计职能的传统观点。但是，随着渐进式经济体制改革的深入和社会经济环境的发展变化，我国出现了一些新的社会现象：一是公共产品供给呈现出政府供给、市场供给和自愿供给的多元化局面；二是国家审计的公共受托责任从公共受托财务责任、公共受托管理责任向公共受托社会责任演进；三是国家审计的本质从经济监督、经济控制向"免疫系统"演进。因此，有观点认为国家审计的本质是国家治理的"免疫系统"。

首先，公共产品供给的多元化。传统观点把国家审计定位于公共财政。而公共财政的主要目的是满足公众需求，但随着公共产品供给主体的多元化，满足公共需求的并非都是公共财政提供的公共产品，它还包括市场和自愿提供的公共产品。现有的定位于公

共财政的国家审计边界将市场、自愿供给的公共产品排斥在国家审计之外，使之脱离了国家审计，无法发挥国家审计在这些领域中的治理作用。

其次，国家审计公共受托责任的演进。国家审计起源于公共受托责任，并且已从最初的公共受托财务责任、公共受托管理责任发展到现在的公共受托社会责任。在公共受托社会责任阶段，受托责任扩展到对非特定委托人的社会责任，国家审计行使对受托社会责任的监督，其使命将更重，承担着维护市场诚信、提高市场效率和政府绩效、弥补市场失灵和政府失灵的历史使命，有效促进社会主义市场经济的健康发展，完成公共受托社会责任。国家审计公共受托经济责任不断演进，要求国家审计的职能也随之演进，国家审计职能的演进要求通过拓展国家审计的边界来实现。与公共受托社会责任相对应的国家审计边界是公共产品，通过将国家审计的边界定位于公共产品，以主动适应公共受托社会责任的需要，更有效地服务于国家治理。

最后，国家审计本质的演进。国家审计本质从最初的经济监督、经济控制发展到现在经济社会健康运行的“免疫系统”。传统的经济监督、经济控制是被动的、消极的，而“免疫系统”则是主动的、积极的。国家审计如何实现“免疫”，就需要进行组织学习，拓展国家审计边界，定位于公共产品，与经济社会健康运行的“免疫系统”国家审计本质相协调，以体现政府的社会性、公共性、服务性和责任性。

因此，在此背景下，有学者认为国家审计是国家治理的“免疫系统”。

在国家治理的系统过程中，需要不同的机构分别担负起决策系统、执行系统和监督控制系统的角色，承担相应职责。国家审计是依法用权力制约权力的控制方式、控制行为和控制活动的集合，国家审计通过发挥信息收集、正反馈控制、负反馈控制和前馈控制等监督控制系统的作用，在国家治理体系中具备揭露、抵御、改进和预防等“免疫系统”功能，因此毫无疑义地成为国家治理系统中内生的监督控制系统之一，服务于国家治理的决策系统，对国家治理的执行系统实施监督、控制、约束和改进。通俗地说，国家审计的本质就是国家治理这个大系统中的“免疫系统”。

(1)国家审计在国家治理中通过发现问题发挥揭露功能。国家审计作为国家治理的“免疫系统”发挥的第一个功能，是对信息的收集、加工和再提供，也就是揭露功能。首先，国家审计通过查错纠弊、揭露问题，抵御各种对国家治理过程的侵害，改进国家治理。揭露问题是国家审计实施前馈控制、发挥预防作用的基础和前提，绝不是目标和终点。其次，揭露是制约权力的需要。根据法律规定，将不符合法律和秩序的权力运行揭露出来，将责任与权力不匹配的事实揭露出来，国家审计就能帮助国家将各种权力约束在其规定的边界之内。最后，揭露是维护法律和秩序尊严的前提，及时揭露某些领域对法律和秩序的系统背离，国家治理者才有机会深入思考到底是需要利用国家强制力进行惩处，还是需要调整完善现有的法律和秩序。

(2)国家审计在国家治理中通过纠正偏差发挥抵御功能。国家审计作为国家治理的“免疫系统”发挥的第二个功能是抵御功能。抵御功能的实质是纠正偏差，纠正对法律和秩序的偏离和破坏。

从控制论的角度，抵御功能或纠正偏差，属于典型的负反馈控制。负反馈控制的意义在于，国家审计机关以事先确认的一组标准或目标为基准，去观察和检查被审计事项或活动，从中发现偏差。在假设原定标准和目标正确的情况下消除偏差，让活动回归到原定的标准和目标上来，重新达成原定的稳定状态。在国家审计实践中，维护国家意志、维护法律尊严、维护社会秩序、打击违法违规行为，是国家审计通过负反馈机制发挥抵御功能的典型表现。

(3)国家审计在国家治理中通过促进完善发挥改进功能。国家审计作为国家治理的"免疫系统"发挥的第三个功能是改进功能，也称为建设性作用。国家审计在国家治理中发挥改进功能(建设性作用)，不仅能揭露问题，更能对产生这些问题的原因，进行从现象到本质、从个别到一般、从局部到全局、从苗头到趋势、从微观到宏观的深层次分析，并提出改革体制、健全法制、完善制度、规范机制、强化管理、防范风险的建议，提高经济社会运行质量和绩效，推动经济社会全面协调可持续发展。

从控制论的角度看，建设性作用和改进功能，属于典型的正反馈控制。正反馈控制的意义在于，国家审计机关通过检查被审计事项或活动，发现与原定标准或目标的差异，但经过认真的研究，认为这种差异是"好的"，需要调整的不是活动本身，而是原定的标准和目标。正反馈对于整个国家治理的系统而言，往往意味着打破原定的平衡，并在新的水平上达成新的平衡，实现新的稳定。面对快速变革和改革开放的客观环境，国家审计机关以国家长治久安为目标，不断促进完善法律、改革体制、改善机制和优化政策的过程，是国家审计通过正反馈机制发挥建设性作用的典型表现。

(4)国家审计在国家治理中通过提示风险发挥预防功能。国家审计作为国家治理的"免疫系统"发挥的第四个功能是预防警示功能，从控制论的角度看，称为前馈。前馈控制，也称为预先控制或预防，是指通过观察现状、收集信息、总结教训和把握规律，最大限度地预测未来可能出现的问题，并提前采取有关措施，以消除未来可能产生的偏差。前馈与反馈不同，往往在事前或事件的初期阶段采取行动，而反馈则基本出现在事后，至少也是在事件的后期阶段。前馈和反馈作为控制的两类不同方式，各有利弊。反馈在事后，对事件本身可能产生的损失或伤害无能为力，但因为掌握的信息全，可以得出更加全面、合理的结论，反馈控制行为往往更加合理。前馈发生在事前或事中，具有前瞻性和时效性，有望避免事件本身可能带来的损失，但因其掌握的信息不全面，前馈控制的不确定性和风险也很大。

当然，前馈控制和反馈控制并不能相互孤立和割裂，在国家审计实践中，不断缩短前馈控制和反馈控制的周期，不断更新前馈控制前的信息，综合使用前馈控制和反馈控制，都是扬长补短的好办法。国家审计机关发挥独立、客观、公正等优势，及时发现苗头性、倾向性问题，及早感受风险，提前发出警报，发挥预警作用，促进国家和被审计单位建立制度、及时应对、防微杜渐，这些都是国家审计发挥预防功能的途径。

国家是保护公民利益、维护社会秩序最重要的载体，实施国家治理、维护国家安全是一个重要话题。国家审计因为其依法用权力制约权力的控制方式、控制行为和控制活动的集合，和具备揭示、抵御、改进和预防等功能，毫无疑义地成为国家治理系统内生的控制系统或"免疫系统"，因而享有不可动摇的宪法地位。从国家治理角度看国家审计，为我们了解国家审计本质特征、把握国家审计发展规律、推动国家审计科学发展提供了更高的视角和更广的平台。

二、国家审计准则

审计准则是审计机关和审计人员在实施审计过程中应遵守的技术规范，是执行审计业务的职业标准，是评价审计工作质量的基本尺度。国家审计准则是国家审计法律规范内容的进一步细化，具体而言，是《中华人民共和国审计法》内容的具体化、细化，是审计实践中贯彻中华人民共和国审计法律法规的操作性规范。制定科学的审计准则并严格遵循，对保证审计质量、实现审计工作的规范化、维护政府审计和人员的权益、维护社会公众利益、树立国家审计的威信具有重要的作用。

国际上国家审计公认的准则体系是世界审计组织颁布的最高审计机关国际准则体系。具体包括两部分内容：一是最高审计机关国际准则，旨在为最高审计机关的职责、基本审计原则和审计指南设定基础性原则；二是世界审计组织良好治理指南，目的是推动公共部门实现良治。准则体系分为四个层次：第一层次是根本原则，旨在处理建立独立高效的最高审计机关的相关问题，并为审计规则提供指南，如《利马宣言》等。第二层次是最高审计机关履行职能的前提，包括世界审计组织发布的最高审计机关有效运行和遵守职业守则的必要前提，如《墨西哥宣言》等。第三层次是基本审计原则，阐释公共部门审计的实质，确保公共部门进行高效、独立的审计并得到广泛认同的职业原则，如《公共部门审计的基本原则》《绩效审计的基本原则》等。第四层次为审计指南，是将基本审计原则细化为具体日常审计工作操作指南，如《绩效审计指南》等。与第四层平行的还有一些世界审计组织为公共部门制定的内部治理与会计标准的良治指南，主要包含世界审计组织对各国政府及其他负责公共资金管理的机构的建议。

我国审计署自1989年开始，就一直致力于审计准则的研究、制定、修订和完善，1996年起陆续发布了一系列审计准则，2000年又对已发布的审计准则进行了全面的修订和补充，形成了包括国家审计基本准则以及审计指南的层次分明、相互依存、相互补充、内容完整的国家审计准则体系。2010年我国审计署在借鉴最高审计机关国际审计组织审计准则的制定经验及成文范例，根据我国国家审计的具体特点和工作需要，制定了一个既能满足政府审计工作需要又具体适用的国家审计准则——《中华人民共和国国家审计准则》，自2011年1月1日起施行。该准则颁布后，原来的国家审计基本准则、通用审计准则和专业审计准则以及审计指南被废止。

《中华人民共和国国家审计准则》的内容包括总则、审计机关和审计人员、审计计划、审计实施、审计报告、审计质量控制和责任、附则，共七章二百条。

总则的主要内容包括：制定国家审计准则的目的、依据，审计准则的定义，审计准则的适用范围，被审计单位的责任与审计责任的划分，审计目标，审计范围，审计程序的总体要求。

“审计机关和审计人员”是对审计机关及审计人员应当具备的基本资格条件和职业要求所作的制定。主要内容包括：审计机关执行审计业务应具备的资格条件；审计人员执行审计业务应具备的职业要求，如审计人员应遵守的基本职业道德，独立性的要求，审计人员应具备专业胜任能力的要求，审计人员应合理运用职业判断和保持应有的职业谨慎等。

“审计计划”是审计机关对本年度审计项目所作的规划。主要内容包括：审计机关应当根据法定的审计职责和审计管辖范围，编制年度审计项目计划，年度审计项目计划编制的指导，需要编制审计工作方案的情形，审计工作方案的编制、审批和调整，年度审计项目计划执行情况的检查。

“审计实施”是审计作业阶段应遵循的规定。主要内容包括：①审计实施方案：组成审计组，下达审计通知书，审计实施方案的编制、调整和审定，了解被审计单位及其相关情况，测试内部控制的有效性和安全性。②审计证据：审计人员应获取充分、适当的审计证据，审计人员获取审计证据的方法和程序。③审计记录：审计人员应当真实完整地编制审计记录，审计记录包括了解记录、审计工作底稿和重要管理事项记录，审计工作底稿的编制方法和内容，审计工作底稿的检查和复核的要求。④重大违法行为检查：审计人员需要关注的可能存在重大违法行为的情况及针对重大违法行为采取的应对措施。

“审计报告”是审计组反映审计结果、提出审计报告以及审计机关审定审计报告时应当遵守的行为规范。其主要内容包括：①审计报告的形式和内容：审计机关提交审计报告的程序，审计报告的编制要求，审计决定书和审计移送处理书出具的情形和内容。②审计报告的编审：审计组编制审计报告要求，审计组向审计机关业务部门报送的资料，审计机关业务部门复核的内容和要求，审理机构的审理内容和要求，审计报告和审计决定书的审定和签发。③专题报告和综合报告：专题报告和综合报告适用的情形、编制的要求和报送，本级预算执行情况和其他财政收支情况的审计报告须经本级政府首长审定后向本级人民代表大会常务委员会报告。④审计结果公布：依照法律审计和审计调查结果需要公布和不得公布的信息，审计机关公布审计结果和审计调查结果的要求。⑤审计整改检查：审计机关审计整改检查的内容、整改检查的方式、整改检查报告的内容、整改检查结果的报送。

“审计质量控制和责任”是审计机关为了督促有关人员严格遵守法律法规和《中华人民共和国国家审计准则》、作出恰当的审计结论和依法进行处理处罚所作的规定。其主要内容包括：审计机关应当围绕审计质量责任、审计职业道德、审计人力资源、审计业务执行、审计质量监控建立审计质量控制制度；审计机关审计组成员、审计组主审、审计组组长、审计机关业务部门、审理机构、总审计师和审计机关负责人对审计业务的分级质量控制；审计机关对其业务部门、派出机构和下级审计机关的审计业务质量进行检查的方式、内容和要求。

“附则”的主要内容包括：不适合《中华人民共和国国家审计准则》的审计机关的工作，地方审计机关可以结合本地实际情况依据《中华人民共和国国家审计准则》规定制定实施细则，本准则的解释权和施行时间。

三、财政收支审计

(一)财政收支审计的定义

财政收支审计是指国家审计机关对本级财政预算执行情况和下级政府财政预算的执行情况和决算，以及预算外资金的管理和使用情况的真实性、合法性进行的审计监督。其目的是严格财经纪律、维护国家财政经济秩序、加强财税管理、促进廉政建设、保障国

民经济健康有序发展。

(二)财政收支审计的对象

财政是国家为了实现其职能，以国家为主体对社会产品进行的一种分配和再分配。它反映了以国家为主体的分配关系，包括中央与地方之间、地方上下级之间、国家与国有企业之间、国家与其他经济组织之间、国家与个人之间的分配关系。财政收支审计实质上就是国家审计机关对各级政府处理上述各种分配关系的收支活动进行的监督检查。按照我国宪法和中华人民共和国审计法的规定，财政收支审计的对象是国家财政收支，具体地说，是国务院各部门和地方各级人民政府及其各部门的财政收支，被审计单位是国务院各部门和地方各级人民政府及其各部门。

(三)财政收支审计的范围

根据我国现行的财政管理体制和审计机关的组织体系，财政收支审计包括本级预算执行审计、下级政府预算执行和决算审计以及其他财政收支审计。我国对国家财政收支实行审计监督的制度，对强化审计监督在国家财政经济工作中的地位，健全和完善政府审计监督机制，提高审计监督工作的层次和水平，树立审计机关权威，推进审计工作走向法制化、制度化和规范化，具有重要的现实意义和深远的历史意义。目前，各地一般的做法是，各级审计机关对本级预算执行审计，主要对财政部门具体组织本级预算执行情况、地方税务部门税收征管情况、地方国库办理预算资金收纳和拨付情况、本级政府各部门各直属单位预算执行情况、预算外收支以及下级政府预算执行和决算等方面进行审计监督。

(1)本级预算执行情况审计。本级预算执行情况审计是地方各级审计机关在本级政府的领导下，对本级预算执行情况实施的审计。

(2)下级政府预算执行情况和财政决算审计。下级政府预算执行情况审计是审计机关对下级政府预算执行情况的真实、合法和效益情况进行监督的行为。下级政府财政决算审计是上级审计机关对下级政府财政收支决算的真实、合法和效益情况进行监督的行为。

(3)其他财政收支审计。其他财政收支审计是国家审计机关对预算外资金的筹集、管理和使用情况实施监督的行为。

(四)财政收支审计的作用

财政收支审计作为国家审计机关对国家财政经济活动实施独立监督检查的一个重要方面，其作用具体体现为以下方面。

(1)通过财政审计监督，揭露、制止和纠正在国家财政收支活动中存在的违反国家法律、行政法规的问题，严肃财经纪律，维护国家的政令统一和财政经济秩序，促使各级政府对财政收支加强管理，使各级政府及其各部门、各单位在财政收支活动中，严格执行国家法律、行政法规的规定，加强廉政建设，保证国民经济健康、有序地发展。

(2)通过财政审计监督，促进各级政府加强对财政收支的管理，促使各级政府及其各部门、各单位强化预算约束意识，促进增收节支。提高财政资金使用效益，促进财政收支平衡。同时，为各级人民代表大会常务委员会对政府的财政收支活动实行有效监督提供服务。

(3)通过财政审计监督，促进完善国家预算管理监督制约机制，强化审计监督在我国财政预算管理体系中的地位和作用，使之成为国家财政收支活动中的一个内在的、必不可少的制约环节，充分发挥国家审计机关在国家宏观经济调控中的作用。

四、财务收支审计

(一)财务收支审计的定义

财务收支审计是对金融机构、企事业单位的财务收支及有关的经济活动的真实性、合法性所进行的审计监督。其目的是揭露和反映企业资产、负债和盈亏的真实情况，查处企事业财务收支中各种违法违规问题，维护国家所有者权益，促进廉政建设，防止国有资产流失，为政府加强宏观调控服务。

(二)财务收支审计的对象

《中华人民共和国审计法》规定，国有的金融机构和企业事业组织的财务收支应当接受审计监督。《中华人民共和国审计法》还规定“审计机关对国有企业的资产、负债、损益，进行审计监督”，“对国有资本占控股地位或者主导地位的企业、金融机构的审计监督，由国务院规定”。

在实际操作中，政府审计机关一般都按照《中华人民共和国审计法实施条例》的有关规定来确定企业财务收支审计的对象，也就是“审计机关对国有资产占控股地位或者主导地位的下列企业，依法进行审计监督：国有资本占企业资本总额的50%以上的企业；国有资本占企业资本总额的比例不足50%，但是国有资产投资者实质上拥有控制权的企业”。

最近一段时间，一些地区通过地方立法，明确政府审计机关根据当地政府的授权或委托，可以对享受政府补贴、享受特殊优惠政策和其他与地方经济社会安全相关的企业进行审计监督，不受国有资本比例的限制。

(三)企业财务收支审计的目标

企业财务收支审计的总体目标是对被审计企业会计信息特别是损益的真实性、交易活动的合法性实施监督，对企业经营活动的效益性进行评价，并严肃查处各种弄虚作假行为和重大违法违规问题。

企业财务收支审计的具体目标包括以下七个方面。

(1)存在性，指资产负债表所列示的各项资产、负债、所有者权益确实存在；利润表所列的各项收入和费用确实发生。

(2)完整性，指发生的所有交易和业务均已按规定记入有关账簿。

(3)准确性，指各项交易准确地记入相关账户，交易金额和账户余额记录准确。

(4)所有权，指资产负债表所列资产和负债确实为企业所有或所欠。

(5)计价，指财务会计报告各个项目所列金额均正确估价和计量。

(6)截止期，指所有的经济业务均按规定准确地记录于恰当的会计期间。

(7)恰当披露，指企业财务会计报告恰当地反映了账户余额或发生额，披露了所有应该披露的信息。

对企业经营活动的效益性进行评价，可能涉及企业的可持续发展、环境保护、节能降耗及其他方面的社会责任，审计目标的确定需要针对具体情况研究确定。

小提示

(1)财政、财务收支的划分不是截然对立的，在某些方面它们是重合或交叉的。财政、财务收支审计的目标均可概括为以下七个方面，即存在性、完整性、准确性、所有权、计价、截止期、恰当披露。

(2)财政、财务收支审计的主要内容均包括如下几点：①资产审计，是对流动资产、长期投资、固定资产、在建工程、无形资产、递延资产和其他资产所进行的审计，主要审查其真实性、合法性；②负债审计，是对流动负债、长期负债的审计，主要审查其真实性、完整性；③所有者权益（净资产）审计，是对企业实收资本、资本公积、盈余公积、未分配利润，行政事业单位的专项基金、结余所进行的审计，主要审查其真实性、合法性；④损益审计，是对企业收入、成本费用、利润及行政事业单位收入、支出、结余所进行的审计，主要审查其真实性、完整性。

(3)财政、财务收支审计的目的是通过对单位财政、财务收支和其他经济活动的审计，揭露其在经济活动中存在的问题，为单位加强管理、提高经济效益服务。在审计中发现管理混乱、严重违规违纪、乱挤乱摊费用给单位带来损失，再进一步查明领导个人对此应负的责任。财政、财务收支审计对领导干部应负的直接和间接责任一般不作分层归属评价。财政、财务收支审计报告是对被审计单位财政、财务收支的发生作出真实合法效益情况评价，对人一般不作评价。

五、国家专项审计

（一）国家专项审计的含义与特点

国家专项审计是主要针对财政项目资金开展的审计监督活动，具体表现为专项资金审计和专项审计调查两种类型。近年来，国家专项审计发现和披露了很多潜在的问题，专项审计工作所占的分量也越来越重。目前，国家专项审计已经成为审计机关全面履行审计监督职能，充分发挥审计监督和建设性作用的重要手段。

无论是专项资金审计，还是专项审计调查，因为“专项”的存在，国家专项审计具有不同于传统的财务收支审计的独特之处。

一是国家专项审计具有独特的审计范围。国家专项审计范围主要包括专项资金和专项调查内容。专项资金是上级财政对下级财政在核定预算时针对特定专项用途所拨付的款项，是国家或有关部门或上级部门下拨行政事业单位具有专门指定用途或特殊用途的资金。专项资金都要求进行单独核算，实行专款专用，不能挪作他用，还要单独报账结算。由于专项资金的特殊管理需要，国家专项审计也主要围绕专项资金在使用过程中的合法性、合规性、效益性开展审计监督，目的是防止专项资金使用管理中可能出现的截留、挪用、私存、挤占等违法违规行为。专项调查内容是上级因财政专项工作需要向审计部门下达的专门调查任务，主要是针对财政资金使用管理与经济运行体制机制方面的基本情况及存在的问题进行专门调查。

二是国家专项审计具有特殊的评价对象。国家专项审计的评价目标是通过评价政府部门和有关单位使用财政专项资金的经济性、效率性和效果性,向政府及有关部门提供独立的信息和建议,找出影响专项资金支出效益的体制机制原因,帮助上级部门和被审计对象采取措施改进管理,提高效益;揭露损失浪费、管理不善现象,强化公共部门的经济责任,促进政府公共部门和被审计对象在支出和资源管理等领域做到经济和有效。

三是国家专项审计具有特殊的审计目的。第一是审查专项资金管理和使用的经济性、效率性和效果性。重点关注专项资金的管理和使用情况,加强专项资金的管理,提高效益,减少损失,使专项资金的投入产出比最大化。第二是寻找差异、分析原因、揭示问题。在国家专项审计过程中,采取函证、询问、查询审计相关资料、会议、讨论、实地审查等形式,充分运用计算机辅助审计,揭示被审计单位存在的问题,为进一步调查取证、加强管理、提出合理化建议服务。第三是明确责任、提出建议、加强管理。针对被审计对象在专项资金管理和使用过程中存在的挤占、挪用、擅自扩大开支范围、改变资金用途等突出问题,明确相关责任人的责任,提出相应的处理处罚建议,提出加强管理、提高专项资金使用效益的合理化建议。

四是国家专项审计具有特殊的审计内容。国家专项审计较之其他审计监督活动,在审计内容上有很大区别。国家专项审计的审计内容集中在资金项目计划下达和执行情况,专项资金分配、拨付和使用情况,专项资金财务管理情况,项目实施和效益情况等方面。通过将上级下达的项目计划与计划实施情况进行对比,主要审计财政、计划及专项资金主管部门是否按照国家批准的计划下达项目投资计划和财政专项资金的预算,是否将年度项目计划层层落实到具体实施单位,项目是否严格按照批准的计划实施,有无擅自调整项目建设地点、建设单位、建设内容、建设规模等问题。通过对专项资金主管部门及项目单位提供的项目档案、财务资料进行核查,重点审计有无虚假报表、虚开发票、虚列支出等问题;是否将项目资金及时、足额拨付承担单位、实施单位、用款单位,有无挤占挪用、虚报冒领、贪污私分、挥霍浪费、账外账、“小金库”等违纪违规问题,是否按批准的项目方案和规定用途使用资金。通过对会计账簿凭证进行抽查分析,重点审计项目主管部门、项目实施单位对专项资金是否专款专用、专账管理,有无扩大开支范围、改变资金用途、高估工程量、虚列支出等套取资金问题。通过实地查看项目现场,重点审计项目招标采购、工程建设、合同管理、建设进度情况,是否存在层层转包,违规招标采购,有无因立项不准、责任不清、管理不善或工程质量等原因造成损失浪费或事故隐患问题,以及项目经济效益、社会效益和生态效益是否达到预期目标等。

(二)专项资金审计

1. 专项资金的概念与特征

要理解什么是专项资金审计,首先要了解专项资金的概念与特征。专项资金是指各级政府为扶助或支持某一项目拨或贷的资金。按资金性质分为无偿和有偿。按区域分类为:国内和国外,国内分类为中央、省、市、县。按用途分类为:农、林、工业、能源、交通、教育、卫生、环境、民政、国防等关系国计民生的项目。按资金渠道分为:财政拨付与银行优惠贷款。由此可见专项资金来源广、种类多、使用范围大、数额多,加强其使用的监督,

审计部门首当其冲。因此，必须本着对政府资金安全使用的原则，只有了解专项资金的性质和特征，才能进行准确有效的审计和监督。

专项资金主要具有以下性质和特征。

(1)无偿性：国内(外)政府对某一项目的扶持所拨给的资金，不需偿还。

(2)有偿性：国内(外)政府对某一项目扶持的专项低息贷款，需要偿还。

(3)复杂性：专项资金来源渠道多，使用广，要层层分解，通过各级财政拨付中转到项目单位。

(4)目标性：专项资金使用后，必须达到预期目标，凸显其作用。

(5)针对性：国家不是普遍拨放，而是针对某一行业或某一地区的专门项目而拨或贷的资金，因此具有很强的区域性、专项性。

2. 专项资金审计的含义及目标

专项资金审计是对专项资金收支真实性、合法性和效益性的审计监督活动。专项资金审计一般不涉及被审计单位的其他财政财务收支活动。专项资金审计的目标是通过审计财政专项资金的收支余规模、结余形态、经办管理以及制度建设和执行情况，揭露专项资金投入、管理、使用中存在的突出问题和潜在风险，反映制度建设和政策执行中存在的问题，提出规范资金管理、促进资金安全、完善项目建设、提升项目产出效益的政策性建议。专项资金审计的法律依据是《中华人民共和国审计法》第二条"国务院各部门和地方各级人民政府及其各部门的财政收支，国有的金融机构和企事业组织的财务收支，以及其他依照本法规应当接受审计的财政收支、财务收支，依照本法规定接受审计监督"，以及《中华人民共和国审计法实施条例》第十五条"审计机关对其他取得财政资金的单位和项目接受、运用财政资金的真实、合法和效益情况，依法进行审计监督"的有关规定。

3. 专项资金审计的内容和重点

作为经济监督领域层次较高的监督部门，各级审计机关对专项资金的管理使用情况实施有效的检查和监督已成为业务工作的一个重要方面。专项资金审计的内容和重点主要有以下几个方面。

(1)专项资金项目计划的下达和执行情况。将上级下达的项目计划与计划实施情况进行对比，审查财政、计划及专项资金主管部门是否按照国家批准的计划下达项目投资计划和财政专项资金的预算，是否将年度项目计划层层落实到具体实施单位，项目是否严格按照批准的计划实施，有无擅自调整项目建设地点、建设单位、建设内容、建设规模等问题。

(2)专项资金的分配、拨付和使用情况。通过对财政部门、专项资金主管部门及项目建设单位提供的会计资料进行检查，重点审查各级财政部门是否按计划筹集、落实配套资金，配套资金是否列入本级财政预算；有无通过虚假报表、虚开发票、虚列支出、虚增工程量或将群众自筹的实物和投入的劳力来抵顶配套资金等方式搞虚假配套的问题，如未配套，应分析原因；资金是否按规定的方法和程序分配；是否及时、足额拨付到下级财政或用款单位，有无截留欠拨、平衡预算及挤占挪用等严重违法违纪问题。审查专项资金主管部门是否按规定将拨入的资金及时足额拨付使用单位，是否存在欠拨、出借、放贷、弥补经费、改变资金投向、提取或变相提取项目前期费、吃回扣回流资金等谋取小团体利益问题。审查项目实施单位对拨入的项目资金是否及时入账，有无账外设账，是否按规定时间开工和完工，是否按批准的项目和规定用途使用专项资金，完工的工作数量和质量是否达到设计要求，有无擅自更改项目内容、工程位置、违规提取项目管理费、虚列支出、截留转移、挤占挪用、虚报冒领、贪污私分、挥霍浪费等问题。

(3)专项资金财务管理情况。通过对会计资料进行检查，审查财政、项目主管部门以及项目实施单位对专项资金是否实行专人专账、专户管理，资金安排、支出核算和管理是否到项目。有无扩大开支范围、将一些不合理的费用列入专项资金支出中；有无改变资金用途、将各项专款调剂使用；工程项目的预决算是否真实，有无高估工程量，高套预算定额虚增造价，虚列支出搞计划外工程套取专项资金等问题。

(4)项目实施和效益情况。重点检查建设工程项目的设计是否经有权部门批准，是否实行了项目法人责任制、招标承包制、工程建设监理制和合同管理制，勘察、设计施工及供货单位是否具备工程建设所需的资质等级；是否存在层层转包；工程建设中有无重大损失浪费及质量隐患等问题；检查项目计划制订是否合理，完工验收项目是否达到预期效益，有无立项不准、责任不清、管理不善或工程质量等原因造成损失浪费或事故隐患问题，专项资金建设项目所取得的经济效益、社会效益和生态效益是否达到预期目标，如未达到，应进行原因分析，并结合实际提出改进意见或补救措施。通过揭露问题、分析原因、提出建议、服务于领导决策和管理，提升审计工作自身的地位。

(三)专项审计调查

1. 专项审计调查的含义

专项审计调查是审计机关运用审计方法和其他调查方法，为从政策、体制和制度角度分析问题，提出意见和建议，而对预算管理或者国有资产管理使用等与国家财政收支有关的特定事项向有关地方、部门、单位进行的调查。它既不同于其他行业调查，也不同于一般审计项目。专项审计调查以资金运行为主线，以项目、单位为载体，运用专门的审计技术方法，发现、剖析经济发展过程中带有苗头性、倾向性、普遍性的问题，提出具有审计专业特色的意见和建议，有其独特的作用。

近年来，审计署统一组织的审计项目多数采用了审计调查的方式，并收到了良好的效果。专项调查是一种向决策和管理部门提供高水准管理信息的审计活动，客观上要求调查者从个别中探寻一般，透过现象看本质，对共性问题进行归纳，为政府宏观决策提供参考，在更高层次上服务发展大局。专项审计调查的法律依据是《中华人民共和国国家审计准则》第三十六条规定“涉及宏观性、普遍性、政策性或者体制、机制问题的；事项跨行业、跨地区、跨单位的；事项涉及大量非财务数据的”可以进行专项审计调查。专项审计调查往往与专项资金审计结合进行。

2. 专项审计调查的特点

专项审计调查是审计工作特有的手段之一，它具有范围广、覆盖面宽、针对性强、工作方式方法灵活等特点。具体而言，其特点包括如下方面。

第一，目标明确，具有针对性。专项审计调查的目标是对经济生活中存在的突出问题或对一些方针政策的实施情况开展有针对性的调查，目的在于对项目资金的使用情况和效果作出评价，并针对存在的主要问题提出建议，以促进提高资金的使用效益和工程

建设的环境效益，使各级政府及时了解、掌握经济运行的信息，为作出正确决策提供可靠依据。

第二，对象广泛，具有宏观性。审计调查的对象是一个地区、一个系统、一个行业、一个单位的特定调查事项，是从加强宏观管理着眼的，因而势必涉及财政管理和财政监督、预算安排和预算执行乃至国民经济运行中的宏观问题。调查对象不仅要有典型性和代表性，还必须要有一定的数量和覆盖面。这样才能反映被审计对象的普遍情况和共性问题，以便作出恰当的评价。

第三，程序简化，具有灵活性。与其他行业性调查相区别，专项审计调查是以审计为基本手段的调查。国家审计准则和规范同样适用于专项审计调查。但在程序上，专项审计调查不采取常规审计的全部工作程序。审计署关于专项审计调查的准则规定，调查可视情况征求意见，出具调查报告；相对于一般审计的审计报告应当征求被审计单位意见，出具审计报告、审计决定书的规定，审计调查程序上要简化一些，有利于提高工作效率。

第四，时间及时，具有高效性。专项审计调查，由于目标明确且具有针对性，因此可以集中力量、集中人员，及时进行调查，以迅速查明真相，弄清主客观原因，作出调查结论，向领导机关提出报告，可以使问题还处在萌芽状态时，就能及时得到解决。时间短、收效快，这是专项审计调查的又一个特点。

第五，作用深广，具有建设性。相对于一般项目审计对被审计对象具体行为的纠正有较强的作用，专项审计调查由于涉及面广、层次高、政策性强，对被调查的单位而言，不出具具体行为的处罚纠正决定，但对领导和决策层而言，则能从更高更深更广的角度了解情况，便于其从政策层面、宏观视野来考虑，为宏观决策和政策调整提供参考信息。

3. 专项审计调查的对象和内容

根据《中华人民共和国审计法》的有关规定，专项审计调查的对象可据审计调查内容确定是一个地区、一个系统、一个行业或若干个单位与国家财政收支有关的特定事项。审计机关根据经济工作需要和审计工作需要，确定某些调查事项，交审计机关开展专项审计调查。这些交办的调查事项，也是专项审计调查的重要内容。凡是与国家财政收支有关的经济活动事项，都属于专项审计调查的对象。专项审计调查的结论应当反映被调查对象的特殊情况和共性问题，以利于及时向政府、主管部门和其他有关部门作出报告。这就要求专项审计调查人员在调查中能够掌握被调查地区、部门、单位的主要特殊情况，通过分析找出其存在的共性问题，供政府、主管部门和其他有关部门在决策时参考。

专项审计调查的内容，一般是根据专项审计调查确定的对象范围内政策法规的贯彻实施及经济运行中涉及的矛盾问题等方面确定。具体应包括以下主要内容。

第一，与国家财政收支有关的法律、法规和重大政策的执行情况。这是国家进行宏观调控，保持国民经济持续、快速、健康发展的重要保证。有关法律、法规和重大政策往往得不到正确执行，因而，专项审计调查应当把与国家财政收支有关的法律、法规和重大政策的执行情况作为专项审计调查的一项主要内容。

第二，重点行业生产经营情况或者重点项资金分配、使用情况。重点行业和专项资金对于国民经济发展和财源建设具有十分重要的意义。就一个地区来说，重点行业生产经营状况及专项资金使用效果如何，对该地区经济发展和财源建设的影响很大。通过专项审计调查，为促进本地区的经济发展，加大财源建设力度，巩固重点行业的支柱财源地位提供依据。

第三，审计机关或者其他部门提出的有待进一步深入调查的重要问题。《中华人民共和国审计法》赋予审计机关多项审计监督职责，涉及经济领域的许多方面。审计机关在审计过程中，会发现经济领域各种类型的问题，有的总是很重要，或具有典型意义，需要进一步深入调查了解，但不可能在短短的审计期间内解决。这样就必须作为专项审计调查项目，通过开展专项审计调查来解决。其他经济管理部门在各自的经济管理工作中发现的某些重要问题如果属于审计监督的范围，也应作为专项审计调查的内容，以帮助有关部门加强经济管理。

第四，审计机关选定的专门事项。审计机关根据审计工作开展情况，结合阶段经济工作中心任务，选定某些具有典型意义或普遍意义的事项，作为专项审计调查的内容。

第五，本级人民政府和上级审计机关交办的调查事项。本级人民政府和上级审计机关根据经济工作需要和审计工作需要，确定某些调查事项，交审计机关开展专项审计调查。这些交办的调查事项，也是专项审计调查的重要内容。

小提示

财务收支审计与国家专项审计既有相同之处，又各具特点。两者具有互补性，可以协调工作。两种审计方式必要时可以互相转换，财务收支审计中发现的倾向性、苗头性、普遍性的问题，可以通过审计调查来扩大调查对象，分析深层次原因，为决策提供依据；国家专项审计中发现被调查单位有重大的违反国家财经法规行为，审计机关认为有必要进行审计处理、处罚的，可以立项审计，作出审计处理、处罚决定或移送有关部门。

第二节 内部审计

一、内部审计概述

(一)我国内部审计的产生和发展

我国内部审计的产生要追溯到奴隶社会。在西周时期，朝廷设有天、地、春、夏、秋、冬六卿管理朝政，六卿下面分设若干官职。其中司会是天官之长，设在大宰之下，其职责主要是负责稽核全国财计，同时还负责对上报的财产和业绩资料进行审查。西周时期的司会是我国内部审计的最初萌芽。

在漫长的封建社会，王权、皇权处于至高无上的地位，整个国家的一切经济活动都体现为朝廷的活动，从决策到立法、行政和司法权，都集中于皇帝或君主一身，因此这段时期的审计活动均体现为国家审计。

19 世纪下叶，随着民族资本主义工商业的产生和发展，我国出现了按照西方企业管理模式建立的银行、造船厂、矿山和兵工厂等较大型的企业，其纷纷在企业内部设立“稽核”职务和部门，实行内部审计制度。

我国现代内部审计是和国家审计一起产生和发展起来的。1983年，审计署成立。之后，审计署相继发布了一系列与内部审计有关的规定。根据这些规定，国有企事业单位和政府部门都建立了相应的内部审计机构，普遍开展了财务审计、经营审计等审计业务，在加强内部管理，促进企事业单位实现经营管理目标方面发挥了重要作用。

1987年，中国内部审计学会成立，随后作为国家分会加入了国际内部审计师协会。多年来，中国内部审计学会积极开展了有关内部审计的学术研究和国际交流活动，推动了我国内部审计的发展。2001年经审计署同意，民政部批准将学会更名为协会，使其成为对企业、行政机关和其他事业组织的内审机构进行行业自律管理的全国性社会团体组织。

20世纪90年代以后，我国内部审计有了较快的发展。随着我国市场经济体制改革进程的加快，以及经济全球化和科学技术的迅猛发展，内部审计作为企事业单位内部管理的一个重要组成部分，也得到了空前的发展。全国的内部审计机构通过查处违纪违规、损失浪费等问题，为国民经济持续健康有序发展作出了重要贡献。

2003年3月，审计署发布了《审计署关于内部审计工作的规定》。根据这一规定，国家机关、金融机构、企业事业组织、社会团体以及其他单位，应当按照国家有关规定建立健全内部审计制度。同年，中国内部审计协会颁布了《内部审计基本推则》《内部审计人员职业道德规范》和10项内部审计具体准则，在随后的几年里又分别发布了11—29号具体准则，以及第3号、第4号实务指南，为内部审计人员开展内部审计业务提供了工作依据。我国内部审计准则体系初步建立。

2012年开始，我国内部审计准则体系进入不断健全和完善阶段。内部审计从此进入了一个新的发展阶段。近年来，各单位越来越重视内部审计工作，内部审计力量不断壮大、制度机制不断完善、领域不断拓展、质量成效显著提升，在促进单位完善内部治理、提升发展质量、推动深化改革、促进反腐倡廉等方面发挥了积极作用。

（二）内部审计的产生动因

1. 受托经济责任关系是内部审计产生的基本前提

受托经济责任是指财产资源所有者与经营者、上级管理者和下级管理者之间形成的委托或受托经营管理的关系，所有者或上级管理者作为委托人，委托经营管理者或下级管理者作为受托人进行经营管理，同时赋予受托人一定的权利，受托人需要承担一定的责任和义务。审计作为独立的第三方，接受委托人的委托，对受托人的受托责任履行情况进行审查和评价，并将审查和评价的结果报告给委托人。可见，受托经济责任关系是内部审计产生和发展的前提和基础。

但是，受托经济责任关系的存在并不标志着审计就一定会存在。如果企事业单位的规模不大，业务也不复杂，委托人有能力对于受托人的受托责任的履行情况亲自进行检查和评价，作为独立的第三方的审计就失去了存在的意义。

2. 内部审计是基于企事业单位内部管理和控制的需要产生和发展起来的

随着企事业单位规模的不断扩大，经济业务日益复杂，管理层次逐渐多样化，生产经营地点分散化。为了加强内部管理与控制，便于母公司管理监督子公司的经济活动，需要设立内部审计机构，并独立于各职能部门之外，内部审计由此产生。

作为证券市场重要组成部分的民间审计制度，在19世纪后半期已经确立起来，但仅仅依赖会计师事务所一年一度的财务报表审计所提供的信息进行管理，对于上级管理者来说，无疑是滞后的，不能满足管理和控制的需要，为了对受托管理的活动进行及时的审查和评价，获取充分快捷的管理信息，有必要设置一个专门机构专门从事审查和评价。

3. 外部压力对于现代内部审计的发展起到了推动作用。

内部审计一开始是作为企事业单位加强管理和控制的一个重要机制产生的，后来由于股份公司的大量出现，一些国家颁布了包括强制要求实行内部审计的法律之后，内部审计在这种外部压力的推动下发展起来，如1844年英国公司法、早年的日本商法都对内部审计提出强制性要求。

(三)内部审计的定义

我国《审计署关于内部审计工作的规定》，其中第四条规定："单位应当依照有关法律法规、本规定和内部审计职业规范，结合本单位实际情况，建立健全内部审计制度，明确内部审计工作的领导体制、职责权限、人员配备、经费保障、审计结果运用和责任追究等。"这条规定，揭示了内部审计机构的领导关系、审计的依据、审计的范围以及向谁负责及报告工作等问题，较为完整地表述了内部审计的定义。

国际内部审计师协会在1999年颁布的《内部审计职业实务指南》中指出："内部审计是一种独立、客观的保证和咨询活动，其目的是增加组织的价值和改善组织的经营。它通过应用系统的、规范的方法，评价并改善风险管理、控制和治理过程的效果，帮助组织实现其目标。"这个定义阐述了内部审计的目标和作用。也就是说，经济组织管理的目的是增加组织的价值，而内部审计的作用则可以概括为三个方面：评价和改善组织的风险管理，评价和改善组织的内部控制，评价和改善组织的治理过程。

现代组织规模不断扩大，集团化、全球化、信息化的趋势日益明显，外部竞争日趋激烈，外部条件变化日益加快，面临的不确定因素日益增多。在这种环境下，内部审计不但要面向内部经营管理活动，加强检查、评价，以保证各项规章制度和管理指令得到及时有效贯彻执行，而且要面向组织的外部环境，加强调查、分析，以提供经营管理者正确决策所需的建议、咨询、资料，提高管理效率，为最大限度地增加组织的价值服务。

(四)内部审计的职能

内部审计的总体目标是最有效的帮助管理者管理组织的业务活动，增加组织的价值。企业的管理当局希望内部审计人员的工作，使内部审计的目标不只局限于查错防弊和保护资产，更重要的是对经营管理领域存在的控制缺陷提出富有建设性的、符合成本效益要求的改进的措施和方案，以帮助各级管理人员更有效地履行职责。截至今天，公司内部审计全面进入管理审计时代：从业务审计发展到整个3E审计(即效率性、效果性、经济性)，又发展到服务于整个组织。内部审计工作的延伸直接导致了内部审计职能的扩充。现代内部审计兼具监督、评价、控制、服务四大职能。

1. 内部审计的监督职能

监督是指监察和督促。内部审计的经济监督职能是指监察和督促企业内部人员在其授权范围内有效地履行其职责，以保证企业的各项经济活动在符合国家的法律、法规和企业内部的政策、制度的正常轨道上运行。

综观内部审计产生和发展的历史，经济监督职能是内部审计人员原始的，也是最基本的一种职能。无论是早期的查错防弊，还是现代的各种核查和评价活动都蕴含着经济监督的性质。伴随着分权化管理出现的部门责任制、经营责任制，各级管理部门和直属单位享有更多的自主权。企业最高管理当局对其掌握的资源财产的使用情况，以及他们制定的方针政策、下达的命令指示的贯彻执行程度表示出越来越大的关心和疑虑。于是，内部审计人员便被授权代表企业最高管理当局去监督检查。通过审计监督来规范企业的经营行为，从而实现自我约束。企业内部审计监督的着眼点，主要是保护股东或企业的利益，维护企业的合法权益。

2. 内部审计的评价职能

内部审计的评价职能是指内部审计人员依据一定的评价标准对所检查的活动及其效果进行合理的分析和判断。例如管理者是否履行经济责任，其经济业绩如何；企业经营决策、生产计划、发展规划是否符合企业的发展目标，经济活动是否按照既定的决策和目标进行，经济效益如何；财务收支计划、信贷计划、经济合同等的执行情况如何；内部控制制度是否健全、高效。从而有针对性地提出意见和建议，以促使其改善经营管理，提高经济效益。内部审计人员通常运用的评价标准是：组织内部制定的各种方针、政策、程序、计划和其他制度以及签订的合同；政府的法律法规和条例；同行业的一些标准和规范以及一般公认的管理原则等。

评价职能是由监督职能派生出来的另一种职能，但自 20 世纪 50 年代以来，因市场竞争日益激烈，企业要求生存、求发展，必须加强内部控制，不断改善经营管理，对经营活动的经济性、效率性和效果性进行客观评价，因此，内部审计的评价职能变得越来越突出，几乎上升为内部审计的一项基本职能。内部审计要在履行监督职能的基础上以履行评价职能为主。企业需要对影响经济效益的一切因素进行深入分析和评价，并针对取得的成绩和存在的问题，提出有建设性、针对性的评价意见和改进建议，协助管理者更有效地进行经营管理活动。经济效益审计是评价职能表现最为明显的审计类型。

3. 内部审计的控制职能

现代公司投资主体多元化、经营方式多样化、管理层次多级化，跨行业、跨地区、跨国界的企业日渐增多，企业最高管理层不可能对经营管理状况进行经常性的直接监督和检查，内部审计作为企业控制系统中的一个重要组成部分，由于内部审计人员是代表企业管理当局站在组织发展的全局来分析和考虑问题，正如曾任美国审计总局主任的劳伦斯·索耶指出的那样："现代内部审计人员所作的事情，只不过是公司总经理想而未能做的事情。"因此，内部审计具有管理控制职能。这种管理控制职能是通过内部审计人员独立的检查和评价活动，衡量和评价其他内部控制的适当性和有效性得以实现的。内部审计自身的独立性和对本企业情况的了解，以及在长期审计工作中积累的经验，使其能够及时发现内部控制制度实施过程中存在的薄弱环节，并通过分析问题产生的原因和影响，找出措施和方法来完善企业内部控制。内部审计是企业中整体内部控制系统的一个重要组成部分，与其他控制形式相比，更具全面性、独立性和权威性，它是对其他控制的一种再控制。

4. 内部审计的服务职能

服务职能是指通过对被审查活动的分析、评价，向组织内成员提供改进工作的建议和咨询服务，从而帮助企业成员有效地履行职能，提高工作质量的功能。监督和服务是并举的，服务职能寓于监督职能之中。从内部审计的发展历史来看，从早期的查错防弊发展到现在的风险管理，内部审计一直是一种服务方式。内部审计一直是为管理者服务的。在企业发展之初，规模小、层次少，企业管理者可以对企业的各个事项和过程直接加以控制，内部审计没有存在的必要；但随着企业的发展，多数情况下，管理者只能实行间接控制，他们需要一种保障，即保障企业控制系统按计划运作，并提供一切必要的信息，以此来控制他们职业范围内的事情，内部审计则提供了这种保障。事实上，内部审计从查错防弊到参与内部控制的建立，发展到风险管理，一直都是作为管理的一种手段为管理者服务的；从本质上看，内部审计是公司加强内部管理与控制的重要手段，应具有内向服务的职能，它首先应当对企业本身的调控和管理、完善与发展负有直接的经济责任，公司越发展，内部审计的这种责任越强烈；从内部审计的地位看：内部审计人员长期处于企业中，所以熟悉管理当局各方面的工作程序和企业集团的整体状况，在进行评价与鉴证时，能迅速地找出缺陷，提出改进建议和具体措施。内部审计还可以通过事前、事中和事后控制为管理当局的决策、计划、控制提供依据，这些都充分体现了内部审计的服务职能。

(五)内部审计的作用

内部审计的作用，是指内部审计内在功能的外部表现，也就是指内部审计职能被运用过程中所产生的客观效果，它是由内部审计的职能所决定的。如果内部审计客观上不存在这功能，不仅审计没有存在的必要，也没有发展的生命力，就谈不上外部表现，也就不存在内部审计的作用。如果内部审计的作用不从外部表现内部审计的内在功能，不仅对内部审计职能的认识、总结和抽象无从谈起，而且内部审计职能的存在也就毫无意义了。

1. 评价和改善企业的风险管理

风险管理是现代企业管理的主要内容之一。内部审计本身作为风险管理的一个重要组成部分，它已成为企业整合风险管理的一个重要手段。内部审计更加强调确认经营风险并测试这些风险是否得到有效管理，由原来关注对交易事项和政策的遵循性的审查和评价，转变到现在更为关注对目标、战略和风险管理程序的审查和评价；内部审计的建议更加强调风险规避、风险转移和风险控制，通过有效的风险管理提高组织整体管理的效率和效果。内部审计可以帮助企业及时识别和防范风险，通过咨询服务的方式，协助公司建立健全风险管理过程，同时，内部审计部门可积极持续地参与风险管理过程，检查、评价风险管理过程的充分性和有效性，对风险管理过程进行协调，从而增强企业适应环境和防范风险的能力，实现经营目标。

2. 评价和改善内部控制

内部控制是在企业内部建立并实施的对各项经济活动进行系统监督和调整的制约机制，是现代企业制度必不可少的内容。内部审计既是内部控制的不可或缺的重要组成部分，又是内部控制的一种特殊形式。内部审计与内部控制之间是相互依存的关系，即

内部审计是内部控制的组成要素之一，其职能是对其余的内部控制要素的再控制，而内部控制又是内部审计的直接对象，通过内部审计的检查和评价不断地促进内部控制的健全与完善。内部审计由于其特定的地位和职能，它能在强化内部控制制度方面发挥外部审计无法取代的作用。这种作用主要是运用各种手段和方法测试企业内部控制系统的充分性、遵循性、有效性，进而评价控制系统的健全程度，查明各项控制措施是否真实地存在于管理系统中，是否完全并认真得到遵守，以及评价内部控制是否发挥应有的制约与控制作用，是否取得应有的管理效果。同时，通过对内部控制的检查分析可以及时发现经营管理中的薄弱环节和漏洞，及早提醒经营管理者采取措施加以改进，起到标本兼治，防患于未然的作用，从而保证企业经营目标的实现。

3. 评价和改善公司治理

按照现代企业制度要求，企业实行规范的公司制改革，建立起有效制衡的公司法人治理结构。公司治理结构是在经营权和所有权分离的基础上，有效处理企业各利益关系方之间关系的制度安排。内部审计是正确处理企业利益相关方关系、完善公司治理的重要保证，是推动企业转变经营机制、依法经营、规范管理、增强市场竞争力、实现健康快速发展的重要手段。内部审计作为公司治理的一个重要组成部分，既可以发挥其作为评估人的作用，又可以发挥其作为决策顾问的作用。内部审计对公司治理状况进行审查和评价，并将评估结果向管理层、审计委员会和董事会报告，可以促使有关责任人采取措施纠正违规行为，从而保证公司治理的质量和力度；同时通过参加风险环境分析，就风险识别、风险控制等决策问题提出专业支持意见和解决方案，就能帮助管理层及时判断与控制重要风险，实现企业经营目标。

二、内部审计准则

(一)中国内部审计准则的产生和发展

中国的内部审计是从 20 世纪 80 年代开始建立和发展的，内部审计的发展史就是内部审计法规的建设史。中国内部审计法规及制度的发展大致经历了四个阶段。

第一个阶段为 1983—1994 年，为初步建立内部审计制度阶段。

1983 年 8 月，《国务院批转审计署关于开展审计工作几个问题的请示的通知》首次提出对下属单位实行集中统一领导或下属单位较多的主管部门，以及大中型企业事业组织，可根据工作需要建立内部审计机构，或配备审计人员，实行内部审计监督。1985 年《国务院关于审计工作的暂行规定》中第十条明确规定："国务院和县级以上地方各级人民政府各部门，应当建立内部审计监督制度，根据业务需要，分别设立审计机构或审计人员，在本部门主要负责人的领导下，负责所属单位和本行业的财务收支及其经济效益的审计。"1987 年 7 月《国务院办公厅转发审计署关于加强内部审计工作报告的通知》，肯定了建立内部审计制度取得的显著成绩，还首次提出了对行政事业单位实行定期审计制度，对厂长(经理)实行离任审计制度。1988 年 10 月国务院发布的《中华人民共和国审计条例》第六章对内部审计作了较全面的规定。这一阶段，一是通过行政法规建立了内部审计的基本制度，使内部审计走上依法审计的轨道；二是内部审计得到了发展。我国在 1987 年成立了中国内部审计学会(该学会 2002 年正式更名为中国内部审计协会)，并于当年 12 月加入国际内部审计师协会，建立了中国内部审计与国际内部审计沟通的渠道。

第二阶段为 1994—2002 年，是内部审计立法进一步完善的阶段。

1994 年 8 月公布的《中华人民共和国审计法》第二十九条规定，国务院各部门和地方人民政府各部门、国有的金融机构和企业事业组织，应当按照国家有关规定建立健全内部审计制度。从而在法律上建立了内部审计制度，同时也为进一步完善内部审计规定、准则提供了法律依据。1995 年 7 月审计署发布了《审计署关于内部审计工作的规定》，对内部审计定义、机构设置、职责、权限等作了全面具体的规定，有力地促进了内部审计的发展。

第三阶段为 2003—2011 年，是内部审计准则框架体系全面建立和初步形成的阶段。

2003 年 3 月 4 日，国家发布了新的《审计署关于内部审计工作的规定》，要求中国内部审计协会、各企事业单位及社会团体遵照执行。中国内部审计协会组织有关方面的专家、内部审计实务工作者、法律工作者，从 2000 年初到 2002 年末，历时 3 年，制定了一套既符合国际内部审计惯例，又适合中国国情的内部审计准则。首批公布并于 2003 年 6 月 1 日起施行的有《内部审计基本准则》《内部审计人员职业道德规范》以及 10 项内部审计具体准则。2004 年、2005 年中国内部审计协会又先后发布第 11—15 号和第 16—20 号内部审计具体准则。2005 年初中国内部审计协会继续发布了内部审计实务指南第 1 号《建设项目审计》和实务指南第 2 号《物资采购内部审计》。2006 年 5 月，中国内部审计协会发布了第 21—24 号内部审计具体准则，2007 年 5 月发布第 25—27 号内部审计具体准则，2008 年 9 月中国内部审计协会发布第 28、29 号内部审计具体准则和第 3 号实务指南，2009 年 7 月颁布了第 4 号实务指南，于 2009 年 9 月 1 日起施行。截至 2011 年，中国内部审计准则体系已经基本形成。中国内部审计协会已经公布了内部审计基本准则、内部审计人员职业道德规范、29 个具体准则和 5 个操作指南。初步形成了以基本准则为指导，以具体准则为主线、兼顾特定业务操作指南，适用我国内部审计发展进程，能够独立实施和执行的，与国际内部审计准则趋同的中国内部审计准则体系，我国内部审计规范化建设取得了阶段性成果。

第四个阶段为 2012 年至今，是内部审计准则框架体系不断完善成熟的阶段。

我国自 2012 年开始，对原准则体系进行了全面、系统的修订。内部审计准则体系进一步完善和成熟，并逐步与国际惯例接轨。2014 年 1 月 1 日起施行修订后的新准则。新准则体系分三个层次，并采用四位数编码进行编号。内部审计基本准则和内部审计人员职业道德规范为第一层次，编码为 1000；具体准则为第二层次，编码为 2000；实务指南为第三层次，编码是 3000。随后，《第 2205 号内部审计具体准则——经济责任审计》，《第 2308 号内部审计具体准则——审计档案工作》于 2016 年 3 月 1 日起施行。《第 2309 号内部审计具体准则——内部审计业务外包管理》于 2019 年 6 月 1 日起施行。《第 3101 号内部审计实务指南——审计报告》于 2020 年 1 月 1 日起施行，2009 年 1 月 1 日起施行的《内部审计实务指南第 3 号——审计报告》同时废止。自 2021 年 3 月 1 日起施行修订后的《第 2205 号内部审计具体准则——经济责任审计》，2016 年 3 月 1 日起施行的《第 2205 号内部审计具体准则——经济责任审计》同时废止。《第 3205 号内部审计实务指南——信息系统审计》自 2021 年 3 月 1 日起施行。

(二)我国内部审计准则的适用范围

《中国内部审计准则》序言中规定：中国内部审计准则适用于内部审计机构[①]和人员进行内部审计的全过程；适用于各类组织，无论组织是否以盈利为目的，也无论组织规模大小和组织形式如何，内部审计机构和人员在进行内部审计时，都应该遵循内部审计准则。

(三)中国内部审计准则的框架

《中国内部审计准则》序言中规定，中国内部审计准则体系由内部审计基本准则、内部审计具体准则、内部审计实务指南三个层次组成。中国内部审计准则是内部审计工作规范体系的重要部分，为衡量评价内部审计工作提供依据。这三个层次具有不同的约束力和权威性。

1. 内部审计基本准则

基本准则分为六章共二十七条。第一章为总则，主要说明制定基本准则的目的与依据、内部审计的含义及本准则的适用范围；第二章为一般准则，是关于内部审计任职资格和执业条件的一般要求；第三章为作业准则，是进行实地审计的基本要求；第四章为报告准则，是出具审计报告的基本要求；第五章是内部管理准则；第六章是附则。基本准则是内部审计体系的第一层次，基本准则是内部审计准则的总纲，具有最高的权威性和法定约束力，是制定具体准则和实务指南的依据；是内部审计机构和人员进行内部审计时应当遵循的基本准则。

2. 内部审计具体准则

具体准则的权威性虽低于基本准则，但要高于实务指南，具有法定约束力，是内部审计机构和人员在进行内部审计时应当遵循的具体规范。

23 个具体准则分别为：《第 2101 号内部审计具体准则——审计计划》《第 2102 号内部审计具体准则——审计通知书》《第 2103 号内部审计具体准则——审计证据》《第 2104 号内部审计具体准则——审计工作底稿》《第 2105 号内部审计具体准则——结果沟通》《第 2106 号内部审计具体准则——审计报告》《第 2107 号内部审计具体准则——后续审计》《第 2108 号内部审计具体准则——审计抽样》《第 2109 号内部审计具体准则——分析程序》《第 2201 号内部审计具体准则——内部控制审计》《第 2202 号内部审计具体准则——绩效审计》《第 2203 号内部审计具体准则——信息系统审计》《第 2204 号内部审计具体准则——对舞弊行为进行检查和报告》《第 2205 号内部审计具体准则——经济责任审计》《第 2301 号内部审计具体准则——内部审计机构的管理》《第 2302 号内部审计具体准则——与董事会或者最高管理层的关系》《第 2303 号内部审计具体准则——内部审计与外部审计的协调》《第 2304 号内部审计具体准则——利用外部专家服务》《第 2305 号内部审计具体准则——人际关系》《第 2306 号内部审计具体准则——内部审计质量控制》《第 2307 号内部审计具体准则——评价外部审计工作质量》《第 2308 号内部审计具体准则——审计档案工作》《第 2309 号内部审计具体准则——内部审计业务外包管理》。

---

① 我国内部审计准则将内部审计的主体限定为内部审计机构和人员，并未考虑内部审计外包的情况。

3. 内部审计实务指南

除基本准则、具体准则之外，具有可操作的指导性意见通称实务指南，是给内部审计机构和人员提供操作性的指导意见，不具有法定约束力和强制性，内部审计机构和人员应当参照执行。

6个实务指南分别为：《内部审计实务指南第1号——建设项目内部审计》《内部审计实务指南第2号——物资采购审计》《内部审计实务指南第4号——高校内部审计》《内部审计实务指南第5号——企业内部经济责任审计》《内部审计实务指南第3号——审计报告》《内部审计实务指南第6号——信息系统审计》。实务指南是依据基本准则、具体准则制定的。

表17-1 我国内部审计准则框架体系

<table>
<tr><td>第一层次</td><td colspan="2">基本准则</td><td>1101 内部审计基本准则 1201 内部审计人员职业道德规范</td></tr>
<tr><td rowspan="3">第二层次</td><td rowspan="3">具体准则</td><td>作业类</td><td>2101 审计计划 2102 审计通知书 2103 审计证据 2104 审计工作底稿 2105 结果沟通 2106 审计报告 2107 后续审计 2108 审计抽样 2109 分析程序</td></tr>
<tr><td>业务类</td><td>2201 内部控制审计 2202 绩效审计 2203 信息系统审计 2204 对舞弊行为进行检查和报告 2205 经济责任审计</td></tr>
<tr><td>管理类</td><td>2301 内部审计机构的管理 2302 与董事会或者最高管理层的关系 2303 内部审计与外部审计的协调 2304 利用外部专家服务 2305 人际关系 2306 内部审计质量控制 2307 评价外部审计工作质量 2308 审计档案工作 2309 内部审计业务外包管理</td></tr>
<tr><td>第三层次</td><td colspan="2">实务指南</td><td>1 建设项目内部审计 2 物资采购审计 4 高校内部审计 5 企业内部经济责任审计 3101 审计报告
3205 信息系统审计</td></tr>
</table>

三、风险管理与内部审计

(一)风险及风险的类别

1. 风险

风险是发生某种影响目标完成的事件的不确定性。① 风险的主要特点就是不确定性。一般而言企业的经营目标是使企业价值最大化，那么对企业来讲，风险就是有可能发生的损失，这种损失不是一定会发生的，但存在发生的可能性。必定会发生的损失，即使还未发生，也不再是风险，因为结果已经确定。因此风险的大小可用事件的后果和可能性来计量。

① 国际内部审计师协会对风险的定义。

2. 风险的类别

任何一个企事业单位都是在一定的环境中进行经营管理的，在其所处的环境中不可避免地存在着各种不确定的因素，这些不确定因素有可能影响单位目标的实现。存在于单位外部的不确定因素，我们称为外部风险，存在于单位内部的不确定因素，我们称为内部风险。

(1)外部风险。外部风险主要有法律风险、政治风险和经济风险。

随着社会的进步，国家旧有的政策、法律法规在不断地被废止和变更，新的政策、法律法规在不断出台。如果企业不能准确预测和把握法律、政策的变动，就很有可能引发商业机会的丧失、收入减少的风险、投资风险、合同风险、知识产权风险、产品责任风险，品牌形象风险等。

政治风险是指社会变革、国家行为、政府的稳定性及国有化趋势等带来的风险，主要关系到单位的社会环境是否长期安全稳定。政治环境如果不稳定，单位就必须考虑如何采取措施减少风险损失。比如在两个国家可能发生战争的情况下，贸易公司为了避免货物损失，会向保险公司增加投保战争险。

经济风险包括市场竞争状况、消费者的消费倾向、电子商务、总体经济发展情况等方面的变化带来的风险。比如，从计划经济到市场经济的转变必然使企业面临由此而带来的风险；再如电子商务的发展，会使部分消费者从传统方式经营的企业转向采用网络交易的供应商，而给企业带来客户流失的风险。企业如果不能及时把握新的经济趋势，了解经济环境中发生的变化及变化给企业带来的风险，就可能由于无法应对没有预料到的风险而丧失发展的机会，甚至破产倒闭。

(2)内部风险。企事业单位的内部风险源自企事业单位的经营业务，与外部风险相比，一般来说更容易分析和管理，也比较容易辨识，可以通过一定的控制程序将其降低到可以接受的水平。

首先是战略风险，它包括单位的发展战略、市场战略、投资战略、品牌战略等，是单位经营管理的宏观决策，决定单位发展的方向，如果发生决策性失误，可能导致单位遭受不可挽回的损失。比如，有许多企业在发展过程中，制定多元化经营策略，投资不熟悉的领域，结果不仅不能收回投资，反而损失了盈利项目的利润。

其次是财务风险，包括融资风险、利率风险、汇率风险、投资回报率等。企事业单位的一切经营活动都需要资金，财务上的风险控制不当，也会导致巨大的损失。比如，扩大经营规模需要追加投资，如果不能及时获得需要的资金，不能按时履行合同，不仅有可能失去扩大市场的时机，还有可能导致合约对方的巨额罚款。

再次是经营风险，如财产损失、信息管理风险、供货风险、人才流失、物流风险等。这些风险是由企事业单位的经营特点决定的。比如，对于零售企业来说，不能及时采购到保质保量、市场所需的商品是企业的重要风险；而对于传统生产企业而言，由于原料采购相对稳定，更为重要的风险可能是由于市场的变化而失去销售订单，产品销售不出去。

最后，丧失诚信也是企业的重大风险。企事业单位的不法行为，如舞弊、贪污、不良信用等，都会给单位带来负面影响，也有可能导致重大损失，例如企业的某些严重违法行为不仅可能导致政府的巨额处罚，还可能被迫停业整顿或永久关闭。

(二)风险管理

对什么是风险管理,中外学者都提出了自己的见解。其中,美国学者克里斯蒂认为,风险管理是企业或组织为控制偶然损失的风险,以保全所得能力和资产所做的一切努力;另外两位美国学者威廉斯和理查德·汉斯认为,风险管理是通过对风险的鉴定、衡量和控制,以最低的成本使风险所造成的损失控制在最低程度的管理方法;中国学者陈佳贵认为,风险管理是企业通过对潜在意外或损失的识别、衡量和分析,并在此基础上进行有效的控制,用最经济合理的方法处理风险,以实现最大的安全保障的科学管理方法。

美国反虚假财务报告委员会下属的发起人委员会。对风险管理作了如下定义:全面风险管理是一个过程,这个过程受董事会、管理层和其他人员的影响,这个过程从企业战略制定一直贯穿到企业的各项活动中,用于识别那些可能影响企业的潜在事件和管理风险,使之在企业的风险偏好之内,从而合理确保企业取得既定的目标。

由以上定义我们可以看出,风险管理就是采取一定的措施对风险进行检测评估,使风险降低到可以接受的程度,并将其控制在某一可以接受的水平上。风险管理的目标在于控制和减少损失,提高有关单位或个人的经济利益或社会效果,风险管理一般包括风险识别、风险衡量、风险防范、风险监控等环节。

(三)内部审计与风险管理的关系

根据《内部审计实务标准》规定,内部审计是用来增加组织价值和改善组织运营的独立、客观的保证与咨询活动,它以系统化、专业化的方法对风险管理、控制及治理过程的有效性进行评估和改善帮助组织实现目标。这一定义的给出表明,现代内部审计的范围已从传统上的控制的一个方面——财务,扩大到风险管理和公司治理层面上。由此,内部审计与风险管理的联系日趋紧密。

1. 内部审计是风险管理系统的重要组成部分

随着企业所处的内外环境的风险的增多,风险管理日益成为企业的核心价值,成为企业管理的一项重要内容。由于相对独立性较强,内部审计在企业风险管理中发挥着其他部门无法替代的作用。内部审计人员可以运用自己在风险管理方面的专业知识,从独立客观的角度为管理层和审计委员会提供有价值的保证和咨询服务,提高单位的风险管理水平。美国反虚假财务报告委员会下属的发起人委员会发布的"企业风险管理(ERM)框架"中指出:内部审计人员在企业风险管理的监控中占有重要地位,这一职责是其日常职责的一部分。他们可能通过对管理者风险管理过程的充分性和有效性进行监控、检查、评估、报告和提出改进建议来帮助管理者和董事会或审计委员会履行其职责。

根据反虚假财务报告委员会下属的发起人委员会的分析,企事业单位的风险管理活动包括八个基本要素:内部环境、目标设定、事件识别、风险评估、风险反应、控制活动、信息和沟通、监控。在这八个环节中,每一个环节都离不开内部审计。

(1)在环境分析活动中,企事业单位的目标、战略和计划要合理地反映外部环境、可使用的资源,要考虑主要的风险(威胁)。内部审计要评价单位的"固有风险"和"剩余风险"(采取控制行动后可以接受的风险)。

(2)在风险事件识别活动中,单位要识别内外环境中所有的风险事件,不论大小都不遗漏,保证风险轮廓勾勒的完整性。内部审计人员可以采用通用风险分析模板及方法,

包括反虚假财务报告委员会下属的发起人委员会提供的分析方法等,识别单位本身的风险和重要合作者的风险。

(3)在风险评估活动中,单位要对已识别的风险事件进行定量分析和定性分析,分析事件发生的可能性和影响(后果)。风险分析的复杂性和困难在于在很多情况下要主观判断不同结果发生的可能性。内部审计人员由于特有的独立地位,可以从客观的角度分析风险的假设条件、计算方法来评价风险,提供专业意见。

(4)在风险反应活动中,单位要根据不同的风险决定要采取的策略和方法,决定是避免风险,接受风险,还是降低风险。内部审计人员的主要工作在于分析/评价风险回报的合理性、减少风险的措施的有效性,以及接受风险转移和风险分担的那一边的风险。如果对方不能承受该风险,则这种风险控制的措施将是无效的。

(5)在控制活动中,单位通过设计业务控制程序来限制和降低风险,许多内部控制程序都是为了这个目的而设计的。一般而言,内部审计人员在进行审计活动时,都要测试这些控制程序的有效性。

(6)在风险信息沟通活动中,单位的风险管理要将风险信息及时有效地传递给内部相关人员,以便及时采取相应的控制措施。风险管理的某些信息还要传递给其他有关方面,比如董事会和审计委员会等监督者要了解风险管理的情况,供应商、债权人等也需要对单位的风险管理有一定的信任。内部审计人员可以通过评价报告系统证明风险信息被准确、及时地传达给相关人员,内部审计报告可以向董事会和审计委员会传递风险是否得到有效管理的信息,而内部审计职能的设立对债权人和其他外部利益相关者来说也是单位具备有效的风险管理的一个证明。

(7)在监控活动中,单位要对风险管理进行持续监控,通过对内部控制系统的运行的监控和对定期检查结果及意外事项的处理结果的评价,保证单位对风险的管理是一直有效的。内部审计人员可以通过分析环境和风险变化,检查内部控制系统是否已更新,是否能控制新的风险。还可以通过后续审计管理层对审计中发现的问题及对意外事项的处理情况,检查新的控制措施是否有效,将分析结果和建议提供给管理层以便改进控制措施。

2. 风险管理是内部审计实务准则的重要内容

《内部审计实务准则》是内部审计人员开展内审活动的业务指南,一般由国际内部审计师协会发布权威标准,各国内审计师协会再结合本国实际发布本地区的实务标准。内部审计自参与到企业风险管理活动后,为自身行业的业务职能充实了新的内容,并产生了积极意义,如美国弗吉利亚大学的 Paull · Wacker 教授等根据对加拿大邮递、第一能源、通用汽车、尤罗卡石油、沃尔玛等五家分属不同行业大公司的内部审计进行调查发现,这些公司的内部审计通过积极参与企业风险管理活动,给公司的经营带来众多好处:一是内部审计人员通过获取广泛的公司风险信息,提高了自身审计效率;二是参与风险管理,使内部审计人员逐渐培育了作为企业管理者的意识,而不仅仅只是监督者,从而使他们在内部审计过程中,更多地是以公司的经营目标为起点,而不再是以预先制定的审计目标为起点。国际内部审计师协会根据内部审计实务界的实践经验,也发现了内部审计参与企业风险管理的这一趋势,并于 2001 年发布的《内部审计实务准则》中指出:首席审计执行官必须建立以风险为基础的计划来决定审计活动的优先性，并且与公司目标相协调一致，内部审计活动的参与计划必须以至少一年一次的风险评估为基础。该准则对内部审计重新给出新定义：内部审计是采用一种系统化、规范化的方法来进行对机构的风险管理、控制及监督过程进行评价，进而提高过程效率，帮助机构实现目标。这是首次将风险管理放在如此重要的地位来作为内部审计的工作内容进行描述。可以预见，随着风险管理与内部审计交叉融合的程度进一步加深，风险管理的内容在《内部审计实务准则》中将会占有更大的比重。

3. 风险管理将主导内部审计的变化

风险环境是不断变化的，而风险管理方法也随之不断更新。内部审计尽管在企业风险管理中占有较重要的地位，但其职能定位限制了其不能成为风险管理的主导者。因为内部审计在风险管理系统中主要承担评估和建议职能，即使参与风险管理方法和政策的制订过程，也只能是配合企业专业的风险管理部门，或是向其提出参考意见。这样，风险管理政策的变化一般会发生在内部审计技术变化和更新的前面，也就是说，风险管理的变化会主导着内部审计的变化。譬如，内部审计之所以参与到企业风险管理中，并与之互相交叉融合，一方面是自身在风险管理方面的积极探索，另一方面更重要的是风险管理正需要内部审计这一评估部门对企业整个风险管理系统的有效性加以监控，是应风险管理需要而产生。当然，随着内部审计职能范围的扩大，内部审计也会在一定程度上反过来影响风险管理体系的改变，但在未来的相当一段时间内，这一反作用还将只会处于从属地位。

(四)内部审计在风险管理中的角色

按国际内部审计师协会的标准，内部审计的服务种类可以划分为保证服务和咨询服务，前者是一种独立评价的活动，后者是提供建议及咨询的活动。在企业风险管理中，内部审计的本质特征并不发生改变，因而，它可以担任的角色也是基于这两种服务衍生而来的。除了作为监督者所提供的保证服务外，内部审计还可提供咨询服务，包括促进对风险的识别和评估、指导和协调风险管理活动、加强对风险的报告、保持和发展风险管理框架、支持建立风险管理、参与制定风险管理战略等。与此相适应，内部审计承担了咨询者、协调者、建议者等角色。内部审计在企业风险管理中的角色不是一成不变的，而是一个逐步变化和延续发展过程。在组织缺乏风险管理程序的情况下，内部审计可以向管理层提出建立企业风险管理的建议；在组织实施风险管理的初期，内部审计能够发挥很大的协调作用，甚至直接担任项目经理；而当企业风险管理逐步成熟运作稳定以后，内部审计就从建议者、协调者转化成监督者和咨询者。内部审计的报告关系也会影响其在企业风险管理中的角色，报告关系层次越高，独立性越强，内部审计就越能够从全局和战略角度参与企业风险管理；反之，则从局部和流程角度参与企业风险管理。

特别需要强调的是，为保证独立性和客观性，内部审计并不对建立企业风险管理体系承担主要责任，风险管理责任应由管理层承担。内部审计可以对企业风险管理提供建议、质询和支持，但不能设定风险容忍度、强制实行风险管理流程、对风险提供管理保证、对风险问题进行决策和对风险实施管理职责的行动，内部审计对于企业风险管理的责任应当在审计章程中写明并经审计委员会批准。此外，在实践中，应注意处理保证服务和

咨询服务的关系。只要内部审计执行的任务涉及履行管理职责，就应认为与此领域有关的审计客观性受到了损害，内部审计则不能就其负责协调和指导的风险管理事项提供保证服务。

在企业风险管理框架中，内部审计的工作与对象间具有很高的整合性。内部审计在监督、评价企业风险管理有效性，帮助改进风险管理的同时，其本身就是企业风险管理体系的重要组成部分。而且，内部审计可以根据风险评估结果来安排审计工作，使风险管理与内部审计协调一致。

四、生产经营审计

内部审计的具体对象包括：财政、财务收支活动，业务经营活动，管理制度和管理工作。这三个方面分别对应着三个概念，即“内部财务审计”“内部经营审计”“内部管理审计”，其中后两者又合称为“内部经济效益审计”，与内部财务审计既有联系，又有不同。以生产经营审计为重点的内部审计是内部审计发展的一个新阶段。早在 1968 年，国际内部审计师协会就对 308 家公司的内部审计重点做了一次调查，结果表明：有 19%的重点是“财务审计”，5%是“生产经营审计”，75%是二者兼有，1%不置可否；但我国现阶段的内部审计的审计范围受到一定的限制，往往仅局限于财务会计方面。因此，强调以生产经营审计为重点的内部审计是社会发展的客观需要。

(一)生产经营审计的产生和发展

生产经营审计这个新术语是在 20 世纪 40 年代末逐渐出现的。国际内部审计师协会注意到了这种变化，先后在《内部审计师》杂志上发表了两篇关于生产经营审计的论文，向社会介绍了生产经营审计的理论和实践，对生产经营审计的发展起了积极作用。这两篇文章启发了许多内部审计师，内部审计师在执行传统财务审计的同时，积极探索建立以提高企业经济效益为内容的生产经营审计，从此，生产经营审计在内部审计领域逐渐发展起来。

20 世纪 70 年代后，生产经营审计的发展进入了一个新的阶段。国际内部审计师协会发布的统计资料显示，在美国，95%的被调查单位实施生产经营审计的目的是对效率性、效果性和经济性作出评价；用在生产经营审计活动上的时间已占全部审计时间的 51%，服务于现代经营管理的内部审计已经在大大提高生产经营审计的业务比重，推动内部审计向更高层次发展了。生产经营审计在内部审计领域的应用，不仅推动了内部审计工作的蓬勃发展，而且它的作用和成就，也引起了民间审计界的广泛关注。1978 年美国注册会计师协会设立了经营和管理审计特别委员会，主要负责研究生产经营审计的理论和实践问题，并为它的会员提供有用的信息。

从国内发展情况看，生产经营审计这一词是近年来才较为频繁出现在各审计专业期刊上，这一新型审计业务，在国内尚处于摸索和起步阶段。

(二)生产经营审计的含义

美国的 D·J. 卡勒斯和 J·R·克劳开特根据审计文献中对生产经营审计作出了理论总结，即生产经营审计是评价一个组织在管理部门控制下的经营活动的效果性、效率性和经济性(3E)，并将评价结果和改进报告给有关人员的过程。它的目标是为评价一个组织的绩效提供手段，以及通过改进建议提高该组织的绩效。

具体来看，生产经营审计的主要对象应是企业生产经营过程（产供销）及各生产要素的开发利用，其目标是审查业务经营过程的合理性及生产要素的开发利用情况，以提高企业的经济效益，其范围不仅包括对受托会计责任、会计业务和会计控制的审计，也包括对经营管理受托责任及非会计业务和经营管理控制的审计。

在对生产经营审计的各种描述中，它都具备以下特征：①生产经营审计是一项独立的、系统的检查和评价活动；②生产经营审计面向未来，它较少关注现状，较多地涉及能够和应该达到的目标，它不仅重视已完成的任务，而且考虑预期的问题；③生产经营审计要审查组织内全部活动；④生产经营审计要提出改进建议和措施；⑤生产经营审计为整个组织或管理部门这一资金受托人提供服务；⑥生产经营审计以建设性为职能。

（三）生产经营审计的内容

1. 对生产过程的审查

对生产过程的审查主要围绕着企业生产规模、生产组织、生产工艺及新产品的开发等进行，对企业生产内控制度及生产活动进行评价，揭示生产过程中存在的缺陷，提出改进建议，挖掘生产潜力，提高生产效率和生产水平。对企业生产过程的审查是生产经营审计的重点，主要包括下列内容。

（1）审查被审计单位的生产经营观念是否端正。

（2）审查被审计单位的生产发展规划是否恰当。主要内容有：审查被审计单位是否制订了有关产量、品种、花色、质量等方面的近期、中期和远期计划；审查被审计单位的各种发展规划是否相互协调；审查被审计单位有无推广先进技术、引进先进设备和进行职工培训的具体计划；审查被审计单位是否对各种主要经济指标有着较明确的赶超指标和具体措施等。

（3）审查被审计单位的生产计划是否全面。其主要内容有：审查被审计计划是否与销售计划相衔接；审查生产计划是否与技术组织措施、原材料供应、财务成本计划相适应；审查生产计划是否有利于提高产品质量和有利于新产品、新品种的开发；审查生产计划中制定的主要设备的产量定额是否先进、合理；审查生产计划中制定的劳动定额是否先进、合理，闲散的劳动力是否有合理的安排；审查生产计划中制定的主要原材料的供应定额、消耗定额是否先进、合理；审查被审计单位各车间、各工序之间的生产能力是否相平衡，生产周期、生产批量是否合理可行；审查实现生产计划的各种途径与方法是否落实等等。

（4）审查被审计单位的生产业绩是否真实。其主要内容有：审查其产量、总产值、净产值等指标是否如期完成；审查其生产进度是否正常；审查其产品质量是否满足了用户的需求；审查其主要设备是否处于良好状态，其使用效率是否达到了预定的指标；审查其新产品试制和生产是否如期进行等。

2. 对供应过程的审查

对供应过程的审查是指对企业物资采购供应过程的各个环节进行分析和审查，以便最大化地降低采购成本和存货管理成本，减少资金占用，促使物资采购做到必需、合理、合法、价廉。

对供应过程的审查主要包括两部分内容:一是审查采购供应自身的效益,包括审查采购费用、仓储费用、采购资金占用等;二是审查供应过程对生产过程的影响,包括审查企业生产所需的物资是否按时、足量地提供,用量如何等方面的内容。

3. 对销售过程的审查

对销售过程的审查主要是对企业的产品销售计划及完成情况,销售内控制度及销售业务市场调查开发等方面的审查和评价。重点是审查产品销售各环节的运作、风险控制和产品市场占用率,促使企业注重信息反馈,开发适销对路的产品,真正做到以销定产。

对销售过程的审查包括如下内容:审查被审计单位是否及时掌握市场动态,做好销售预测工作;审查被审计单位所销产品是否适销对路;审计被审计单位的定价策略是否科学合理;审查被审计单位的销售费用等是否符合提高经济效益的要求;审查被审计单位是否拥有较高的信誉;审查被审计单位产品的售后信息反馈与售后服务工作是否及时。

(四)生产经营审计的流程和方法

1. 评价被审计单位的业务经营效益

(1)了解被审计单位的基层管理状况和基层管理人员的素质。

(2)收集和分析相关的主要经济指标。

(3)确认潜在的重大事项。

(4)与被审计单位有关人员交谈讨论,进一步了解情况,搜集相关资料。

(5)编制工作方案,确定审计重点。

(6)围绕审计重点,编制相关的业务流程图和业务经济调量表。

(7)汇集、整理所收集的资料,进行细致的分析,评价被审计单位的业务经营效益,包括如下方面:①被审计单位的主要经济指标。业务生产经营审计中常用的一种方法是运用被审计单位的各种主要经济指标来进行评价、分析被审计单位的业务经营效益;考核、确认被审计单位经济效益的实现程度;通过揭示计划指标与实际指标之间的差异来进一步明确审计目标,提供审计线索。②业务经营处理流程图。业务经营处理流程图是指用图示形式来直观地反映企业各职能部门的业务处理流程。③业务经营调查表。业务经营调查表是根据审计工作方案的要求,围绕着审计目标和审计重心来编制的,其格式与管理调查表相同,只是所反映的内容不同。

2. 确定实现经济效益的途径,提高被审计单位的业务经营效益

(1)进行综合分析,找出问题症结,制定和综合备选方案。

(2)备选方的分析和优选,初步决定实施方案。

(3)确定实施方案,撰写和提交业务生产经营审计报告。

(4)组织实施审计,并开展后续审计工作。

(五)生产经营审计的报告内容

(1)权限和责任。它不仅包括受审单位所拥有的一般权限和特殊权限,还包括所负的责任。了解被查单位的权限和责任是作出正确结论的前提。

(2)目标。包括效果、效率和经济三个目标。效果目标是受审单位预期达到的总目标,经济和效率目标是在实现总目标和具体目标的过程中努力做到又快又省。内部审计

人员既要审查既定目标是否实现，又要评价目标本身是否合适。

(3)方针。方针是管理当局要求下属部门在工作中遵循执行的总的指导原则，是联系工作程序与目标的纽带。许多企业往往没有书面写明的方针，只是作出了一般规定或制定了详细的工作程序。审计人员必须认真研究这些规定和工作程序体现的管理当局的意图。

(4)状况。状况是实现具体目标的程度。这会有三种情况：完满地实现目标、部分地实现目标、没有实现目标。但有时由于目标制定得并不明确，也没有规定的衡量标准，这时内部审计人员就必须作出解释，以评价目标的实现程度。

(5)效果。这指实现目标而带来的好处或因未实现目标而造成的损失，也是最终的“状况”。在生产经营审计中仅仅查明状况是不够的，必须用实物数量和金额来说明效果，让人心服口服。如果不在审计报告中列出效果这一部分，或不痛不痒一笔带过，就不能引起管理当局的注意，更别提会采取措施去纠正审计人员发现的问题了。

(6)程序和做法。这指管理部门指导员工去实现既定目标和方针的工作方法。正式的指示称为“持续”，非正式的指示称为“做法”。程序一般有明文规定，做法通常是人们做事的惯例，很少有书面规定。审查程序和做法有三个要点：一是审查这些程序和做法是否与既定目标一致，二是审查它们是否被正确遵循执行，三是审查这些程序和做法本身是否完善。

(7)原因。不管目标是否实现，都要分析其中的原因，这是生产经营审计的核心内容。找出成功或失败的原因，扬长避短，向管理当局提出有的放矢的建议，帮助管理者采取积极有效的措施，防止出现负面结果。

(8)结论。结论是为达到预期目标须改进方针、程序或做法的论断。如目标实现，则可作出肯定的结论。

(9)建议。这是为达到预期目标而进行必要改革的步骤。建议应有根有据，令人信服且乐于接受。

本章小结

(1)国家审计，是国家审计机关及其人员依据有关方针、政策、法规和制度，对各级政府、国有企事业单位财政、财务收支的合规、合法、真实、正确和有效等进行审查和评价的一种经济监督活动。国家审计具有经济监督、经济鉴证和经济评价三种职能。

(2)财政收支审计是国家审计机关对政府公共财政收支的真实性、合法性和效益性所实施的审计监督。根据我国现行的财政管理体制和审计机关的组织体系，财政收支审计包括本级预算执行审计、下级政府预算执行和决算审计，以及其他财政收支审计。财务收支审计是对金融机构、企事业单位的财务收支及有关的经济活动的真实性、合法性所进行的审计监督。

(3)国家专项审计是主要针对财政项目资金开展的审计监督活动，具体表现为专项资金审计和专项审计调查两种类型。

(4)内部审计，内部审计是一种独立、客观的保证和咨询活动，其目的是增加组织的

价值和改善组织的经营。它通过应用系统的、规范的方法，评价并改善风险管理、控制和治理过程的效果，帮助组织实现其目标。现代内部审计兼具监督、评价、控制、服务四大职能。内部审计有助于完善公司治理，有助于健全内部控制，有助于强化风险管理。

(5)内部审计是风险管理系统的重要组成部分，风险管理是内部审计实务准则的重要内容，风险管理将主导内部审计的变化。

(6)生产经营审计是内部审计发展的一个新阶段。生产经营审计的主要对象是企业生产经营过程(产供销)及各生产要素的开发利用，其目标是审查业务经营过程的合理性及生产要素的开发利用情况，以提高企业的经济效益。

【复习思考题】

1. 国家审计的基本职能有哪些？
2. 财政收支审计和财务收支审计的审计对象各是什么？
3. 国家专项审计的范围包括哪些？
4. 什么是内部审计？内部审计的职能有哪些？
5. 风险管理和内部审计之间有怎样的关系？
6. 什么是生产经营审计？生产经营审计的内容有哪些？

重要阅读资料

1.《中国注册会计师审计准则第 1101 号——注册会计师的总体目标和审计工作的基本要求》

2.《中国注册会计师审计准则第 1131 号——审计工作底稿》

3.《中国注册会计师审计准则第 1301 号——审计证据》

4.《中国注册会计师审计准则第 1311 号——对存货、诉讼和索赔、分部信息等特定项目获取审计证据的具体考虑》

5.《中国注册会计师审计准则第 1312 号——函证》

6.《中国注册会计师审计准则第 1313 号——分析程序》

7.《中国注册会计师审计准则第 1314 号——审计抽样和其他选取测试项目的方法》

8.《企业内部控制基本规范》

9.《企业内部控制应用指引》《企业内部控制评价指引》与《企业内部控制审计指引》(2010)

10.《内部控制——整合框架》

11.《中国注册会计师审计准则第 1211 号——通过了解被审计单位及其环境识别和评估重大错报风险》(2019)

12.《中国注册会计师审计准则第 1231 号——针对评估的重大错报风险采取的应对措施》(2019)

13.《中华人民共和国国家审计准则》

14.《内部审计具体准则第 2204 号——对舞弊行为进行检查和报告》

15.《中国注册会计师职业道德基本准则》

16.《企业会计准则》应用指南

17.《企业会计准则》

18.《中华人民共和国注册会计师法》

19.《中国注册会计师审计准则第 1602 号——验资》

20.《中国注册会计师审计准则第 3111 号——预测性财务信息的审核》

主要参考文献

[1] 中国注册会计师协会．审计[M]．北京：中国财政经济出版社，2021．

[2] 中国注册会计师协会．中国注册会计师执业准则 2017[M]．北京：中国财政经济出版社，2017．

[3] 中国注册会计师协会．中国注册会计师执业准则应用指南 2017[M]．北京：中国财政经济出版社，2017．

[4] 阿尔文・阿伦斯，兰德尔・埃尔德，马克・比斯利，等．审计学：一种整合方法（英文版）[M]．北京：中国人民大学出版社，2017．

[5] 刘明辉，史德刚．审计（第 5 版）[M]．大连：东北财经大学出版社，2015．

[6] 阿尔文・A. 阿伦斯，兰德尔・J. 埃尔德，马克・S. 比斯利．审计学（第 14 版）[M]．北京：清华大学出版社，2013．

[7] 池国华，樊子君．内部控制学（第二版）[M]．北京：北京大学出版社，2015．

[8] 张俊民．内部控制（第二版）[M]．北京：高等教育出版社，2020．

[9] 刘英，林种高．审计学（第二版）[M]．合肥：合肥工业大学出版社，2014．

[10] 朱锦余．审计（第六版）[M]．沈阳：东北财经大学出版社，2020．

[11] 何恩良，闫焕民，饶曦．审计学[M]．北京：清华大学出版社，2018．

[12] 谢晓燕．审计学[M]．北京：高等教育出版社，2017．

[13] 李红湘，王扬．审计[M]．成都：西南交通大学出版社，2018．

[14] 李玉．金亚科技财务造假案例分析与启示[J]．时代金融，2017(3)：169、179．

[15] 中国注册会计师协会．中国注册会计师执业准则应用指南 2010[M]．北京：中国财政经济出版社，2010．

[16]《中国注册会计师审计准则第 1211 号——通过了解被审计单位及其环境识别和评估重大错报风险》

[17]《中国注册会计师审计准则第 1231 号——针对评估的重大错报风险采取的应对措施》

[18] 韩晓梅．审计学[M]．北京：高等教育出版社，2021．

[19] 宋常．审计学（第 8 版）[M]．北京：中国人民大学出版社，2018．

[20] 彭毅林．审计学——理论、案例与实务[M]北京：人民邮政出版社，2017

[21] 陈凤霞．审计学（第三版）[M]．北京：高等教育出版社，2020．

图书在版编目(CIP)数据

审计学/刘英,林钟高主编.—3版.—合肥:合肥工业大学出版社,2022.8
ISBN 978-7-5650-5659-8

Ⅰ.①审… Ⅱ.①刘…②林… Ⅲ.①审计学 Ⅳ.①F239.0

中国版本图书馆CIP数据核字(2022)第069434号

审 计 学

（第三版）

刘 英 林钟高 主编　　　　责任编辑 孙南洋

出 版	合肥工业大学出版社	版 次	2009年1月第1版
地 址	合肥市屯溪路193号		2014年9月第2版
邮 编	230009		2022年8月第3版
电 话	人文社科出版中心:0551-62903200	印 次	2022年8月第1次印刷
	营销与储运管理中心:0551-62903198	开 本	787毫米×1092毫米 1/16
网 址	www.hfutpress.com.cn	印 张	35.75
E-mail	hfutpress@163.com	字 数	805千字
发 行	全国新华书店	印 刷	安徽昶颉包装印务有限责任公司

ISBN 978-7-5650-5659-8　　　　定价：69.80元

如果有影响阅读的印装质量问题,请与出版社营销与储运管理中心联系调换。